"十二五"职业教育国家规划教材
经全国职业教育教材审定委员会审定

Qiaohan Gongcheng

桥涵工程

（第4版）

郭发忠　主　编

施　颖　主　审

人民交通出版社股份有限公司
北　京

内 容 提 要

本书为"十二五"职业教育国家规划教材,由全国交通职业教育教学指导委员会路桥工程专业指导委员会组织编写。本书重点介绍了公路常用的中、小桥(涵)的组成、构造、设计计算方法、施工技术以及施工质量要求,简要介绍了悬索桥和斜拉桥的构造、分类、计算和施工要点。书中标有*的为选修内容。

本书是高职高专院校道路桥梁工程技术专业教学用书,也可供相关专业教学使用或作为相关专业的继续教育和职业培训教材。

本书配有教学课件,教师可通过加入职教路桥教学研讨群(QQ561416324)获取。

图书在版编目(CIP)数据

桥涵工程/郭发忠主编. —4版. —北京:人民
交通出版社股份有限公司,2022.1
ISBN 978-7-114-17719-4

Ⅰ.①桥… Ⅱ.①郭… Ⅲ.①桥涵工程 Ⅳ.①U44

中国版本图书馆 CIP 数据核字(2021)第 235944 号

"十二五"职业教育国家规划教材
书　　　名:**桥涵工程**(第4版)
著　作　者:郭发忠
责任编辑:刘　倩
责任校对:孙国靖　卢　弦
责任印制:刘高彤
出版发行:人民交通出版社股份有限公司
地　　　址:(100011)北京市朝阳区安定门外外馆斜街3号
网　　　址:http://www.ccpcl.com.cn
销售电话:(010)59757973
总　经　销:人民交通出版社股份有限公司发行部
经　　　销:各地新华书店
印　　　刷:北京建宏印刷有限公司
开　　　本:787×1092　1/16
印　　　张:24
字　　　数:553 千
版　　　次:2005 年 8 月　第 1 版
　　　　　　2009 年 2 月　第 2 版
　　　　　　2015 年 8 月　第 3 版
　　　　　　2022 年 1 月　第 4 版
印　　　次:2024 年 6 月　第 4 版　第 4 次印刷　总第 20 次印刷
书　　　号:ISBN 978-7-114-17719-4
定　　　价:59.00 元
(有印刷、装订质量问题的图书,由本公司负责调换)

第4版 前·言 Preface

桥涵工程是高职高专院校道路与桥梁工程技术、道路养护与管理等道路运输类专业的一门核心课程，该课程既有较强的理论性，又有广泛的实践性，以培养学生专业应用能力为主。

"十二五"职业教育国家规划教材《桥涵工程》（第3版）自2015年8月出版以来，被全国多所高职院校选为教材用书，受到广大师生及路桥工程技术人员的好评。

在第3版教材使用期间，交通运输部颁布了新的技术规范和技术标准，如《公路桥涵设计通用规范》（JTG D60—2015）、《公路钢筋混凝土及预应力混凝土桥涵设计规范》（JTG 3362—2018）和《公路桥涵施工技术规范》（JTG/T 3650—2020）等，以及住房和城乡建设部发布了《城市桥梁设计规范》（CJJ 11—2011）局部修订的公告（2019年第222号）。为了修正原教材中与现行规范不吻合的内容，也为了进一步吸收教材使用者提出的宝贵建议，使教材内容与生产实际更紧密地贴合，我们对《桥涵工程》（第3版）进行了改版。

1. 融入最新标准规范，保证教材内容的先进性

本次修订广泛吸纳了来自不同单位参编人员的意见，在保持第3版教材基本结构的基础上，进一步优化了各章节的学习内容、教学目标、学习活动设计和复习练习题，旨在将新规范、新标准、新技术和新知识及时体现在教材中。在内容选取时，力求从实用性、针对性和可操作性方面满足高等职业教育要求。修订过程中，编者收集了大量的工程实践资料，编制了本课程的教学辅助课件，以更好地帮助学生理解和掌握桥梁工程技术的相关知识。

2. 校企双元开发，突出职业教育教材特点

本次修订拓展了编审人员的岗位类别，由来自省部共建大学、"双高"职业院校和科研院所的教师、工程建设管理与施工专业技术人员共同参与本书编审。全书共分七章，由浙江交通职业技术学院郭发忠教授担任主编并统稿。其中第一、第二、第四章和第七章的第一、四节由郭发忠编写修订；第三章由浙江交通科学研究院张征文编写修订；第五、六章由河南交通职业技术学院王穗平编写修订；第七章的第二、五、六节由浙江交通职业技术学院钱银华编写修订；第七章的第三节由杭州市交通运输发展保障中心陈希民教授级高工编写修订。浙江工业大学施颖教授级高工（硕士生导师）担任本书主审，并对本教材的修订提出了宝贵建议，在此向施颖教授表示深深的谢意!

3. 配套课件、视频等数字资源,易教利学

本书编者制作了配套教学课件及视频资源包,需求者可通过加入职教路桥教学研讨群(QQ561416324)向编辑获取。

列于书末的参考文献为我们完成本书的编写提供了巨大帮助,在此对其作者们一并致以诚挚的谢意!

由于编者水平有限,加之编写及修订时间紧迫,全书虽经仔细审核,但疏漏和不妥之处在所难免,敬请读者批评指正。

编　者

2021 年 8 月

资源索引页

各位读者,为了使您更好地学习并掌握桥梁施工方法,本教材配有以下视频动画视频,您可以采用移动端(手机、平板电脑等)通过微信进入观看和学习,也可采用 PC 端(电脑)进入观看和学习。另外,本教材数字资源将会持续更新,敬请关注。

资源使用方法:可以采用移动端(手机、平板电脑等)微信进入观看视频(动画),也可以采用 PC 端(电脑)微信进入观看视频(动画)。

1. 移动端。打开微信→扫一扫下方的二维码→关注"交通教育出版"微信公众号→注册登录后需要再次扫描下方二维码进行激活;点击"我的"→在"我的阅读"点击本书→根据"资源名称"查找相关资源→点击观看。

2. PC 端。打开微信→扫一扫下方的二维码→关注"交通教育出版"微信公众号→注册登录后需要再次扫描下方二维码进行激活;在浏览器输入 www. yuetong. cn→第三方微信登录→点击"个人中心"→在"我的书架"点击本书→根据"资源名称"查找相关资源→点击观看。

本书数字资源

目·录
Contents

第一章
CHAPTER ONE
总 论

📖 本章内容概要

本章主要介绍桥梁在公路交通设施中的地位和国内外桥梁的发展概况;桥梁的组成部分、主要类型和各种结构体系;桥梁的设计程序、一般原则和主要内容;公路桥梁和城市桥梁的设计作用(荷载)及作用组合;桥面系构造与布置。

📖 教学目标

1. 会描述桥梁的组成部分、主要类型和各种结构体系;
2. 知道桥梁的设计程序、一般原则和主要内容;
3. 会定义桥梁的设计作用(荷载);
4. 会描述桥面系构造与布置。

📖 重点学习任务

1. 认知桥梁的组成部分、主要类型和各种结构体系;
2. 认知桥梁的设计作用(荷载)和作用组合的内涵。

📖 主要学习活动设计

1. 结合课堂教学,组织学生观看当今国内外桥梁建设成就的影像片;
2. 利用桥梁模型或工程实体或工地现场对桥梁的组成、类型和结构体系进行认识,完成一座桥梁的总体布置立面草图;
3. 阅读桥梁设计文件。

桥梁是一种具有承载能力的架空建筑物,它的主要作用是供铁路、公路、渠道、管线和人群等跨越江河、山谷或其他障碍,它是交通运输线的重要组成部分。通常,把跨越公路、铁路的桥梁称为跨线桥,也称为立交桥;把跨越城镇、村庄等地面设施的桥梁称为高架桥;把跨越江河的桥梁称为跨江或跨河大桥;把跨越海湾(海峡)的桥梁称为跨海大桥。随着科学技术的进步,桥梁设计理论和建造技术不断发展,人们建造了许多高大的立交桥、城市高架桥、跨越江河的跨江或跨河大桥,以及跨越海湾(海峡)的跨海大桥。桥梁结构多种多样,形式多姿多彩,给人们带来了美的感受,激发人们的自豪感,成为人们生活环境中印象深刻的标志性建筑物。因此,桥梁建筑也常作为一种空间艺术结构存在于自然环境中。

我国改革开放几十年来,随着科学技术的快速进步、社会生产力的高速发展,桥梁建筑无论在规模上还是在科学技术水平上,均已跻身世界先进行列。进入 21 世纪以来,我国桥梁建筑技术已从跨越江河迈向了跨越大海的新水平,如杭州湾跨海大桥、舟山连岛工程以及港珠澳大桥等一些跨海大桥相继建成。根据我国公路建设的远景规划,跨越渤海湾、琼州海峡等大型工程也已列入规划建设阶段。目前各种功能齐全、造型美观的城市立交桥、高架桥及跨越各种障碍物的大跨径公路桥、铁路桥如雨后春笋般相继建成,对改善人民的生活环境、促进社会经济发展和国防建设,起到了关键性的作用。

第一节　概述

一、桥梁的基本组成

桥梁由上部结构、下部结构、支座和附属设施 4 个基本部分组成。图 1-1 为一座公路桥梁的概貌。

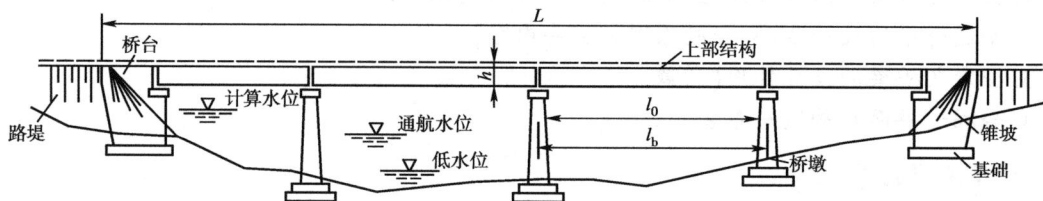

图 1-1　梁式桥概貌

下文对涉及一般桥梁工程的几个主要名词进行解释。

(1)上部结构(或称为桥跨结构)是在线路中断时跨越障碍的主要承重结构,是桥梁支座以上(无铰拱起拱线或刚架主梁底线以上)跨越桥孔部分的总称。跨越幅度越大,上部结构的构造就越复杂,施工难度也相应增加。

(2)下部结构(桥墩、桥台和基础的统称)是支承桥跨结构并将永久荷载和车辆荷载传至地基的建筑物。

(3)桥墩和桥台是支承上部结构并将其传来的永久荷载和车辆等荷载传至基础的结构物。桥台设在桥梁两端,桥墩则在两桥台之间。桥墩的作用是支承桥跨结构;而桥台除了起支承桥跨结构的作用外,还要与路堤衔接,以防止路堤滑塌。

(4)桥墩和桥台底部的部分称为基础,基础承担了从桥墩和桥台传来的全部荷载,这些荷载包括竖向荷载以及地震、船舶撞击墩身等引起的水平荷载。由于基础往往深埋于水下地基中,在桥梁施工中是难度较大的一个部分,也是确保桥梁安全的关键之一。

(5)支座是设在墩(台)顶,用于支承上部结构的传力装置,它不仅要传递很大的荷载,并且要保证上部结构按设计要求能产生一定的变位。

（6）桥梁的基本附属设施包括桥面系、伸缩缝、桥梁与路堤衔接处的桥头搭板和锥形护坡等。

（7）河流中的水位是变动的,枯水季节的最低水位称为低水位,洪峰季节河流中的最高水位称为高水位。桥梁设计中按规定的设计洪水频率计算所得的高水位(很多情况下是推算水位),称为设计洪水位。设计洪水位加壅水和浪高,称为计算水位。在各级航道中,能保持船舶正常航行时的水位,称为通航水位。

下面介绍一些与桥梁布置有关的主要尺寸和名词术语。

（1）净跨径即水平净距(用 l_0 表示):对于设支座的桥梁为相邻两墩、台身顶内缘之间的水平净距(图 1-1);不设支座的桥梁为上、下部结构相交处内缘间的水平净距(图 1-2)。

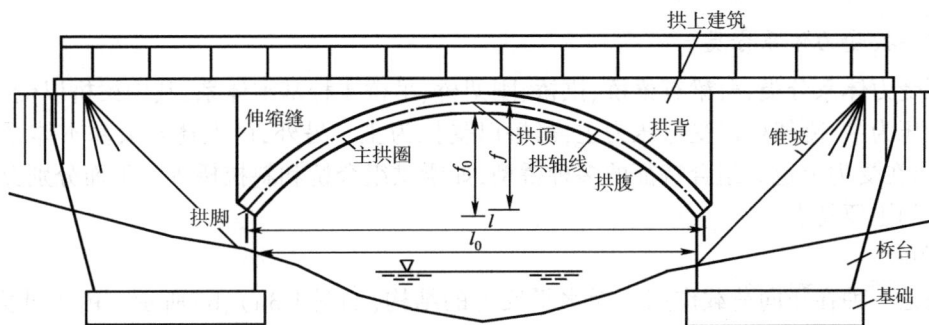

图 1-2　拱桥概貌
l_0-净跨径;l-计算跨径;f_0-净矢高;f-计算矢高;f/l-矢跨比

（2）标准跨径(l_b):对于梁式桥,它是指相邻两桥墩中线之间的距离,或墩中线至桥台台背前缘之间的距离;对于拱桥,则是指净跨径。当新建桥涵跨径在 50m 以下时,一般均应尽量采用标准化跨径和标准设计图纸。我国交通运输部颁发的公路桥涵标准化跨径从 0.75m 起至 50m,共有 21 种,具体为:0.75m、1.0m、1.25m、1.5m、2.0m、2.5m、3.0m、4.0m、5.0m、6.0m、8.0m、10m、13m、16m、20m、25m、30m、35m、40m、45m、50m。

（3）总跨径:多孔桥梁中各孔净跨径的总和($\sum l_0$),它反映了桥下宣泄洪水的能力。

（4）计算跨径(用 l 表示):对于设支座的桥梁,为相邻支座中心的水平距离;对于不设支座的桥梁(如拱桥、刚构桥等),为上、下部结构的相交面之中心间的水平距离。桥梁结构的力学计算是以 l 为准的。

（5）桥梁全长(用 L 表示):简称桥长,对于有桥台的桥梁为两岸桥台翼墙尾端间的距离;对于无桥台的桥梁为桥面系行车道长度。

（6）桥下净空:为满足通航(或行车、行人)的需要和保证桥梁安全而对上部结构底缘以下规定的空间界限。

（7）桥梁建筑高度:上部结构底缘至桥面顶面的垂直距离(图 1-1 中的 h)。线路定线中所确定的桥面高程,与通航(或桥下通车、人)净空界限顶部高程之差,称为容许建筑高度。显然,桥梁建筑高度不得大于容许建筑高度。为控制桥梁建筑高度,可以通过在桥面以上布置结构(如斜拉桥,悬索桥,中、下承式拱桥等)的方式加以解决。

（8）桥面净空:桥梁行车道、人行道上方应保持的空间界限,公路、铁路和城市桥梁对桥面净空都有相应的规定。

(9)净矢高(用f_0表示):拱桥从拱顶截面下缘至相邻两拱脚截面下缘最低点连线的垂直距离。

(10)计算矢高(用f表示):拱桥从拱顶截面形心至相邻两拱脚截面形心之连线的垂直距离。

(11)矢跨比(用f/l表示):拱桥中拱圈(或拱肋)的计算矢高与计算跨径之比,也称拱矢。它是反映拱桥受力特性的一个重要指标。

涵洞是用来宣泄路堤下水流的构造物。通常为了使路堤不中断而建造的,单孔跨径一般不到5m的泄水结构物,均称为涵洞(管涵、箱涵不论管径或跨径大小、孔数多少,均称为涵洞)。

二、桥梁的分类

1. 桥梁按受力体系分类

按照受力体系分类,桥梁有梁桥、拱桥、刚架桥、吊桥4种基本体系,其中梁桥以受弯为主,拱桥以受压为主,刚架桥以受弯压为主,吊桥以受拉为主。另外,由上述4大基本体系相互组合,派生出在受力上也具组合特征的多种桥型,如梁拱组合桥和斜拉桥等。下面分别介绍各种桥梁体系的主要特点。

1)梁桥

梁桥是一种在竖向荷载作用下无水平反力的结构,如图1-3a)、b)所示。由于外力(永久荷载和可变荷载)的作用方向与承重结构的轴线接近垂直,因而与同样跨径的其他结构体系相比,梁桥内产生的弯矩最大,通常需用抗弯、抗拉能力强的材料来建造。对于中、小跨径梁桥,目前在公路上应用最广泛的是标准跨径的钢筋混凝土或预应力混凝土简支梁桥,施工方法有预制装配和现浇两种。这种梁桥的结构简单、施工方便,简支梁对地基承载力的要求也不高。钢筋混凝土及先张法预应力混凝土简支梁桥其常用跨径在25m以下;当跨径较大时,需采用后张法预应力混凝土简支梁桥,但跨度一般不超过50m。为了改善受力条件和使用性能,地质条件较好时,中、小跨径梁桥可修建等截面连续梁桥,如图1-3c)所示。对于很大跨径的大桥和特大桥,可采用预应力混凝土变截面梁桥、钢桥和钢-混凝土组合梁桥,如图1-3d)、e)所示。

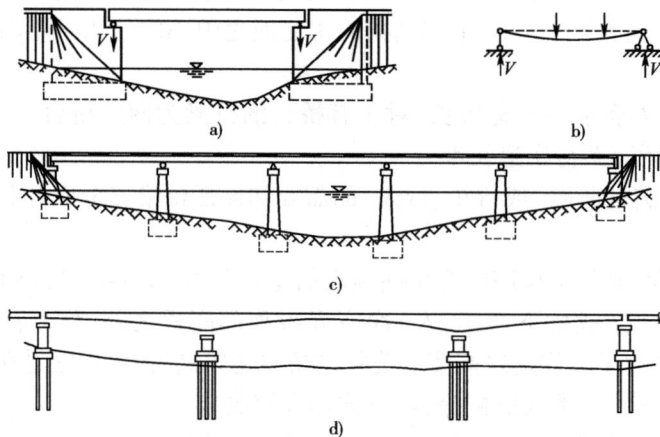

图 1-3

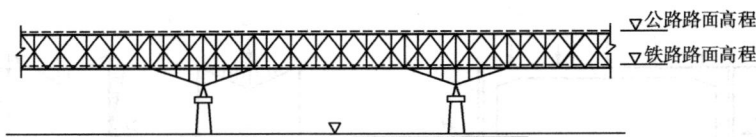

e)

图 1-3　梁桥

2）拱桥

拱桥的主要承重结构是拱圈或拱肋（拱圈横截面设计成分离形式时称为拱肋），如图 1-4a）所示。拱式结构在竖向荷载作用下，桥墩和桥台将承受水平推力，如图 1-4b）所示。同时，根据作用力和反作用力原理，墩台向拱圈（或拱肋）提供一对水平反力 H，这种水平反力将大大抵消在拱圈（或拱肋）内由荷载所引起的弯矩。因此，与同跨径的梁相比，拱的弯矩、剪力和变形都要小得多。鉴于拱桥的承重结构以受压为主，通常可用抗压能力强的圬工材料（如石料、混凝土）和钢筋混凝土等来建造。

拱桥不仅跨越能力很大，而且外形酷似彩虹卧波，十分美观。在条件许可的情况下，修建拱桥往往是经济合理的，一般在跨径 500m 以内均可作为比选方案。

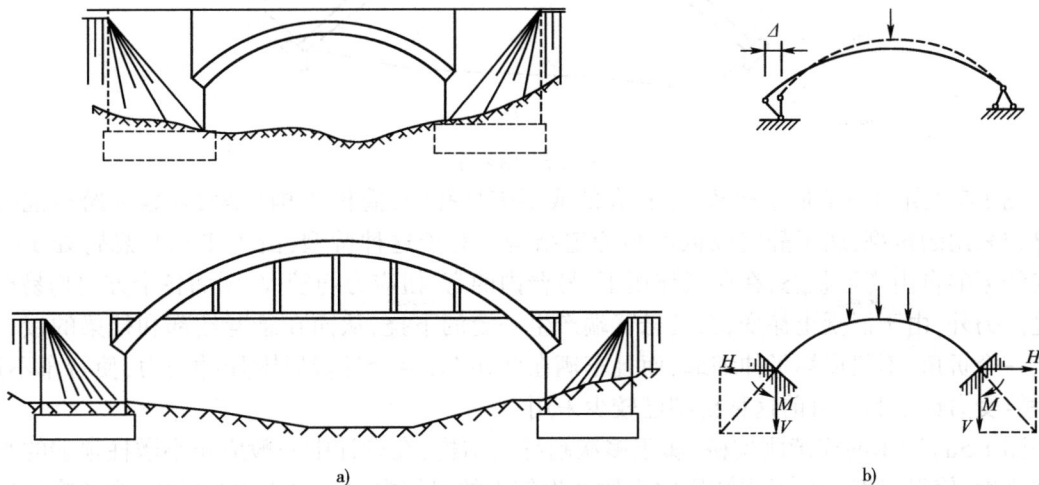

a)　　　　　　　　　b)

图 1-4　拱桥

注意：为了确保拱桥的安全，下部结构和地基（特别是桥台）必须能经受住很大的水平推力作用。此外，与梁桥不同，由于拱圈（或拱肋）在合龙前自身不能维持平衡，因而拱桥在施工过程中的难度和危险性要远大于梁桥。

3）刚架桥

刚架桥的主要承重结构是梁（或板）与立柱（或竖墙）整体接合在一起的刚架结构，梁和柱的连接处刚性大，以承担负弯矩的作用。图 1-5a）所示的门式刚架桥，在竖向荷载作用下，柱脚处具有水平反力，梁部主要受弯，但弯矩值较同跨径的简支梁小，梁内还有轴压力 H，因而其受力状态介于梁桥与拱桥之间，如图 1-5b）所示。刚架桥的跨中建筑高度就可做得较小，但普通钢筋混凝土修建的刚架桥在梁柱刚结处较易产生裂缝，需在该处多配钢筋。另外，门式刚架桥在温度变化时，内部易产生较大的附加内力，应引起重视。

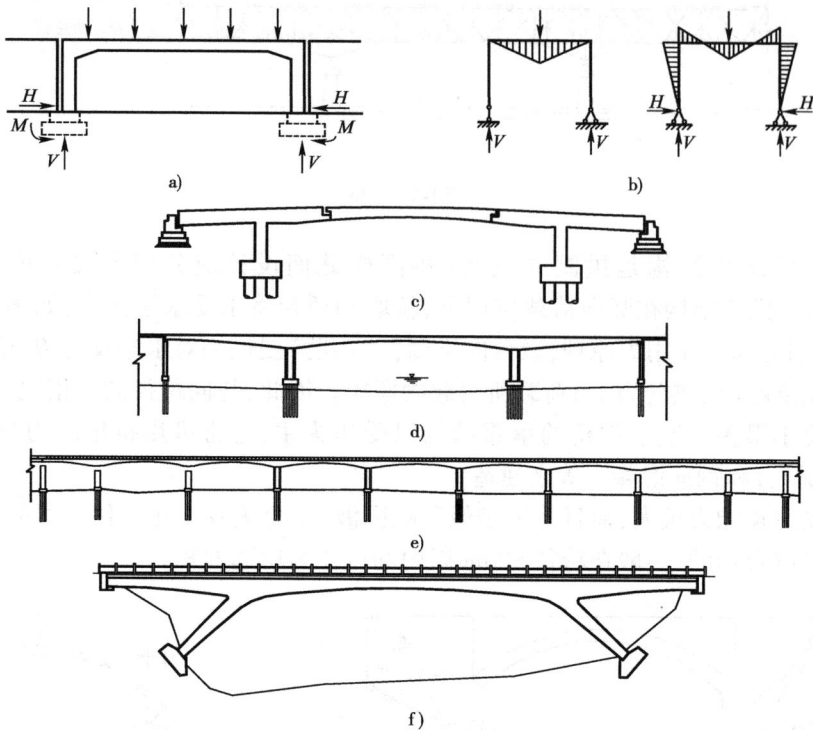

图 1-5　刚架桥

图 1-5c)所示的 T 形刚构桥(带挂孔的或不带挂孔的,简称 T 构)是修建较大跨径混凝土桥梁曾采用的桥型,属于静定或低次超静定结构。对于这种桥型,由于 T 构长悬臂处于一种不受约束的自由变形状态,在荷载作用下,悬臂内的弯、扭应力均较大,因而各个方向均易产生裂缝。另外,由于混凝土徐变,会使悬臂端产生一定的下挠,从而在悬臂端部和挂梁的接合处形成一个折角,不仅损坏了伸缩缝,而且车辆在此跳车,会给悬臂以附加冲击力,使行车不适,对桥梁受力也不利。目前这种桥型已较少采用。

图 1-5d)所示的连续刚构桥,属于多次超静定结构,在设计中一般应减小墩柱顶端的水平抗推刚度,使得温度变化下在结构内不致产生较大的附加内力。对于很长的桥,为了降低这种附加内力,往往在两侧的一个或数个边跨上设置滑动支座,从而形成图 1-5e)所示的刚构-连续组合体系桥型。

说明:刚构桥从受力体系来看,应属于刚架桥;从形式方面看,可属于梁式桥。

当跨越陡峭河岸和深谷时,修建斜腿刚架桥往往既经济合理又轻巧美观,如图 1-5f)所示。由于斜腿墩柱置于岸坡上,有较大斜角,中跨梁内的轴压力也很大,因而斜腿刚架桥的跨越能力比门式刚构桥要大得多,但斜腿的施工难度较直腿大些。

4)吊桥(悬索桥)

吊桥是用悬挂在两边塔架上的强大缆索作为主要承重结构,如图 1-6 所示。在桥面系竖向荷载作用下,通过吊杆使缆索承受很大的拉力,缆索锚于吊桥两端的锚碇结构中,为了承受巨大的缆索拉力,锚碇结构须做得很大(重力式锚碇),或者依靠天然完整的岩体来承受水平拉力(隧道式锚碇);缆索传至锚碇的拉力可分解为垂直和水平两个分力,因而吊桥也是具有水平反力(拉力)的结构。钢丝成股编制形成钢缆,以充分发挥其优良的抗拉性能。吊桥的承载系统包括缆索、塔柱和锚碇三部分,因此结构自重较小、跨越能力大。吊桥的另一特点是受力简单明了,成卷的钢缆易于运输,在将缆索架设完成后,便形成了一个强大稳定的结构支承系统,施工过程中的风险相对较小。

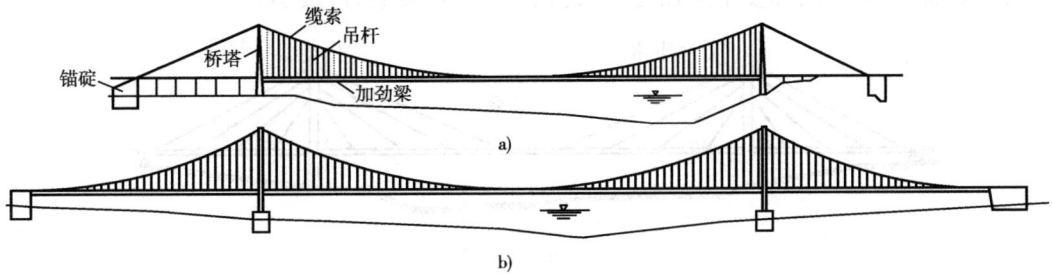

图1-6 吊桥(悬索桥)

吊桥的刚度较小,属柔性结构,在车辆荷载作用下,将产生较大的变形。例如,跨度1000m的吊桥,在车辆荷载作用下,$l/4$ 区域的最大挠度可达3m左右。另外,吊桥抗风振的能力及稳定性在设计和施工中也须予以特别的重视。

5)组合体系桥梁

由几个不同受力体系结构组合而成的桥梁称为组合体系桥梁。

梁、拱组合体系(图1-7)包括系杆拱、桁架拱等。它们利用梁的受弯与拱的承压特点组成联合结构。在预应力混凝土结构中,因梁体内可以储备巨大的压力来承受拱的水平推力,使这类结构既具有拱的特点,又没有水平推力,故对地基要求不高,但这种结构施工复杂。

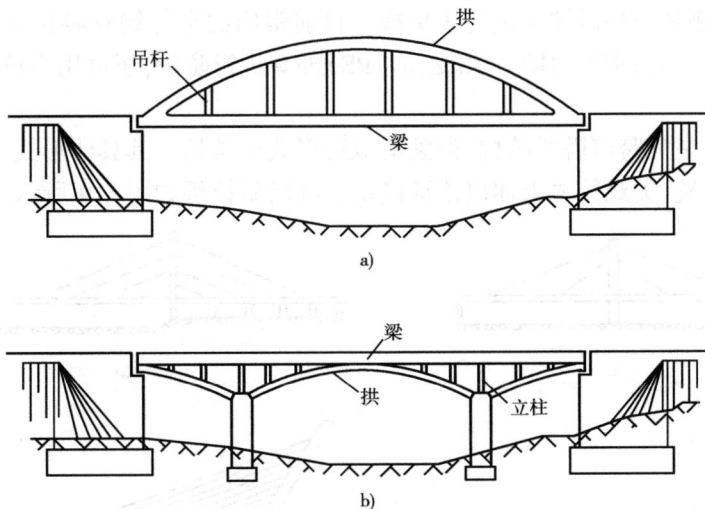

图1-7 梁、拱组合体系

斜拉桥(图1-8)是由承压的塔、受拉的索与承弯的梁体组合起来的一种结构体系。主要承重的为主梁,由于斜拉索将主梁吊住,使主梁变成类似于多点弹性支承的连续梁,由此减小主梁截面,增加桥跨跨径。斜拉桥由塔柱、主梁和斜拉索组成。它的受力特点:受拉的斜索将主梁多点吊起,并将主梁的永久荷载和车辆等其他荷载传至塔柱,再通过塔柱基础传至地基,塔柱基本上以受压为主。跨度较大的主梁就像一条多点弹性支承(吊起)的连续梁一样工作,从而使主梁内的弯矩大大减小。由于同时受到斜拉索水平分力的作用,主梁截面的基本受力特征是偏心受压构件。斜拉桥属于高次超静定结构,主梁所受弯矩大小与斜拉索的初张力密切相关,存在最优索力分布,即使主梁在受力状态下的弯矩(或应力)最小。

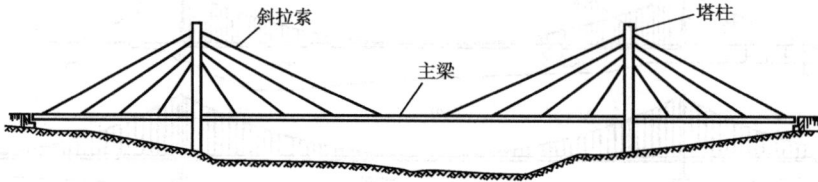

图 1-8　斜拉桥

　　主梁由于受到斜拉索的弹性支承,弯矩较小,使得主梁尺寸大大减小,结构自重显著减小,从而大幅度提高了斜拉桥的跨越能力。此外,由于塔柱、拉索和主梁构成稳定的三角形,斜拉桥的结构刚度较大,斜拉桥的抗风能力较吊桥(悬索桥)要强得多。但是,当跨度很大时,悬臂施工的斜拉桥因主梁悬臂长度过长,承受压力过大,而风险较大;因塔高过高,外索过长,索垂度的影响也会使索的刚度大幅下降。

　　斜拉索的组成和布置、塔柱形式及主梁的截面形状是多种多样的,主梁的截面形状与拉索的布置情况要相互配合。我国常用高强平行钢丝或钢绞线等制成斜拉索。斜拉索按施工工艺有工厂预制(成品索)和现场防护两种。我国20世纪80年代末至90年代初修建的斜拉桥中,斜拉索大多采用现场防护的施工工艺。由于现场防护环境不利,不确定因素多,加上施工技术不够成熟,拉索在使用7～8年后,索内高强钢材均出现不同程度的锈蚀现象,影响大桥的安全,近年来已有几座斜拉桥对拉索进行了更换。目前常用的平行钢丝斜拉索完全在工厂内制成,在钢丝束上包一层高密度(HD)的聚乙烯(PE)外套进行防护,还可用彩色高密度聚乙烯制成彩色索。

　　常用的斜拉桥是三跨双塔式结构,但独塔双跨形式也常见。其具体形式及布置的选择,应根据河流、地形、通航、美观等要求加以论证确定。独塔斜拉桥如图1-9所示。

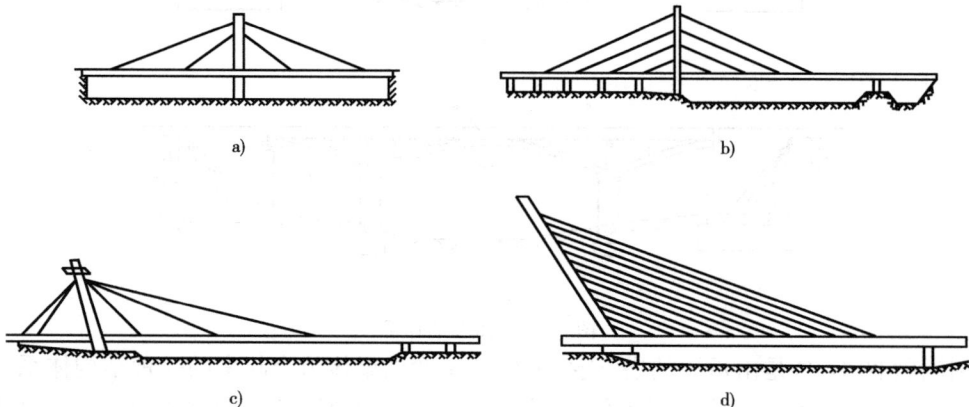

a)　　　　　　　　　　　　　　b)

c)　　　　　　　　　　　　　　d)

图 1-9　独塔斜拉桥

2. 桥梁的其他分类方法

除了上述按受力特点分成不同的结构体系外,人们还习惯地按桥梁的用途、规模大小和建桥材料等其他方面对桥梁进行分类。

(1)按用途来划分,可分为公路桥、铁路桥、公铁两用桥、农桥(或机耕道桥)、人行桥,水运桥(渡槽)、管线桥等。

(2)按桥梁总长和跨径的不同,可分为特大桥、大桥、中桥、小桥和涵洞,见表 1-1 所列。

桥梁和涵洞分类 表 1-1

桥涵分类	多孔跨径总长 $L(m)$	单孔跨径 $L_K(m)$	桥梁分类	多孔跨径总长 $L(m)$	单孔跨径 $L_K(m)$
特大桥	$L > 1000$	$L_K > 150$	小桥	$8 \leqslant L \leqslant 30$	$5 \leqslant L_K < 20$
大桥	$100 \leqslant L \leqslant 1000$	$40 \leqslant L_K \leqslant 150$	涵洞	—	$L_K < 5$
中桥	$30 < L < 100$	$20 \leqslant L_K < 40$			

注:单孔跨径系指标准跨径;多孔跨径总长为多孔标准跨径之和。

(3)按照主要承重结构所用的材料划分,可分为圬工(包括石材、混凝土)桥、钢筋混凝土桥、预应力混凝土桥、钢桥和木桥等。其中木材易腐,且资源有限,一般不用于永久性桥梁。

(4)按跨越障碍的性质,可分为跨海桥、跨河桥、立交桥、高架桥和栈桥。高架桥一般是指跨越深沟峡谷以替代高路堤的桥梁,以及在城市桥梁中跨越地面设施的桥梁。

(5)按上部结构的行车道位置,可分为上承式、中承式和下承式桥梁。

三、桥梁建筑的发展动态

1. 我国桥梁建筑成就

根据史料记载,在距今约 3000 年的周文王时,我国就已在宽阔的渭河上架过大型浮桥。由于浮桥的架设具有简便快速的特点,所以它常被用于军事活动。汉唐以后,浮桥的运用日趋普遍。

现代桥梁中广为修建的多孔桩柱式桥梁,在我国春秋战国时期(公元前 332 年)就已普遍在黄河流域和其他地区采用,不同的只是古桥多以木桩为墩桩,上置木梁、石梁。

近代的大跨径吊桥和斜拉桥也是由古代的藤、竹吊桥发展而来的。在各国有关桥梁的历史书上,大都承认我国是最早建造吊桥的国家。据记载,在唐朝中期,我国就从藤索、竹索发展到用铁链建造吊桥,而西方在 16 世纪才开始建造铁链吊桥,比我国晚了近千年。至今尚保留下来的古代吊桥有四川泸定县的大渡河铁索桥(1706 年),以及灌县的安澜索桥(1803 年)等。

在秦汉时期,我国已广泛修建石梁桥。世界上现在尚保存着的最长、工程最艰巨的石梁桥,就是我国于 1053 年至 1059 年在福建泉州建造的万安桥,也称洛阳桥(图 1-10)。此桥长达 834m,共 47 孔,位于波涛汹涌的海口江面上。此桥以磐石

图 1-10 万安桥

铺遍桥位江底,是近代筏形基础的开端,并且独具匠心地用养殖海生牡蛎的方法胶固桥基,使之成为整体,此亦是世界上绝无仅有的造桥方法。近千年前就能在这种艰难复杂的水文条件下建成如此的长桥,实为中外桥梁史上一个奇迹。

举世闻名的河北省赵县的赵州桥,是我国古代石拱桥的杰出代表(图1-11)。该桥在隋朝大业初年(公元605年左右)为李春所创建,是一座空腹式的圆弧形石拱桥,净跨径37.02m,宽9m,净矢高7.23m。在拱圈两肩各设有两个跨度不等的腹拱,这样既能减轻自重、节省材料,又便于排洪、增加美观。

北京宛平卢沟桥(图1-12)始建于金·大定二十九年(公元1189年),完工于金·明昌三年(公元1192年)。该桥全长266.5m,共11孔,净跨径不等,自11.4m至13.45m,桥宽7.5m,墩宽自6.5m至7.9m。该桥拱圈接近半圆形,桥墩迎水面设有镶三角铁柱的分水尖端,背水面为削角方形。桥面上石栏杆共269间,各望柱头上雕刻有石狮。金代原物简单统一,之后历朝改换、制作精良,石狮形态各异,且有诸多小狮,怀抱背负,足抚口噙,趣味横生。

图1-11 河北省赵县赵州桥

图1-12 卢沟桥

我国古代桥梁建筑有着辉煌的历史,但由于封建帝王的长期统治,严重束缚了生产力的发展,闭关锁国、社会制度腐朽。进入19世纪以后,我国在综合国力、科学技术等方面,已经远远落后于西方列强。至新中国成立前,公路桥梁绝大多数为木桥、石桥,且年久失修,破烂不堪。1949年以后,特别是改革开放以来,随着我国国力迅速增强,交通运输事业才得到快速发展。1957年,第一座长江大桥——武汉长江大桥的胜利建成,结束了我国万里长江无桥的历史,从此"一桥飞架南北,天堑变通途"。大桥的正桥为三联3×128m的连续钢桁梁,下层双线铁路、上层公路桥,其桥面宽18m,两侧各设2.25m人行道。该桥包括引桥在内全桥总长1670.4m。大型钢梁的制造和架设、深水管柱基础的施工等,为发展我国现代桥梁技术开创了新路。

20世纪90年代以来,国家对高等级公路的大力投入,使得我国的桥梁事业得到了空前的大发展,取得了举世瞩目的成就。目前我国在大跨径桥梁的建设方面,已经跻身世界先进行列。

1) 钢筋混凝土梁式桥

中小跨径的梁式桥一般均采用简支梁桥,当简支梁的跨径在30m以下时宜采用标准化跨径。对于高等级公路桥上的多跨简支梁,随着车速和行车舒适性要求的提高,简支梁多采用桥面或结构连续,以减少伸缩缝的数量。我国跨径最大的简支梁桥,是1997年建成的昆明南过境干道高架桥,跨径63m。

进入20世纪80年代,对称平衡悬臂法施工的大跨度预应力混凝土箱形截面连续梁得到了迅速的发展。1991年建成通车的云南六库怒江大桥(图1-13)是一座预应力混凝土连续梁桥,其主桥跨径为 85m + 154m + 85m;2013 年,建成通车的乐自高速公路岷江大桥,其主桥跨径为 100.4m + 3 × 180m + 100.4m,是我国目前跨度最大的预应力混凝土连续梁桥。

预应力混凝土连续刚构桥的特点是梁保持连续,墩梁固结。这样既保持了连续梁无伸缩缝、行车平顺的优点,又保持了刚构不设支座的优点,同时避免了连续梁和 T 构的缺点,因而在一些大跨桥梁的方案设计中预应力混凝土连续刚构桥成为最有竞争力的桥型之一,并得到快速发展。

1988 年建成的广东番禺洛溪大桥是我国第一座大跨径连续刚构桥,跨径组合为 65m + 125m + 180m + 110m,采用双肢箱形薄壁墩,墩顶处箱梁高 10m,跨中处 3m。1996 年又建成湖北黄石长江大桥,主跨为 245m,主桥连续长达 1060m;特别是 1997 年建成的广东虎门大桥辅航道桥(图 1-14),跨径组合为 150m + 270m + 150m,主桥位于半径等于 7000m 的平曲线上,建成时跨径居同类桥型世界首位。

图 1-13　云南六库怒江大桥　　　　　图 1-14　广东虎门大桥辅航道桥

2)拱桥

拱桥在我国有着悠久的历史,由于拱桥造型优美,跨越能力大,长期以来一直是大跨桥梁的主要形式之一。20 世纪 60 年代拱桥无支架施工方法的应用与发展,使混凝土拱桥竞争力大大提高。

著名的石拱桥有湖南凤凰县乌巢河桥,它的跨径 120m,拱圈由两条宽 2.5m 的石板拱组成,板间用钢筋混凝土横梁联系。

2000 年建成的山西晋城—河南焦作高速公路上的丹河大桥,其主孔净跨径 146m,保持着石拱桥跨径的世界纪录。该桥拱顶处拱圈高 2.5m,拱脚处 3.5m,桥面宽 24.2m,拱圈用 MU80 料石砌成。

20 世纪 90 年代兴起的钢管混凝土拱桥,使得大跨径拱桥的建造能力得到了进一步的提高。先合龙自重轻、强度高的钢管拱圈,在施工期间作为施工拱架,待管内压注高强度等级混凝土硬化后形成组合截面的主拱圈共同承受车辆荷载。用此方法分别于 1995 年建成了广东南海三山西大桥,跨径为 200m;1998 年建成了广西三岸邕江大桥,主跨跨径为 270m。2000 年建成跨越珠江主副航道和丫髻沙岛的丫髻沙大桥(图 1-15),主跨跨径达 360m,

图 1-15　丫髻沙大桥

桥梁总长 1084m,主桥跨径组合 76m + 360m + 76m,为连续自锚中承式钢管混凝土拱桥;巫山长江公路大桥为净跨径 460m 的中承式钢管混凝土桁架拱桥。

以钢管混凝土作为劲性骨架,再外包混凝土形成箱形拱,是修建大跨径拱桥十分好的构思,除了施工方便外,还避免了钢管防护问题。另外,这种分期形成的截面由于钢管混凝土最先受力,从而充分利用了钢管混凝土承载潜力大的优势。用此方法我国 1997 年建成重庆万县长江大桥(图 1-16),该桥主跨跨径 420m,为当时世界上同类型跨度最大的拱桥。

此外,我国用悬臂施工法建成了多座桁式组合拱桥,跨度最大的是贵州江界河大桥(图 1-17),建于 1995 年,主孔跨径达到 330m。

图 1-16 万县长江大桥

图 1-17 贵州江界河大桥

杭州钱塘江四桥(复兴大桥)是杭州市第一座跨钱塘江的城市桥梁,如图 1-18 所示。该桥设计采用了钢管混凝土双主拱方案,主桥的跨径组合为 2 × 85m + 190m + 5 × 85m + 190m + 2 × 85m。其中 85m 跨径是下承式系杆拱桥和上承式拱桥的组合,190m 跨径是下承式系杆拱桥和中承式拱桥的组合,因此全桥包括了拱桥的下承式、中承式和上承式 3 种形式。桥梁上层为六车道的快车道,中间设分隔带,两侧设防撞护栏和 50cm 的检修道;下层为双线轻轨,两侧设公交专用道。

2003 年建成通车的上海卢浦大桥(图 1-19)是当时世界上单孔跨度最大的拱桥。该桥为中承式拱梁组合体系钢拱桥,主跨跨径为 550m,矢跨比为 1/5.5,拱肋为全焊钢箱拱结构。

图 1-18 钱塘江四桥

图 1-19 上海卢浦大桥

重庆朝天门长江大桥,全长 1710m,主桥跨径 190m + 552m + 190m,全宽 36.5m,分上、下两层,上层为双向六车道,下层中间为双向交通轻轨,两边为预留车道。该桥于 2009 年完工,建成时是世界上跨度最大的钢桁架系杆拱桥。目前世界上跨径最大的刚拱桥是广西平南三桥，该桥主跨575m，为钢管混凝土桁架拱桥。

世界范围内主要的大跨径钢拱桥如表1-2所示。

世界范围内主要的大跨径钢拱桥 表1-2

序号	桥　　名	主跨(m)	拱肋结构形式	国　　家	建成时间(年)
1	平南三桥	575	钢管混凝土桁架拱	中国	2020
2	朝天门长江大桥	552	钢桁拱	中国	2009
3	卢浦大桥	550	钢箱拱	中国	2003
4	波司登大桥	530	钢管混凝土桁架拱	中国	2013
5	新河谷桥	518	钢桁拱	美国	1977
6	贝永大桥	510	钢桁拱	美国	1931
7	悉尼港湾大桥	503	钢桁拱	澳大利亚	1932
8	巫山长江大桥	460	钢管混凝土桁架拱	中国	2005
9	明州大桥	450	钢箱拱	中国	2011
10	肇庆西江大桥	450	钢箱拱	中国	2014

3）斜拉桥

我国的斜拉桥起步稍晚，1975年建成的跨径76m的四川云阳桥是国内第一座斜拉桥。20世纪90年代以后，因跨越大江大河的需要，斜拉桥得到了快速的发展，修建了一系列特大跨度的斜拉桥。据不完全统计，我国建成的斜拉桥已超过100座，其中跨度超过400m的斜拉桥已达20多座，居世界首位。

世界十大斜拉桥如表1-3所示。

世界十大斜拉桥 表1-3

序号	桥　　名	主跨(m)	国　　家	建成时间(年)
1	常泰长江大桥	1176	中国	在建
2	俄罗斯岛大桥	1104	俄罗斯	2012
3	沪苏通长江公铁大桥	1092	中国	2020
4	苏通长江大桥	1088	中国	2008
5	昂船洲大桥	1018	中国	2009
6	青山长江大桥	938	中国	2019
7	鄂东长江大桥	926	中国	2010
8	嘉鱼长江大桥	920	中国	2019
9	多多罗大桥	890	日本	1999
10	诺曼底大桥	856	法国	1995

1991年建成的上海南浦大桥，跨径423m；1993年建成的上海杨浦大桥，跨径602m；2001

年建成的福建青州闽江大桥,跨径605m。这几座桥均为钢-混凝土结合梁斜拉桥。1993年建成的郧阳汉江大桥,跨径414m;1995年建成的安徽铜陵长江大桥,跨径432m;1996年建成的重庆长江二桥,跨径444m;2001年建成的重庆大佛寺长江大桥,跨径450m。这几座桥为混凝土主梁斜拉桥。2001年分别建成跨径628m的南京长江二桥北汊桥(图1-20)、跨径450m的武汉军山长江大桥,为钢主梁斜拉桥。

苏通长江大桥(图1-21)起于通启高速公路的小海互通立交,终于苏嘉杭高速公路董浜互通立交。路线全长32.4km,主要由北岸接线工程、跨江大桥工程和南岸接线工程三部分组成。跨江大桥工程总长8206m,其中主桥采用100m+100m+300m+1088m+300m+100m+100m的双塔双索面钢箱梁斜拉桥。斜拉桥主孔跨度1088m;主塔高度306m;斜拉索的长度580m;群桩基础平面尺寸113.75m×48.1m。

图1-20 南京长江二桥北汊桥

图1-21 苏通长江大桥效果图

4)悬索桥

我国的现代悬索桥起步较晚,特别是在特大跨度悬索桥方面,但在20世纪90年代中期以后,这一局面得到了彻底的改变。1995年建成的广东汕头海湾大桥,主跨452m,开创了我国现代公路悬索桥的先河。紧接着建成跨越长江的西陵长江大桥,单跨900m(1996年);虎门大桥,主跨888m(1997年);香港青马大桥,主跨1377m(1997年);江阴长江大桥,主跨跨径为1385m(1999年,见图1-22);江苏润扬长江大桥南汊桥,主跨跨径为1490m(2008年,见图1-23)。

图1-22 江阴长江大桥

图1-23 润扬长江大桥

世界十大悬索桥如表1-4所示。

世界十大悬索桥　　　　　　　　　　　　　　　　　　　　　表 1-4

序号	桥　名	主跨(m)	国　家	建成时间(年)
1	明石海峡大桥	1991	日本	1998
2	杨泗港长江大桥	1700	中国	2019
3	南沙大桥坭洲水道桥	1688	中国	2019
4	西堠门大桥	1650	中国	2009
5	大贝尔特桥	1624	丹麦	1998
6	奥斯曼一世大桥	1550	土耳其	2016
7	李舜臣大桥	1545	韩国	2012
8	润扬长江大桥	1490	中国	2005
9	杭瑞洞庭大桥	1480	中国	2018
10	南京长江四桥	1418	中国	2012

2009 年建成的舟山大陆连岛工程中的西堠门大桥,起始于册子岛桃夭门岭,跨越西堠门水道,终于金塘岛上雄鹅嘴,全长 5.45km。其中桥长 2.586km,按双向四车道高速公路标准修建,该桥为主跨径 1650m 的悬索桥,大桥设计速度 80km/h,桥面全宽 35m,设计荷载为公路——Ⅰ级,投资约 23.6 亿元。舟山西堠门大桥建成时主跨跨径位居世界第二,如图 1-24 所示。

2. 国外桥梁建筑成就

纵观国外桥梁建筑发展的历史,对于促进和发展现代桥梁建筑有着深远影响的,是继意大利文艺复兴后 18 世纪在英国、法国和其他西欧国家兴起的工业革命,它推动了工业的发展,也促进了桥梁建筑技术方面空前的发展。

1883 年建成的纽约布鲁克林悬索桥(图 1-25),跨径达 486m,开创了现代悬索桥的先河。

图 1-24　舟山西堠门大桥效果图　　　　　　　图 1-25　纽约布鲁克林悬索桥

1937 年 5 月建成的旧金山金门大桥(图 1-26),主跨径达 1280m,保持了 27 年的世界纪录,至今金门大桥仍是举世闻名的桥梁经典之作。

目前世界上跨度最大的悬索桥是 1998 年 4 月 5 日建成通车的日本的明石海峡大桥。它跨越日本本州、四国岛之间的明石海峡,大桥全长 3910m,主跨长 1991m,桥面宽 35m,设 6 条车道;桥塔高 280m,基础沉箱的直径约 80m,高约 70m;两根大缆各由 290 根高强钢索构成,直径为 1.222m；总投资约 40 亿美元。该桥按可以承受里氏 8.5 级强烈地震和抗 150 年一遇的 80m/s 的暴风设计。1995 年 1 月 17 日，日本阪神发生里氏 7.2 级大地震(震中距桥址仅 4km)，大桥附近的神户市内 5000 人丧生，10 万幢房屋夷为平地，但该桥经受住了这次大自然的无情考验，只是南岸的岸墩和锚碇装置发生了轻微位移，使桥的长度增加了 0.8m。明石海峡大桥如图 1-27 所示。

图 1-26　旧金山金门大桥

图 1-27　明石海峡大桥

图 1-28　俄罗斯岛大桥

世界上第一座现代化斜拉桥是 1955 年瑞典建成的斯特罗姆海峡桥，其主跨跨径为 182.6m。从此，该桥型发展十分迅速。截至目前，已建跨径最大的斜拉桥要数俄罗斯的俄罗斯岛大桥(图 1-28)，其主跨跨径为 1104m，建成于 2012 年。

圬工拱桥在国外已有一百多年的历史，1946 年瑞典建成的绥依纳松特桥，是一座混凝土圬工拱桥，跨度达 155m。由于石料开采和加工砌筑费用巨大，国外已很少修建大跨度石拱桥。

钢筋混凝土拱桥从 20 世纪初到 50 年代间，得到了很大的发展。后因支架问题，应用受到一定的限制，直到 1979 年，前南斯拉夫用无支架悬臂施工法建成跨径达 390m 的克尔克大桥(图 1-29)。该桥跨径保持了 18 年的世界纪录。

图 1-29　克尔克大桥

美国弗吉尼亚州的新河峡桥,建成时是世界上跨径最大的钢桁架拱桥(目前世界第四),主跨跨径为518m。

3.桥梁建筑的发展趋势

纵观世界桥梁建筑的历史可以看出,近年来的桥梁结构逐步向轻巧、纤细方向发展,但桥梁的载重、跨径却不断增长。为了适应社会生产力发展所提出的越来越高的交通运输要求,需要建造大量的承受更大荷载、跨越海湾、大江大河等跨径和总长更大的桥梁,这就推动了桥梁结构向高强、轻型、大跨度的方向发展。这在结构理论上就必须研究更符合实际状态的力学分析方法与新的设计理论,以利于充分发挥结构潜在的承载力,充分利用建筑材料的强度,力求工程结构的安全度更为科学和可靠;在大跨度桥梁的设计中,越来越重视空气动力、振动、稳定、疲劳、非线性等研究成果的应用,广泛应用计算机辅助设计;在施工上,力求高度机械化、工厂化、自动化;在运营养护管理上,则力争高度科学化、自动化,目前已有相当数量的大跨度桥梁,通过安装各类先进的传感器,利用现代的计算机、通信网络和分析测试技术建立或正在计划建立桥梁的健康监测和评估管理系统。

21世纪,世界桥梁建筑的发展趋势主要有以下几个方面:

(1)大跨度桥梁向更长、更大、更柔的方向发展。

(2)注重新材料的开发和应用。

(3)在设计阶段采用高度发展的计算机辅助手段,进行有效的快速优化和仿真分析,运用智能化制造系统在工厂生产部件,利用卫星定位技术(GPS)和遥控技术控制桥梁施工。

(4)突破大型深水基础工程。目前世界桥梁基础尚未超过100m,下一步需进行100~300m深海基础工程的实践。

(5)桥梁建成交付使用后,将通过自动监测和管理系统保证桥梁的安全和正常运行,一旦发生故障或损伤,将自动预警,并给出若干养护对策。

(6)重视桥梁美学及环境保护。

在20世纪桥梁建筑工程大发展的基础上,展望21世纪的宏伟蓝图,桥梁建筑技术将有更大、更新的发展。

第二节　桥梁的总体规划和设计程序

一、桥梁设计基本原则

桥梁设计应遵循安全、适用、经济、美观和环保的原则;同时应考虑因地制宜、便于施工、就地取材和养护等因素。桥梁设计应遵循的各项原则分述如下。

1.安全

(1)所设计的桥梁结构在强度、稳定和耐久性方面应有足够的安全储备。

(2)防撞栏杆应具有必要的高度和强度,人与车流之间应做好防护栏,防止车辆驶入人行道或撞坏栏杆而掉落到桥下。

(3)对于交通繁忙的桥梁,应设计好照明设施,并有明确的交通标志;两端引桥坡度不宜太陡,以避免发生车辆碰撞等引起的事故。

(4)对于修建在地震区的桥梁,应按抗震要求采取防震措施;对于河床易变迁的河道,应设计好导流设施,防止桥梁基础底部被过度冲刷;对于通行大吨位船舶的河道,除按规定加大桥孔跨径外,必要时应设置防撞构筑物。

2. 适用

(1)桥面宽度能满足当前以及今后规划年限内的交通流量(包括行人通行)。

(2)桥梁结构在通过设计荷载时,不出现过大的变形和过宽的裂缝。

(3)桥跨结构的下面有利于泄洪、通航(跨河桥)或车辆和行人的通行(旱桥)。

(4)桥梁的两端方便车辆进入和疏散,防止产生交通堵塞现象等。

(5)考虑综合利用等。

3. 经济

(1)桥梁设计应遵循因地制宜、就地取材和方便施工的原则。

(2)经济的桥型应该是造价和使用年限内养护费用综合最省的桥型。设计中应充分考虑维修的方便和维修费用少,维修时尽可能不中断交通,或中断交通的时间最短。

(3)所选择的桥位应是地质、水文条件好,桥梁长度也较短。

(4)桥位应考虑建在能缩短河道两岸的运距,促进该地区的经济发展,产生最大的经济效益。对于过桥收费的桥梁,应能吸引更多的车辆通过,达到尽快收回投资的目的。

4. 美观

一座桥梁应具有优美的外形,而且这种外形从任何角度看都应该是优美的,其结构布置必须精练,并在空间有和谐的比例。桥型应与周围环境相协调,城市桥梁和旅游区的桥梁,可较多地考虑建筑艺术上的要求。合理的结构布局和轮廓是美观的主要因素,结构细部的美学处理也十分重要。另外,施工质量对桥梁美观也有重大影响。

5. 环保

桥梁设计必须考虑环境保护和可持续发展的要求,应从桥位选择、桥跨布置、基础方案、墩身外形、上部结构施工方法、施工组织设计等多方面全面考虑,采取必要的工程控制措施,并建立环境监测保护体系,将不利影响减至最小。

除了满足上述基本原则之外,因桥梁建设与当地的社会、经济、文化和人民生活密切相关,故应适当考虑当地的需要,如考虑农田排水和灌溉的需要;靠近村镇、城市、铁路及水利设施的桥梁,还应结合各有关方面的要求,适当考虑综合利用。

二、桥梁平、纵、横断面设计

1. 设计资料的调查收集

桥梁设计首先要确定桥位。按照《公路工程技术标准》(JTG B01—2014)的规定,小桥和涵洞的位置与线形,一般应符合路线的走向,为满足水文、线路弯道等要求,可设计斜桥和弯桥。对于公路上的特大桥和大、中桥桥位,原则上应服从路线走向,桥、路综合考虑,尽量选择在河道顺直、水流稳定、地质良好的河段上。

设计资料的调查收集是因地制宜设计桥梁的基础性工作,只有资料收集完整了,才能做出合理的设计方案。现将一般桥梁设计中需要调查收集的资料内容分述如下:

(1)交通情况调查:调查桥梁建成后若干年内预期的交通流量大小;调查桥上机动车、非机动车和行人的往来密度,并据此确定桥梁的荷载等级,车行道、人行道的宽度。

(2)桥位处地形、地质和水文情况调查。通过测量或从有关部门获取桥位处一定区域范围内的地形图,这对设计中制定桥型方案和相应的施工方法,以及对施工中临时场地的布置等都是十分重要的。桥位处的地质情况必须仔细探明,包括土的分层高程、物理力学性能、地下水位以及有无不良地质现象(如岩石破碎带、裂隙、溶洞等)等,并将钻探所得资料绘制成地质剖面图。水文情况的调查主要包括最高洪水位、流速、流量等,从航运部门了解河道的通航等级和通航水位。

(3)气象资料调查,包括气温、雨量和风速等情况。

2. 桥梁立面总体设计

桥梁立面总体设计,包括确定桥梁的总跨径、分孔、各种高程、桥上和桥两头的纵坡以及基础的埋置深度等。

对于跨河桥梁,立面总体设计首先应考虑抗洪的要求。如果因建桥造成河道泄洪受阻,洪水可能将桥梁冲坏甚至冲毁,使两岸堤坝受到的冲刷加剧;桥位处壅水还会影响堤坝抗洪的安全可靠性,有时不得不为此加高堤坝以防壅水漫堤。

1)桥梁总跨径的确定

桥梁的总跨径长度必须保证桥下有足够的泄洪面积,可通过水文计算确定。对于一般水中设墩的情形,须做壅水和冲刷(包括河床冲刷和堤坝冲刷)计算。桥梁基础埋置深度必须充分考虑冲刷的影响。

2)桥梁的分孔

桥梁的跨径越大,上部结构的造价就越高,而墩台的造价就减少;反之亦然。经济的设计方案应使上、下部结构的总造价最低。一般对于水深流急的河床,桥跨宜增大;对于基础埋深较浅、墩身又不是很高的情形,跨径过大将是不经济的。

对于通航的河流,分孔时首先考虑桥下通航的要求。通航孔应布置在航行最方便的河道处,但是这种最方便的河道往往不是固定的。例如,对于变迁性河流,航道位置可能发生变化。对于平时状况,航道一般设置在水深的河床中央,但是在洪水季节,河床中央流速过快,航行危险,因而为了抢险需要,靠近岸侧也需设置临时通航孔。

在平原地区的宽阔河流上修建多孔桥时,通常在主槽部分按需要布置较大的通航孔,而在两旁浅滩部分按经济跨径分孔。

在山区和深谷上,应加大跨径,甚至可考虑一孔跨越。

在布置桥孔时,应尽可能避开不利的地质段(如岩石破碎带、裂隙、溶洞等)。对于不同的桥梁体系,分孔时中孔和边孔间应有适当的比例关系,以利受力和方便施工;同时,适当的桥跨比例对营造桥梁景观也是十分重要的。

从战备的要求考虑,宜采用小跨径桥梁,以便战时快速修复。

当标准设计或新建桥涵跨径在50m及以下时,一般均应尽量采用标准化跨径。

总之,桥梁的分孔是很复杂的问题,必须根据使用要求、桥位处的具体情况,结合桥型方案,通过技术、经济、美观等方面的比较,才能做出比较完善的设计方案。

3)桥梁各种高程的确定

高程的确定包括应保证桥下排洪和通航的要求(跨河桥梁)及桥下安全行车(跨线桥梁),同时也须保证排洪、通航、行车过程中桥梁自身的安全。下面介绍确定各种高程时需要考虑的几个问题。

(1)为了保证支座的安全和正常工作,对于设支座的桥梁,支座底面应高出计算水位(即设计洪水位加壅水和浪高)不小于0.25m,并高出最高流冰面不小于0.50m,如图1-30所示。

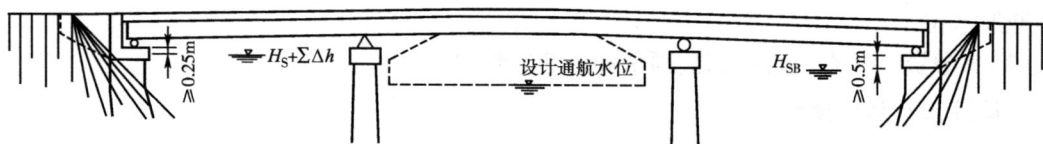

图1-30 有支座桥梁桥下控制高程

无铰拱的拱脚允许被洪水淹没,但淹没深度不宜超过拱圈高度的2/3,且拱顶底面应高出计算水位1.0m,拱脚的起拱线应高出最高流冰面不小于0.25m,如图1-31所示。

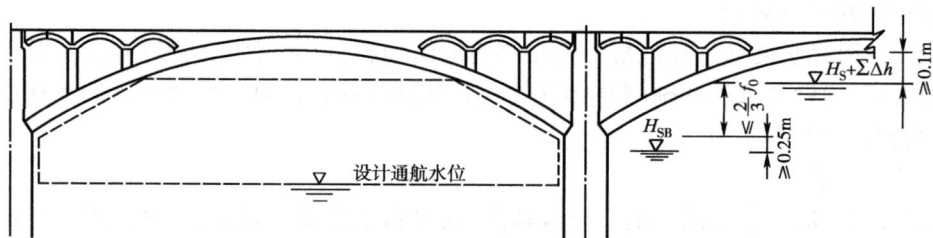

图1-31 拱桥桥下控制高程

当河流中有形成流冰阻塞的危险或有漂浮物通过时,桥下净空应按当地具体情况确定;对于有淤积的河床,桥下净空应适当加高。

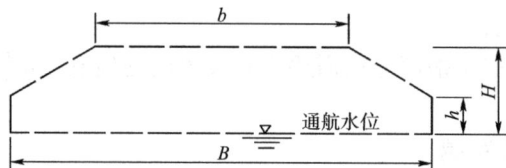

图1-32 通航净空尺寸

(2)在通航及通行木筏的河流上,必须设置保证桥下安全通航的通航孔,并留出符合规范要求的通航净空,如图1-32所示。任何桥梁构件或标志物均不得伸入其内,我国现行《内河通航标准》(GB 50139)对于桥下通航净空尺寸的规定见表1-5所列。

桥下通航净空尺寸 　　　　　　　　　　　　　　　　　　表 1-5

航道等级	天然及渠化河流(m)				限制性航道(m)			
	净高 H	净宽 B	上底宽 b	侧高 h	净高 H	净宽 B	上底宽 b	侧高 h
I-(1)	24	160	120	7.0				
I-(2)		125	95	7.0				
I-(3)	18	95	70	7.0				
I-(4)		85	65	8.0	18	130	100	7.0
II-(1)	18	105	80	6.0				
II-(2)		90	70	8.0				
II-(3)	10	50	40	6.0	10	65	50	5.0
III-(1)								
III-(2)		70	55	6.0				
III-(3)	10	60	45	6.0	10	85	65	6.0
III-(4)		40	30	6.0		50	40	6.0
IV-(1)		60	50	4.0				
IV-(2)	8	50	41	4.0	8	80	66	3.5
IV-(3)		35	29	5.0		45	37	4.0
V-(1)	8	46	38	4.0				
V-(2)	8	38	31	4.5	8	75~77	62	3.5
V-(3)	8、5	28~30	25	5.5、3.5	8、5	38	32	5.0、3.5
VI-(1)					4.5	18~22	14~17	3.4
VI-(2)	4.5	22	17	3.4				
VI-(3)	6	18	14	4.0	6	25~30	19	3.6
VI-(4)						28~30	21	3.4
VII-(1)					3.5	18	14	2.8
VII-(2)	3.5	14	11	2.8		18	14	2.8
VII-(3)	4.5	18	14	2.8	4.5	25~30	19	2.8

（3）对于跨线桥，桥下应按公路（或铁路、城市道路）建筑限界的规定，预留出桥下净空。对于公路所需的净空尺寸，在后面的"桥梁横断面设计"中将叙述；对于铁路或城市道路净空尺寸，可查阅相应的设计规范。桥面高程确定后，就可根据两端桥头的地形和线路要求来设计桥梁的纵断面线形。为了利于桥面排水和降低引道高度，往往设置中间高两端低的双向纵坡，桥上纵坡不宜大于4%，桥头引道纵坡不宜大于5%；位于市镇混合交通繁忙处，桥上纵坡和桥头引道纵坡均不得大于3%，桥上或引道纵坡变更处均应按规定设置竖曲线。

3. 桥梁横断面设计

桥梁的横断面设计，就是确定桥梁为满足使用功能所需的桥面宽度以及桥梁的截面形式，其中桥面净宽由《公路工程技术标准》（JTG B01—2014）各级公路桥面净空限界确定，铁路桥梁、城市桥梁也有相应的规定。在桥面净空限界内，不得有任何物体侵入。横截面形式主要与上部结构的桥型方案及跨径有关。对于桥面上有结构物的桥梁,如中、下承式拱桥,斜拉桥、吊桥等,结构物将占去部分桥面宽度,因而桥面总宽为桥面净宽加结构物所需宽度之和。

三、桥梁的设计步骤

设计工作是桥梁建筑的重要工作之一。对于小桥的设计,除了满足线路走向外,同时应充分考虑桥下泄洪、通航或通车的要求;小桥应尽可能采用标准跨径设计,以提高效率和减小风险。

对于大、中桥,特别是跨度大或技术复杂的桥梁设计,为了能在错综复杂的客观条件中遴选出经济、适用和美观的设计方案,就需按照国家基本建设程序的要求,循序渐进、逐步深入地开展工作。一座大型桥梁的完整设计工作,分前期工作阶段和设计工作阶段。前者又分为工程预可行性研究(简称"预可")阶段和工程可行性研究(简称"工可")阶段;后者则分为初步设计、技术设计和施工图设计 3 个阶段。

1. 前期工作阶段

(1)"预可"阶段

"预可"阶段着重研究建桥的必要性以及宏观经济上的合理性。

在"预可"阶段研究形成的"工程预可行性研究报告书"(简称"预可报告")中,应从经济、政治、国防等方面,详细阐明建桥理由和工程建设的必要性和重要性,同时初步探讨技术上的可行性。对于区域性线路上的桥梁,应以建桥地点(渡口等)的车流量调查(计及国民经济逐年增长)为理论依据。

"预可"阶段的主要工作目标是解决建设项目的上报立项问题,因而,在"预可报告"中,应编制几个可能的桥型方案,并对工程造价、资金来源、投资回报等问题也应有初步估算和设想。

设计方将"预可报告"交业主后,由业主据此编制"项目建议书"报上级主管部门审批。

(2)"工可"阶段

在"项目建议书"被审批确认后,着手"工可"阶段的工作。在这一阶段,着重研究和制定桥梁的技术标准,与河道、航运、规划等部门共同研究,以共同协商确定相关的技术标准。

在"工可"阶段,应提出多个桥型方案,并按交通运输部《公路工程建设项目投资估算编制办法》(JTG 3820—2018)估算造价,基本落实资金来源和投资回报等问题。

2. 设计工作阶段

(1)初步设计

初步设计应根据批复的可行性研究报告、测设合同和初测、初勘或定测、详勘资料编制。

初步设计的目的是确定设计方案,应通过多个桥型方案的比选,推荐最优方案,报上级主管部门审批。在编制各个桥型方案时,应提供"平、纵、横"布置图,标明主要尺寸,并估算工程数量和主要材料数量,提出施工方案的意见,编制设计概算,提供文字说明和图表资料。初步设计经批复后,则成为施工准备、编制施工图设计文件和控制建设项目投资等的依据。

（2）技术设计

对于技术上复杂的特大桥、互通式立交或新型桥梁结构，须进行技术设计。

技术设计应根据初步设计批复意见、测设合同的要求，对重大、复杂的技术问题通过科学实验、专题研究、加强勘探调查及分析比较，进一步完善批复的桥型方案的总体和细部各种技术问题以及施工方案，并修正工程概算。

（3）施工图设计

两阶段（或三阶段）施工图设计应根据初步设计或技术设计的批复意见、测设合同，进一步对所审定的修建原则、设计方案、技术决定加以具体和深化。在此阶段中，必须对桥梁各种构件进行详细的结构计算，并且确保强度、稳定性、刚度、裂缝、构造等各种技术指标满足相关规范要求，绘制出施工详图，提出文字说明及施工组织计划，并编制施工图预算。

国内一般的（常规的）桥梁采用两阶段设计，即初步设计和施工图设计；对于技术简单、方案明确的小桥，也可采用一阶段设计，即施工图设计。

四、桥梁建筑设计方案的比选

为了获得经济、适用和美观的桥梁建筑设计方案，设计者必须根据各种自然、技术上的条件，因地制宜，在综合应用专业知识，了解掌握国内外新技术、新材料、新工艺的基础上，进行深入细致的研究分析对比工作。

桥梁建筑设计方案的比选和确定可按下列步骤进行：

（1）明确各种高程的要求。在桥位纵断面图上，先按比例绘出设计洪水位、通航水位、堤顶高程、桥面高程、通航净空、堤顶行车净空位置图。

（2）桥梁分孔和初拟桥型方案草图。在上述确定了各种高程的纵断面图上，根据泄洪总跨径的要求，进行桥梁分孔和初拟桥型方案草图。在初拟草图时思路要宽广，只要基本可行，尽可能多绘一些草图，以免遗漏可能的桥型方案。

（3）方案初筛。对草图方案作技术和经济上的初步分析和判断，筛去弱势方案，从中选出2～4个构思好、各具特点的优势方案，进一步详细研究和比较。

（4）详绘桥型方案。根据不同桥型、不同跨度、宽度和施工方法，拟定主要尺寸并尽可能细致地绘制各个桥型方案的尺寸详图。对于新结构，应作初步的力学分析，以便准确拟订各方案的主要尺寸。

（5）编制估算或概算。依据编制方案的详图，可以计算出上、下部结构的主要工程数量，然后依据各省、区、市或行业的"估算定额"或"概算定额"，编制出各方案的主要材料（如钢、木、混凝土等）用量、劳动力数量、全桥总造价。

（6）方案选定和文件汇总。全面考虑建设造价、养护费用、建设工期、运营适用性、造型美观等因素，综合分析，阐述每个方案的优缺点，最后选定一个最佳的推荐方案。在深入比较过程中，应当及时发现并调整方案中的不尽合理之处，确保最后选定的方案是优中选优的方案。

上述工作全部完成之后，着手编写方案说明。说明书中应阐明方案编制的依据和标准、各方案的主要特色、施工方法、设计概算以及方案比较的综合性评述。对于推荐方案应作较详细的说明。各种测量资料、地质勘察和地震烈度复核资料、水文调查与计算资料等应按附件列入。

第三节　桥梁设计采用的作用(荷载)

作用是指施加在结构上的集中力或分布力,或引起结构外加变形或约束变形的原因。前者称直接作用,亦称荷载;后者称间接作用。

桥梁设计作用种类、形式和大小的取值是否得当,关系到桥梁结构在设计基准期内是否安全可靠,也关系到桥梁建设费用是否经济合理,我国《公路桥涵设计通用规范》(JTG D60—2015)(下文简称《桥规》)将公路桥梁上的各种作用分为永久作用、可变作用、偶然作用和地震作用 4 类,具体见表 1-6 所列。

作 用 分 类　　　　　　　　　　　　　　　　　　　　　表 1-6

序号	作用分类	作用名称	序号	作用分类	作用名称
1	永久作用	结构重力(包括结构附加重力)	13	可变作用	疲劳荷载
2		预加力	14		汽车制动力
3		土的重力	15		风荷载
4		土侧压力	16		流水压力
5		混凝土收缩及徐变作用	17		冰压力
6		水的浮力	18		波浪力
7		基础变位作用	19		温度(均匀温度和梯度温度)作用
8	可变作用	汽车荷载	20		支座摩阻力
9		汽车冲击力	21	偶然作用	船舶的撞击作用
10		汽车离心力	22		漂流物的撞击作用
11		汽车引起的土侧压力	23		汽车撞击作用
12		人群荷载	24	地震作用	地震作用

桥梁设计作用相关术语描述如下:

(1)作用的标准值:作用在主要代表值,可根据对关测数据的统计、作用的自然界限或工程经验确定。

(2)可变作用的伴随值:在作用组合中伴随主导作用的可变作用值。可以是组合值、频遇值或准永久值。

(3)作用的代表值:极限状态设计所采用的作用值。可以是作用的标准值或可变作用的伴随值。

(4)作用的设计值:作用的代表值与作用分项系数的乘积。

(5)可变作用的频遇值:在设计基准期内被超越的总时间占设计基准期的比率较小的作用值;或被超越的频率限制在规定频率内的作用值。可通过频遇值系数对作用标准值的折减来表示。

(6)可变作用的准永久值:在设计基准期内被超越的总时间占设计基准期的比率较大的

作用值。可通过准永久值系数对作用标准值的折减来表示。

公路桥涵设计时,对不同的作用采用不同的代表值。

作用效应:结构对所受作用的反应,如由各种作用产生的结构或构件的轴向力、弯矩、扭矩、位移、应力、裂缝等。

一、永久作用

永久作用是指在设计基准期内始终存在,且其量值变化与平均值比较可以忽略不计的作用,或其变化是单调的并趋于某个限值的作用。

永久作用应采用标准值作为代表值。永久作用的标准值,对结构自重(包括结构附加重力)可按结构构件的设计尺寸与材料的重度计算确定。

结构自重、桥面铺装、附属设备等附加重力均属结构重力。结构重力标准值,可按表1-7所列常用材料的重度计算。桥梁结构的自重往往占全部设计作用的大部分,采用轻质高强材料对减轻结构自重、增大桥梁跨越能力有重大意义。

常 用 材 料 重 度 表 1-7

材 料 种 类	重度(kN/m³)	材 料 种 类	重度(kN/m³)
钢、铸钢	78.5	干砌块石或片石	21.0
铸铁	72.5	沥青混凝土	23.0~24.0
钢筋混凝土或预应力混凝土	25.0~26.0	沥青碎石	22.0
混凝土或片石混凝土	24.0	碎石(砾石)	21.0
浆砌块石或料石	24.0~25.0	填土	17.0~18.0
浆砌片石	23.0	填石	19.0~20.0

预加力在结构进行正常使用极限状态设计和使用阶段构件应力计算时,应作为永久作用计算其主效应和次效应,并计入相应阶段的预应力损失,但不计由于预加力偏心距增大引起的附加效应。在结构进行承载能力极限状态设计时,预加力不作为作用,而将预应力钢筋作为结构抗力的一部分,但在连续梁等超静定结构中,仍需考虑预加力引起的次效应。

混凝土收缩及徐变作用可按下述规定取用:

(1)外部超静定的混凝土结构、钢和混凝土的组合结构等应考虑混凝土收缩及徐变的作用。

(2)混凝土的收缩和徐变系数,可按《公路钢筋混凝土及预应力混凝土桥涵设计规范》(JTG 3362—2018)(以下简称《公桥规》)的规定计算。

(3)混凝土徐变的计算可假定徐变与混凝土应力呈线性关系。

(4)计算混凝土圬工拱圈的收缩作用效应时,如考虑徐变影响,作用效应可乘以 0.45 的折减系数。

超静定结构当考虑由于地基压密等引起的长期变形影响时,应根据最终位移量计算构件的效应。

其他永久作用均按现行《桥规》的规定计算。

二、可变作用

可变作用是指在设计基准期内其量值随时间变化,且其变化值与平均值比较不可忽略的作用。

可变作用应根据不同的极限状态分别采用标准值、频遇值或准永久值作为其代表值。承载能力极限状态设计及按弹性阶段计算结构强度时,应采用标准值作为可变作用的代表值;正常使用极限状态按短期效应(频遇)组合设计时,应采用频遇值作为可变作用的代表值。按长期效应(准永久)组合设计时,应采用准永久值作为可变作用的代表值;可变作用频遇值为可变作用标准值乘以频遇值系数,可变作用准永久值为可变作用标准值乘以准永久值系数。

1.汽车荷载

汽车荷载可分为公路—Ⅰ级和公路—Ⅱ级两个等级。

汽车荷载由车道荷载和车辆荷载组成,其中车道荷载由均布荷载和集中荷载组成。

桥梁结构的整体计算采用车道荷载;桥梁结构的局部加载、涵洞、桥台和挡土墙土压力等的计算采用车辆荷载。车辆荷载与车道荷载的作用不得叠加。

各级公路桥涵设计的汽车荷载等级,应符合表1-8的规定。

各级公路桥涵设计的汽车荷载等级   表1-8

公路等级	高速公路	一级公路	二级公路	三级公路	四级公路
汽车荷载等级	公路—Ⅰ级	公路—Ⅰ级	公路—Ⅰ级	公路—Ⅱ级	公路—Ⅱ级

二级公路作为集散公路且交通量小,重型车辆少时,其桥涵的设计可采用公路—Ⅱ级汽车荷载。

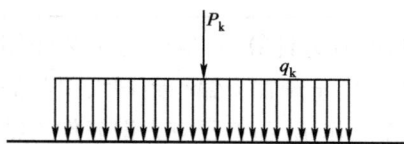

图1-33　车道荷载

1)车道荷载的计算图式(图1-33)

(1)公路—Ⅰ级车道荷载的均布荷载标准值为 $q_k = 10.5 kN/m$;集中荷载标准值按以下规定选取:

①桥梁计算跨径≤5m 时,$P_k = 270kN$;

②桥梁计算跨径≥50m 时,$P_k = 360kN$;

③桥梁计算跨径在 5~50m 之间时,P_k 值采用直线内插求得。

计算剪力效应时,上述集中荷载标准值 P_k 应乘以 1.2 的系数。

(2)公路—Ⅱ级车道荷载的均布荷载标准值 q_k 和集中荷载标准值 P_k 按公路—Ⅰ级车道荷载的 0.75 倍采用。

(3)车道荷载的均布荷载标准值应满布于使结构产生最不利效应的同号影响线上;集中荷载标准值只作用于相应影响线中一个最大影响线峰值处。

2)车辆荷载

车辆荷载的立面、平面尺寸,如图1-34 所示;车辆荷载的主要技术指标规定,如表1-9 所列。公路—Ⅰ级和公路—Ⅱ级汽车荷载采用相同的车辆荷载标准值。

a)立面布置

b)平面尺寸

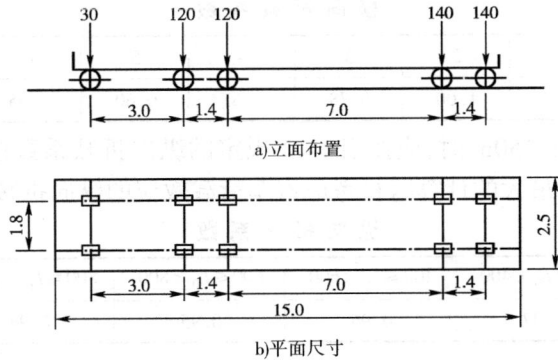

图 1-34　车辆荷载的立面、平面尺寸(尺寸单位:m;荷载单位:kN)

车辆荷载的主要技术指标　　　　　　　　　　　　　　　表 1-9

项　目	单位	技术指标	项　目	单位	技术指标
车辆重力标准值	kN	550	轮距	m	1.8
前轴重力标准值	kN	30	前轮着地宽度及长度	m	0.3×0.2
中轴重力标准值	kN	2×120	中、后轮着地宽度及长度	m	0.6×0.2
后轴重力标准值	kN	2×140	车辆外形尺寸(长×宽)	m	15×2.5
轴距	m	3+1.4+7+1.4			

车道荷载横向分布系数,应按设计车道数如图 1-35 布置车辆荷载进行计算。

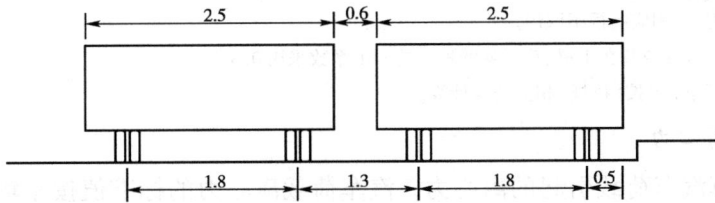

图 1-35　车辆荷载横向布置(尺寸单位:m)

桥涵设计车道数,应符合表 1-10 的规定。当桥涵设计车道数大于或等于 2 时,由汽车荷载产生的效应按表 1-11 规定的多车道横向折减系数进行折减,但折减后的效应不得小于两车道的荷载效应。

桥涵设计车道数　　　　　　　　　　　　　　　表 1-10

桥面宽度 W (m)		设计车道数
车辆单向行驶时	车辆双向行驶时	
$W<7.0$		1
$7.0\leqslant W<10.5$	$6.0\leqslant W<14.0$	2
$10.5\leqslant W<14.0$		3
$14.0\leqslant W<17.5$	$14.0\leqslant W<21.0$	4
$17.5\leqslant W<21.0$		5
$21.0\leqslant W<24.5$	$21.0\leqslant W<28.0$	6
$24.5\leqslant W<28.0$		7
$28.0\leqslant W<31.5$	$28.0\leqslant W<35.0$	8

横 向 折 减 系 数　　　　　　　　　　　　表 1-11

横向布置设计车道数	1	2	3	4	5	6	7	8
横向折减系数	1.20	1.00	0.78	0.67	0.60	0.55	0.52	0.50

当桥梁计算跨径大于 150m 时,应按表 1-12 规定的纵向折减系数进行折减。当为多跨连续结构时,整个结构应按最大的计算跨径考虑汽车荷载效应的纵向折减。

纵 向 折 减 系 数　　　　　　　　　　　　表 1-12

计算跨径 L_0(m)	$150 < L_0 < 400$	$400 \leqslant L_0 < 600$	$600 \leqslant L_0 < 800$	$800 \leqslant L_0 < 1000$	$L_0 \geqslant 1000$
纵向折减系数	0.97	0.96	0.95	0.94	0.93

2. 汽车冲击力

汽车以较高速度行驶通过桥梁时,由于桥面不平整、发动机振动等原因,会引起桥梁结构振动,从而造成结构内力增大,这种动力效应称为冲击作用。《桥规》中引入一个荷载增大系数,即冲击系数 μ 来计及荷载冲击效应。冲击系数的值与桥梁的自振频率 f 有关,钢桥、钢筋混凝土及预应力混凝土桥、圬工拱桥冲击系数取值可见表 1-13 所列。

汽 车 冲 击 系 数　　　　　　　　　　　　表 1-13

结构基频 f(Hz)	$f < 1.5$	$1.5 \leqslant f \leqslant 14$	$f > 14$
冲击系数 μ	0.05	$0.1767\ln f - 0.0157$	0.45

注:1. 填料厚度(包括路面厚度)≥0.5m 的拱桥、涵洞以及重力式墩台不计冲击力。

2. 支座的冲击力,按相应的桥梁取用。

3. 汽车荷载的局部加载及在 T 梁、箱梁悬臂板上的冲击系数采用0.3。

4. 桥梁的自振频率 f 可按《桥规》相关公式计算。

3. 汽车荷载离心力

曲线桥应计算汽车荷载引起的离心力。汽车荷载离心力的标准值按车辆荷载(不计冲击力)标准值乘以离心力系数 C 计算。离心力系数按下式计算:

$$C = \frac{v^2}{127R} \tag{1-1}$$

式中:v——设计速度(km/h),应按桥梁所在路线设计速度采用;

R——曲线半径(m)。

若车道数大于2,汽车荷载离心力应按表 1-10 进行横向折减。离心力的着力点在桥面以上 1.2m 处(为计算简便,也可移至桥面上,不计由此引起的力矩效应)。

4. 汽车引起的土侧压力

车辆荷载在桥台或挡土墙后填土的破坏棱体上将引起土侧压力。对于桥台或挡土墙的土侧压力,可按下式换算成等代均布土层厚度 h(m)计算:

$$h = \frac{\sum G}{Bl_0\gamma} \tag{1-2}$$

式中:$\sum G$——布置在 Bl_0 面积内车轮的总重力(kN);

B——桥台的计算宽度或挡土墙的计算长度(m);

l_0——桥台或挡土墙后填土的破坏棱体长度(m);

γ——土的重度（kN/m³）。

5. 人群荷载

当桥梁计算跨径小于或等于50m时，人群荷载标准值为3.0kN/m²；当桥梁计算跨径大于或等于150m时，人群荷载标准值为2.5kN/m²；当桥梁计算跨径在50～150m，可由线性内插得到人群荷载的标准值。对跨径不等的连续结构，以最大计算跨径为准。

非机动车、行人密集地区的公路桥梁，人群荷载标准值取上述规定值的1.15倍。

专用人行桥梁，人群荷载标准值为3.5kN/m²。

人群荷载在横向应布置在人行道的净宽度内；在纵向施加于使结构产生最不利荷载效应的区段内。

人行道板（局部构件）可以一块板为单元，按标准值4.0kN/m²的均布荷载计算。

计算人行道栏杆时，作用在栏杆立柱顶上的水平推力标准值取0.75kN/m，作用在栏杆扶手上的竖向力标准值取1.0kN/m。

其他可变荷载，按《桥规》规定计算与取用。

三、偶然作用

偶然作用是指在设计基准期内不一定出现，而一旦出现，其量值很大且持续时间很短的作用。它主要包括船舶或漂流物的撞击作用和汽车撞击作用。

偶然作用取其标准值作为代表值。偶然作用标准值应根据调查、试验资料，结合工程经验来确定。

1. 船舶或漂流物的撞击作用

位于通航河流或有漂流物的河流中的桥梁墩台，设计时应考虑船舶或漂流物的撞击作用。其撞击作用标准值可根据实测资料或模拟撞击试验进行确定；无实测资料时，可以把《桥规》推荐的标准值作为设计取用值。

2. 汽车的撞击作用

桥梁结构必要时可考虑汽车的撞击作用。汽车撞击力标准值在车辆行驶方向取1000kN，在车辆行驶垂直方向取500kN，两个方向的撞击力不同时考虑。撞击力作用于行车道以上1.2m处，直接分布于撞击涉及的构件上。

对于设有防撞设施的结构构件，可视防撞设施的防撞能力，对汽车撞击力标准值予以折减，但折减后的汽车撞击力标准值不应低于上述规定值的1/6。

四、地震作用

地震力主要指地震时强烈的地面运动引起的结构惯性力，它是随机变化的动力作用。其值的大小取决于地震强烈程度和结构的动力特性以及结构或杆件的质量。

公路桥梁地震作用应符合《公路桥梁抗震设计规范》（JTG/T 2231-01—2020）的规定。

五、极限状态设计法

公路桥涵结构的设计基准期为100年。

公路桥涵结构应按承载能力极限状态和正常使用极限状态进行设计。

1. 极限状态的种类

(1)承载能力极限状态

承载能力极限状态是指对应于桥涵结构或其构件达到最大承载能力或出现不适于继续承载的变形或变位的状态。具体来说可以分成如下几种状态:

①整个结构或其一部分作为刚体而失去平衡(如倾覆、滑移等)。

②结构构件或其连接因达到其材料极限强度而破坏。

③结构转变成机动体系。

④结构或构件丧失稳定性(如柱的压屈失稳等)。

⑤结构或构件由于材料的疲劳而导致破坏。

⑥由于材料的塑性或徐变变形过大,或由于截面开裂而引起过大的几何变形等,致使结构或构件不再能继续承载和使用(例如拱顶严重下挠,引起拱轴线偏离过大等)。

(2)正常使用极限状态

正常使用极限状态是指对应于桥涵结构或其构件达到正常使用或耐久性某项限值的状态。正常使用极限状态以弹性理论或弹塑性理论为基础,主要进行以下三个方面的验算:

应力限制　　　　　　　　　　$\sigma_d \leq [\sigma]$

变形限制　　　　　　　　　　$f_d \leq [f]$

裂缝宽度限制　　　　　　　　$\delta_d \leq [\delta]$

2. 根据设计状况进行极限状态设计

公路桥涵应根据不同种类的作用(或荷载)及其对桥涵的影响、桥涵所处的环境条件,考虑以下四种设计状况,并对其进行相应的极限状态设计。

(1)持久状况:桥涵建成后承受自重、汽车荷载等持续时间很长的状况。该状况下的桥涵应进行承载能力极限状态和正常使用极限状态设计。

(2)短暂状况:桥涵施工过程中承受临时性作用的状况。该状况下的桥涵仅作承载能力极限状态设计,必要时才作正常使用极限状态设计。

(3)偶然状况:在桥涵使用过程中可能偶然出现的状况。该状况下的桥涵仅作承载能力极限状态设计。

(4)地震状况:桥涵使用过程中可能出现地震状况,该状况下的桥涵应作承载能力极限状态设计。

六、作用组合

1. 作用组合的原则

公路桥涵结构设计应考虑结构上可能同时出现的作用,按承载能力极限状态和正常使用极限状态进行作用组合,取其最不利组合效应进行设计。作用组合原则如下:

(1)只有在结构上可能同时出现的作用,才能进行组合;当结构或结构构件需做不同受力方向的验算时,则应以不同方向的最不利的作用组合进行计算。

(2)当可变作用的出现对结构或结构构件产生有利影响时,该作用不应参与组合。实际不可能同时出现的作用或同时参与组合概率很小的作用,按表1-14规定不考虑其参与组合。

可变作用不同时组合表　　　　　　　　表1-14

作 用 名 称	不与该作用同时参与组合的作用
汽车制动力	流水压力、冰压力、波浪力、支座摩阻力
流水压力	汽车制动力、冰压力、波浪力
波浪力	汽车制动力、流水压力、冰压力
冰压力	汽车制动力、流水压力、波浪力
支座摩阻力	汽车制动力

(3)施工阶段的作用组合,应按计算需要及结构所处条件而定,结构上的施工人员和施工机具设备均应作为临时荷载加以考虑。组合式桥梁,当把底梁作为施工支撑时,作用组合效应宜分两个阶段计算,底梁受荷为第一个阶段,组合梁受荷为第二个阶段。

(4)多个偶然作用不同时参与组合。

(5)地震作用不与偶然作用同时参与组合。

2. 承载能力极限状态,应采用的作用组合

公路桥涵结构按承载能力极限状态设计时,对持久设计状况和短暂设计状况应采用作用的基本组合,对偶然设计状况应采用作用的偶然组合,对地震设计状况应采用作用的地震组合。

(1)基本组合:永久作用设计值与可变作用设计值相组合。

①作用基本组合的效应设计值可按下式计算:

$$S_{ud} = \gamma_0 S \left(\sum_{i=1}^{m} \gamma_{Gi} G_{ik}, \gamma_{L1} \gamma_{Q1} Q_{1k}, \psi_c \sum_{j=2}^{n} \gamma_{Lj} \gamma_{Qj} Q_{jk} \right) \tag{1-3}$$

$$\text{或} \qquad S_{ud} = \gamma_0 S \left(\sum_{i=1}^{m} G_{id}, Q_{1d}, \sum_{j=2}^{n} Q_{jd} \right) \tag{1-4}$$

式中:S_{ud}——承载能力极限状态下作用基本组合的效应设计值;

$S(\ )$——作用组合的效应函数;

γ_0——结构重要性系数,按结构设计安全等级采用,对应于设计安全等级一级、二级和三级分别取1.1、1.0和0.9;

γ_{Gi}——第i个永久作用的分项系数,应按表1-15的规定采用;

G_{ik}、G_{id}——第i个永久作用的标准值和设计值;

γ_{Q1}——汽车荷载(含汽车冲击力、离心力)的分项系数。采用车道荷载计算时取$\gamma_{Q1} = 1.4$,采用车辆荷载计算时,其分项系数取$\gamma_{Q1} = 1.8$。当某个可变作用在组合中其效应值超过汽车荷载效应时,则该作用取代汽车荷载,其分项系数取$\gamma_{Q1} = 1.4$;对专为承受某作用而设置的结构或装置,设计时该作用的分项系数取$\gamma_{Q1} = 1.4$;计算人行道板和人行道栏杆的局部荷载,其分项系数也取$\gamma_{Q1} = 1.4$;

Q_{1k}、Q_{1d}——汽车荷载(含汽车冲击力、离心力)的标准值和设计值;

γ_{Qj}——在作用组合中除汽车荷载(含汽车冲击力、离心力)、风荷载外的其他第j个可变作用的分项系数,取$\gamma_{Qj} = 1.4$,但风荷载的分项系数取$\gamma_{Qj} = 1.1$;

Q_{jk}、Q_{jd}——在作用组合中除汽车荷载(含汽车冲击力、离心力)外的其他第j个可变作用的标准值和设计值;

ψ_c——在作用组合中除汽车荷载(含汽车冲击力、离心力)外的其他可变作用的组合系数,取 $\psi_c=0.75$;

$\psi_c Q_{jk}$——在作用组合中除汽车荷载(含汽车冲击力、离心力)外的第 j 个可变作用的组合值;

γ_{Lj}——第 j 个可变作用的结构设计使用年限荷载调整系数。公路桥涵结构的设计使用年限按《公路工程技术标准》(JTG B01—2014)取值时,可变作用的结构设计使用年限荷载调整系数取 $\gamma_{Lj}=1.0$;否则, γ_{Lj} 取值应按专题研究确定。

永久作用的分项系数 表1-15

编号	作用类别		永久作用的分项系数	
			对结构承载力不利时	对结构承载力有利时
1	混凝土和圬工结构重力(含结构附加重力)		1.2	1.0
	钢结构重力(含结构附加重力)		1.1 或 1.2	
2	预加力		1.2	1.0
3	土的重力		1.2	1.0
4	混凝土收缩及徐变作用		1.0	1.0
5	土侧压力		1.4	1.0
6	水的浮力		1.0	1.0
7	基础变位作用	混凝土和圬工结构	0.5	0.5
		钢结构	1.0	1.0

②当作用与作用效应可按线性关系考虑时,作用基本组合的效应设计值 S_{ud} 可通过作用效应代数相加计算。

③设计弯桥时,当离心力与制动力同时参与组合时,制动力标准值或设计值按70%取用。

(2)偶然组合:永久作用标准值与可变作用某种代表值、一种偶然作用设计值相组合;与偶然作用同时出现的可变作用,可根据观测资料和工程经验取用频遇值或准永久值。偶然组合的效应设计值可按《桥规》第4.1.5条的相关规定计算。

(3)作用地震组合的效应设计值按《公路工程抗震规范》(JTG B02—2013)的有关规定计算。

3. 正常使用极限状态,应采用的作用组合

公路桥涵结构按正常使用极限状态设计时,应根据不同的设计要求,采用作用的频遇组合或准永久组合,并应符合下列规定:

(1)频遇组合:永久作用标准值与汽车荷载频遇值、其他可变作用准永久值相组合。

①作用频遇组合的效应设计值可按下式计算:

$$S_{fd} = S\left(\sum_{i=1}^{m} G_{ik}, \psi_{f1} Q_{1k}, \sum_{j=2}^{n} \psi_{qj} Q_{jk} \right) \tag{1-5}$$

式中: S_{fd}——作用频遇组合的效应设计值;

ψ_{f1}——汽车荷载(不计冲击力)频遇值系数,取 $\psi_{f1}=0.7$;当某个可变作用在组合中其效应值超过汽车荷载效应时,则该作用取代汽车荷载,人群荷载 $\psi_f=1.0$,风荷载 $\psi_f=0.75$,温度梯度作用 $\psi_f=0.8$,其他作用 $\psi_f=1.0$。

②当作用与作用效应可按线性关系考虑时,作用频遇组合的效应设计值 S_{fd} 可通过作用效应代数相加计算。

(2)准永久组合:永久作用标准值与可变作用准永久值相组合。

①作用准永久组合的效应设计值可按下式计算:

$$S_{qd} = S \left(\sum_{i=1}^{m} G_{ik}, \sum_{j=1}^{n} \psi_{qj} Q_{jk} \right) \tag{1-6}$$

式中:S_{qd}——作用准永久组合的效应设计值;

　　ψ_{qj}——第 j 个可变作用的准永久值系数,汽车荷载(不计汽车冲击力),取 0.4,人群荷载 $\psi_q = 0.4$,风荷载 $\psi_q = 0.75$,温度梯度作用 $\psi_q = 0.8$,其他作用 $\psi_q = 1.0$。

②当作用与作用效应可按线性关系考虑时,作用准永久组合的效应设计值 S_{qd} 可通过作用效应代数相加计算。

应注意以下两点:

a. 结构构件当需进行弹性阶段截面应力计算时,除特别指明外,各作用应采用标准值,作用分项系数取为 1.0,各项应力限值按各设计规范规定采用。

b. 构件在吊装、运输时,构件重力应乘以动力系数 1.2(对结构不利时)或 0.85(对结构有利时),并可视构件具体情况作适当增减。

📊 知识拓展

城市桥梁设计荷载

一、荷载分类

作用在桥梁上的荷载可分为永久荷载、可变荷载和偶然荷载 3 大类。荷载类别应采用表 1-16 规定。

1. 永久荷载

结构物重力及桥面铺装、附属设备等外加重力均属结构重力密度,计算时可采用本身的体积乘以材料的重度。

在结构按正常使用极限状态设计时,预加应力应作为永久荷载计算其效应,并应计入相应阶段的预应力损失,但不计由于偏心距增大引起的附加内力;在结构按承载能力极限状态设计时,预加应力不作为荷载,而是将预应力作为结构抗力的一部分。

荷 载 类 别 表 1-16

荷 载 类 别	荷 载 名 称
永久荷载 (恒载)	结构重力
	预加应力
	土的重力及土侧压力
	混凝土收缩及徐变影响力
	基础变位影响力
	水的浮力

续上表

荷载类别		荷载名称
可变荷载	基本可变荷载 （活载）	汽车
		汽车冲击力
		离心力
		汽车引起的土侧压力
		人群
	其他可变荷载	风力
		汽车制动力
		流水压力
		冰压力
		温度影响力
		支座摩阻力
偶然荷载		地震力（常遇、罕见）
		船只或漂流物撞击力

土侧压力分为静土压力、主动土压力和被动土压力，其计算可按《桥规》进行。

混凝土收缩、徐变和基础变位将使超静定结构产生内力，可按《公桥规》计算。

当超静定结构计入由于地基压缩等引起的支座长期变位影响时，应根据最终位移量按弹性理论计算构件截面的附加内力。

水的浮力应按下列情况进行计算：

（1）位于透水性地基上的桥梁墩台，当验算稳定时，其浮力应采用设计水位计算；当验算地基应力时，可仅按低水位时计算浮力，也可不计算水的浮力。

（2）基础嵌入不透水性地基的桥梁墩台，可不计算水的浮力。

（3）作用在桩基承台底面的浮力，应按全部底面积计算；但桩嵌入岩层并灌注混凝土者，在计算承台底面浮力时，应扣除桩的截面面积。

2.可变荷载

（1）基本可变荷载

①汽车荷载。

汽车荷载等级可划分为：城－A级汽车荷载和城－B级汽车荷载两个等级。汽车荷载可分为车辆荷载和车道荷载。

桥梁的横隔梁、行车道板、桥台或挡土墙后土压力的计算应采用车辆荷载。桥梁的主梁、主拱和主桁架等的计算应采用车道荷载。当桥面行车道内有轻轨车辆混合运行时，尚应按有关轻轨荷载规定进行验算，并取其最不利者进行设计。

当进行桥梁结构计算时不得将车辆荷载和车道荷载的作用叠加。

城－A级汽车荷载和城－B级汽车荷载的标准载重汽车规定如下：

a.城－A级标准载重汽车应采用五轴式货车加载，总重700kN，前后轴距为18.0m，行车限界横向宽度为3.0m（图1-36）。

b.城－B级汽车荷载立面、平面布置及标准值应采用现行行业标准《公路桥涵设计通用规范》（JTG D60）车辆荷载的规定值。

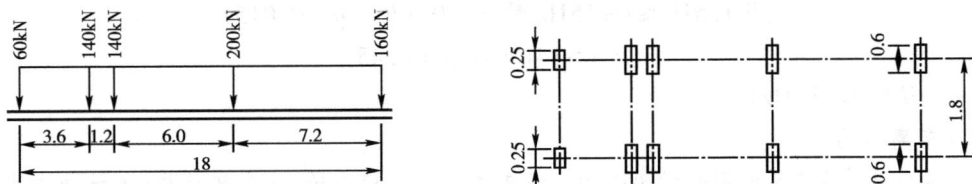

图 1-36　城—A 级标准车纵、平面布置(尺寸单位:m)

c. 城 – A 级和城 – B 级标准载重汽车的横断面尺寸相同,其横桥向布置应符合图 1-37 的规定。

d. 城 – A 级车道荷载和城 – B 级车道荷载应按均布荷载加一个集中荷载计算,如图 1-38 所示。

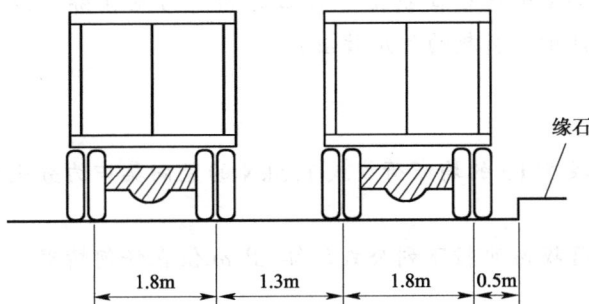

图 1-37　车辆荷载横桥向布置(尺寸单位:m)

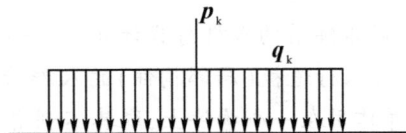

图 1-38　车道荷载

a. 城 – A 级车道荷载的均布荷载标准值 $q_k = 10.5\text{kN/m}$;集中荷载标准值 p_k 的选取:当桥梁计算跨径小于或等于 5m 时,$p_k = 270\text{kN}$;当桥梁计算跨径等于或大于 50m 时,$p_k = 360\text{kN}$;当桥梁计算跨径在 5 ~ 50m 之间时,p_k 值应采用直线内插求得。当计算剪力效应时,上述集中荷载标准值(p_k)应乘以 1.2 的系数。

b. 城 – B 级车道荷载的均布荷载标准值(q_k)和集中荷载标准值(p_k)应按城 – A 级车道荷载的 75% 采用。

c. 车道荷载的均布荷载标准值应满布于使结构产生最不利效应的同号影响线上;集中荷载标准值(p_k)应只作用于相应影响线中一个最大影响线峰值处。

车道荷载横向分布系数、多车道的横向折减系数、大跨径桥梁的纵向折减系数等均应按现行行业标准《公路桥涵设计通用规范》(JTG D60)的规定计算。

②汽车荷载冲击力。

汽车荷载冲击力的计算规定如下:

a. 钢桥、钢筋混凝土及预应力混凝土桥、圬工拱桥等的上部构造以及钢支座(板式、盆式)、橡胶支座及钢筋混凝土柱式墩台,应计算汽车冲击力。

b. 填料厚度(包括路面厚度)大于或等于 0.50m 的拱桥、涵洞以及重力式墩台不计汽车荷载冲击力。

汽车荷载的冲击系数 μ,可按下列公式计算:

当 $f < 1.5\text{Hz}$ 时,$\mu = 0.05$

$$当 1.5Hz \leqslant f \leqslant 15Hz 时, \mu = 0.1767\ln f - 0.0157$$
$$当 f > 14Hz 时, \mu = 0.45 \tag{1-7}$$

式中: f ——结构基频(Hz)。

③汽车离心力。

曲线桥应计算汽车荷载引起的离心力。汽车离心力的标准值,按车辆荷载(不计冲击力)标准值乘以离心力系数 C 计算。离心力系数按下式计算:

$$C = \frac{v^2}{127R} \tag{1-8}$$

式中: v ——设计速度(km/h),应按桥梁所在路线设计速度采用;

 R ——曲线半径(m)。

若车道数大于2,汽车离心力应按表1-18进行横向折减。离心力的着力点在桥面以上1.2m处(为计算简便,也可移至桥面上,不计由此引起的作用效应)。

④人群荷载。

城市桥梁的人群荷载计算规定如下:

a. 人行道板(局部构件)的人群荷载应按5kPa的均布荷载或1.5kN的竖向集中力分别计算,并作用在一个构件上,取其不利者。

b. 梁、桁架、拱及其他大跨结构的人群荷载 ω 可按下列公式计算,且 ω 值在任何情况下不得小于2.4kPa。

当加载长度 $l < 20m$ 时:

$$\omega = 4.5 \times \frac{20 - \omega_p}{20} \tag{1-9}$$

当加载长度 $l \geqslant 20m$ 时:

$$\omega = \left(4.5 - 2 \times \frac{l - 20}{80}\right)\frac{20 - \omega_p}{20} \tag{1-10}$$

式中: ω ——单位面积上的人群荷载(kPa);

 l ——加载长度(m);

 ω_p ——单边人行道宽度(m),在专用非机动车桥上时宜取1/2桥宽,当1/2桥宽大于4m时应按4m计。

计算桥上人行道栏杆时,作用在栏杆扶手上的活载:竖向荷载采用1.2kN/m;水平荷载采用2.5kN/m。两者应分别考虑,不得同时作用。

⑤汽车荷载引起的土侧压力。

汽车荷载在桥台或挡土墙后填土的破坏棱体上将引起土侧压力,应采用车辆荷载计算,换算成等代均布土层厚度 h (m)计算。其具体计算方法见《城市桥梁设计规范》(CJJ 11—2011)或《桥规》。

(2)其他可变荷载

①汽车制动力。

一个设计车道的制动力可按下列要求取值：

a. 当采用城—A级汽车荷载设计时,制动力应采用160kN或10%车道荷载,并取两者中的较大值,但不包括冲击力。

b. 当采用城—B级汽车荷载设计时,制动力应采用90kN或10%车道荷载,并取两者中的较大值,但不包括冲击力。

当计算的加载车道为2条或2条以上时,其制动力不折减。

制动力纵向作用点在设计车道桥面上方1.2m处,在计算墩台时,可移到支座中心(铰或滚轴中心)或滑动支座、橡胶支座、摆动支座的底座面上;计算刚构桥、拱桥时,可移至桥面,但不计由此引起的竖向力和力矩。

②风荷载、温度影响力、支座摩阻力、冰压力、流水压力等。

风荷载、温度影响力、支座摩阻力、冰压力、流水压力等的计算,应按《桥规》执行。

3. 偶然荷载

城市桥梁的抗震力,应以桥梁所在城市的基本烈度进行设防。地震力的计算和结构设计,应符合现行《公路桥梁抗震设计规范》(JTG/T 2231-01)的有关规定。

处于通航河流或有漂流物河流中的桥梁墩台应计入船只或漂流物的撞击力。当无实测资料时,撞击力可按《桥规》进行计算。

二、荷载组合

按承载能力极限状态设计时,应根据可能同时出现的荷载,选择下列荷载组合：

(1)一种或几种基本可变荷载与一种或几种永久荷载组合。

(2)一种或几种基本可变荷载和一种或几种永久荷载叠加后,与一种或几种其他可变荷载组合;当设计弯桥并采用离心力与制动力组合时,制动力应按70%计算。

(3)一种或几种基本可变荷载和一种或几种永久荷载叠加后,与偶然荷载中的船只或漂流物撞击力相组合。

(4)桥梁在进行施工阶段的验算时,根据可能出现的结构重力、脚手架、材料机具、人群、风力以及拱桥的单向推力等施工荷载进行组合。

桥梁构件在施工吊装时或运输时所产生的冲击力,应根据现场具体情况和设计经验,计入构件的动力系数。

(5)结构重力、预加力、土的重力及土侧压力,其中的一种或几种与地震力相组合。

对于其他可变荷载,在组合时应考虑其不同时性;规范规定不与该荷载同时参与组合的可变荷载见表1-17所列。

不与该荷载同时参与组合的可变荷载　　　　　　　　表 1-17

荷 载 名 称	不与该荷载同时参与组合的可变荷载
汽车制动力	流水压力、冰压力、支座摩阻力
流水压力	汽车制动力、流水压力
冰压力	汽车制动力、冰压力
支座摩阻力	汽车制动力

当桥梁采用极限状态设计时,应根据不同的荷载组合,采用不同的荷载分项系数,分别验算结构的承载能力、变形、裂缝宽度,施工阶段的应力及预应力状态。其荷载组合及荷载安全系数的采用,均应符合《公桥规》的相关规定。

对钢结构构件仍按容许应力进行设计,其荷载组合、材料容许应力取值,可按《公路钢结构桥梁设计规范》(JTG D64—2015)的相关规定执行。

第四节 桥面系构造

桥面部分一般构造如图 1-39 所示,其通常包括桥面铺装、防水和排水设施、伸缩装置、人行道(或安全带)、缘石、栏杆和灯柱等构造。桥面部分虽然不是主要承重结构,但它对桥梁功能的正常发挥、对主要构件的保护、对车辆行人的安全以及桥梁的美观等都十分重要。因此,应对桥面构造的设计和施工给予足够的重视。

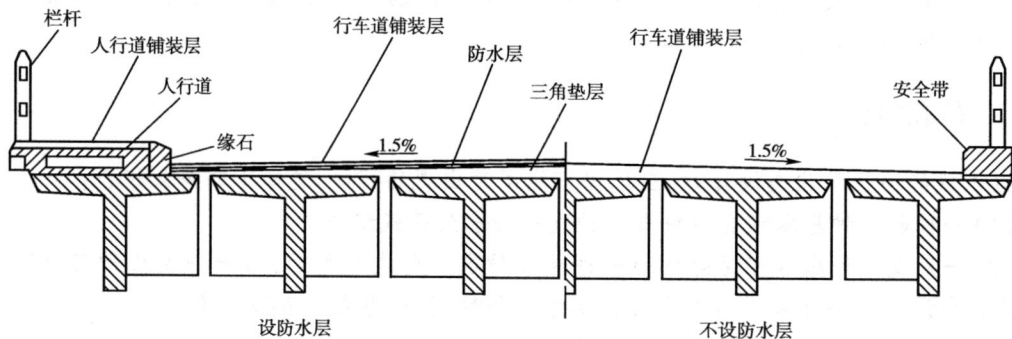

图 1-39 桥面部分一般构造

一、桥面布置

桥面布置应根据道路的等级、桥面设计宽度、行车要求等条件确定,主要有以下几种:

(1)双向车道布置。即行车道的上下行交通布置在同一桥面上,它们之间用标线分隔。由于在桥梁上同时存在上下行机动车和非机动车,车辆只能中速或低速行驶,这对交通量较大的道路,往往会造成交通滞流状态。

(2)分车道布置。即按桥面上设置分隔带[图 1-40a)]或分离式主梁[图 1-40b)]布置,使上下行交通分隔,甚至机动车道与非机动车道分隔、行车道与人行道分隔。这种布置方式可提高行车速度,便于交通管理。

(3)双层桥面布置。即桥梁结构在空间上提供两个不在同一平面上的桥面构造,如图 1-41 所示。双层桥面布置可以使不同的交通严格分道行驶,提高了车辆和行人的通行能力,便于交通管理。在同样满足交通需要时,可以充分利用桥梁净空,减小桥梁宽度,缩短引桥长度,达到较好的经济效益。

a)桥面上设置分隔带

b)桥面上设置分离式主梁

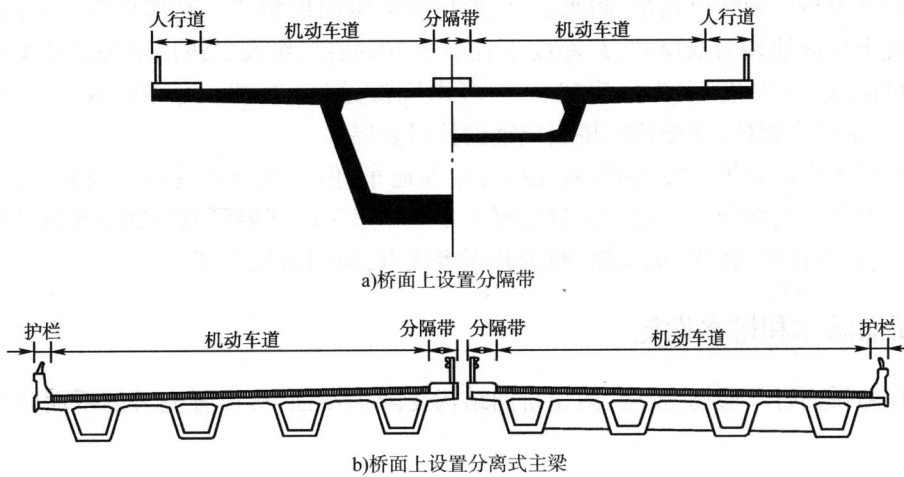

图 1-40　分车道桥面布置

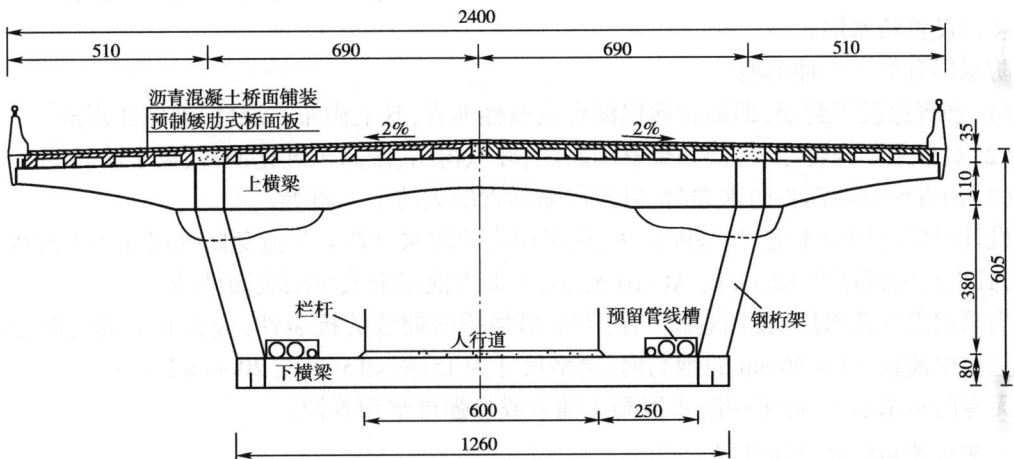

图 1-41　双层桥面布置(尺寸单位:cm)

二、桥面铺装

桥面铺装的功能是保护桥面板不受车辆轮胎(或履带)的直接磨耗,防止主梁遭受雨水的侵蚀,并能对车辆轮重的集中荷载起一定的分散作用。因此,桥面铺装应符合抗车辙、行车舒适、抗滑、不渗水和与桥面板接合良好等要求。

桥面铺装可采用水泥混凝土、沥青表面处治和沥青混凝土等各种类型。沥青表面处治桥面铺装,耐久性较差,应用较少;水泥混凝土和沥青混凝土桥面铺装性能良好,应用较广泛。

水泥混凝土的耐磨性能好,适合重载交通。水泥混凝土桥面铺装直接铺设在防水层或桥面板上,层厚一般不小于 80mm,其强度等级应尽量与桥面板接近且不低于 C40,铺设时应避免二次成型。装配式桥梁的水泥混凝土铺装层内宜配置钢筋网,钢筋直径不宜小于 8mm,钢筋间距不宜大于 100mm。

沥青混凝土桥面铺装由黏层、防水层、保护层及沥青面层组成。高速公路、一级公路桥梁的沥青混凝土桥面铺装为双层式,总厚度不宜小于70mm;二级及二级以下公路桥梁桥面铺装一般采用单层式,总厚度不宜小于50mm。多雨潮湿地区、纵坡大于5%或设计速度大于50km/h的大中型高架桥、立交桥的桥面应铺设抗滑表层。

沥青混凝土维修养护方便,铺筑后几小时就能通车,但易老化和变形。因此,沥青材料应采用重交通沥青或改性沥青。改性沥青混凝土是近年来国内开展研究和铺筑的高性能沥青混凝土材料,它具有抗滑、密水、抗车辙、减少开裂等优点,应用前景广阔。

三、桥面防水和排水设施

为了保障桥面行车通畅、安全,防止桥面结构受降水侵蚀,应设置完善的桥面防水和排水设施。

1. 防水层的设置

对于防水程度要求高,或桥面板位于结构受拉区而可能出现裂纹的混凝土梁式桥,应在桥面铺装内设置防水层。

防水层有如下3种类型:

(1)沥青涂胶下封层,即洒布薄层沥青或改性沥青,其上撒布一层砂,经碾压形成。

(2)高分子聚合物涂胶,例如聚氨酯胶泥、环氧树脂、阳离子乳化沥青、氯丁胶乳等。

(3)沥青或改性沥青防水卷材,以及浸渍沥青的无纺土工布等。

设计时应选用便于施工、坚固耐久、质量稳定的防水材料。为避免防水层在施工过程中被损坏,其上宜铺设厚度10mm的AC-10或AC-5沥青混凝土或单层表面处治。

当采用柔性防水层(使用卷材)时,为了增强桥面铺装的抗裂性,应在其上的混凝土铺装层或垫层中铺设 $\phi 3 \sim \phi 6mm$ 的钢筋网,网格尺寸为 $15cm \times 15cm$ 至 $20cm \times 20cm$。

无专门防水层时,应采用防水混凝土铺装或加强排水和养护。

2. 泄水管和排水管的设置

梁式桥上常用的泄水管宜设置在桥面行车道边缘处,距离路缘石100～500mm,如图1-42所示,沿行车道两侧可以对称排列,也可交错排列。

泄水口的间距应依据设计径流量计算确定,但最大间距不宜超过20m。通常当桥面纵坡大于2%而桥长小于50m时,桥上可以不设泄水管,此时可在引道两侧设置流水槽,以免雨水冲刷路基;当桥面纵坡大于2%而桥长大于50m时,桥上每隔12～15m设置一个泄水管;当桥面纵坡小于2%时,应每隔6～8m设置一个泄水管。另外在桥梁伸缩缝的上游方向应增设泄水管,在凹形竖曲线的最低点及其前后3～5m处也应各设置一个泄水管。桥面上泄水管的过水面积按每平方米桥面不少于200～300mm² 布置。

泄水管口可采用圆形或矩形。圆形泄水管口的直径宜为150～200mm;矩形泄水管口的宽度宜为200～300mm,长度为300～400mm。泄水管口顶部采用铸铁格栅盖板,其顶面应比周围路面低5～10mm。

泄水管常采用铸铁管或塑料管,最小内径为80mm。泄水管周围的桥面板应配置补强钢筋网。

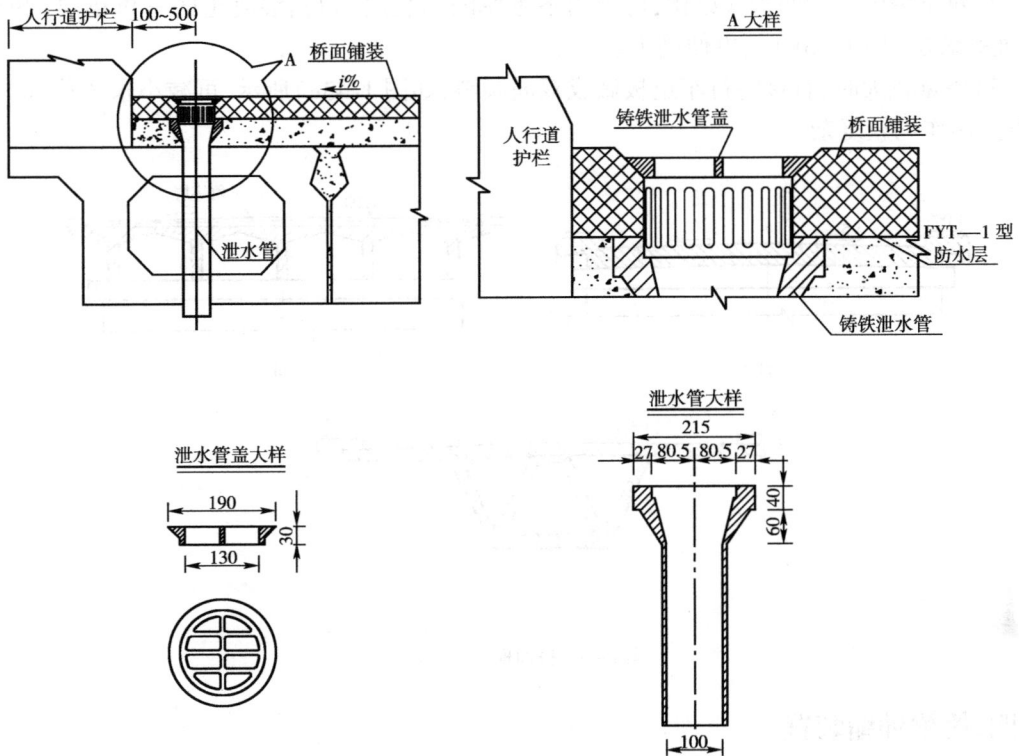

图 1-42　桥面泄水管设置(尺寸单位:mm)

对于跨越一般河流、水沟的桥梁,桥面水流入泄水管后可以直接向下排放;对于一些跨径不大、不设人行道的小桥,可以直接在行车道两侧的安全带或缘石上预留横向孔道,用铁管将水排出桥外,管口要伸出构件 20～30mm 以便滴水,但这种做法的孔道易淤塞。跨越公路、铁路、通航河流的桥梁以及城市桥梁,流入泄水管中的雨水,应汇集在纵向排水管(或排水槽)内,并通过设在墩台处的竖向排水管(落水管)流入地面排水设施或河流中。

排水管按材料分,有铸铁管、塑料管(聚氯乙烯 PVC 或聚乙烯 PE)或钢管,其内径应等于或大于泄水管的内径。排水槽宜采用铝质或钢质材料,也可采用水泥混凝土预制件,其横截面为矩形或 U 形,宽度和深度均在 200mm 左右为宜。纵向排水管或排水槽的坡度不得小于0.5%。桥梁伸缩缝处的纵向排水管或排水槽应设置可供伸缩的柔性套筒。寒冷地区的竖向排水管,其末端宜距地面 500mm 以上。

3.桥面横坡的设置

桥梁除了设有纵向坡度以外,尚应将桥面铺装沿横向设置足够的桥面横坡,坡度可按路面横坡取用或比后者大 0.5%。对于沥青混凝土或水泥混凝土铺装,行车道桥面通常采用抛物线形横坡,人行道则可用直线形。

桥面横坡的形成通常有如下 3 种方法:

(1)对于板桥(矩形板梁或空心板梁)或就地浇筑的肋板式梁桥,将墩台顶部做成倾斜的,再在其上盖桥面板[图 1-43a)],可节省铺装材料并减轻永久荷载。

（2）对于装配式的肋板式梁桥,可采用不等厚的铺装层(包括混凝土的三角垫层)和等厚的路面铺装层[图1-43b)],方便施工。

（3）桥宽较大时,直接将行车道板做成双向倾斜,如图1-43c)所示,可减小永久荷载,但主梁构造、制作均较复杂。

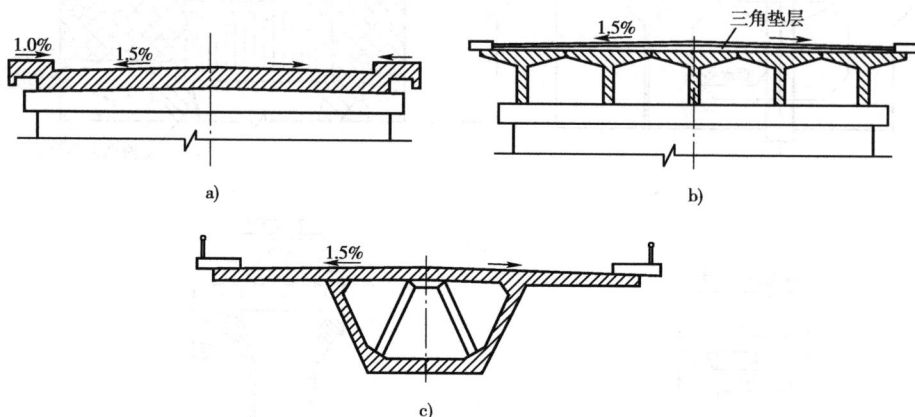

图 1-43 桥面横坡设置方式

四、桥梁伸缩装置

桥梁伸缩装置的主要作用是适应桥梁上部结构在气温变化、可变作用、混凝土收缩徐变等因素的影响下变形的需要,并保证车辆通过桥面时平稳。桥梁伸缩装置一般设置在两梁端之间以及梁端与桥台背墙之间。特别要注意,在伸缩缝附近的栏杆、人行道结构也应断开,以满足梁体的自由变形。

桥梁常用伸缩装置按照伸缩体结构不同可分为:异型钢单缝式伸缩缝(一般适用于伸缩量不大于80mm 公路桥梁)、模数式伸缩缝(适用于伸缩量为160~2000mm 的公路桥梁)、橡胶式伸缩缝(分板式橡胶伸缩缝、组合式橡胶伸缩缝,伸缩量分别适用于不大于60mm 和120mm 的公路桥梁)、梳齿板伸缩缝(一般适用于伸缩量不大于300mm 公路桥梁)。其构造如图1-44 所示。

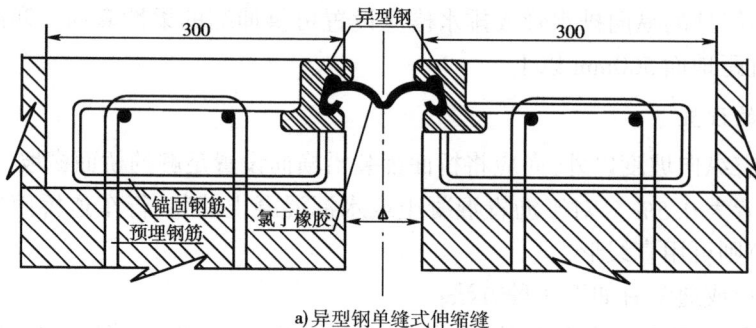

a)异型钢单缝式伸缩缝

图 1-44

图中标注：边梁、中间梁、伸缩橡胶带、a、h、k、支承横梁、支承支座、位移控制箱、预埋钢筋、下锚筋、t、f、r、$\phi16$、50

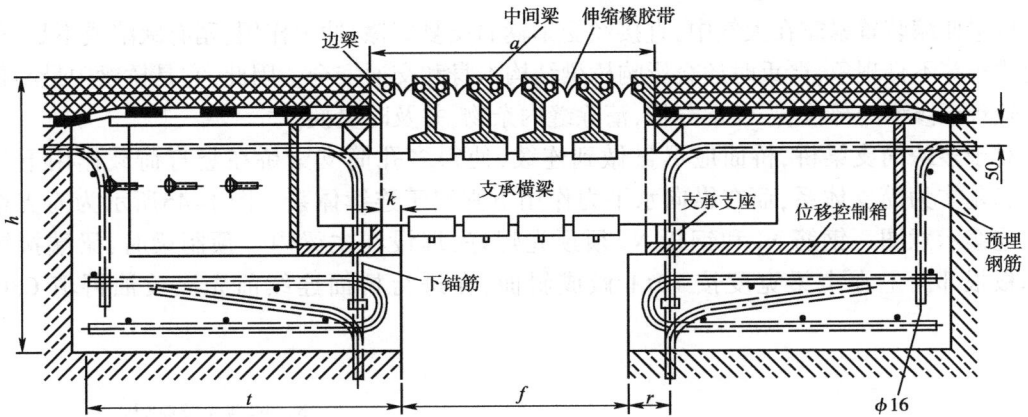

b) 模数式伸缩缝

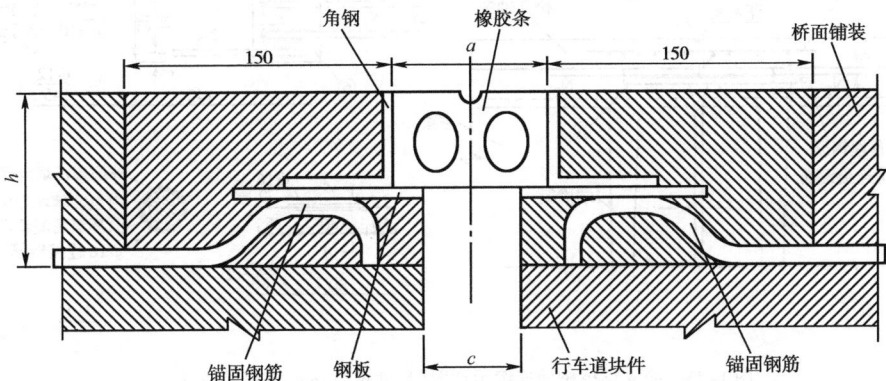

图中标注：角钢、橡胶条、桥面铺装、150、a、150、h、锚固钢筋、钢板、c、行车道块件、锚固钢筋

c) 橡胶式伸缩缝

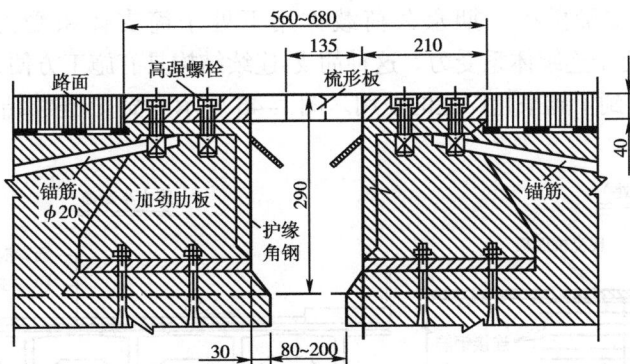

图中标注：路面、高强螺栓、梳形板、560~680、135、210、40、锚筋$\phi20$、加劲肋板、290、护缘角钢、锚筋、30、80~200

d) 梳齿板伸缩缝

图 1-44　桥梁常用伸缩装置构造(尺寸单位:mm)

　　桥梁变形量的大小,主要考虑以伸缩装置安装时的温度为基准,由温度变化引起的伸缩量和混凝土徐变、干燥收缩所引起的伸缩量作为基本伸缩量。对于其他因素,例如梁端的转角变位、安装时的偏差等,一般都作为安全富裕量和构造上的需要来考虑。通常在基本伸缩量的基

础上,再增加 20% 的富裕量即可。

桥梁伸缩装置暴露在大气中,直接经受车辆的反复摩擦、冲击作用,稍有缺陷或不足,就会引起跳车等不良现象,严重时还会影响桥梁结构本身和交通安全。因此,它是桥梁中最易损坏而又较难于修缮的部位,需经常养护,清除缝内杂物,并及时更换。

对于多跨简支梁桥,桥面应尽量做到连续,使得多孔简支梁桥在竖直荷载作用下的变形状态基本为简支体系,而在纵向水平力作用下则属于连续体系。图 1-45 所示为简支梁桥桥面连续示意图。钢筋 N_2 和钢板 N_6 须预先焊好,埋设在主梁内。预制梁时,梁端接缝处从翼板根部向上在全梁宽度按 10:1 做成斜面,在进行桥面连续前先涂黄油再填 C30 混凝土。

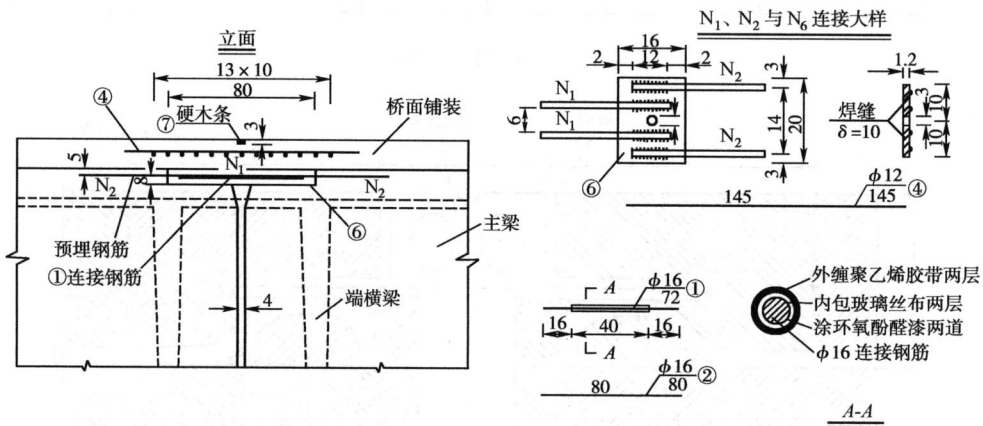

图 1-45　简支梁桥桥面连续示意图(尺寸单位:cm;钢筋单位:mm)

工程实践表明,采用桥面板连续构造,连续部分桥面易开裂,因此近年来发展了简支-连续结构,使多跨简支梁桥在一期永久荷载作用下处于简支体系受力,在二期永久荷载和可变荷载作用下处于连续体系受力。这种简支-连续结构具有施工方便、减少桥面伸缩缝、行车平顺等优点,因此得到了越来越广泛的使用。图 1-46 所示为简支-连续结构示意图。

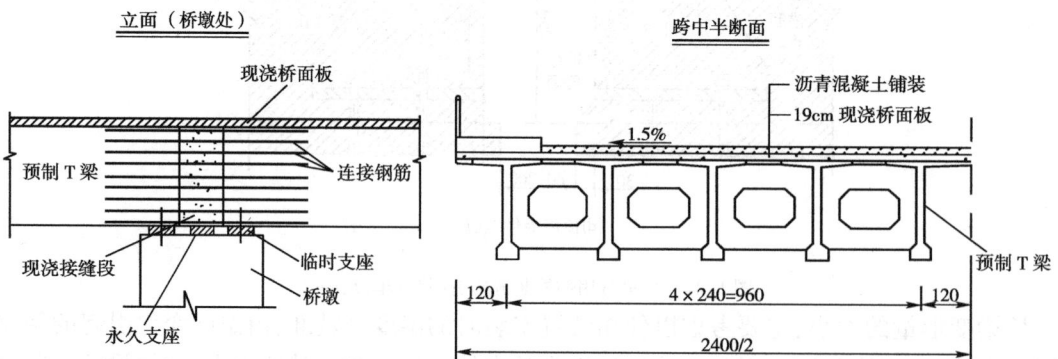

图 1-46　简支-连续结构示意图(尺寸单位:cm)

五、人行道

位于城镇和近郊的桥梁均应设置人行道,其宽度和高度应根据行人的交通流量和周围环境来确定。人行道的宽度为0.75m或1m,当宽度要求大于1m时,按0.5m的倍数增加。在快速路、主干路、次干路上的桥梁或行人稀少地区的桥梁,若两侧无人行道,则两侧应设安全道,宽度为0.50~0.75m,高度不小于0.25m。近年来,不少桥梁设计中,为了保证行车的安全,安全道的高度已经用到大于或等于0.4m。

人行道顶面应做成倾向桥面1%~1.5%的排水横坡;城市桥梁人行道顶面可铺设彩砖,以增加美观。此外,人行道在桥面断缝处必须设置伸缩缝。

人行道的构造形式多种多样,根据不同的施工方法,有就地浇筑式、预制装配式、部分装配和部分现浇的混合式。其中,就地浇筑式的人行道现在已经很少采用,而预制装配式的人行道具有构件标准化、拼装简单化等优点,在各种桥梁结构中应用广泛。在斜拉桥中,当直柱门形塔对人行道有妨碍时,可将人行道用悬臂梁向塔柱外侧挑出,绕过塔柱,这时须采用混合式人行道。

图1-47a)为整体预制的"F"形的人行道,它搁置在主梁上,适用于各种净宽的人行道,人行道下可以放置过桥的管线,但是对管线的检修和更换十分困难;图1-47b)为人行道附设在板上,人行道部分用填料填高,上面敷设20~30mm砂浆面层或沥青砂,人行道内缘设置缘石;图1-47c)为小跨宽桥上将人行道部分墩台加高,在其上搁置独立的人行道板;图1-47d)为就地浇筑式人行道,适用于整体浇筑的钢筋混凝土梁桥,而将人行道设在挑出的悬臂上,这样可以缩短墩台宽度,但施工不太方便。

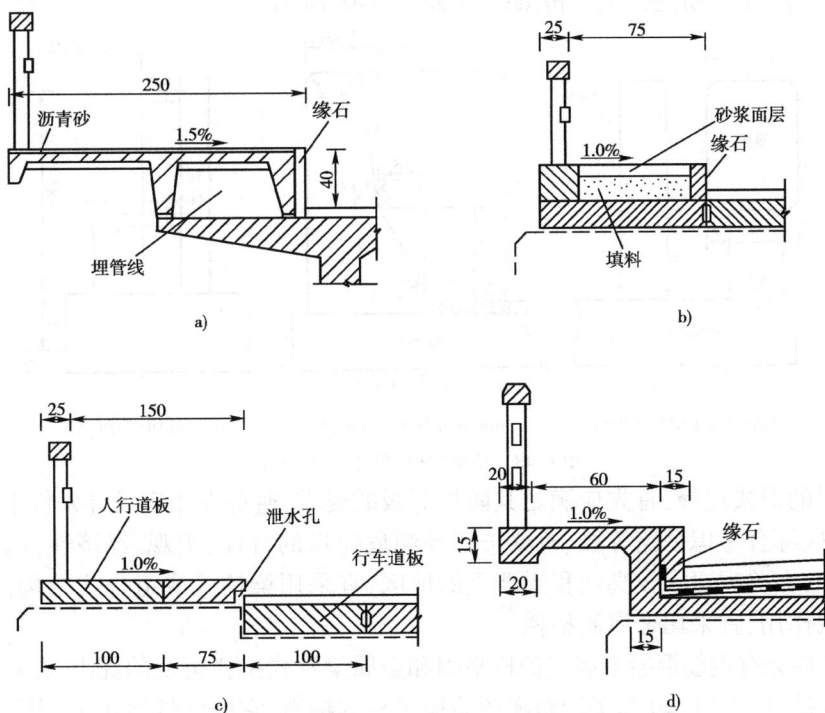

图1-47　人行道一般构造(尺寸单位:cm)

六、栏杆和灯柱

桥梁栏杆设置在人行道上,其功能主要为防止行人和非机动车辆坠入桥下。其设计应符合受力要求,并注意美观,高度通常为 0.9 ~ 1.20m。应注意,在靠近桥面伸缩缝处所有的栏杆均应断开,以使扶手与栏杆柱之间能自由变形。

在城市桥上以及城郊行人和车辆较多的公路桥上,都要设置照明设备。桥梁照明应防止眩光,必要时应采用严格控光灯具,而不宜采用栏杆照明方式。对于大型桥梁和具有艺术、历史价值的中小桥梁的照明应进行专门设计,既满足功能要求,又顾及艺术效果,并与桥梁的风格相协调。

照明灯柱可以设在栏杆扶手的位置上,在较宽的人行道上也可设在靠近缘石处。照明用灯一般高出车道 8 ~ 12m。钢筋混凝土灯柱的柱脚可以就地浇筑并将钢筋锚固于桥面中。钢管或铸铁灯柱的柱脚可固定在预埋的锚固螺栓上。照明以及其他用途所需的电源线路等通常都从人行道下的预留孔道内通过。

七、桥梁护栏

为了避免机动车辆碰撞行人或非机动车辆的严重事故的发生,对于特大桥梁和大、中桥梁,必须在人行道与车行道之间设置桥梁护栏。在有人行道的桥梁上,应按实际需要在人行道和行车道分界处设置汽车、行人分隔护栏;没有人行道的桥梁上,为防止车辆驶出桥面通常也设置护栏。

桥梁护栏按构造特征可分为梁柱式护栏、墙式护栏和组合式护栏;桥梁护栏的可用材料有金属(钢、铝合金)和钢筋混凝土。桥梁护栏如图 1-48 所示。

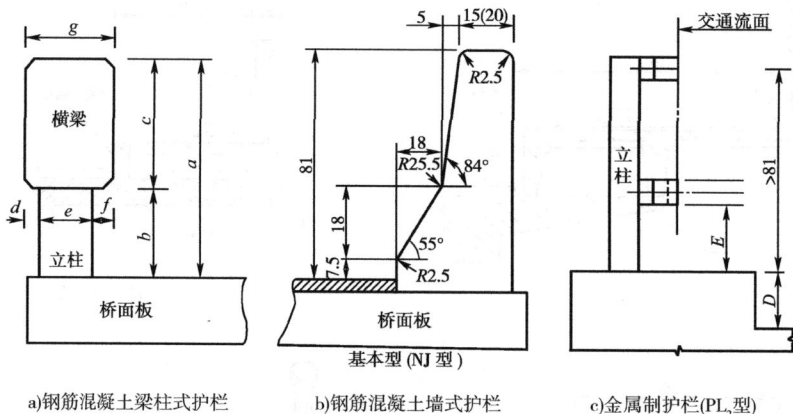

a)钢筋混凝土梁柱式护栏　　b)钢筋混凝土墙式护栏　　c)金属制护栏(PL₂型)

图 1-48　桥梁护栏(尺寸单位:cm)

桥梁护栏的形式选择,首先应满足其防护等级的要求,避免在相应设计条件下的失控车辆跃出;同时还应综合考虑公路等级、桥梁护栏外侧危险物的特征、美观、经济性,以及养护维修等因素。例如,在美观要求较高或积雪严重的地区,宜采用梁柱式或组合式结构;为了减轻钢桥的永久荷载作用,宜采用金属制护栏。

组合式护栏兼有钢筋混凝土墙式护栏坚固和金属梁柱式护栏美观的优点,在我国高速公路的桥梁上普遍采用。图 1-49 是美国新泽西防撞护栏的构造,它的优越性在于:当汽车车轮与之相撞且碰撞角小于 10°时,能保证汽车运行轨道的校正,而不会出现较大的损伤。

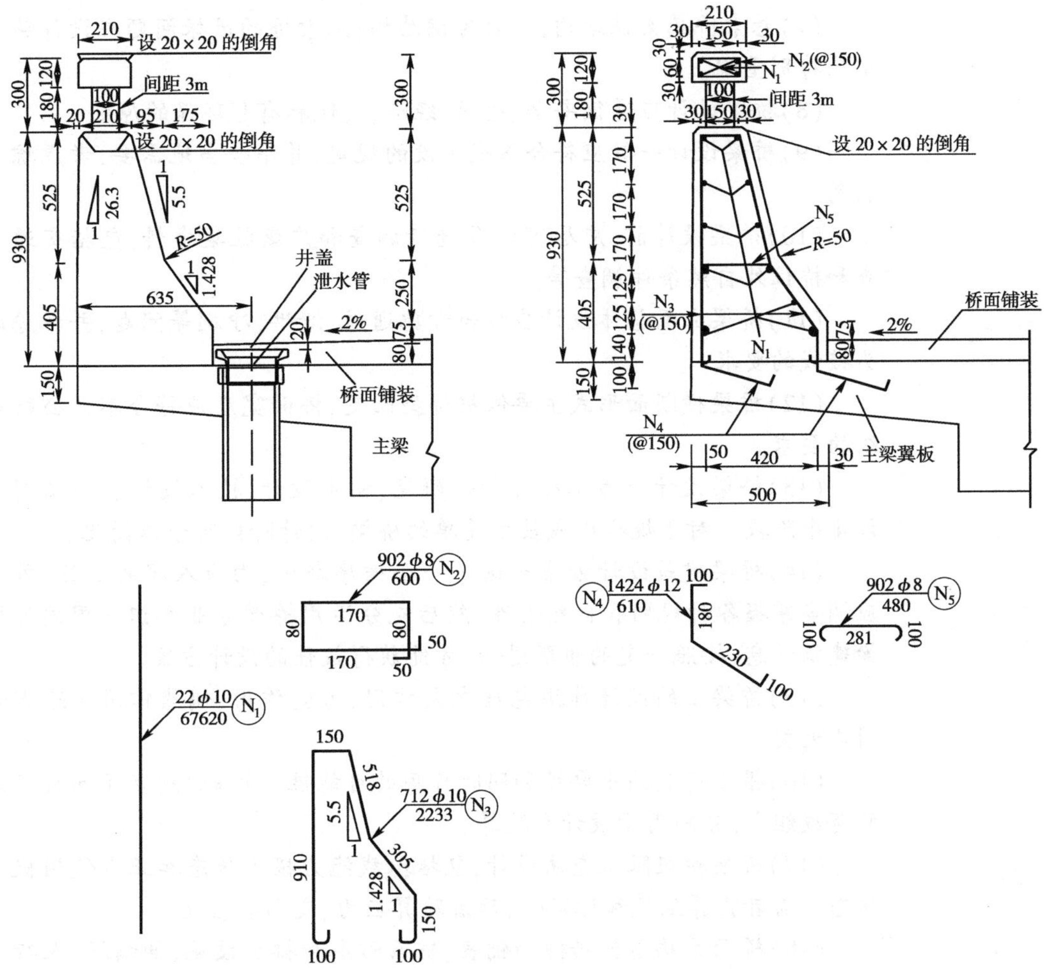

图 1-49　美国新泽西防撞护栏构造(尺寸单位、钢筋单位:mm)

本章小结

(1)桥梁由上部结构、下部结构、支座和附属设施四部分组成。

(2)桥梁按基本体系分类,有梁桥、拱桥、刚架桥和吊桥四大基本体系。由上述基本体系相互组合,可派生出组合受力特征的桥型,如斜拉桥和梁拱组合桥等。

(3)普通钢筋混凝土及先张法预应力混凝土简支梁桥跨径一般不超过25m,后张法预应力混凝土简支梁桥跨径一般不超过50m,跨径再增加应考虑采用连续体系梁桥。

(4)拱桥分有推力和无推力(系杆)拱;根据不同的行车道位置,又分为上承式、中承式和下承式拱。

(5)刚构桥包括门式、斜腿、连续刚构及 T 构。

(6)斜拉桥的主要组成部分是梁、塔和拉索;斜拉桥属于高次超静定结构,拉索的初张力对斜拉桥受力状态的优劣至关重要。

(7)悬索桥属柔性结构,一般为钢结构;悬索桥的风振问题在设计施工中应特别重视。

(8)桥梁设计应遵循安全、适用、经济、美观和有利环保的原则。

(9)桥梁设计一般应符合路线布设的规定,并结合当地需要,考虑综合利用。

(10)桥梁设计前,应尽可能多进行调查和广泛收集资料,包括交通调查和桥位处自然条件调查等。

(11)桥梁立面总体设计应综合考虑通航、泄洪、冲刷等问题,并考虑两头接线的要求。

(12)桥梁横断面形式主要依据桥型而定;桥面宽度应符合不同公路等级的要求。

(13)桥梁设计分为工程可行性研究、初步设计、技术设计和施工图设计4个阶段。对于规模小或技术简单的桥梁,设计阶段可予以简化。

(14)桥梁建筑设计方案比选是一个循序渐进、由浅入深的过程,首先应调查掌握各种规划和自然条件,然后充分运用桥梁专业知识和国内外桥梁建筑信息,按照一定的步骤进行,才能获得最佳的设计方案。

(15)桥梁上的设计作用包括永久作用、可变作用、偶然作用和地震作用4大类。

(16)根据荷载的重要性和同时作用的可能性,《桥规》规定了两种不同的荷载组合,分别用于设计和验算。

(17)桥梁按极限状态法设计,包括承载能力极限状态和正常使用极限状态。前者验算强度和稳定性,后者验算应力、变形和裂缝。

(18)桥面系构造包括桥面铺装、桥面防水和排水设施、伸缩缝、人行道(安全带)、栏杆和灯柱等设施。

复习思考题

1.桥梁的上部结构和下部结构各由哪些部分组成？它们的作用分别是什么？

2.对于梁桥、拱桥,其计算跨径是如何定义的？

3.简述梁桥、拱桥、刚架桥、斜拉桥和吊桥的主要受力特点。

4.桥梁设计应遵循的原则是什么？简述各项原则要求的基本内容。

5.对于跨河桥梁,如何确定桥梁的总跨径和分孔？

6.桥梁各种高程的确定应考虑哪些因素？

7.确定桥面总宽时应考虑哪些因素？

8.简述桥梁建筑设计前期工作阶段和设计工作阶段各自的主要内容。

9.简述桥梁建筑设计方案比选的过程,以及编写方案说明应包含的主要内容。

10. 试分别列出永久作用、可变作用、偶然作用和地震作用的主要内容。桥梁作用组合在相关规范上是如何规定的?

11. 城市桥梁建筑设计荷载中的活载与公路桥梁建筑设计作用中的可变作用有哪些不同之处?

12. 简要说明桥面系由哪些部分构成?

13. 桥面铺装的作用是什么? 桥面铺装常用哪几种类型? 各自的优、缺点是什么?

第二章
CHAPTER TWO

梁式桥

本章内容概要

本章主要介绍中小跨径钢筋混凝土和预应力混凝土梁式桥的主要类型、适用条件和一般特点;整体式板桥、装配式板桥的构造;装配式钢筋混凝土和预应力混凝土简支梁桥的构造和特点;先简支后连续的装配式预应力混凝土梁桥的连接构造;简支梁桥的行车道板、主梁肋和横隔梁的内力计算,主梁的挠度、预拱度的计算;悬臂梁桥、连续梁桥及 T 形刚构桥和连续刚构桥的力学特点和构造要点;梁式桥支座的类型与选择。

教学目标

1. 会描述中小跨径钢筋混凝土和预应力混凝土梁式桥的主要类型、适用条件、构造要求与特点;
2. 会进行梁桥的行车道板、主梁肋和横隔梁的内力与挠度计算;
3. 会描述悬臂梁桥、连续梁桥及 T 形刚构桥和连续刚构桥的力学特点和构造要点;
4. 会选择橡胶支座的类型。

重点学习任务

1. 认知中小跨径梁桥的主要类型、力学特点和构造要求;
2. 进行梁桥的行车道板、主梁肋和横隔梁的内力与挠度计算。

主要学习活动设计

完成一孔简支 T 形梁桥的行车道板、主梁肋和横隔梁的内力计算与主梁的挠度计算。

第一节　概述

钢筋混凝土与预应力混凝土梁式桥都是采用抗压性能好的混凝土和抗拉能力强的钢筋接

合在一起建成的。在国内外中小跨径的公路桥梁或城市桥梁,大部分是钢筋混凝土或预应力混凝土梁桥。预应力混凝土梁式桥更兼有降低梁高和跨越能力大的长处,特别是预应力技术的采用,为现代装配式结构提供了最有效的接头和拼装手段,使建桥技术和运营质量均产生了较大的飞跃。

一、梁桥的主要类型及其适用条件

钢筋混凝土与预应力混凝土的梁桥具有多种不同的构造类型。对其演变加以分析可以看出,除了从力学上考虑充分发挥材料特性而不断改进桥梁的截面形式外,构件的施工方便以及起重安装设备的能力,也是影响构造形式发生变化的重要因素。

下面从几个主要方面简述钢筋混凝土与预应力混凝土梁桥上部结构的构造类型及其适用情况。

1. 按施工方法划分

1) 整体浇筑式梁桥

整体浇筑式梁桥的全部建桥工作都在施工现场进行。由于全桥的纵向和横向都是现场整体浇筑,所以整体浇筑式梁桥整体性好,可以按需要做成各种外形。但因为其施工速度慢,工业化程度低,又要耗费较多的支架和模板材料,目前除了一些林区或运输困难的地方以及弯、斜桥外,一般情况下较少采用现场整体浇筑的施工方法。

2) 装配式梁桥

装配式梁桥的上部结构在预制工厂或工地预制场分块预制,再运到现场吊装就位,然后在接头处把构件连接成整体。装配式梁桥的预制构件采用工厂化施工,受季节影响小,质量易于保证,而且还能与下部工程同时施工,加快了施工进度,并能节约支架和模板的材料。

3) 组合式梁桥

组合式梁桥也是一种装配式的桥跨结构,不过它是用纵向水平缝将桥梁分割成 I 字形的梁肋或开口槽形梁和桥面板;桥面板再借纵横向的竖缝划分成在平面内呈矩形的预制构件。这样可以显著减轻预制构件的重力,并便于集中制造和运输吊装。

组合梁桥的特点是整个截面分两个(或几个)阶段组合而成,在 I 形梁或开口槽形梁上搁置轻巧的预制空心板或微弯板构件,通过现浇混凝土接头而与 I 形梁或槽形梁结合成整体;或以弧形薄板或平板作为现浇桥面混凝土的模板,通过现浇混凝土使各主梁结合成整体。

2. 按承重结构的横截面形式划分

1) 板桥

板桥的承重结构就是矩形截面的钢筋混凝土或预应力混凝土板,如图 2-1a) 所示。板桥横截面形式包括整体式矩形实心板、装配式实心板和装配式空心板。

整体式矩形实心板具有形状简单、施工方便、建筑高度小、结构整体刚度大等优点;但施工时需要现浇混凝土,受季节气候影响,又需模板与支架。从力学性能上分析,位于受拉区域的混凝土材

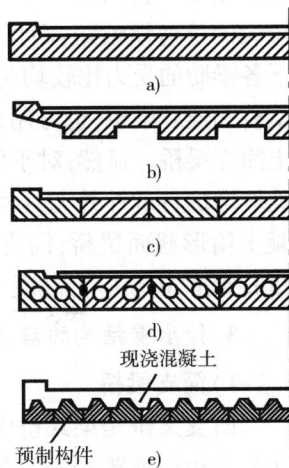

a)

b)

c)

d)

现浇混凝土

预制构件 e)

图 2-1 板桥横截面

料不但不能发挥作用,反而增大了结构的自重,所以只适用于小跨径的桥梁。有时为了减小自重,也可将截面受拉区稍加挖空做成矮肋式的板,如图 2-1b)所示。使用最广泛的装配式板桥[图 2-1c)],由几块预制的实心板利用板间企口缝填入混凝土连接而成。装配式板桥也可做成横截面被显著挖空的空心板[图 2-1d)]。横截面也可做成一种装配-整体组合式桥[图 2-1e)],它利用一些小型预制构件安装就位后作为底模,在其上再浇筑混凝土结合成整体,在缺乏起重设备的情况下,这种板桥能收到好的效果。钢筋混凝土简支板梁桥的跨径一般不超过 10m,整体现浇连续时跨径不超过 16m;预应力混凝土板梁桥的跨径一般不超过 20m,整体现浇连续时跨径不超过 25m。

2)肋梁桥

在横截面内形成明显肋形结构的梁桥称为肋板式梁桥,简称肋梁桥。肋梁桥的横截面,常见的有 I 形、Ⅱ 形、T 形 3 种基本类型。

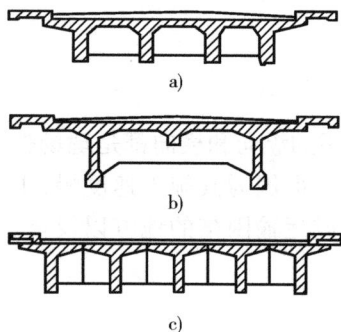

图 2-2　肋板式梁桥横截面

在此种桥上,梁肋(或称为腹板)与顶部的钢筋混凝土桥面板结合在一起作为承重结构(图 2-2)。由于肋与肋之间处于受拉区域的混凝土得到很大程度的挖空,就显著减轻了结构自重。特别对于仅承受正弯矩作用的简支梁来说,既充分利用了扩展的混凝土桥面板的抗压能力,又有效发挥了集中布置在梁肋下部的受力钢筋的抗拉作用,从而使结构构造与受力性能达到理想的配合。与板桥相比,对于梁肋较高的肋梁桥来说,由于混凝土抗压和钢筋受拉所形成的力偶臂较大,因而肋梁桥具有更大的抵抗荷载弯矩的能力。钢筋混凝土肋梁桥的跨径一般不超过 16m,预应力混凝土肋梁桥的跨径不超过 50m。

3)箱梁桥

横截面呈一个或几个封闭箱形的梁桥简称为箱形梁桥,如图 2-3 所示。这种结构除了腹板上部的翼缘板外,在底部尚有扩展的底板,因此它提供了承受正、负弯矩的足够的混凝土受压区。箱形梁桥的另一个重要特点:在一定的截面面积下能获得较大的抗弯惯性矩,而且抗扭刚度也特别大,在偏心的活载作用下各梁肋的受力比较均匀,因此箱形截面能适用于较大跨径悬臂梁桥和连续梁桥,也可用来修建全截面均参与受力的预应力混凝土简支梁桥。显然,对于普通钢筋混凝土的简支梁桥来说,底板除徒然增加自重外并无其他益处,故不宜采用。整体现浇的钢筋混凝土箱形截面梁桥,简支时跨径不超过 20m,连续时跨径不超过 25m;装配式预应力混凝土组合箱梁桥的跨径不超过 40m。

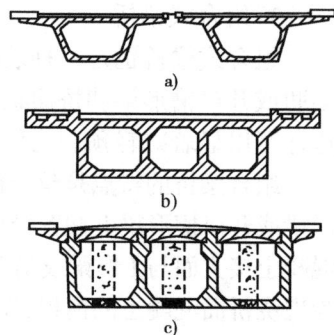

图 2-3　箱形梁桥横截面

3.按承重结构的静力体系划分

1)简支梁桥

简支梁桥是梁式桥中应用最早、使用最广泛的一种桥型[图 2-4a)]。它构造简单,最易设计为各种标准跨径的装配式结构;施工工序少,架设方便;在多孔简支梁桥中,由于各跨构造和尺寸划一,简化施工管理工作,降低施工费用;因相邻桥孔各自单独受力,桥墩上需设置相邻简支梁的两个支座;简支梁桥的构造较易处理而常被选用。

2)连续梁桥

连续梁桥的主要特点:承重结构(板、T形梁或箱梁)不间断地连续跨越几个桥孔而形成超静定的结构[图2-4b)]。须注意连续孔数一般不宜过多;当桥梁跨数较多时,需要沿桥长分建成几组(或称几联)连续梁。连续梁由于荷载作用下支点截面产生负弯矩,从而显著减小了跨中的正弯矩,这样不但可减小跨中的建筑高度,而且能节省钢筋混凝土数量。跨径增大时,这种节省就更加显著。连续梁须基础较好,否则,任一墩台基础发生不均匀沉陷时,桥跨结构内均产生附加内力。

3)悬臂梁桥

悬臂梁桥的主体是长度超出跨径的悬臂结构。仅一端悬出者称为单悬臂梁,两端均悬出者称为双悬臂梁。对于较长的桥,还可以借助简支的挂梁与悬臂梁一起组合成多孔桥,如图2-4c)所示。从力学性能上讲,悬臂根部产生的负弯矩减小了跨中正弯矩,所以悬臂梁也与连续梁相仿,可以节省材料用量。悬臂梁桥属于静定结构,墩台的不均匀沉陷不会在梁内引起附加内力。

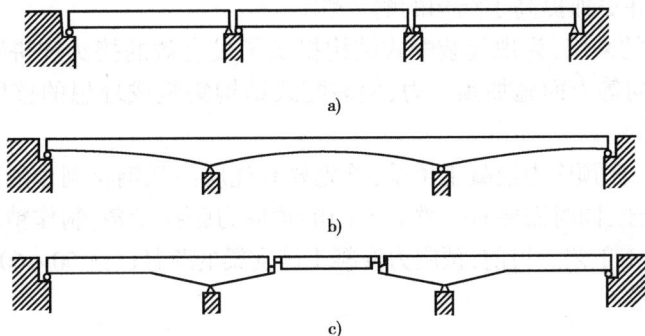

图2-4 梁式桥的基本体系

二、钢筋混凝土与预应力混凝土梁桥的一般特点

1.钢筋混凝土梁桥的一般特点

钢筋混凝土是一种具有很多优点的建筑材料,用这种建筑材料建造的梁桥具有能就地取材、工业化施工、耐久性好、适应性强、整体性好以及美观等优点。

钢筋混凝土梁桥也有其不足之处,主要是结构本身的自重大,约占全部作用设计值的30%~60%,跨度越大,则自重所占的比值越大。鉴于材料强度大部分为结构本身的重量所消耗,而且,钢筋混凝土梁在正常使用状态下带裂缝工作,因此它的工作性能、耐久性受到影响,这就大大限制了钢筋混凝土梁式桥的跨越能力。此外,就地浇筑的钢筋混凝土桥,施工工期长,支架和模板耗损的钢材和木材较多。在寒冷地区以及在雨季建造整体式钢筋混凝土梁桥时,施工比较困难,如采用蒸汽养生以及防雨措施等,则会显著增加造价。

显然,上述的优缺点都是与钢桥、圬工桥等其他材料种类桥梁相比较而言的。目前,公路钢桥一般在大跨径桥梁中比较经济,而建造圬工拱桥既费工费时,又要受到桥位处地形地质的限制,因此在公路建设中,特别对于公路上最常遇到的跨越中小河流等障碍的情况,需要建造大量中小跨径的钢筋混凝土梁桥。

2. 预应力混凝土梁桥的一般特点

预应力混凝土可看作一种预先储存了足够压应力的混凝土材料。对混凝土施加预压力的高强度钢筋(或称力筋),既是加力工具,又是抵抗荷载所引起构件内力的受力钢筋。考虑到混凝土的收缩和徐变等作用会导致相当可观的预应力损失,故须应用高强材料才能使预应力混凝土获得良好的使用效果。

预应力混凝土梁桥除了同样具有前述钢筋混凝土梁桥的所有优点外,还有下述重要特点:

(1)能最有效地利用高强材料(高强混凝土、高强钢材),减小构件截面,显著降低自重所占全部作用设计值的比重,增大跨越能力,并扩大混凝土结构的适用范围。

(2)与钢筋混凝土梁桥相比,一般可以节省钢材30%~40%,跨径越大,节省越多。

(3)全预应力混凝土梁在使用荷载下不出现裂缝,即使是部分预应力混凝土梁在常遇荷载下也无裂缝,能全截面参与工作,梁的刚度比通常开裂的钢筋混凝土梁要大。因此,预应力混凝土梁可显著减小建筑高度,使大跨径桥梁做得轻柔美观。由于能消除裂缝,这就扩大了对多种桥型的适应性,并更加提高了结构的耐久性。

(4)预应力技术的采用,为现代装配式结构提供了最有效的接头和拼装手段。根据需要,可在纵向、横向和竖向等方面施加预应力,使装配式结构集整成理想的整体,这就扩大了装配式桥梁的使用范围。

显然,要建造好一座预应力混凝土桥梁,首先要有优质高强钢材制作的预应力筋、可靠保证制备质量的高强混凝土,同时需要有一整套专门的预应力张拉设备,制作精度要求高的锚具,并且要掌握较复杂的施工工艺。目前,预应力混凝土简支梁的跨径已达50~60m。

第二节　板桥的设计与构造

板桥是小跨径钢筋混凝土桥中最常用的桥型之一。由于它建成以后外形像一块薄板,故习惯称之为板桥。在所有的桥梁形式中,板桥因其建筑高度最小、外形最简单而久用不衰。对于高等级公路和城市立交工程,板桥又以极易满足斜、弯、坡及S形、喇叭形等特殊要求的特点而受到重视。板桥的特点如下:

(1)外形简单,制作方便。板桥不但外部几何形状简单,而且内部一般无须配置抗剪钢筋,或仅按构造弯起少量斜筋,因而,施工简单,模板及钢筋都较省,也利于工厂化成批生产。

(2)建筑高度小,适宜于桥下净空受到限制的桥梁使用。与其他桥型相比较,板桥既降低了桥面高度,又可缩短引道长度,外形轻盈美观。

(3)整体式板桥由于是双向受力结构,因而比一般板桥有更高的承载能力和更大的刚度,而且可以制作成需要的平面形状。但是,整体式板桥需要搭设施工支架,工期较长,而且其一般为实心截面,材料使用率亦较低。

(4)装配式板桥的预制构件,便于工厂化生产,构件重量较轻,便于安装。

板桥跨径超过一定限度时,截面的增高使自重加大。因此,钢筋混凝土简支板桥的标准跨径一般不宜大于10m;连续板桥的标准跨径不宜大于16m。预应力混凝土简支板桥的标准跨径不宜大于20m;连续板桥的标准跨径也不宜超过25m。

一、板桥的类型及其特点

板桥的类型,按结构静力体系可分为简支板桥、悬臂板桥和连续板桥;按横截面形式主要可分为实体矩形、空心矩形;按有无预应力可分为钢筋混凝土板、预应力混凝土板、部分预应力混凝土板;按施工方式可分为整体式板桥、装配式板桥和组合式板桥。以下按结构静力体系分类来简述其特点。

1. 简支板桥

简支板桥可以采用整体式结构,也可以采用装配式结构。前者跨径一般为4~8m;后者当采用预应力混凝土时,其跨径可达20m。在缺乏起重设备,而有模板支架材料的情况下,宜采用就地浇筑的整体式钢筋混凝土板桥。这种结构的整体性能好,横向刚度较大,施工也较简单,不足的是支架材料消耗量较多,施工期较长。在一般施工条件下,宜采用装配式结构。

2. 悬臂板桥

悬臂板桥一般做成双悬臂式结构,中间跨径一般为8~10m,两端伸出的悬臂长度约为中间跨径的0.3倍,板在跨中的厚度为跨径的1/14~1/18,在支点处的板厚要比跨中的加大30%~40%。悬臂端可以直接伸到路堤上,不用设置桥台,为了使行车平稳顺畅,两悬臂端部应设置搭板与路堤相衔接。但在车速较高、荷载较重且交通量很大时,搭板容易损坏,从而导致车辆上桥时对悬臂的冲击,故目前较少采用。

3. 连续板桥

连续板桥的特点是板不间断地跨越几个桥孔而形成一个超静定结构体系。当桥梁全长较大时,可以几孔一联,做成多联式的连续板桥。连续板桥与简支板桥相比,具有伸缩缝少、车辆行驶平稳的优点。由于它在支点处产生负弯矩,对跨中弯矩起到卸载作用,故可以比简支板桥的跨径做得大一些,或者其厚度比同跨径的简支板做得薄一些,这一点和悬臂板桥是相同的。连续板桥的两端直接搁置在桥台上,避免了像悬臂板桥所出现的车辆上桥时对悬臂端部的冲击。连续板桥一般是做成不等跨的,边跨与中跨之比一般为0.7~0.8,这样可以使各跨的跨中弯矩接近相等。连续板桥可分为整体式结构和装配式结构两种。

1)整体式连续板桥

当采用就地浇筑混凝土时,连续板桥可以做成变厚度的,如图2-5a)所示。支点截面的厚度较大,一般为跨中截面板厚的1.2~1.5倍。这不但是为了使之能承受较大的负弯矩,而且也可进一步减小跨中的板厚。跨中板厚度一般为 $h = \left(\dfrac{1}{22} \sim \dfrac{1}{30}\right)l$,其中 l 为中跨跨径。

2)装配式连续板桥

采用装配式结构的最大优点是可以节约模板支架,构件可以在岸边预先制作,然后安装就位。由于连续板的构件较长,为便于制作和安装,除了横向被划分成若干块以外,在纵向也被划分成若干节段。在制作时预留接头钢筋,待安装就位后,连接接头筋,再浇筑混凝土接缝使之成整体。接头所在位置可以有如下两种方案:图2-5b)是对板的自重为简支与对活载为连续体系的装配方案,它既保持了简支板施工简便的优点,又吸取了连续结构可减小荷载弯矩的长处,只是需要将跨中受力钢筋在靠近板端处弯起,并伸至接头处与相邻块件的同类钢筋相焊接。图2-5c)是对板的自重为悬臂体系与对活载为连续体系的另一种装配方案,在架设板段时,类似于两边孔为单悬臂,中孔带挂梁的悬臂体系。接头可以布置在连续梁的恒载弯矩接近为零或较小的位置处,不足之处是需要在接头处搭设临时支架来浇筑接头混凝土。

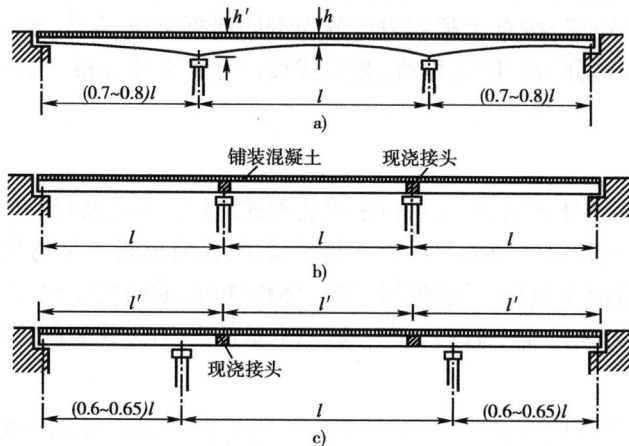

图2-5 连续板桥图

二、简支板桥的构造

1. 整体式简支板桥的构造

整体浇筑的简支板桥一般均采用等厚度板,它具有整体性能好、横向刚度大、易于浇筑成各种形状的优点。

整体式简支板桥的宽度大,一般均为双向受力板。荷载位于桥中线时,板内产生负弯矩。所以,针对这些受力特点,除了配置纵向受力钢筋,板内还设置垂直于主钢筋的横向分布钢筋,在板的顶部配置适当的横向钢筋。

钢筋混凝土行车道板内主筋直径应不小于10mm,间距不大于200mm。板内主筋可以不弯起,也可以弯起。当弯起时,通过支点的不弯起钢筋,每米板宽内不少于3根,截面面积不少于主筋截面的1/4。弯起的角度为30°或45°,弯起的位置为沿板高中线计算的1/4~1/6跨径处。分布钢筋,直径不应小于8mm,间距不应大于200mm,同时在单位长度板宽内的截面面积不应少于板的截面面积的0.1%。板的主钢筋与板边缘间的净距不应小于30mm,分布钢筋与板边缘间的净距不应小于15mm。

图2-6为标准跨径6m的钢筋混凝土整体式简支板桥构造图。行车道宽度7m,两边设0.25m的安全带,计算跨径为5.69m,净跨径为5.40m,板厚为36cm。纵向主钢筋用直径18mm的HRB400钢筋,分布钢筋用直径10mm的HPB300钢筋。由于板内的主拉应力一般不大,按

计算可不设斜筋,但是从结构上考虑,有时仍将多余的一部分主钢筋弯起。桥跨结构混凝土强度等级为 C25。

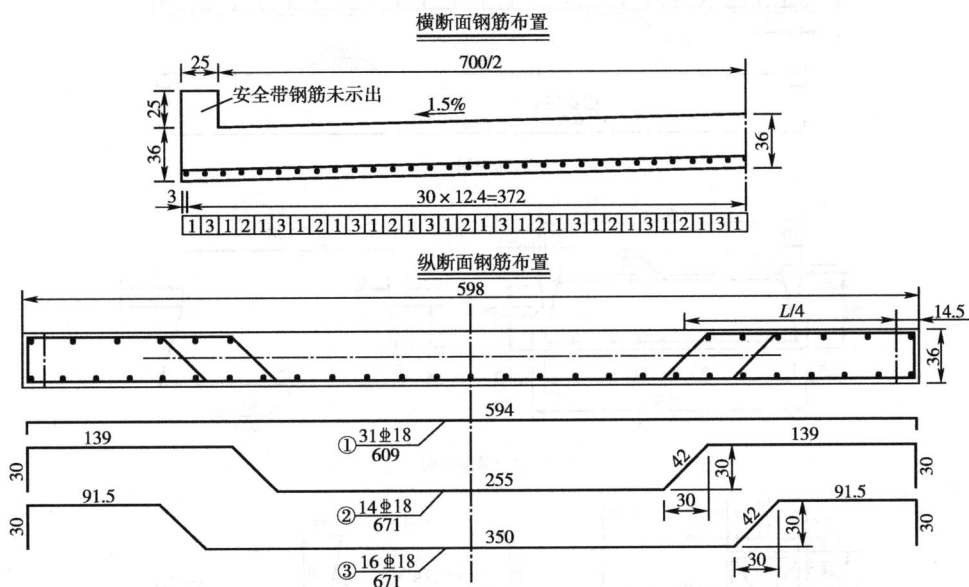

图 2-6 钢筋混凝土整体式简支板桥构造图(尺寸单位:cm;钢筋单位:mm)

2.装配式简支板桥的构造

装配式简支板桥的横截面形式,主要有实心板和空心板两种。

1)矩形实心板桥

矩形实心板桥具有形状简单、施工方便、建筑高度小、施工质量易于保证等优点,一般使用跨径不超过 8m 。

图 2-7 所示为装配式简支实心板桥横剖面构造。图 2-8 所示为标准跨径 6m,行车道宽 7m,两边设有 0.75m 人行道的装配式行车道板块件构造。块件安装后在企口缝内填筑 C30 小石子混凝土,并浇筑厚 60mm 的 C30 防水混凝土铺装层,使之连接成整体。为了加强

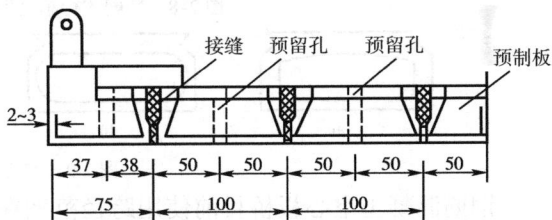

图 2-7 装配式简支实心板桥横剖面构造(尺寸单位:cm)

预制板与铺装层的结合以及相邻预制板的连接,将板中的箍筋伸出预制板顶面,待板安装就位后将这段钢筋放平,并与相邻预制板中的箍筋相互搭接,以铁丝绑扎,然后浇筑于混凝土铺装层中。预制板的混凝土强度等级为 C25。

2)空心板桥

当跨径增大时,宜采用空心板截面,它不仅能减轻自重,而且能充分利用材料。空心板的开孔形式很多,图 2-9 所示为几种常用的开孔形式:图2-9a)和 2-9b)开成单孔,挖空面积最多,但顶板需配置横向受力钢筋以承担车轮作用;图2-9c)挖成两个圆孔,当用无缝钢管作芯模时施工较方便,但其挖空面积小;图2-9d)的芯模由两个半圆和两块侧模板组成,当板的厚度改变时,只需更换两块侧模板即可。

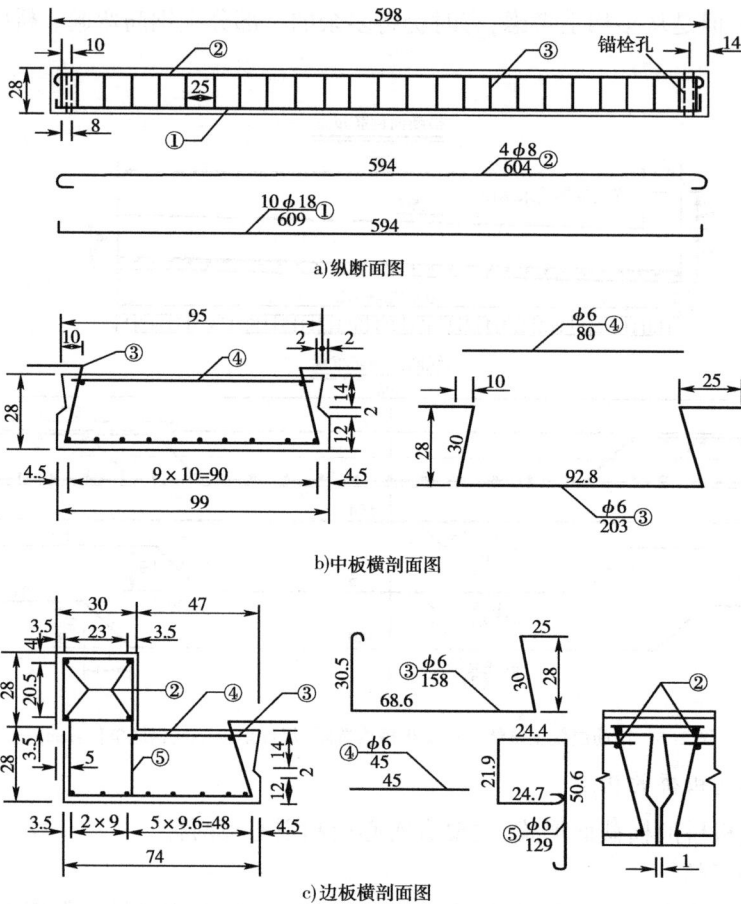

图 2-8　装配式行车道板块件构造(尺寸单位:cm)

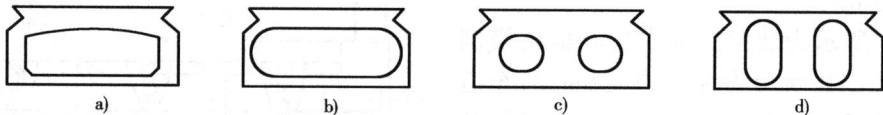

图 2-9　空心板的截面形式

钢筋混凝土空心板桥目前使用跨径范围在 6~13m,板厚为 400~800mm;预应力混凝土空心板桥常用跨径在 8~16m,其板厚为 400~700mm。空心板桥的顶板和底板厚以及横断面最薄处,均不应小于 80mm,以保证施工质量和满足局部承载的需要。

图 2-10 所示为标准跨径 13m 的装配式预应力混凝土空心板桥构造。桥面净宽 7m,两边设有 0.25m 的安全带,总宽为 8m,由 8 块宽 990mm 的空心板组成,板与板之间的间隙为 10mm。板全长 12.96m,计算跨径 12.6m,板厚 600mm。空心板横截面采用图 2-9d)所示的形式,腰圆孔宽 380mm、高 460mm。采用 C40 混凝土预制空心板和填塞铰缝。

3. 装配式板的横向连接

为了增加块件间的整体性和在外荷载作用下相邻的几个块件能共同工作,在块件之间必须设置横向连接构造,常用的连接方法有企口混凝土铰连接和钢板焊接连接。混凝土铰形式有圆形、菱形、漏斗形等,它是在块件安装就位后,在企口缝内用 C30~C40 小石子混凝土填筑密实而成的。为了加强块件间和板与桥面铺装间的连接,还可将块件中钢筋伸出,与相邻块件伸出的钢筋互相搭接绑扎,并浇筑在混凝土铺装层内。

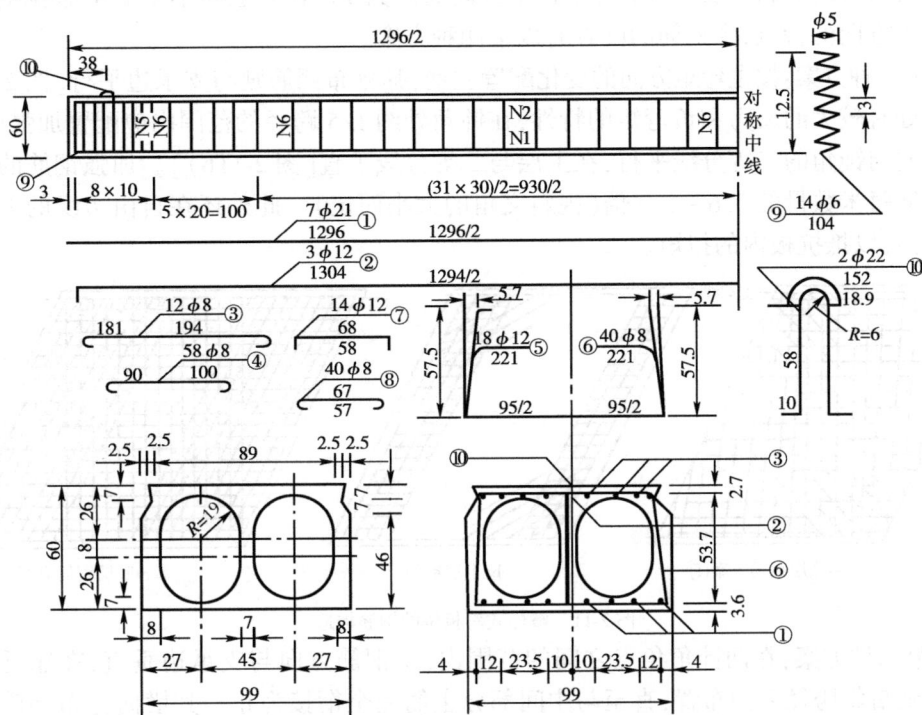

图 2-10 装配式预应力混凝土空心板桥构造(尺寸单位:cm)

由于企口混凝土铰需要现场浇筑混凝土,并需待混凝土达到设计强度后才能通车,为了加快工程进度,可采用钢板连接,用一块钢盖板焊在相邻两构件的预埋钢板上。连接构造的纵向中距通常为 80~150cm,在跨中部分布置较密,向两端支点逐渐减疏。

三、斜交板桥的受力特点与构造

桥梁轴线与水流方向的交角不是按90°布置的桥梁,称为斜交桥。斜交桥的轴线与支承线的垂线呈某一夹角,习惯上称此角为斜交角。公路与河流或其他线路呈斜交形式跨越时,将桥跨结构布置成斜交桥形式较为经济,且可避免强行改变桥下流水或路线方向而带来的水患或行车不顺畅。

斜交板桥具有如下受力特点:

(1)最大主弯矩方向,在板的中央部分接近于垂直支承边,在板的自由边接近于自由边与支承边垂线之间的中间方向。

(2)在钝角处有垂直于钝角平分线的负弯矩,它随斜度的增大而增加。

(3)支承反力从钝角处向锐角处逐渐减小,因此,锐角有向上翘起的倾向,同时存在相当大的扭矩。

斜板钢筋的配置,当斜度小于15°时,可按正交板布置钢筋;当斜度大于15°时,按斜交板布置钢筋。以下介绍斜交板桥的配筋特点。

1. 整体式斜板

整体式斜板桥的斜跨长 l 与垂直于行车方向的桥宽 b 之比一般均小于 1.3,根据上文所述斜板主弯矩方向的特点,主钢筋的配置有以下两种方案。

(1)第一种方案:按主弯矩方向的变化配置主筋,其分布钢筋则与支承边平行[图 2-11a)]。根据钝角处有较大的反力和负弯矩的特性,在钝角处约 1/5 跨径的范围内应配置加强钢筋,在下层其方向与钝角的二等分线平行;在上层与二等分线垂直[图 2-11b)]。加强钢筋的每米数量为主钢筋每米数量的 $0.6 \sim 1.0$ 倍(视斜交角的大小而定)。此外还在自由边缘的上层加设一些钢筋网,以抵抗板内的扭矩。

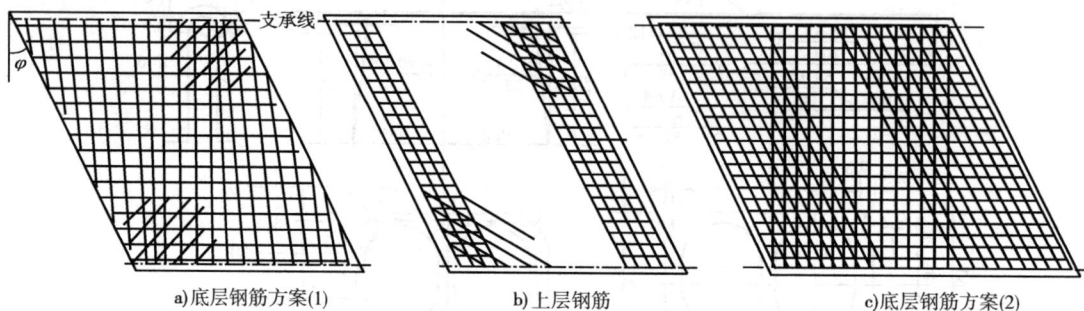

a)底层钢筋方案(1)　　b)上层钢筋　　c)底层钢筋方案(2)

图 2-11　整体式斜板桥的钢筋构造

(2)第二种方案:在两钝角角点之间的范围内,主钢筋方向与支承边垂直,在靠近自由边处主钢筋则沿斜跨径方向布置,直至与中间部分主筋完全衔接为止。其横向分布钢筋与支承边平行[图 2-11c)],其余钢筋的配置仍与第一方案相同。

2. 装配式斜板桥

装配式斜板桥的跨宽比(l/b)一般均大于 1.3,主钢筋沿斜跨径方向配置,分布钢筋在钝角角点之间的范围内与主钢筋垂直,在靠近支承边附近,其布置方向则与支承边平行(图 2-12)。

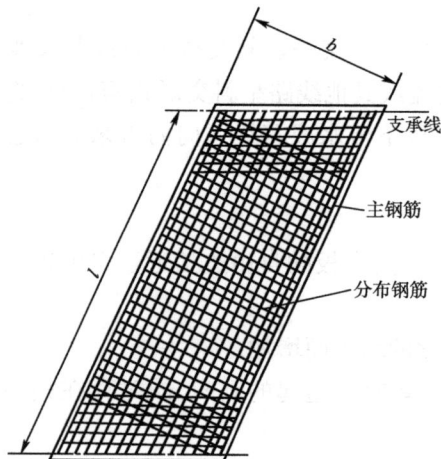

图 2-12　装配式斜板桥的钢筋

装配式斜板桥的钢筋布置视斜度的不同而不同:

(1)当斜交角 $\varphi = 25° \sim 35°$ 时,主钢筋沿斜跨方向布置,分布钢筋平行于支承边方向布置,如图 2-13a)所示。

(2)当斜交角 $\varphi = 40° \sim 60°$ 时,主钢筋及横向分布钢筋的布置原则上与图 2-12 相同,如图 2-13b)所示。

此外,在各种块件的两端还要布置一些加强钢筋。当 $\varphi = 40° \sim 50°$ 时,要布置底层加强钢筋,其方向则与支承边相垂直,如图 2-13c)所示;当 $\varphi = 55° \sim 60°$ 时,除了要布置垂直于支承边的加强钢筋以外,在顶层还要布置与钝角的二等分线相垂直的加强钢筋,如图 2-13d)所示。为了使铰接斜板支承处不翘扭以及防止发生位移,在板端部中心处预留锚栓孔,待安装完毕后,用栓钉固定。所设置的支座要有充分的锚固作用;否则,应该加强锐角处桥台的耳墙,以免被挤坏。因此,需要在台帽上设置锚固斜板的锚固钢筋或在锐角处耳墙增加抗挤钢筋。

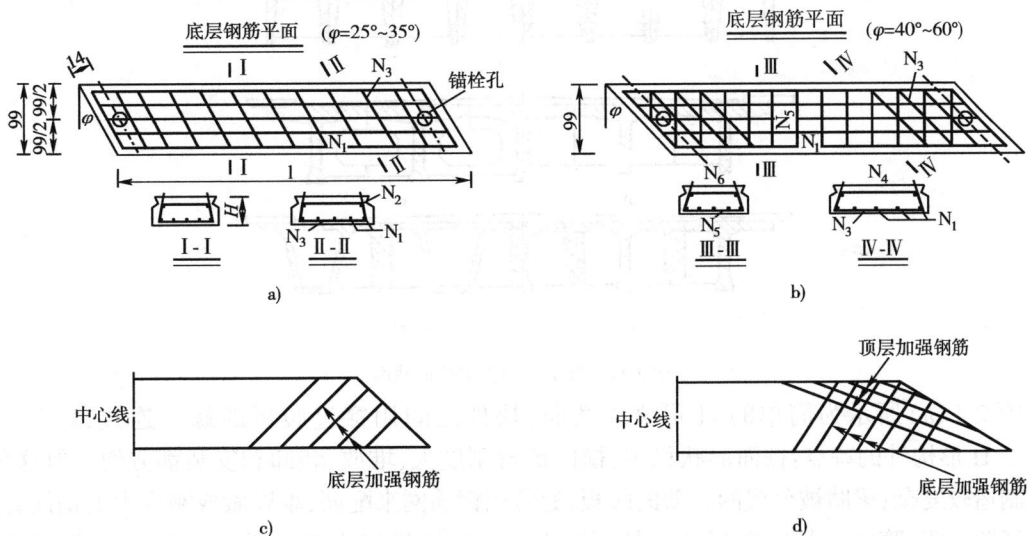

图2-13 装配式斜板桥钢筋布置原则(尺寸单位:cm)

第三节 装配式简支(肋、箱)梁桥的设计与构造

钢筋混凝土或预应力混凝土简支梁桥属于单孔静定结构,它受力明确,构造简单,施工方便。简支梁桥的结构尺寸易于设计成标准化,这就有利于在工厂内或工地上采用工业化施工,组织大规模预制生产,并用现代化的起重设备进行安装。采用装配式的施工方法,可以大量节约模板、支架,降低劳动强度,缩短工期,显著加快建桥速度。因此,目前国内外对于中小跨径的桥梁,装配式的钢筋混凝土简支梁桥或预应力混凝土简支梁桥已成为首选。

一、装配式简支梁桥的构造类型与截面形式

装配式简支梁桥考虑到起重设备的能力和预制安装的方便,一般采用多梁式结构,主梁间距通常在2.2m以内。随着起重能力的提高,高强度材料的应用,加大主梁间距、减少主梁片数,会使设计更加经济合理。根据跨径大小、是否施加预应力、运输和施工条件等的不同,装配式简支梁桥应采用不同构造类型。构造类型涉及装配式主梁的横截面形式、沿纵截面上的横隔梁布置、块件的划分方式以及块件的连接集整等方面的问题,而这些问题又是相辅相成、互相影响的。

从主梁的横截面形式来区分,装配式简支梁桥可以分为三种基本类型:Ⅱ形梁桥、T形梁桥和箱形梁桥(图2-14)。

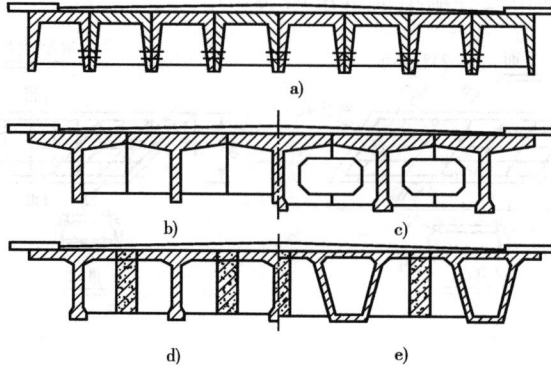

图2-14　装配式简支梁桥横截面

图2-14a)所示为简单的Ⅱ形梁横截面,块件之间用穿过腹板的螺栓连接,以使施工简化。Ⅱ形构件的特点:截面形状稳定,横向抗弯刚度大,堆放、装卸和安装都方便。但这种构件的制造较复杂;梁肋被分成两片薄的腹板,通常用钢筋网来配筋,难以做成刚度大的钢筋骨架。设计经验证明,跨度较大时Ⅱ形梁桥的混凝土和钢筋用量都比T形梁桥的大,而且构件也重。故Ⅱ形梁桥一般只用于跨径为6~12m的小跨径桥梁,目前较少使用。

目前,我国用得最多的装配式简支梁是图2-14b)所示的T形梁桥。装配式T形梁的优点:制造简单,梁内配筋可做成刚劲的钢筋骨架,主梁之间借助间距为4~6m的横隔梁来连接,整体性好,接头也较方便。缺点:截面形状不稳定,运输和安装较复杂;构件正好在桥面板的跨中接头,对板的受力不利。

在保证抗剪等条件下尽可能减小梁肋(或称为腹板)的厚度,以期减轻构件自重,是目前钢筋混凝土和预应力混凝土桥梁的发展趋势。因此,为使受拉主筋或预应力筋在梁肋底部较集中布置,或者为了满足预加应力的受压需要,提高截面效率,就形成呈马蹄形的梁肋底部,如图2-14c)、d)所示。但要注意,小于15cm的腹板厚度对于浇筑混凝土是有困难的。马蹄形的梁肋使模板结构和混凝土的浇筑稍趋复杂。

图2-14e)所示的箱形梁一般不适用于钢筋混凝土的简支梁桥,因为受拉区混凝土不参与工作,多余的箱梁底板会增加自重。然而对于全截面参与受力的预应力混凝土梁来说,情况就完全不同。

箱形截面的最大优点是抗扭能力大,其抗扭惯性矩为相应T梁截面的十几倍至几十倍,因此在横向偏心荷载作用下,箱形梁桥各梁的受力要比T梁桥均匀得多。此外,箱梁可以做成薄壁结构,又因桥面板的跨径减小而能使板厚减薄并节省配筋,这对自重占重要部分的大跨径预应力混凝土简支梁桥是十分经济合理的。

箱形截面的另一优点是横向抗弯刚度大,在预施应力、运输、安装阶段单梁的稳定性要比T梁好得多。然而箱梁薄壁构件的预制施工比较复杂,单根箱梁的安装重量通常比T梁大,这在确定梁桥类型时是必须加以考虑的。

装配式梁桥通常借助沿纵向布置的横隔梁的接头和桥面板的接缝连成整体,以使桥上车辆作用能分配给各主梁共同负担。鉴于横隔梁的抗弯刚度远比桥面板的大,故横隔梁对荷载分配起主要作用。

当横隔梁高度较大时,为了减轻自重,可将其中部挖空,如图 2-14c)所示,但沿挖空部分的边缘应做成钝角并配置钢筋,挖空也不宜过大,以免产生内角处裂缝和过多削弱其刚度。

对于箱形梁桥,由于其本身抗扭能力大,就可以少设或不设跨中横隔梁,但端横隔梁通常是必要的。

二、装配式钢筋混凝土简支梁桥的构造与特点

装配式钢筋混凝土简支梁桥,以 T 形梁桥最为普遍,我国常用的标准跨径有四种,分别为 10m、13m、16m 和 20m。它的上部结构由几片 T 形截面的主梁、横隔梁及设在横隔梁下方和隔梁翼缘顶板处的焊接钢板连成整体,如图 2-15 所示。

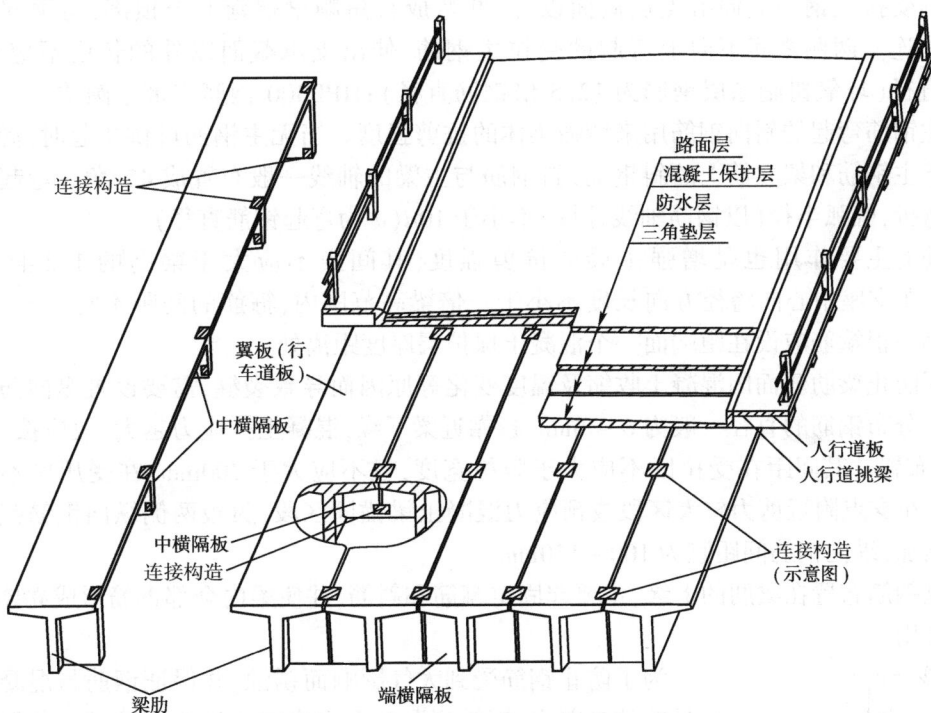

图 2-15 装配式 T 形简支梁桥概貌

1. 构造布置

1)主梁布置

对于设计给定的桥面宽度(包括行车道和人行道宽度),如何选定主梁的间距(或片数),这是构造布局中首先要解决的问题。它不仅与钢筋和混凝土的材料用量以及构件的吊装重量有关,而且还涉及翼板的刚度等因素。一般来说,对于跨径大一些的桥梁,增大主梁间距,可以减少主梁片数,是比较经济的,但增加了吊装难度。当吊装重量允许时,主梁间距采用 1.80~2.20m 为宜。

2)横隔梁布置

横隔梁在装配式T梁中起保证主梁相互连接成整体的作用,它的刚度越大,桥梁的整体性就越好。一般来说,端横隔梁是必须设置的,跨内横隔梁随跨径增大可以设1～3道,间距采用5～6m为宜。跨内横隔梁的高度通常做成主梁高度的3/4左右;梁肋下部呈马蹄形加宽时,横隔梁延伸至马蹄的加宽处。横隔梁的肋宽常采用12～16cm。

2. 主梁的钢筋构造

装配式T形简支梁桥的钢筋,可分为纵向主钢筋、箍筋、斜(弯起)钢筋、架立钢筋和分布钢筋等。

简支梁承受正弯矩作用,故抵抗拉力的主钢筋设置在梁肋的下缘。随着弯矩向支点处减小而剪力增大,主钢筋可在跨间适当位置处切断或弯起。为保证主钢筋在梁端有足够的锚固长度和加强支承部分的强度,至少有2根并不小于20%的主钢筋伸过支承截面。简支梁两侧的受拉主钢筋应伸出支点截面以外,并弯成直角顺梁端延伸至顶部,与顶部纵向架立钢筋相连。两侧之间不向上弯起的受拉主钢筋,伸出支承截面以外的长度不应小于10倍钢筋直径(环氧树脂涂层钢筋为12.5倍钢筋直径);HPB300钢筋应带半圆钩。

由主钢筋弯起的斜向钢筋用来增强梁体的抗剪强度。当无主钢筋可供弯起时,尚需配置专门焊于主钢筋和架立筋上的斜钢筋,斜钢筋与主梁的轴线一般布置成45°角。弯起钢筋应按圆弧弯折,圆弧半径(以钢筋轴线计算)不小于$10d$(d为弯起钢筋直径)。

箍筋的主要作用也是增强主梁的抗剪强度,其间距不应大于梁高的1/2且不大于400mm。在支座中心向跨径方向长度不小于一倍梁高范围内,箍筋的间距不宜大于100mm。近梁端第一根箍筋应设在距端面一个混凝土保护层厚度距离处。

为了防止梁肋侧面因混凝土收缩及温度变化等原因而导致裂缝,需要设置纵向防裂的分布钢筋。分布钢筋的直径一般为6～8mm,越靠近梁下缘,混凝土拉应力越大,故应按"下密上疏"排列布置。其间距在受拉区不应大于腹板宽度,且不应大于200mm,在受压区不应大于300mm。在支点附近剪力较大区段或预应力混凝土梁锚固区段,腹板两侧纵向钢筋截面面积应予以增加,纵向钢筋间距宜为100～150mm。

架立钢筋布置在梁肋的上缘,主要起固定箍筋和斜筋,并使梁内全部钢筋形成立体或平面骨架的作用。

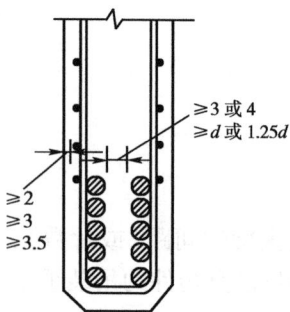

图2-16 混凝土保护层厚度
(尺寸单位:cm)

为了防止钢筋受到大气影响而锈蚀,并保证钢筋与混凝土之间有足够的黏着力,钢筋到混凝土边缘需要设置保护层。若保护层厚度太小,就不能达到以上目的;太大则混凝土表层因距钢筋太远容易破坏,且减小了钢筋混凝土截面的有效高度,不利于受力。梁板最外侧钢筋的混凝土保护层最小厚度:Ⅰ类环境条件为20mm;Ⅱ、Ⅳ、Ⅴ类环境条件为30mm;Ⅲ、Ⅵ、Ⅶ类环境条件为35mm(图2-16)。有关钢筋混凝土保护层的具体要求见《公桥规》中的第9.1.1条之规定。为了使混凝土的粗集料能填满整个梁体,以免形成灰浆层或空洞,规定各主筋之间的净距:主钢筋为三层或三层以下者不小于30mm,且不小于钢筋直径;三层以上者不小于40mm,且不小于钢筋直径的 1.25 倍(图 2-16)。

T 梁翼缘板内的受力钢筋沿横向布置在板的上缘,以承受悬臂的负弯矩。在顺主梁跨径方向还应设置少量的分布钢筋。板内主筋的直径不小于 10mm。分布钢筋的直径不小于 8mm,间距不大于 200mm。

图 2-17 是标准跨径为 20m,行车道宽 7m,两边设 0.75m 人行道的装配式 T 形梁肋钢筋构造,主梁采用 C25 混凝土。

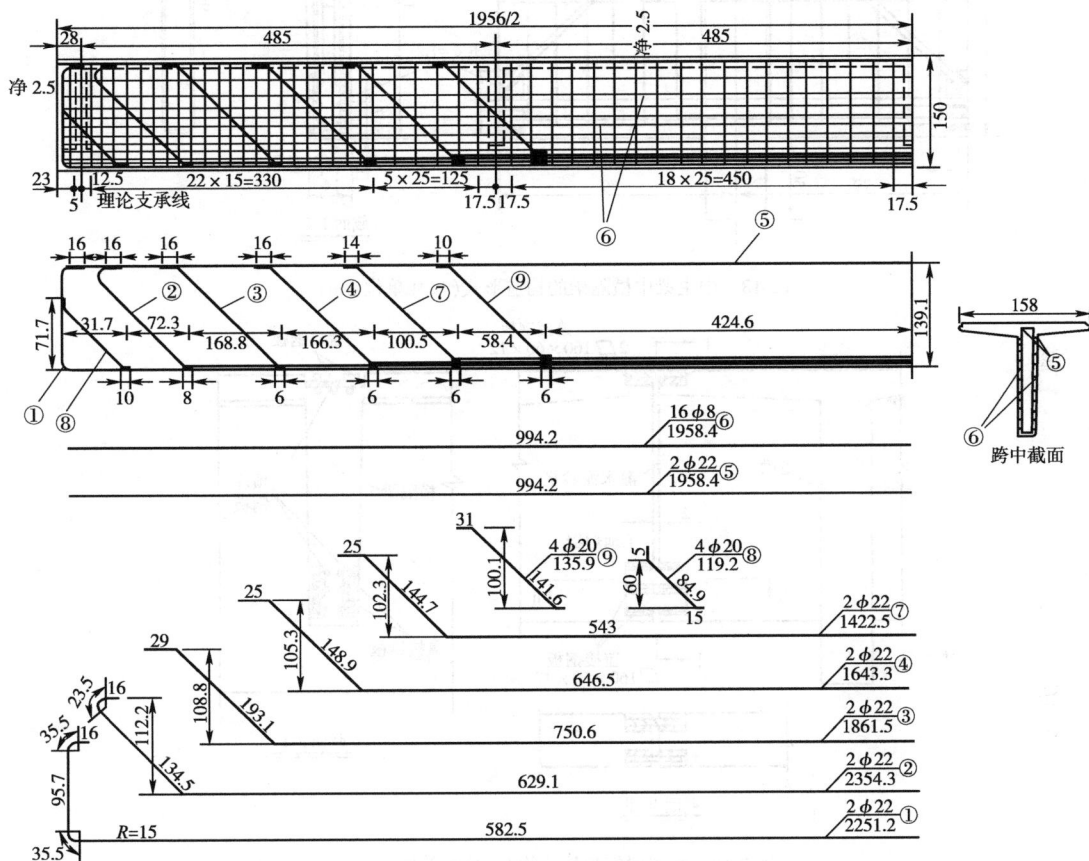

图 2-17 装配式 T 形梁肋钢筋构造(尺寸单位:cm)

注:①~⑨为钢筋编号。

3. 横隔梁构造及连接方式

图 2-18 所示为常用的中主梁中横隔梁的构造形式。在横隔梁靠近下部边缘的两侧和顶部翼板内均埋有焊接钢板 A 和 B(图 2-18),焊接钢板则与横隔梁的受力钢筋焊在一起做成安装骨架,当 T 梁安装就位后即在横隔梁的预埋钢板上再加焊盖接钢板使其连成整体。横隔梁中的箍筋除满足构造要求外,还要能承受剪力。

装配式 T 形梁的接头处要有足够的强度,以保证结构的整体性,并且在施工、营运中不发生松动。其连接的方式有以下几种:

(1)钢板连接(图 2-19)。它是在横隔梁上、下进行钢板焊接。

(2)螺栓接头[图 2-20a]。此方式与钢板连接相似,不同之处是用螺栓与预埋钢板连接,钢板要预留螺栓孔,但此方法螺栓易松动。

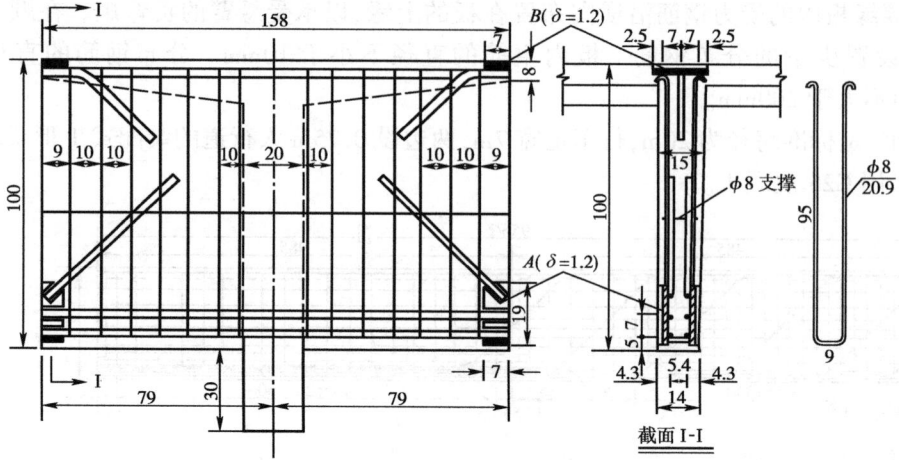

图2-18 中主梁中横隔梁的构造形式(尺寸单位:cm)

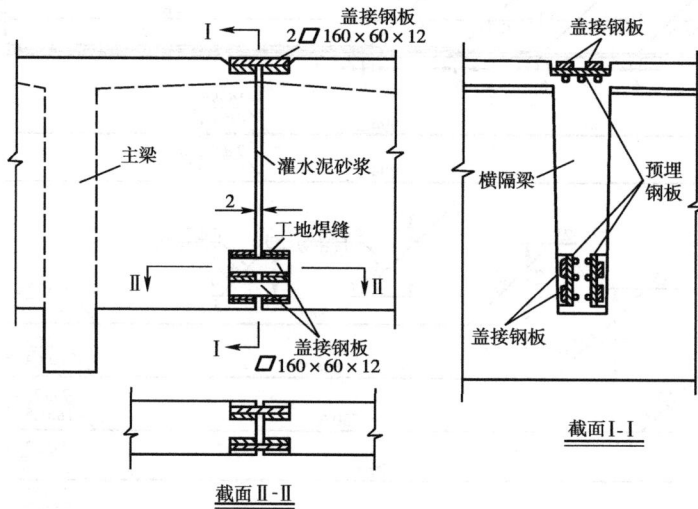

图2-19 横隔梁钢板接头构造(尺寸单位:cm)

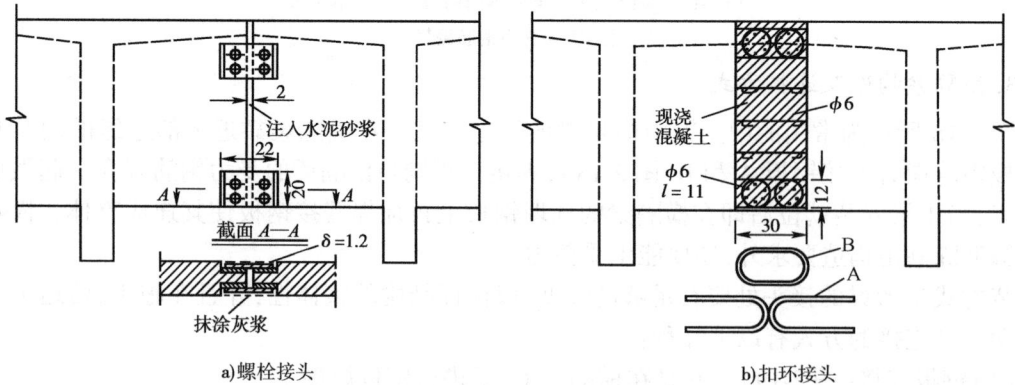

图2-20 横隔梁接头构造(尺寸单位:cm)

（3）扣环接头［图 2-20b)］。横隔梁在预制时在接缝处伸出钢筋扣环 A,安装时在相邻构件的扣环两侧再安上腰圆形的接头扣环 B,在形成的圆环内插入短分布筋后现浇混凝土封闭接缝,接缝宽度为 0.20～0.50m。

目前,为改善挑出翼板的受力状态,横向连接往往做成企口铰接式的简易构造,如图 2-21 所示。图 2-21a)为装配式 T 梁标准设计中所采用的连接方式。主梁翼缘板内伸出连接钢筋,交叉弯制后在接缝处再安放局部的 φ6 钢筋网,并将它们浇筑在桥面混凝土铺装层内。或者可将翼板的顶层钢筋伸出,并弯转套在一根长的钢筋上,以形成纵向铰,如图 2-21b)所示。显然,此种接头构造由于连接钢筋甚多,会给施工增加一定的难度。

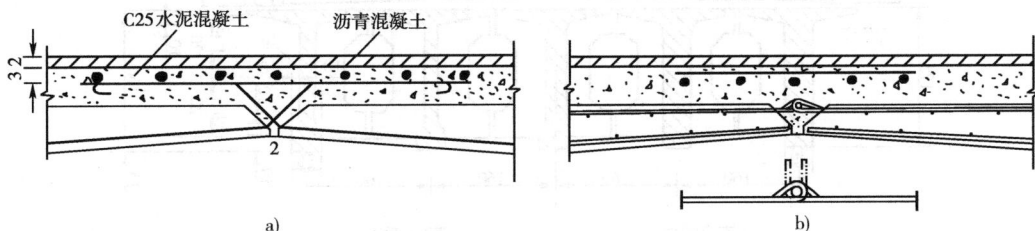

图 2-21　主梁翼板连接构造(尺寸单位:cm)

三、装配式预应力混凝土简支梁桥的构造与特点

预应力混凝土结构以其良好的使用性能被广泛地应用在桥梁工程中,主梁横截面为 T 形的装配式预应力混凝土简支梁桥最为常见。以下就预应力混凝土简支 T 形梁桥的构造布置、截面尺寸及配筋特点作一介绍。

1.构造布置及其尺寸

我国 1973 年编制的公路桥涵标准图中,主梁间距采用 1.6m,并根据桥梁横断面不同的净宽而相应采用 5、6、7 片主梁。图 2-22 所示为标准跨径 30m、桥面净空为净 −7 +2 × 0.75m 人行道的预应力混凝土简支 T 梁标准设计构造布置图。在 1983 年编制的标准图中,主梁间距采用 2.20m。当吊装重量不受限制时,对于较大跨径的 T 梁,宜用较大的主梁间距,可减少钢筋与混凝土的用量。

主梁的高度是随截面形式、主梁的片数及建筑高度的不同而不同。对于常用的等截面简支梁,高跨比可在 1/14～1/25 内选取。随着跨径增大取较小值,随梁数减少取较大值,中等跨径一般可取 1/16～1/18。

预应力混凝土简支 T 梁的梁肋下部通常加宽做成马蹄形,以满足预应力钢筋(钢丝束)的布置以及承受很大预压力的需要(图 2-22),在靠近支点处腹板要加厚至与马蹄同宽,加宽范围最好达一倍梁高左右。一般跨径中部肋宽采用 160mm,肋宽不宜小于肋板高度的 1/15。

为了防止在施工和运营中导致马蹄部分纵向裂缝,除马蹄面积不宜小于全截面的 10%～20% 以外,尚建议具体尺寸如下:

（1）马蹄宽度为肋宽的 2～4 倍,并注意马蹄部分(特别是斜坡区)的管道保护层厚度不宜小于 60mm。

（2）马蹄全宽部分高度加 1/2 斜坡区高度为(0.15～0.20)h,斜坡宜陡于 45°。

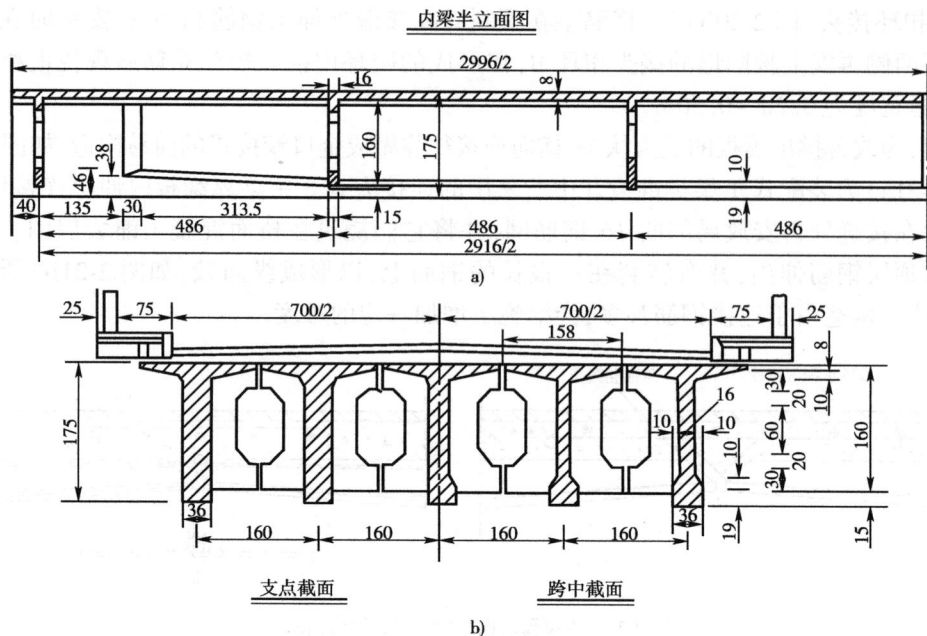

图2-22　跨径30m预应力混凝土简支T梁的构造布置(尺寸单位:cm)

同时应注意:马蹄部分不宜过高、过大,否则会降低截面形心,减少偏心距,并导致降低抵消自重的能力。在靠近支点时,为适应预应力筋的弯起,可将马蹄部分逐渐加高。

2.配筋特点

装配式预应力混凝土简支梁内配筋除了主要的纵向预应力筋外,还有一些非预应力筋,如架立钢筋、箍筋、水平分布钢筋、承受局部应力的钢筋和其他构造钢筋。

1)纵向预应力筋的布置

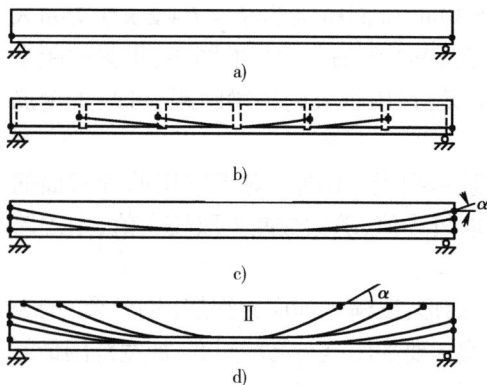

图2-23　简支梁纵向预应力筋布置方式

纵向预应力筋的布置方式有以下4种方式(图2-23):

(1)全部主筋直线形布置,适用于先张法。其缺点是梁端上缘会产生过高拉应力。有时为了减小此应力,可根据弯矩的变化,采用塑料套管将部分纵向预应力筋的预应力在设计位置失效,如图2-23a)所示。

(2)直线形预应力筋的后张法梁:为了减小梁端负弯矩,节省钢材,可以将主筋在中间截面截断,但锚固处受力与构造较复杂,且预应力筋没有充分发挥抗剪作用,如图2-23b)所示。

(3)将预应力筋全部弯至梁端锚固,可以减少摩擦损失,但梁端受预压应力较大,如图2-23c)所示。

(4)当梁高受到限制时,可以将一部分预应力筋弯出梁顶。此方法摩擦损失增大,但能缩短预应力筋的长度,且能提高梁的抗剪能力,如图2-23d)所示。

图2-23c)、d)两种方式应用较广泛。

预应力钢筋总的布置原则:在保证梁底保护层厚度及使预应力钢筋位于索界内的前提下,尽量使预应力筋的重心靠下;在满足构造要求的同时,预应力钢筋尽量互相紧密靠拢,使构件尺寸紧凑。

2)非预应力筋的布置

预应力混凝土 T 形梁与钢筋混凝土 T 梁一样,按规定布置箍筋、防收缩钢筋、架立钢筋,同时还有其自身特点。

图 2-24 所示为梁端非预应力钢筋构造。加强钢筋网的网格约为 10cm × 10cm。锚具下设置厚度不小于 16mm 的钢垫板与 $\phi8$ 的螺旋筋,其螺距为 30mm、长 210mm,以提高混凝土的抗裂性。

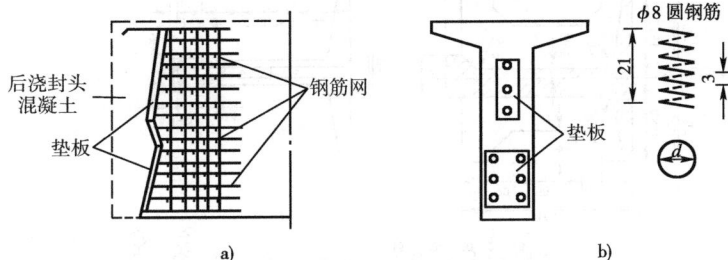

图 2-24　梁端非预应力钢筋构造(尺寸单位:cm)
注:钢筋网的钢筋直径 $\phi8$。

在预应力筋比较集中的下翼缘(下马蹄)内必须设置闭合式加强箍筋,其间距不大于 15cm。另外,有时预应力筋与非预应力筋共同配置,会收到很好的效果。

图 2-25a)表示当梁中预应力筋在两端不便弯起时,为了防止张拉阶段在梁端顶可能开裂而布置的受力钢筋。

对于自重较活载小得多的梁,在预加力阶段跨中部分的上翼缘可能会开裂破坏,因而也可在跨中部分的顶部设无预应力的纵向受力钢筋,如图 2-25b)所示。这种钢筋在运营阶段还能加强混凝土的抗压能力,在破坏阶段则可提高梁的安全度。

图 2-25c)所示在跨中部分下翼缘内设置的钢筋,多半是在全预应力梁中为了加强混凝土承受预加压力而设置。

对于部分预应力梁也往往利用通长布置在下翼缘的纵向钢筋来补足极限承载能力的需要,如图 2-25d)所示。这样布置钢筋对于配置无黏结预应力筋的梁能起到分布裂缝的作用。

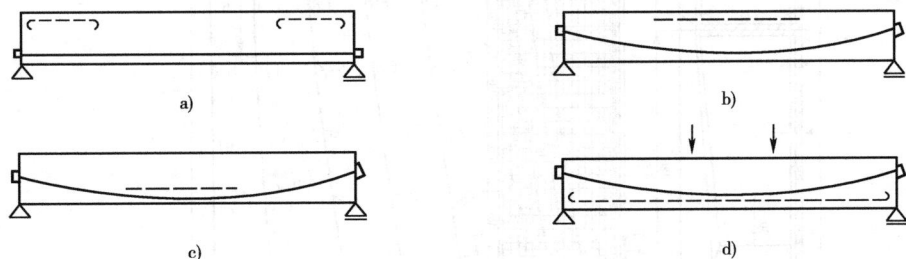

图 2-25　无预应力纵向受力钢筋(虚线)的布置

图 2-26 为标准跨径 30m 的装配式预应力混凝土简支 T 梁配筋。此梁的全长为 29.96m,计算跨径为 29.16m,梁肋中心距为 1.60m。在横截面上,可以用 5 ~ 7 片主梁来构成净 − 7、净 − 9 并附不同人行道宽度的桥面净空。

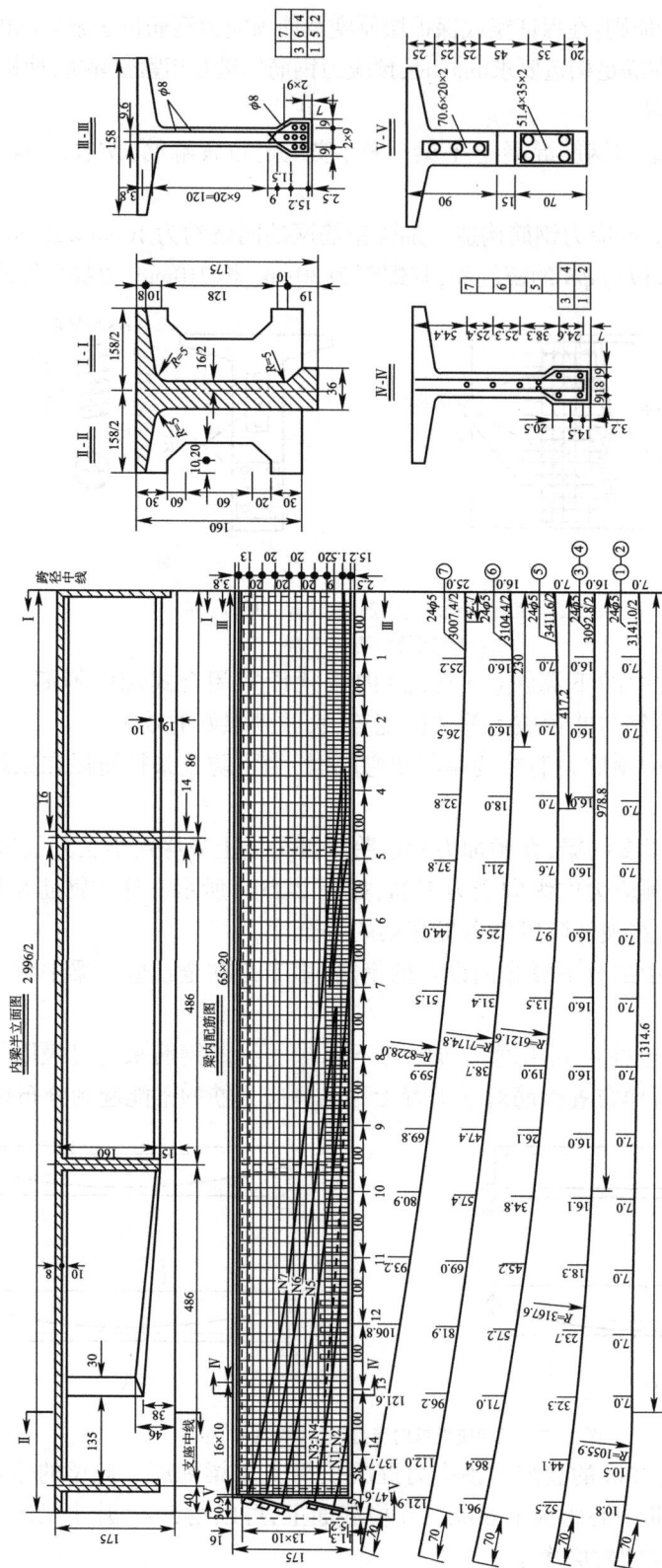

图 2-26 跨径 30m 预应力混凝土简支 T 梁配筋(尺寸单位:cm;钢筋单位:mm)

主梁采用 C40 混凝土带马蹄的 T 形截面,梁高为 1.75m,高跨比为 1/16.7。厚为 160mm 的梁肋在梁端部分(约等于梁高的长度内)加宽至马蹄全宽 360mm,以利于预应力筋的锚固及梁端局部承压。在截面设计中将所有混凝土内角做成半径为 50mm 的圆角,以利于脱模。

T 梁预应力采用了 7 根 24φ5 的高强钢丝束,全部钢丝束均以圆弧起弯并锚固在梁端厚 2cm 的钢垫板上。

四、先简支后连续的装配式预应力混凝土梁桥的结构特点与连接构造

先简支后连续法是把一联连续梁(板)分成几段,每段长约一孔,各段在预制场预制后经移运吊放到墩台顶的临时支座上,在完成湿接缝的各项工序后浇筑湿接缝混凝土;然后张拉负弯矩预应力筋(束),拆除临时支座,使连续梁落座到永久支座上,完成结构由简支到连续的体系转换。

1.结构特点及应用情况

简支梁桥属于单孔静定结构,它构造简单,其结构尺寸易于设计成系列化和标准化,有利于在工厂内或施工场地上广泛采用工业化施工,便于预制和安装,建桥速度快。然而简支梁桥也存在显著缺点:从运营条件来说,简支梁桥在梁衔接处设置的伸缩缝及挠曲线的折点会使行车舒适性降低;另外,简支梁跨中弯矩较大,致使梁的截面尺寸和自重显著增加,需要耗用更多材料。

而连续梁桥与简支梁桥相比,其特点差别很大:结构较复杂,当跨径较大时,长而重的构件不利于预制安装施工,而往往要在工费昂贵的支架上现浇,需要的工期长。但是连续梁桥无断点,行车舒适,且由于支点负弯矩的存在,使跨中正弯矩值明显减少,从而减少材料用量及结构自重。

先简支后连续梁桥刚好发挥了上述两种梁桥的优点,克服它们的缺点。其施工特点是先按简支梁规模化施工,后用湿接缝把相邻跨的梁块连接成连续梁,从而达到连续梁优越的使用效果。这种结构在体系转换前属于简支梁,简支梁内力在体系转换中原封不动地带入连续梁;体系转换后,二期恒载及活载等内力按连续梁(板)计算。随着跨径的增大,自重内力迅速增加,简支梁内力占去了连续梁内力的大部分而显得不合理。一般认为先简支后连续法的适用跨径为 50m 以内。

先简支后连续的装配式预应力混凝土梁桥的结构,其上下部结构可以同时施工、进度快。上部结构采用的基本是简支梁的施工方法,得到的却是结构更优的连续梁。这种结构比其他装配式连续梁桥湿接缝数量少,不需临时支架,特别适用于软土、深水、高墩等情况。在我国公路建设中,跨径为 20~25m 的连续梁(板)桥大量采用这种结构。近年来,这种结构在跨径大于或等于 50m 时仍受青睐。例如:连接上海南汇芦潮港与洋山岛深水港的东海大桥,其中 179 孔 60m 和 157 孔 70m 连续梁就采用了这种结构;连接浙江嘉兴海盐和宁波慈溪的杭州湾大桥,其南岸 9km 滩涂上 183 孔单跨 50m 的连续梁桥也采用了这种结构。

2.构造设计及连接工艺

1)构造设计

湿接缝是纵向连接两跨简支梁、横向连接同跨梁板的现浇混凝土段。下面以空心板梁

为例(图 2-27),简述其构造的布置。对于其他形式桥梁,设计内容相同,只是布置方式不同。

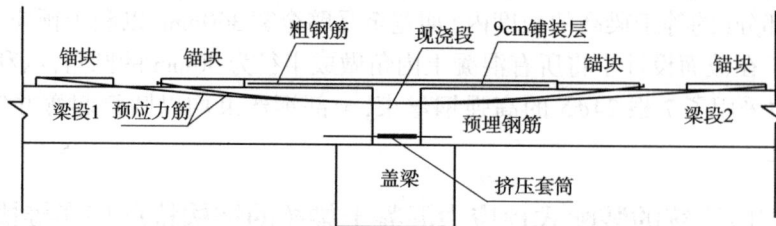

图 2-27 连接构造布置示意图

(1)在预制空心板梁底板预埋一排粗钢筋,伸出锚端。施工中将纵向两梁伸出的钢筋连接在一起,其作用除纵向连接外,主要是增强支点的抗剪能力。同时穿过湿接缝在梁顶 9cm 的桥面铺装层中布置一排粗钢筋,其主要作用同底板预埋粗钢筋。

(2)在梁板顶板中设置抗负弯矩预应力筋,锚头设在梁板顶面 9cm 的桥面铺装层内。在板梁预制中为减少预应力径向分力上爆影响,应设置比梁板高出 9cm 的齿块板即锚块。纵向两梁的预应力筋穿过现浇段,张拉连成一个整体。

(3)现浇段采用 C55 微膨胀小石子混凝土。

这些主要设计内容均为施工中重点控制内容,在施工中应采取相应措施,确保质量。

2)湿接缝施工

预制梁板安装在临时支座上,并调整好轴线与高程后即可进行湿接缝的施工。其连接工艺如下:

(1)对旧混凝土去皮

在梁顶板要浇筑混凝土的范围内,将梁板表层混凝土去皮 1~2mm。在浇筑混凝土时湿润其表面并坐浆,以保证新老混凝土良好接合。根据一些试验资料,新老混凝土连接面的抗拉强度与施工缝处理方法有关:对于水平缝铲去约 1mm 水泥薄膜浮浆,施工缝上铺水泥砂浆,抗拉强度与同时浇筑的混凝土相比折减率为 0.96;如不除去旧混凝土上的浮浆,则抗拉强度折减率为 0.45。因此,旧混凝土去皮对新混凝土的连接是很重要的。

(2)安装底模及永久性支座

将支座置于墩顶支座垫石上,在永久性支座外周围安装底模。为防漏浆,永久性支座与底模间的缝隙应采取有效措施加以密封。根据实际情况及施工经济性,底模大多采用泡沫板,考虑到泡沫板在现浇混凝土下会有所压缩,选择泡沫板厚度要比支座厚度大 2mm,并与支座间的缝隙用胶布或砂浆封住,防止漏浆。安装好泡沫板底模后,如果有些后续工序须进行电焊,为防止焊渣掉落至底模烧坏泡沫板,可在泡沫板上喷洒一层水泥浆。对于支座较高、支底模空间大的情况,可用木板作底模,木楔予以支撑。

(3)钢筋安装

按湿接缝钢筋构造图绑扎安装钢筋。纵向钢筋连接可采用搭接焊、帮条焊或套筒压接接头。因底板受剪钢筋直径大、间距小,两预制梁纵向伸出的钢筋往往连接长度不足,无法采用搭接焊,如采用帮条焊则其间距小,焊接受条件限制,不能保证质量,因此底板受剪钢筋宜采用挤压套筒连接。施工中,先把套筒套住其中一片梁的伸出钢筋,同时将另一片梁的对应钢筋调直,把套筒移至两钢筋中间进行挤压。

（4）安装预应力筋束道

为了减少预应力筋与管道之间摩擦引起的应力损失，应严格控制预应力筋束道的位置。筋束道在两预制梁端与现浇段相接处的位置偏差应控制在 2mm 以内，对应筋束道要顺接，连接可靠，不漏浆。

（5）支立侧模

因梁板铰缝也要进行两次施工，须在铰缝处支立侧模。桥梁边板处的湿接缝模板，采用与桥梁边板侧模同形状的钢模板，其他根据实际需要设置模板。

（6）浇筑混凝土

根据该段的受力情况，现浇混凝土一般采用比预制梁混凝土强度高 10% 的混凝土。为防止混凝土收缩引起现浇段与预制梁的开裂及预应力损失，现浇段混凝土中必须掺加膨胀剂；因钢筋密集，混凝土石子的粒径不宜大于 2cm；根据配合比，严格控制各材料用量，浇筑混凝土时宜采用小直径振捣棒的振捣器与大直径振捣棒的振捣器配合，最后再用平板式的振捣器，确保现浇段混凝土密实。此外，因现浇段连同其上桥面铺装混凝土一起浇筑，须控制好表面平整度。

（7）混凝土养护

混凝土浇筑完毕，为防止混凝土早期收缩出现裂缝，宜在捣实抹平后即用塑料薄膜覆盖。在混凝土初凝前，掀开塑料薄膜，混凝土会泛水至表面，这时进行二次收浆；收浆完毕再用塑料薄膜覆盖，待下次洒水养护时，换砂或草袋代替塑料薄膜继续养护。

（8）张拉预应力束及压浆

待现浇混凝土强度达到要求后，张拉预应力束。预应力束采用偏锚锚固，用千斤顶对预应力束中的每根预应力筋逐根张拉。张拉完毕后封锚并及时压浆。

至此，拆除临时支座，完成整个转换过程。

第四节 简支梁桥的计算

在桥梁设计中，根据桥梁使用要求、跨径大小、桥面净宽、荷载等级和施工条件等，确定上部结构的构造形式；然后用熟知的数学、力学方法计算出结构各部分可能产生的最不利的内力；再由已求得的内力进行强度、刚度和稳定性验算，以此来判断所拟定的细部尺寸是否符合要求。对于简支梁桥，设计计算的项目一般有主梁、横隔梁、桥面板、支座等。主梁是主要承重构件，无论从结构的安全和材料消耗上来看，它都是桥梁的重要部分。桥面板（行车道板）直接承受车辆的作用，通常又是主梁的受压翼缘，它的工作状态不但影响行车质量，而且涉及主梁的受力。本节着重介绍行车道板、主梁、横隔梁荷载效应计算以及主梁挠度和预拱度的计算方法。

一、行车道板的计算

1. 行车道板的类型

钢筋混凝土和预应力混凝土肋梁桥的行车道板，是直接承受车辆轮压的承重结构，在构造上它通常与主梁的梁肋和横隔梁(或横隔板)整体相连,这样既能将车辆作用传给主梁,又能构成主梁截面的组成部分,并保证主梁的整体作用。行车道板一般用钢筋混凝土制作,对跨度较大的行车道板也可施加横向预应力,做成预应力混凝土板。

对于整体现浇的 T 梁桥,梁肋和横(隔)梁之间的矩形桥面板属于周边支承板,如图 2-28a) 所示。通常对于这种矩形的四边支承板,当其边长比或长宽比 $l_a/l_b \geq 2$ 时,便可近似地按仅由短跨(l_b)承受荷载的单向受力板来设计,而长跨(l_a)方向只要配置适当的构造钢筋即可。

对于 $l_a/l_b \geq 2$ 的装配式 T 形梁桥,如果在两主梁的翼板之间有如下两种情况,则可简化为悬臂板。

(1)采用钢板连接[图 2-28b)]时,桥面板可简化为悬臂板;

(2)采用不承担弯矩的铰接缝连接[图 2-28b)]时,桥面板可简化为铰接悬臂板。

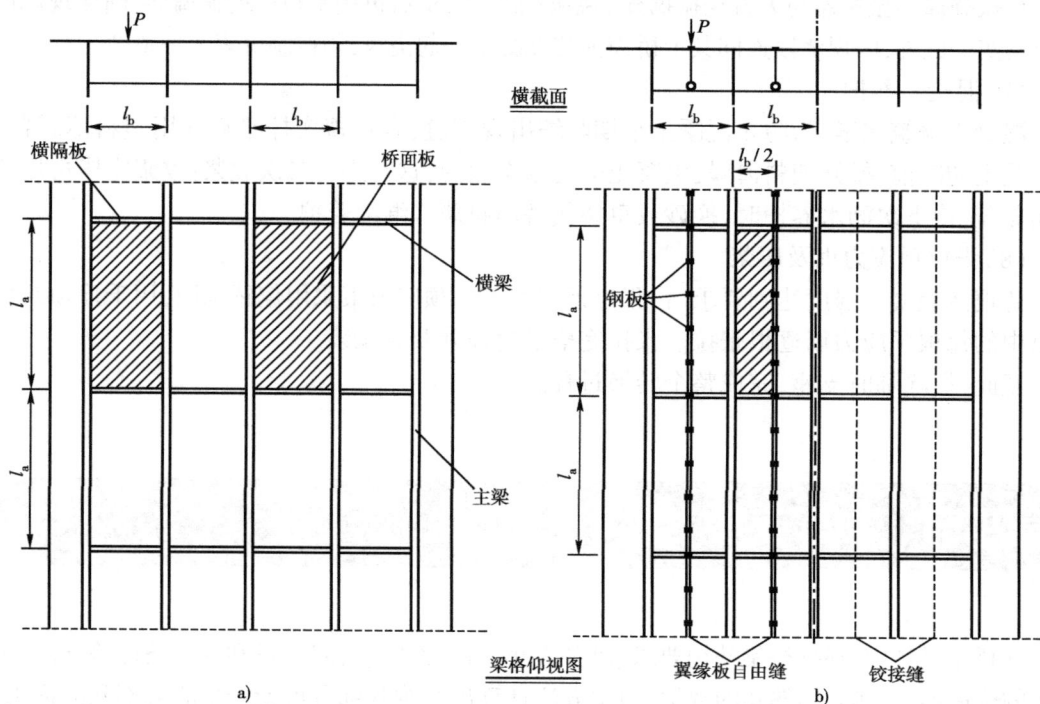

图 2-28　梁格构造和桥面板支承方式

2. 车轮荷载在板上的分布

根据试验研究,作用在混凝土或沥青铺装面层上的车轮荷载,可以偏安全地假定呈 45°角扩散分布于混凝土板面上。

假定车轮与桥面的接触面是 $a_2 \times b_2$ 的矩形面,此处 a_2 是车轮沿行车方向的着地长度,b_2 为车轮的着地宽度(图 2-29),则最后作用于混凝土桥面面板的矩形荷载压力面的边长为:

$$\left. \begin{array}{l} \text{沿行车方向} \quad a_1 = a_2 + 2H \\ \text{沿横向} \quad b_1 = b_2 + 2H \end{array} \right\} \tag{2-1}$$

式中:H——铺装层的厚度。

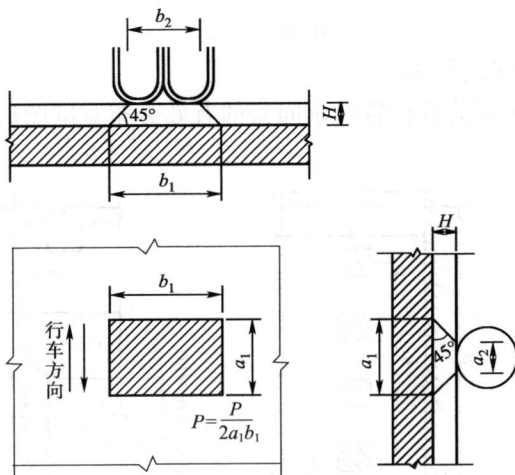

图 2-29　车辆荷载在板面上的分布

据此,当有一个车轮作用于桥面板上时,作用于板面上的局部分布荷载 p 为:

$$p = \frac{P}{2a_1 b_1}$$

式中:P——汽车轴重。

3.板的有效工作宽度

板在局部荷载作用下,不仅直接承压部分参加工作,其相邻的部分板也会共同参与工作,承担一部分荷载,所以我们需要解决板的有效工作宽度问题。

《公桥规》基于大量的理论研究,对板的有效工作宽度有如下规定:

1)单向板的荷载有效分布宽度

(1)车轮位于跨间时:

对于一个车轮荷载[图 2-30a)]:

$$a = a_1 + \frac{l}{3} = a_2 + 2H + \frac{l}{3},但不小于\frac{2}{3}l \tag{2-2}$$

式中:l——两梁肋之间板的计算跨径。

《公桥规》规定:计算弯矩时,$l = l_0 + t$,但不大于 $l_0 + b$;计算剪力时,$l = l_0$。其中 l_0 为板的净跨径;t 为板的厚度;b 为梁肋宽度。

对于几个靠近的相同荷载,有效分布宽度发生重叠时[图 2-30b)],则:

$$a = a_1 + d + \frac{l}{3} = a_2 + 2H + d + \frac{l}{3},但不小于\frac{2l}{3} + d \tag{2-3}$$

式中:d——最外两个荷载的中心距离。

(2)车轮位于板的支承处时:

$$a' = a_1 + t = a_2 + 2H + t,但不小于\frac{l}{3} \tag{2-4}$$

式中:t——板的厚度。

（3）车轮靠近板的支承处时：

$$a_x = a' + 2x \qquad (2\text{-}5)$$

式中：x——荷载离支承边缘的距离。

根据以上所述,对于不同荷载位置时单向板的有效分布宽度图形,如图2-30c)所示。

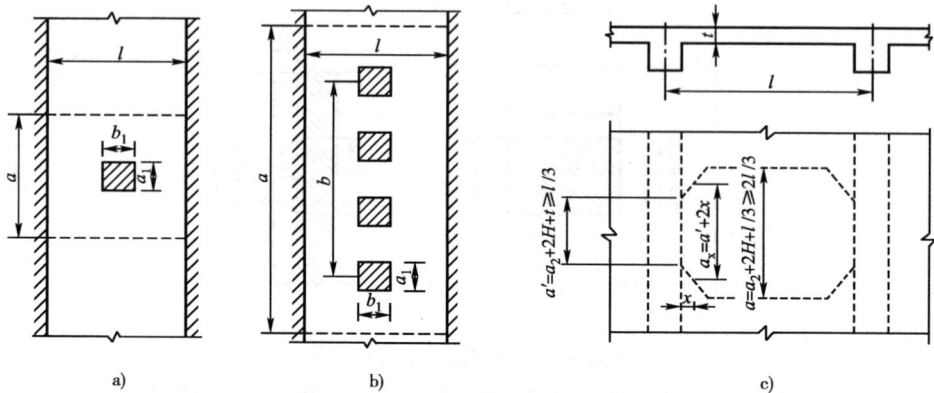

图2-30　单向板荷载有效分布宽度

2）悬臂板的荷载有效分布宽度（图2-31）

$$a = a_1 + 2b' = a_2 + 2H + 2b' \qquad (2\text{-}6)$$

式中：b'——承重板上荷载压力面外侧边缘至悬臂根部的距离。

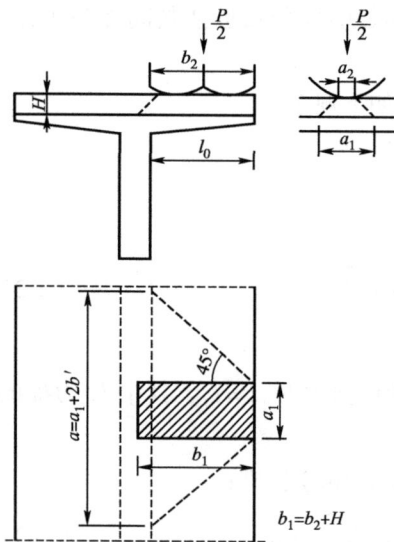

图2-31　悬臂板荷载有效分布宽度

对于分布荷载靠近板边的最不利情况,b'等于悬臂板的净跨径l_0,于是有：

$$a = a_1 + 2l_0 = a_2 + 2H + 2l_0 \qquad (2\text{-}7)$$

不管是单向板还是悬臂板,对于均布荷载来说,不论在跨中或支点均取单位宽板条按实际荷载强度p进行计算。

4.行车道板内力计算

1）多跨连续单向板内力计算

多跨连续板与主梁梁肋连接在一起,因此,当板上有荷载作用时,会使主梁发生相对变形,而这种变形又影响板的内力。如果主梁的抗扭刚度极大,板的工作性能就接近于固端梁［图2-32a)］；如果主梁抗扭刚度极小,板在梁肋支承处为接近自由转动的铰支座,则板的受力就如多跨连续梁［图2-32c)］。实际上行车道板在主梁梁肋的支承条件,既不是固端,也不是铰支,而应该是弹性嵌固［图2-32b)］。

鉴于行车道板的受力情况比较复杂,影响的因素也比较多,因此,要精确计算板的内力是有一定困难的,通常采用简单的近似方法进行计算。对于弯矩先算出一个跨度相同的简支板

跨中弯矩 M_0，然后根据试验和理论分析的资料加以修正。弯矩修正系数视板厚 t 与梁肋高度 h 的比值取用。

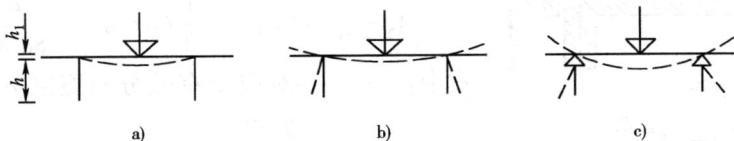

图 2-32 主梁扭转对行车道板受力的影响

当 $t/h < 1/4$ 时(即主梁抗扭能力大者):

跨中弯矩 $\qquad\qquad\qquad\qquad M_{中} = 0.5M_0$

支点弯矩 $\qquad\qquad\qquad\qquad M_{支} = -0.7M_0$ $\qquad\qquad$ (2-8)

当 $t/h \geqslant 1/4$ 时(即主梁抗扭能力小者):

跨中弯矩 $\qquad\qquad\qquad\qquad M_{中} = 0.7M_0$

支点弯矩 $\qquad\qquad\qquad\qquad M_{支} = -0.7M_0$ $\qquad\qquad$ (2-9)

式中:t——板厚;

$\quad h$——梁肋高度;

$\quad M_0$——把板当作简支板时,由使用荷载引起的 1m 宽板的跨中最大设计弯矩,它是由 M_{0P} 和 M_{0g} 两部分效应组合而成的。

$\quad M_{0P}$ 为 1m 宽简支板条的跨中活载弯矩,如图 2-33a)所示。对于汽车荷载,跨中弯矩为:

$$M_{0P} = (1 + \mu) \cdot \frac{P}{8a}\left(l - \frac{b_1}{2}\right) \qquad (2-10)$$

式中:μ——汽车冲击系数;

$\quad P$——汽车车轮轴重力(应取用加重车后轴的轴重力);

$\quad a$——荷载有效分布宽度;

$\quad l$——板的计算跨径,当梁肋不宽时(如 T 形梁),可取梁肋中距;当梁肋较宽时(如箱形梁),可取梁肋间的净距加板厚,即 $l = l_0 + t$,但不大于 $l_0 + b$(b 为梁肋宽)。

如果板的跨径较大,可能还有第二个车轮进入跨径内时,可布置荷载使跨中弯矩最大。

M_{0g} 为宽度 1m 的简支板跨中结构重力弯矩,其值为:

$$M_{0g} = \frac{1}{8}gl^2 \qquad (2-11)$$

式中:g——1m 宽板的荷载强度。

计算单向板的支点剪力时,可不考虑板和主梁的弹性固结作用,而直接按简支板的图式进行。对于跨径内只有一个汽车车轮荷载,如图 2-33b)所示,宽度 1m 的简支板支点剪力为:

$$Q_{支} = \frac{gl_0}{2} + (1 + \mu)(A_1y_1 + A_2y_2) \qquad (2-12)$$

其中矩形部分荷载的合力为$\left(以 \ p = \dfrac{P}{2ab_1} \ 代入\right)$:

$$A_1 = pb_1 = \frac{P}{2a}$$

a)求跨中弯矩

b)求支点剪力

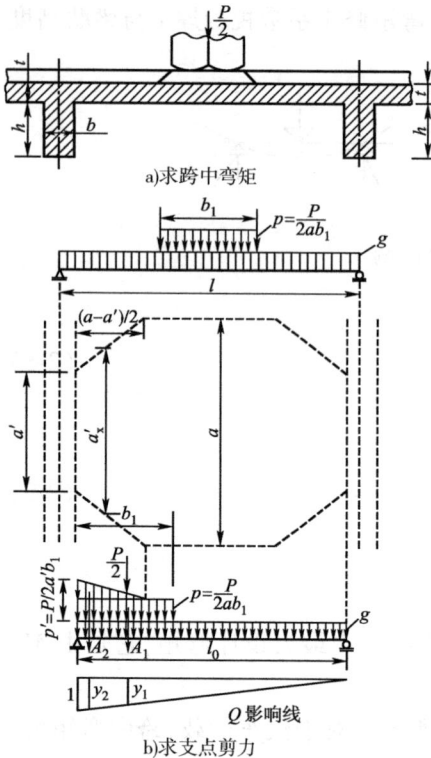

图 2-33　单向板内力计算图式

三角形部分荷载的合力为 $\left(\text{以 } p' = \dfrac{P}{2a'b_1} \text{ 代入}\right)$：

$$A_2 = \frac{1}{2}(p' - p) \cdot \frac{1}{2}(a - a') = \frac{P}{8a'b_1}(a - a')^2$$

式中：p、p'——对应于有效分布宽度 a 和 a' 处的荷载强度；

y_1、y_2——对应于荷载合力 A_1 和 A_2 的支点剪力影响线竖标值。

如跨径内不止一个车轮时，尚应计及其他车轮的影响。

2)悬臂板内力

对于沿缝不相连接的悬臂板，计算梁肋处最大弯矩时，应将汽车车轮靠板的边缘布置(图 2-31)，此时 $b_1 = b_2 + H$(无人行道一侧)或 $b_1 = b_2 + 2H$(有人行道一侧)，1m 宽悬臂板的弯矩为：

$$M = -\frac{1}{2}gl_0^2 - (1 + \mu)\frac{P}{4ab_1}l_0^2 \qquad (b_1 \geqslant l_0 \text{ 时})$$

(2-13)

$$\text{或 } M = -\frac{1}{2}gl_0^2 - (1 + \mu)\frac{P}{2a}\left(l_0 - \frac{b_1}{2}\right)(b_1 < l_0 \text{ 时}) \quad (2\text{-}14)$$

式中：P——汽车车轮轴重力。

悬臂板的剪力为：

$$Q = gl_0 + (1 + \mu)\frac{P}{2ab_1}l_0 \qquad (b_1 \geqslant l_0 \text{ 时})$$

(2-15)

$$\text{或} \qquad Q = gl_0 + (1 + \mu)\frac{1}{2a}P \qquad (b_1 < l_0 \text{ 时})$$

(2-16)

3)铰接悬臂板内力

对于沿纵缝用铰连接的悬臂板，计算弯矩时，把汽车车轮荷载对称布置在铰接处(图 2-34)。这时最大弯矩在支承处，铰接处的弯矩为零，两相邻悬臂板各承受一半车轮荷载，即 $P/4$。支承处 1m 宽板的弯矩为：

$$M = -\frac{1}{2}gl_0^2 - (1 + \mu)\frac{P}{4a}\left(l_0 - \frac{b_1}{4}\right)$$

(2-17)

悬臂根部的剪力可以偏安全地按一般悬臂板的图式来计算。为了简化计算，也可近似按汽车车轮荷载对称布置在铰接处来计算(图 2-34)：

$$Q = gl_0 + (1 + \mu)\frac{P}{4a}$$

(2-18)

【例 2-1】　计算图 2-35 所示 T 梁翼板所构成的铰接悬臂板的设计内力。桥面铺装为 2cm 的沥青混凝土面层(重度为 21kN/m³)和平均 9cm 厚混凝土垫层(重度为 23kN/m³)，T 梁翼板

的重力密度为 25kN/m^3,荷载为汽车的车辆荷载。

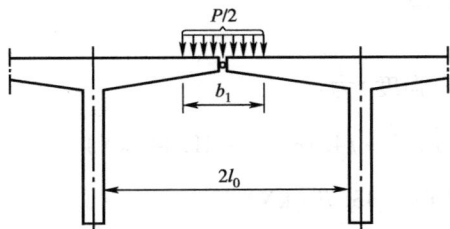

图 2-34　铰接悬臂板计算图式

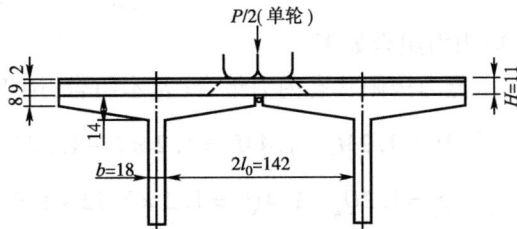

图 2-35　T梁横截面图(尺寸单位:cm)

解:(1)结构重力及其内力(按纵向1m宽的板条)计算。

①每延米板上的结构重力 g 计算见表 2-1。

每延米板上的结构重力 g　　　　　　　　　　　　　表 2-1

沥青混凝土面层 g_1	$0.02 \times 1.0 \times 21 = 0.42(\text{kN/m})$
C25 混凝土垫层 g_2	$0.09 \times 1.0 \times 23 = 2.07(\text{kN/m})$
T 梁翼板自重 g_3	$(0.08 + 0.14) \div 2 \times 1.0 \times 25 = 2.75(\text{kN/m})$
合计	$g = \sum g_i = 5.24\text{kN/m}$

②每米宽板条的结构重力内力如下:

$$M_{\min.\,g} = -\frac{1}{2}gl_0^2 = -\frac{1}{2} \times 5.24 \times 0.71^2 = -1.32(\text{kN} \cdot \text{m})$$

$$Q_{Ag} = gl_0 = 5.24 \times 0.71 = 3.72(\text{kN})$$

(2)车辆荷载产生的内力计算如下。

将车轮作用于铰缝轴线上(图 2-35),轴重力标准值为 $P = 140\text{kN}$,轮压分布宽度如图 2-36 所示。由《桥规》得,车辆荷载后轮着地长度 $a_2 = 0.20\text{m}$,宽度 $b_2 = 0.60\text{m}$,则:

$$a_1 = a_2 + 2H = 0.20 + 2 \times 0.11 = 0.42(\text{m})$$

$$b_1 = b_2 + 2H = 0.60 + 2 \times 0.11 = 0.82(\text{m})$$

荷载对于悬臂根部的有效分布宽度为:

$$a = a_1 + d + 2l_0 = 0.42 + 1.4 + 2 \times 0.71 = 3.24(\text{m})$$

冲击系数采用 $1 + \mu = 1.3$。

作用于每米宽板条上的弯矩为:

$$M_{\min.\,p} = -(1 + \mu)\frac{2P}{4a}\left(l_0 - \frac{b_1}{4}\right)$$

$$= -1.3 \times \frac{2 \times 140}{4 \times 3.24}\left(0.71 - \frac{0.82}{4}\right)$$

$$= -14.18(\text{kN} \cdot \text{m})$$

作用于每米宽板条上的剪力为:

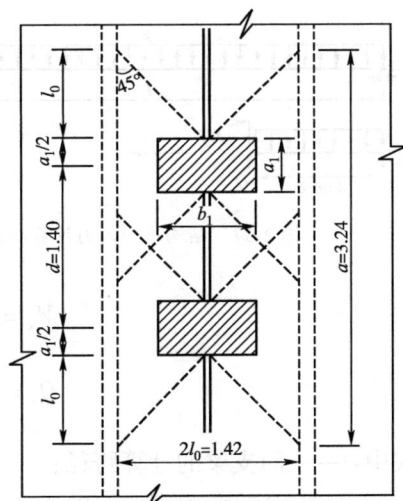

图 2-36　车辆荷载的计算图式(尺寸单位:m)

$$Q_{\mathrm{Ap}} = (1+\mu)\frac{2P}{4a} = 1.3 \times \frac{2 \times 140}{4 \times 3.24} = 28.09(\mathrm{kN})$$

(3)内力组合如下。

承载能力极限状态内力组合(基本组合,用于验算强度)为:

$$M_{\mathrm{j}} = 1.2M_{\mathrm{g}} + 1.4M_{\mathrm{p}} = 1.2 \times (-1.32) + 1.4 \times (-14.18) = -21.44(\mathrm{kN})$$

$$Q_{\mathrm{j}} = 1.2Q_{\mathrm{g}} + 1.4Q_{\mathrm{p}} = 1.2 \times 3.72 + 1.4 \times 28.09 = 43.79(\mathrm{kN})$$

二、主梁梁肋的计算

对于跨径在10m以内的简支梁,通常只需计算跨中截面的最大弯矩和支点截面及跨中截面的剪力;跨中与支点之间各截面的剪力可以近似按直线规律变化,弯矩可假设按二次抛物线规律变化。对于较大跨径的简支梁,一般还应计算$l/4$截面的弯矩和剪力。如果主梁沿桥轴方向截面有变化,例如梁肋宽或梁高变化,则还应计算变化处截面的内力。有了截面内力,就可按钢筋混凝土和预应力混凝土结构的计算原理进行主梁各截面的配筋设计和验算。这里重点介绍如何计算主梁的最不利内力。

1. 结构重力内力计算

混凝土公路桥梁的结构重力,往往占全部设计荷载很大的比重(通常占60%~90%),梁的跨径越大,结构重力所占的比重也越大。

在计算结构重力内力时,为了简化起见,往往将横梁、铺装层、人行道和栏杆等重量均匀分摊给各主梁承受。因此,对于等截面梁桥的主梁,其计算结构重力是简单的均布荷载。为了更精确起见,也可根据施工安装的情况,分阶段按后述的荷载横向分布的规律进行分配计算。

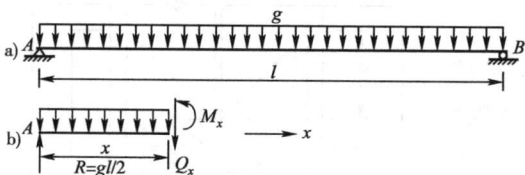

图 2-37　结构重力内力计算图式

如图 2-37 所示,计算出结构重力值 g 之后,则梁内各截面的弯矩 M 和剪力 Q 计算公式为:

$$\left.\begin{aligned} M_x &= \frac{gl}{2} \cdot x - gx \cdot \frac{x}{2} = \frac{gx}{2}(l-x) \\ Q_x &= \frac{gl}{2} - gx = \frac{g}{2}(l-2x) \end{aligned}\right\} \tag{2-19}$$

式中:l——简支梁的计算跨径;

x——计算截面到支点的距离。

【例 2-2】　一座五梁式装配式钢筋混凝土简支梁桥的主梁和横隔梁截面如图 2-38 所示,计算跨径 $l = 19.50\mathrm{m}$,求主梁的结构自重内力。已知每侧的栏杆及人行道构件重量的作用力为 5kN/m。

解:(1) 计算结构重力集度(表 2-2)。

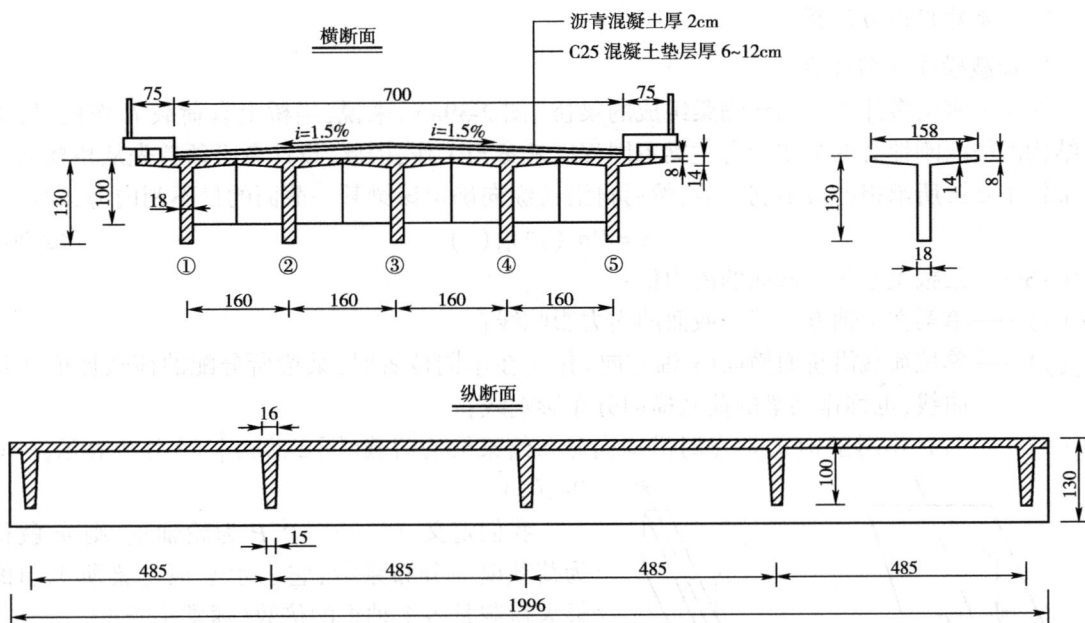

图 2-38　简支 T 梁的主梁和横隔梁简图(尺寸单位:cm)

结 构 重 力 集 度　　　　　　　　　　　　表 2-2

主梁		$g_1 = \left[0.18 \times 1.30 + \left(\dfrac{0.08 + 0.14}{2} \right)(1.60 - 0.18) \right] \times 25 = 9.76\,(\text{kN/m})$
横隔梁	边主梁	$g_2 = \left\{ \left[1.00 - \left(\dfrac{0.08 + 0.14}{2} \right) \right] \times \left(\dfrac{1.60 - 0.18}{2} \right) \right\} \times \dfrac{0.15 + 0.16}{2} \times 5 \times 25/19.50 = 0.63\,(\text{kN/m})$
	中主梁	$g_2^1 = 2 \times 0.63 = 1.26\,(\text{kN/m})$
桥面铺装层		$g_3 = \left[0.02 \times 7.00 \times 23 + \dfrac{1}{2}(0.06 + 0.12) \times 7.00 \times 24 \right]/5 = 3.67\,(\text{kN/m})$
人行道和栏杆		$g_4 = 5 \times 2/5 = 2.00\,(\text{kN/m})$
合计	边主梁	$g = \sum g_i = 9.76 + 0.63 + 3.67 + 2.00 = 16.06\,(\text{kN/m})$
	中主梁	$g^1 = 9.76 + 1.26 + 3.67 + 2.00 = 16.69\,(\text{kN/m})$

(2)结构重力内力计算(表2-3)。

主梁结构重力内力　　　　　　　　　　　　表 2-3

截面位置	内力			
	剪力 Q(kN)		弯矩 M(kN·m)	
	边主梁	中主梁	边主梁	中主梁
$X = 0$	156.6	162.7	0	0
$X = l/4$	78.3	81.4	572.5	595.0
$X = l/2$	0	0	763.4	793.3

2. 可变作用内力计算

1)荷载横向分布计算

对于一座由多片主梁和横隔梁组成的梁桥[图 2-39a)]来说,当桥上有荷载 P 作用时,由于结构的横向刚性必然会使所有主梁不同程度地参与工作,因此,设计者必须首先从桥横向确定某根主要梁所承担的最不利荷载,然后再沿桥纵向确定该梁某一截面的最不利内力,即:

$$S = P\eta_2(y)\eta_1(x) \tag{2-20}$$

式中:S——某根主梁某一截面的内力值;

$\eta_1(x)$——单梁在 x 轴方向某一截面的内力影响线;

$\eta_2(y)$——单位荷载沿桥面横向(y 轴方向)作用在不同位置时,某梁所分配的荷载比值变化曲线,也称作某梁的荷载横向分布影响线;

$P\eta_2(y)$——当 P 作用于 $a(x,y)$ 点时沿横向分布给某梁的荷载[图 2-39a)],暂用 P' 表示,$P' = P\eta_2(y)$。

我们定义,$P'_{max} = mP$,P 为轮轴重,则 m 就称为荷载横向分布系数,它表示某根主梁所承担的最大荷载是各个轴重的倍数(通常小于1)。

显然,同一座桥梁内各根梁的荷载横向分布系数 m 是不相同的,不同类型的荷载其 m 值也有所不同,并且荷载在梁上沿纵向的位置对 m 也有影响。桥梁结构具有不同横向连接刚度时,对荷载横向分布的影响也很大,横向连接刚度越大,荷载横向分布作用越显著,各主梁的负担也越均匀。

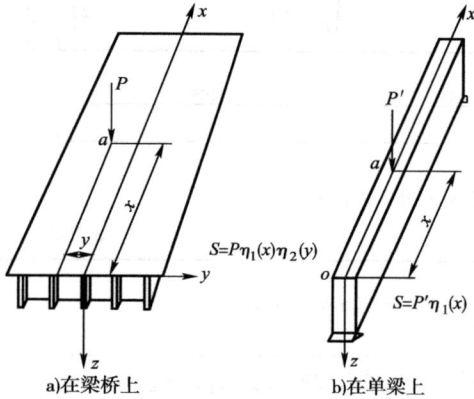

a)在梁桥上　　　　b)在单梁上

图 2-39　荷载作用下的内力计算

根据各种梁桥不同的横向连接构造建立计算模型,有以下几种荷载横向分布计算方法:

①杠杆原理法。把横向结构(桥面板和横隔梁)视作在主梁上断开而简支在其上的简支梁。

②偏心受压法。把横隔梁视作刚性极大的梁,当计及主梁抗扭刚度影响时,此方法又称为修正偏心受压法。

③比拟正交异性板法。将主梁和横隔梁的刚度换算成正交两个方向刚度不同的比拟弹性平板来求解,并由实用的曲线图表进行荷载横向分布计算。

④横向铰接板(梁)法。把相邻板(梁)之间视为铰接,只传递剪力。

⑤横向刚接梁法。把相邻主梁之间视为刚性连接,即传递剪力和弯矩。

下面对较常用的杠杆原理法、偏心受压法、比拟正交异性板法和横向铰接板法进行介绍。

(1)杠杆原理法

按杠杆原理法进行荷载横向分布计算的基本假定是忽略主梁之间横向结构的联系作用,即假设桥面板在主梁梁肋处断开,而当作沿横向支承在主梁上的简支梁或悬臂梁来考虑,如图 2-40a)、b)所示。

利用上述假定作出主梁的荷载横向分布影响线,即当移动的单位荷载 $P = 1$ 作用于计算梁上时,该梁承担的荷载为1;当 P 作用于相邻或其他梁上时,该梁承担的荷载为0,该梁与相邻梁之间的荷载按线性变化,如图2-40c)所示。

有了各根主梁的荷载横向分布影响线,就可根据各种活载最不利荷载位置求得相应的横向分布系数m_0,这里m_0表示按杠杆原理法计算的荷载横向分布系数。

汽车、人群的荷载横向分布系数的计算公式如下:

汽车 $$m_{0q} = \frac{\sum \eta_q}{2}$$

人群 $$m_{0r} = \eta_r$$

式中:η_q、η_r——对应于汽车车轮和人群荷载集度的影响线竖标。

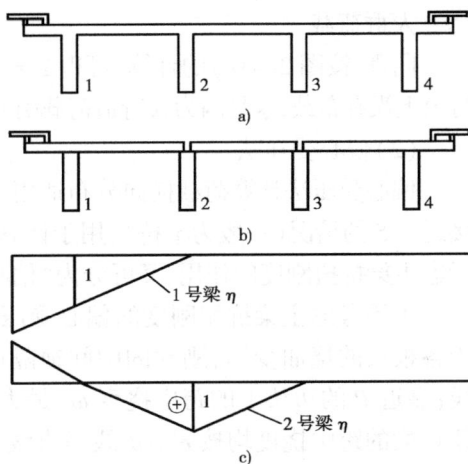

图2-40 按杠杆原理法计算横向分布系数

杠杆原理法适用于计算荷载位于靠近主梁支点时的荷载横向分布系数m_0。此时主梁的支承刚度远大于主梁间横向联系的刚度,受力特性与杠杆原理接近。另外该方法也可用于双主梁桥,或横向联系很弱的无中间横隔梁的桥梁。

【例2-3】 如图2-41a)所示,桥面净空为净 $-7 + 2 \times 0.75$m 人行道的五梁式钢筋混凝土T梁桥。试求荷载位于支点处时1号梁和2号梁相应于汽车荷载和人群荷载的横向分布系数。

解: 当荷载位于支点处时,应按杠杆原理法计算荷载横向分布系数。

首先绘制1号梁和2号梁的荷载横向分布影响线,如图2-41b)、c)所示。根据《桥规》规定,在横向影响线上确定荷载沿横向最不利的布置位置。例如,对于汽车荷载,规定的汽车横向轮距为1.8m,两汽车车轮的横向最小间距为1.3m,车轮中线距离人行道缘石最少为0.5m。由此,求出相应于荷载位置的影响线竖标值后,可得到1号梁的荷载横向分布系数为:

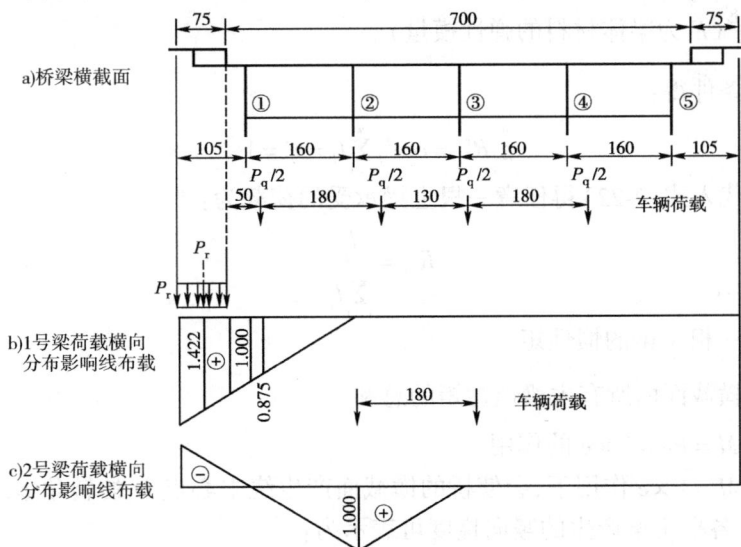

图2-41 按杠杆原理法计算横向分布系数(尺寸单位:cm)

汽车荷载 $$m_{0q} = \frac{\sum \eta_q}{2} = \frac{0.875}{2} = 0.438$$

人群荷载 $\qquad m_{0r} = \eta_r = 1.422$

同理,按图2-41c)的计算,可得2号梁的荷载横向分布系数 $m_{0q} = 0.5$ 和 $m_{0r} = 0$。这里,在人行道上没有布载,这是因为人行道荷载引起的负反力,在考虑荷载组合时反而会减小2号梁的受力。

(2)偏心受压法

偏心受压法计算荷载横向分布适用于桥上具有可靠的横向连接,且桥的宽跨比 B/l 小于或接近0.5的情况(一般为窄桥),用于计算跨中截面荷载横向分布系数 m_c。此方法按计算中是否考虑主梁抗扭刚度的作用,又可分为"偏心受压法"和考虑主梁抗扭刚度的"修正偏心受压法"。

①不考虑主梁抗扭刚度的偏心受压法。由图2-42a)可以看到,在偏心荷载的作用下,由于各根梁的挠曲变形,刚性的中间横隔梁从原来的 $c-d$ 位置变位至 $c'-d'$,呈一根倾斜的直线;靠近 P 的边梁1的跨中挠度 ω_1 最大,远离 P 的边梁5的 ω_5 最小(也可能出现负值),其他任意梁的跨中挠度均按 $c'-d'$ 线呈直线规律分布。

作为一般的情形,假定各主梁的惯性矩 I_i 是不相等的,由于横梁刚度较大,可以按刚体力学的原理,将偏心作用的荷载 P 移到中心线上,用一个作用在中心线的力 P 和一个力矩 $M = Pe$ 来代替[图2-42b)]。所以偏心荷载 P 的作用可以分解为中心荷载 P 的作用和力矩 M 的作用,然后进行叠加,便可得到偏心荷载 $P=1$ 对于各根主梁的荷载横向分布。

a. 中心荷载 $P=1$ 的作用。

由于假定中间横隔梁是刚性的,且横截面对称于桥轴线,所以在中心荷载作用下,各根主梁产生相同的挠度,如图2-42b)中(iii)图所示。则:

$$\omega'_1 = \omega'_2 = \cdots = \omega'_n = \overline{\omega} \tag{2-21}$$

作用于简支梁跨中的荷载与挠度的关系为:

$$R'_i = \frac{48E}{l^3} I_i \omega'_i = \alpha I_i \omega'_i \tag{2-22}$$

式中, $\alpha = \frac{48E}{l^3}$(E 为梁体材料的弹性模量)。

由静力平衡条件得:

$$\sum_{i=1}^{n} R'_i = \alpha \omega'_i \sum_{i=1}^{n} I_i = P = 1 \tag{2-23}$$

将式(2-23)代入式(2-22)得任意一根主梁承受的荷载为:

$$R'_i = \frac{I_i}{\sum_{i=1}^{n} I_i} \tag{2-24}$$

式中:I_i——任意一根主梁的惯性矩;

$\sum_{i=1}^{n} I_i$——桥梁横截面内所有主梁惯性矩的总和。

b. 偏心力矩 $M = Pe = 1 \times e$ 的作用。

在偏心力矩 $M = 1 \times e$ 作用下,会使桥的横截面产生绕中心点 O 的转角 φ,如图2-42b)中(iv)图所示,因此各根主梁产生的竖向挠度可表示为:

$$\omega''_i = a_i \tan\varphi$$

由式(2-22)可知,主梁所受荷载与挠度的关系为:

$$R''_i = \alpha I_i \omega''_i = \alpha \cdot \tan\varphi a_i I_i = \beta a_i I_i \tag{2-25}$$

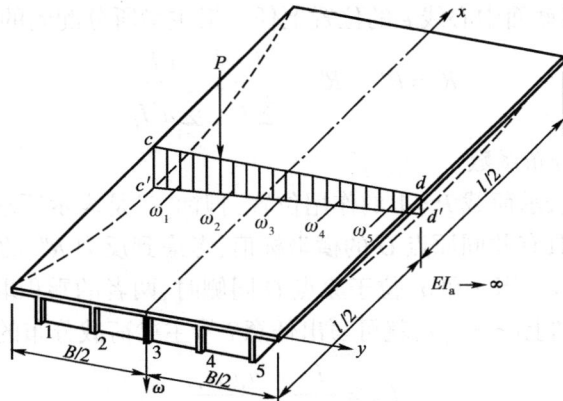

a)梁桥挠曲变形

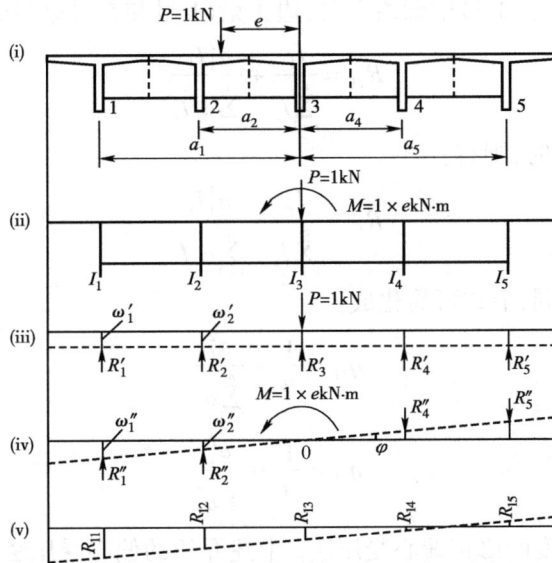

b)x=l/2截面

图 2-42 偏心受压法计算图式

从图 2-42b)中(iv)图可知,R''_i 对桥的截面中心点 O 所形成的反力矩之和应与外力矩 $M = 1 \times e$ 平衡,故据此平衡条件并利用式(2-25)可得:

$$\sum_{i=1}^{n} R'_i a_i = \beta \sum_{i=1}^{n} a_i^2 I_i = 1 \times e$$

则

$$\beta = \frac{e}{\sum\limits_{i=1}^{n} a_i^2 I_i} \tag{2-26}$$

式中,$\sum\limits_{i=1}^{n} a_i^2 I_i = a_1^2 I_1 + a_2^2 I_2 + \cdots + a_n^2 I_n$,对于已经确定的桥梁截面,它是常数。

将式(2-26)代入式(2-25),即得偏心矩 $M = 1 \times e$ 作用下各主梁所分配的荷载为:

$$R''_i = \frac{e a_i I_i}{\sum\limits_{i=1}^{n} a_i^2 I_i} \tag{2-27}$$

则 $P=1$ 作用在离横截面中心线 e 的位置上任一根主梁所分配到的荷载为：

$$R_i = R'_i + R''_i = \frac{I_i}{\sum\limits_{i=1}^{n} I_i} \pm \frac{ea_i I_i}{\sum\limits_{i=1}^{n} a_i^2 I_i} \tag{2-28}$$

c. 主梁的荷载横向分布系数。

在式(2-28)中，e 是表示荷载 $P=1$ 的作用位置，脚标"i"是表示所求梁的梁号。上式中的荷载位置 e 和梁位 a_i 是具有共同原点 O 的横坐标值，考虑到反力 R''_i 的不同方向，因此 e 和 a_i 在取值时应当记入正负号。当 e 和 a_i 位于原点 O 同侧时，两者的乘积取正号；反之应取负号。

若荷载位于 k 号梁轴上($e = a_k$)，就可写出任意 i 号主梁荷载分布的一般公式为：

$$R_{ik} = \frac{I_i}{\sum\limits_{i=1}^{n} I_i} + \frac{a_i a_k I_i}{\sum\limits_{i=1}^{n} a_i^2 I_i} \tag{2-29}$$

例如欲求 $P=1$ 作用在 1 号梁轴线上时，边主梁(1 号和 5 号梁)所受的总荷载为：

$$R_{11} = \frac{I_1}{\sum\limits_{i=1}^{n} I_i} + \frac{a_1^2 I_1}{\sum\limits_{i=1}^{n} a_i^2 I_i} \tag{2-30}$$

当 $I_5 = I_1, a_5 = -a_1$ 时，则有：

$$R_{51} = \frac{I_1}{\sum\limits_{i=1}^{n} I_i} - \frac{a_1^2 I_1}{\sum\limits_{i=1}^{n} a_i^2 I_i} \tag{2-30'}$$

若各梁的截面均相同，上式可简化成：

$$\eta_{11} = \frac{1}{n} + \frac{a_1^2}{\sum\limits_{i=1}^{n} a_i^2} \tag{2-31}$$

$$\eta_{51} = \frac{1}{n} - \frac{a_1^2}{\sum\limits_{i=1}^{n} a_i^2} \tag{2-31'}$$

②考虑主梁抗扭刚度的修正偏心受压法。上述介绍的偏心受压法在推演中由于作了横隔梁近似绝对刚性和忽略主梁抗扭刚度的两项假定，这就导致了边梁受力偏大的计算结果。为了弥补其不足，也可采用考虑主梁抗扭刚度的修正偏心受压法。

其 k 号梁的横向影响线竖标为：

$$\eta_{ki} = \frac{I_k}{\sum\limits_{i=1}^{n} I_i} \pm \beta \frac{ea_k I_k}{\sum\limits_{i=1}^{n} a_i^2 I_i} \tag{2-32}$$

式中：β——抗扭修正系数，其值为：

$$\beta = \frac{1}{1 + \dfrac{GL^2 \sum\limits_{i=1}^{n} I_{\mathrm{T}i}}{12E \sum\limits_{i=1}^{n} a_i^2 I_i}} < 1$$

式中：G——混凝土的剪切模量，可取 $G = 0.4E$；

E——混凝土的弹性模量；

L——简支梁的计算跨径；

I_{Ti}——i 号梁的抗扭惯性矩；

其余符号意义均同偏心压力法。

若主梁的截面均相同，即 $I_i = I, I_{Ti} = I_T$，则：

$$\beta = \frac{1}{1 + \dfrac{nL^2 GI_T}{12EI \sum\limits_{i=1}^{n} a_i^2}}$$

有了荷载横向分布影响线，就可以根据荷载沿横向的最不利位置来计算相应的横向分布系数，从而求得其所受的最大荷载。

对于汽车和人群荷载的横向分布系数的计算公式如下：

汽车 $\qquad\qquad\qquad m_{cq} = \dfrac{\sum \eta_q}{2}$

人群 $\qquad\qquad\qquad m_{cr} = \sum \eta_r$

式中：η_q、η_r——对应于汽车车轮和人群荷载集度的影响线竖标。

【例 2-4】 一座计算跨径 $l = 19.50$m 的简支梁桥，其横截面如图 2-43a) 所示，试求荷载位于跨中时 1 号边梁的荷载横向分布系数 m_{cq}（汽车荷载）和 m_{cr}（人群荷载）。

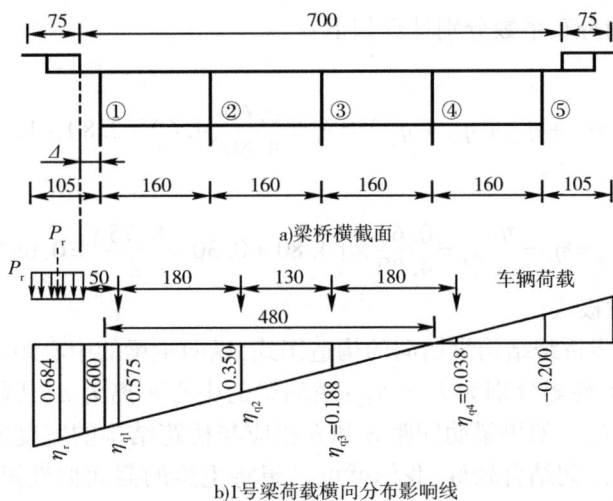

图 2-43 偏心受压法计算横向分布系数图式（尺寸单位：cm）

解：已知承重结构的长宽比为

$$\frac{l}{B} = \frac{19.50}{5 \times 1.60} = 2.4 > 2$$

故可按偏心受压法来计算横向分布系数 m_c，其步骤如下：

a. 求荷载横向分布影响线竖标。

本桥各根主梁的横截面均相等，梁数 $n = 5$，梁间距为 1.60m，则有：

$$\begin{aligned}
\sum_{i=1}^{5} a_i^2 &= a_1^2 + a_2^2 + a_3^2 + a_4^2 + a_5^2 \\
&= (2 \times 1.60)^2 + 1.60^2 + 0 + (-1.60^2) + (-2 \times 1.60)^2 \\
&= 25.60 (\text{m})
\end{aligned}$$

由式(2-30′)和式(2-31′)可得,1 号梁在两个边主梁处的荷载横向分布影响线的竖标值为:

$$\eta_{11} = \frac{1}{n} + \frac{a_1^2}{\sum\limits_{i=1}^{n} a_i^2} = \frac{1}{5} + \frac{(2 \times 1.60)^2}{25.60} = 0.20 + 0.40 = 0.60$$

$$\eta_{15} = \frac{1}{n} - \frac{a_1 a_5}{\sum\limits_{i=1}^{n} a_i^2} = 0.20 - 0.40 = -0.20$$

b. 绘出荷载横向分布影响线,并按最不利位置布载,如图 2-43b)所示。其中:

人行道缘石至 1 号梁轴线的距离 Δ 为:

$$\Delta = 1.05 - 0.75 = 0.3$$

荷载横向分布影响线的零点至 1 号梁位的距离为 x,可按比例关系求得:

$$\frac{x}{0.60} = \frac{4 \times 1.60 - x}{0.2}$$

解得 $x = 4.80$m。

并据此计算出对应各荷载点的影响线竖标 η_{qi} 和 η_r。

c. 计算荷载横向分布系数 m_c。

1 号梁的活载横向分布系数分别计算如下:

汽车荷载:

$$m_{cq} = \frac{1}{2} \sum \eta_q = \frac{1}{2}(\eta_{q1} + \eta_{q2} + \eta_{q3} + \eta_{q4}) = \frac{1}{2} \times \frac{0.60}{4.80}(4.60 + 2.80 + 1.5 - 0.30) = 0.538$$

人群荷载:

$$m_{cr} = \eta_r = \frac{\eta_{11}}{x} x_r = \frac{0.60}{4.80} \times \left(4.80 + 0.30 + \frac{0.75}{2}\right) = 0.684$$

(3)比拟正交异性板法

图 2-44a)表示实际桥跨结构纵横向的构造图式,纵向主梁的中心距离为 b,每片主梁的截面抗弯惯性矩和抗扭惯性矩分别为 I_x 和 I_{Tx};横隔梁的中心距离为 a,其截面抗弯惯性矩和抗扭惯性矩分别为 I_y 和 I_{Ty}。如果梁肋间距 a 和 b 相应与桥跨结构的宽度或长度相比是相当小的,并且桥面板与梁肋之间结合较好,我们就可设想将主梁的截面惯性矩 I_x 和 I_{Tx} 平均分摊于宽度 b,将横隔梁的截面惯性矩 I_y 和 I_{Ty} 平均分摊于宽度 a,这样就把实际的纵横梁格体系比拟成了一块假想的平板,如图 2-44b)所示。图中沿 x 方向的板厚表示成虚线,意在说明所比拟的板在 x 和 y 两个方向的换算厚度是不相同的。此时,比拟板在纵向和横向每米宽度的截面抗弯惯性矩和抗扭惯性矩相应为:

$$\left.\begin{array}{l} J_x = \dfrac{I_x}{b} 和 J_{Tx} = \dfrac{I_{Tx}}{b} \\[2mm] J_y = \dfrac{I_y}{a} 和 J_{Ty} = \dfrac{I_{Ty}}{a} \end{array}\right\} \tag{2-33}$$

在设计中,直接利用弹性挠曲面方程来求解简支梁的各点内力值,将是烦琐而费时的,这里只介绍利用"G-M"图表计算荷载横向分布系数。

①荷载横向影响线的绘制过程如下:

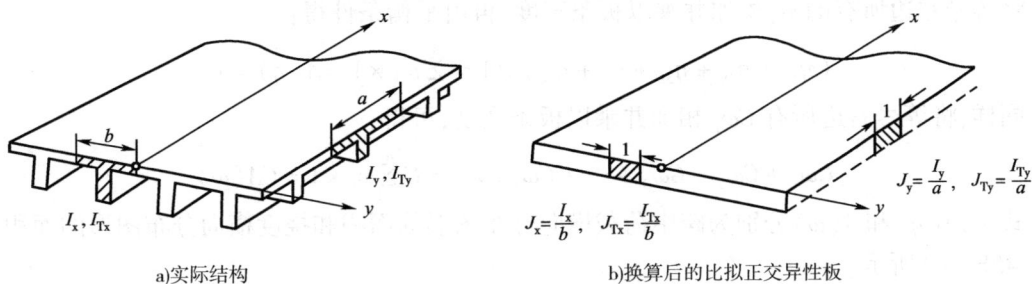

a)实际结构

b)换算后的比拟正交异性板

图 2-44 实际结构换算成比拟板的图式

设图 2-45a)表示一块纵、横向截面单宽惯性矩分别为 J_x、J_{Tx} 和 J_y、J_{Ty} 的简支比拟板,当板上在任意横向位置 k 作用单位正弦荷载 $P(x) = 1 \times \sin \dfrac{\pi x}{l}$ 时,板在跨中就产生弹性挠曲。

为了分析方便,我们将全板按不同位置分作许多纵向板条①、②、③、i、…、n,并且以单位板宽(简称板条)来考虑。于是,k 处在单位正弦荷载作用下任一板条沿 x 方向的挠度为:

$$\omega_i(x) = \omega_i \sin \frac{\pi x}{l} \qquad (2\text{-}34)$$

式中:ω_i——与荷载峰值相对应的第 i 根板条的挠度峰值。

如果我们来研究各板条在跨中$\left(即 x = \dfrac{l}{2}\right)$的挠度和受力关系,则可得荷载和挠度分布图形如图 2-45b)、c)所示,图中 η_{1k}、η_{2k}、η_{3k}、…、η_{nk} 表示 k 点在单位荷载作用下各板条所分担的荷载。

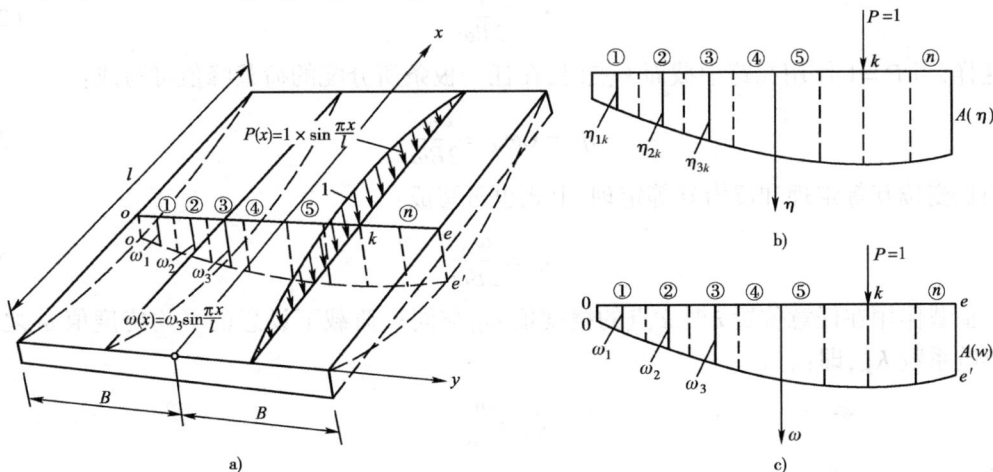

图 2-45 比拟板的横向挠度 ω 和横向影响系数竖标 η

根据荷载与挠度的正比关系,显然有:

$$\eta_{1k} = C\omega_1$$

$$\eta_{2k} = C\omega_2$$

$$\eta_{3k} = C\omega_3$$

$$\cdots$$

$$\eta_{nk} = C\omega_n$$

将等号左边所有的 η_{ik} 相加并乘以板条宽度,再由平衡条件得:

$$(\eta_{1k} + \eta_{2k} + \eta_{3k} + \cdots + \eta_{nk}) \times 1 = \sum_{i=1}^{n} n_{ik} \times 1 = A(\eta) = 1$$

同样,将等号右边所有 $C\omega_i$ 相加并乘以板条宽度,可得:

$$(C\omega_1 + C\omega_2 + C\omega_3 + \cdots + C\omega_n) \times 1 = C\sum_{i=1}^{n} \omega_i \times 1 = CA(\omega)$$

式中,$A(\eta)$ 和 $A(\omega)$ 分别为跨中荷载横向分布图形的面积和挠度横向分布图形的面积,如图 2-45b)、c)所示。

上述两式应相等,由此可得:

$$C = \frac{1}{A(\omega)} \tag{2-35}$$

显然,在荷载 $P(x) = 1 \times \sin\dfrac{\pi x}{l}$ 作用下的挠度图面积,也可以用每一板条承受分荷载 $\dfrac{1}{n} \times \sin\dfrac{\pi x}{l}$ 时的平均挠度 $\bar{\omega}$ 来表示,则:

$$A(\omega) = 2B\bar{\omega}$$

式中的 B 是桥宽的一半。

因此得到:

$$C = \frac{1}{2B\bar{\omega}} \tag{2-36}$$

这样,当 $P = 1$ 作用在跨中截面 k 点时,在任一板条所分配的荷载峰值可写成:

$$\eta_{ik} = C\omega_{ik} = \frac{\omega_{ik}}{2B\bar{\omega}} \tag{2-37}$$

根据变位互等定理和反力互等定理,上式也可写成:

$$\eta_{ki} = \frac{\omega_{ki}}{2B\bar{\omega}} \tag{2-38}$$

将荷载作用在任意位置 i 时 k 点的挠度值 ω_{ki} 与同一荷载下设想的平均挠度值 $\bar{\omega}$ 之比定义为影响系数 K_{ki},即:

$$K_{ki} = \frac{\omega_{ki}}{\bar{\omega}}$$

代入式(2-38)得:

$$\eta_{ki} = \frac{K_{ki}}{2B} \tag{2-39}$$

这里 η_{ki} 为 $P = 1$ 作用在任意位置 i 时分配至 k 点的荷载;显然,这就是对于 k 点的荷载横向影响线的竖标值,它就等于影响系数 K_{ki} 除以桥宽 $2B$。而 K_{ki} 是欲计算的板条位置 k、荷载位置 i、扭弯参数 α 以及纵、横向截面抗弯刚度之比 θ 的函数。居翁和麦桑纳特已根据理论分析编制了 $K_0 = f(\alpha = 0, \theta, k, i)$ 和 $K_1 = f(\alpha = 1, \theta, k, i)$ 的曲线图表,如图 2-46 所示。对于一般肋式结构所比拟的正交异性板来说,α 的变化范围在 $0 \sim 1$,而 K_α 可足够精确地由下式内插求得:

$$K_\alpha = K_0 + (K_1 - K_0)\sqrt{\alpha}$$

参数 θ 和 α 为：

$$\theta = \frac{B}{l}\sqrt[4]{\frac{J_x}{J_y}} \qquad \alpha = \frac{G(J_{Tx} + J_{Ty})}{2E\sqrt{J_x J_y}}$$

式中：G——剪切模量；

B——板宽的一半；

l——计算跨径；

E——弹性模量。

其中 α 为扭弯参数，为比拟板两个方向的单宽抗扭刚度代数平均值与单宽抗弯刚度几何平均值之比。当 $\alpha = 0$ 时，表示正交异性板没有抗扭能力；当 $\alpha = 1$ 时，表示正交异性板具有完整的抗扭能力。θ 为纵横向截面抗弯刚度之比的参数。

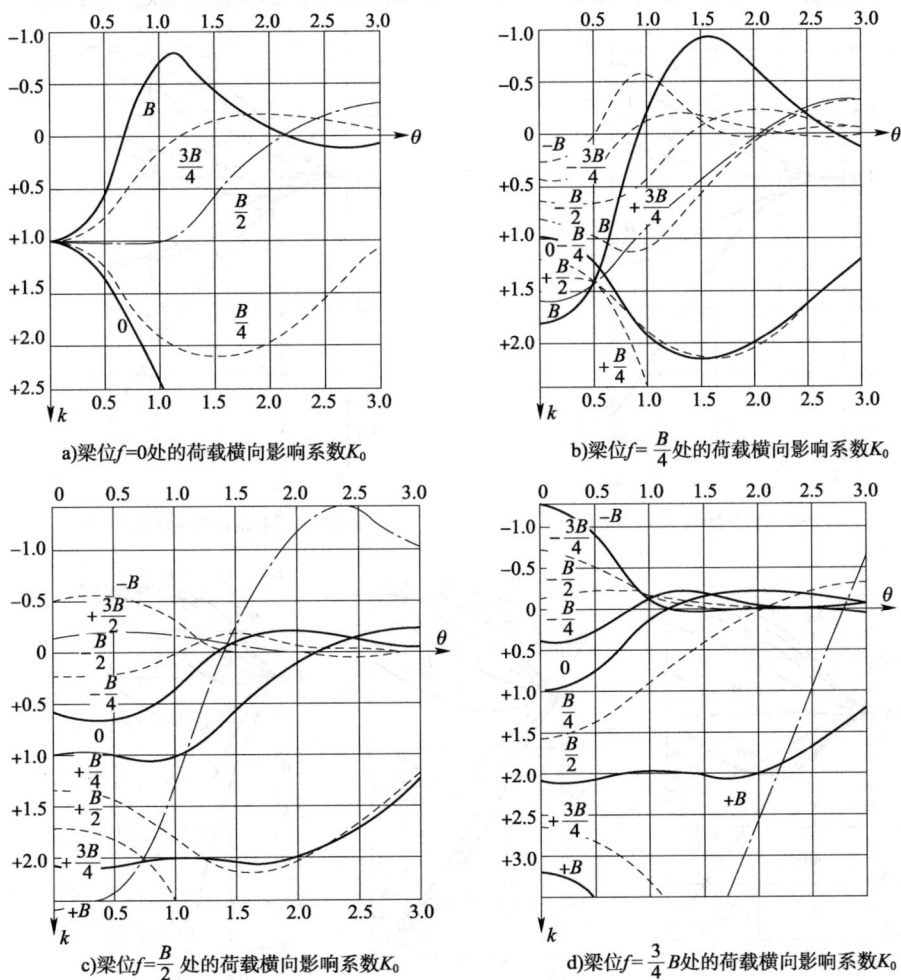

a)梁位 $f=0$ 处的荷载横向影响系数 K_0

b)梁位 $f=\dfrac{B}{4}$ 处的荷载横向影响系数 K_0

c)梁位 $f=\dfrac{B}{2}$ 处的荷载横向影响系数 K_0

d)梁位 $f=\dfrac{3}{4}B$ 处的荷载横向影响系数 K_0

图 2-46

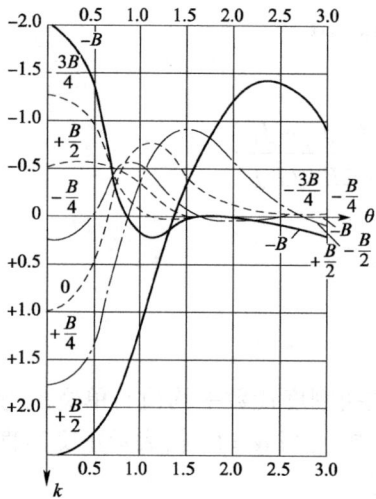

e)梁位f=B处的荷载横向影响系数K_0

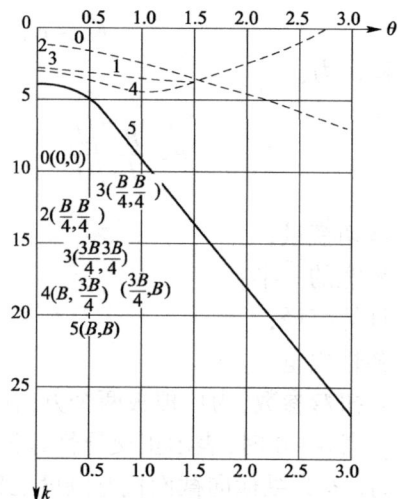

f)不同梁位处的荷载横向影响系数K_0(数值较大时)

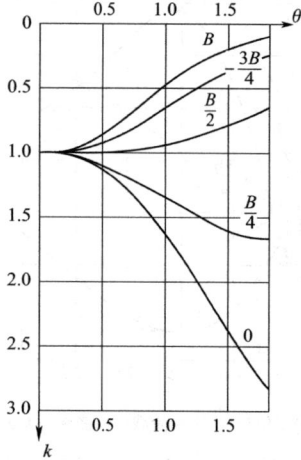

g)梁位f=0处的荷载横向影响系数K_1

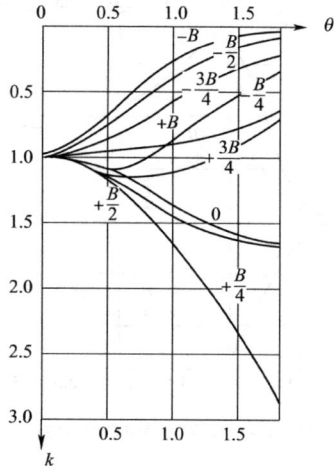

h)梁位$f=\dfrac{B}{4}$处的荷载横向影响系数K_1

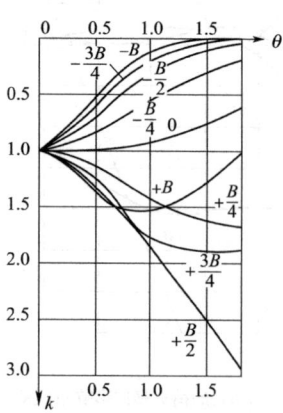

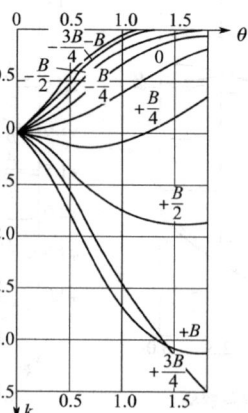

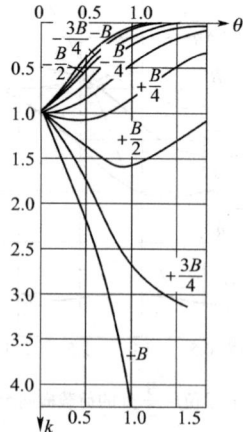

i)梁位$f=\dfrac{B}{2}$处的荷载横向影响系数K_1 j)梁位$f=\dfrac{3B}{4}$处的荷载横向影响系数K_1 k)梁位f=B处的荷载横向影响系数K_1

图2-46 荷载横向影响系数

　　需要说明的是,K_0 和 K_1 的图表是将桥的全宽分为八等分共 9 个点的位置来计算,以桥宽中间点为 0,向左(或向右)依次为正的(或负的)$\frac{1}{4}B$、$\frac{1}{2}B$、$\frac{3}{4}B$ 和 B,如图 2-47 所示。如果需求的主梁位置不是正好在这 9 个点上,例如欲求图 2-47 中 1 号梁(梁位 $f=\xi B$)处的 K 值时,则要根据相邻两个点的 K_{Bi} 和 $K_{\frac{3}{4}Bi}$ 值(由图表查得)进行内插,最后求得 $K_{\xi Bi}$ 如图中虚线所示。尚需指出的是,K 值是可以互换的,即 $K_{ki}=K_{ik}$,利用这一关系,还可缩减查表计算的工作量。

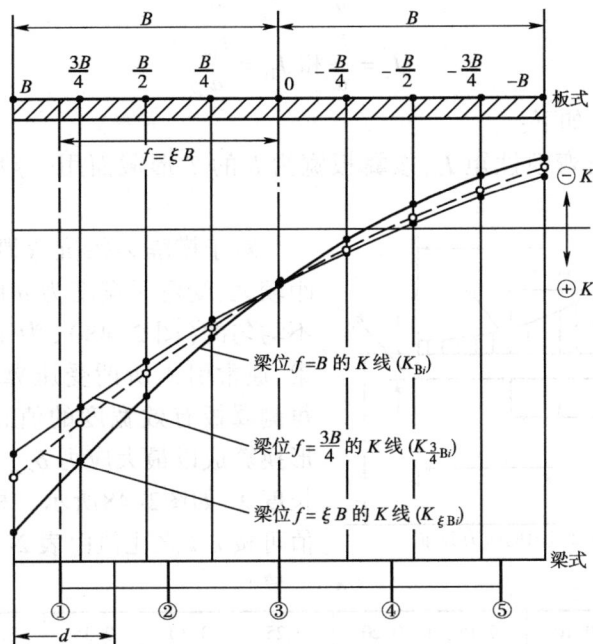

图 2-47　梁位 $f=\xi B$ 的 K 值计算

　　至此,我们说明了对于比拟板上某点位置(或某一板条)的横向影响线几个竖标值的计算方法。显然,如果我们要针对中距为 b 的某一主梁 k 求算其影响线竖标值,则只要首先求出对于轴线位置 k 处的各点影响线竖标,再将这些竖标值各乘以 b 就可以了,即:

$$R_{ki}=\eta_{ki}b=\frac{K_{ki}}{2B}b$$

式中:R_{ki}——对于某片主梁的荷载横向影响线竖标。

　　考虑到全桥宽共有 n 片主梁,即 $b=\frac{2B}{n}$,则可得:

$$K_{ki}=\frac{K_{ki}}{2B}\cdot\frac{2B}{n}=\frac{K_{ki}}{n} \tag{2-40}$$

　　由此可见,对于横截面对称布置的梁桥,只要将影响系数 K_{ki} 除以梁数 n,就可绘出一片主梁的荷载横向影响线。有了荷载横向影响线,就可用一般方法来计算某一主梁的荷载横向分布系数。用比拟板法求得的荷载横向分布系数也是对于位于跨中的荷载而言的。

　　②K 值的校核过程如下:

　　为了简捷校验查表、内插等的正确性,尚可对所得的各 K 值进行快速检查。由 $\sum\limits_{i=2}^{8}k_i+$

$(k_1 + k_9)\dfrac{1}{2} = 8$ 可以用来准确校核所计算 K 值的准确性。

③截面抗弯抗扭刚度的计算。

在利用 G-M 法的图表计算荷载横向影响线竖标时,需要预先算出参数 α 和 θ,因此就要计算纵、横向的单宽惯性矩值:

$$J_x = \frac{I_x}{b} \text{和} J_{Tx} = \frac{I_{Tx}}{b}$$

以及

$$J_y = \frac{I_y}{a} \text{和} J_{Ty} = \frac{I_{Ty}}{a}$$

a. 抗弯惯性矩计算如下:

对于纵向主梁的抗弯惯性矩 I_x,按翼板宽为 b 的 T 形截面用一般方法计算,这里不必赘述。

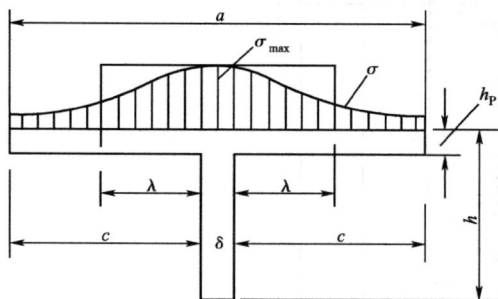

图 2-48　沿桥横向翼板内的应力分布

对于横隔梁的抗弯惯性矩 I_y,由于肋的间距较大,受弯时宽度为 a 的翼板压应力分布是不均匀的(图 2-48),为了较精确考虑这一因素,通常引入所谓受压翼板有效宽度的概念。每侧翼板有效宽度的值相当于把实际应力图形换算成以最大应力 δ_{max} 为基准的矩形图形的长度 λ,如图2-48所示。根据理论分析结果,λ 值可按 c/l 之比值由表 2-4 计算。

λ 值　　　　表 2-4

c/l	0.05	0.10	0.15	0.20	0.25	0.30	0.35	0.40	0.45	0.50
λ	0.983	0.936	0.867	0.789	0.710	0.635	0.568	0.509	0.459	0.416

表 2-4 中 l 为横梁的长度,可取两根边主梁的中心距计算。

知道 λ 值后,就可按翼板宽度为 $(2\lambda + \delta)$ 的 T 形截面来计算 I_y 值。

b. 抗扭惯性矩计算如下:

纵向和横向单宽抗扭惯性矩 J_{Tx} 和 J_{Ty},可分成梁肋和翼板两部分来计算。梁肋部分的抗扭惯性矩为:

$$I_T \approx cbh^3$$

式中:c——实心矩形截面的抗扭刚度系数,查表 2-5 确定;

b、h——矩形截面的长边和短边。

对于翼板部分,应按图 2-49 所示的两种情况考虑具体如下。

独立的宽扁矩形截面(b 比 h 大很多):

$$J''_T = \frac{h^3}{3}$$

连续桥面板:

$$J''_T = \frac{h^3}{6}$$

b/h	1.10	1.20	1.25	1.30	1.40	1.50	1.60	1.75	1.80
c	0.154	0.166	0.172	0.177	0.187	0.196	0.204	0.214	0.217
b/h	2.00	2.50	3.00	3.50	4.00	5.00	8.00	10.00	20.00
c	0.229	0.249	0.263	0.273	0.281	0.291	0.307	0.312	0.323

c　值　　　表2-5

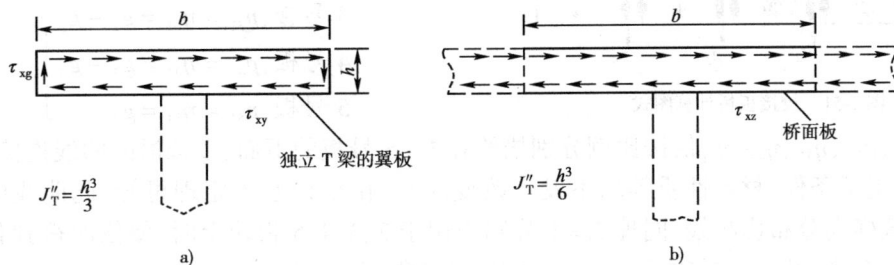

图2-49　翼板抗扭惯性矩计算图式

（4）横向铰接板法

对于用现浇混凝土纵向企口缝连接的装配式板桥,由于块件间横向具有一定的连接构造,但其连接刚性又很薄弱,这类结构的受力状态接近于数根并列而相互横向铰接的狭长板,故对此荷载的横向分布可按横向铰接板法来计算。

目前,国内使用的装配式板桥,横向板块宽多采用1m,安装后板块之间多采用混凝土铰式缝,借助于铰的传力作用,荷载依次分配给相邻的各块板。为了便于分析问题,我们首先作如下的基本假定:

①竖向荷载作用下板块之间的铰仅传递竖向剪力 $g(x)$。

②作用在桥跨上的集中荷载近似用沿桥跨连续分布的半波正弦等效荷载 $p\sin\pi x/l$ 来代替（图2-50）。

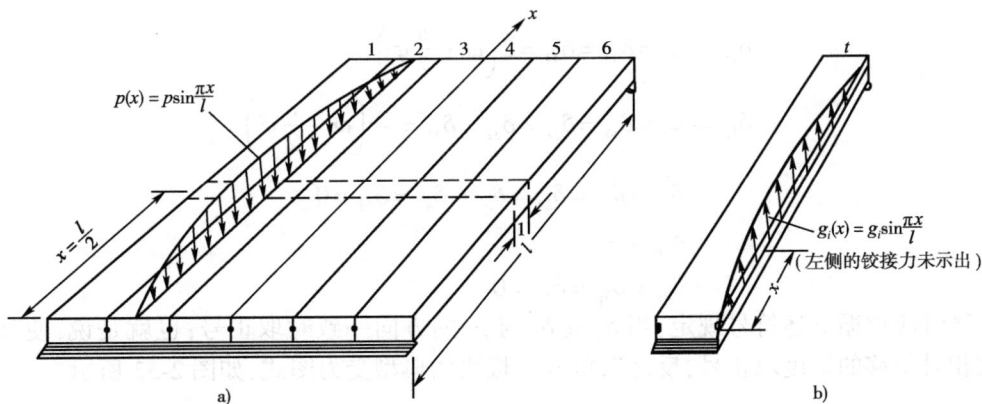

图2-50　铰接板桥受力图式

当单位集中力作用于板块上时,可以用一个等效正弦载荷来代替,取跨径中央峰值处一单位长度的横向板带来分析,如图 2-51 所示。单位力峰值 $P=1$ 作用于板块 1 时,每个铰接处将产生一对竖向剪力 g_i,根据力学平衡原理,可得单位力 $P=1$ 分布到各板块的竖向荷载峰值 p_{i1}。各板受到的力为:

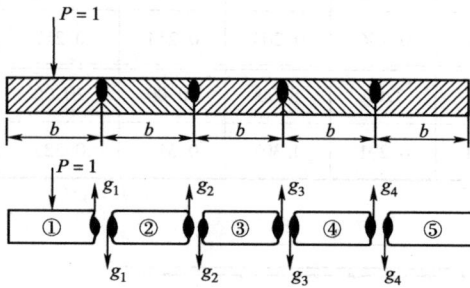

1 号板:$p_{11}=\eta_{11}=1-g_1$

2 号板:$p_{21}=\eta_{21}=g_1-g_2$

3 号板:$p_{31}=\eta_{31}=g_2-g_3$ 　　(2-41)

4 号板:$p_{41}=\eta_{41}=g_3-g_4$

5 号板:$p_{51}=\eta_{51}=g_4$

图 2-51　铰接板桥计算图式

将 η_{11}、η_{21}、η_{31}、η_{41}、η_{51} 值按比例分别描绘在 1~5 号板的下面,以圆滑的曲线连接各点(若结构形式、支承条件、材料性质等均不发生改变时)。由变位互等定理可知,此曲线即为 1 号板块的荷载横向分布影响线,同理 $P=1$ 分别作用于 2、3、4、5 板块上时,便依次得到各块板的荷载横向分布影响线。如能求得 $g_1\sim g_4$,则问题便得到了解决。

为了求得正弦分布铰接力的峰值 g_i 值,我们按结构力学课程中熟知的"力法"原理,利用相邻两块板在铰接缝处的竖向相对位移等于零的变形协调条件,其位移正则方程为:

$$\left.\begin{array}{l}\delta_{11}g_1+\delta_{12}g_2+\delta_{13}g_3+\delta_{14}g_4+\delta_{1p}=0\\[4pt]\delta_{21}g_1+\delta_{22}g_2+\delta_{23}g_3+\delta_{24}g_4+\delta_{2p}=0\\[4pt]\delta_{31}g_1+\delta_{32}g_2+\delta_{33}g_3+\delta_{34}g_4+\delta_{3p}=0\\[4pt]\delta_{41}g_1+\delta_{42}g_2+\delta_{43}g_3+\delta_{44}g_4+\delta_{4p}=0\end{array}\right\}\quad(2\text{-}42)$$

式中:δ_{ik}——单位正弦函数荷载作用在 k 号铰缝时,在 i 号铰缝处引起的竖向相对变位;

　　　δ_{ip}——外荷载 p 使 i 铰缝处产生的竖向变位。

正则方程中的常系数按如下方法确定:

当半波正弦荷载 $1\times\sin\dfrac{\pi x}{l}$ 作用于 1 号板时,则在跨中各板边的相对位移为:

$$\delta_{11}=\delta_{22}=\delta_{33}=\delta_{44}=2\left(\omega+\frac{b}{2}\varphi\right)$$

$$\delta_{12}=\delta_{23}=\delta_{34}=\delta_{21}=\delta_{32}=\delta_{43}=-\left(\omega-\frac{b}{2}\varphi\right)$$

$$\delta_{13}=\delta_{14}=\delta_{24}=\delta_{31}=\delta_{41}=\delta_{42}=0$$

$$\delta_{1p}=-\omega$$

$$\delta_{2p}=\delta_{3p}=\delta_{4p}=0$$

计算时应遵循下述符号规定:当 δ_{ik} 或 δ_{ip} 与 g_i 的方向一致时取正号;也就是说,使某一铰缝增大相对位移的挠度取正号,反之取负号。板梁的典型受力图式,如图 2-52 所示。

将上述系数代入式(2-42),使全式除以 ω 并设刚度参数 $\gamma=\dfrac{\dfrac{b}{2}\varphi}{\omega}$,则得方程的简化形

式为:

$$
\left.
\begin{array}{l}
2(1+\gamma)g_1 - (1-\gamma)g_2 = 1 \\
-(1-\gamma)g_1 + 2(1+\gamma)g_2 - (1-\gamma)g_3 = 0 \\
-(1-\gamma)g_2 + 2(1+\gamma)g_3 - (1-\gamma)g_4 = 0 \\
-(1-\gamma)g_3 + 2(1+\gamma)g_4 = 0
\end{array}
\right\}
\qquad (2\text{-}43)
$$

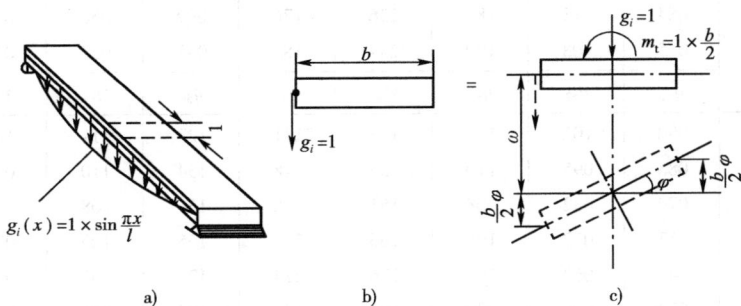

图 2-52　板梁的典型受力图式

当板的扭转位移与其挠度的比值 γ 已知时,便很容易从方程式(2-43)中解得 g_1、g_2、g_3、g_4。再将这些值代入式(2-41)中,便可以得到所求板块的横向分布影响线。

在实际设计中,可利用已编制的各号板的横向影响线竖标计算表格,根据不同的 γ 值算出对应的影响线竖标值。例如表 2-6 所示为 9 块铰接板桥的荷载横向影响线竖标值。

9 块铰接板桥荷载横向影响线竖标值　　　　　　　　　　　　　　　　　表 2-6

	γ	η_{11}	η_{12}	η_{13}	η_{14}	η_{15}	η_{16}	η_{17}	η_{18}	η_{19}
板 9-1	0.01	185	162	136	115	098	086	077	072	069
	0.02	236	194	147	113	088	070	057	049	046
	0.04	306	232	155	104	070	048	035	026	023
	0.06	355	254	154	094	057	035	023	015	012
	0.08	392	268	150	084	047	027	015	010	007
	0.10	423	277	144	075	039	020	011	006	004
	γ	η_{21}	η_{22}	η_{23}	η_{24}	η_{25}	η_{26}	η_{27}	η_{28}	η_{29}
板 9-2	0.01	162	158	141	119	102	099	081	075	072
	0.02	194	189	160	122	095	075	062	053	049
	0.04	232	229	181	121	082	057	040	031	026
	0.06	254	255	194	118	072	044	028	019	015
	0.08	268	274	202	113	063	036	021	013	010
	0.10	277	290	208	108	056	029	016	009	006
	γ	η_{31}	η_{32}	η_{33}	η_{34}	η_{35}	η_{36}	η_{37}	η_{38}	η_{39}
板 9-3	0.01	136	141	142	129	111	097	087	081	077
	0.02	147	160	164	141	110	087	072	062	057
	0.04	155	181	195	159	108	074	053	040	035
	0.06	154	194	219	172	105	065	041	028	023
	0.08	150	202	237	182	102	058	033	021	015
	0.10	144	208	254	190	099	052	028	016	011

	γ	η_{41}	η_{42}	η_{43}	η_{44}	η_{45}	η_{46}	η_{47}	η_{48}	η_{49}
板 9-4	0.01	115	119	129	133	123	108	097	090	086
	0.02	113	122	141	152	134	106	087	075	070
	0.04	104	121	159	182	151	104	074	057	048
	0.06	094	118	172	208	165	102	065	044	035
	0.08	084	113	182	226	176	099	058	036	027
	0.10	075	108	190	244	185	097	052	029	020
	γ	η_{51}	η_{52}	η_{53}	η_{54}	η_{55}	η_{56}	η_{57}	η_{58}	η_{59}
板 9-5	0.01	098	102	111	123	131	123	111	102	098
	0.02	088	095	110	134	148	134	110	095	088
	0.04	070	082	108	151	178	151	108	082	070
	0.06	057	072	105	165	203	165	105	072	057
	0.08	047	063	102	176	224	176	102	063	047
	0.10	039	056	099	185	242	185	099	056	039

注:1. 此表所示为铰接板桥荷载横向影响线竖标的一部分,可供参考。

2. 横向影响线竖标值 η_{ik} ,第一个脚标 i 表示所要求的板号,第二个脚标 k 表示受单位正弦荷载作用的板号, η_{ik} 的竖标应绘在板的中轴线处。

3. 表中的 η_{ik} 值为小数点后的三位数,例如 242 即为 0.242。

参数 γ 的确定如下:

简支板梁在正弦荷载作用下所产生的挠度 ω 和扭转角 φ 由材料力学可知:

$$\varphi(x) = \frac{pl^4}{\pi^4 EI}\sin\frac{\pi x}{l}$$

$$\varphi(x) = \frac{pbl^2}{2\pi^2 GI_T}\sin\frac{\pi x}{l}$$

当 $x = \dfrac{l}{2}$ 时,跨中峰值为:

$$\varphi = \frac{pl^4}{\pi^4 EI}$$

$$\varphi = \frac{pbl^2}{2\pi^2 GI_T}$$

$$\gamma = \frac{b\varphi}{2\omega} = \frac{\pi^2 EI}{4GI_T}\left(\frac{b}{l}\right)^2 \approx 5.8\frac{I}{I_T}\left(\frac{b}{l}\right)^2$$

参数 γ 实质是板块的抗弯惯性矩 I 与抗扭惯性矩 I_T 的比值。

实心矩形 I_T 我们在 G-M 法中已介绍过,若空心矩形截面(图 2-53),其抗扭惯性矩为:

$$I_T = \frac{4b^2 h^2}{\dfrac{2h}{b_2} + \dfrac{b}{h_1} + \dfrac{b}{h_2}}$$

(5)荷载横向分布系数沿桥跨的变化

前面我们研究了荷载位于跨中时横向分布系数 m_c 和荷载位于支点处时横向分布系数 m_0

的计算方法。当荷载位于桥跨其他位置时,如何确定荷载横向分布系数 m,找出精确计算 m 值沿桥跨连续变化的规律,显然,在理论方面是相当复杂的。因此,为了简化起见,目前在设计实践中习惯采用以下的实用处理方法。

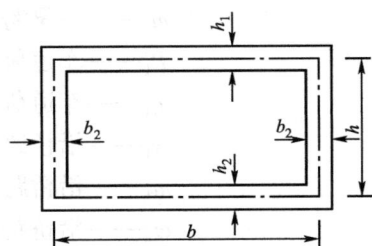

图 2-53 空心矩形截面

对于无中间横隔梁或仅有一根中横隔梁的情况,跨中部分采用不变的 m_c,从距支点 $l/4$ 处起至支点的区段内 m_x 呈直线形过渡至 m_0,如图 2-54a)所示。

对于有多根内横隔梁的情况,跨中到第一根内横梁间采用跨中横向分布系数 m_c,从第一根内横隔梁到支点间,由 m_c 向 m_0 直线形过渡,如图2-54b)所示。

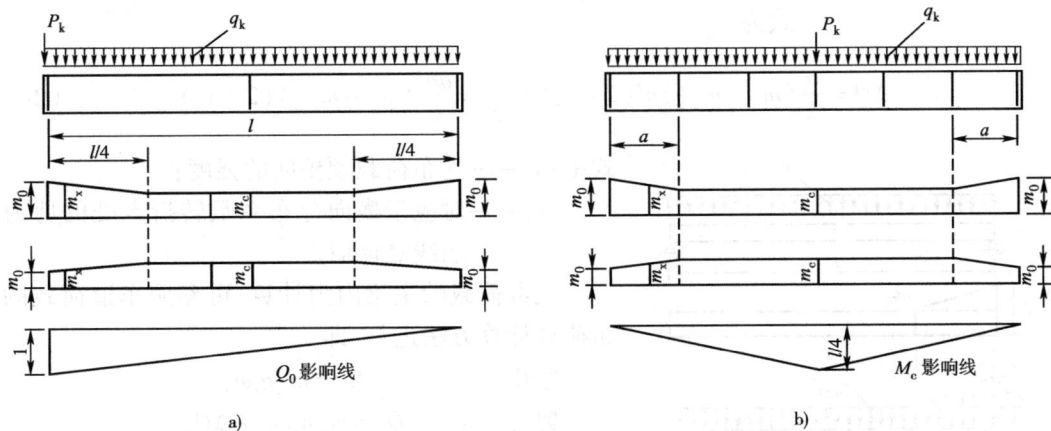

图 2-54 m 沿跨长变化图

①用于弯矩计算的荷载横向分布系数沿桥跨变化。

在实际应用中,当求简支梁跨中最大弯矩时,鉴于弯矩影响线竖标在跨中最大,车道荷载的集中荷载 P_k 应位于跨中,为了简化起见,通常均可按不变化的 m_c 来计算。

对于其他截面弯矩计算时,一般也可取用不变的 m_c。但对于中梁来说,m_0 与 m_c 的差值可能较大,且内横隔梁又少于 3 根时,以计及 m 沿跨径变化的影响为宜。

②用于剪力计算的荷载横向分布系数沿桥跨变化。

在计算主梁的最大剪力(梁端截面)时,鉴于车道荷载的集中荷载 P_k 位于所考虑一端的支点处,而且相对应的内力影响线竖标为最大值(图 2-54),故应考虑该区段横向分布系数变化的影响。而另一端由于相应影响线竖标值的显著减小,则可近似取不变的 m_c 来简化计算。

对于跨内其他截面的主梁剪力,也可视具体情况计及 m 沿桥跨变化的影响。

2)主梁内力计算

主梁活载内力采用车道荷载计算。

弯矩:
$$M = (1 + \mu)\xi m_c (P_k y_k + q_k \omega_w) \tag{2-44}$$

计算支点、$l/8$ 和 $l/4$ 截面的剪力,尚应计入由荷载横向分布系数沿桥跨变化的影响。

剪力:
$$Q = (1 + \mu)\xi(1.2 m_k P_k y_k + m_c q_k \omega_Q + \Delta Q) \tag{2-45}$$

以上两式中:$(1 + \mu)$——汽车荷载的冲击系数,按《桥规》规定取值;

ξ——多车道桥涵的汽车荷载折减系数,按《桥规》规定取值;

m_c——主梁跨中的荷载横向分布系数;

P_k——车道荷载的集中荷载标准值,按《桥规》规定取值;

q_k——车道荷载的均布荷载标准值,按《桥规》规定取值;

y_k——沿桥跨纵向与 P_k 位置对应的内力影响线竖标值;

m_k——沿桥跨纵向与 P_k 位置对应的荷载横向分布系数;

ω_w——沿桥跨纵向计算截面弯矩影响线的面积;

ω_Q——沿桥跨纵向计算截面剪力影响线的面积;

ΔQ——考虑荷载横向分布系数沿桥跨变化(从 m_0 变到 $m_{0.5}$),均布荷载所引起的剪力增值(或减值)(图 2-55)。以支点截面为例,此时的计算公式为:

$$\Delta Q = \frac{a}{2}(m_0 - m_{0.5})q'(2 + y_a) \times \frac{1}{3} = \frac{aq'}{6}(m_0 - m_{0.5})(2 + y_a) \tag{2-46}$$

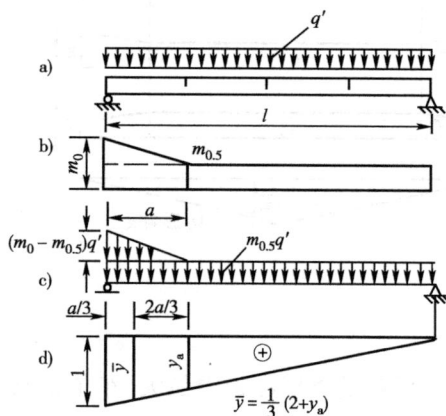

图 2-55　均布荷载作用下 ΔQ 的计算图式

式中:q'——均布荷载顺桥向的强度;

y_a——对应于横向分布系数转折点处的剪力影响线竖标值。

人群荷载的主梁内力计算,可参照车道荷载的均布荷载计算方法进行,即:

弯矩　　　　　　$M_r = m_{cr}q_r\omega_w$

剪力　　　　　　$Q_r = m_{cr}q_r\omega_Q + \Delta Q_r$

3. 主梁内力组合

在梁桥主梁设计中,主梁内力组合可按结构重力内力 + 汽车荷载内力(包括冲击力) + 人群荷载内力进行组合。按《桥规》其组合的效应设计值表达式为:

$$S_{ud} = \gamma_0 S\left(\sum_{i=1}^{m}\gamma_{Gi}G_{ik}, \gamma_{L1}\gamma_{Q1}Q_{1k}, \psi_c\sum_{j=2}^{n}\gamma_{Lj}\gamma_{Qj}Q_{jk}\right) \tag{2-47}$$

式中:符号含义同式(1-3)。

三、横隔梁内力计算

横隔梁是支承在主梁上的多跨连续梁,它对主梁既起横向联系作用,又参与主梁的荷载横向分配。为了保证各主梁共同受力和加强结构的整体性,横隔梁本身或其装配式接头应具有足够的强度。对于具有多根内横隔梁的桥梁,通常只要计算受力最大的跨中横隔梁的内力,其他横隔梁可偏安全地仿此设计。

下面将介绍按偏心受压法原理计算横隔梁内力的实用方法。

1. 作用在横梁上的计算荷载

对于跨中横隔梁来说,除了直接作用在其上的轮重外,前后的轮重对它也有影响。在计算中可假设荷载在相邻横隔梁之间按杠杆原理法分布,如图 2-56 所示。因此,按车辆荷载轮重分布对该横隔梁的计算荷载为：

$$P_{oq} = \frac{1}{2} \sum P_i y_i \qquad (2\text{-}48)$$

式中：P_i——轴重，应注意将车辆荷载的重轴布
置在欲计算的横隔梁上；

y_i——按杠杆原理计算的纵向荷载影响
线竖标值。

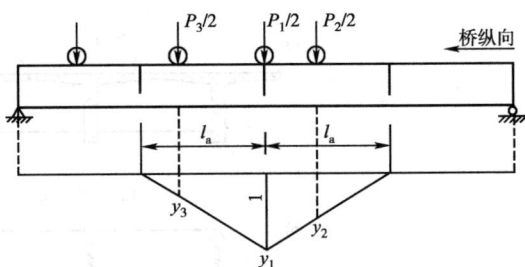

同理

人群 $\qquad P_{or} = P_{or} \Omega_r = P_{or} l_a$

式中：P_{or}——一侧人行道每延米的人群荷载；

Ω_r——人群荷载范围的影响线面积；

l_a——横隔梁的间距。

图 2-56 中横隔梁上计算荷载的计算图式
（影响线上布满荷载）

2. 横隔梁的内力影响线

将桥梁的中横隔梁近似地视作竖向支承在多根弹性主梁上的多跨弹性支承连续梁，如
图 2-57 所示。当桥梁在跨中有单位荷载 $P=1$ 作用时，各主梁所受的荷载将为 R_1、R_2、R_3、$\cdots$、
R_n，这也就是横隔梁的弹性支承反力。因此，取 r 截面左侧为隔离体，如图 2-57c)所示，由力的
平衡条件就可写出横隔梁任意截面 r 的内力计算公式。

(1)荷载 $P=1$ 位于截面 r 的左侧时

$$\left. \begin{array}{l} M_r = R_1 b_1 + R_2 b_2 - 1 \cdot e = \overset{\text{左}}{\sum} R_i b_i - e \\ Q_r = R_1 + R_2 - 1 = \overset{\text{左}}{\sum} R_i - 1 \end{array} \right\} \qquad (2\text{-}49)$$

(2)荷载 $P=1$ 位于截面 r 的右侧时

$$M_r = R_1 b_1 + R_2 b_2 = \overset{\text{左}}{\sum} R_i b_i$$

$$Q_r = R_1 + R_2 = \overset{\text{左}}{\sum} R_i \qquad (2\text{-}50)$$

上两式中：M_r、Q_r——横隔梁任意截面 r 的弯矩和剪力；

e——荷载 $P=1$ 至所求截面 r 的距离；

b_i——支承反力 R_i 至所求截面的距离；

$\overset{\text{左}}{\sum} R_i$——表示所求截面 r 以左的全部支承反力的总和。

由此可以直接利用已经求得的 R_i 的横向分布影响线来绘制横隔梁上某个截面的内力影
响线。

3. 横隔梁内力计算

用上述的计算荷载在横隔梁某截面的内力影响线上按最不利位置加载，就可求得横隔梁
在该截面上的最大(或最小)内力值：

$$S = (1+\mu) P_{oq} \sum \eta \qquad (2\text{-}51)$$

式中：η——横隔梁内力影响线竖标；

$(1+\mu)$——冲击系数值，根据《桥规》第 4.3.2-6 规定，$(1+\mu)=1.3$。

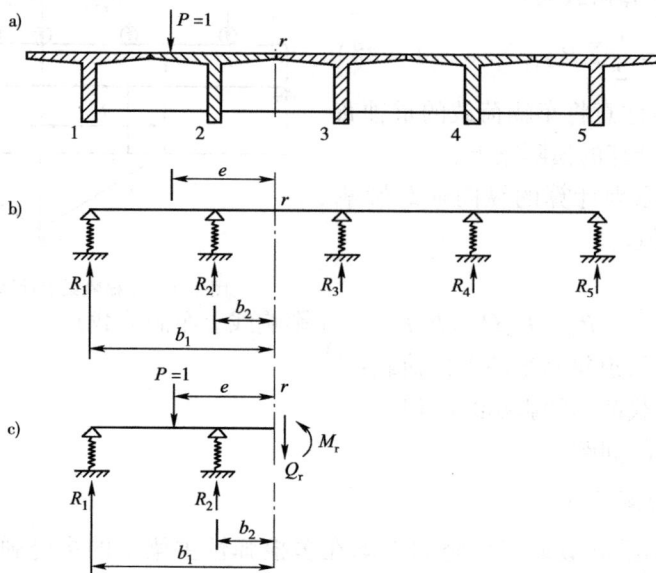

图 2-57　横隔梁计算图式

【例 2-5】　计算[例 2-2]中所示装配式钢筋混凝土简支梁桥跨中横梁在 2 号和 3 号主梁之间 *r-r* 截面上的弯矩 M_r 和靠近 1 号主梁处截面的剪力 $Q_1^{布}$,荷载等级为公路—Ⅱ级。

解:(1)确定作用在中横隔梁上的计算荷载

对于跨中横隔梁的最不利荷载布置,如图 2-58 所示。

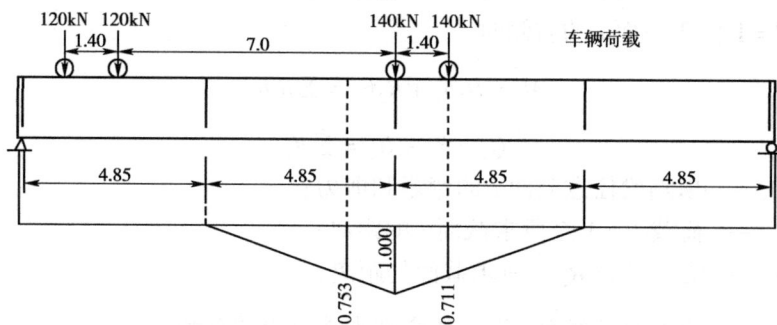

图 2-58　跨中横隔梁的受载图式(尺寸单位:m)

车辆荷载对于中横隔梁的计算荷载为:

$$P_{oq} = \frac{1}{2} \sum P_i y_i = \frac{1}{2}(140 \times 1 + 140 \times 0.711) = 119.8(\text{kN})$$

(2)绘制中横隔梁的内力影响线

按[例 2-4]可算得 1 号、2 号、3 号梁的荷载横向分布影响线竖坐标值,如图 2-59a)所示,则 M_r 的影响线竖标可计算如下:

$P = 1$ 作用在 1 号梁轴上时($\eta_{11} = 0.60, \eta_{15} = -0.20$):

$$\eta_{r1}^M = \eta_{11} \times 1.5d + \eta_{21} \times 0.5d - 1 \times 1.5d$$

$$= 0.6 \times 1.5 \times 1.6 + 0.4 \times 0.5 \times 1.6 - 1.5 \times 1.6 = -0.64$$

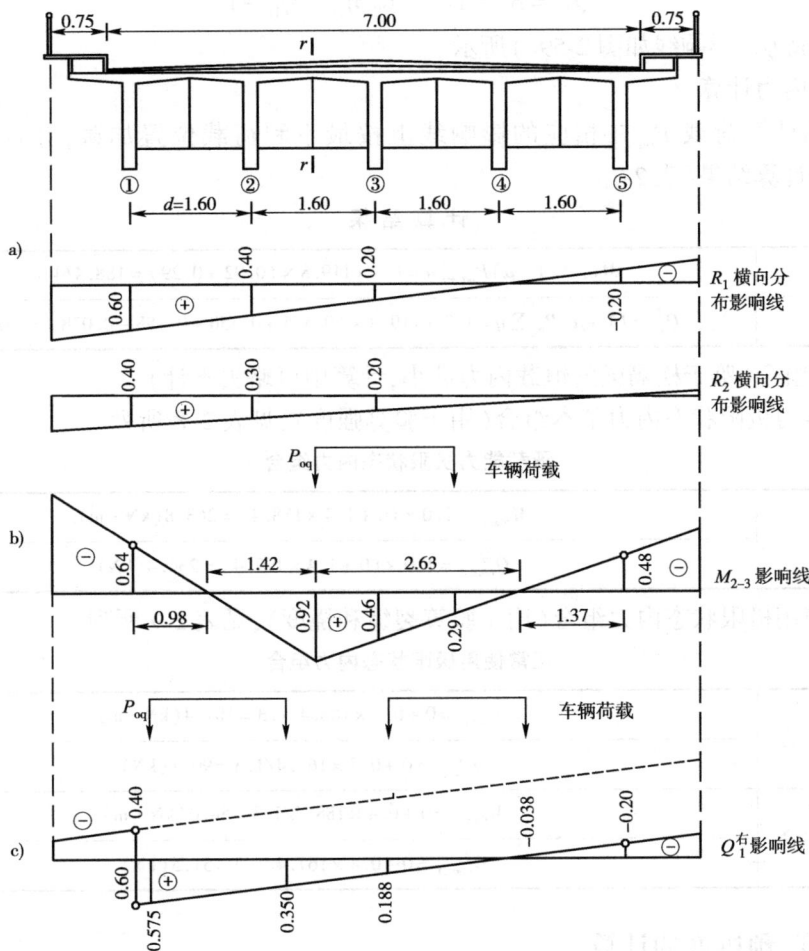

图 2-59　中横隔梁内力影响线(尺寸单位:m)

$P = 1$ 作用在 5 号梁轴上时:

$$\eta_{r5}^M = \eta_{15} \times 1.5d + \eta_{25} \times 0.5d$$
$$= (-0.20) \times 1.5 \times 1.6 + 0 \times 0.5 \times 1.6 = -0.48$$

$P = 1$ 作用在 3 号梁轴上时($\eta_{13} = \eta_{23} = \eta_{33} = 0.20$):

$$\eta_{r3}^M = \eta_{23} \times 1.5d + \eta_{23} \times 0.5d$$
$$= 0.20 \times 1.5 \times 1.6 + 0.20 \times 0.5 \times 1.6 = 0.64$$

由已学影响线的知识可知,M_r 影响线必在 r-r 截面处有突变,根据 η_{r5}^M 和 η_{r3}^M 连线延伸至 r-r 截面,即为 η_{rr}^M 值(0.92),由此即可绘出 M_r 影响线,如图 2-59b)所示。

(3)绘制剪力影响线

对于 1 号主梁处截面的 $Q_1^{右}$ 影响线可计算如下。

$P = 1$ 作用在计算截面以右时:

$$Q_1^{右} = R_1 \qquad 即 \ \eta_{1i}^{右} = \eta_{1i}$$

$P = 1$ 作用在计算截面以左时：

$$Q_1^{左} = R_1 - 1 \qquad 即 \; \eta_{1i}^{左} = \eta_{1i} - 1$$

同理,绘成 $Q_1^{右}$ 影响线如图 2-59c)所示。

(4)截面内力计算

将求得的计算荷载 P_{oq} 在相应的影响线上按最不利荷载位置加载,并计入冲击影响 $(1 + \mu)$,则得计算结果(表 2-7)。

计 算 结 果　　　　表 2-7

弯矩 $M_{2\text{-}3}$	$M_{2\text{-}3} = (1 + \mu) P_{oq} \sum \eta = 1.3 \times 119.8 \times (0.92 + 0.29) = 188.4 (\text{kN} \cdot \text{m})$
剪力 $Q_1^{右}$	$Q_1^{右} = (1 + \mu) P_{oq} \sum \eta = 1.3 \times 119.8 \times (0.575 + 0.350 + 0.188 - 0.038) = 167.4 (\text{kN})$

(5)内力组合(鉴于横隔梁的恒载内力甚小,计算中可略去不计)

①承载能力极限状态内力基本组合(用于验算强度),见表 2-8 所列。

承载能力极限状态内力组合　　　　表 2-8

基本组合	$M_{\text{max,r}} = 1.0 \times (0 + 1.4 \times 188.4) = 263.8 (\text{kN} \cdot \text{m})$
	$Q_{\text{max,1}}^{右} = 1.0 \times (0 + 1.4 \times 167.4) = 234.4 (\text{kN})$

②正常使用极限状态内力组合(用于验算裂缝和挠度),见表 2-9 所列。

正常使用极限状态内力组合　　　　表 2-9

作用短期效应组合	$M_{\text{max,r}} = 0 + 0.7 \times 188.4 / 1.3 = 101.4 (\text{kN} \cdot \text{m})$
	$Q_{\text{max,1}}^{右} = 0 + 0.7 \times 167.4 / 1.3 = 90.1 (\text{kN})$
作用长期效应组合	$M_{\text{max,r}} = 0 + 0.4 \times 188.4 / 1.3 = 58.0 (\text{kN} \cdot \text{m})$
	$Q_{\text{max,1}}^{右} = 0 + 0.4 \times 167.4 / 1.3 = 51.5 (\text{kN})$

四、挠度、预拱度的计算

一座桥梁如果发生过大的变形,首先会给人一种不安全的观感,它不但会导致行车困难,而且容易导致桥面铺装层和结构的辅助设备损坏,严重者甚至危及桥梁的安全。因此,必须计算梁的变形(通常指竖向挠度),以确保结构具有足够的刚度。

桥梁挠度按产生的原因可分为永久作用挠度和可变作用挠度。永久作用(包括结构重力、长期预应力、混凝土徐变和收缩等作用)产生挠度与持续时间相关。永久作用挠度可以通过施工时预设的反向挠度(又称预拱度)来加以抵消。可变作用挠度虽然是临时出现的,但是随着可变作用的移动,挠度大小逐渐变化,在最不利的作用下,挠度达到最大值,一旦可变作用驶离桥梁,挠度就会消失。

1. 挠度计算

钢筋混凝土和预应力混凝土受弯构件,在正常使用极限状态下的挠度,可根据结构力学的方法计算。受弯构件在使用阶段的挠度应考虑荷载长期效应的影响,即按荷载短期效应计算的挠度值乘以挠度长期增长系数 η_θ：

$$f = \frac{5}{48} \cdot \frac{M_s l^2}{B} \cdot \eta_\theta \tag{2-52}$$

式中：l——计算跨径；

　　M_s——荷载短期效应组合；

　　η_θ——挠度长期增长系数，可按下列规定取用，当采用 C40 以下混凝土时，$\eta_\theta = 1.6$；当采用 C40 ~ C80 混凝土时，$\eta_\theta = 1.45 ~ 1.35$，中间强度等级可按直线内插取用；

　　B——受弯构件的刚度，不同构件类型分别如下：

（1）钢筋混凝土构件

$$B = \frac{B_0}{\left(\frac{M_{cr}}{M_s}\right)^2 + \left[\left(1 - \frac{M_{cr}}{M_s}\right)^2\right]\frac{B_0}{B_{cr}}} \tag{2-53}$$

$$M_{cr} = \gamma f_{tk} W_0 \tag{2-54}$$

上两式中：B——开裂构件等效截面的抗弯刚度；

　　B_0——全截面的抗弯刚度，$B_0 = 0.95 E_c I_0$；

　　B_{cr}——开裂截面的抗弯刚度，$B_{cr} = E_c I_{cr}$；

　　γ——构件受拉区混凝土塑性影响系数，按式（2-57）计算；

　　I_0——全截面换算截面惯性矩；

　　I_{cr}——开裂截面换算截面惯性矩；

　　f_{tk}——混凝土轴心抗拉强度标准值。

（2）预应力混凝土构件

①全预应力混凝土和 A 类预应力混凝土构件 B 用 B_0 代替，即：

$$B_0 = 0.95 E_c I_0 \tag{2-55}$$

②允许开裂的 B 类预应力混凝土构件。

在开裂弯矩 M_{cr} 作用下，$B_0 = 0.95 E_c I_0$；

在（$M_s - M_{cr}$）作用下，$B_{cr} = E_c I_{cr}$。

开裂弯矩 M_{cr} 按下式计算：

$$M_{cr} = (\sigma_{pc} + \gamma f_{tk}) W_0 \tag{2-56}$$

$$\gamma = \frac{2 S_0}{W_0} \tag{2-57}$$

上两式中：S_0——全截面换算截面重心轴以上部分面积对重心轴的面积矩；

　　σ_{pc}——扣除全部预应力损失预应力钢筋和普通钢筋合力在构件抗裂边缘产生的混凝土预加应力；

　　W_0——换算截面抗裂边缘的弹性抵抗矩。

2. 挠度验算和预拱度设置

《公桥规》规定：钢筋混凝土及预应力混凝土受弯构件，按上述计算的长期挠度值，在消除结构自重产生的长期挠度后，梁式桥主梁的最大挠度值不应超过计算跨径的 1/600，梁式桥主梁的悬臂端不应超过悬臂长度的 1/300。

《公桥规》规定:钢筋混凝土构件,当由荷载短期效应组合并考虑荷载长期效应影响产生的长期挠度不超过 $l/1600$ 时,可以不设预拱度;当不符合上述规定时应设预拱度,且其值应按结构自重和 1/2 可变荷载频遇值计算的长期挠度值之和采用。

《公桥规》规定:预应力混凝土构件,当预加应力产生的长期反拱值大于按荷载短期效应组合计算的长期挠度时,可不设预拱度;当预加应力产生的长期反拱值小于按荷载短期效应组合计算的长期挠度时,应设预拱度,其值应按该项荷载的挠度值与预加应力长期反拱值之差采用。

【例 2-6】 验算[例 2-2]所示装配式钢筋混凝土简支梁桥的主梁变形。已知主梁混凝土采用 C30。$I_{cr} = 0.0643 \text{m}^4$, $I_0 = 0.0950 \text{m}^4$, $W_0 = 0.1188 \text{m}^3$, $S_0 = 0.0230 \text{m}^3$, 取 $E_h = 3.0 \times 10^4 \text{MPa}$, $f_{tk} = 2.01 \text{MPa}$。跨中截面主梁结构重力产生的最大弯矩为 763.4kN·m,汽车产生的最大弯矩(不计冲击力)为 678.9kN·m,人群产生的最大弯矩为 73.1kN·m。

解: 先求解系数:

$$\gamma = \frac{2S_0}{W_0} = \frac{2 \times 0.0203}{0.1188} = 0.3417$$

$$M_{cr} = \gamma f_{tk} W_0 = 0.3417 \times 2.01 \times 0.1188 \times 10^3 = 81.6(\text{kN·m})$$

$$M_s = 763.4 + 0.7 \times 678.9 + 1.0 \times 73.1 = 1311.7(\text{kN·m})$$

$$B = \frac{B_0}{\left(\dfrac{M_{cr}}{M_s}\right)^2 + \left[\left(1 - \dfrac{M_{cr}}{M_s}\right)^2\right]\dfrac{B_0}{B_{cr}}}$$

$$= \frac{0.95 \times 3.0 \times 10^4 \times 0.0950}{\left(\dfrac{81.6}{1311.7}\right)^2 + \left[\left(1 - \dfrac{81.6}{1311.7}\right)^2\right]\dfrac{2707.5}{1929}}$$

$$= 2186.5(\text{MN·m}^2)$$

$$\eta_\theta = 1.6$$

按《公桥规》规定,验算主梁的变形时,荷载不计入结构重力,汽车不计入冲击力。

则静活载及人群荷载产生的变形:

$$f = \frac{5}{48} \times \frac{M_s l^2}{B} \eta_\theta$$

$$= \frac{5 \times (0.7 \times 678.9 + 1.0 \times 73.1) \times 19.5^2}{48 \times 2186.5 \times 10^3} \times 1.6$$

$$= 0.0159(\text{m}) = 1.59\text{cm} < \frac{l}{600} = \frac{1950}{600} = 3.25(\text{cm})$$

故变形满足要求。

验算是否设置预拱度:

$$f = \frac{5}{48} \times \frac{M_s l^2}{B} \eta_\theta$$

$$= \frac{5 \times (763.4 + 0.7 \times 678.9 + 1.0 \times 73.1) \times 19.5^2}{48 \times 2186.5 \times 10^3} \times 1.6$$

$$= 0.0380(\text{m}) = 3.8\text{cm} > \frac{l}{1600} = \frac{1950}{1600} = 1.22\text{cm}$$

应设置预拱度,其值为:

$$f = \frac{5}{48} \times \frac{[M_g + 0.5 \times (0.7 \times M_{q1} + 1.0 \times M_{q2})]l^2}{B} \eta_\theta$$

$$= \frac{5 \times [763.4 + 0.5 \times (0.7 \times 678.9 + 1.0 \times 73.1)] \times 19.5^2}{48 \times 2186.5 \times 10^3} \times 1.6$$

$$= 0.0300(\text{m}) = 3.00\text{cm}$$

应做成平顺曲线。

第五节 其他体系梁式桥设计简介

普通钢筋混凝土和预应力混凝土简支梁桥的经济跨径一般分别不超过20m和40m。当跨径超出此范围时,其结构重力和活载在跨中产生的弯矩将会迅速增大,从而导致梁的截面尺寸和自重显著增加。这样不但因材料耗用量大而不经济,并且由于很大的安装重量给装配式施工造成很大的困难。因此,为了降低材料用量指标,对于较大跨径的桥梁,宜采用能减小跨中弯矩值的其他体系梁式桥,例如悬臂体系梁式桥、连续体系梁式桥等。

一、悬臂体系梁式桥简介

1. 悬臂梁桥

1)结构类型

悬臂体系梁桥的布置方式主要有两大类:

(1)不带挂梁的单孔双悬臂梁桥

这类悬臂梁桥在桥头两端不设置桥台,而仅设置搭板与路堤相衔接,由于行车时搭板易损坏,故多用在跨干线的人行桥梁上。

(2)带挂梁的多孔悬臂梁桥

图2-60a)所示为三跨简支梁桥,如需设计成多孔悬臂梁桥时,可采用双悬臂梁桥,即从简支梁的两端向外对称各伸出一个悬臂,挂梁每间隔一孔设置,如图2-60b)所示为三孔双悬臂梁桥;若仅在跨中设置挂梁的称之为单悬臂梁桥,如图2-60c)所示为三孔单悬臂梁桥。

2)力学特点

悬臂梁桥和简支梁桥一样,都属于静定体系,它们的内力不受地基不均匀沉降等附加变形的影响。

为了深入理解悬臂梁桥的力学特征,我们可从荷载作用下梁体截面产生的内力来与简支梁桥做一比较,如图2-60所示。当跨径 l 和荷载集度 g 均相同的情况下,简支梁桥的跨中弯矩值最大[图2-60a)];悬臂梁桥则由于支点负弯矩的存在,使跨中正弯矩值显著减小[图2-60b)、c)]。从表征材料用量的弯矩图面积大小(绝对值)来看,悬臂梁桥也比简支梁桥小得多。若以图2-60c)的中跨弯矩图形为例,当 $l_x = 1/4$ 时,正、负弯矩图面积的总和仅为同跨径简支梁桥的1/3.2。

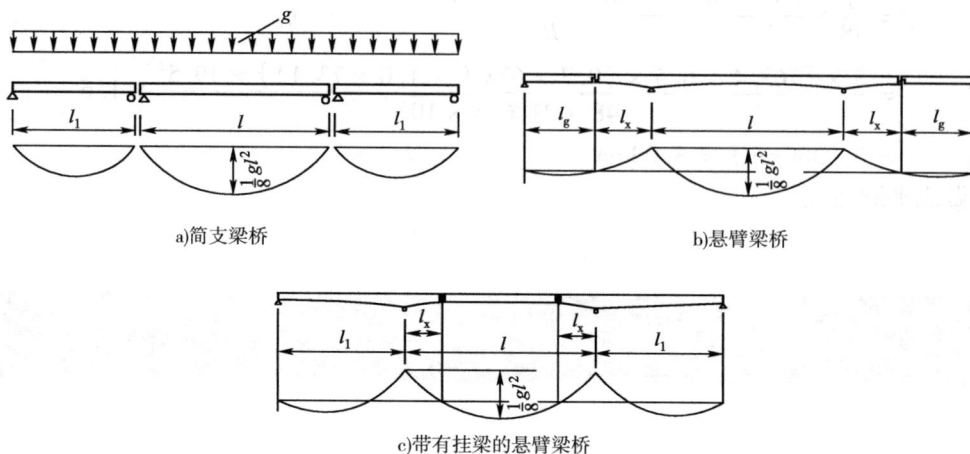

a)简支梁桥　　　　　　　　　　　b)悬臂梁桥

c)带有挂梁的悬臂梁桥

图2-60　结构重力弯矩图

再从活载方面来看,如果只在图2-60b)的中孔跨布载,则其跨中最大正弯矩仍然与简支梁一样。但对于带有挂梁的多孔悬臂梁桥[图2-60c)],活载作用于中间孔上时,只有较小跨径(通常只有桥孔跨径的0.4~0.6)的简支挂梁才产生正弯矩,因此它也比简支梁桥小得多。

由此可见,与简支梁桥相比较,悬臂梁桥由于支点负弯矩的存在,使跨中正弯矩显著减小,故可以减小跨度内主梁的高度,从而可降低钢筋混凝土用量和结构自重,而这本身又导致了自重内力的减小。

3)构造特点

(1)截面形式

由于悬臂梁桥的主梁除了在跨中部分承受正弯矩外,在支点附近还要承受较大的负弯矩,因此在进行截面设计时,支点截面的底部受压区往往需要加强。常用的截面形式,如图2-61和图2-62所示。图2-61a)所示为带马蹄形的T形截面,适用于跨径在30m以内的钢筋混凝土桥梁;图2-61b)所示为底部加宽的T形截面,适用于跨径在30~50m以内的预应力混凝土桥梁。当跨径在50m以上时,一般使用箱形截面,如图2-62所示,有单箱单室、分离式双箱单室和单箱多室等。

箱形截面由顶板、地板和腹板等组成,它的细部尺寸拟定既要满足箱梁纵、横向的受力要求,又要满足结构构造及施工上的需要。悬臂梁、T形刚构因接近悬臂端的截面承受负弯矩较小,因此底板厚度主要由构造要求决定。

(2)跨径布置和梁高尺寸

各种悬臂梁桥的跨径布置和梁高尺寸,如图2-63所示。

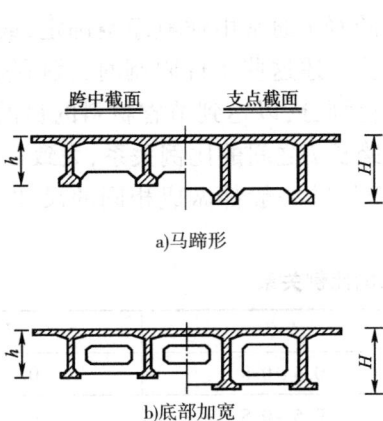
a)马蹄形

b)底部加宽

图 2-61 底部加强的截面形式

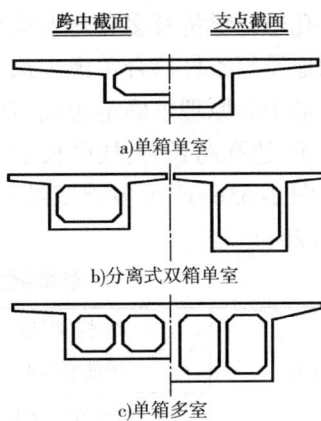
a)单箱单室

b)分离式双箱单室

c)单箱多室

图 2-62 箱形截面形式

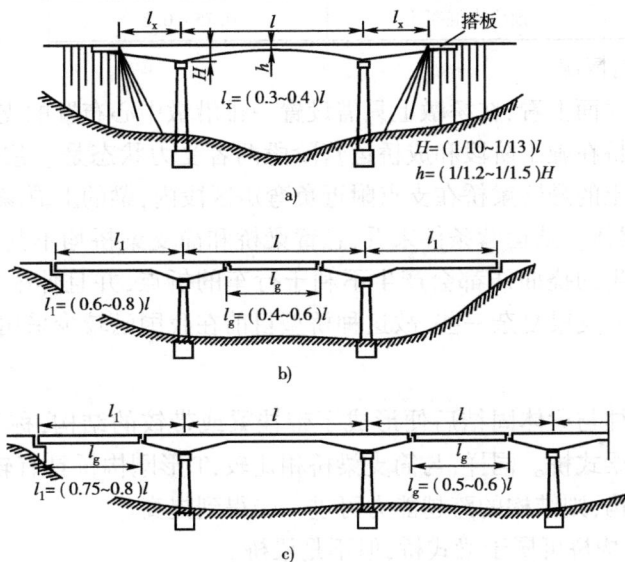
a)

$H=(1/10\sim1/13)l$
$h=(1/1.2\sim1.5)H$

b)

$l_1=(0.6\sim0.8)l$
$l_g=(0.4\sim0.6)l$

c)

$l_1=(0.75\sim0.8)l$
$l_g=(0.5\sim0.6)l$

图 2-63 悬臂梁桥的主要尺寸

用于跨线桥上的单孔双悬臂梁桥,如图 2-63a)所示,其中孔跨径由桥下的行车净空要求确定。当主梁采用 T 形截面时,由于中支点处 T 形梁下缘的受压面积小,故其悬臂长度不宜过长,一般为中跨长度的 0.3 ~ 0.4 倍。当采用箱形截面时,最好使跨中最大正弯矩和支点最大负弯矩的绝对值大致相等,以便充分发挥材料效益,因此悬臂长度可适当加大,但最大不宜超过中跨长度的 0.5 倍。悬臂过长会使活载挠度增大,行车时跳车现象加剧,易使桥与路堤的连接构造遭到损坏。表 2-10 列出了单孔双悬臂梁桥跨径和梁高拟定的常用尺寸。

单孔双悬臂梁桥尺寸拟定　　　　　　　　表 2-10

桥　型	跨　径	高跨比(h、H分别为跨中和支点梁高)		
普通钢筋混凝土悬臂梁桥	$l_x=(0.3\sim0.4)l$	T 形截面	$H=(1/10\sim1/13)l$	$h=(1/1.2\sim1/1.5)H$
		箱形截面	$H=(1/12\sim1/15)l$	$h=(1/2\sim1/2.5)H$
预应力钢筋混凝土悬臂梁桥	$l_x=(0.3\sim0.50)l$	T 形截面	$H=(1/12\sim1/15)l$	$h=(1/1.2\sim1/1.5)H$
		箱形截面	$H=(1/15\sim1/18)l$	$h=(1/2\sim1/2.5)H$

跨河的单孔悬臂梁桥及多孔悬臂梁桥的主孔跨径 l 通常由通航净空确定,或与边孔一起由河床地形和地质等条件综合考虑来选定。当不受上述这些条件限制时,就可按照梁的弯矩包络图面积为最小的原理来确定边孔与中孔的跨径划分,以达到节省材料的目的。根据已建桥梁的资料分析,边孔跨长 l_1、挂梁长度 l_g 与中孔跨长 l 之间的比例关系,大致在表 2-11 中所列的范围内。图 2-63c)所示多跨双悬臂梁的两个悬臂一般都做成相同的尺寸,挂梁高度为 $h_g = (1/12 \sim 1/20) l_g$。

悬臂梁桥各种跨长的比例关系   表 2-11

桥 型	结构类型	l_1/l	l_g/l
单孔悬臂梁桥 [图 2-60b)]	钢筋混凝土	$0.6 \sim 0.8$	$0.4 \sim 0.6$
	预应力混凝土	$0.6 \sim 0.8$	$0.2 \sim 0.4$
多孔悬臂梁桥 [图 2-60c)]	钢筋混凝土	$0.75 \sim 0.8$	$0.5 \sim 0.6$
	预应力混凝土	$0.75 \sim 0.8$	$0.5 \sim 0.7$

(3)优缺点及适用情况

悬臂梁桥从桥的立面上看,在桥墩上只需设置一排沿墩中心布置的支座,从而可相应减小桥墩的尺寸。悬臂梁桥在施工阶段和成桥运营阶段两者受力状态是一致的,非常适合用悬臂施工方法。钢筋混凝土的悬臂梁桥在支点附近负弯矩区段内,梁的上翼缘受拉,不可避免地出现裂缝,雨水易浸入梁体。从运营条件来看,悬臂梁桥和简支梁桥均不甚理想,悬臂梁桥在悬臂端与挂梁衔接处产生的挠曲线都会产生不利于行车的折点,并且伸缩缝装置需经常更换。悬臂梁桥的构造也比简支梁复杂一些,故这种桥型目前在我国已较少采用。

2. T 形刚构桥

将悬臂梁桥的墩柱与梁体固结后便形成了带挂梁或带铰的结构,称为 T 形刚构桥,是具有悬臂梁受力特点的梁式桥。同样,与简支梁桥相比较,T 形刚构桥具有较大的跨越能力。若采用预应力混凝土结构,则结构的跨越能力可进一步得到提高。

说明一下:T 形刚构桥可属于梁式桥,但不是梁桥。

1)分类及力学特点

T 形刚构桥又可分为两种类型,即两 T 形刚构之间带挂梁和两 T 形刚构之间带铰,如图 2-64 所示。

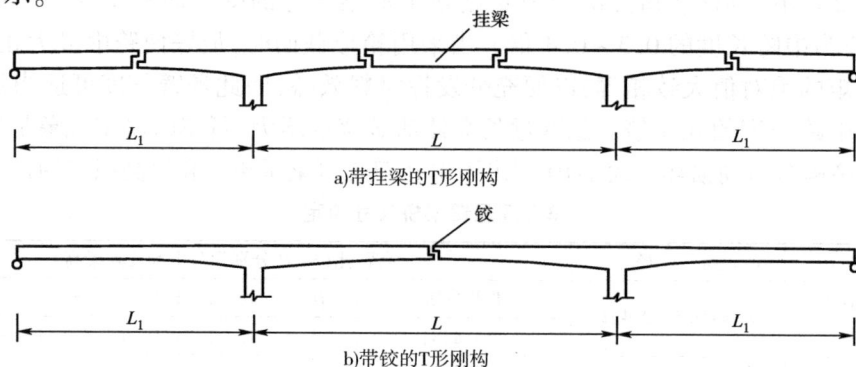

图 2-64   T 形刚构桥的分类

（1）带挂梁的 T 形刚构桥型。它属于静定结构,其基础的不均匀沉降、混凝土收缩徐变及温度变化等因素都不会对结构产生次内力。它具有悬臂法施工阶段的受力状态与运营阶段受力状态的一致性,悬臂受力的 T 形刚构承受的全是负弯矩,上缘受拉,因而配筋比较简单。与带铰的 T 形刚构桥相比,它的受力和变形性能均略差一些,但其受力明确。结构布置以每个 T 形刚构单元与两侧配等跨长的挂梁最为简单合理,在此情况下,刚构两侧结构重力是对称的,墩柱中无不平衡的自重弯矩。

（2）带铰的 T 形刚构桥型。它属于超静定结构,两个大悬臂在端部借所谓"剪力铰"相连接,它是一种只能传递竖向剪力而不传递水平力和弯矩的连接构造。当在一个 T 形刚构桥面上作用有竖向荷载时,相邻的 T 形刚构结构通过剪力铰而共同受力。因而,从结构受力和牵制悬臂端变形来看,剪力铰起到了一定的作用。

2）构造特点

对于钢筋混凝土 T 形刚构桥,挂梁的经济长度一般在跨径的 0.5~0.7 范围内;而预应力混凝土 T 形刚构桥的挂梁经济长度一般在跨径的 0.22~0.50 范围内。主孔跨径大时,取较小比值,并应使挂梁跨径不超过 35~40m,以利于安装。

T 形刚构桥的悬臂梁,可以是箱形截面,也可以做成桁架结构。预应力混凝土 T 形刚构桥支点、跨中梁高与跨径的关系,可参考表 2-12。

预应力混凝土 T 形刚构桥支点、跨中梁高与跨径的关系 表 2-12

桥　型	挂 梁 跨 径	跨径与支点梁高的关系	跨 中 梁 高
带挂梁的 T 形刚构桥	$l_g = (0.22 \sim 0.55)l$ 且 $\leq 35 \sim 40m$	$l > 100m$ 时 $H = (1/17 \sim 1/21)l$	与挂梁同高
带铰的 T 形刚构桥	—	$l < 100m$ 时 $H = (1/14 \sim 1/18)l$	$h = (0.2 \sim 0.4)H$, 且 $\geq 2.0m$

当在墩柱一侧的桥跨上布载时,墩柱将承受较大的不平衡力矩,因此墩柱尺寸一般较大,墩宽可取 $(0.7 \sim 1.0)H$。

3）优缺点及适用情况

T 形刚构桥结合了刚架桥和多孔静定悬臂梁桥的特点,是我国 20 世纪 70~80 年代修建较多的一种桥型。同悬臂梁桥一样,T 形刚构桥也非常适合用悬臂施工方法。预应力技术的发展和悬臂施工工艺相结合并且受力简单明确是其发展的一个主要原因。

钢筋混凝土 T 形刚构的常用跨径为 40~50m;预应力混凝土 T 形刚构的常用跨径为 60~120m。然而,几十年来的实践证明:带挂梁的 T 形刚构桥型在混凝土的长期收缩徐变作用下和汽车荷载的冲击力作用下,T 形刚构悬臂梁端会发生下挠,从而导致悬臂端与挂梁之间易形成折角,增大冲击作用,使伸缩缝的处理和养护较困难,且各 T 形刚构之间不能共同工作,使其跨径受到限制。而在带铰的 T 形刚构桥型中,由于铰的存在,使铰的左右两侧主梁变形不一致,难以调整,引起行车不平顺,施工过程中有时还需强迫合龙。当 T 形刚构的两边温度变化不同时,易产生不均匀变形,引起较大的次内力;加之剪力铰的构造与计算图式中的理想铰尚存在差异,难以准确计算出各种因素产生的次内力。因此,带挂梁和带铰的 T 形刚构目前均已较少采用。

3.预应力筋的布置

预应力混凝土梁桥的预应力筋布置原则:

(1)应选择适当的预应力束筋形式和锚具形式。

(2)应考虑施工的方便,尽可能少地切断预应力钢筋。

(3)符合结构受力的特点,既要满足施工阶段的受力要求,又要满足成桥后使用阶段各种荷载组合下的受力要求;既要考虑结构在使用阶段的弹性受力状态的需要,也要考虑到结构在破坏阶段时的需要;并注意避免在超静定结构体系中引起过大的结构次内力。

(4)考虑材料经济指标的先进性,预应力束筋在结构横断面上布置要考虑剪力滞效应。

(5)避免使用多次反向曲率的连续束筋,以降低摩阻损失。

悬臂体系梁中连续预应力束筋的布置方式(图2-65和图2-66),常用于有支架的现浇预应力混凝土结构中。

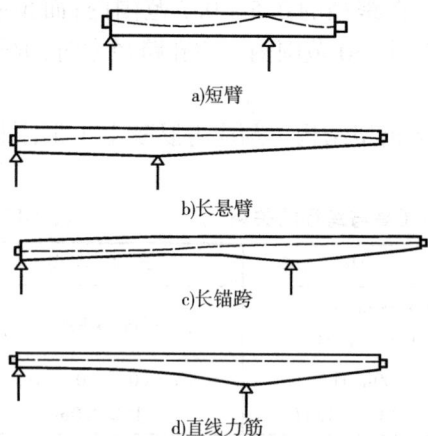

a)短臂

b)长悬臂

c)长锚跨

d)直线力筋

图2-65　单悬臂梁布束方式

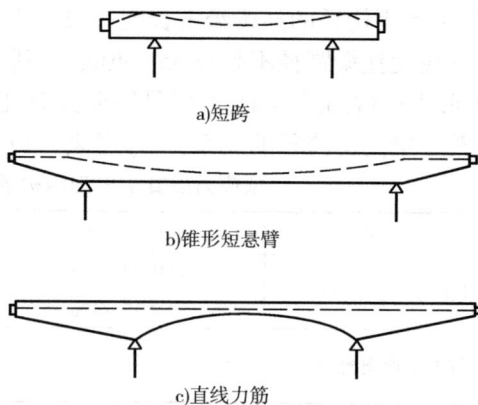

a)短跨

b)锥形短悬臂

c)直线力筋

图2-66　双悬臂梁布束方式

二、连续体系梁式桥简介

随着交通建设特别是高等级公路建设的迅速发展,要求行车平顺舒适,多伸缩缝的悬臂梁桥和T形刚构桥就不能满足这个要求,超静定结构连续梁桥因其结构刚度大、变形小、伸缩缝少和行车平稳舒适等突出优点而得到了迅速的发展。普通钢筋混凝土连续梁桥的适用跨径为15~25m,当跨径进一步增大时,结构自重产生的弯矩迅速增大,难以避免混凝土开裂,导致材料无法充分利用,于是广泛采用预应力混凝土连续梁桥。这是因为预应力混凝土结构通过高强钢筋对混凝土预压,不仅充分发挥了高强材料的特性,而且提高了混凝土的抗裂性,促使结构轻型化,因而预应力混凝土结构具有比钢筋混凝土结构大得多的跨越能力。

1.预应力混凝土连续梁桥

1)等截面连续梁桥

(1)力学特点

除了简支-连续法施工的连续梁桥,超静定结构的连续梁在结构重力和活载作用下,支点截面设计负弯矩一般比跨中截面设计正弯矩大,但在跨径不大时这个差值不是很大,可以考虑采用等截面形式,并采取一定的构造措施予以调节,从而简化了主梁的构造。

(2)构造特点

等截面连续梁桥可选用等跨和不等跨两种布置方式,如图2-67所示。

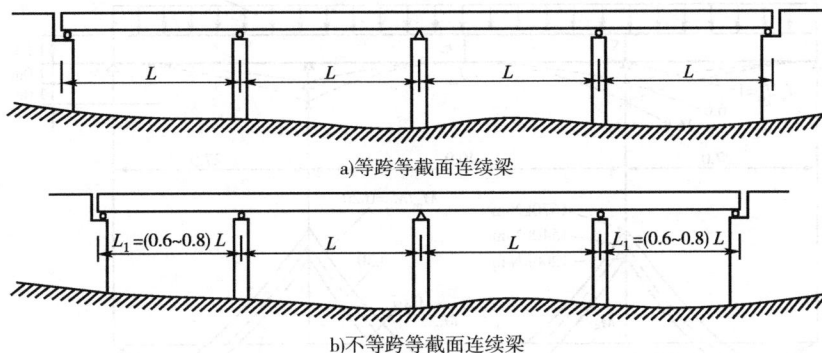

a)等跨等截面连续梁

b)不等跨等截面连续梁

图2-67 等截面连续梁桥的立面布置

等跨布置的跨径大小主要取决于经济分孔和施工设备条件,高跨比一般为1/15 ~ 1/25;在顶推施工的等截面连续梁桥中,梁高(H)与顶推跨径L_0之比一般为1/12 ~ 1/17。当标准跨径较大时,有时为减少边跨中弯矩,将边跨跨径取小于中跨的结构布置,一般边跨与中跨长之比在0.6 ~ 0.8。

当标准跨径不能满足桥下交通如通航等要求而需要加大个别跨的跨径时,常常不需改变高度,而是采用增加钢筋束和调整截面尺寸的方式予以解决,使桥梁外观仍保持等截面布置。这样做既能使桥梁的立面协调一致,又能减少构件及模板的规格。

(3)适用范围及特点

等截面连续梁一般适应以下情况:

①桥梁一般采用中等跨径,以40 ~ 60m为宜(国外也有达到80m的跨径)。这样可以使主梁构造简单,施工快捷。

②立面布置以等跨径为宜,也可以采用不等跨布置。

③适应于有支架施工、逐孔架设施工、移动模架施工及顶推法施工。

2)变截面连续梁桥

(1)力学特点

当连续梁的主跨跨径接近或大于70m时,若主梁仍采用等截面布置,在结构重力和活载作用下,主梁支点截面设计负弯矩将比跨中截面的设计正弯矩大得多,从受力上讲就显得不太合理且不经济。因此,主梁采用变截面形式才更符合受力要求,高度变化基本上与内力变化相适应。

从图2-68中分析可以得知:当加大靠近支点附近的梁高(即加大了截面惯性矩)做成变截面梁时,还能进一步降低跨中的设计弯矩。从图中可见,在满布均布荷载$g = 10$kN/m的作用下,三种不同的支点梁高(1.50m、2.50m 和 3.50m)所对应的跨中弯矩分别为800kN·m、460kN·m和330kN·m,也就是说将支点梁高局部地从1.50m加大至3.50m时,跨中最大弯矩比等高梁降低一半多。一般情况下,加大支点附近梁高是合理的,因为这样做既对自重引起的截面内力影响不大,也与桥下通航的净空要求无甚妨碍,并且还能适应抵抗支点处剪力很大的要求。这也是连续体系梁桥比简支梁桥甚至比悬臂梁能跨越更大跨度的原因。可见,连续梁采用变截面结构不仅外形美观,还可节省材料并增大桥下净空高度。

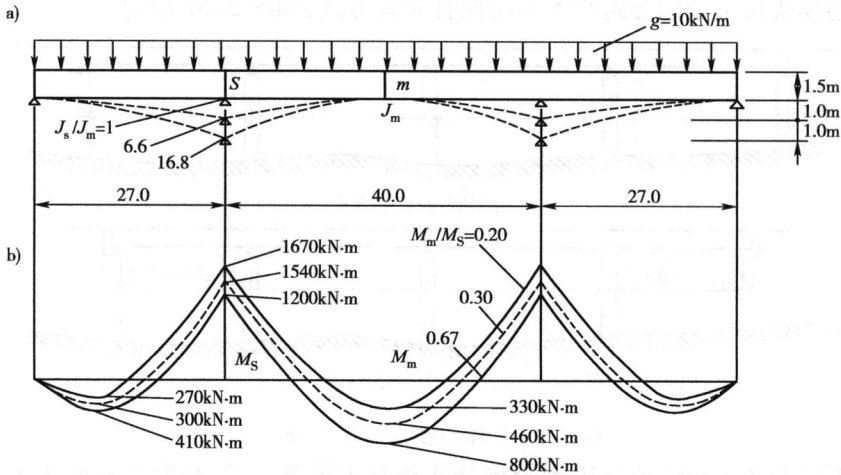

图2-68　三跨连续梁惯性矩变化影响的举例(尺寸单位:m)

同时,采用变截面布置适合悬臂法施工(悬臂浇筑和悬臂拼装),施工阶段主梁的刚度大,且内力与运营阶段的主梁内力基本一致。

(2)构造特点

连续梁桥连续超过五跨时的内力情况虽然与五跨的相差不大,但连续过长会增大温度变化的附加影响,造成梁端伸缩量很大,需设置大位移量的伸缩缝,因此连续孔数一般不超过五跨,但也有为了减少伸缩缝而采用多于五跨的情形。当需要在宽阔的河流或旱谷上修建很多孔连续梁时,通常可按3~7孔为一联分联布置,联与联的衔接处,通过两排支座支承在一个桥墩上。

变截面形式的大跨径预应力混凝土梁桥,立面一般采用不等跨布置。但多于三跨的连续梁桥,除边跨外,其中间各跨一般采用等跨布置,以方便悬臂施工。对于多于两跨的连续梁桥,其边跨一般为中跨的0.6~0.8倍,如图2-69a)所示。当采用箱形截面的三跨连续梁时,边孔跨径甚至可减少至中孔的0.5~0.7倍。有时为了满足城市桥梁或跨线桥的交通要求而需增大中跨跨径时,可将边跨跨径设计成仅为中跨的0.5倍以下,在此情况下,端支点上将出现较大的负反力,故必须在该位置设置能抵抗拉力的支座或压重以消除负反力,如图2-69b)所示。

在不受总体设计中建筑高度限制的前提下,连续箱梁的梁高宜采用变高度的,其底曲线可采用二次抛物线、折线和介于折线与二次抛物线之间的1.5~1.8次抛物线变化形式。抛物线的变化规律应与连续梁的弯矩变化规律基本接近,采用折线形截面变化布置可使桥梁的构造简单,施工方便。具体的选用形式应按照各截面上下缘受力均匀情况、布筋情况确定。

根据已建成桥梁的资料,支点截面的梁高约为中间跨跨长的1/16~1/18,一般不小于1/20;跨中截面梁高约为支点截面梁高的1/1.5~1/2.5。在具体设计中,还要根据边跨与中跨比例、荷载等级等因素通过几个方案的分析比较确定。在大跨径预应力混凝土连续梁桥中,除截面高度变化外,还可将截面的底板、顶板和腹板做成变厚度板,以满足主梁内各截面的不同受力要求。

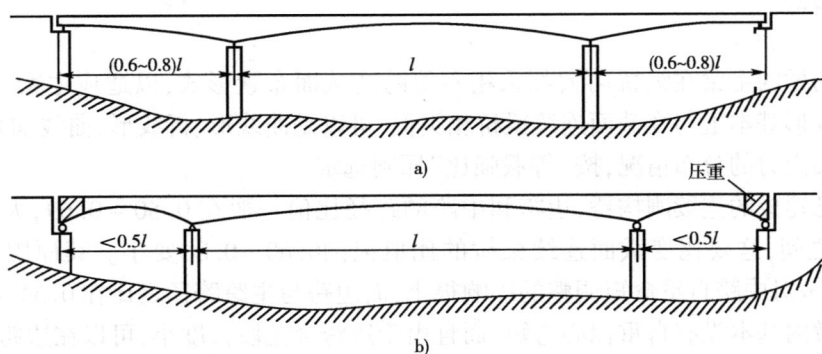

图2-69 变截面连续梁桥的立面布置

（3）适用范围及特点

①当连续梁的主跨跨径达到70m及其以上时，从结构受力和经济的角度出发，主梁采用变截面布置比较符合梁的内力变化规律。

②适合悬臂法施工（悬臂浇注和悬臂拼装两种），施工阶段的主梁内力与运营阶段的主梁内力基本一致。

③变截面结构外形美观，可节省材料并增大桥下的净空高度。

2. 连续刚构桥

预应力混凝土连续刚构桥是连续梁桥与T形刚构桥的组合体系，也称为墩梁固结的连续梁桥，如图2-70所示。

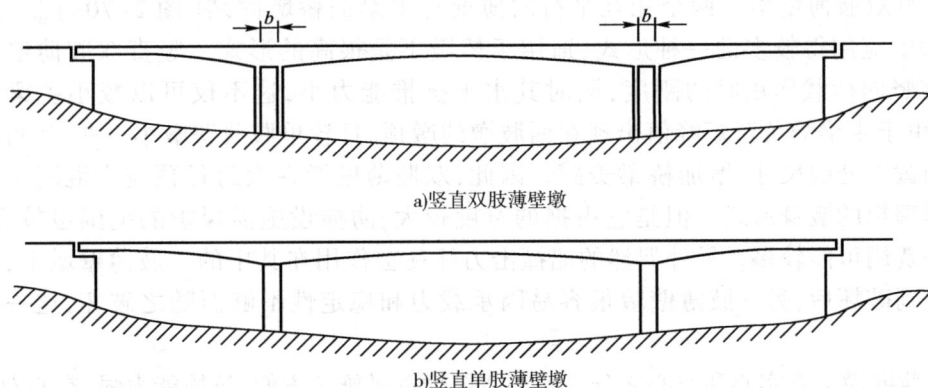

a)竖直双肢薄壁墩

b)竖直单肢薄壁墩

图2-70 连续刚构桥

1）力学特点

大跨径连续刚构桥的受力特点主要为：梁体连续，墩、梁、基础三者固结为一个整体共同受力。首先在结构重力作用下，连续刚构桥与连续梁桥的跨中弯矩和竖向位移基本一致，但在采用双肢薄壁墩的连续刚构桥[图2-70a)]时，墩顶截面的结构重力负弯矩要较相同跨径连续梁桥小一些；其次，由于墩梁固结共同参与工作，连续刚构桥由活载引起的跨中正弯矩较连续梁要小一些，因而可以降低跨中区域的梁高，并使结构重力进一步降低。因此，连续刚构桥的主跨径可以比连续梁桥设计得大一些。

2)构造特点

(1)主梁

连续刚构桥的主梁在纵桥向大都采用不等跨变截面布置形式,以适应主梁内力的变化。主梁底部的线形基本上与变截面连续梁桥相类似,可以是曲线形、折线形、曲线加直线形等,具体应根据主梁内力的分布情况,按"等载强比"原则选定。

国内外已建成的连续刚构桥,边跨和中跨的跨径比值一般在0.50~0.69,大部分比值在0.55~0.58之间,这要比变截面连续梁桥的比值范围0.60~0.80要小。其原因在于墩梁固结,边跨的长短对中跨自重弯矩调整的影响很小,而边跨与主跨跨径之比在0.54~0.56时,不仅可以使中墩内基本没有自重偏心弯矩,而且由于边跨合龙段长度小,可以在边跨悬臂端用导梁支承于边墩上,进行边跨合龙,从而取消落地支架,施工也十分方便和经济。

大跨连续刚构桥主梁一般采用箱形截面,箱梁根部截面的高跨比一般在1/16~1/20,其中大部分高跨比为1/18左右,也有少数桥梁达到或低于1/20。跨中截面梁高通常为支点截面梁高的1/2.5~1/3.5,略小于连续梁的跨中截面梁高,这是因为连续刚构桥墩梁固结,活载作用于中跨时,与相同跨径的连续梁相比,连续刚构跨中正弯矩较小。

(2)桥墩

大跨度连续刚构桥的桥墩不仅应满足施工、运营等各阶段支承上部结构重量和稳定性等方面的要求,而且桥墩的柔度应适应由于温度变化、混凝土收缩、徐变以及制动力等因素引起的水平位移,尽量减小这些因素对结构产生的次内力。

(3)立面形式

连续刚构桥柔性墩柱的立面形式主要有如下三种:

①竖直双肢薄壁墩。两个相互平行的薄壁与主梁的桥墩固结[图2-70a)]。这是连续刚构桥中应用得较多的一种形式,适用于桥墩不是很高的形式。竖直双肢薄壁墩可增加桥墩在竖向荷载作用时的刚度,同时其水平抗推能力小,这不仅可以减小主梁附加内力,而且由于主梁的负弯矩峰值出现在两肢墩的墩顶,且较单肢薄壁墩小一些,故可减小主梁在墩顶截面处的尺寸,增加桥梁美感。因此,双肢薄壁墩在大跨径预应力混凝土连续刚构桥中是理想的墩身形式。但是它占据的宽度较大,防撞设施需保护的范围也较大,这部分增加的费用可能较多。另外偶然的船撞击力往往会作用在其中的一肢薄壁墩上,当一肢薄壁墩遭到破坏后,另一肢薄壁墩很容易因承载力和稳定性不够而随之破坏,这一点须引起重视。

每支薄壁墩又有实心和空心之分。实心双肢薄壁墩施工方便,抗撞能力强,空心双壁墩可以节约混凝土40%左右,设计中应根据实际情况通过分析后选用。

②竖直单肢薄壁墩。建在深谷和深水河流上的高桥墩经常采用竖直单肢薄壁墩[图2-70b)]。它在外观上呈"一"字形,一般采用箱形截面的空心桥墩,具体尺寸须根据对柔性的要求确定。

一般来说,单肢薄壁墩特别是箱形截面单肢薄壁墩的抗扭性能好,稳定性强,能增大通航孔的有效跨径,但其柔性不如双肢薄壁墩大;随着墩身高度的不断增加,单肢薄壁墩的柔性逐渐增加,允许的纵向变位也增大。因此,对于墩身很高的大跨径连续刚构或中等跨径的连续刚构来说,箱形单肢薄壁墩也是理想的墩身形式。

③V 形墩(或 Y 形柱式墩)。在刚架桥中为了减小内支点处的负弯矩峰值,可将墩柱做成 V 形。V 形托架可使主梁的负弯矩峰值降低一半以上,如图 2-71 所示。

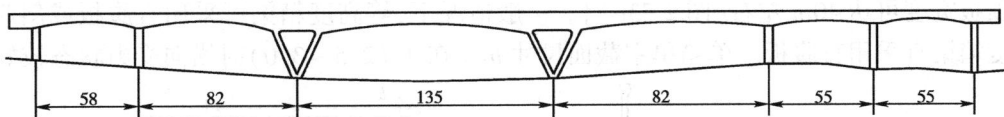

图 2-71 V 形墩连续刚构桥(尺寸单位:m)

Y 形柱式墩是上部为 V 形托架,下部为单柱式,两者在立面上构成 Y 字形。下部的单柱具有一定的柔性,可满足纵向变形的要求。

3)适用范围及特点

连续刚构桥常用于大跨、高墩的结构中,桥墩纵向刚度较小,在竖向荷载作用下,基本上属于一种无推力的结构,而上部结构具有连续梁施工的一般特点,有较好的技术经济性。由于预应力技术的迅速发展,连续刚构近年来得到了较快的发展。我国跨径在 180m 以上的梁桥,均采用连续刚构桥。

连续刚构桥的另一个特点是主梁保持连续,这样既保持了连续梁无伸缩缝、行车平顺的优点,又保持了 T 构不需设大吨位支座的优点,同时避免了连续梁(存在临时固结和体系转换)和 T 形刚构(伸缩缝多)两者的缺点,养护工作量小。此外,连续刚构施工稳固性好,减少或避免边跨梁端搭架合龙的难度。

但连续刚构桥对地基承载力的要求更高,若地基发生过大的不均匀沉降,连续梁可通过调整墩顶支座的高度抵消下沉量来补救,而连续刚构则不能这样。对于大跨度连续刚构桥,当其主墩抗推刚度过大时,中跨梁体会产生过大的温差拉力而对结构受力产生不利影响。此外,梁墩连接处应力复杂也是连续刚构的一个缺点。

3. 横截面形式和尺寸

预应力混凝土连续梁桥的截面形式很多,一般应根据桥梁的总体布置、跨径、宽度、梁高、支承形式和施工方法等综合确定。合理选择主梁的截面形式对减轻桥梁自重、节约材料、简化施工和改善截面受力性能是十分重要的。

预应力连续梁桥横截面形式主要有板式、肋梁式截面和箱形截面。其中,板式、肋梁式截面构造简单、施工方便;箱形截面具有良好的抗弯和抗扭性能,是预应力混凝土连续体系梁桥的主要截面形式。

1)板式和肋梁式截面

板式截面分实体截面[图 2-72a)、b)]和空心截面[图 2-72c)、d)]。

矩形实体截面使用较少,曲线形整体截面近年相对使用较多。实体截面多用于中小跨径,且多配以有支架现浇施工,此时跨中板厚为$(1/22 \sim 1/28)l$,支点板厚为跨中板厚的 $1.2 \sim 1.5$ 倍;空心截面常用于跨径 $15 \sim 30m$ 的连续梁桥,板厚一般为$0.8 \sim 1.5m$,亦采用有支架现浇方式为主。肋梁式截面预制方便,常用于预制架设施工,并在梁段安装后经体系转换为连续梁桥;其常用跨径为 $25 \sim 50m$,梁高取 $1.3 \sim 2.6m$,如图 2-72e)所示。

2)箱形截面

当连续梁桥的跨径超过 $40 \sim 60m$ 或更大时,主梁多采用箱形截面,其构造布置灵活。常用的箱形截面有单箱单室、单箱双室和分离式双箱单室等,以第一种应用得较多。单箱单室截面的顶板宽度一般小于20m[图2-73a)];单箱双室的顶板宽度约为25m[图2-73b)];双箱单室的顶板宽度可达40m左右[图2-73c)]。一般情况下,等高度箱梁可采用直腹板或斜腹板,变高度箱梁宜采用直腹板。单箱单室截面尺寸 $b:a$ 在 $1:(2.5\sim3.0)$ 时横向受力状态较好。

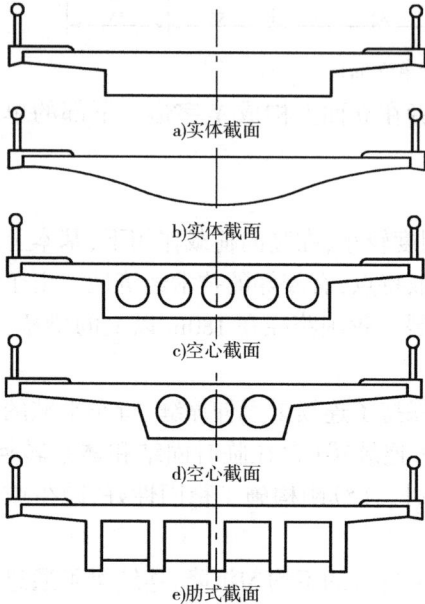

图 2-72　板式与肋式截面

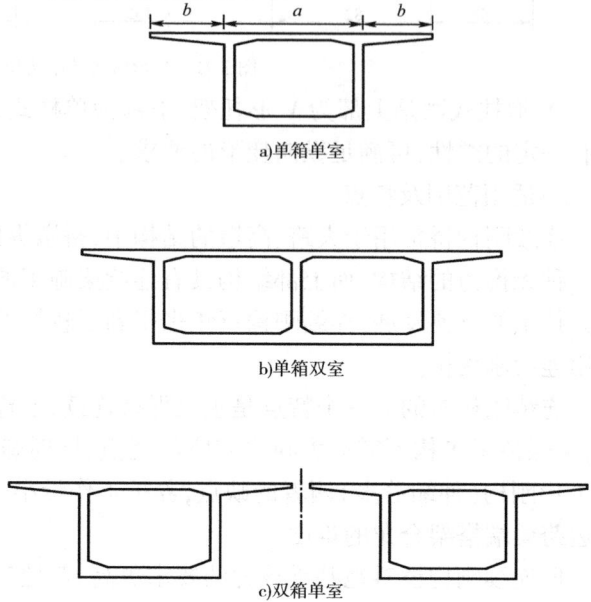

图 2-73　箱形截面

4. 预应力筋布置

连续梁主梁的内力主要有3个,即纵向受弯、受剪以及横向受弯。通常所说的三向预应力就是为了抵抗上述3个内力。纵向预应力抵抗纵向受弯和部分受剪,竖向预应力抵抗受剪,横向预应力则抵抗横向受弯。预应力筋数量和布筋位置都需要根据结构在使用阶段的受力状态予以确定,同时要满足施工各阶段的受力需要。施工方法不同,施工阶段的受力状态差别很大,因此,结构配筋必须结合施工方法考虑。

1)纵向预应力筋

沿桥跨方向的纵向力筋又称为主筋,是用以保证桥梁在结构重力和活载作用下纵向跨越能力的主要受力钢筋,可布置在顶板、底板和腹板中。

预应力混凝土连续梁桥中纵向预应力筋的布置方式多种多样,与所采用的施工方法以及预应力筋的种类等有密切的关系。

图2-74a)表示采用顶推法施工的直线形预应力筋布置方式。上、下的通束使截面接近轴心

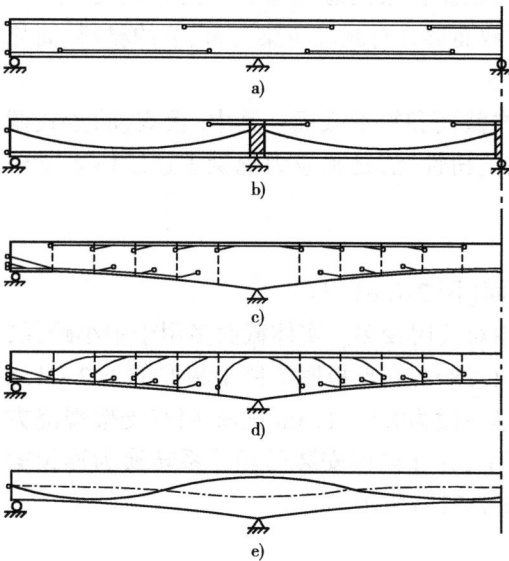

图 2-74　预应力混凝土连续梁配筋方式

受压,以抵抗顶推过程中各截面承受的正负弯矩的交替变化。待顶推完成后,再在跨中的底部和支点的顶部增加局部预应力筋,用来满足运营荷载下相应的内力要求。有时按设计要求还在跨中的顶部和支点附近的底部设置局部的施工临时束,待顶推完成后即予卸除。

图 2-74b)表示采用先简支后连续施工方法的预应力筋布置方式。待墩上接缝混凝土达到强度后,用设置在接缝顶部的局部的预应力筋使结构连续。

图 2-74c)、d)表示采用悬臂施工方法的预应力筋布置方式。梁中除了负弯矩区和正弯矩区各需布置顶部和底部预应力筋外,在有正、负弯矩交替作用的区段内,顶、底板中均需设置预应力筋。图 2-74c)所示为直线布束方式,即顶板预应力筋沿水平布置并锚固在梗肋处,此种布束方式可减少预应力筋的摩阻损失,并且穿束方便,也改善了腹板的混凝土浇筑条件。水平预应力筋的设计和构造仅由弯曲应力决定,而抗剪强度则由竖向预应力筋来承担。图 2-74d)所示为顶板预应力筋在腹板内弯曲并下弯锚固在腹板上,以减小外荷载所产生的剪力。此时腹板应具有足够的厚度以承受集中的锚固力。

图 2-74e)表示整根曲线形通束锚固于梁端的布置方式,一般用于整联现浇的情形。在此情况下,若预应力筋既长且弯曲次数又多,会显著加大预应力筋的摩阻损失,因而联长或力筋不宜过长。

预应力筋的布置要考虑到张拉操作的方便。当需要在梁内、梁顶或梁底锚固预应力筋时,应根据预应力筋锚固区的受力特点给予局部加强,以防开裂损坏。

2)横向预应力筋

横向预应力筋是用以保证桥梁的横向整体性、桥面板及横隔板横向抗弯能力的主要受力钢筋,一般应布置在顶板和横隔板中。图 2-75 示出了对箱梁截面的顶板施加横向预应力的力筋构造。由于目前大跨径梁式桥主梁大都采用箱形截面,顶板厚度一般在 25～35cm,在保证大量纵向预应力筋穿过的前提下,所剩的空间位置有限,此时横向预应力筋趋向于采用扁锚体系,以减少布筋所需空间。

3)竖向预应力筋

竖向预应力筋布置在腹板中,主要作用是提高截面的抗剪能力。图 2-75 示出了对箱梁截面的腹板施加竖向预应力的力筋构造。竖向预应力筋在梁体腹板内沿纵向的布置间距可根据竖向剪力的分布而进行调整,靠支点截面位置较密,靠跨中位置较疏。竖向预应力筋比较短,故常采用高强粗钢筋配合承压式锚具,以减少力筋张拉锚固时的回缩损失。另外,现在将钢绞线配成一种拉索式锚具也开始用于竖向预应力体系中,此方式可通过二次张拉减少预应力损失。

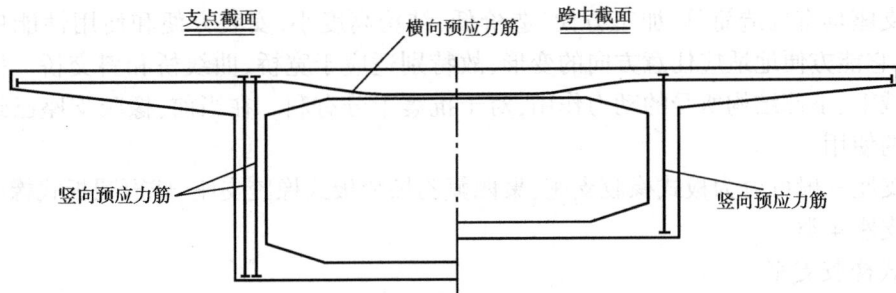

图 2-75 箱梁横向及竖向配筋布置方式

第六节　梁式桥的支座

按照梁式桥受力的要求,在桥跨结构和墩台之间常需设置支座,其主要作用是将上部结构的支承反力(包括结构重力和活载引起的竖向力和水平力)传递到桥梁墩台。同时,保证结构在活载、温度变化、混凝土收缩和徐变等因素作用下能自由变形,以使上、下部结构的实际受力情况符合结构的静力图式(图2-76)。

按支座变形的可能性,梁式桥的支座一般分成固定支座和活动支座两种。固定支座既要固定主梁在墩台上的位置并传递竖向压力,又要保证主梁发生挠曲时在支承处能自由转动,如图2-76左端所示。活动支座只传递竖向压力,但要保证主梁在支承处既能自由转动又能在水平方向上移动,如图2-76右端所示。

一、常用支座的类型、构造和适用条件

1. 简易垫层支座

跨径小于5m的涵洞,可不设专门的支座结构,而采用由几层油毛毡或石棉做成的简易支座。为了防止墩、台顶部前缘与上部结构相抵,通常应将墩、台顶部的前缘削成斜角(图2-77),并且最好在板或梁端底部以及墩、台顶部内增设1~2层钢筋网予以加强。实践表明,这种简易垫层的变形性能较差。

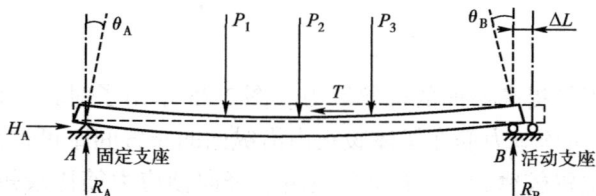

图2-76　简支梁的静力图式

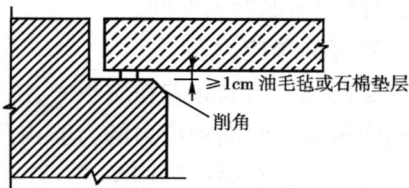

图2-77　简易垫层支座

2. 橡胶支座

橡胶支座具有构造简单、加工方便、造价低、结构高度小、安装方便和使用性能良好等优点。此外,它能方便地适应任意方向的变形,故特别适应于宽桥、曲线桥和斜交桥。橡胶的弹性还能削减上、下部结构所受的动力作用,对于抗震十分有利。在当前,橡胶支座已经得到越来越广泛的使用。

橡胶支座一般可分为板式橡胶支座、聚四氟乙烯滑板式橡胶支座、球冠圆板式橡胶支座和盆式橡胶支座4类。

1)板式橡胶支座

板式橡胶支座由几层橡胶和薄钢片叠合而成,如图2-78所示。它的活动机理:利用橡胶

的不均匀弹性压缩实现转角 θ;利用其剪切变形实现微量水平位移 Δ。

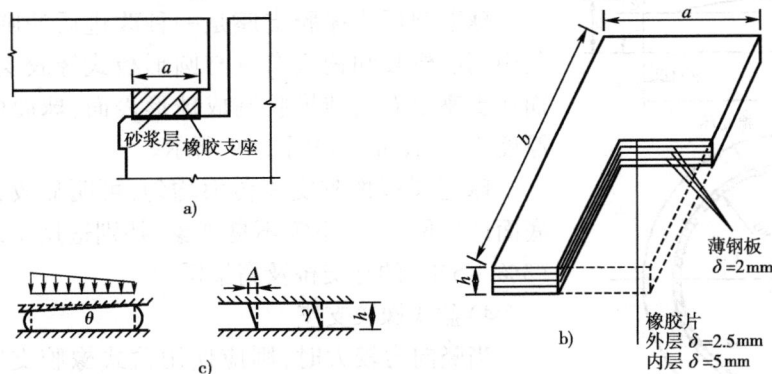

图 2-78　板式橡胶支座

我国行业标准规定,支座成品的物理力学性能应满足表 2-13 的要求。

支座成品的物理力学性能　　　　　　　　　　　　　　　表 2-13

项　　　目	指　标	项　　　目	指　标
极限抗压强度(MPa)	≥70	橡胶片容许剪切正切值	≥0.7
抗压弹性模量 E(MPa)	$53 \times S$-41.8	支座与混凝土表面摩擦系数 μ	≥0.3
抗剪弹性模量 G(MPa)	1.1	支座与钢板摩擦系数 μ	≥0.2

注:表中形状系数 $S = \dfrac{a \cdot b}{2(a+b)\delta_1}$,其中 δ_1 为中间层橡胶片厚度,a 为支座短边尺寸(顺桥向),b 为支座长边尺寸(横桥向)。

板式橡胶支座一般不分固定支座和活动支座,这样能将水平力均匀地传递给各个支座且便于施工;如有必要设置固定支座,可采用不同厚度的橡胶支座来实现。

目前我国生产的板式橡胶支座的竖向支承反力为 100 ~ 10000kN,可选择氯丁胶、天然胶、三元乙丙胶 3 种胶,适宜温度最高为 +60℃,最低达 -45℃(三元乙丙胶)。

矩形板式橡胶支座的平面尺寸,目前常用的有 0.12m × 0.14m、0.14m × 0.18m、0.15m × 0.20m 等。橡胶片的厚度为 5mm,薄钢板厚为 2mm,支座厚度可根据橡胶支座的剪切位移而采用不同层数组合,一般从 14mm(两层钢板)开始,以 7mm 为一个台阶递增。

对于斜桥或圆形柱墩的桥梁,可采用圆形板式橡胶支座。

安装橡胶支座时,支座中心尽可能对准上部构造的计算支点。为防止支座受力不均匀,应使上部结构底面及墩台顶面不仅保持表面清洁和粗糙,而且都能与支座接触面保持水平并紧密贴合,以增加接触面的摩阻力而避免相对滑动;必要时可先铺一薄层水灰比不大于0.5的1:3水泥砂浆垫层。

2)聚四氟乙烯滑板式橡胶支座

聚四氟乙烯滑板式橡胶支座是按照支座平面尺寸大小,在普通板式橡胶支座上黏附一层聚四氟乙烯板(厚 2 ~ 4mm)。它除具有普通板式橡胶支座的优点外,还能利用聚四氟乙烯板与梁底不锈钢板之间的摩擦(摩擦系数 $\mu \leqslant 0.08$),使得桥梁上部构造的水平位移不受限制。

聚四氟乙烯滑板式橡胶支座适用于较大跨径的简支梁桥、连续梁桥和桥面连续的桥梁;此外,还可用作连续梁顶推施工的滑块。

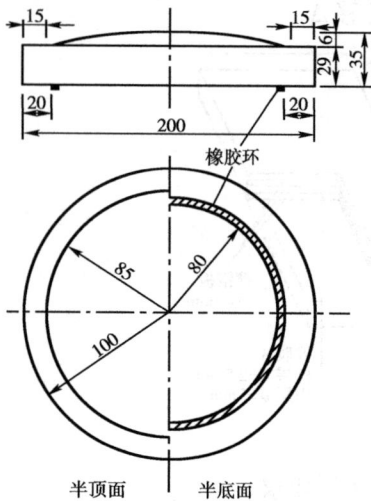

图 2-79　球冠圆板式橡胶支座
(尺寸单位:mm)

3)球冠圆板式橡胶支座

球冠圆板式橡胶支座是一种改进后的圆形板式支座,其中间层橡胶和钢板布置与圆形板式橡胶支座完全相同;而在支座顶面用纯橡胶制成球形表面,球面中心橡胶最大厚度为4~10mm,如图2-79所示。

球冠圆板橡胶支座传力均匀,可明显改善或避免支座底面产生偏压、脱空等不良现象,特别适用于纵横坡度较大(3%~5%)的立交桥及高架桥。

4)盆式橡胶支座

当竖向力较大时,则应使用盆式橡胶支座(图2-80)。它由不锈钢滑板、聚四氟乙烯板、盆环、氯丁橡胶块、钢密封圈、钢盆塞及橡胶防水圈等组成。它是利用设置在钢盆中的橡胶板达到对上部结构具有承压和转动的功能,利用聚四氟乙烯板和不锈钢板之间的平面滑动来满足桥梁的水平位移要求。

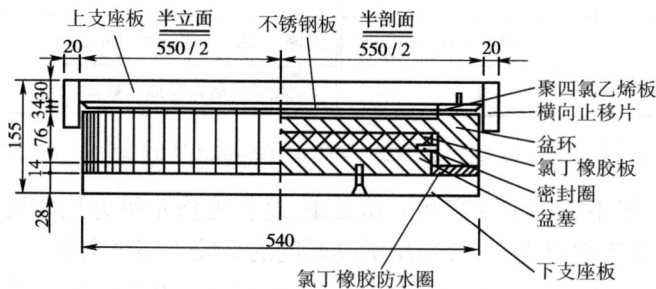

图 2-80　盆式橡胶支座构造(尺寸单位:mm)

盆式橡胶支座按其工作特征可以分为固定支座、多向活动支座和单向活动支座3种。与板式橡胶支座相比,盆式橡胶支座具有承载能力大、水平位移量大、转动灵活等优点,因此特别适宜在大跨径桥梁上使用。

我国目前生产的盆式橡胶支座竖向承载力为1000~50000kN,有效水平位移量为±40~±250mm,支座的容许转角为40′,设计摩阻系数为0.05。可依据不同情况选购使用。

3.特殊功能的支座

1)球形钢支座

为了适应多向转动且转动量较大的情况,还可选择使用球形钢支座,如图2-81所示。它具有受力均匀、转动量大(设计转角可达0.05rad以上)且各向转动性能一致等优点,特别适用于曲线桥和宽桥。由于球形支座不再使用橡胶承压,不存在橡胶变硬或老化等不良影响,因此特别适用于低温地区。

球形支座有固定支座、单向活动支座和多向活动支座之分。活动支座主要由下支座凹板、中间球形钢衬板、上支座滑板、不锈钢位移板、聚四氟乙烯滑板(平面和球面各一块,简称四氟板)及橡胶密封圈和防尘罩等部件组成。

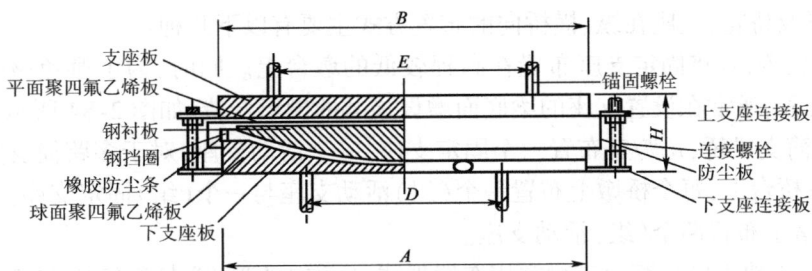

图 2-81 球形支座构造示意

目前球形支座已在国内独柱支承连续弯板结构、独柱支承的连续弯箱梁结构、双柱支承的连续 T 形刚构及大跨度斜拉桥中获得广泛应用。

2）拉力支座

在连续梁桥、悬臂梁桥、斜桥、宽悬臂翼缘箱梁桥以及小半径曲线桥上，在某些会出现拉力的支点处，必须设置拉力支座，以便抗拉且承受相应的转动和水平位移。

球形支座、盆式和板式橡胶支座都能变更功能作为拉力支座。板式橡胶拉压支座（图2-82）适用于拉力较小的桥梁；对于反力较大的桥梁，则用球形抗拉钢支座或盆式拉力支座更适合。

3）抗震支座

地震地区的桥梁应使用具有抗震和减震功能的支座。减（隔）震支座的作用是尽可能将结构或部件与可能引起破坏的地震地面运动分离，以大大减小传递到上部结构的地震力和能量。目前国内主要的减（隔）震支座、抗震支座的类型有抗震型球形钢支座（图2-83）、铅芯橡胶支座和高阻尼橡胶支座等。

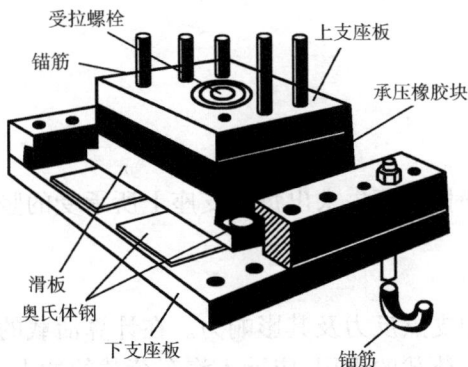

图 2-82 板式橡胶拉压支座

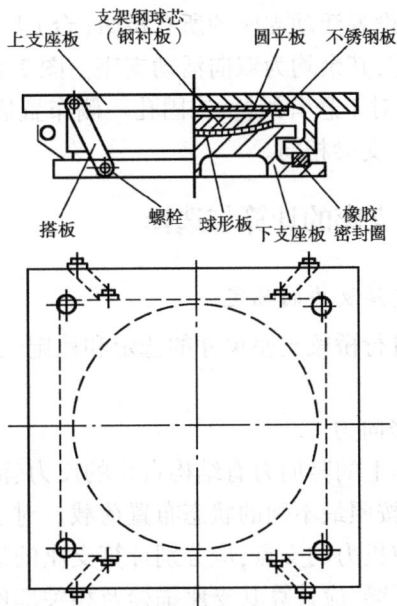

图 2-83 KQGZ 抗震型球形钢支座结构

二、支座的布置

支座的布置，应以有利于墩台传递纵向水平力、有利于梁体的自由变形为原则。根据梁桥

的结构体系以及桥宽,支座在纵、横桥向的布置方式主要有以下几种:

(1)对于坡桥,宜将固定支座布置在高程较低的墩台上。同时,为了避免整个桥跨下滑,影响车辆的行驶,通常在设置支座的梁底面增设局部的楔形构造,如图2-84所示。

(2)对于简支梁桥,每跨宜布置一个固定支座,一个活动支座;对于多跨简支梁,一般把固定支座布置在桥台上,每个桥墩上布置一个(组)活动支座与一个(组)固定支座。若个别墩较高,也可在高墩上布置两个(组)活动支座。

图2-85a)为地震区单跨简支梁常用布置形式,也称为"浮动"支座布置;图2-85b)为整体简支板桥或箱梁桥常用支座布置。

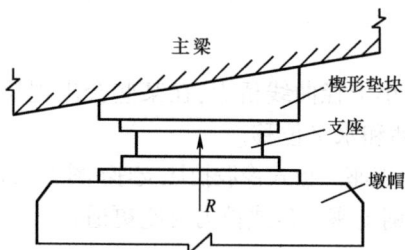

图 2-84　坡桥楔形垫块

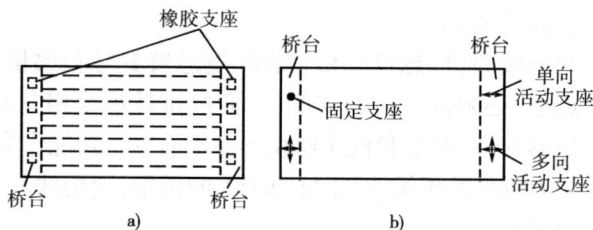

图 2-85　单跨简支梁桥支座布置

(3)对于连续梁桥及桥面连续的简支梁桥,一般在每一联设置一个固定支座,并宜将固定支座设置在靠近温度位移最小处,以使全梁的纵向变形分散在梁的两端,其余墩台上均设置活动支座。在设置固定支座的桥墩(台)上,一般采用一个固定支座,其余为横桥向的单向活动支座;在设置活动支座的所有桥墩(台)上,一般沿设置固定支座的一侧,均布置顺桥向的单向活动支座,其余均为双向活动支座。图2-86所示为连续结构支座布置示意图。

(4)对于悬臂梁桥,锚固孔一侧布置固定支座,一侧布置活动支座;悬臂梁桥挂梁的支座布置与简支梁相同。

三、支座的计算与选择

1.支座反力的确定

在进行桥梁支座尺寸的选定和稳定性验算时,必须先求出每个支座上所承受的竖向力和水平力。

1)竖向力

支座上的竖向力有结构自重的反力、活载的支点反力及其影响力。在计算活载的支点反力时,应按照最不利的状态布置荷载。对于汽车荷载的作用,应计入汽车荷载的冲击力;在可能出现拉拔力的支点,应分别计算支座的最大竖向力和最大上拔力;对于上部结构可能被风力掀离的桥梁,应计算其支座锚栓及相关部件的支承力。

2)水平力

正交直线桥梁的支座,一般仅需计算纵向水平力。斜桥和弯桥,还需要计算由于汽车荷载的离心力或风力所产生的横向水平力。

支座上的纵向水平力,包括由于汽车荷载的制动力、风力、支座摩阻力或由温度变化、支座变形等引起的水平力,以及桥梁纵坡等产生的水平力。

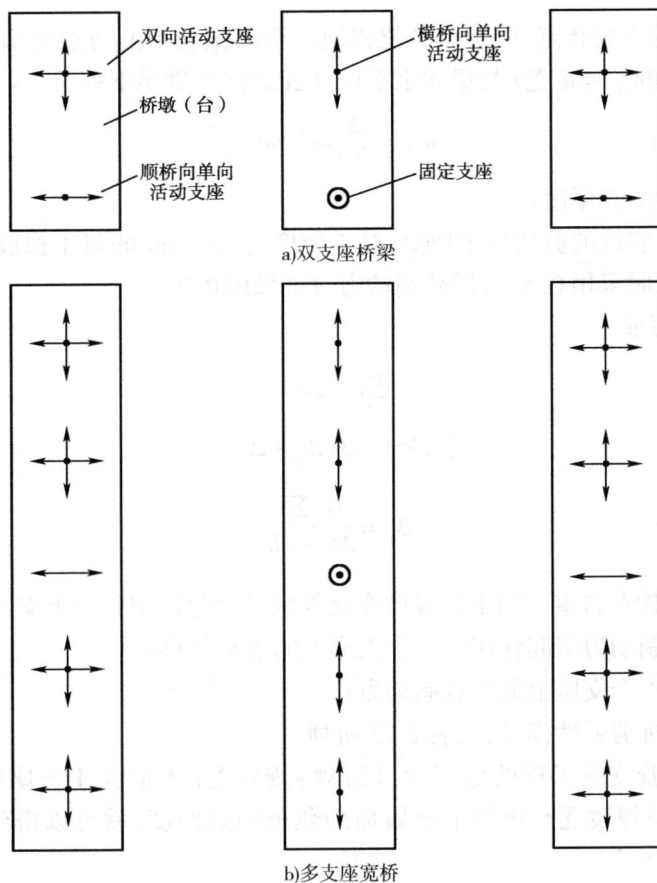

a)双支座桥梁

b)多支座宽桥

图 2-86　连续结构支座布置示意图

对于各支座所传递汽车制动力的大小,按《桥规》中第4.3.5条规定采用。

2. 板式橡胶支座的设计计算

板式橡胶支座的设计与计算包括确定支座尺寸、验算支座受压偏转情况以及验算支座的抗滑稳定性。

1)确定支座的平面尺寸

橡胶支座的平面尺寸 $a \times b$ 要由橡胶板本身的抗压强度、梁部或墩台顶混凝土的局部承压强度等方面因素全面考虑后确定。在一般情况下,平面尺寸 $a \times b$ 多根据橡胶支座的强度确定,见式(2-58)。

对于橡胶板:

$$\sigma = \frac{N}{A} = \frac{N}{a \times b} \leqslant [\sigma_j] \qquad (2-58)$$

式中:N——最大支点反力(最大使用荷载);

$[\sigma_j]$——橡胶支座的平均容许压应力,当支座形状系数 $S > 8$ 时,$[\sigma_j] = 10000\text{kPa}$;当

$5 \leqslant S \leqslant 8$ 时，$[\sigma_j] = 7000 \sim 9000 \text{kPa}$。$S$ 的计算公式见表 2-13 所列。

2）确定支座的厚度

板式橡胶支座的重要特点：梁的水平位移通过全部橡胶片的剪切变形来实现，如图 2-87 所示。显然，橡胶片的总厚度 $\sum t$ 与梁体水平位移 Δ 之间应满足下列关系：

$$\tan\gamma = \frac{\Delta}{\sum t} \leqslant [\tan\gamma] \tag{2-59}$$

式中：$\sum t$——橡胶片的总厚度；

　$[\tan\gamma]$——橡胶片容许的剪切角正切值，对于硬度为 $55 \sim 60$ 的氯丁橡胶，当不计活载制动力作用时采用 0.5，计活载制动力时可采用 0.7。

由此上式可改写成：

$$\sum t \geqslant 2\Delta_g \tag{2-60}$$

以及

$$\sum t \geqslant 1.43(\Delta_g + \Delta_p) \tag{2-61}$$

$$\Delta_p = \frac{H_T \sum t}{2G \cdot ab} \tag{2-62}$$

式中：Δ_g——上部结构在自重作用下由温度变化等因素引起作用于一个支座上的水平位移；

　Δ_p——由活载制动力引起作用于一个支座上的水平位移；

　H_T——作用于一个支座上的活载制动力；

　G——橡胶的抗剪弹性模量，见表 2-13 所列。

同时，考虑到橡胶支座工作的稳定性，《桥规》规定 $\sum t$ 不应大于支座顺桥向边长的 0.2 倍。确定了橡胶片总厚度 $\sum t$，再加上金属加劲薄板的总厚度，就可以得到所需支座的总厚度 h。

3）验算支座的偏转情况

主梁受荷后发生挠曲变形时，梁端将引起转角 θ，如图 2-88 所示。此时支座伴随出现线性的压缩变形，梁端一侧的压缩变形量为 δ_1，梁体一侧压缩变形量为 δ_2。为了确保支座偏转时橡胶与梁底不发生脱空而出现局部承压的现象，则必须满足以下条件：

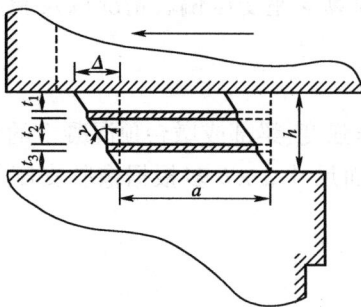

图 2-87　支座厚度的计算图式　　　　　图 2-88　支座偏转图式

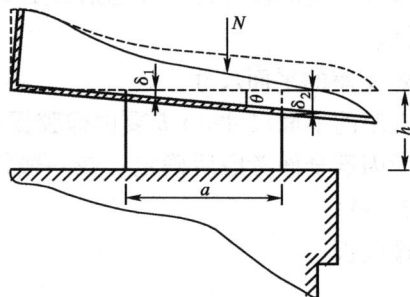

$$\delta_1 \geqslant 0 \tag{2-63}$$

即
$$\delta = \frac{N\sum t}{abE_j} \geqslant \frac{a\theta}{2} \tag{2-64}$$

式中:δ——平均压缩变形(忽略薄钢板的变形);

　　θ——梁端转角。

此外,《桥规》还规定橡胶支座的竖向平均压缩变形 δ 应不超过 $0.05\sum t$。

4)验算支座的抗滑稳定性

为了保证橡胶支座与梁底或墩台顶面之间不发生相对滑动,则应满足以下条件:

$$\mu(N_G + N_{p,min}) \geqslant 1.4H_t + H_T \tag{2-65}$$

以及
$$\mu N_G \geqslant 1.4H_t \tag{2-66}$$

$$H_t = abG\frac{\Delta_g}{\sum t} \tag{2-67}$$

式中:N_G——结构自重产生的支座反力;

　　$N_{p,min}$——与计算制动力相对应的汽车活载产生的最小支座反力;

　　H_t——由温度变化引起作用于一个支座上的纵向水平力;

　　H_T——由活载制动力引起作用于一个支座上的纵向水平力;

　　μ——橡胶与混凝土间的摩擦系数采用 $\mu = 0.3$,与钢板间的摩擦系数采用 $\mu = 0.2$。

5)成品板式橡胶支座的选配

板式橡胶支座早已有系列成品可供选择,例如 GJZ300×400×47(CR)表示公路桥梁矩形、平面尺寸 300mm×400mm、厚度 47mm 的氯丁橡胶支座;GYZF4300×54(NR)表示公路桥梁圆形、直径 300mm、厚度 54mm、带聚四氟乙烯滑板的天然橡胶支座。只需根据标准成品支座的目录,选配合适的产品。

当用产品目录选型时,先根据支座反力、梁肋宽度和梁体水平位移初选支座,再通过偏转验算和抗滑性能验算,最终确定支座类型。

3.盆式橡胶支座的选用

盆式橡胶支座的设计验算内容:确定聚四氟乙烯板和氯丁橡胶板的尺寸、确定钢盆环的直径、盆塞的计算(包括底面积尺寸、盆塞厚度、盆塞的抗滑验算等)、钢密封环的设计、橡胶密封圈的设计、盆环顶偏转的控制、钢盆环与顶板之间的焊缝应力验算等。而实际工程中,设计人员主要是根据支座反力和形变直接在成品目录上选配适合的支座,同时考虑地震和温度两个因素,以确定适配常温型和耐寒性支座和采用何种抗震型支座或抗震措施。

我国成品盆式橡胶支座系列主要有中交公路规划设计院设计的 GPZ 系列,以及铁道科学研究院设计的 TPZ-1 系列等。支座竖向承载力一般为 1000～50000kN,分为近 40 个级,并有DX(单向)、SX(双向活动)及 GD(固定)之分,有效水平位移量从 ±40mm 至 ±250mm,支座的容许转角为 40',GDZ 则为抗震型固定支座的代号。

合适的支座不仅应满足结构变形的需要,其最大支撑反力一般不超过支座容许承载能力的 5%,最小反力不低于容许承载力的 80%,以确保支座具有良好的滑移性能。例如,计算得到一个支座的最大反力为 4100kN,最小反力为 3700kN,则宜选择承载力为 4000kN 的盆式支座,而不宜选用承载力为 5000kN 的支座。这是因为 4000kN 的支座允许反力变化范围 3200～4200kN,而 5000kN 的支座允许反力变化范围 4000～5200kN。

本章小结

（1）简支体系的混凝土梁式桥的主体结构截面形式主要有板桥和肋梁桥。按其施工方法可分为整体现浇式梁桥和预制装配式梁桥。

（2）整体式简支板桥一般做成实心截面形式，其外形常有矩形和矮肋形。

（3）装配式简支板桥单块板件一般做成空心截面，以达到节约材料和减轻起吊重量的目的。

（4）为了使装配式板桥的各块板件达到共同受力的目的，必须在板与板之间做好连接构造。常用的连接方式有企口混凝土铰连接和钢板焊接连接两种类型。

（5）斜交角小于15°的斜板桥可近似按正交板桥设计；大于15°的斜板桥，则按斜板受力性能设计。

（6）整体式斜板桥钝角处的底板加强钢筋与钝角平分线平行，顶面加强钢筋方向则与钝角平分线垂直。

（7）简支梁桥的上部构造由主梁、横隔梁、桥面板和桥面构造等部分组成。

（8）装配式简支梁桥的桥面横向连接有刚性接头和铰接接头两种；横隔梁的横向连接有钢板焊接连接和扣环连接两种。

（9）混凝土梁桥上部结构设计计算的项目，有桥面板、主梁、横隔梁和挠度及预拱度计算等部分。

（10）根据结构构造的不同，桥面板计算的力学模式有单向板、铰接悬臂板、悬臂板3种。

（11）桥面板计算中，为了计算的方便，引入了板的有效分布宽度 a 的概念，即总弯矩除以 a 便可得到每米板宽的计算弯矩。

（12）在主梁内力计算中，应先根据荷载横向分布系数 m 确定欲求主梁所承担的最大荷载值，桥梁的纵向按结构力学的方法计算最不利内力值。

（13）杠杆原理法主要适用于计算支点处的荷载横向分布系数 m。

（14）偏心受压法主要适用于具有可靠横向联系的窄桥，计算其跨中的荷载横向分布系数 m。

（15）比拟正交异性板法适用于具有可靠横向联系的桥，计算其跨中的荷载横向分布系数 m。

（16）铰接板法适用于混凝土纵向企口缝连接的装配式板桥，计算其跨中的荷载横向分布系数 m。

（17）中横隔梁所受的压力最大。计算时，先从桥梁纵向按杠杆原理计算中横隔梁所承担的最大荷载，再从桥梁的横向计算中横梁某截面的最不利内力值。

（18）桥梁挠度按产生的原因分为永久作用挠度和可变作用挠度。永久作用挠度可以通过设置预拱度加以抵消;但可变作用挠度体现结构的刚度特性,其最大挠度值应限制在《公桥规》规定的范围以内。

(19)在悬臂体系和连续体系梁式桥中,由于支点负弯矩的存在,减小了跨中截面的正弯矩值,故该两种体系梁式桥的跨越能力都比简支梁桥要大。

(20)悬臂梁桥分为双悬臂梁桥和单悬臂梁桥,截面形式多采用 T 形或箱形截面。由于支点截面附近承受较大的负弯矩,故梁底部受压区往往需要加强。

(21)T 形刚构桥系指悬臂梁的墩柱与梁体固结后形成的结构体系。T 形刚构桥又可分为两种类型:两 T 构之间带挂梁和两 T 构之间带铰。前者为静定结构,后者为超静定结构。

(22)悬臂梁桥和 T 形刚构桥在长期的使用过程中,由于悬臂梁端会发生徐变下挠,导致悬臂端与挂梁或铰之间易形成折角,造成行车不顺,增大汽车荷载冲击作用,同时伸缩缝的处理和养护都较困难。

(23)预应力混凝土连续体系因具有结构刚度大、变形小、伸缩缝少、行车平稳舒适等优点而得到迅速的发展。它又可分为等截面连续梁桥、变截面连续梁桥和连续刚构桥等类型。

(24)当连续梁桥的跨径较大时,主梁支点截面的负弯矩将比跨中截面的正弯矩大很多,此时应加大支点截面的梁高,以抵抗较大的负弯矩和剪力。因此,主梁采用变截面连续梁桥比等截面连续梁桥更为有利。

(25)预应力混凝土连续刚构桥的特点是主梁保持连续,梁墩固结,上、下部结构共同承受荷载,减小了主梁截面在墩顶处的负弯矩。这样既保持了连续梁无伸缩缝、行车平顺的优点,又保持了 T 构不需要设大吨位支座的优点;同时避免了连续梁(存在临时固结和体系转换)和 T 构(伸缩缝多)两者的缺点,养护工作量小。

(26)预应力混凝土连续刚构桥主要适用于高桥墩、大跨径的情况,桥墩采用柔性薄壁型。其作用如同摆柱,以适应预应力、混凝土收缩徐变和温度引起的纵向位移。

(27)预应力混凝土连续梁桥截面形式主要有板式、肋梁式和箱形截面。其中,板式、肋梁式截面构造简单、施工方便,适用于中小跨径桥梁;箱形截面具有良好的抗弯和抗扭性能,是大中跨径预应力混凝土连续梁桥的主要截面形式。

(28)纵向预应力筋沿桥跨方向布置,是用以保证桥梁在结构重力、可变荷载作用下纵向跨越能力的主要受力钢筋,可布置在腹板和顶、底板中。横向预应力筋是用以保证桥梁的横向整体性、桥面板及横隔板横向抗弯能力的主要受力钢筋,一般布置在横隔板或截面的顶板中。竖向预应力筋主要作用是提高截面的抗剪能力,布置在腹板中。

(29)梁式桥设置支座的目的,是为了将上部结构的支承反力(包括竖向力和水平力)安全地传递至桥墩、桥台,并能保证上部结构的自由变形。

(30)梁式桥的支座一般分为固定支座和活动支座两种。两者的区别在于能否限制梁体的水平位移。

(31)支座的布置应以有利于墩台传递纵向水平力为原则。对于坡桥,宜将固定支座布置在高程较低的墩台上;对于连续梁桥及桥面连续的简支梁桥,宜将固定支座设置在靠近温度位移最小处;对于特别宽的梁桥,应设置多向活动支座;对于处在地震地区的梁桥,宜选用可防震和减震的支座,通常应确保有多个桥墩分担水平地震力。

(32)我国目前使用最广泛的橡胶支座,一般分为板式橡胶支座、聚四氟乙烯滑板式橡胶支座、球冠圆板式橡胶支座和盆式橡胶支座4类。

(33)板式橡胶支座的活动机理:利用橡胶的不均匀弹性压缩实现转角θ,利用其剪切变形实现水平位移Δ。

(34)聚四氟乙烯滑板式橡胶支座适应于较大跨径的简支梁桥、连续梁桥和桥面连续的桥梁;此外,还可用作连续梁顶推施工的滑块。

(35)球冠圆板式橡胶支座特别适用于纵横坡度较大(3%~5%)的立交桥及高架桥。

(36)盆式橡胶支座因其承载能力大、水平位移量大、转动灵活等优点,特别适宜在大跨径桥梁上使用。

(37)球形支座具有受力均匀、转动量大(设计转角可达0.05rad以上)等优点,特别适用于曲线桥和宽桥。

(38)板式橡胶支座的设计与计算包括确定支座的平面尺寸、确定支座的厚度、验算支座受压偏转情况以及验算支座的抗滑稳定性等内容。做好支座的计算与选择,以保证支座的安全使用以及梁体的自由变形,避免产生局部承压混凝土破坏、橡胶与梁底之间相对滑移等不良现象。

复习思考题

1.混凝土梁式桥如何分类?

2.简述整体式简支板桥的受力及配筋特点。

3.装配式板桥横向连接方式有哪些?

4.简述简支斜板桥的主要受力特点及配筋特点。

5.简支梁桥的上部构造由哪些部件组成?各有什么作用?

6.装配式梁桥横向连接有哪些方式?

7.名词解释:单向板、板的有效分布宽度、荷载横向分布影响线、荷载横向分布系数、预拱度。

8.T梁行车道板结构形式有哪几种?各按什么力学模式计算?

9.如何确定行车道板的有效宽度?

10.简述主梁内力的计算步骤。

11. 简支 T 梁计算荷载横向分布系数的方法有哪些?

12. 杠杆法计算荷载横向分布系数的基本假定是什么?

13. 偏心受压法计算荷载横向分布系数的基本假定是什么?

14. 比拟正交异性板法计算荷载横向分布系数的基本假定是什么?

15. 铰接板(梁)法计算荷载横向分布系数的基本假定是什么?

16. 杠杆法、偏心受压法、比拟正交异性板法和铰接板法的适用范围各是什么?

17. 荷载横向分布系数沿梁跨是如何分布的?

18. 简述横隔梁内力的计算步骤。

19. 简述悬臂体系和连续体系梁式桥跨越能力比简支梁桥大的主要原因。

20. 悬臂梁桥和 T 形刚构桥在目前为什么应用得越来越少?

21. 简述 T 形刚构桥、连续梁桥和连续刚构桥三种结构的主要优缺点。

22. 简述桥梁支座的功能。

23. 桥梁支座布置的基本原则是什么?

24. 按支座变形的可能性分类,桥梁支座一般可分为哪两种? 如何区别?

25. 从立面图上看,简支梁桥和连续梁桥支座的布置有什么异同?

26. 橡胶支座一般分为哪四类? 各适应于哪些情况?

27. 板式橡胶支座的活动机理是什么?

28. 计算如图 2-29 所示行车道板的最不利内力。

荷载:公路—Ⅱ级。

材料:混凝土 C25,钢筋 HPB300。

结构计算按图 2-89 所拟尺寸进行。

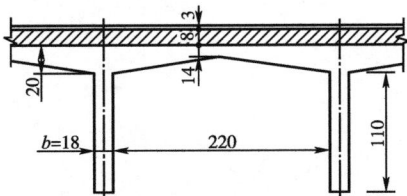

图 2-89 T 梁横断面图(尺寸单位:cm)

29. 装配式钢筋混凝土简支 T 形梁计算。

设计荷载:公路—Ⅱ级、人群荷载 $3kN/m^2$。

桥面净宽:净 $-7 + 2 \times 1.50m$。

标准跨径:$L_b = 20m$。

计算跨径:$l = 19.7m$。

材料:混凝土 C30。

钢筋:主钢筋、弯起钢筋和架立钢筋为 HRB400,其他为 HPB300。

梁的纵、横断面建议按图 2-90 所拟尺寸进行。

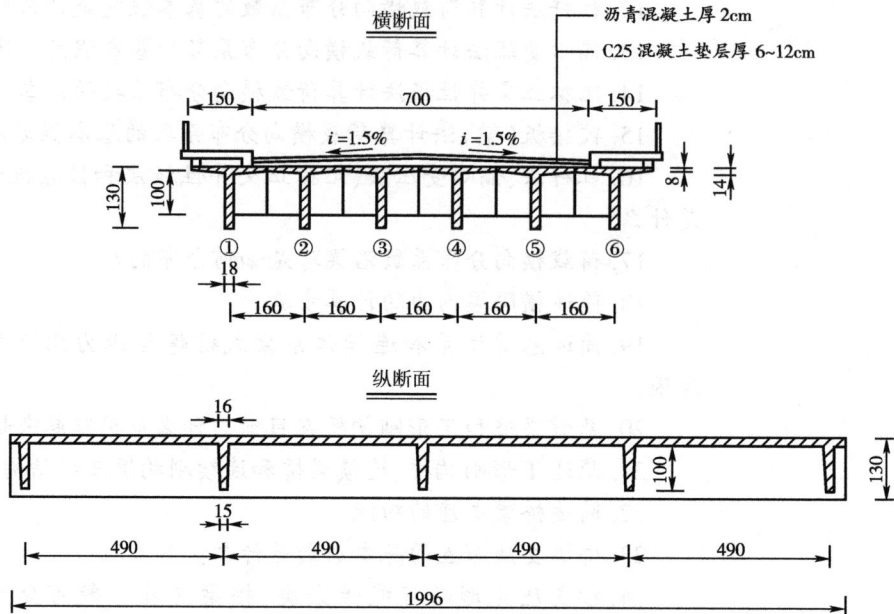

图 2-90　简支 T 梁结构图(尺寸单位:cm)

要求:计算设计荷载作用下的 1 号、2 号、3 号梁的最不利内力及其内力组合;验算主梁跨中挠度。

第三章
CHAPTER THREE

拱桥

本章内容概要

　　本章主要介绍了拱桥的力学特点、适用条件、组成及主要类型；主拱圈(板拱、肋拱、箱形拱、双曲拱等)的构造形式；拱上建筑及其细部构造；桁架拱、刚架拱及钢管混凝土拱的构造特点；拱轴线形的选择与主要尺寸拟定；等截面悬链线无铰拱的拱轴系数确定和主拱圈内力计算等。

教学目标

1. 会描述拱桥的力学特点、适用条件、组成及主要类型的构造形式；
2. 会描述桁架拱、刚架拱及钢管混凝土拱的构造特点；
3. 知道拱轴线形选择的原则与主要尺寸拟定的方法；
4. 会确定等截面悬链线无铰拱的拱轴系数和计算主拱圈内力。

重点学习任务

1. 认知拱桥的力学特点、适用条件、组成及主要类型的构造形式；
2. 进行等截面悬链线无铰拱的拱轴系数确定和主拱圈内力计算。

主要学习活动设计

1. 观看拱桥构造类型影像片或工程现场参观；
2. 完成一孔等截面悬链线无铰拱在结构重力和温度变化影响下的主拱圈内力计算。

第一节　概述

一、拱桥的基本特点及适用范围

　　拱桥是我国公路上广泛使用的一种桥型。拱桥与梁桥的区别，不仅在于外形不同，更重要的是两者受力性能有差别。由力学知识可知,梁式结构在竖向荷载作用下,支承处仅产生竖向支承反力,而拱式结构在竖向荷载作用下,支承处不仅产生竖向反力,而且还产生水平推力。由于这个水平推力的存在,拱的弯矩将比相同跨径的梁的弯矩小得多,而使整个拱主要承受压力。这样,拱桥不仅可以利用钢、钢筋混凝土等材料来修筑,而且还可以根据拱的这个受力特点,充分利用抗压性能较好而抗拉性能较差的圬工材料(料石、混凝土等)来修建。

(1)拱桥的主要优点:

①跨越能力较大。

②能充分做到就地取材,与钢桥和钢筋混凝土梁式桥相比,可以节省大量的钢材和水泥。

③耐久性好,养护费用少。

④外形美观。

⑤构造较简单,尤其是圬工拱桥,技术容易掌握,有利于广泛采用。

(2)拱桥的主要缺点:

①自重较大,相应的水平推力也较大,增加了下部结构的工程量,当采用无铰拱时,对地基条件要求较高。

②拱桥尤其是圬工拱桥,一般都采用在支架上施工的方法修建,随着跨径和桥高的增大,支架或其他辅助设备的费用大大增加,从而增加了拱桥的施工难度,提高了拱桥的总造价。

③由于拱桥水平推力较大,在连续多孔的大、中桥梁中,为防止一孔破坏而影响全桥的安全,需要采用较复杂的技术措施,例如设置单向推力墩,也会增加造价。

④与梁式桥相比,上承式拱桥的建筑高度较高,当用于城市立交及平原地区的桥梁时,因桥面高程提高,而使两岸接线工程量增大,既增加造价又对行车不利,因此也使拱桥的使用受到一定的限制。

二、拱桥的组成及主要类型

1. 拱桥的组成

拱桥同梁式桥一样也是由上部结构和下部结构两部分组成。

拱桥的上部结构由拱肋或拱圈(以下统称主拱圈)与拱上建筑两大部分构成。主拱圈是拱桥的主要承重结构,承受主拱上的全部作用,并将其传递给墩台和基础。拱上建筑是主拱圈上的填平部分,它将荷载传递给主拱圈(有时也可分担部分荷载)。对于中、下承式拱桥,拱上建筑包括吊杆与桥面系。

上承式拱桥拱上建筑可做成实腹的或空腹的,相应的称为实腹式拱桥(图 3-1)和空腹式拱桥。

拱圈最高处横向截面称为拱顶;拱圈和墩台连接处的横向截面称为拱脚(或起拱面)。拱圈各横向截面(或换算截面)的形心连线称为拱轴线。拱圈的上曲面称为拱背,下曲面称为拱腹。起拱面与拱腹相交的直线称为起拱线。

一般将矢跨比大于或等于1/5 的拱称为陡拱;矢跨比小于1/5 的拱称为坦拱。

拱桥的下部结构由桥墩、桥台及基础等组成,用以支承桥跨结构,并与两岸路堤相连接。

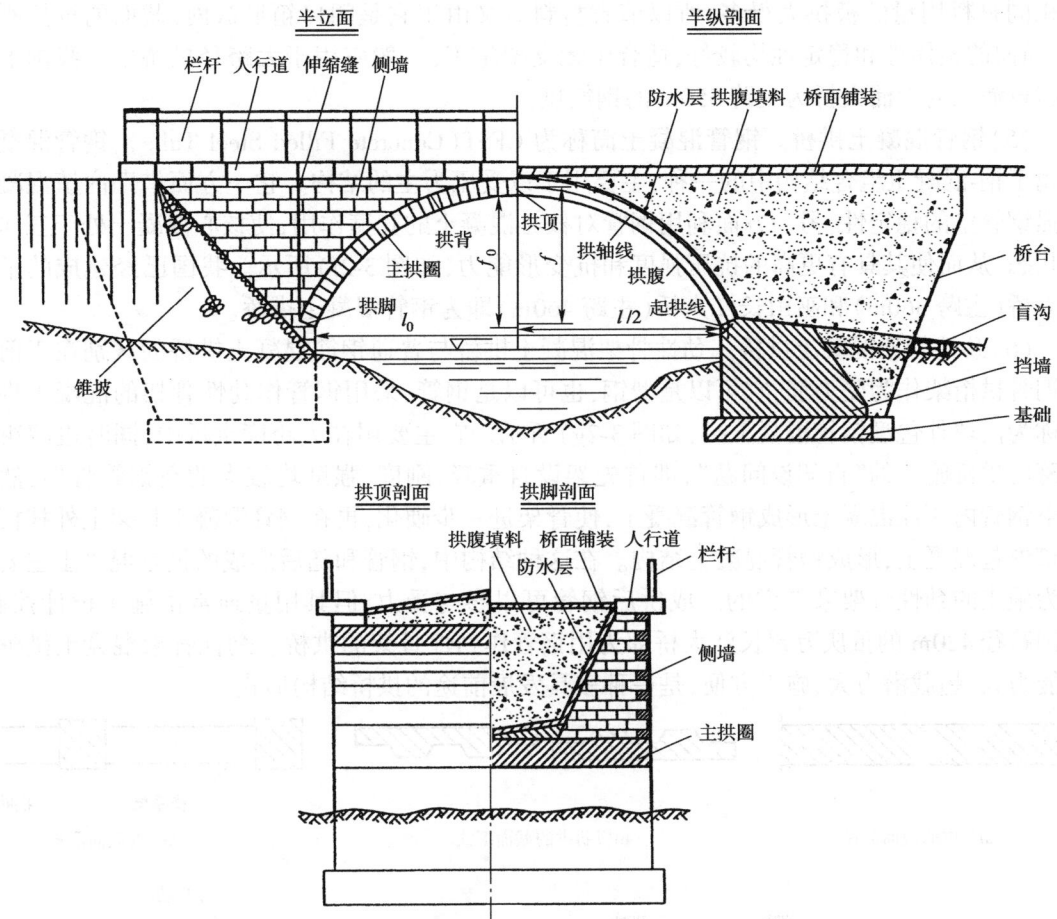

图 3-1　实腹式拱桥

l_0-净跨径；l-计算跨径；f_0-净矢高；f-计算矢高；$f/l(f_0/l_0)$-矢跨比

2.拱桥的主要类型

1)按拱圈截面形式分

按拱圈截面形式,拱桥可分为以下几种类型(图 3-2):

(1)板拱桥。承重结构的主拱圈在整个宽度内砌成矩形,构造简单,施工方便。但从力学性能方面来看,在相同截面情况下,实体矩形截面比其他形式截面的截面抵抗矩小。通常在地基条件较好的中、小跨径拱桥中,可考虑采用板拱桥。

(2)肋拱桥。肋拱桥是在板拱桥的基础上发展形成的,它是将板拱划分成两条或两条以上互相独立的拱肋,肋与肋之间用横系梁连接,这样就可用较小的截面面积获得较大的截面抵抗矩,以节省较多的材料,减轻拱圈本身重力,故一般用于大、中跨径拱桥。

(3)双曲拱桥。双曲拱桥主拱因在纵向和横向均呈曲线形,截面的抵抗矩较相同材料用量的板拱大得多,因此可以节省材料。另外,双曲拱桥还有装配式桥梁的特点,施工中可采用预制拼装,但存在施工工序多、组合截面整体性较差和易开裂等缺点,现已较少采用。

(4)箱形拱桥。箱形拱桥的外形和板拱桥相似。由于截面被挖空,使箱形的截面抵抗矩较相同材料用量的板拱大得多,所以节省材料。又由于它是闭口箱形截面,截面的抗扭刚度大,横向的整体性和稳定性均较好,适合于无支架施工,一般应用于大跨径拱桥中。我国上海跨越黄浦江的卢浦大桥为主跨 550m 的钢箱拱。

(5)钢管混凝土拱桥。钢管混凝土简称为 CFST(Concrete Filled Steel Tube),钢管混凝土拱属于钢-混凝土组合结构中的一种,主要用于以受压为主的结构。它一方面借助内填混凝土增强钢管壁的稳定性,另一方面利用钢管对核心混凝土的套箍作用,使核心混凝土处于三向受压状态,从而使其具有更高的抗压强度和抗变形能力,如图 3-2f) 所示。我国已经建成的丫髻沙大桥(主跨 360m)和巫山长江大桥(主跨 460m)即为钢管混凝土拱桥。

(6)劲性骨架混凝土拱桥。劲性骨架混凝土拱桥与普通钢筋混凝土拱桥的区别在于前者以钢骨拱桁架作为受力筋,它可以是型钢,也可以是钢管,采用钢管作劲性骨架的混凝土拱又可称为内填外包型钢管混凝土拱,如图 3-2g) 所示。它主要用在大跨度拱桥中,同时也解决了大跨度拱桥施工的"自架设问题",即首先架设自重轻,刚度、强度均较大的空钢管骨架,然后在空钢管内压注混凝土形成钢管混凝土,使骨架进一步硬化,再在钢管混凝土骨架上外挂模板浇筑外包混凝土,形成钢管混凝土结构。在这种结构中,钢管和随后形成的钢管混凝土主要是作为施工的劲性骨架来考虑的。成桥后钢管可以参与受力,但其用量通常由施工设计控制。我国跨径 420m 的重庆万州长江大桥即为用钢管作劲性骨架的拱桥。劲性骨架混凝土拱桥跨越能力大、超载潜力大、施工方便,是一种极具发展前途的拱桥结构形式。

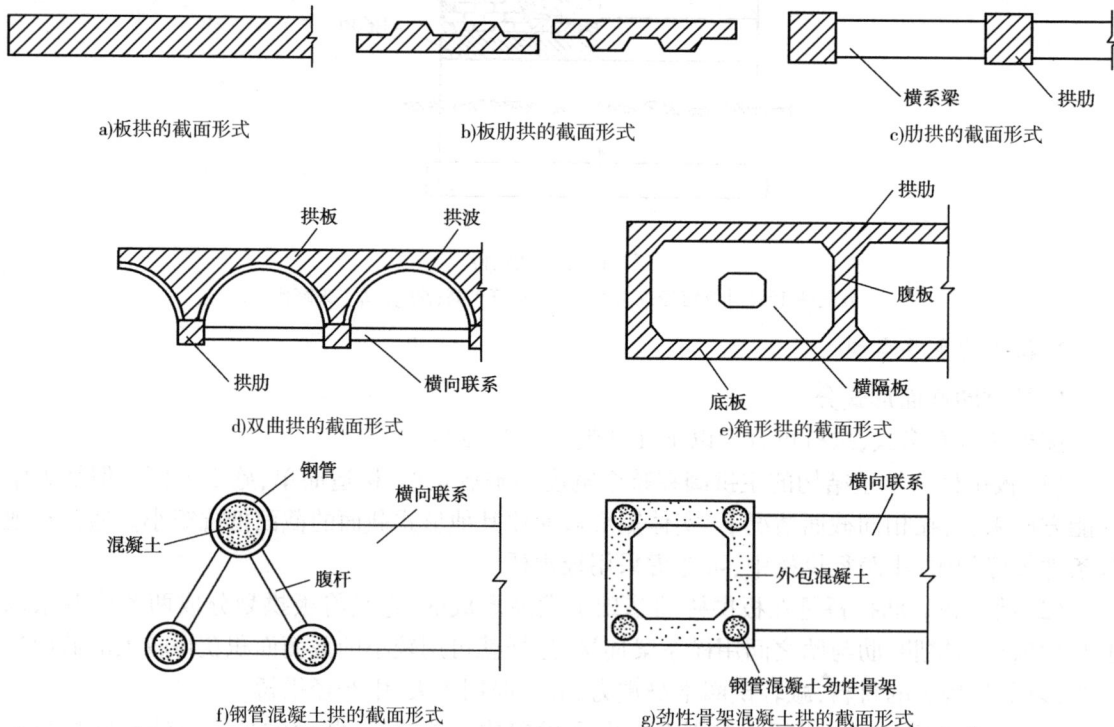

a)板拱的截面形式　　　b)板肋拱的截面形式　　　c)肋拱的截面形式

d)双曲拱的截面形式　　　e)箱形拱的截面形式

f)钢管混凝土拱的截面形式　　　g)劲性骨架混凝土拱的截面形式

图 3-2　各种拱桥的截面形式

2)按建筑材料分

按建筑材料,拱桥可分为圬工拱桥、钢筋混凝土拱桥、钢-混凝土组合拱桥及钢拱桥。

3）按拱上建筑形式分

（1）实腹式拱桥。其构造比较简单,施工方便,但自重较大,常用于跨径小于 20m 的拱桥。

（2）空腹式拱桥。其圬工体积小,桥型美观,但施工工艺较复杂,常用于跨径大于 20m 的拱桥。

4）按主拱圈线形分

按主拱圈线形,拱桥可分为圆弧线拱桥、悬链线拱桥和抛物线拱桥。

5）按主拱圈静力体系分（图 3-3）

（1）三铰拱。三铰拱属于静定结构。温度变化、材料收缩、墩台位移等不会在拱圈内产生附加内力。但由于铰的存在,使其构造复杂,施工困难。因此,主拱圈一般不采用三铰拱,而常用于拱上的腹拱圈。

（2）两铰拱。两铰拱属于一次超静定结构。由于拱顶不设铰,使结构整体刚度较三铰拱大,由温度变化、材料收缩、墩台位移等引起附加内力比无铰拱又小,故可在地基条件较差情况或坦拱中使用。

（3）无铰拱。无铰拱属于三次超静定结构。在自重及外荷载作用下,拱的内力分布比三铰拱好。由于没有设铰,其构造简单,施工方便。但是,温度变化、材料收缩、墩台位移将使拱圈内产生附加内力,所以无铰拱一般适合在地基条件良好的地方修筑。

另外,拱桥按桥面位置可分为上承式拱桥、中承式拱桥和下承式拱桥,如图 3-4 所示。按墩台是否承受水平推力,拱桥可分为有推力拱桥和无推力拱桥。

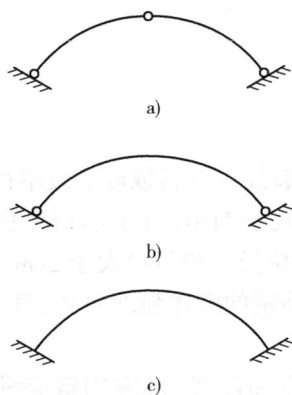

图 3-3　简单体系拱桥

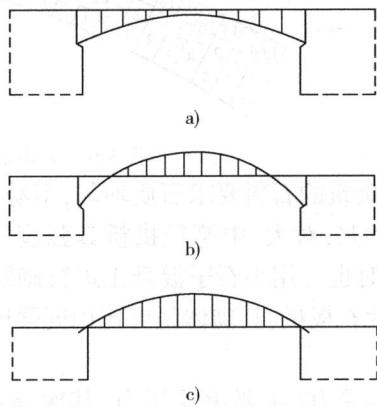

图 3-4　拱桥按桥面位置分类

第二节　拱桥的构造

一、主拱圈的构造

1. 板拱

板拱按材料分为石板拱和混凝土板拱两类。常用的拱轴线有等截面圆弧拱和等截面悬链线拱。

1)石板拱

砌筑石板拱主拱圈的石料主要有粗料石、块石和片石等。用粗料石砌筑拱圈时,拱石需要随拱轴线和截面形式不同而分别进行编号,以便加工。等截面圆弧拱[图3-5a)]的拱石规格少,编号简单;变截面圆弧拱圈[图3-5b)]的拱石类型较多,编号较复杂,施工不便。有的石拱桥也采用等截面或变截面的悬链线作为拱轴线,这时,拱石的编号更为复杂(图3-6)。因此,大多石板拱采用等截面形式。

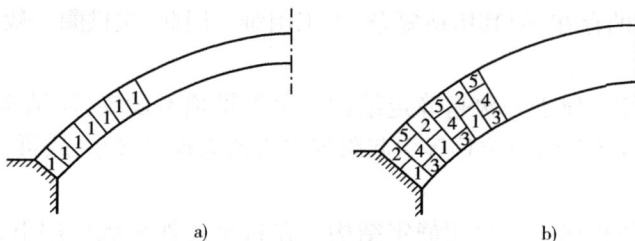

图3-5 等截面圆弧拱的拱石编号

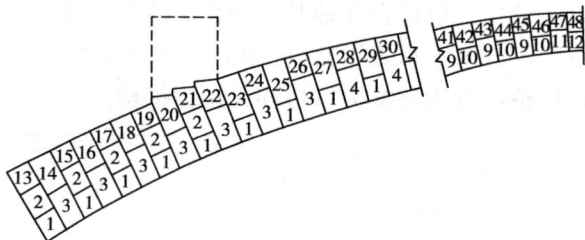

图3-6 变截面拱圈的拱石编号

用于拱圈砌筑的石料要求石质均匀,不易风化和无裂纹。石料强度等级不得低于 MU50;砌筑拱石用的砂浆,对大、中跨径拱桥其强度等级不得低于 M10,对于小跨径拱桥不得低于 M7.5。在必要时也可用小石子混凝土进行砌筑,小石子粒径一般不得大于 2cm。采用小石子混凝土砌筑的片石板拱,其砌体强度比用同强度的水泥砂浆的砌体强度要高,而且可以节约水泥 1/4 ~ 1/3。

根据拱圈的受力(主要承受压力,其次是弯矩)特点和需要,拱圈砌筑应满足下列构造要求:

(1)错缝。对于料石拱,拱石受压面的砌缝应与拱轴线垂直,可以不错缝;当拱圈厚度不大时,可采用单层砌筑[图3-5a)],但其横向砌缝必须错开且不小于10cm;当拱圈厚度较大时,采用多层砌筑,见图3-5b)、图3-6,但其垂直于受压面的顺桥向砌缝[图3-7a)],拱圈横截面内拱石竖向砌缝,见图3-7b)、c),以及各层横向砌缝必须错开且不小于10cm,以免因存在通缝而降低砌体的抗剪强度和削弱其整体性。对于块石拱,应选择较大平面与拱轴线垂直,拱石大头在上、小头在下,砌缝错开且不小于8cm。对于片石拱,拱石较大面与拱轴线垂直,大头在上,砌缝交错。

(2)限制砌缝宽度。拱石砌缝宽度不能太大,因砂浆强度比拱石低得多,缝太宽必将影响砌体强度和整体性。通常,对粗料石拱砌缝宽不大于2cm,对块石拱不大于3cm,对片石拱不大于4cm。采用小石子混凝土砌筑时,块石砌缝宽不大于5cm,片石砌缝宽为 4 ~ 7cm。

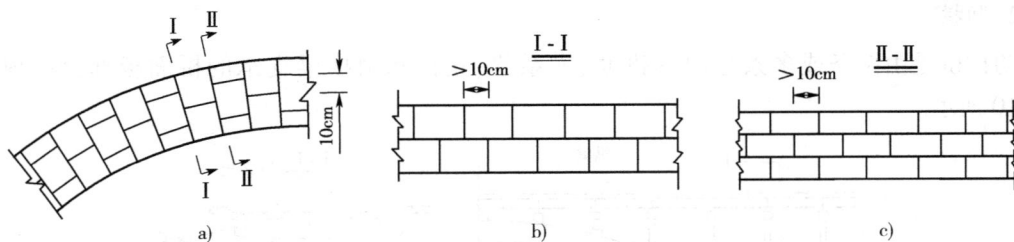

图 3-7　拱石错缝要求

（3）设五角石。拱圈与墩台以及拱圈与空腹式拱上建筑的腹孔墩连接处,应采用特别的五角石[图 3-8a)],以改善该处的受力状况。为避免施工时损坏或被压碎,五角石不得带有锐角。为了简化施工,目前常用现浇混凝土拱座及腹孔墩底梁[图 3-8b)]代替石质五角石。

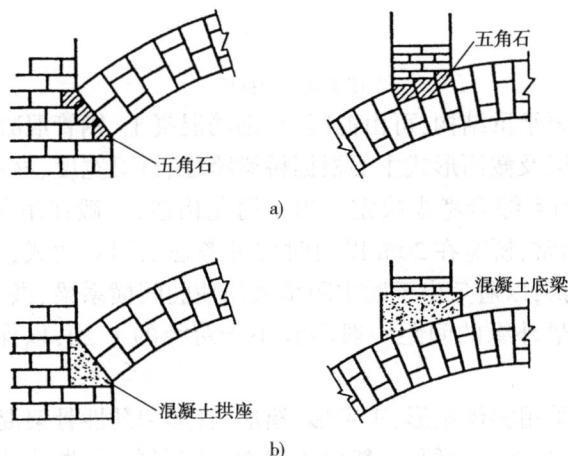

图 3-8　拱圈与墩台及腹孔墩连接

2）混凝土板拱

（1）素混凝土板拱。这类拱桥主要用于缺乏合格天然石料的地区,可以采用整体现浇,也可以预制砌筑。整体现浇混凝土拱圈,拱内收缩应力大,受力不利;同时,拱架、模板木材用量大,工期长,质量不易控制,故较少采用。预制砌筑就是将混凝土板拱划分成若干块件,然后预制混凝土块件,最后将块件砌筑成拱。预制砌块在砌筑前应有足够的养护期,以消除或减少混凝土收缩的影响。

（2）钢筋混凝土板拱。与混凝土板拱相比,这类拱桥可以设计成较小的板厚,其构造简单、外表整齐、轻巧美观,如图 3-9 所示。根据桥宽需要可做成单条整体拱圈或多条平行板（肋）拱圈,施工时可反复利用一套较窄的拱架与模板来完成,大大节省材料。

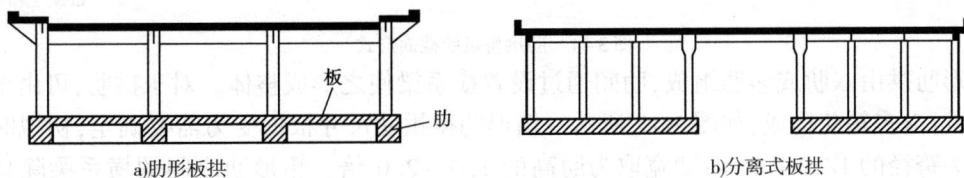

图 3-9　钢筋混凝土板拱的横断面

2. 肋拱

肋拱桥是由两条或多条分离的拱肋、横系梁、立柱和由横梁支承的桥面板部分组成,如图3-10所示。

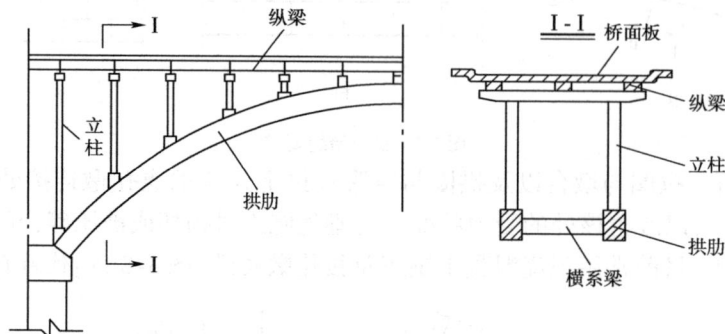

图3-10 肋拱桥

拱肋是肋拱桥的主要承重结构,可由混凝土、钢筋混凝土、钢管混凝土、劲性骨架混凝土做成。拱肋的数目和间距以及截面形式主要根据桥梁跨径、桥梁宽度、材料性能、荷载等级、施工条件、拱上建筑结构等因素综合考虑决定。为了简化构造,一般在吊装能力满足要求的情况下,宜采用少肋形式。通常,桥宽在20m以内时均可考虑采用双肋式;当桥宽在20m以上时,宜采用分离的双幅双肋拱,以避免由于肋中距增大而使肋间横系梁、拱上结构横向跨度与尺寸增大太多。上下游拱肋最外缘的间距一般不宜小于跨径的1/20,以保证肋拱的横向整体稳定性。

拱肋的截面形式常采用实体矩形、工字形、箱形、管形和劲性骨架混凝土箱形等,如图3-11所示。矩形截面构造简单、施工方便,一般仅用于中小跨径的肋拱;其肋高可取跨径的1/40 ~ 1/60,肋宽可为肋高的0.5 ~ 2.0倍。工字形截面,常用于大、中跨径的肋拱桥;其肋高一般为跨径的1/25 ~ 1/35,肋宽为肋高的0.4 ~ 0.5倍,腹板厚度常为30 ~ 50cm。管形肋拱是指采用钢管混凝土结构作为拱肋的拱桥;其肋高与跨径之比一般为1/45 ~ 1/65。当肋拱桥的跨径大、桥面宽时,拱肋还可采用箱形截面,这样可减少更多的圬工体积。

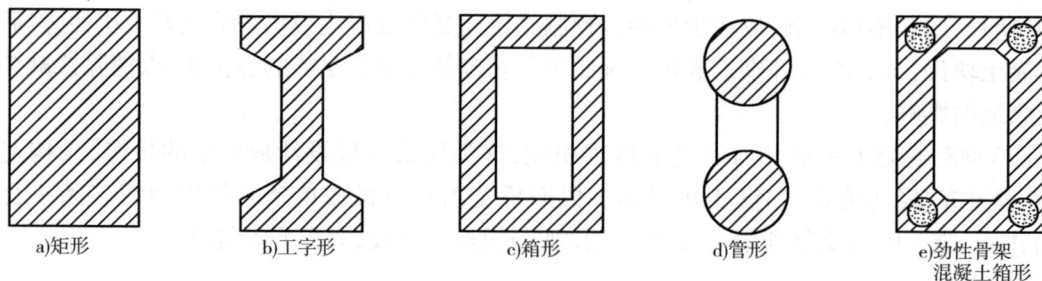

图3-11 肋拱桥拱肋截面形式

箱形肋拱由双肋或多肋组成,肋间通过设置横系梁使之形成整体。对于拱肋,可由单箱肋构成,也可由多箱肋构成,如图3-12所示。箱形肋拱拱肋尺寸根据受力需要确定,初拟时一般肋高取为跨径的1/50 ~ 1/70;肋宽取为肋高的1.0 ~ 2.0倍。箱形肋之间的横系梁除具有增强肋拱横向整体稳定性外,还可起到横向分布荷载的作用,要求具有足够的强度和刚度,并与拱肋固结。肋间横系梁常用钢筋混凝土材料,肋间横系梁有工字形、桁形和箱形三种断面类型。

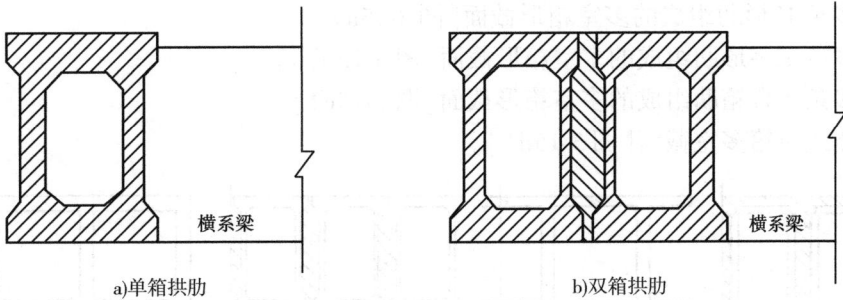

横系梁

a)单箱拱肋

横系梁

b)双箱拱肋

图 3-12　箱肋拱断面形式

箱形肋拱通常采用等截面形式,以方便施工。对于特大跨径的箱形肋拱也可采用受力更为合理的变截面形式。

3.箱形拱

主拱圈截面由一个闭合箱(单室箱)或由几个闭合箱(多室箱)构成的拱称为箱形拱,如图 3-13 所示。

箱形拱有如下几个主要特点:

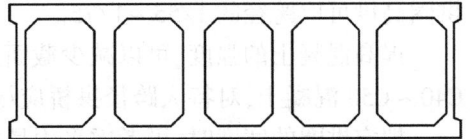

图 3-13　箱形拱拱圈断面示意

(1)截面挖空率大,挖空率可达全截面的 50% ~ 70%。与板拱相比,既可节省大量圬工体积,减轻自重,又可大大提高截面抗弯刚度。

(2)箱形截面的中性轴大致居中,对于抵抗正负弯矩具有几乎相等的能力,能较好适应主拱圈各截面正负弯矩变化的需要。

(3)由于拱圈是闭合空心截面,其抗扭刚度大,拱圈的整体性好,应力分布较均匀。

(4)单条箱肋刚度较大,稳定性较好,能单箱肋成拱,便于无支架吊装。

(5)拱箱制作要求较高,吊装设备较多,主要用于大跨径拱桥。

箱形拱的拱圈每一个闭合箱由箱壁(侧板)、顶板(盖板)、底板及横隔板组成(图 3-14)。

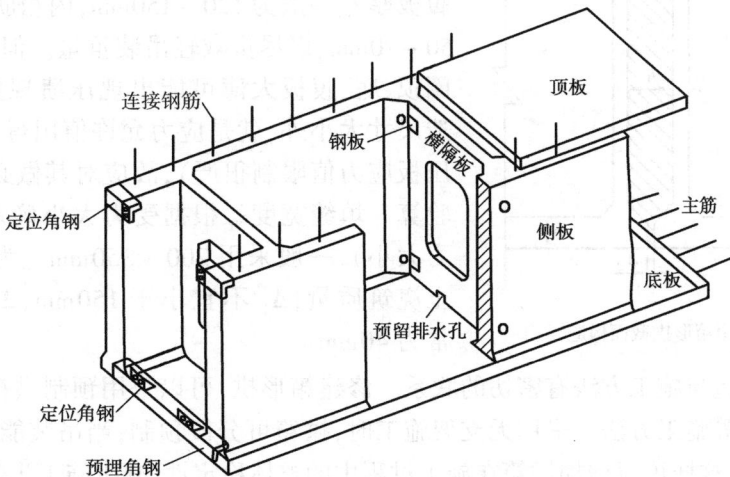

图 3-14　箱形拱闭合箱构造

箱形拱截面的组成形式有以下几种:

(1)由多条 U 形肋组成的多室箱形截面[图 3-15a)]。

(2)由多条工字形肋组成的多室箱形截面[图 3-15b)]。

(3)由多条闭合箱肋组成的多室箱形截面[图 3-15c)]。

(4)整体式单箱多室截面[图 3-15d)]。

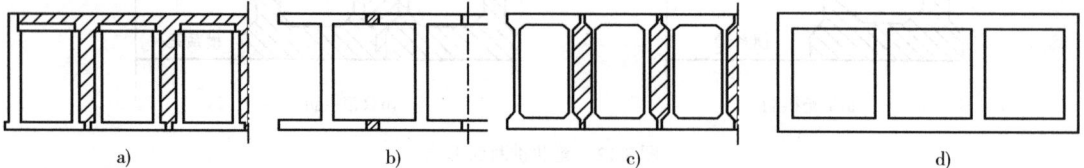

图 3-15 箱形拱截面组成形式

拟定箱形拱截面尺寸,主要包括拱圈的高度、宽度、箱肋的宽度,以及顶底板及腹板尺寸。拱圈的高度主要取决于拱的跨度,还与拱圈所用混凝土强度有很大关系。初拟拱圈的高度时,拱圈高度可取跨径的 1/55 ~ 1/75。

提高混凝土的强度,可以减少截面尺寸,从而减轻拱体本身的自重或加大跨径。目前常用 C40 ~ C50 混凝土,对特大跨径拱桥应尽量采用强度等级更高的混凝土。

拟定拱圈的宽度时,可考虑采用悬挑桥面,减小拱圈宽度,即采用窄拱圈形式。拱圈宽度一般可为桥宽的 1.0 ~ 0.6 倍,桥面悬挑可达到 4.0m,但为保证其横向稳定性,一般希望拱宽不小于跨径的 1/20,但特大跨径拱桥的拱圈宽度常难以满足该条件,只要横向稳定性能得到保证即可。

箱肋是组成预制吊装施工的箱形拱桥的基本构件。拱圈宽度确定后,根据(缆索)吊装能力,在横向划分为几个箱肋,即可确定箱肋的宽度。

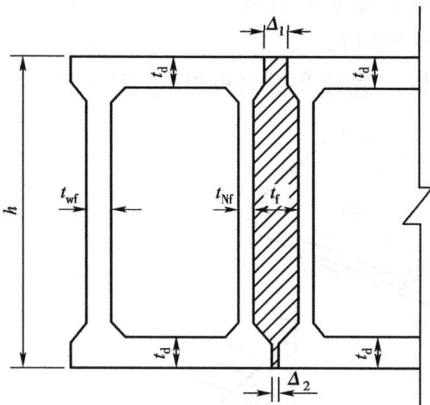

图 3-16 常用箱形拱截面构造

对常用的由多条闭口箱肋组成的箱形拱(图 3-16),其顶底板及腹板各部分尺寸取值,与跨径及荷载大小有关。顶、底板厚度 t_d 一般为 150 ~ 220mm,两外箱肋腹板厚 t_{wf} 一般为 120 ~ 150mm,内箱肋腹板厚 t_{Nf} 常取 50 ~ 70mm,以尽量减轻吊装重量。但需注意的是,拱圈顶、底、腹板太薄可能出现压溃现象,其原因除构造尺寸太小外,就是应力允许值用得太大(国际上对压板应力值限制很严),故应对其做必要的局部应力验算。填缝宽度 t_f 根据受力大小确定(主要考虑轴力大小),一般采用 200 ~ 350mm。为保证填缝混凝土浇筑质量,Δ_1 不宜小于 150mm,Δ_2 为安装缝,通常为 40mm。

箱形拱的构造与施工方法有密切的联系。修建箱形拱,可以采用预制拱箱无支架吊装或有支架现场浇筑等施工方法。采用无支架施工时,拱箱可分段预制,当吊装能力很大时,可以采用封闭式拱箱,这样可以增加拱箱在施工过程中的整体稳定性,减少施工步骤。其具体过程为:在横向将拱截面划分为多条箱形肋,在纵向将箱形肋分段,先预制各箱肋段,然后安装各箱肋段成拱,最后现浇各箱肋间的填缝混凝土形成箱形拱。

4.双曲拱

双曲拱桥主拱圈通常由拱肋、拱波、拱板和横向联系等组成,如图 3-17 所示。双曲拱桥的主要特点是将主拱圈以"化整为零"的方法按先后顺序进行施工,再以"集零为整"的组合式整体结构承重。施工时,先将拱圈划分成拱肋、拱波、拱板及横向联系这 4 个部分,并预制拱肋、拱波和横向联系,即"化整为零";然后吊装钢筋混凝土拱肋成拱并与横向联系构件组成拱形框架,在拱肋间安装拱波,随后浇筑拱板混凝土,形成主拱圈,即"集零为整"。双曲拱桥是 20世纪 60 年代中期我国江苏省无锡县的建桥职工首创的一种新桥型,当时的主要目的是减轻吊装重量。

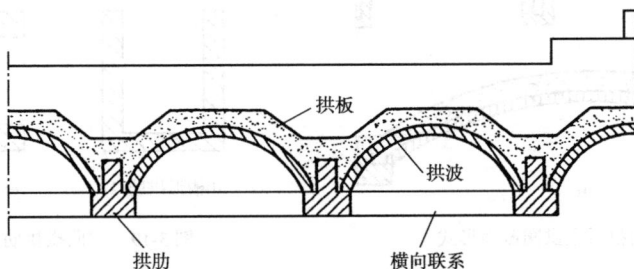

图 3-17 双曲拱桥主拱圈横断面

由于拱圈是由拱肋、拱波、拱板组成的组合截面,截面整体性差,不少双曲拱桥在使用中出现较严重的裂缝,影响了双曲拱桥的推广应用。因此,确保主拱圈的整体性是一个非常重要的问题,必须在设计、施工中从各方面采取措施以加强其整体性。

双曲拱桥主拱圈截面,根据桥梁的跨径、宽度、设计荷载的大小、材料类型和施工工艺等各种情况,可以采用不同的形式(图 3-18)。采用最多的是多拱肋、多拱波的截面形式,见图 3-18a)、b)、c)。一般肋间距不宜过小,以免限制拱波的矢高,减小拱圈的截面刚度,但同时肋间距受吊装机械控制又不宜过大,以免拱肋数量少而过分加大拱肋截面尺寸,增加吊装重量,给施工带来不便。在小跨径的双曲拱桥中,还可采用单波的形式[图 3-18d)]。

拱肋是双曲拱桥主拱圈的骨架,它不仅参与拱圈共同承受全部永久和可变荷载,而且在施工过程中,又要起砌筑拱波和浇筑拱板的支架作用;当拱波、拱板完成后,拱肋成为主拱圈的重要组成部分。因此,拱肋的设计,必须保证具有足够的强度和刚度。特别是采用无支架施工的双曲拱桥,除应满足吊装阶段的强度和纵横向稳定性要求以外,还需满足截面在组合过程中各阶段荷载作用下的强度和稳定性要求。

常用的拱肋截面形式有矩形、倒 T 形(凸形)、槽形和工字形等(图 3-19)。一般根据跨径大小、受力性能、施工难易等条件综合选择合理的截面形式,要求所选拱肋截面有利于增强主拱圈的整体性,制作简单且能保证施工安全。

拱肋一般为钢筋混凝土构件,常采用预制安装的方法施工。预制的拱肋长度如果太大,不便于预制、运输和吊装,则常常分成几段。分段数目和长度应根据桥梁跨径大小、运输设备和吊装能力等条件来考虑。由于拱顶往往是受力最不利的截面,因此拱肋分段时接头不宜布置在拱顶。接头宜设置在拱肋自重作用下弯矩最小的地方,一般在跨径的 0.3 倍附近。当跨径超过 80m 时,可以分为 5 段。

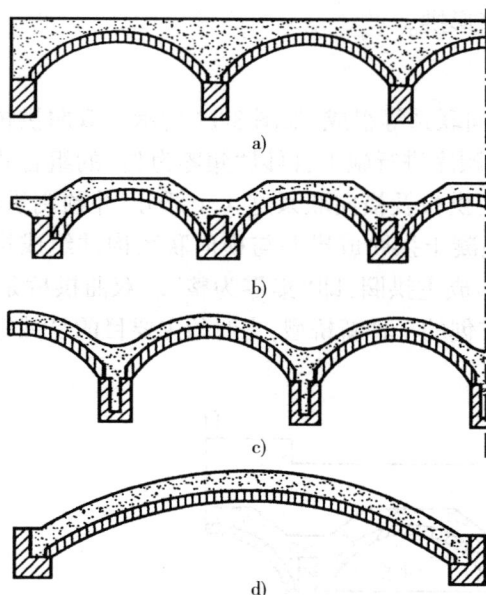

图3-18　双曲拱桥主拱圈截面形式

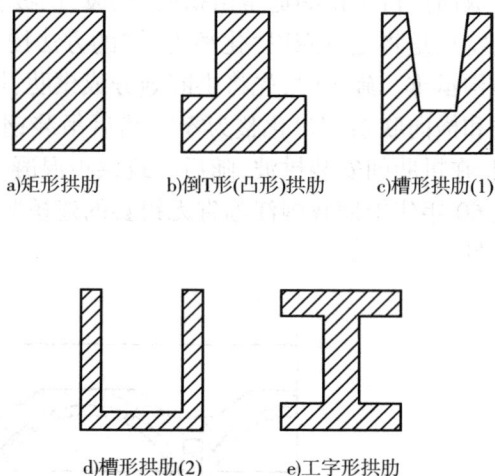

图3-19　双曲拱拱肋截面形式

拱波一般采用混凝土预制,常做成圆弧形,矢跨比为1/3~1/5。拱波跨度由拱肋间距确定,以1.3~2.0m为宜,单波截面以3~5m为宜。拱波厚一般为60~80mm,宽度为300~500mm。拱波不仅是参与主拱圈共同承受荷载的组成部分,而且在浇筑拱板混凝土时,它又起模板的作用。

拱板在拱圈截面占有最大比重,而且现浇混凝土拱板又将拱肋、拱波连成整体,使拱圈能实现"集零为整"。因此,拱板在加强拱圈整体性方面起着重要的作用。

双曲拱桥主拱圈截面高度一般为跨径的1/40~1/55,跨径大者取小值。

为使拱肋的变形在横桥方向均匀,避免拱顶出现纵向裂缝,需在拱肋间设置横向联系。常用的形式有横系梁和横隔板,通常布置在拱顶、腹孔墩下面、分段吊装的拱肋接头处等,间距一般为3~5m,拱顶部分可适当加密。

主拱圈设置横向联系,可以大大加强主拱圈的整体性,使主拱圈在可变荷载作用下受力较均匀,避免拱波顶出现纵向裂缝。同时,在无支架施工中,可以利用横向联系将几根拱肋在横向连成整体,形成一个拱形框架,加强拱肋的横向刚度,保持拱肋的横向稳定。

二、拱上建筑的构造

拱上建筑按形式可以分为实腹式拱上建筑和空腹式拱上建筑两类。

1. 实腹式拱上建筑

实腹式拱上建筑构造简单、施工方便,但填料数量多、永久荷载重,所以,一般用于小跨径的拱桥。

实腹式拱上建筑由拱腹填料、侧墙、护拱、变形缝、防水层、泄水管和桥面系等部分组成。实腹式拱桥构造如图3-20所示。

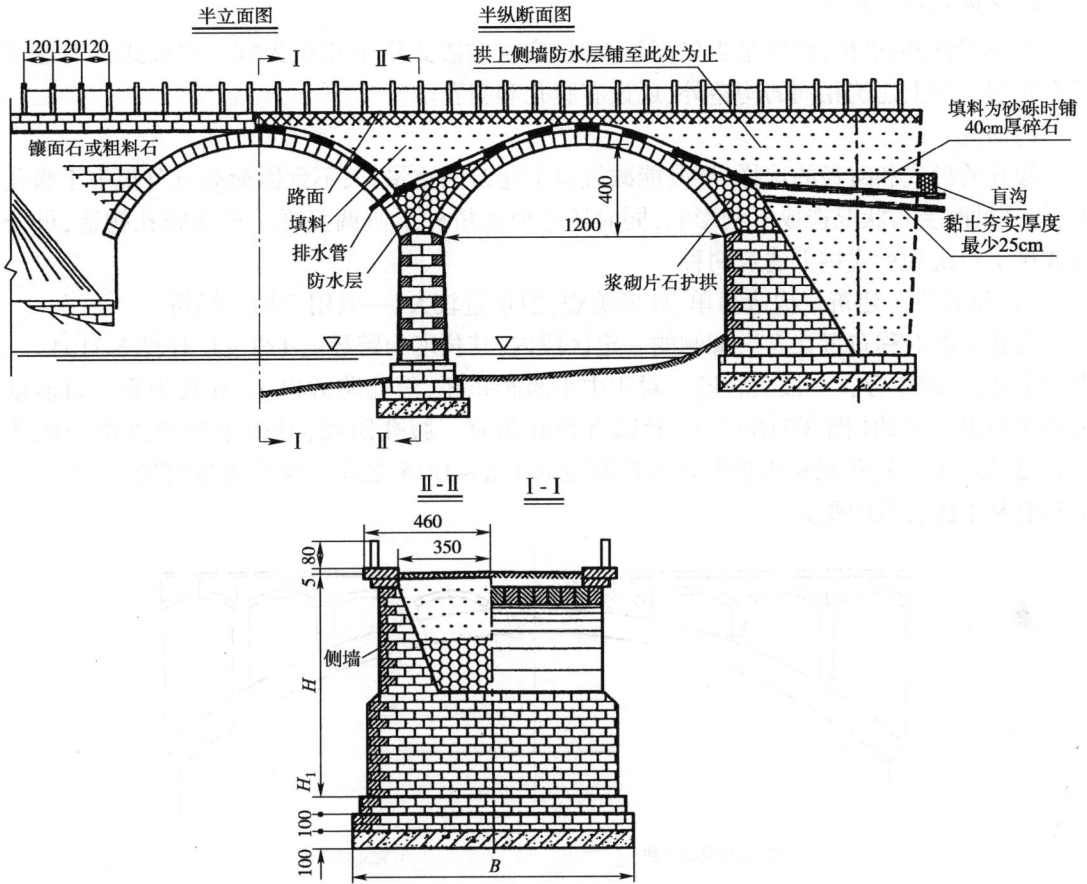

图 3-20 实腹式拱桥构造(尺寸单位:cm)

拱腹填料可采用填充和砌筑两种方式。填充用的材料尽量做到就地取材,通常采用砾石、碎石、粗砂或卵石夹黏土并加以夯实。这些材料的透水性较好,成本较低,对侧墙的水平土压力较小。在地质条件较差的地区,为了减轻拱上建筑的重量,还可采用其他轻质材料(如炉渣与黏土的混合物等)作填料。当散粒材料不易取得时,可改用砌筑的方式,即可用干砌圬工或浇筑贫混凝土作为拱腹填料。

为了围护拱腹上的散粒填料,必须在主拱圈的两侧砌筑侧墙。侧墙将受到拱腹填料的水平土压力和桥面上可变荷载产生的侧压力作用,必须按挡土墙验算其截面强度。通常,侧墙顶面厚度取 0.5~0.7m,向下逐渐增厚,侧墙与拱背相交处的厚度可以采用该处侧墙高度的 0.4 倍。侧墙一般用块石、片石砌筑。为了美观需要,可用粗料石或其他镶面材料镶面。对于主拱圈为混凝土或钢筋混凝土的板拱,也可以采用钢筋混凝土护壁式侧墙。此种侧墙,可以和主拱圈整体浇筑在一起,其内按计算配置的竖向受力钢筋将锚伸到拱圈内。当拱腹填料采用砌筑式时,可不设侧墙,而仅将外露表面用砂浆饰面或设置镶面。

实腹式拱桥往往在拱脚段用块、片石砌筑护拱,以加强拱脚段的拱圈。同时在多孔拱桥中设置护拱,还便于设置防水层和泄水管。

2. 空腹式拱上建筑

大、中跨径的拱桥,特别是当矢高较大时,应以空腹式拱上建筑为宜。空腹式拱上建筑除具有实腹式拱上建筑相同的构造外,还设有腹孔和腹孔墩。

1)腹孔

腹孔的形式和跨径的选择,要既能减轻拱上建筑的重量,又不致因荷载过分集中于腹孔墩处,给主拱圈受力状况造成不利影响,同时还要使拱桥外形协调美观。根据腹孔构造,可分为拱式拱上建筑和梁式拱上建筑两种。

(1)拱式拱上建筑。构造简单、外形美观,但重量较大,一般用于圬工拱桥。

腹孔一般对称布置在靠拱脚侧的一定区段内,其长度为跨径的1/3～1/4[图3-21a)]。此类拱上建筑,跨中存在一段实腹段。对于中小跨径拱桥,腹孔跨数以3～6孔为宜。目前也有采用全空腹形式的[图3-21b)],一般以奇数孔为宜。腹孔跨径,对中小跨径拱桥一般选用2.5～5.5m,对大跨径拱桥则控制在主拱跨径的1/8～1/15之间。腹孔构造宜统一,以便于施工和有利于腹孔墩的受力。

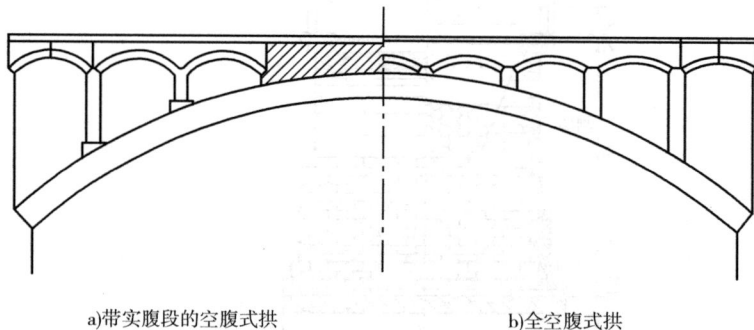

a)带实腹段的空腹式拱　　　　　　　　　　b)全空腹式拱

图3-21　拱式拱上建筑

(2)梁式拱上建筑。可减轻拱上重量,降低拱轴系数(使拱上建筑的永久荷载分布接近于均布荷载),改善拱圈在施工过程中的受力状况,获得更好的经济效果。腹孔的布置与上述拱式拱上建筑的腹拱布置要求基本相同。

梁式腹孔结构有简支、连续和框架等多种形式。

①简支腹孔(纵铺桥道板梁),见图3-22a)、b)。简支腹孔由底梁(座)、立柱、盖梁和纵向简支桥道板(梁)组成。这种形式的结构体系简单,基本上不存在拱与拱上结构的联合作用,受力明确,是大跨径拱桥拱上建筑主要采用的形式。

腹孔布置的范围及实腹段的构造与拱式腹拱相同[图3-22a)]。由于拱顶段上面全部被覆盖,空腹段和实腹段拱上荷载差异较大。目前,大跨径拱桥的梁式拱上建筑一般都取消拱顶实腹段,而采用全空腹式拱上建筑[图3-22b)]。

全空腹式腹孔数宜采用奇数,避免拱顶设有立柱,使拱顶受力不利。通常先确定两拱脚的立柱位置,然后将其间距除以某个奇数后,即可确定各立柱位置和腹孔跨径,若得出的腹孔跨径不恰当,可调整孔数以满足受力需要。

②连续腹孔(横铺桥道板梁)[图3-22c)]。连续腹孔由立柱、纵梁、实腹段垫墙及桥道板组成。先在拱上立柱上设置连续纵梁,然后在纵梁上和拱顶段垫墙上铺设横向桥道板,形成

拱上传载结构,这种形式主要用于肋拱桥。其特点是桥面板横置,拱顶上只有一个板厚(含垫墙)及桥面铺装厚,建筑高度较小,适合于建筑高度受限制的拱桥。

③框架式腹孔[图3-22d)]。框架式腹孔在横桥向根据需要需设置多片,每片通过横系梁形成整体。

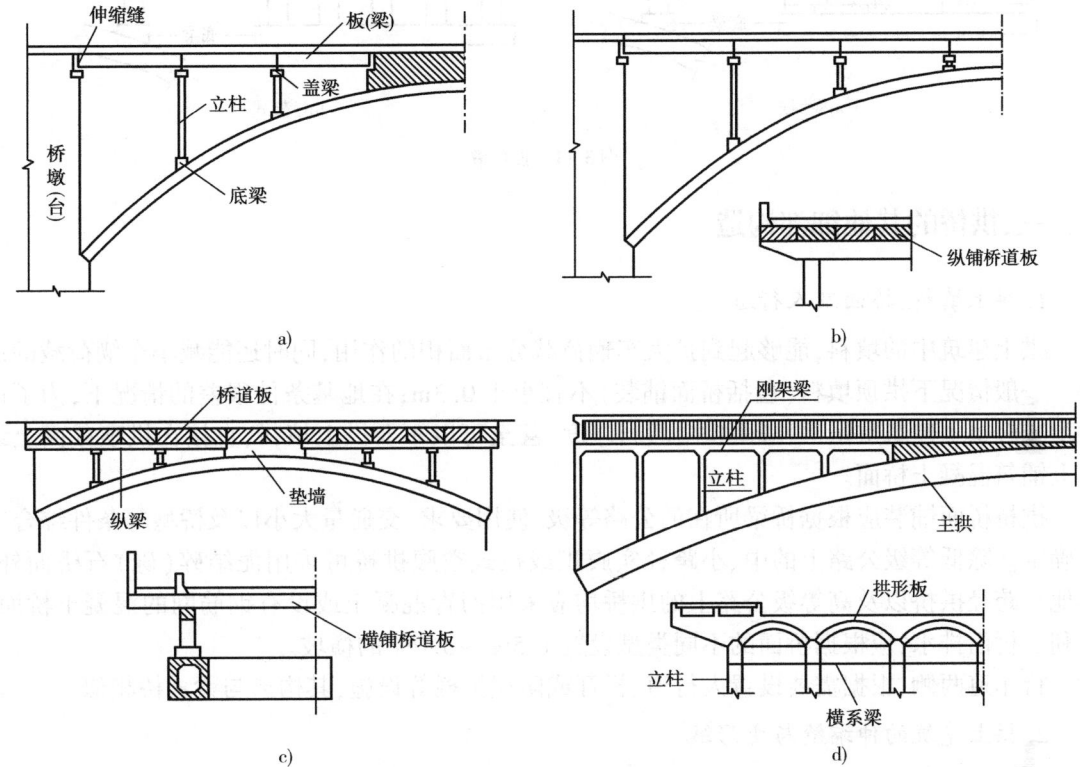

图3-22 梁式拱上建筑

2)腹孔墩

腹孔墩可分为横墙式或排架式两种。

(1)横墙式腹孔墩[图3-23a)]。其采用横墙式墩身,一般用圬工材料砌筑或现浇混凝土形成,施工简便。为了便于维修、减轻重量,可在横向挖一个或几个孔。横墙式腹孔墩,自重较大,但节省钢材,多用于圬工拱桥中。腹孔墩的厚度,用浆砌片、块石时,不宜小于0.60m;用混凝土浇筑时,一般应大于腹拱圈厚度的1倍。底梁能使横墙传下来的压力较均匀地分布到主拱圈全宽上,其每边尺寸较横墙宽50mm,其高度则以使较矮一侧为50~100mm的原则来确定,底梁常采用素混凝土结构。墩帽宽度宜大于墙宽50mm,也可采用素混凝土。

(2)排架式腹孔墩[图3-23b)]。其是由立柱和盖梁组成的钢筋混凝土排架结构。为了使立柱传递给主拱圈的压力不致过分集中,通常在立柱下面设置底梁。立柱和盖梁常采用矩形截面。截面尺寸及钢筋配置除了满足结构受力需要外,还应考虑和拱桥的外形及构造相协调。腹孔墩的侧面一般做成竖直状,以方便施工。

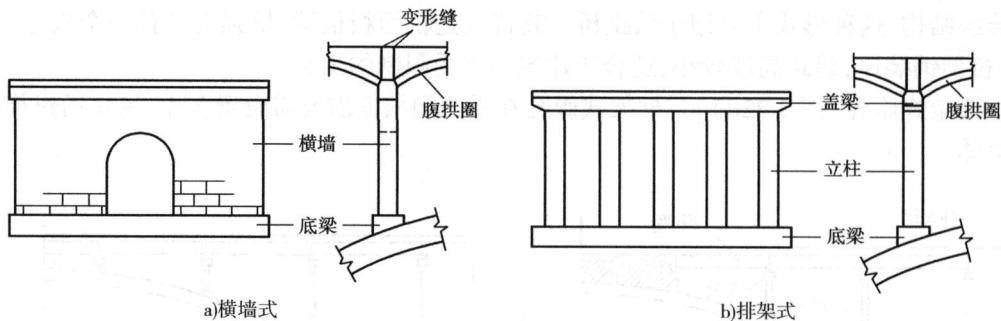

a)横墙式　　　　　　　　　　　　　　b)排架式

图 3-23　腹孔墩

三、拱桥的其他细部构造

1. 拱上填料、桥面及人行道

拱上建筑中的填料,能够起到扩大车辆荷载分布面积的作用,同时还能减小车辆荷载的冲击。一般情况下拱顶填料(包括桥面铺装)不宜小于0.3m;在地基条件很差的情况下,为了进一步减轻拱上建筑重量,可减薄拱上填料厚度,甚至可以不要拱上填料,直接在拱顶截面上缘以上铺筑混凝土桥面。

拱桥桥面铺装应根据桥梁所在的公路等级、使用要求、交通量大小以及桥型等条件综合考虑确定。除低等级公路上的中、小跨径实腹拱或拱式空腹拱桥可采用泥结碎(砾)石桥面外,其他大跨径拱桥以及高等级公路上的拱桥均应采用沥青混凝土或设有钢筋网的混凝土桥面。为利于桥面排水,应根据桥面的不同类型设置1.5%~3.0%的横坡。

行车道两侧,根据需要设置人行道、栏杆或防撞护栏等设施,其构造与梁式桥相似。

2. 拱上建筑的伸缩缝与变形缝

在荷载作用、材料收缩及温度变化等因素的影响下,主拱圈(拱肋)将下降或上升,拱上建筑也将随之变形。如果拱上建筑与桥墩、台整体相连,则拱上建筑受桥墩(台)的约束不能自由变形,从而在拱上建筑的顶部产生拉应力而开裂。为了避免这种不良影响,应该用断缝将拱上建筑和桥墩(台)分开,这种断缝称为伸缩缝(一般缝宽20~30mm)。伸缩缝的布置应周密考虑,一般在跨度较小的实腹式拱桥,可仅在两拱脚的上方设置,并需在横桥方向贯通全桥及侧墙的高度,目前多将伸缩缝做成直线形[图3-24a)],以使构造简单,施工方便;对于空腹式拱桥,若采用拱式腹孔,一般将紧靠墩(台)的第一个腹拱圈做成三铰拱,并在靠墩(台)的拱铰上方的侧墙上,也相应设置伸缩缝,在其余两铰上方侧墙,可设变形缝(只断开,没有缝宽)[图3-24b)]。

在大跨径拱桥中,根据温度变化情况和跨径长度,必要时还需要将靠近拱顶的腹拱圈或其他腹拱做成两铰拱或三铰拱。拱铰上面的侧墙也需要相应地设置变形缝,以便使拱上建筑更好地适应主拱圈的变形。

对于梁式或板式拱上结构,宜在主拱圈的拱脚上设置腹孔墩或采取其他措施与桥墩(台)设缝分开,梁或板与腹孔墩的支承连接宜采用铰接,以适应主拱圈的变形。

人行道、栏杆、缘石等防护设施以及混凝土桥面在腹拱背的上方或侧墙有变形缝处,均应设置贯通全桥宽度的伸缩缝或变形缝,以适应主拱圈的变形,其构造形式可参照梁桥选用。

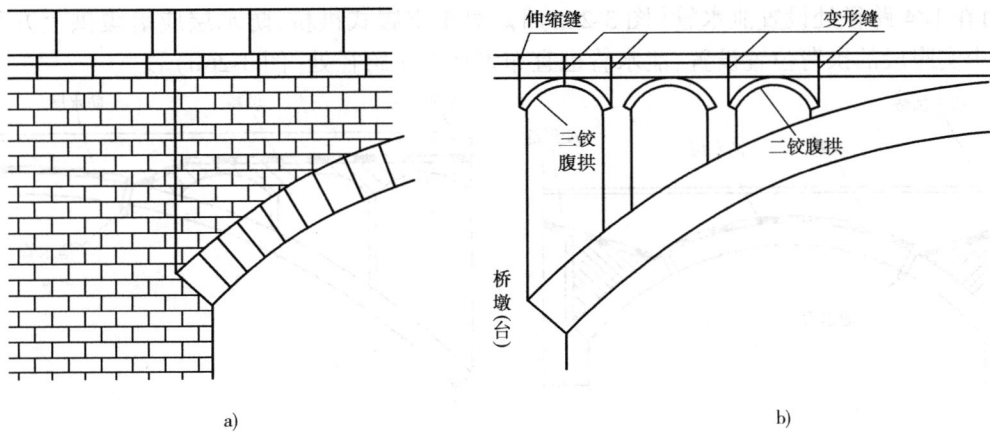

图 3-24　拱桥伸缩缝及变形缝布置

3. 排水及防水层

对于拱桥,不仅要求将桥面雨水及时排除,而且要求将透过桥面铺装渗入拱腹内的雨水也能及时排出。

对于排除桥面雨水的构造情况,如图 3-25 所示。

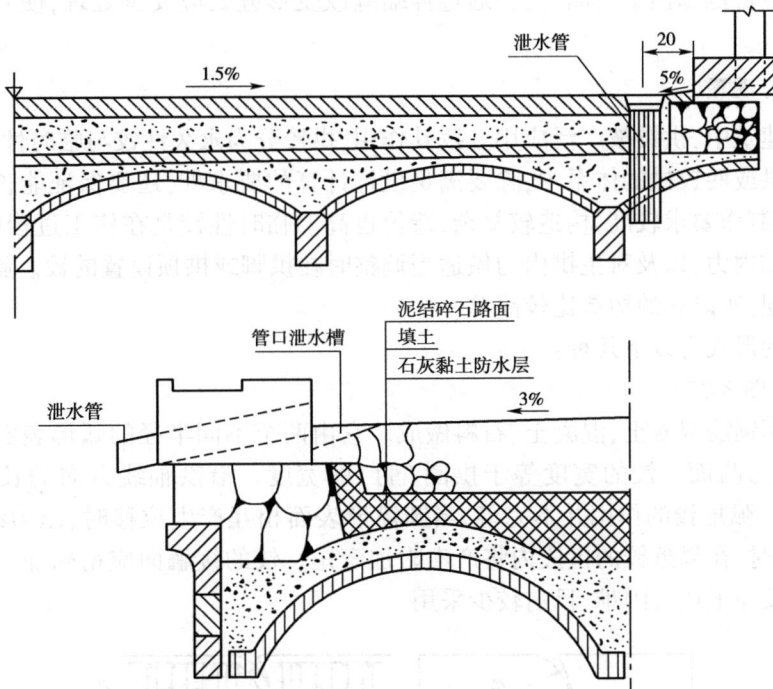

图 3-25　拱桥桥面排水装置

透过桥面铺装渗入拱腹内的雨水,应由防水层汇集于预埋在拱腹内的泄水管排出,防水层和泄水管的敷设方式,与上部结构的形式有关。

实腹式拱桥,防水层应沿拱背、护拱、侧墙铺设。如果是单孔或多孔拱桥靠近桥台的半拱,可以不设泄水管,积水沿防水层流至两个桥台后面的盲沟,然后沿盲沟排出路堤。如果是多孔拱桥,可在 1/4 跨径处设置泄水管[图 3-26a)]。对于空腹式拱桥,防水层应沿腹拱上方和主拱圈跨中实腹段的拱背位置设置,泄水管也宜布置在 1/4 跨径处[图 3-26b)]。

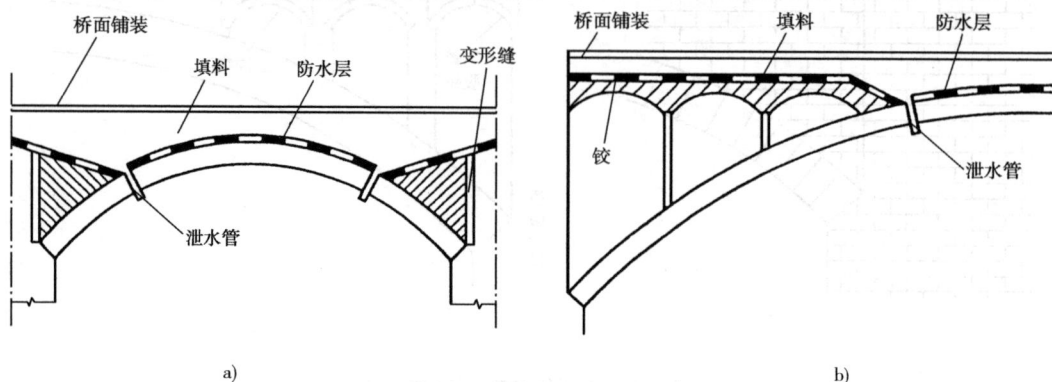

图 3-26 防水层与拱腹泄水管布置

泄水管可以采用铸铁管、混凝土管、陶瓷(瓦)管及塑料管等。泄水管的内径,一般为 60 ~ 100mm。在严寒地区需适当加大(但不宜大于 150mm)。泄水管应伸出结构表面 50 ~ 100mm,以免雨水顺着结构物的表面流下。为了便于泄水,泄水管尽可能采用直管,并减小管节的长度。

防水层在全桥范围内不宜断开,当通过伸缩缝或变形缝处应妥善处理,使其既能防水,又可以适应变形。

4.拱中铰的设置

在拱桥的建筑中,拱铰被广泛应用。按其作用,拱铰分为永久性铰与临时性铰两类。永久性铰用于三铰拱或两铰拱的体系中,除要满足设计计算的要求外,还要保证能长期正常使用。因此,永久性铰制作要求较高,构造较复杂,造价也高。临时性铰是在施工过程中为消除或减小主拱部分附加内力,以及对主拱内力做适当调整时在拱脚或拱顶设置的铰。施工结束时,临时性铰将被封固,所以它的构造比较简单。

常用拱铰的形式有以下几种:

1)弧形铰(图 3-27)

弧形铰可用钢筋混凝土、混凝土、石料做成。它由两个不同半径的弧形表面块件合成,一个为凹面,一个为凸面。铰的宽度等于拱圈(肋)的宽度。沿拱轴线方向的长度,取拱厚的 1.15 ~ 1.20 倍。弧形铰的作用并不完善,当圆筒形表面相互产生位移时,压力线的作用点可能偏离很多,此时,在靠近铰的拱段内将产生附加弯矩。铰的接触面应精确加工,以保证紧密接合。由于石铰加工比较困难,目前较少采用。

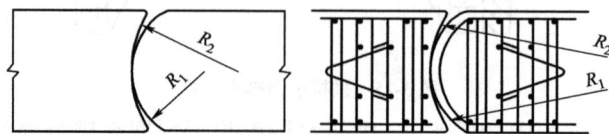

图 3-27 弧形铰

2)铅垫铰(图 3-28)

铅垫铰是用厚度 15 ~ 20mm 的铅垫板,外部包以锌、铜(10 ~ 20mm)薄片做成。故板宽度为拱圈高度的 1/4～1/3。铅垫铰是利用铅的塑性变形,铅垫板可以容许支承截面自由转动来实现铰的功能。同时,为了使压力正对中心,并且能承受剪力,铅垫铰设置了穿过垫板中心而又不妨碍铰转动的锚杆。为承受局部压力,在墩台帽内以及邻近铰的拱段,需用螺旋钢筋或钢筋网加强。

3) 平铰和不完全铰

对于空腹式拱上建筑的腹拱圈,由于跨径较小,可以用构造简单的平铰。平铰是平面相接,直接抵承。平铰的接缝间可用低强度等级的砂浆砌筑,也可垫衬油毛毡或直接干砌接头(图 3-29)。

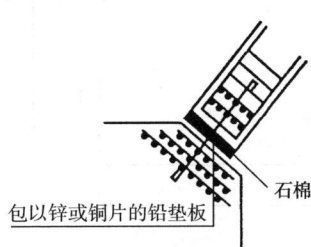

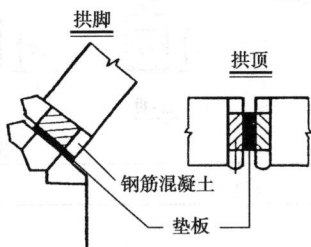

图 3-28　铅垫铰　　　　　　　　　　　　　　　图 3-29　平铰

对于跨径不大(如腹拱圈)或在轻型的结构物中(如人行桥),可以采用不完全铰,见图 3-30a)、b)、c)。由于拱的截面急剧变窄,保证了支承截面处的转动而起到铰的作用。在变窄的截面内,由于受压不均匀,因此将产生很大的应力。径缩部分可能开裂,有时需配以斜钢筋。

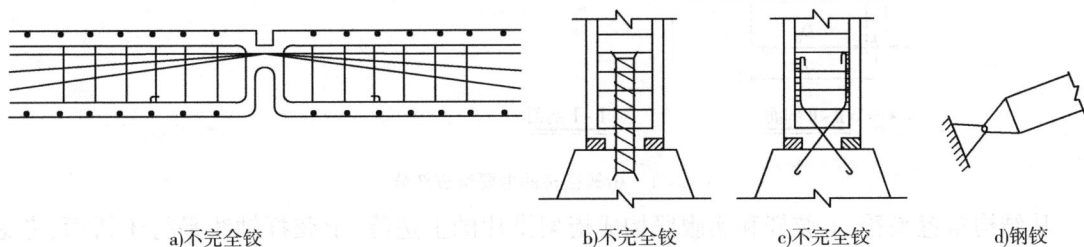

a)不完全铰　　　　　　　b)不完全铰　　　　　c)不完全铰　　　　　d)钢铰

图 3-30　其他类型铰

除以上几种常见拱铰外,在大跨径桥中还可采用钢铰[图 3-30d)]。钢铰可以做成圆柱形有销轴或没有销轴的形式,多用于施工需要的临时铰。

四、其他类型拱桥构造

1. 桁架拱桥

桁架拱桥也称为拱形桁架桥,其上部结构由桁架拱片、横向连接系和桥面组成。桁架拱片是主要承重结构,由上、下弦杆、腹杆和实腹段组成,其立面布置如图 3-31 所示。

桁架拱片在施工期间单独受力,在竣工后与桥面板共同受力。其中,下弦杆为拱形,上弦杆一般与桥道结构组合成一整体而共同工作。在跨中部分,因上、下弦杆很靠近而做成实腹段。桁架拱在荷载作用下具有水平推力,使跨中实腹段在恒载作用下跨间弯矩减小,主要承受轴向压力,在活载作用下既承受弯矩又承受轴向力,属于偏心受压构件,即具有拱的受力特点。同时,由于它相当于把普通型上承式拱的传力构件(拱上结构)与拱肋连成整体,拱与拱上结构共同受力,各杆件主要承受轴力,所以又具有桁架的受力特点;由于它兼备了两者的有利因素,故能充分发挥材料的受力性能。

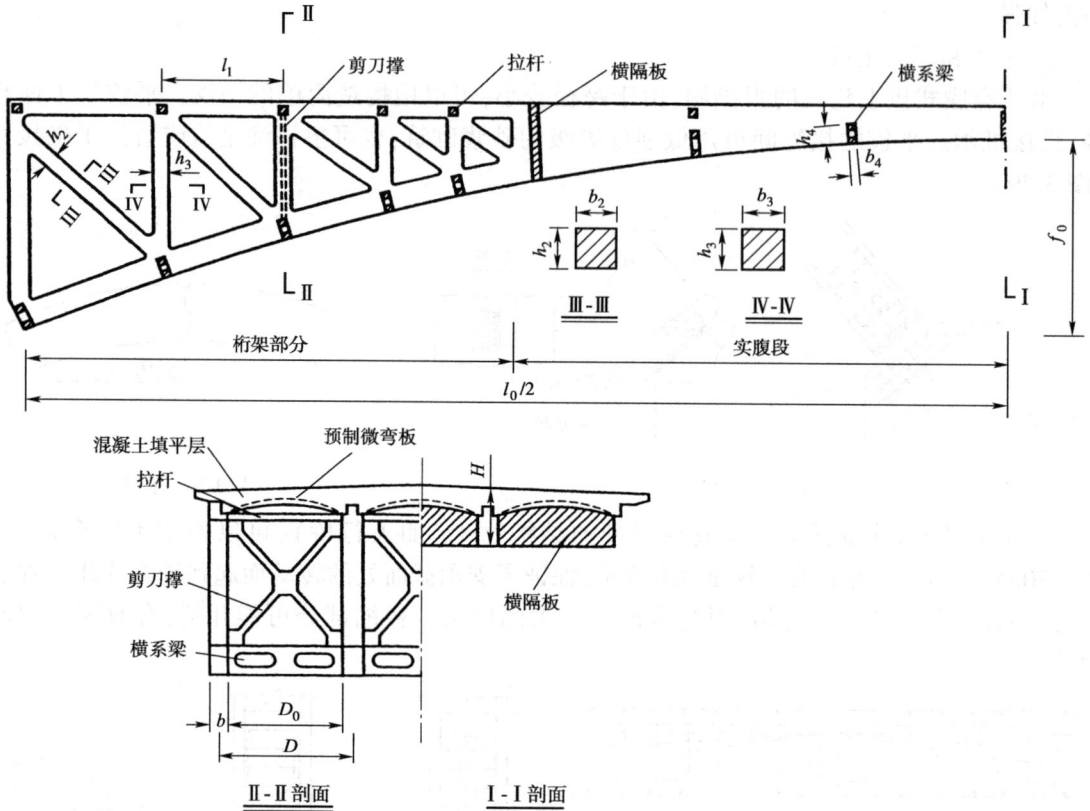

图 3-31　桁架拱桥的主要组成部分

从结构布置来看,上弦杆和实腹段构成桁架拱片的上边缘,上弦杆轴线平行于桥面,考虑到桥面板参与受力,上弦杆和实腹段轴线应是包括桥面板在内的截面重心之连线。下弦杆相当于桁架拱的拱肋,为主要受压构件;下弦杆的轴线可以采用圆弧线、抛物线和悬链线等,腹杆内力与桁架拱下弦杆轴线有关,下弦杆的合理轴线应是在恒载作用下能使斜杆的拉应力为零或限制在容许范围内的轴线。对于实腹段则希望采用曲率较大的轴线,以减小荷载作用下拱顶的弯矩。一般情况下,不存在既满足桁架部分,也满足实腹段的单一曲线。为使全拱底曲线连续,通常采用抛物线,使之与两部分的合理曲线均较接近。

2. 刚架拱桥

刚架拱桥的上部结构由刚架拱片、横向连接系和桥面系等部分组成(图 3-32)。

刚架拱片是刚架拱桥的主要承重结构,一般由跨中实腹段的主梁、空腹段的次梁、主拱腿(主斜撑)、次拱腿(次斜撑)等构成,与桥面板一起形成刚架拱的主拱。主梁和主拱腿的交接处称为主节点,次梁和次拱腿的交接处称为次节点。节点构造一般均按固结设计,并配置钢筋,主拱腿和次拱腿的支座分别称为主支座和次支座。

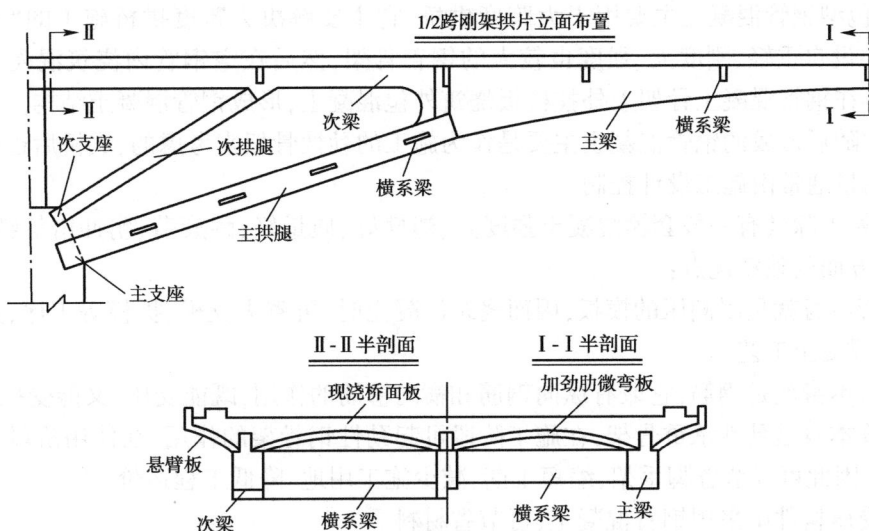

图 3-32　刚架拱桥的主要组成部分

刚架拱桥的总体布置形式主要与桥梁跨径、荷载作用大小等有关。当跨径小于 30m 时，可采用只设主拱腿、不设次拱腿的最简单形式[图 3-33a)]。当跨径在 30~50m 时，为了减小腹孔段次梁和斜撑的内力，可以设置一根次拱腿[图 3-33b)]。随着跨径增大，为减小次梁和斜撑的内力，可设置多根斜撑。这些斜撑都可以直接支承在桥梁墩(台)上，也可以将次拱腿支承在主拱腿上，以减小次拱腿的长度[图 3-33c)]。

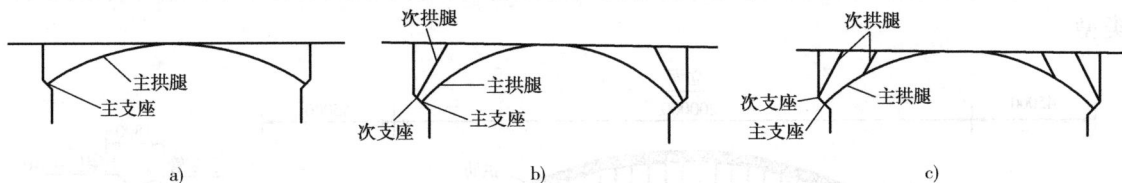

图 3-33　刚架拱桥的基本形式

刚架拱桥属于有推力的高次超静定结构，具有构件少、质量轻、整体性好、刚度大、施工简便、造价低廉、造型美观等优点，可在软土地基上修建，广泛用于跨径为 25~70m 的桥梁。

3. 钢管混凝土拱桥

1)钢管混凝土结构的特点

钢管混凝土结构属于钢-混凝土组合结构中的一种。根据钢管与混凝土之间的组合关系，可以分为内填型和内填外包型两种，如图 3-34 所示。

内填型钢管混凝土管壁外露，结构含筋率较高，主要用于以受压为主的结构。一方面借助内填混凝土增强钢管壁的稳定性，另一方面利用钢管对核心混凝土的套箍作用，使核心混凝土处于三向受压状态，从而使其具有更高的抗压强度和抗变形能力。

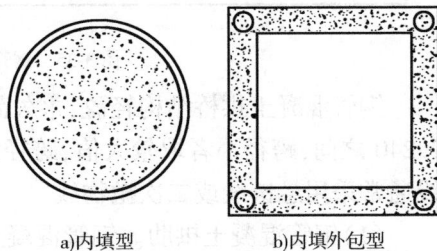

a)内填型　　b)内填外包型

图 3-34　钢管与混凝土之间的组合关系

内填外包型钢管混凝土主要用于大跨度拱桥,它主要解决大跨度拱桥施工的"自架设问题"。首先架设自重轻、刚度大、强度也较大的钢管骨架,然后在空钢管内浇筑混凝土形成钢管混凝土,再在钢管混凝土骨架上外挂模板浇筑外包混凝土,形成钢管混凝土结构。在这种结构中,钢管和随后形成的钢管混凝土主要是作为施工的劲性骨架来考虑的,成桥后也可以参与受力,但其用量通常由施工设计控制。

钢管混凝土除具有一般套箍混凝土强度高、塑性好、质量轻、耐疲劳、耐冲击等特点外,尚具有以下几方面的独特优点:

(1)钢管本身就是耐侧压的模板,因而浇筑混凝土时,可省去支模、拆模等工序,并可适应先进的泵送混凝土工艺。

(2)钢管本身就是钢筋,它兼有纵向钢筋和横向箍筋的作用,既能受压,又能受拉。

(3)钢管本身是劲性承重骨架,在施工阶段可起劲性钢骨架的作用,在使用阶段又是主要的承重结构,因此可以节省脚手架,缩短工期,减少施工用地,降低工程造价。

(4)在受压构件中采用钢管混凝土,可节省材料。

与所有材料一样,钢管混凝土结构材料也有它自身的缺点。对于管壁外露的钢管混凝土,在阳光的照射下,钢管膨胀,容易造成钢管与内填混凝土之间出现脱空现象;泵送管内混凝土也常出现不能完全饱满的情况,这都将引起拱圈受力不明,从而降低钢管混凝土结构的安全度,这些问题都需要解决。

2)钢管混凝土拱桥的基本组成

钢管混凝土拱桥一般由钢管混凝土拱肋、立柱或吊杆、横撑、行车道系和下部构造组成,如图3-35所示。根据行车道板的位置,钢管混凝土拱桥可以分为上承式、中承式和下承式3种类型。

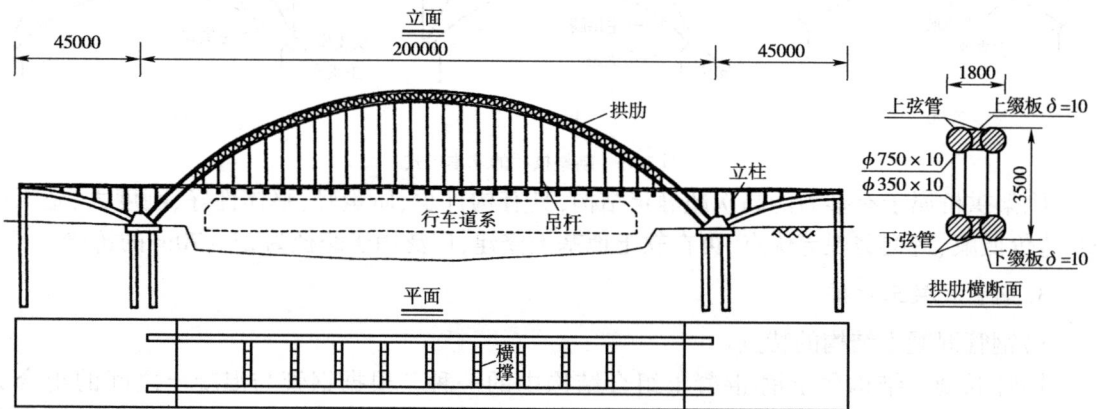

图 3-35　钢管混凝土拱桥构造组成(尺寸单位:mm)

钢管混凝土拱桥结构轻盈,永久荷载集度比较均衡,因此拱轴系数比较小,一般在1.167～2.240之间,跨径小者取较大值,跨径大者取较小值;矢跨比在1/4～1/8之间比较合理。拱轴线通常采用悬链线或二次抛物线。

(1)钢管混凝土拱肋。钢管混凝土拱肋横截面形式,按钢管的根数及布置方式,通常分为单管型、双肢哑铃型、四肢格构型和三角形格构型等,如图3-36所示。

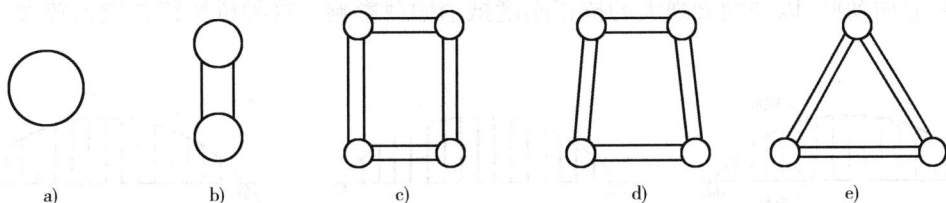

图 3-36 拱肋截面形式

（2）横撑。横撑主要设置在拱顶、拱脚和拱肋与桥面系交接处。横撑的主要作用是将钢管混凝土拱肋连接成整体，确保结构稳定。桥面以上横撑一般设置奇数撑，一方面拱顶处横撑所起的作用较大，另一方面奇数根也比较美观。

钢管混凝土拱肋的横撑多采用钢管桁架，钢管可以是空心的，也可以内填混凝土，做成钢管混凝土横撑。横撑在拱脚段多做成格式 K 撑或 X 撑，以获得更好的稳定性，在桥面系以上则多采用直撑、K 撑或 H 形撑。

（3）吊杆。吊杆的张拉端（上端）通常设置在缀板处或钢管弦杆内，下端为固定锚，以方便拆卸更换。吊杆可采用柔性吊杆和刚性吊杆两种。中、下承式钢管混凝土拱一般采用柔性吊杆，其材料可采用平行钢丝、平行钢绞线或平行钢丝束、单根钢绞缆和封闭钢缆等，外面再套以无缝钢管或用热挤聚乙烯层防护。刚性吊杆采用钢筋混凝土或预应力钢筋混凝土结构。

4.组合体系拱桥

拱式组合体系桥是将梁和拱两种基本结构组合起来，共同承受荷载，充分发挥梁受弯、拱受压的结构特性及其组合作用，达到节省材料的目的。根据拱肋和行车道梁的连接方式不同，拱式组合体系桥一般可划分为有推力和无推力两种类型。

1）拱式组合体系桥的基本形式

（1）简支梁拱组合式桥梁，如图 3-37 所示。

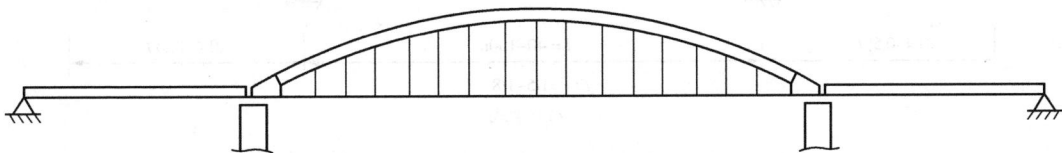

图 3-37 简支梁拱组合体系示意图

简支梁拱组合体系只用于下承式桥梁，均为无推力的组合体系拱。此类桥梁的拱肋结构一般为钢管混凝土和钢筋混凝土，桥面上常设置风撑。简支梁拱组合式桥梁，外部为静定结构，内部为高次超静定结构，主要承重构件除拱肋外，还有加劲纵梁，它与横梁组成平面框架，由吊杆上下联系以达到共同受力的目的。

根据拱肋和系杆（梁）相对刚度的大小，无推力拱式组合体系可划分为柔性系杆刚性拱［图 3-38a）］、刚性系杆柔性拱［图 3-38b）］和刚性系杆刚性拱［图 3-38c）］3 种基本组合体系。

（2）连续梁拱组合式桥梁，如图 3-39 所示。

这种体系可以是上承式、中承式及下承式，也可以是多肋拱、双肋拱或单肋拱与加劲梁组合。多肋拱及双肋拱的加劲梁的截面形式，可类似于简支梁拱组合式桥梁布置；而单片拱肋必须配置箱形加劲梁,以加劲梁强大的抗扭刚度抵消偏载影响。这种桥梁跨越能力较大,造型比较美观。

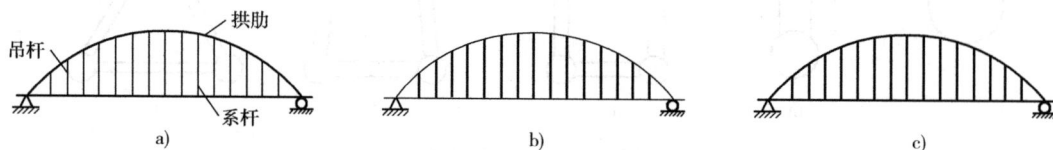

图 3-38　简支梁拱组合体系类型

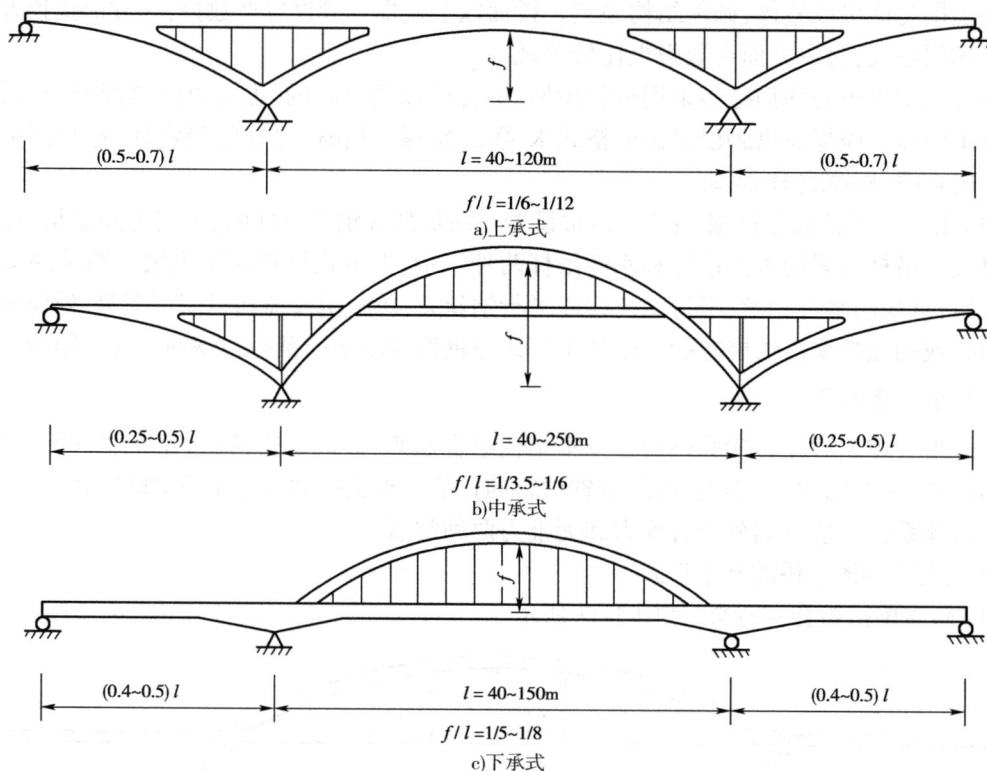

$f/l = 1/6 \sim 1/12$

a)上承式

$f/l = 1/3.5 \sim 1/6$

b)中承式

$f/l = 1/5 \sim 1/8$

c)下承式

图 3-39　连续梁拱组合体系

（3）单悬臂组合式桥梁,如图 3-40 所示。

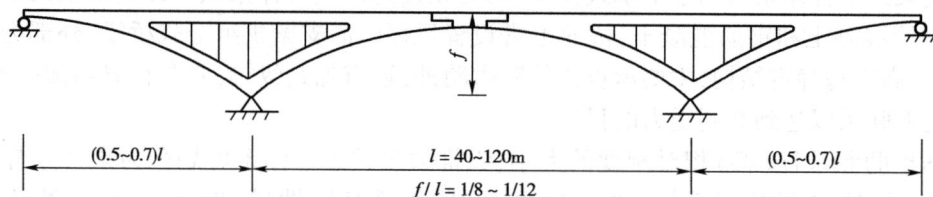

$f/l = 1/8 \sim 1/12$

图 3-40　单悬臂组合式体系

单悬臂组合式桥梁只适用于上承式桥梁,采用转体施工特别方便。单悬臂梁拱组合式桥梁实际上是将实腹梁挖空,用立柱代替梁腹板,原腹板剪力主要由拱肋竖向分力及加劲梁剪力平衡。这样的结构加劲梁受拉弯作用,加劲梁采用预应力混凝土,拱肋为钢筋混凝土。

2）拱式组合体系桥的基本组成和构造

拱式组合体系桥一般由拱肋、系杆、吊杆（或立柱）、行车道梁（板）及桥面系等组成。

（1）拱肋。对于柔性系杆刚性拱，拱肋的构造和截面形式基本上可参考普通的下承式肋拱桥，矢跨比一般在 1/4 ～ 1/5 之间取值。拱肋截面可根据跨径的大小和荷载等级选用矩形、工字形或箱形。对于公路桥，拱肋高度 $h = (1/30 \sim 1/50)l$，拱肋宽度 $b = (0.4 \sim 0.5)h$。一般矩形截面用于较小跨径，当肋高超过 1.5 ～ 3.5m 时，采用工字形或箱形较为合理。

刚性系杆柔性拱以梁为受力主体，矢跨比通常为 1/5 ～ 1/7。拱肋在保证一定强度和稳定性的条件下，可将拱肋高度 h 从常用的 $(1/100 \sim 1/120)l$ 压缩到 $(1/140 \sim 1/160)l$，拱肋宽度一般采用 $b = (1.5 \sim 2.5)h$，对于公路桥，刚性系杆高度为 $h = (1/25 \sim 1/35)l$，跨度较大时，还可做成变截面。拱肋截面常采用宽矮实心矩形断面。若采用刚性吊杆，则横向刚度较大的拱肋与吊杆、横梁组成半框架，一般情况下，拱肋间可不设横撑，设计成敞口桥，使视野开阔。拱轴线通常采用二次抛物线。拱肋截面内的钢筋可采用普通钢筋、型钢及钢管，以缩小拱肋面积。为了增强混凝土的承压能力，可采用螺旋箍筋。

在刚性系杆刚性拱中，拱轴线常采用二次抛物线。为了方便支承节点处的构造连接，常将拱肋和系杆设计成相同的截面形式。中小跨径拱桥多采用工字形截面，当跨径较大时，常采用箱形截面。拱肋高度 $h = (1/50 \sim 1/80)l$，拱肋宽度 $b = (0.8 \sim 1.2)h$，系杆的梁高比柔性拱小，具体尺寸应根据拱的刚度及桥面宽度、荷载情况确定。

（2）系杆。系杆的设置在系杆拱的设计中是关键问题，一方面要考虑系杆与拱肋的连接，保证系杆能很好地与拱肋共同受力；另一方面又要考虑系杆与行车道之间的相互作用，避免桥面行车道因阻碍系杆的受拉而遭到破坏。构造上常见的处理方法有：

①在行车道中设置横向断缝，使行车道不参与系杆的受力，行车道简支在横梁上，如图 3-41a）所示。这种形式受力明确，应用较多。

②系杆采用型钢或扁钢制作，与行车道完全不接触[图 3-41b）]。为了防止行车道参与系杆受力，一般还要在行车道内设置横向断缝。其缺点是外露系杆易锈蚀，在温度变化时，外露金属系杆和钢筋混凝土拱肋的温度有差别，由此而产生附加应力。

③采用独立的钢筋混凝土系杆[图 3-41c）]，每个系杆由两部分组成，安放在吊杆两旁，自由地搁置在横梁上。一般尽量把系杆做得矮宽以增加柔性，故常用于柔性系杆刚性拱中。

④采用预应力混凝土系杆。为了方便连接，系杆截面形式与拱肋截面形式一致，行车道可设横向断缝，亦可不设，考虑行车条件，不设为宜。这种系杆较为合理，由于预加压力可克服混凝土承受的拉力，避免了混凝土的裂缝，维修费用比刚性系杆低。

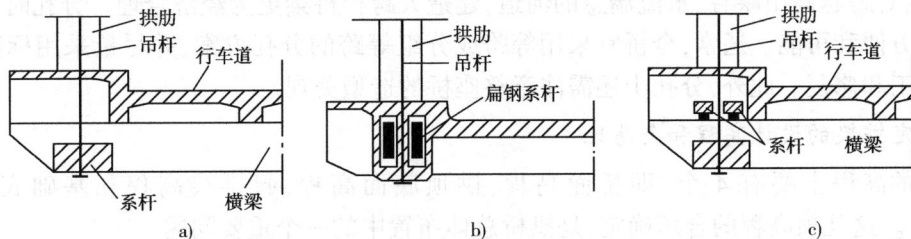

图 3-41 系杆构造

刚性系杆是偏心受拉构件，一般设计成箱形或工字形截面。由于截面正负弯矩的绝对值一般相差不大,故钢筋宜靠上下缘对称或接近对称布置。同时,沿截面高度应布置一定数量的分布钢筋,防止裂缝扩展。

值得注意的是,拱肋与系杆的连接构造是重要而又复杂的一部分,其构造形式随拱肋和系杆截面尺寸的不同而不同,具体连接构造方法可参考相关书目。

(3)吊杆。吊杆一般是长细构件,设计时通常将其作为轴向受力构件考虑,故顺桥向尺寸一般设计得较小,使之具有柔性而不承受弯矩,只承受拉力,横桥向尺寸设计得较大,以增强拱肋的稳定性。吊杆以前多采用钢筋混凝土或预应力混凝土构件;由于钢筋混凝土吊杆易产生裂缝,预应力混凝土吊杆施工麻烦,现在吊杆的发展趋势是采用高强钢丝束或粗钢筋。

第三节　拱桥的设计

一、拱桥的总体布置

拱桥总体布置的主要内容应包括:拟定结构体系及结构形式;拟定桥梁长度、跨径、孔数、拱的主要几何尺寸、桥梁的高程、墩台及其基础形式和埋置深度、桥上及桥头引道的纵坡等。

1. 确定桥梁长度及分孔

当通过各方面的比较,确定了两岸桥台之间的总长度之后,在平、纵、横3个方向综合考虑桥梁与两头路线的衔接,就可以确定桥台的位置和长度,从而确定桥梁的全长。

在桥梁全长确定后,再根据桥址处的地形、地质等情况,并结合选用的结构体系、结构形式和施工条件,可以进一步确定选择单孔还是多孔。如果采用多孔拱桥,如何进行分孔是总体布置中一个比较重要的问题。如果需跨越通航河流,在确定孔数与跨径时,一般分为通航孔和不通航孔两部分。分孔时,除应满足设计洪水通过的需要外,还应确定一孔或两孔作为通航孔。通航孔跨径和通航高程的大小应满足航道等级规定的要求。通航孔的位置多半布置在常水位时的河床最深处或航行最方便的地方。对于航道可能变迁的河流,必须设置几个通航的桥跨。对于不通航孔或非通航河段,桥孔划分可按经济原则考虑。

在分孔中,有时为了避开深水区或不良的地质地段(如软土层、溶洞、岩石破碎带等)而可能将跨径加大或减小。在水下基础结构复杂、施工困难的地方,为减少基础工程,可考虑采用较大跨径;对跨越高山峡谷、水流湍急的河道,建造大跨径桥梁更为经济合理。分孔时,还应考虑施工的方便和可能。通常,全桥宜采用等跨或分组等跨的分孔方案,并尽量采用标准跨径,以便于施工和修复。此外,分孔中还需注意整座桥的造型美观。

2. 确定桥梁的设计高程和矢跨比

拱桥的高程主要有4个,即桥面高程、拱顶底面高程、起拱线高程和基础底面高程(图3-42)。这几项高程的合理确定,是拱桥总体布置中的一个重要问题。

桥面高程一般由两岸线路的纵断面设计所控制。对跨越平原区河流的拱桥,其桥面最小高度一般由桥下净空所控制,即主要考虑满足排泄设计洪水流量或不同航道等级所规定的桥下净空界限的要求。

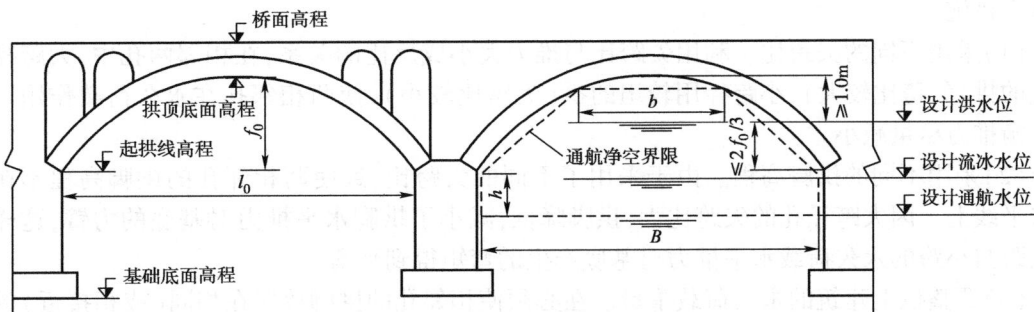

图 3-42 拱桥主要高程示意图

当桥面高程确定之后,由桥面高程减去拱顶处的建筑高度(拱顶填料厚度和主拱圈厚度),就可得到拱顶底面的高程。

起拱线高程主要依据矢跨比的要求及净跨径确定。

基础底面的高程,应根据冲刷深度、地基承载能力等因素综合确定。

主拱圈矢跨比是拱桥的主要设计参数之一。它不但影响主拱圈内力,还影响拱桥的构造形式和施工方法的选择,应从上、下部结构受力、通航、泄洪等综合因素考虑确定。计算表明,永久荷载的水平推力与垂直反力之比,随矢跨比的减小而增大。当矢跨比减小时,拱的推力增大,反之则推力减小。众所周知,推力大,相应地在拱圈内产生的轴向力也大,对拱圈自身的受力状况是有利的,但对墩台基础不利。同时,当拱圈受力后因其弹性压缩,或因温度变化、混凝土收缩、墩台位移等原因,都会在无铰拱的拱圈内产生附加内力,因而拱越坦(即矢跨比越小),附加内力越大。当拱的矢跨比过大时,拱脚区段过陡,给拱圈的砌筑或混凝土浇筑带来困难。另外,拱桥的外形是否美观、与周围景物能否协调等也与矢跨比有很大关系,因此在设计时,矢跨比的大小应经过综合比较后确定。

通常,对于石、混凝土等圬工板拱桥及双曲拱桥,矢跨比一般为 $1/4 \sim 1/6$;箱形拱桥的矢跨比一般为 $1/6 \sim 1/8$;钢筋混凝土拱桥的矢跨比一般为 $1/6 \sim 1/10$。

3.不等跨连续拱桥的处理方法

多孔连续拱桥最好选用等跨或分组等跨的分孔方案,但它受地形、地质、通航等条件的限制,或引桥很长,考虑与桥面纵坡协调一致时,或对桥梁的美观有特殊要求时,可以考虑采用不等跨的分孔(图 3-43)。

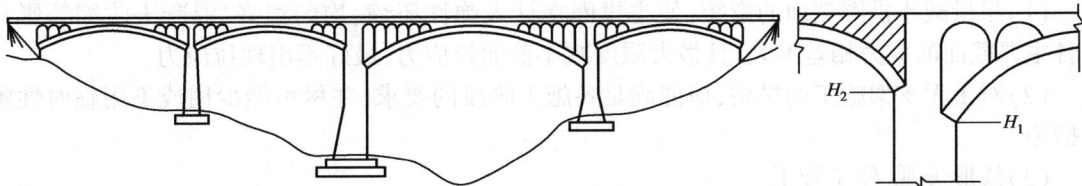

图 3-43 不等跨分孔的拱桥示意图

不等跨拱桥,由于相邻孔的永久荷载推力不相等,使桥墩和基础增加了永久荷载的不平衡推力。在采用柔性墩的多孔连续拱桥中,还需考虑永久荷载不平衡推力产生的连拱作用,使构

造和计算复杂。为了减小这个不平衡推力,改善桥墩、基础的受力状况,节省材料和造价,可采用以下措施:

(1)采用不同的矢跨比。利用矢跨比与推力大小成反比的关系,在相邻两孔中,大跨径用较陡的拱(矢跨比较大),小跨径用较坦的拱(矢跨比较小),使两相邻孔在永久荷载作用下的不平衡推力尽量减小。

(2)采用不同的拱脚高程。由于采用了不同的矢跨比,致使两相邻孔的拱脚高程不在同一水平线上。因大跨径孔的矢跨比大,拱脚降低,减小了拱脚水平推力对基底的力臂,这样可使大跨与小跨的永久荷载水平推力对基底产生的弯矩得到平衡。

(3)调整拱上建筑的永久荷载重量。在必须使相邻孔的拱脚放置在相同(或相接近)的高程上时,也可用调整拱上建筑的重量来减小相邻孔间的不平衡推力。大跨径可用轻质的拱上填料或采用空腹式拱上建筑;小跨径可用重质的拱上填料或采用实腹式拱上建筑,用增加小跨径拱的永久荷载重力来增大永久荷载的水平推力。

(4)采用不同类型的拱跨结构。常常是小跨径用板拱结构,大跨径用分离式肋拱或薄壁箱拱结构,以减轻大跨径的永久荷载重量来减小永久荷载的水平推力。有时为了进一步减小大跨径拱的永久荷载水平推力,可以增加大跨径拱肋的矢高,做成中承式肋拱。

在具体设计时,也可以将以上几种措施同时采用。如果仍不能达到完全平衡推力的目的,则需设计成体积不对称的或加大尺寸的桥墩和基础来加以解决。

二、拱轴线的选择

选择拱轴线的原则,就是要尽可能降低由荷载产生的拱圈内弯矩数值。最理想的拱轴线是与拱上各种荷载作用下的压力线相吻合,这时拱圈截面只受轴向压力而无弯矩作用,从而能充分利用圬工材料的抗压性能。但事实上是不可能获得这样的拱轴线的,因为除永久荷载外,拱圈还要受到可变荷载、温度变化和材料收缩等因素的作用。当永久荷载压力线与拱轴线吻合时,在可变荷载作用下就不再吻合。然而我们知道,公路拱桥的永久荷载占全部荷载的比重较大。如一座30m跨径的双车道公路拱桥,可变荷载大约只是永久荷载的20%,随着跨径的增大,永久荷载所占的比重还将增大。因此,以永久荷载压力线作为设计拱轴线,可以认为基本上是适宜的。但是,即使仅在永久荷载作用下,拱圈本身的轴线还将因材料的弹性压缩而变形,致使拱圈的实际压力线与原来设计所采用的拱轴线发生偏离。因此在拱桥设计时,要选择一条能够使永久荷载作用下的截面弯矩都为零的拱轴线,是不可能的。

一般来说,拱桥设计中所选择的拱轴线应满足以下几个方面的要求:

(1)尽量减小拱圈截面的弯矩,使主拱圈在计入弹性压缩、均匀温降、混凝土收缩等影响下各主要截面的应力相差不大,且最大限度减小截面拉应力,最好不出现拉应力。

(2)对于无支架施工的拱桥,应能满足各施工阶段的要求,并尽可能少用或不用临时性施工措施。

(3)线形美观,便于施工。

拱桥常用的拱轴线形有以下几种:

1.圆弧线

在均布径向荷载作用下(如水压力),拱的合理拱轴线为一圆弧线[图3-44a]。这类拱桥线形简单,施工方便。但对桥梁结构来说,承受竖向永久荷载的圆弧形拱轴线与永久荷载压力线偏离较大,使拱圈各截面受力不够均匀。因此圆弧线常用于 20m 以下的小跨径拱桥。对于较大跨径的预制装配式钢筋混凝土拱桥,有时为了简化施工,也可采用圆弧形拱轴线。

2. 悬链线

实腹式拱桥的永久荷载集度(单位长度上的重力),从拱顶向拱脚是均匀增加的,这种荷载分布图式的拱圈的压力线是一条悬链线[图 3-44b)]。因此,实腹式拱桥采用悬链线作拱轴线。在永久荷载作用下,当不计拱圈由永久荷载弹性压缩产生的影响时,拱圈截面将只承受轴力而无弯矩。

3. 抛物线

由结构力学可知,在竖向均布荷载作用下,拱的合理拱轴线是二次抛物线[图 3-44c)]。对于永久荷载集度比较接近均布的拱桥,往往可以采用二次抛物线作为拱轴线。钢筋混凝土桁架拱和刚架拱等轻型拱桥,由于永久荷载分布较均匀,往往采用二次抛物线作为拱轴线。

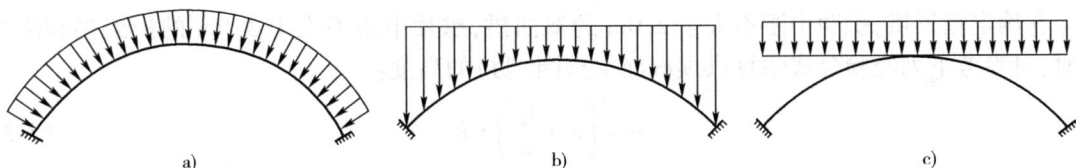

图 3-44　拱轴线线形

在某些大跨径拱桥中,由于拱上建筑布置的特殊性,为了使拱轴线尽可能与永久荷载压力线相吻合,也可采用高次抛物线(如四次或六次抛物线)作为拱轴线。

综上所述,拱上建筑的形式及其布置,对于合理选择拱轴线形是有密切联系的。在一般情况下,小跨径拱桥可采用实腹式圆弧拱或实腹式悬链线拱,大、中跨径拱桥可采用空腹式悬链线拱;轻型拱桥或矢跨比较小的大跨径拱桥可以采用抛物线拱。

三、拱桥截面尺寸拟定

1. 拱圈宽度的确定

拱圈的宽度主要取决于桥面净空的宽度。中、小跨径拱桥的栏杆(宽 15 ～ 25cm),一般都布置在帽石的悬出部分上面,这样,拱圈的宽度就接近于桥宽。对于较大跨径拱桥,为了减小拱圈宽度,常将人行道布置在钢筋混凝土悬臂上,如图 3-45 所示。

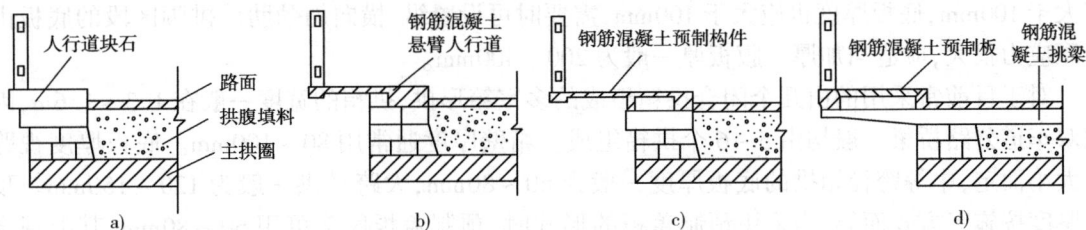

图 3-45　拱圈宽度的确定及人行道布置

2. 主拱圈厚度的拟定

1) 石拱桥

中、小跨径石拱桥拱圈厚度的估算公式为:

$$d = m \cdot k \cdot \sqrt[3]{l_0}$$ （3-1）

式中: l_0——主拱圈净跨径(cm);

　　d——主拱圈厚度(cm);

　　m——系数,一般为 $4.5 \sim 6.0$,取值随矢跨比的减小而增大;

　　k——荷载系数,公路—Ⅱ级荷载为 1.2。

大跨径的石拱桥拱圈厚度估算公式为:

$$d = m_1 k(l_0 + 20)$$ （3-2）

式中: l_0——主拱圈净跨径(m);

　　m_1——系数,一般为 $0.016 \sim 0.02$,取值随矢跨比的减小而增大。

2) 箱形拱、桁架拱和刚架拱桥

在确定箱形拱,拱肋中距不大于 2.0m 的双曲拱,拱片中距不大于 3.0m 的桁架拱和刚架拱时,可参考下列经验公式估算拱顶截面主拱圈(肋)的高度:

$$d = \left(a + \frac{l_0}{b}\right) \cdot k$$ （3-3）

式中: d——主拱圈(肋)的高度(cm);

　　l_0——主拱圈净跨径(cm);

　　a、b——系数,根据主拱圈的构造形式不同分别按表 3-1 采用;

　　k——荷载系数,对于各级汽车荷载分别按表 3-1 选用。

a、b、k 系数　　　　　　　　　　　　　　　　表 3-1

桥梁类型	a	b	k
箱形拱(单箱室)	70	100	1.0
箱形拱(多箱室)	60	100	1.0
桁架拱	20	70	公路—Ⅱ级为 1.2
刚架拱	35	100	公路—Ⅱ级为 1.2

3. 拱圈(肋)主要构造的尺寸拟定

1) 箱形拱

箱形拱主拱圈截面形式有单室箱和多室箱两种。单室拱箱宽度不宜大于 6.0m,顶板厚度应大于 100mm,底板厚度也应大于 100mm,需要时可设置纵、横向加劲肋。拱脚区段的底板由于压应力很大,应适当加厚。腹板厚一般为 $200 \sim 400$mm。

对于目前常采用的由几个闭合拱箱组成的多室箱形拱,拱箱的宽度一般在 $1.3 \sim 1.6$m,因此双车道公路桥梁一般均由 $5 \sim 6$ 个拱箱组成。箱壁厚度通常用 $80 \sim 100$mm。底板厚度视跨径大小而定,中等跨径箱拱的底板厚度一般为 $60 \sim 80$mm,大跨径拱一般为 $120 \sim 150$mm。顶板厚度按施工方式而异,当采用预制盖板的形式时,预制盖板厚度可用 $60 \sim 80$mm,其上现浇的整体混凝土层厚度不宜小于预制盖板厚度,一般为 $80 \sim 100$mm,并布置直径为 $6 \sim 10$mm 的钢筋网；当采用封闭式预制拱箱时，顶板厚度一般在 120～140mm 之间。

横隔板的布置视拱桥跨径大小及桥宽而定，除了在腹孔墩处均匀布置外，一般间距为 2.0～2.5m，不宜大于 5.0m。横隔板厚度在 100～150mm 之间，中间可挖空，以减轻重量和方便施工、养护人员通行。

采用分段预制、吊装的箱拱，接头构造较复杂，制造精度要求较高，并应局部加强，以保证施工安全。

2）桁架拱

桁架拱片的片数应根据桥梁的宽度、跨径、设计荷载等级及经济性等多方面因素综合考虑确定。一般情况下，跨径较大时，宜采用较少的桁架拱片片数。对于跨径为 20～50m 的桁架拱桥，拱片间距一般可用 2.0m 左右，跨径再大时可稍加大一些，以减少拱片的数量。

桁架节间划分是否适当，关系到上弦杆局部受力、腹杆受力和桥梁外观等。桁架节间长度由端部向跨中逐节减小，这样可使斜杆大体平行，与竖杆保持 30°～50°。一般跨径的桁架拱桥，最大节间长度不宜超过 5m。

跨中实腹段长度一般为跨径的 0.3～0.4 倍。对于单跨或桥墩刚度较大的多跨桁架拱，跨中实腹段截面总高度 H 可由前述经验公式估算；对于桥墩刚度较小的多跨桁架拱桥，通常 H 为跨径的 1/30～1/50。

上弦杆与桥面组合后的高度可根据上弦杆最大节间长度决定，一般为它的 1/6～1/8。下弦杆一般采用相等的矩形截面，其高度可取跨径的 1/80～1/100。对于中、小跨径取较大值，对于大跨径取较小值。

桁架拱片宽度一般为 200～500mm，前者用于跨径较小、拱片片数较多的情况，后者则反。宽度选择还应结合施工方法来考虑，对预制安装的拱片，还要满足拱片施工时平吊、翻身等要求。

斜杆和竖杆的宽度一般与桁架拱片的宽度相同。截面高度一般为下弦杆截面高度的 1/1.5～1/2.0，通常取 200～400mm。

横向连接系杆件的截面尺寸，主要由构造决定。拉杆和剪刀撑可取边长为 150～200mm 的矩形截面。横系梁一般采用矩形截面，其高度与下弦杆高度相同，宽度不小于拱片净间距的 1/15，可取 150～200mm，为了减轻自重，有时还可将横系梁中部挖空。横隔板的厚度通常为 150～200mm。

桥面结构采用微弯板时，微弯板的净矢跨比一般在 1/10～1/15 之间。板的跨中厚度一般为板跨径的 1/13～1/15，其中，预制微弯板的厚度与桥面填平层在板顶的厚度可取相同的值，一般为 50～80mm。

微弯板沿桥横向搁置在桁架拱片的上弦杆和实腹段上。为了加强微弯板与桁架拱的连接，一般将上弦杆和实腹段设计成凸形，并在肋顶伸出锚固钢筋。凸肩宽可取拱片宽度的 1/5，一般不宜小于 50mm。

3）刚架拱

钢筋混凝土刚架拱桥的矢跨比一般为 1/6～1/10。刚架拱片的片数与桥宽、跨径等有关，拱片间距一般约为 2.0m。当采用预应力混凝土空心桥面板与预应力刚架拱片配合使用时，拱片间距离可适当加大，以取得较好的经济效果。

刚架拱片各主要节点位置的合理确定,是刚架拱桥设计的重要内容之一,主节点位置根据跨中实腹段主梁长度和主拱腿斜度确定。一般情况下,主梁长度为桥梁跨径的 0.4 ~ 0.5 倍,主拱腿水平夹角在 30°左右,于是在跨径和矢跨比确定后,主节点位置也就大致确定,一般取在 $(0.25 \sim 0.30)l$ 附近。

次节点位置则与主节点位置和腹孔段边梁跨度大小有关,对于只有一根次拱腿的拱片,一般可将次节点布置在次梁的中点附近,以改善次梁的受力。

主梁一般为变截面构件,其下缘弧线可采用矢跨比为 1/16 ~ 1/20 的二次抛物线或其他曲线,此时主拱腿可采用直杆或微曲杆。为了改善拱片受力和美观,主拱腿与主梁也可采用同一根曲线。

刚架拱片宽度一般为 200 ~ 400mm,为了简化施工,主梁、斜撑均采用相同宽度。主、次梁常采用凸形,斜撑采用矩形。截面高度随受力大小确定,一般主梁高度由前述经验公式拟定,斜撑高度为宽度的 2.5 ~ 3.5 倍。在初步拟定截面尺寸后,再经过试算进行调整。

第四节　拱桥的计算

拱桥为多次超静定的空间结构,当可变荷载作用于桥跨结构时,拱上建筑参与主拱圈共同承受可变荷载的作用,这种现象称为"拱上建筑与主拱的联合作用"或简称"联合作用",但为了简化分析,一般偏安全地不去考虑它。

在横桥方向,不论可变荷载是否作用在桥面的中心,在桥梁的横断面上都会出现应力的不均匀分布,这种现象称为"可变荷载的横向分布"。对于中小跨径圬工拱桥、箱形拱桥,一般不考虑横向分布的影响。

本节只介绍中小跨径圬工或钢筋混凝土拱桥计算方法。超静定拱桥精确快速计算,可采用有限元法。

一、等截面悬链线拱轴线方程

图 3-46 所示的等截面悬链线拱,其拱轴线方程为:

$$y_1 = \frac{f}{m-1}(\operatorname{ch}k\xi - 1) \tag{3-4}$$

式中:y_1——以拱顶为坐标原点,拱轴上任意点的纵坐标;

　　f——拱的计算矢高;

　　m——拱轴系数,$m = g_j/g_d$(g_j 为拱脚截面处结构重力集度,g_d 为拱顶截面处结构重力集度);

　　k——系数,按下式计算:

$$k = \ln(m + \sqrt{m^2 - 1}) \tag{3-5}$$

　　ξ——以拱顶为坐标原点,拱轴线上任意点的横坐标与计算跨径一半之比,$\xi = x/l_1$(l_1 为计算跨径的一半,$l_1 = l/2$)。

由上式可见,悬链线拱轴线当跨径、矢高确定之后,拱轴线纵坐标 y_1 仅随拱轴系数 m 而变化,即不同的拱轴系数 m 决定不同的拱轴线形状。

在拱圈 $l/4$ 处,$\xi = l/2$,有

$$y_{l/4} = \frac{f}{m-1}\left(\text{ch}\,\frac{k}{2} - 1\right) \tag{3-6}$$

因为
$$\text{ch}\,\frac{k}{2} = \sqrt{\frac{\text{ch}\,k+1}{2}} = \sqrt{\frac{m+1}{2}}$$

所以
$$\frac{y_{l/4}}{f} = \frac{1}{\sqrt{2(m+1)}+2} \tag{3-7}$$

或
$$m = \frac{1}{2}\left(\frac{f}{y_{l/4}} - 2\right)^2 - 1 \tag{3-8}$$

由式(3-7)可见,$y_{l/4}$ 随 m 的增大而减小,随 m 的减小而增大。当 m 增大时,拱轴线抬高;当 m 减小时,拱轴线降低(图 3-47)。在一般的悬链线拱桥中,永久荷载从拱顶向拱脚增加,$g_j > g_d$,因而 $m > 1$。只有在均布荷载作用下,$m = 1$。由式(3-7)可得,在这种情况下 $y_{l/4} = 0.25f$。

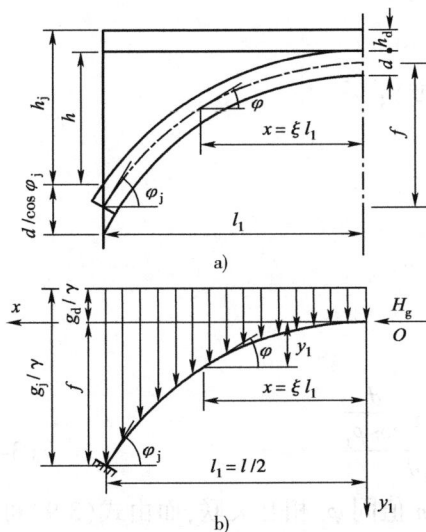

图 3-46 悬链线拱轴线计算图式

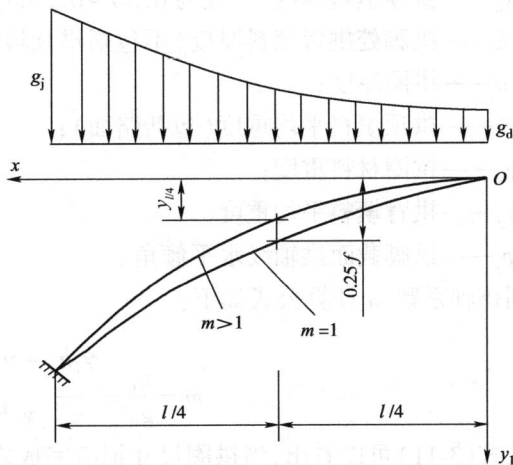

图 3-47 拱跨 $l/4$ 点纵坐标与 m 的关系

m 与 $y_{l/4}/f$ 的对应关系,见表 3-2 所列。

拱轴系数 m 与 $y_{l/4}/f$ 的关系　　　　　　　　　　　表 3-2

m	1.000	1.167	1.347	1.543	1.756	1.988	2.240	2.514	2.814	3.142	3.500	…
$y_{l/4}/f$	0.250	0.245	0.240	0.235	0.230	0.225	0.220	0.215	0.210	0.205	0.200	…

二、拱轴线的水平倾角 φ

拱轴线上任意一点的水平倾角计算公式为:

$$\tan\varphi = \frac{dy_1}{dx} = \frac{dy_1}{l_1 d\xi} = \frac{2fk \cdot \text{sh}k\xi}{l(m-1)} \tag{3-9}$$

由上式可见,拱轴水平倾角与拱轴系数 m 有关。拱轴线上各点的水平倾角 $\tan\varphi$ 值,也可直接由《公路桥涵设计手册　拱桥》(上、下册)(以下简称《拱桥》)表(Ⅲ)-2 查出。

三、拱轴系数 m 的确定

1. 实腹式拱桥拱轴系数 m 的确定

如图 3-46 所示,在拱圈厚度和拱上填料厚度初步拟定的情况下,拱顶和拱脚处结构重力强度分别为:

$$\left. \begin{aligned} g_\text{d} &= \gamma_1 h_\text{d} + \gamma_2 d \\ g_\text{j} &= \gamma_1 h_\text{d} + \gamma_3 h + \gamma_2 \frac{d}{\cos\varphi_\text{j}} \\ h &= f + \frac{d}{2} - \frac{d}{2\cos\varphi_\text{j}} \end{aligned} \right\} \tag{3-10}$$

式中: g_d ——拱顶截面处结构重力集度;

$\quad g_\text{j}$ ——拱脚截面处结构重力集度;

$\quad h_\text{d}$ ——拱顶填料厚度,一般为 $0.30 \sim 0.50\text{m}$;

$\quad h$ ——拱脚处拱背填料厚度(不包括拱顶填料厚度);

$\quad d$ ——拱圈厚度;

$\quad \gamma_1$ ——拱顶填料平均重度(包括路面);

$\quad \gamma_2$ ——拱圈材料重度;

$\quad \gamma_3$ ——拱背填料平均重度;

$\quad \varphi_\text{j}$ ——拱脚截面拱轴线水平倾角。

则拱轴系数 m 计算公式如下:

$$m = \frac{g_\text{j}}{g_\text{d}} = \frac{\gamma_1 h_\text{d} + \gamma_3 h + \gamma_2 \dfrac{d}{\cos\varphi_\text{j}}}{\gamma_1 h_\text{d} + \gamma_2 d} \tag{3-11}$$

从式(3-11)可以看出,当拱圈尺寸拟定完成之后, m 值同 φ_j 相互关联,而由式(3-9)可知, φ_j 为 m 的函数, m 未知时无法求得 φ_j。所以,求 m 时必须事先假定一个 m 值,然后计算拱脚处的拱轴水平倾角 φ_j 值,将 φ_j 代入式(3-10)和式(3-11)计算 m 值。若计算 m 值与假定 m 值不符,则以计算的 m 值为新的假定值,重新进行计算,直到两者接近为止。

2. 空腹式拱桥拱轴系数 m 的确定

空腹式拱桥中,桥跨结构的永久荷载可视为由两部分组成,即主拱圈与实腹段自重的分布力以及空腹部分通过腹孔墩传下的集中力[图3-48a]。由于集中力的存在,拱的永久荷载压力线是一条在集中力下有转折的曲线,它不是悬链线,甚至不是一条光滑的曲线。在设计空腹式拱桥时,由于悬链线拱的受力情况较好,又有完整的计算表格可供利用,亦多用悬链线作为拱轴线。为使悬链线拱轴线与其永久荷载压力线接近,一般采用"五点重合法"确定悬链线拱

轴线的 m 值,即要求拱轴线在全拱有 5 点(拱顶、两 $l/4$ 点和两拱脚)与其相应三铰拱永久荷载压力线重合[图 3-48b)]。

由此,可以根据上述 5 点弯矩为零的条件确定 m 值。

由拱顶弯矩为零及永久荷载的对称条件可知,拱顶仅有通过截面重心的永久荷载推力 H_g,相应弯矩、剪力均等于零。

对拱跨 $l/4$ 截面和拱脚截面取力矩并令力矩为零[图 3-48b)],则有:

$$\sum M_B = H_g y_{l/4} - \sum M_{l/4} = 0$$

$$\sum M_A = H_g f - \sum M_j = 0$$

上两式联立解得

$$\frac{y_{l/4}}{f} = \frac{\sum M_{l/4}}{\sum M_j} \tag{3-12}$$

式中:$\sum M_{l/4}$——自拱顶至拱跨 $l/4$ 截面部分永久荷载对 $l/4$ 截面的弯矩;

$\sum M_j$——半拱永久荷载对拱脚截面的弯矩。

从式(3-8)可知,只要求出 $y_{l/4}/f$ 值后,即可求得

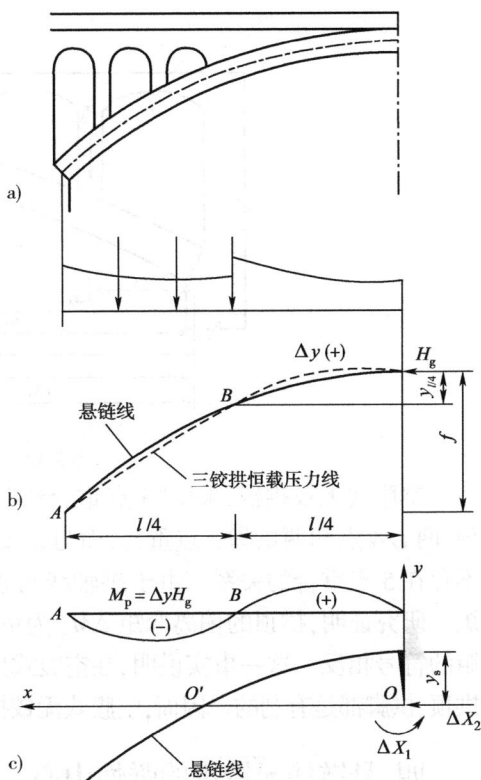

图 3-48　空腹式悬链线拱轴计算图式

m 值。为了求 $y_{l/4}/f$ 的值,必须计算结构永久荷载对拱跨 $l/4$ 截面的力矩 $\sum M_{l/4}$ 和拱脚的力矩 $\sum M_j$。但是一开始拱轴线是不知道的,也无法计算结构的永久荷载。因此,需先假定一个 m 值,根据假定的 m 值,计算拱轴线坐标,并拟定拱圈尺寸和布置拱上建筑,计算出实腹段部分的重力 P_1、P_2 及其重心距拱脚的距离 a_1、a_2,距 $l/4$ 截面的距离 a'_1、a'_2;空腹部分的重力 P_3、P_4、P_5 及其重心距拱脚的距离 a_3、a_4、a_5,距点 $l/4$ 截面的距离 a'_3(图 3-49)。并将拱圈分段,算出每段拱圈的重力及其重心到拱脚、重心到 $l/4$ 点的距离,从而算出上述重力对 $l/4$ 截面的力矩 $\sum M_{l/4}$ 和对拱脚的力矩 $\sum M_j$,即

$$\sum M_{l/4} = M_{l/4} + P_1 a'_1 + P_2 a'_2 + P_3 a'_3 \tag{3-13}$$

$$\sum M_j = M_j + P_1 a_1 + P_2 a_2 + P_3 a_3 + P_4 a_4 + P_5 a_5 \tag{3-14}$$

式中:$M_{l/4}$、M_j——拱圈自重对拱跨 $l/4$ 截面力矩和对拱脚截面力矩,可查《拱桥》表(Ⅲ)-19 确定。

求得 $y_{l/4}/f$ 之后,可利用式(3-8)求得拱轴系数 m。

空腹式拱桥的 m 值,仍按逐次逼近法确定。即先假定一个 m 值,定出拱轴线,作图布置拱上建筑,再计算拱圈和拱上建筑的永久荷载对 $l/4$ 截面和拱脚截面的力矩 $\sum M_{l/4}$ 和 $\sum M_j$,计算求出 $y_{l/4}/f$,然后利用式(3-8)算出 m 值。此 m 值如与假定的 m 值不符,则应以此求得的 m 值作为新假定值,重新计算,直至两者接近为止。

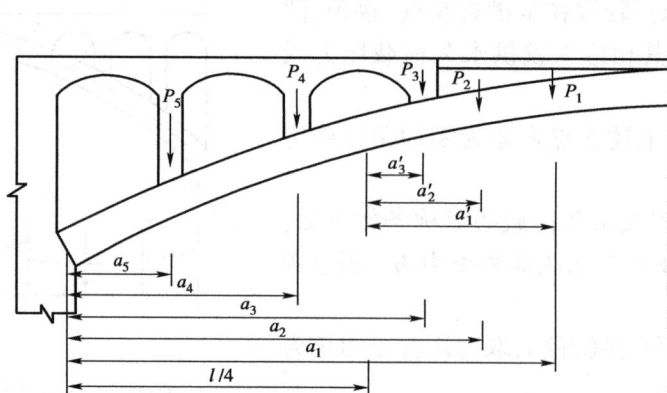

图 3-49　空腹式拱拱轴系数计算图式

空腹式无铰拱桥,采用"5 点重合法"确定的拱轴线,与相应三铰拱的永久荷载压力线在拱顶、两 $l/4$ 点和两拱脚 5 点重合,而与无铰拱的永久荷载压力线(简称永久荷载压力线)实际上并不存在 5 点重合的关系。由于拱轴线与永久荷载压力线有偏离,在拱顶、拱脚都产生了偏离弯矩。研究证明,拱顶的偏离弯矩 ΔM_d 为负,而拱脚的偏离弯矩 ΔM_j 为正,恰好与这两截面控制弯矩的符号相反。这一事实说明,在空腹式拱桥中,用"5 点重合法"确定的悬链线拱轴,偏离弯矩对拱顶、拱脚都是有利的。因而,空腹式无铰拱的拱轴线,用悬链线比用永久荷载压力线更加合理。

四、悬链线无铰拱的弹性中心

在计算无铰拱的内力(永久荷载、可变荷载、温度变化、混凝土收缩和拱脚变位等)时,为了简化计算,常取半拱悬臂为基本结构,利用拱的弹性中心的概念。

如图 3-50 所示,在荷载作用下,以半拱悬臂为基本结构,在拱顶处会产生 3 个赘余力 X_1、X_2 和 X_3。其典型方程为:

$$\left.\begin{array}{l}\delta_{11}X_1 + \delta_{12}X_2 + \delta_{13}X_3 + \Delta_{1p} = 0 \\ \delta_{21}X_1 + \delta_{22}X_2 + \delta_{23}X_3 + \Delta_{2p} = 0 \\ \delta_{31}X_1 + \delta_{32}X_2 + \delta_{33}X_3 + \Delta_{3p} = 0\end{array}\right\} \tag{3-15}$$

已知对称结构赘余力中弯矩 X_1 和轴力 X_2 是正对称的,剪力 X_3 是反对称的,故知副系数 $\delta_{13} = \delta_{31} = 0$,$\delta_{23} = \delta_{32} = 0$。

如果再能使 $\delta_{12} = \delta_{21} = 0$,则典型方程中的全部副系数都为零,求解方程组(3-15)的问题就得以大大简化。

取如图 3-51 所示基本结构,根据计算有:

$$\delta_{12} = \delta_{21} = \int_s y_1 \frac{\mathrm{d}s}{EI} - \int_s y_s \frac{\mathrm{d}s}{EI} \tag{3-16}$$

令 $\delta_{12} = \delta_{21} = 0$,便可得到弹性中心距拱顶距离 y_s 为:

$$y_s = \frac{\displaystyle\int_s y_1 \frac{\mathrm{d}s}{EI}}{\displaystyle\int_s \frac{\mathrm{d}s}{EI}} \tag{3-17}$$

式中：
$$y_1 = \frac{f}{m-1}(\mathrm{ch}k\xi - 1)$$

$$\mathrm{d}s = \frac{\mathrm{d}x}{\cos\varphi} = \frac{l}{2}\sqrt{1 + \eta^2\mathrm{sh}^2k\xi \cdot \mathrm{d}\xi}$$

将 y_1、$\mathrm{d}s$ 代入式（3-17），对于等截面悬链线拱则有：

$$y_s = \frac{f}{m-1} \cdot \frac{\int_0^1 (\mathrm{ch}k\xi - 1)\sqrt{1 + \eta^2\mathrm{sh}^2k\xi \cdot \mathrm{d}\xi}}{\int_0^1 \sqrt{1 + \eta^2\mathrm{sh}^2k\xi}\,\mathrm{d}\xi} = \alpha_1 \cdot f \tag{3-18}$$

式中：α_1——系数，由《拱桥》表（Ⅲ）-3 查得。

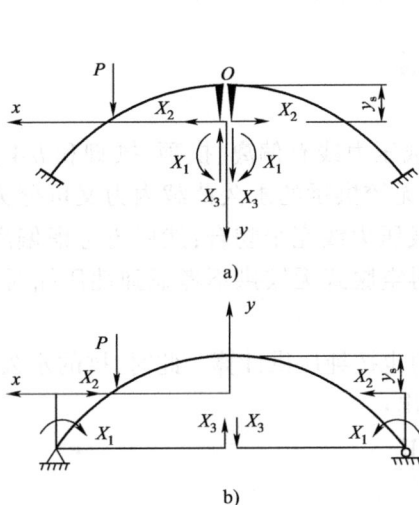

图 3-50　无铰拱的弹性中心　　　　图 3-51　拱圈弹性压缩计算图式

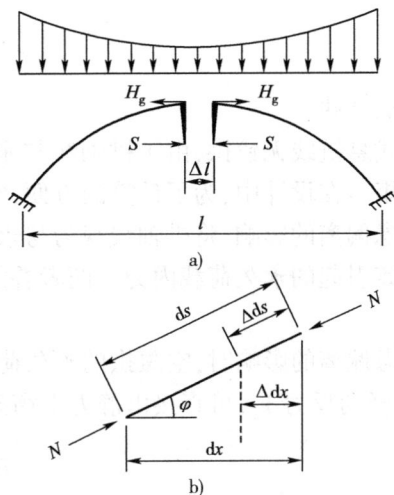

五、永久荷载作用下拱的内力计算

当采用永久荷载压力线作拱轴线而不考虑拱圈变形的影响时，拱圈各截面的永久荷载内力均只有轴向压力，即拱圈处于纯压状态。实际上拱圈在永久荷载作用下会产生弹性压缩，使拱轴长度缩短。由于无铰拱是超静定结构，它将会在拱中产生附加内力。但是，在设计中，为了计算的方便，往往将永久荷载内力分为两部分，即不考虑弹性压缩影响的内力与仅因弹性压缩引起的内力，然后将两者叠加，便得到永久荷载作用下的总内力。

1. 不考虑弹性压缩的永久荷载内力

1）实腹式拱

如前所述，实腹式悬链线拱的拱轴线与永久荷载压力线完全吻合，所以，在永久荷载作用下，拱圈任何截面上都只存在轴向压力。此时，拱中的内力，可按纯压拱的公式计算。

永久荷载水平推力 H_g 为：

$$H_g = \frac{m-1}{4k^2} \cdot \frac{g_d l^2}{f} = k_g \frac{g_d l^2}{f} \tag{3-19}$$

式中：
$$k_g = \frac{m-1}{4k^2}$$

拱脚的竖向反力为半拱永久荷载重量，即

$$V_g = \int_0^1 g_x dx = \frac{\sqrt{m^2-1}}{2[\ln(m+\sqrt{m^2-1})]} g_d l = k'_g g_d l \qquad (3-20)$$

式中：
$$k'_g = \frac{\sqrt{m^2-1}}{2[\ln(m+\sqrt{m^2-1})]}$$

系数 k_g、k'_g 可由《拱桥》表（Ⅲ）-4 查取。

因为永久荷载弯矩和剪力均为零，故拱圈任意截面轴向力 N 为：

$$N = \frac{H_g}{\cos\varphi} \qquad (3-21)$$

2）空腹式拱

空腹式悬链线无铰拱，由于拱轴线与永久荷载压力线有偏离，拱顶、拱脚和 $l/4$ 点都有永久荷载弯矩。在设计中，为了计算的方便，空腹式无铰拱桥的永久荷载内力又可分为两部分，即先不考虑偏离的影响，将拱轴线视为与永久荷载压力线完全吻合；然后再考虑偏离的影响，计算由偏离引起的永久荷载内力。两者叠加，即得空腹式无铰拱不考虑弹性压缩时的永久荷载内力。

不考虑偏离的影响时，空腹拱的永久荷载内力也按纯压拱计算。此时，拱的永久荷载推力 H_g 和拱脚竖向反力 V_g，可直接由静力平衡条件得出：

$$H_g = \frac{\sum M_j}{f} \qquad (3-22)$$

$$V_g = \sum P（半拱永久荷载） \qquad (3-23)$$

因为永久荷载弯矩和剪力均为零，故拱圈任意截面轴向力 N 也可按式（3-21）计算。

在设计中、小跨径的空腹式拱桥时，可偏安全地不考虑偏离弯矩的影响。

2. 拱轴弹性压缩引起的内力

在永久荷载轴力作用下，拱圈的弹性压缩表现为拱轴长度的缩短。拱圈的这种变形，会在拱中产生相应的内力。取悬臂曲梁为基本结构，弹性压缩会使拱轴在跨径方向缩短 Δl。由于实际结构中，拱顶并没有相对水平变位，则在弹性中心必有一个水平拉力 S，使拱顶的相对水平变位变为零，如图 3-51a) 所示。

弹性压缩产生的赘余力 S，可由拱顶的变形协调条件求得，即：

$$S\delta'_{22} - \Delta l = 0$$

即
$$S = \frac{\Delta l}{\delta'_{22}} \qquad (3-24)$$

在拱圈中取出一微段 ds[图 3-51b)]，则 $dx = ds \cdot \cos\varphi$，在轴力 N 作用下缩短 Δds，其水平分量为 $\Delta dx = \Delta ds \cdot \cos\varphi$，则整个拱圈缩短的水平分量为：

$$\Delta l = \int_0^1 \Delta dx = \int_s \Delta ds \cdot \cos\varphi = \int_s \frac{N\cos\varphi}{EA} ds \qquad (3-25)$$

将式（3-21）代入上式得：

$$\Delta l = \int_0^1 \frac{H_g}{EA \cdot \cos\varphi} dx = H_g \int_0^1 \frac{dx}{EA \cdot \cos\varphi} \tag{3-26}$$

而单位水平力在弹性中心产生的水平位移为：

$$\delta'_{22} = \int_s \frac{\overline{M}_2^2 ds}{EI} + \int_s \frac{\overline{N}_2^2 ds}{EA} = \int_s \frac{y^2 ds}{EI} + \int_s \frac{\cos^2\varphi ds}{EA} = (1 + \mu)\int_s \frac{y^2 ds}{EI} \tag{3-27}$$

$$\mu = \frac{\int_s \frac{\cos^2\varphi ds}{EA}}{\int_s \frac{y^2 ds}{EI}} \tag{3-28}$$

式中：A——拱圈截面面积；

I——拱圈截面惯性矩。

由此可得：

$$S = H_g \frac{1}{1 + \mu} \frac{\int_0^1 \frac{dx}{EA \cdot \cos\varphi}}{\int_s \frac{y^2 ds}{EI}} = H_g \frac{\mu_1}{1 + \mu} \tag{3-29}$$

式中：

$$\mu_1 = \frac{\int_0^1 \frac{dx}{EA \cdot \cos\varphi}}{\int_s \frac{y^2 ds}{EI}} \tag{3-30}$$

为了便于列表计算，对 μ、μ_1 计算公式变换如下：

$$\mu = \frac{l}{EvA\int_s \frac{y^2 ds}{EI}} \tag{3-31}$$

$$\mu_1 = \frac{l}{Ev_1 A\int_s \frac{y^2 ds}{EI}} \tag{3-32}$$

以上各式中，$\int_s \frac{y^2 ds}{EI}$ 可由《拱桥》表（Ⅲ）-5 中查得；v、v_1 可由表（Ⅲ）-8、表（Ⅲ）-10 查得；等截面拱的 μ、μ_1 也可直接由表（Ⅲ）-9、表（Ⅲ）-11 中查得。

对于砖石及混凝土的拱圈结构，在下列情况下，设计时可不计弹性压缩的影响：

（1）$l \leq 30\text{m}$，$f/l \geq 1/3$；

（2）$l \leq 20\text{m}$，$f/l \geq 1/4$；

（3）$l \leq 10\text{m}$，$f/l \geq 1/5$。

3. 永久荷载作用下拱圈各截面的总内力

当不考虑空腹拱永久荷载压力线偏离拱轴线的影响时，拱圈各截面的永久荷载内力为：不考虑弹性压缩的永久荷载内力加上弹性压缩产生的内力，如图 3-52 所示。

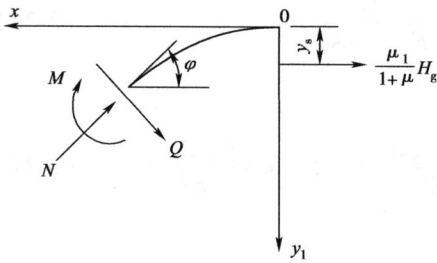

图 3-52　弹性压缩产生的内力

轴向力　　$N = \dfrac{H_g}{\cos\varphi} - \dfrac{\mu_1}{1+\mu}H_g\cos\varphi$　　　　(3-33)

弯矩　　　$M = \dfrac{\mu_1}{1+\mu}H_g(y_s - y_1)$　　　　(3-34)

剪力　　　$Q = \mp\dfrac{\mu_1}{1+\mu}H_g\sin\varphi$　　　　(3-35)

上式中,上边符号适用于左半拱,下边符号适用于右半拱。

计入拱轴线偏离影响后,各截面的永久荷载总内力为:

$$N = \frac{H_g}{\cos\varphi} + \Delta X_2\cos\varphi - \frac{\mu_1}{1+\mu}(H_g + \Delta X_2)\cos\varphi \tag{3-36}$$

$$M = \frac{\mu_1}{1+\mu}(H_g + \Delta X_2)(y_s - y_1) + \Delta M \tag{3-37}$$

$$Q = \mp\frac{\mu_1}{1+\mu}(H_g + \Delta X_2)\sin\varphi \pm \Delta X_2\sin\varphi \tag{3-38}$$

以上三式中的 ΔX_2、ΔM 分别为拱轴线偏离三铰拱压力线引起的弹性中心水平力及任意截面的弯矩,具体计算方法可参阅有关书籍。

六、可变荷载作用下拱的内力计算

可变荷载内力计算仍分两步进行:先计算不考虑弹性压缩的可变荷载内力;然后再计入弹性压缩对可变荷载内力的影响。

1. 不考虑弹性压缩的可变荷载内力

1)绘制赘余力影响线

(1)以简支曲梁为基本结构[图 3-53a)]。为了便于编制影响线表,在求拱中内力影响线时,常采用简支曲梁为基本结构。根据结构力学知识和弹性中心的特性可求出单位荷载 $P = 1$ 在图示位置时结构的赘余力 X_1、X_2、X_3。

(2)计算赘余力影响线。为了计算赘余力的影响线,一般将拱圈沿跨径方向分成 48(或 24)等份。相邻两分点的水平距离为 $\Delta l = l/48$(或 $l/24$),当 $P = 1$ 从图 3-53a)中的左拱脚向右拱脚以 Δl 步长移动时,即可利用结构力学知识计算出单位力 $P = 1$ 在各个分点上 X_1、X_2、X_3 的影响线竖标。三个赘余力影响线之图形,如图 3-53b)、c)、d)所示。

2)内力影响线

有了赘余力的影响线之后,拱中任何截面的内力影响线,均可利用静力平衡条件建立计算公式并借助叠加的办法求得。

(1)任意截面的弯矩影响线。由图 3-54 可得任意截面 i 的弯矩为:

$$M = M_0 - H_1 y \pm X_3 x + X_1 \tag{3-39}$$

式中:M_0——相应简支梁的弯矩。

现以拱顶弯矩 M_d 影响线为例,说明利用已知影响线相叠加求解未知影响线的方法。

因拱顶截面 $x=0$,故 $X_3 x=0$。拱顶截面之弯矩 M_d 为:

$$M_d = M_0 - H_1 y + X_1$$

由 $\sum X = 0$ 可知,拱中任意截面的水平推力 $H_1 = X_2$。因此,H_1 的影响线与赘余力 X_2 的影响线是完全一致的。H_1 的影响线的图形,如图 3-53c)所示;各点的影响线竖标,可由《拱桥》表Ⅲ-12 查得。

先绘出简支梁影响线 M_0,减去 X_1 影响线得到 M_0-X_1 的影响线,见图 3-54b)有竖线的部分。在图 3-54c)中,以水平线为基线绘出 M_0-X_1 影响线,在此图上再与 $H_1 y$ 影响线相叠加,图中有竖线部分即为拱顶弯矩影响线。再以水平线为基线即得 M_d 影响线,如图 3-54d)所示。

同理可得,拱中任意截面 i 的弯矩影响线 M_i[图 3-54e)]。

拱中各截面不考虑弹性压缩的弯矩影响线坐标,可由《拱桥》表Ⅲ-13 查得。

(2)任意截面的轴向力 N 和剪力 Q 影响线。截面 i 的轴向力 N 及剪力 Q 的影响线,在截面 i 处均有突变,如图 3-54f)、g)所示。故当集中荷载作用在 i 截面的左右两边时,轴向力 N 及剪力 Q 均有较大差异。通常先计算出该截面的水平力 H_1 和拱脚处的竖向反力 V,再按下式计算轴力 N 和剪力 Q,即:

$$
轴力 \begin{cases}
拱顶 & N = H_1 \\
拱脚 & N = H_1 \cos\varphi_j + V\sin\varphi_j \\
其他截面 & N = H_1/\cos\varphi
\end{cases}
$$

$$
剪力 \begin{cases}
拱顶 & 数值很小,一般不计算 \\
拱脚 & Q = H_1 \sin\varphi_j - V\cos\varphi_j \\
其他截面 & 数值很小,一般不计算
\end{cases}
$$

(3)拱脚竖向反力 V 的影响线。

将 X_3 移至两支点后,由 $\sum Y = 0$ 得:

$$V = V_0 \mp X_3 (负号适用于左半拱,正号适用于右半拱) \tag{3-40}$$

式中:V_0——相应简支梁反力。

由 V_0 与 X_3 两条影响线叠加而成的竖向反力影响线 V,具有图 3-54c)的形式(图 3-54 中为左拱脚的竖向反力影响线),显而易见,拱脚竖向反力 V 影响线之总面积 $\omega = l/2$。

《拱桥》表Ⅲ-14 列有不计弹性压缩的弯矩 M 及相应的 H、V 影响线面积表,供计算可变荷载内力时选用。

3)截面可变荷载内力计算

在求得各截面内力影响线后,即可利用影响线加载方法计算出不计弹性压缩任意截面可变荷载内力如下:

截面弯矩 $\qquad M_p = (1+\mu)\xi \cdot m(q_M \omega_M + P_M \eta_M)$ $\qquad$ (3-41)

水平推力 $\qquad H_p = (1+\mu)\xi \cdot m(q_H \omega_H + P_H \eta_H)$ $\qquad$ (3-42)

拱脚垂直反力 $\qquad V_p = (1+\mu)\xi \cdot m(q_V \omega_V + P_V \eta_V)$ $\qquad$ (3-43)

式中: $\qquad \mu$——汽车冲击系数;

ξ——多车道折减系数；

m——荷载横向分布系数，一般圬工拱桥可近似取为1.0；

q_M、q_H、q_V——车道荷载中相应于M_p、H_p、V_p的均布荷载集度；

ω_M、ω_H、ω_V——相应M_p、H_p、V_p的影响线正面积；

η_M、η_H、η_V——车道荷载中相应于M_P、H_p、V_p的集中荷载大小。

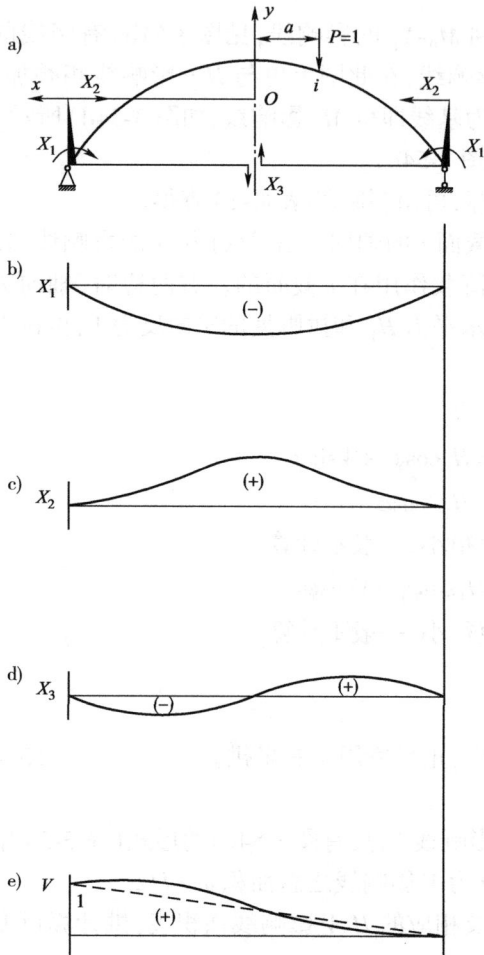

图3-53　拱中赘余力影响线

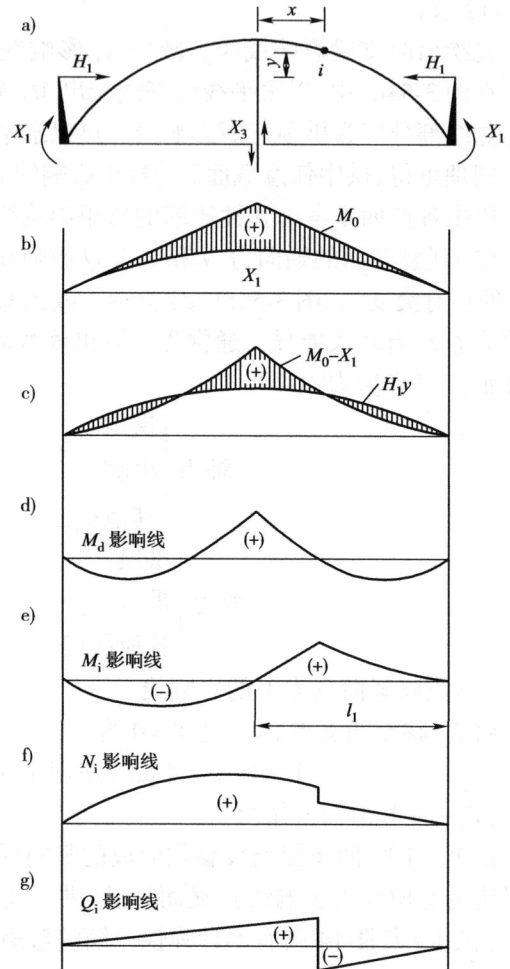

图3-54　拱中内力影响线

2. 考虑弹性压缩的可变荷载内力计算

可变荷载弹性压缩与永久荷载弹性压缩相似，它是考虑由可变荷载产生的轴向力对变位的影响，亦在弹性中心产生赘余水平力ΔH(拉力)。由典型方程解得：

$$\Delta H = -\frac{H_1\int_l \dfrac{\mathrm{d}x}{EA\cos\varphi}}{\delta'_{22}} = \frac{\mu_1}{1+\mu}H_1 \tag{3-44}$$

由可变荷载弹性压缩引起的内力为：

弯矩

$$\Delta M = - \Delta H \cdot y = \frac{\mu_1}{1 + \mu} H_1 \cdot (y_s - y_1)$$

轴向力

$$\Delta N = - \Delta H \cos\varphi = - \frac{\mu_1}{1 + \mu} H_1 \cos\varphi$$

$$(3\text{-}45)$$

剪力

$$\Delta Q = \pm \Delta H \sin\varphi = \mp \frac{\mu_1}{1 + \mu} H_1 \sin\varphi$$

将不考虑弹性压缩的可变荷载与可变荷载弹性压缩产生的内力叠加起来,即得可变荷载作用下的总内力。不考虑弹性压缩的可变荷载内力可以很方便地利用等代荷载计算,可变荷载弹性压缩产生的内力可根据 μ、μ_1 由式(3-45)直接求出。

七、温度变化、混凝土收缩和拱脚变位的内力计算

在超静定拱中,温度变化、混凝土收缩和拱脚变位都会产生附加内力。特别是就地浇筑的混凝土在结硬过程中的收缩变形,会产生较大的附加内力,可使拱桥开裂。在软土地基上建造圬工拱桥,墩台发生变位,尤其是水平变位,会对拱桥产生较大的影响,引起较大的附加内力。

1.温度变化产生的附加内力计算

当大气温度比成拱时的温度(即主拱圈施工合龙时温度,也称为合龙温度)高时,称为温度上升,引起拱体膨胀;当大气温度比合龙温度低时,称为温度下降,引起拱体收缩。不论是拱体膨胀(拱轴伸长)还是拱体收缩(拱轴缩短)都会在拱中产生内力。

在图3-55中,设温度变化引起拱轴在水平方向的变位为 Δl_t,与弹性压缩同样道理,必然在弹性中心产生一对水平力 H_t。由典型方程解得:

$$H_t = \frac{\Delta l_t}{\delta_{22}} = \frac{\alpha l \Delta t}{(1 + \mu) \int_s \frac{y^2 \mathrm{d}s}{EI}}$$

$$(3\text{-}46)$$

式中:Δt——温度变化值,即最高(或最低)温度与合龙温度之差。温度上升时,Δt 和 H_t 均为正;温度下降时,Δt 及 H_t 均为负。

α——材料的温度线膨胀系数。对于混凝土或钢筋混凝土结构,$\alpha = 1 \times 10^{-5}/℃$;对于混凝土预制块砌体,$\alpha = 0.9 \times 10^{-5}/℃$;对于石砌体 $\alpha = 0.8 \times 10^{-5}/℃$。

由温度变化引起拱内任意截面的附加内力为:

弯矩 $\quad M_t = -H_t \cdot y = -H_t \cdot (y_s - y)$

轴向力 $\quad N_t = H_t \cos\varphi$ $\qquad\qquad\qquad$ $(3\text{-}47)$

剪力 $\quad Q_t = \pm H_t \sin\varphi$

2.混凝土收缩、徐变引起的内力计算

混凝土在结硬过程中的收缩变形,其作用与温度下降相似。通常将混凝土收缩的影响,折算为温度的额外降低。

(1)整体浇筑的混凝土结构的收缩影响力,对于一般地区相当于降低温度20℃,干燥地区为30℃;整体浇筑的钢筋混凝土结构的收缩影响力,相当于降低温度15~20℃。

(2)分段浇筑的混凝土或钢筋混凝土结构的收缩影响力,相当于降低温度10~15℃。

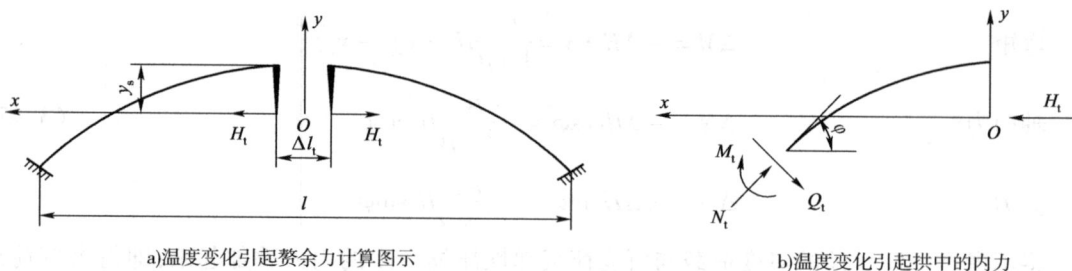

a)温度变化引起赘余力计算图示　　　　　　　b)温度变化引起拱中的内力

图 3-55　温度变化引起附加内力计算图式

（3）装配式钢筋混凝土结构的收缩影响力,相当于降低温度 5 ~ 10℃。

由于温度变化和混凝土收缩在拱圈内引起的内力变化是一个缓慢的过程,在此期间,当某截面(如拱脚)边缘应力增加较多时,混凝土徐变作用将使该截面边缘应力削峰,因而计算拱圈的温度变化和混凝土收缩影响时,可根据实际资料考虑混凝土徐变的影响,如缺乏实际资料时,计算内力可乘以下列系数:温度变化影响力,0.7;混凝土收缩影响力,0.45。

但是,徐变虽然对上述温变、收缩引起的内力有调整作用,但徐变本身也引起拱轴线缩短,因而应按有关规定计算徐变引起的附加内力。

3.拱脚变位引起的内力计算

在软土地基上修建的拱桥以及桥墩较柔的多孔拱桥,拱脚变位是难以避免的。拱脚的变位包括拱脚的水平位移、垂直位移(沉降)和转动(角变),每一种变位都会在拱中产生内力。

拱脚变位引起的内力可按结构力学的方法求解,具体见有关书籍。

八、主拱验算

求出了各种荷载作用下的内力后,即可进行最不利情况下的荷载组合,进而验算控制截面的强度及拱的稳定性。一般无铰拱桥,拱脚和拱顶是控制截面。中、小跨径的无铰拱桥,只验算拱顶、拱脚就行了。大、中跨径无铰拱桥,常验算拱顶、拱脚和拱跨 $l/4$ 等 3 个截面;采用无支架施工的大跨径拱桥,必要时需加算 $l/8$ 截面和 $3l/8$ 截面。

对于圬工拱桥和钢筋混凝土拱桥,拱圈均按分项安全系数的极限状态法设计,按两者具体的设计验算内容不同,分别遵循现行《桥规》和《公桥规》的有关规定。对于钢拱桥,钢拱圈按容许应力法设计,应遵循《公路钢结构桥梁设计规范》(JTG D64—2015)的有关规定。

采用早脱架施工(拱圈合龙达到一定强度后就卸落拱架)及无支架施工的拱桥,应计算裸拱自重产生的内力,以便进行裸拱强度和稳定性验算。

拱圈或拱肋的稳定性验算分为纵向稳定与横向稳定。实腹式拱桥,跨径不大时,可不验算纵、横向稳定性;在拱上建筑完成后再卸落拱架的大、中跨径拱桥,由于拱上建筑与主拱圈的共同作用,不致产生纵向失稳,此时,无须验算拱的纵向稳定性。采用无支架施工或在拱上建筑完成前就脱架的拱桥,应验算拱的纵向稳定性。当拱圈宽度小于跨径的 1/20 时,应验算拱的横向稳定性。

主拱稳定性验算具体内容及计算方法,可参阅现行规范或有关书籍。

📊 知识拓展

有限元计算法*（自选）

一、概述

桥梁结构分析经典的方法是解析法，然而能用解析方法求出精确解的只是少数简单的问题。对于较复杂的问题，如变截面梁、高次超静定结构、柔性结构等，用解析法求解不但耗费大量时间和人力，而且有时甚至是不可能的。随着计算机的发展和广泛应用，一种适合于计算机数值求解的方法——有限元法应运而生。经过近40年的发展，有限元法已成为目前求解各种力学问题的主要工具。

有限元法可以求解各类力学问题，包括受拉、压的杆，受弯、扭的梁，平面应力、平面应变和平面轴对称问题，板、壳和块体三维受力问题以及流体力学问题等，材料可以是弹性的或者是弹塑性的、各向同性或各向异性的，也可求解静力的或动力的问题。

二、有限元法的分析步骤

有限元法分析桥梁结构一般步骤如下：

（1）结构离散：将求解区域变成有限元模型

①选择合适单元类型划分有限元网格，给节点、单元编号；

②选定整体坐标系，测量节点坐标；

③准备好单元几何尺寸、材料常数。

（2）单元分析：建立单元平衡方程组

①在典型单元内选定位移函数，并将它表示成节点位移的插值形式；

②用虚功原理或变分法推导单元平衡方程；

③求每个单元的单元刚度矩阵。

（3）整体分析：形成和求解整体平衡方程组

①单元组合集成整体刚度矩阵、节点位移列向量和节点载荷列向量，形成整体平衡方程组；

②引入边界条件，求解节点位移；

③后处理计算，根据需要计算变形、应力和内力等。

三、用于桥梁有限元分析的软件

桥梁结构电算分析是一个综合性的课题，涉及桥梁工程、结构力学、材料力学、弹性力学、结构设计、有限元法、计算机技术等多门课程，同时必须以相应的设计规范为依据。

1. 桥梁分析专用程序

目前，国内开发的桥梁结构专用计算程序大多采用平面杆系有限元法，即只采用梁单元（2节点6自由度）或杆单元（2节点4自由度）按平面结构进行分析。基于平面杆系有限元的桥梁分析专用程序应具备以下基本功能：

(1)模拟施工过程的结构分析。

(2)可按施工过程逐步形成多层组合截面。

(3)结构初始位移和单元初始内力可选取。

(4)方便施加预应力。

(5)方便单元添加、拆除及结构体系转换。

(6)能够做温度、收缩、徐变效应的计算。

(7)自动加载可变荷载作用。

(8)自动完成荷载效应组合。

(9)正常使用和承载能力极限状态的验算。

(10)输入数据和计算结果的可视化。

2. 通用分析软件

1)SAP(Structural Analysis Program)系列

由美国 Wilson 教授主持开发,是线弹性结构有限元静动力分析软件,具备各种单元库,能解决各类结构的内力计算问题。在桥梁工程中,常被用于复杂结构或局部应力分析,如异形桥、斜桥等各种复杂结构。它具备了强大的前后处理功能,能自动生成网络,可以给出结构的变形图和应力等值线图。

2)ANSYS 软件

ANSYS 是集结构、流体、电场、磁场、声场分析于一体的大型通用有限元分析软件,它是由世界上最大的有限元分析软件公司之一的美国 ANSYS 公司开发,从1971 年2.0 版本至2004年9.0 版本,已有近40 年的历史。

ANSYS 软件主要包括三个部分:前处理模块、分析计算模块和后处理模块。前处理模块提供了一个强大的实体建模以及网格划分工具,用户可以方便地构造有限元模型;分析计算模块包括结构分析(可进行线性分析、非线性分析和高度非线性分析)、流体动力学分析、电磁场分析以及多物理场耦合分析。后处理模块可将计算分析结果以彩色等值线显示、梯度显示、矢量显示、立体切片显示、透明及半透明显示(可看到结构内部)等多种图形方式显示出来,也可以将计算结果以图表、曲线形式显示或输出。软件提供了包括梁单元、桁架单元、弹簧单元、索单元、板单元、块单元以及超单元等多种单元在内的 100 多种单元类型,可用来模拟工程中的各种结构和材料。

选择 ANSYS 用于桥梁结构空间计算分析的重要原因就是 ANSYS 具有单元生死的功能。该选项用于桥梁结构分析中就可以模拟桥梁施工过程,单元生的功能相当于架设桥梁构件,单元死的功能相当于拆除桥梁构件。另外,ANSYS 还具有编制程序的功能,这就使得多种桥型方案的设计分析可模拟成为简单而省力的过程,与传统的常规建模方法相比,使用程序建模可以获得快捷、准确而方便的计算方法和计算结果。总之,在目前桥梁空间分析程序不够完善的情况下,用 ANSYS 程序作桥梁的结构分析,具有独到的优势。

四、桥梁结构分析的内容和特点

1. 桥梁结构分析的内容

桥梁结构分析的基本内容可概括如下:

(1)桥梁一般是分阶段逐步施工完成的,结构的最终受力状态往往与施工过程有着很大的关系,因而结构分析必须能够准确模拟施工过程,并且能够自动累加各阶段的内力和位移等。施工阶段应考虑的因素主要有如下几点:

①结构自重。

②施工临时荷载,如挂篮重量等。

③预加应力。

④混凝土收缩和徐变。

⑤温度变化。

⑥静风的作用。

⑦结构体系转换。

⑧斜拉索或系杆等的初始张力。

⑨合龙口的预顶力等。

(2)计算成桥后在二期永久荷载、支座不均匀沉降、混凝土长期徐变效应、温度变化等作用下的内力和位移。

(3)计算各种可变荷载引起的内力和位移,包括影响线或影响面的计算以及对它们进行加载等。

(4)计算各种偶然荷载(如地震、船舶撞击力)等引起的内力和位移。

(5)按规范对上述各种荷载引起的内力和位移进行组合,得出最不利的组合情况。

(6)按规范进行强度、刚度、抗裂性和稳定性验算。

2. 桥梁结构分析的特点

1)逐阶段形成结构体系

桥梁结构在不同的施工阶段,结构布置、边界条件、荷载作用条件均在发生变化。例如,当采用悬臂浇筑法施工连续梁桥时,结构是逐段浇筑混凝土并施加预应力而逐渐接长的。由于结构形成的过程不同,因此其永久荷载内力也不同。这与结构力学中的连续梁受力有很大差别。下面一简例可说明这个问题。图 3-56 所示为一个右端固结、左端铰支的梁,承受均匀满布荷载 q(自重)。图中示出了结构分别按两种不同的施工方法(一次落架和分阶段施工)形成结构体系的内力和变形图。

如果结构是支架现浇并在永久支承完成后卸架,则其弯矩 M 如图 3-56a)所示。如果结构是逐段悬臂浇筑,最后再安装支座 A,则由于自重及产生的挠度在悬臂施工时就已发生,因此其弯矩如图 3-56b)所示,这时支座 A 的反力为零,因为它是在结构全部荷载和变形已发生后安装的。显然两种情况的内力和变形图完全不同。

由此可见,在进行桥梁结构分析时,必须根据实际的施工过程,分阶段逐步分析,逐步累加每一分阶段发生的内力和变形,直到全桥结构完全形成。只有这样,才能确保结构分析能够真实反映桥梁的实际受力状况。

2)预应力效应

在分析预应力混凝土桥梁结构时,必须考虑预加力的效应,较常用的方法是等效荷载法,即把预加力当作等效的外荷载施加于混凝土结构上,然后计算由此而引起的内力和位移。

预应力的等效荷载具有一般荷载的特性,但它还有一个重要特征,即它是一自相平衡的力系。从结构中截出任何一段含预应力筋的杆件,其上作用的预应力荷载都是自相平衡的。

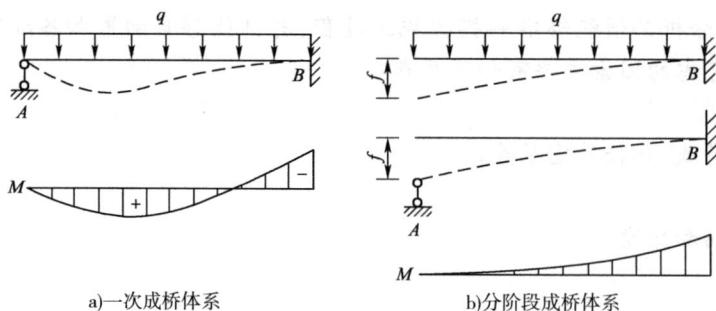

a)一次成桥体系　　　　　b)分阶段成桥体系

图3-56　桥梁最终内力和变形与施工方法的关系

预应力引起的结构内力由如下3个部分组成：

(1)直接施加在构件截面上的预加力，称为初内力。

(2)在超静定结构上张拉的预应力筋所引起的内力重分布，称为次内力。

(3)由于施工过程中发生了体系转换，例如悬臂施工时结构由静定的 T 形结构转换为连续刚构或连续梁，这样由于混凝土的徐变作用，体系转换前(如合龙前)作用在结构上的预应力荷载会在体系转换后的结构上引起内力重分布，也称为次内力。

当采用有限元法逐阶段依次计算并自动累加内力和位移时，这3个部分的内力会被自动算出，不必专门分别考虑。

五、桥梁结构分析的建模方法

利用杆系有限元程序作结构分析时，需将实际结构模拟为杆件系统。因而对所分析结构的力学性能，必须有深入的了解，才能正确地将结构模型化，这是结构分析中最重要的一环。

对于常见桥型，如各种梁式桥、拱桥、桁架、刚构以及斜拉桥等，建立它们的离散杆系模型，一般没有太大的困难。

1. 结构离散化的基本原则

在进行结构计算之前，首先要根据桥梁结构方案和施工方案，划分单元并对单元和节点编号，对于单元的划分一般遵从以下原则：

(1)计算模型应尽量符合实际结构的构造特点和受力特点，以保证求解的真实性。

(2)保证体系的几何不变性，特别是在错综复杂的转换过程中更应注意，同时要避免出现与实际结构受力不符的多余连接。

(3)在合理模拟的前提下，减少不必要的节点数目，以缩短计算时间，减少后处理工作量。

杆系单元的划分，应根据结构的构造特点、实际问题的需要以及计算精度的要求来决定。因此，用来划分单元的节点，应在以下位置设置：

①各关键控制截面处。

②构件交接点、转折点。

③截面突变处。

④不同材料接合处。

⑤边界或所有支承点(包括永久和临时支承)。

⑥对于由等截面直杆组成的桥梁结构，除梁、柱等构件的自然交会节点处必须设置节点

外,杆件中间节点的多少,对计算精度并无影响。但对于桥面单元的划分不宜太长或太短,应根据施工荷载的设定并考虑可变荷载的计算精度统筹兼顾,因为可变荷载的计算是根据桥面单元的划分,记录桥面节点处位移影响线,进而得到各单元的内力影响线,经动态规划加载计算其最值效应。对于索单元一根索应只设置一个单元。

⑦对于变截面杆或曲杆结构,例如拱肋,尽量细分,使折线形模型尽可能接近实际曲线结构的受力状态。

⑧施工缝处。

在图 3-57 中,给出了几种典型桥梁平面杆单元的划分示例。

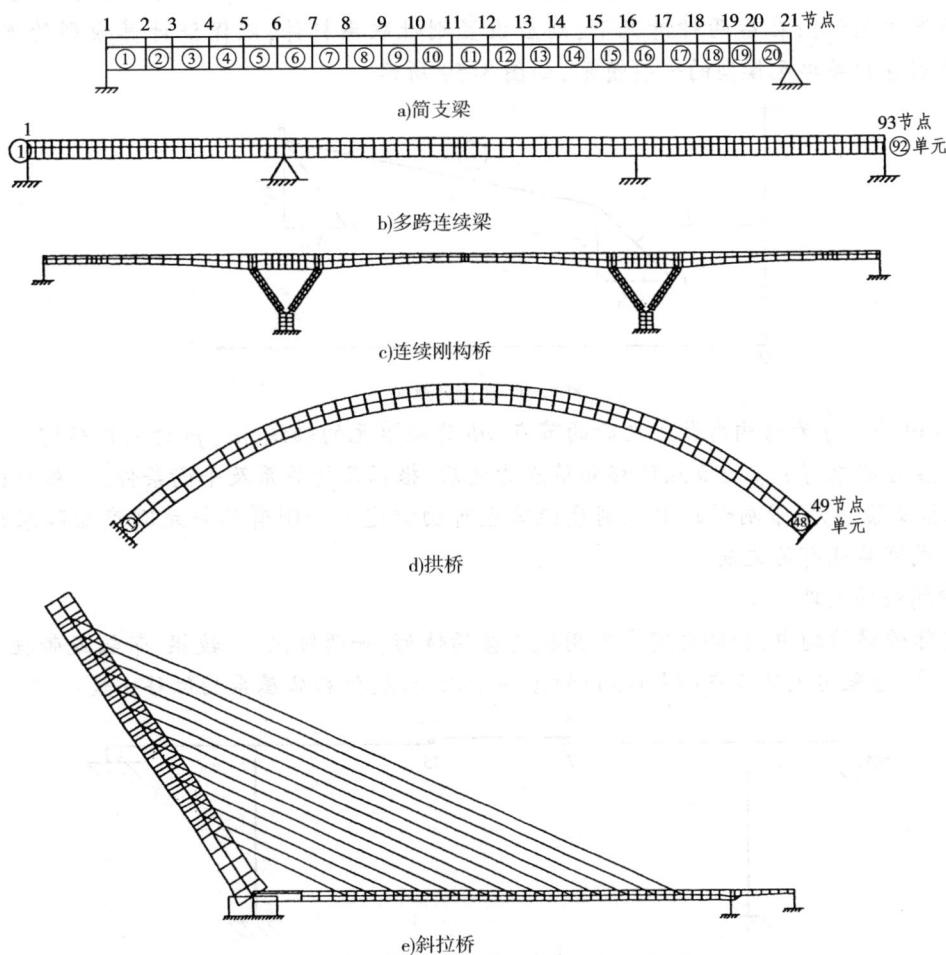

a)简支梁

b)多跨连续梁

c)连续刚构桥

d)拱桥

e)斜拉桥

图 3-57　典型桥梁杆单元划分示例

2. 局部构造的模拟方法

1) 刚臂的处理

在实际桥梁结构中,经常会遇到下列情况:

(1) 几个构件刚性交会于同一节点,见图 3-58a)、b);

(2) 构件轴线偏心交会,见图 3-58c)、d);

(3) 不同受力阶段,构件截面具有不同的几何特性(例如组合截面、后张预应力构件钢束孔道灌浆前后截面等)。

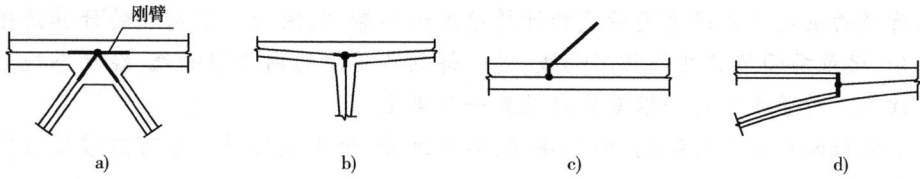

图3-58　刚臂的处理

所有这些情况,在建立杆系分析模型时,均需进行适当的处理。对于第一种情况,刚性节点尺寸对单元内力的影响往往不能忽略,在交会区的杆端应视为刚性部分(刚臂长度范围内的梁体不发生变形);在后两种情况下,则应设置刚性联系杆件,以保证计算模型的连续性。两端带有刚臂的梁单元模型的一般情形,如图3-59所示。

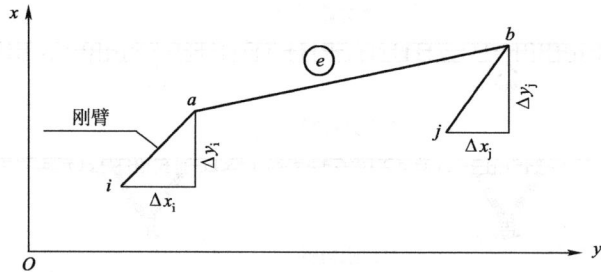

图3-59　带刚臂单元

图3-59中i、j为结构离散化之后的节点,ab为梁单元的轴线,ia、jb为刚性短臂。

由刚度方程求得i、j的节点位移和节点力之后,根据几何关系及平衡条件,不难求得杆端a、b的位移及梁端力,带刚臂的单元刚度矩阵也可由前述不带刚臂的杆元刚度矩阵求得。其解析关系式可参见有关文献。

2)中间铰的处理

在实际桥梁结构中,构件之间常有用铰连接的情形,如两铰拱、三铰拱、带铰或带挂梁的T形刚构桥等,可采用主从节点(图3-60)的方法予以处理,位移从属系指位移一致。

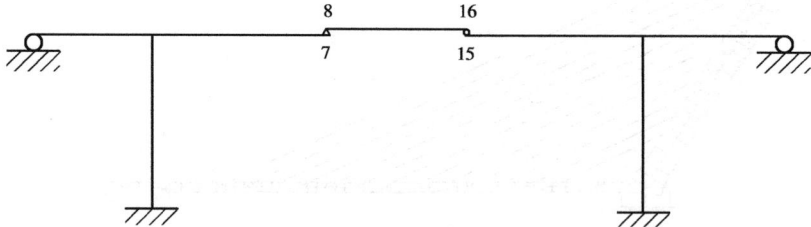

图3-60　主从节点的处理(以T形刚构为例)

注明:1.7、15为T形刚构的节点,是主节点;8、16为挂梁的节点,是从节点。

2.节点8从属于节点7的水平和竖向位移;节点16从属于节点15的竖向位移。

3)支座的处理

桥梁结构分析中,常常要求将上、下部结构联合为整体进行计算。此时,梁式桥的支座也构成了体系的中间铰。当支座是刚性支座(如弧形钢板支座、摆动支座等)时,可采用带刚臂单元和中间铰的方法处理。若支座为简易的油毡垫座,则可假定上下部结构之间不发生相对竖向位移。当采用橡胶支座时,应视支座为弹性约束,用两个弹簧来模拟支座,如图3-61所示。

竖向弹簧刚度根据橡胶支座的实际尺寸,可用下式计算:

$$k_v = \frac{E_0 A_0}{D} \qquad (3-48)$$

水平弹簧的刚度,则根据橡胶支座的抗剪性能按下式确定:

$$k_u = \frac{G_0 A_0}{D} \qquad (3-49)$$

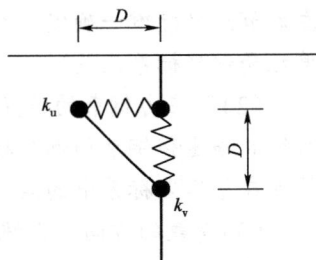

式中:E_0、G_0、A_0、D——橡胶支座的弹性模量、剪切模量、平面面积
　　　　　　　　　和支座的橡胶层厚度。

图 3-61　支座的处理

4) 地基与基础的处理

当结构分析需要考虑弹性地基的作用时,可将弹性地基用弹簧杆模拟。根据文克尔假定:

$$p = Kw \qquad (3-50)$$

式中:K——基床系数,它表示单位铅直位移($w=1$)产生的地基应力。用弹簧杆模拟后,将 K
　　　乘以代用的弹簧杆的作用面积,即得弹簧刚度 EA/D(D 为弹簧杆长度)。

当地基与基础间的联系用铅直弹簧杆代替后,为了保证结构的稳定,应适当加设水平连杆,在只有铅直荷载作用的情况下,其内力为零;当有水平荷载作用时(例如土压力),水平连杆的位置应根据结构的受力特性来决定,或更为精确地按照竖直弹簧杆的设置原理来设置水平弹簧杆。

常见的几种考虑弹性地基的基础模型,如图 3-62 所示。

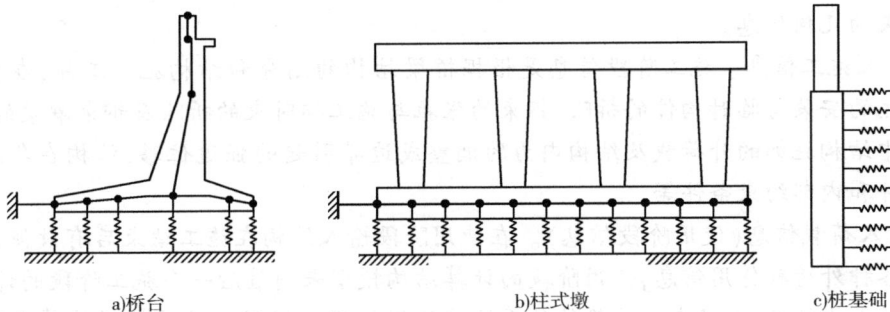

a)桥台　　　　　　　　　b)柱式墩　　　　　　　　c)桩基础

图 3-62　模拟地基

5) 组合结构的计算

近几年来,钢-混凝土组合结构在桥梁结构中的应用越来越广泛,组合结构可以达到加快施工进度,充分发挥两种材料的性能,使结构受力更合理等优势。

组合结构计算时须考虑到两种材料的不同材性(弹性模量不同),按照下式进行截面换算,或直接按不同的材料进行计算:

$$EA = E_c A_c + E_s A_s$$
$$EI = E_c I_c + E_s I_s$$

六、计算示例

1. 计算一般过程

1) 原始数据约定

(1)单元的位置。单元左右节点的坐标为结构总体坐标系内的坐标,单元的位置由单元左右节点坐标唯一确定。在数据的输入过程中,所有矢量方向都从属于结构总体坐标系(与单元局部坐标系无关)。

(2)预应力钢束的位置。钢束的位置信息由两部分合成:钢束在自身局部坐标系内几何曲线的描述和钢束局部坐标系向结构总体坐标系的映射。映射的方法是输入钢束局部坐标系原点在总体坐标系中的坐标及坐标轴的夹角。

(3)荷载的方向。系统约定所有荷载方向与结构总体坐标系一致为正,反之为负。荷载的矢量输入只能输入总体坐标系下的分量。

2)数据准备

(1)结构离散。按照前述结构离散方法对结构进行单元划分,对节点进行编号。

(2)施工分析。按照施工方法划分施工阶段,确定施工周期。

(3)荷载分析。对施工荷载、运营荷载(设计荷载)进行分析。

3)数据输入

(1)单元的基本信息。一个单元的基本信息有左右节点号、左右节点坐标、单元的类型、左右截面特征以及一些计算辅助信息。

(2)输入钢束信息(如为预应力桥梁)。首先对桥梁结构中的所有预应力索进行编号,编号的原则:不同钢束几何类型、不同材料类型需分别编号。如果几何类型相同,材料也相同,但需要考虑钢束分批张拉弹性压缩损失影响进行编号。之后根据实际结构确定钢束基本信息并输入各钢束的几何信息。

(3)输入施工信息。施工阶段信息是根据桥梁结构的划分和结构施工工序,在各施工阶段输入单元的安装与临时构件的拆除、钢束的张拉与施工临时束的拆除及钢束灌浆的信息、各施工过程中结构施加的外荷载及结构内力的调整或边界引起的强迫位移、结构在各阶段的外部边界条件和内部约束条件等。

(4)输入荷载信息(使用阶段信息)。在使用阶段输入结构在施工结束后有效使用期内可能承受的各种外荷载作用信息,使用阶段的计算结构模型采用最后一个施工阶段的计算模型。对于一般的内力计算,大多专业计算软件系统均能根据用户提供的结构信息计算各阶段的各种结构内力和位移效应,如果需要内力组合则进行荷载效应组合计算。

(5)输入数据检查。数据输入完成后,一般可以通过输出原始数据来输出已经输入的数据是否正确。

4)计算并输出计算结果

计算并按照用户需要输出预想结果。

2.拱桥计算示例

1)桥梁概况

某桥主桥桥型为钢筋混凝土刚架拱结构,净跨径为60m,矢跨比为1/8。横截面由4片拱肋组成,拱肋间距3.2m。结构总体布置图,如图3-63所示。桥面布置为净 $-9 + 2 \times 1.5$m 人行道。桥面横截面布置,如图3-64所示。设计荷载等级:汽车—20级,挂—100级。采用重力式刚性扩大基础。

2)结构建模分析

根据结构布置情况,取全桥进行分析(1片拱肋),在确定计算模型时,应注意以下几点:

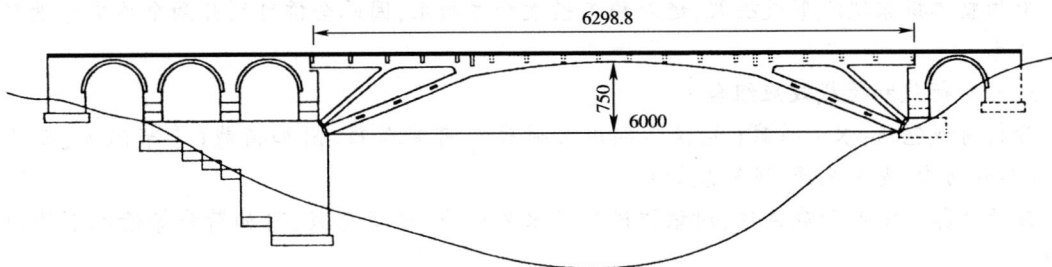

图 3-63　桥梁立面布置(尺寸单位:cm)

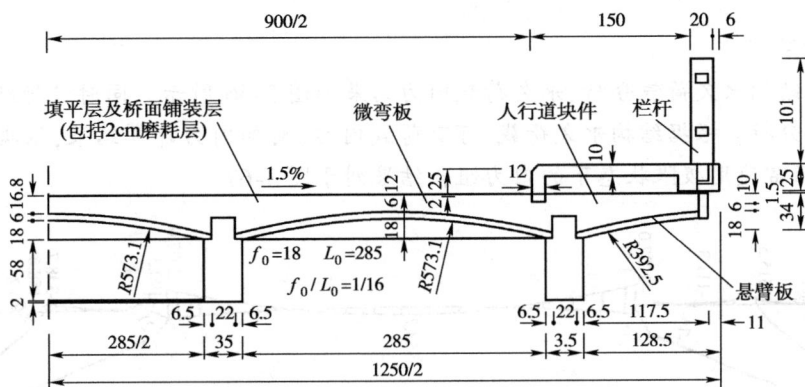

图 3-64　桥面横截面布置(尺寸单位:cm)

（1）计算模型的轴线(拱轴线)必须与实际结构的轴线相一致,这样才能反映结构的受力情形。

（2）应严格保证计算模型的斜腿和次斜腿的角度与实际结构布置情形一致。

（3）两个斜腿中性轴与主梁中性轴相接处并非重合,因此应设置刚臂过渡。

（4）为保证计算精度,对于拱圈单元,其长度不宜太大,宜控制在 2~3m。

该桥共划分 71 个节点,70 个单元。有限元计算简图,如图 3-65 所示。

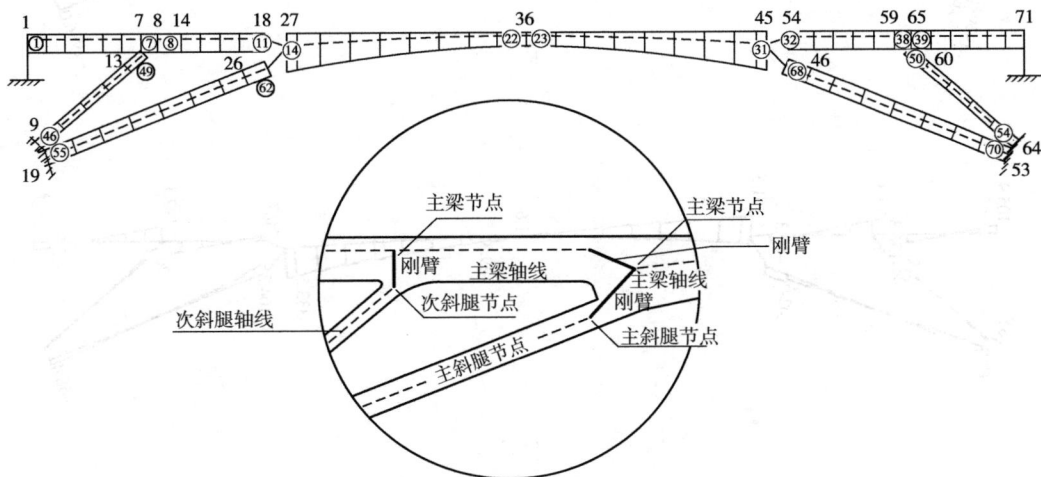

图 3-65　桥梁单元离散图

采用整体搭架现浇形成拱架,进而施工横梁和桥面系,因此全桥可划分两个施工阶段形成结构体系。

3) 分析荷载和荷载效应组合

分析荷载包括:永久荷载(包括二期永久荷载)、可变荷载、附加荷载(季节温差、日照温差、汽车制动力、支座沉降、风荷载等)。

按此计算模型及荷载条件,对该桥进行了永久荷载、可变荷载、附加荷载等情况下的内力分析。

同时,依据《桥规》规定,对桥梁结构进行正常使用和承载能力两种极限状态下的荷载效应组合分析。

4) 计算结果

首先进行结构永久荷载分析,永久荷载内力结果如图3-66所示。同时进行结构可变荷载的最不利加载分析。根据结构永久荷载、可变荷载内力、附加内力计算结果,依据规范规定进行内力组合,正常使用极限状态下的内力组合结果列于图3-67。

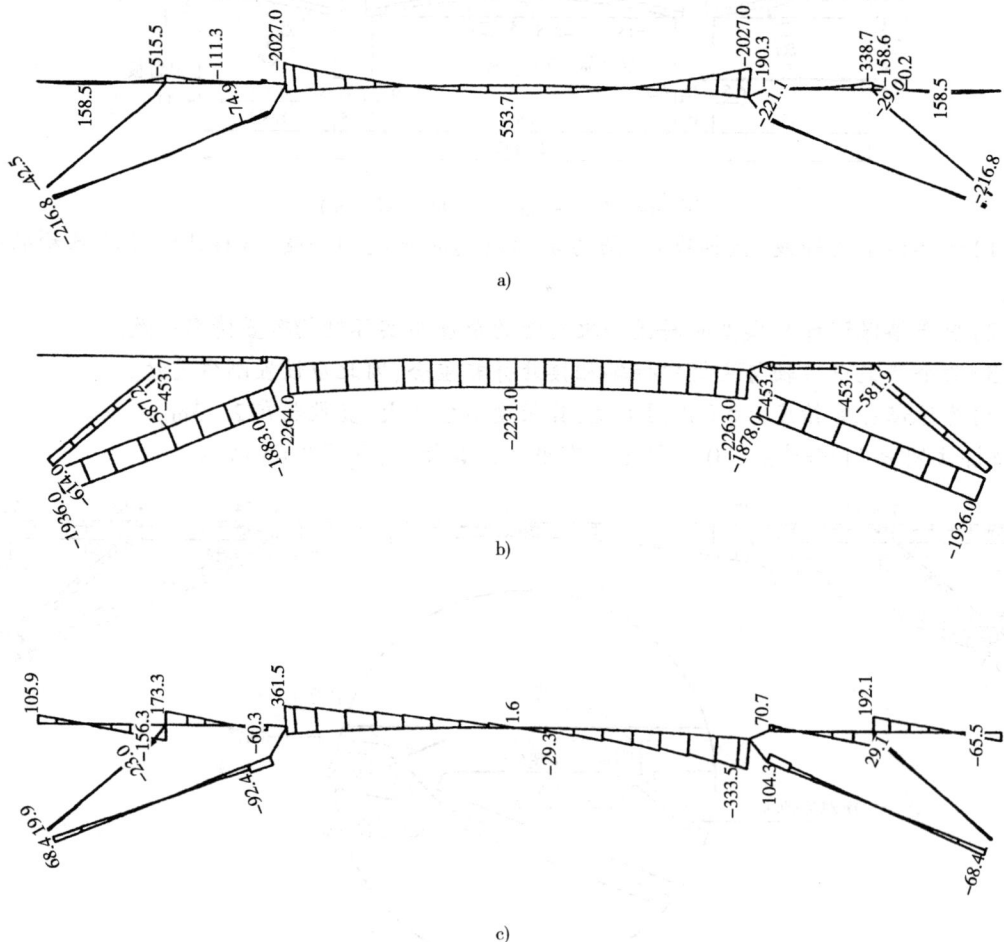

图 3-66 成桥状态桥梁内力图(单位:kN)

a)正常使用极限状态弯矩包络图(kN·m)

b)正常使用极限状态轴力包络图(kN)

c)正常使用极限状态剪力包络图(kN)

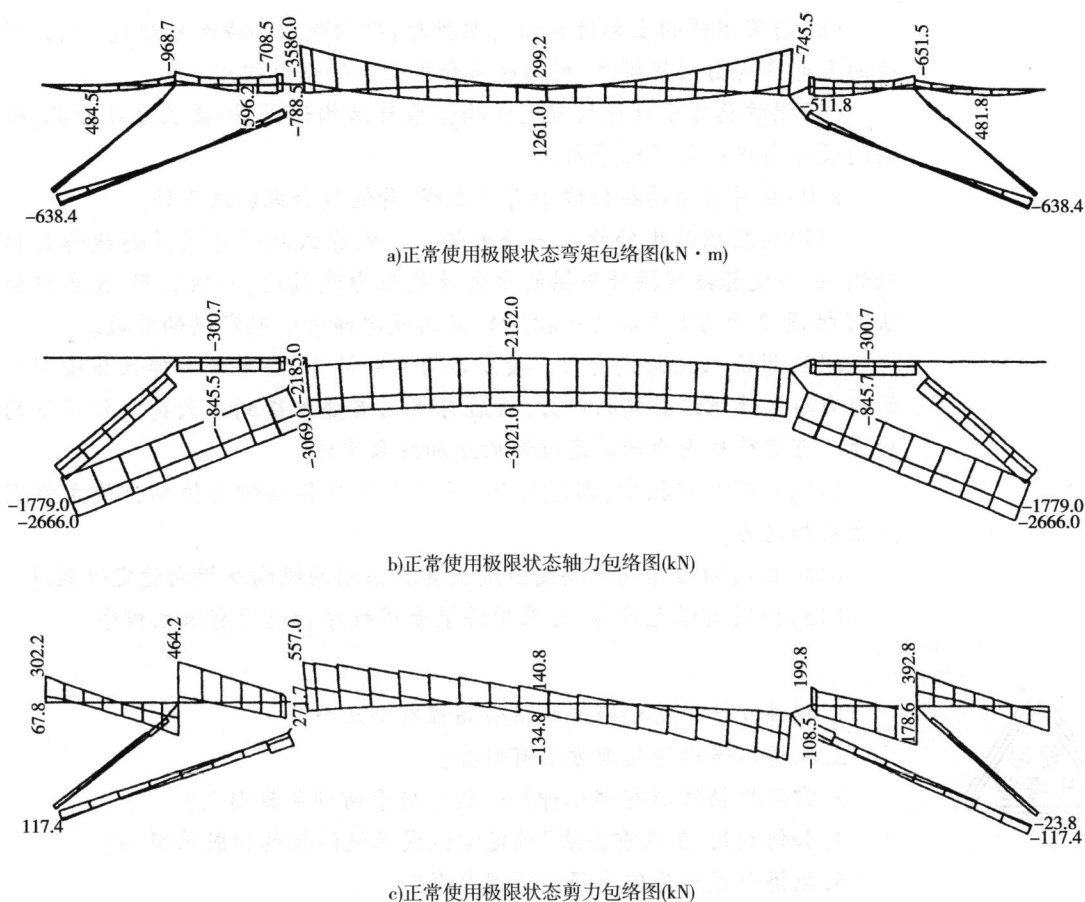

图3-67　内力组合结果

本章小结

　　(1)拱桥在竖向荷载作用下,其两端支承除了有竖向反力外,还将产生水平推力,这将使拱内产生轴向压力,从而减小了拱内弯矩。

　　(2)拱桥上部结构由主拱圈和拱上建筑组成,主拱圈是主要承重结构。

　　(3)从结构受力体系上划分,拱桥可分为两铰拱、三铰拱和无铰拱,实际工程一般采用无铰拱。

　　(4)根据主拱圈的截面形式,拱桥又可分为板拱桥、板肋拱桥、肋拱桥、双曲拱桥和箱形拱桥。

　　(5)拱上建筑可采用实腹式和空腹式两种。空腹式拱上建筑又分为拱式拱上建筑和梁式拱上建筑两种。

　　(6)拱桥拱上建筑除了传力构件外,还有拱上填料、桥面、人行道、伸缩缝与变形缝、排水和防水系统,以及拱铰等细部构造。

　　(7)钢管混凝土拱桥由钢管混凝土拱肋、立柱或吊杆、横撑、行车道系和下部结构组成。

(8)桁架拱桥的上部结构由桁架拱片、横向联系和桥面系组成。刚架拱桥的上部结构由刚架拱片、横向联系和桥面系等部分组成。

(9)拱桥总体设计包括确定结构体系及结构形式,桥梁长度及分孔,桥梁的设计高程和矢跨比等内容。

(10)拱桥常用的拱轴线形有圆弧线、悬链线和抛物线3种。

(11)实腹拱的拱轴线是一条悬链线。空腹式拱桥亦用悬链线作为拱轴线,但为使悬链线拱轴与拱的永久荷载压力线接近,一般利用"5点重合法"(拱顶、2个 $l/4$ 点和2个拱脚),采用逐次逼近法确定拱轴系数。

(12)拱桥永久荷载内力一般分为两部分计算,即不考虑弹性压缩影响的内力与弹性压缩引起的内力,然后再将两者叠加得到永久荷载作用下的内力。可变荷载内力计算通过影响线加载来实现。

(13)在超静定拱中,温度变化、混凝土收缩和拱脚变位都会使主拱圈产生附加内力。

(14)拱圈的验算包括拱圈强度验算和拱圈的纵向及横向稳定性验算。

(15)桥梁有限元计算,可采用桥梁专用程序和通用有限元程序。

复习
思考题

1.拱桥设计时需要确定的拱桥高程有哪几个?

2.拱桥不等跨的处理方法有哪些?

3.常用拱轴线形有哪几种?分别对应于何种荷载形式?

4.如何利用"5点重合法"确定空腹式悬链线拱的拱轴系数 m?

5.拱桥合龙时为何要强调低温合龙?

第四章
CHAPTER FOUR
桥梁墩台

本章内容概要

　　本章主要介绍了桥梁墩台的主要类型、适用条件和构造要求,重力式桥墩、桥台的受力分析与计算方法,以及桩柱式桥墩和轻型桥台的计算要点。

教学目标

　　1.会描述桥梁墩台的主要类型、适用条件和构造要求;
　　2.会进行重力式桥墩、桥台的受力分析及作用组合;
　　3.会计算圬工桥墩墩身强度,验算基底应力和偏心距,验算桥墩的整体稳定性;
　　4.知道重力式桥台的计算方法、桩柱式桥墩和轻型桥台的计算要点。

重点学习任务

　　1.认知桥梁墩台的主要类型、适用条件和构造要求;
　　2.进行重力式桥墩的设计计算。

主要学习活动设计

　　1.观看桥梁墩台构造类型影像片或工程现场参观;
　　2.阅读分析石砌重力式桥墩计算示例。

第一节　　桥梁墩台构造

一、概述

　　桥梁墩台是桥梁结构的重要组成部分,它决定桥跨结构在平面上和高程上的位置,承担着桥梁上部结构产生的荷载,并将荷载有效地传递给地基基础,起着"承上启下"的作用。桥梁墩台又称为桥梁的下部结构,它主要由墩(台)帽、墩(台)身和基础3个部分组成(图4-1)。

桥墩一般是指多跨桥梁的中间支承结构物,它除承受结构的荷重外,还要承受流水压力、水面以上的风力以及可能出现的流冰压力、船只或漂浮物或汽车的撞击作用。桥台设置在桥梁两端,除了支承桥跨结构外,还是衔接两岸路堤的构造物;既要能挡土护岸,又要能承受台背填土压力及填土上车辆荷载所产生的附加土侧压力。因此,桥梁墩台不仅要求自身应具有足够的强度、刚度和稳定性,而且对地基的承载能力、沉降量、地基与基础之间的摩阻力等都有相应的要求。

二、桥墩构造

桥墩按其构造可分为实体墩、空心墩、桩(柱)式墩、框架式墩等。

1. 实体重力式桥墩

实体重力式桥墩(图4-2)是一种实体圬工墩,主要靠自身的重力(包括桥跨结构重力)来平衡外力,从而保证桥墩的强度和稳定。这种桥墩自身刚度大,具有较强的防撞能力,适合于修建在地基承载力较高、覆盖层较薄、基岩埋深较浅的地基上。其构造要求如下:

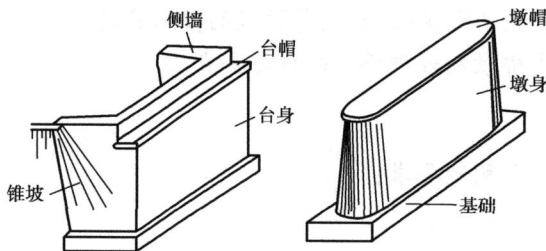

图4-1　重力式墩台

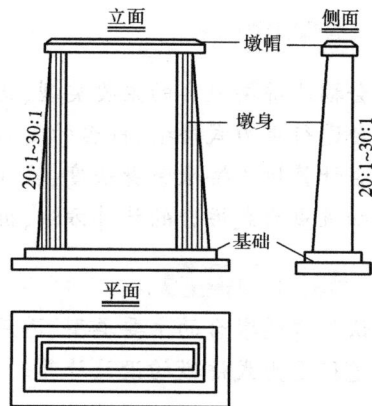

图4-2　实体重力式桥墩

1)墩帽

墩帽直接支承桥跨结构,并将相邻两孔桥上的结构重力、汽车荷载和人群荷载传到墩身上。由于它受到支座传来集中力的作用,所以要求它具有足够的强度和厚度,其最小厚度一般不小于500mm,中小跨径梁桥的墩帽也不应小于400mm。墩帽一般采用C25以上的混凝土浇筑,并加配构造钢筋。小跨径桥非严寒地区可不设构造钢筋,构造钢筋直径一般取8~12mm,网格间距为200mm左右。支座下墩帽内应布置一层或多层加强钢筋网,其平面分布范围取支座支承垫板面积的两倍,钢筋直径为8~12mm,网格间距为50~100mm。墩帽钢筋布置,如图4-3所示。对于小桥,也可用M7.5以上砂浆砌MU40以上料石作墩帽。当桥面的横向排水坡不用桥面三角垫层调整时,可在墩帽顶面从中心向两端倾斜地加筑三角垫层,并在四周墩身顶出檐50~100mm,且在其上做成沟槽形滴水以避免水侵蚀墩身。

墩帽的平面尺寸应考虑上部结构形式、支座布置情况、架设上部结构施工方法的要求而确定。一般可按下式确定:

（1）顺桥向（图4-4）墩帽最小宽度 b

$$b \geqslant f + \frac{a}{2} + \frac{a'}{2} + 2c_1 + 2c_2$$

式中：f——相邻两跨支座间的中心距，按下式计算：

$$f = e_0 + e_1 + e'_1 \geqslant \frac{a}{2} + \frac{a'}{2}$$

e_0——伸缩缝宽，中小桥为 $20 \sim 50\text{mm}$；大跨径桥可按温度变化及施工可能出现的误差等确定；

e_1、e'_1——桥跨结构伸过支座中心线的长度；

a、a'——桥跨结构支座垫板顺桥向的宽度；

c_1——顺桥向支座垫板至墩身顶边缘最小距离，应按表4-1的规定值取用（图4-5）；

c_2——墩帽缘伸出距离，$50 \sim 100\text{mm}$。

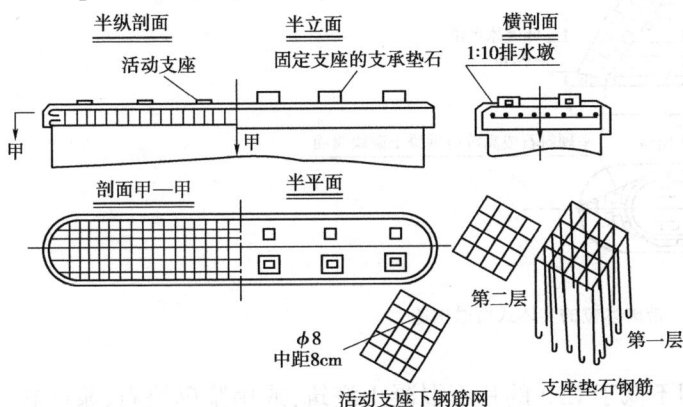

图 4-3　墩帽钢筋构造

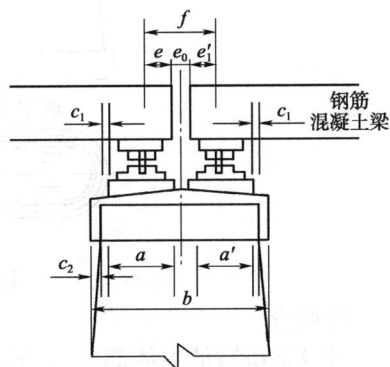

图 4-4　墩帽纵桥向宽度

支座垫板至墩（台）身顶边缘的最小距离（mm）　　　表4-1

跨径 l(m)	方　向		
	顺　桥　向	横　桥　向	
		圆弧形端头（自支座边角量起）	矩形端头
$l \geqslant 150$	300	300	500
$50 \leqslant l < 150$	250	250	400
$20 \leqslant l < 50$	200	200	300
$5 \leqslant l < 20$	150	150	200

注：当采用钢筋混凝土或预应力混凝土悬臂墩帽时，可不受本表限制，应以便于施工、养护和更换支座而定。

（2）横桥向墩帽最小宽度 B

$$B = 桥跨结构两外侧主梁中心距 + 支座底板横向宽度 + 2c_2 + 2c_1$$

对一些宽桥或高墩桥梁，为了节省墩身圬工体积，常常将墩帽做成悬臂式或托盘式。悬臂的长度和宽度根据上部结构的形式、支座位置及施工荷载的要求确定。一般要求悬臂式墩帽的混凝土强度等级要高些，悬臂端部的最小高度不小于 $300 \sim 400\text{mm}$。

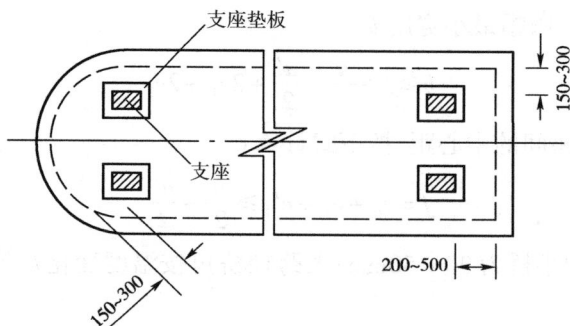

图 4-5　支座垫板至墩(台)身边缘最小距离(尺寸单位:mm)

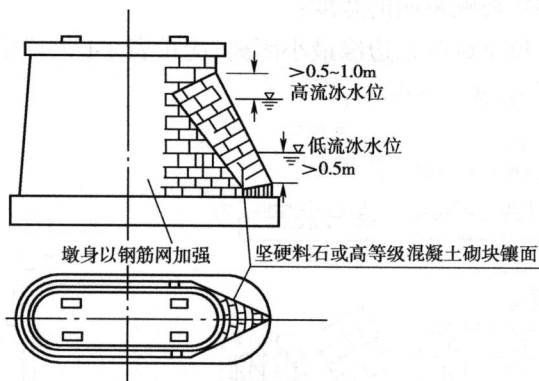

图 4-6　带破冰棱的实体式桥墩构造

2)墩身

墩身是桥墩的主体部分,一般采用不低于 C20 的片石混凝土浇筑,或用浆砌块石、浆砌料石,也可用混凝土预制块砌筑。石砌桥墩应采用不低于 MU30 的石料,大中桥用不低于 M7.5 的砂浆砌筑,小桥涵用不低于 M5 的砂浆砌筑。混凝土桥墩一般用 C25 或 C25 以上混凝土浇筑,并可掺入不多于 20% 的片石,混凝土预制块强度不低于 C30。

墩身的主要尺寸包括墩高、墩身顶面和底面尺寸、墩身侧坡。用于梁式桥的墩身顶宽,小跨径桥不宜小于 800mm,中跨径桥不宜小于 1000mm,大跨径桥的墩身顶宽视上部结构类型而定。墩身侧坡一般采用20:1～30:1,小跨径桥梁的桥墩也可以做成直坡。实体桥墩的截面形式有圆形、圆端形、尖端形、矩形、菱形等。在有强烈流冰(冰厚大于 500mm,流冰速度大于 1m/s)或大量漂浮物的河道上,桥墩的迎水端应做成破冰棱体(图 4-6)。

3)基础

基础是桥墩与地基直接接触的部分,其类型与尺寸往往取决于地基条件,尤其是地基承载力。最常见的是刚性扩大基础,一般采用 C20 以上片石混凝土或浆砌块石筑成。基础的平面尺寸较墩身底面尺寸略大,四周各放大250～750mm。基础可以做成单层,也可以做成 2～3 层台阶式的。台阶的宽度由基础所用材料的刚性角控制。基础刚性角:用 M5 砂浆砌筑的砌体不大于 30°;用 M5 以上的砂浆砌筑的砌体不大于 35°;用混凝土浇筑的不大于 40°。

2. 空心桥墩

空心桥墩的形式有两种:一种为部分镂空实体桥墩,另一种为薄壁空心桥墩。

　　部分镂空实体桥墩仍保持实体桥墩的基本特点,如较大的轮廓体形,较大的圬工结构,少量的钢筋等。镂空的主要目的是减少圬工数量,使结构更经济。具体镂空部位受到一定条件限制,如在墩帽下一定高度范围内,为保证上部结构荷载安全有效传递给墩身壁,应设置一定的实体过渡段;在空心部分与实体部分连接处应设倒角或配置构造钢筋,从而避免产生局部应力集中等问题;对于受船只、漂流物撞击或易磨损、需防流冰撞击的墩身部分,一般不宜镂空。

　　薄壁空心墩基本结构形式与部分镂空实体桥墩相似,一般墩身壁为较薄的钢筋混凝土,混凝土的强度等级一般不低于C30。根据受力情况、桥墩高度以及自身构造要求,壁厚一般在300～500mm。常见的几种空心桥墩,如图4-7和图4-8所示。

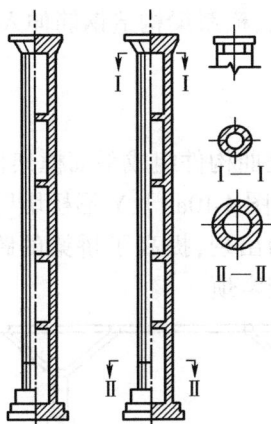

図4-7　圆形空心桥墩

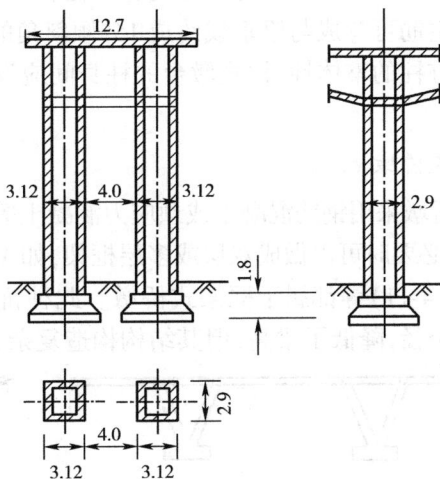

图4-8　方形空心桥墩(尺寸单位:m)

3.桩(柱)式桥墩

　　柱式桥墩和桩式桥墩是公路桥梁广泛采用的桥墩形式,它既能减轻墩身重力,节约圬工材料,外形又较美观。

　　柱式桥墩可以在灌注桩顶浇一承台,然后在承台上设立柱[图4-9a)];或在浅基础上设立柱[图4-9b)]。为增强墩柱间的抗撞击能力,在两柱中间加做隔墙[图4-9c)]。当桥墩较高时,也可以把水下部分做成实体式,水上部分仍为柱式[图4-9d)]。

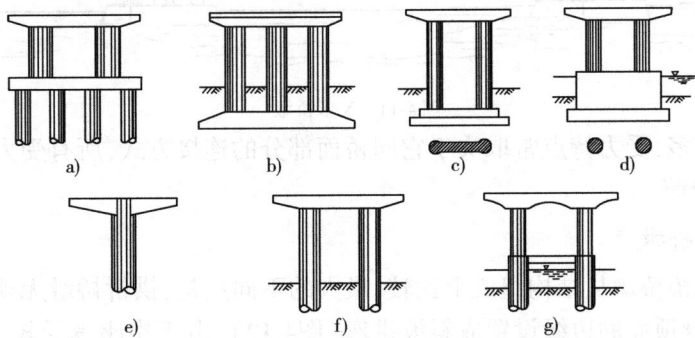

图4-9　桩柱式桥墩

桩柱式桥墩一般分为两部分,在地面以上(或桩柱连接处以上)称为柱,在地面以下称为桩。图4-9e)所示为单柱式桩墩。单柱式桩墩在铁路桥梁应用较多,公路连续梁桥桥墩配合球形支座采用单柱式桩墩的也较多;图4-9f)所示为等截面双柱式桩墩;图4-9g)所示为变截面双柱式桩墩。

盖梁是柱式桥墩的墩帽,一般采用钢筋混凝土就地浇筑,混凝土采用 C25 ~ C30,也有采用预制安装或预应力混凝土的。跨高比不大于5的盖梁宜采用强度等级较高的混凝土,混凝土强度等级应不低于C30。盖梁截面内应设箍筋,两侧设纵向水平钢筋。盖梁的宽度、高度和长度尺寸,应根据上部结构安装要求及受力分析计算确定。

为使桩柱与盖梁或承台有较好的整体性,桩柱顶一般应嵌入盖梁或承台 150 ~ 200mm,露出桩柱顶的主筋可弯成与铅垂线约成15°倾斜角的喇叭形,伸入盖梁或承台中。

为加强桩柱的整体性,柱式墩台的柱身间应设置横系梁,横系梁构造钢筋伸入桩内与主筋连接。

4. 框架式桥墩

框架式桥墩采用钢筋混凝土或预应力混凝土等压挠或挠曲构件组成平面框架代替墩身,支撑上部结构;必要时可以做成双层或多层框架,如 V 形桥墩[图 4-10a)]、Y 形桥墩[图 4-10b)]、X 形桥墩(图 4-11)等都属于框架式桥墩。此种桥墩结构的出现,提高了桥梁的跨越能力,缩短了主梁的跨径,降低了梁高,但其结构构造复杂,施工比较麻烦。

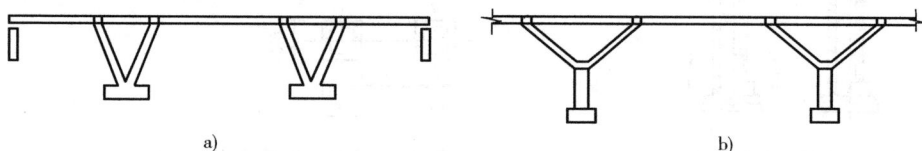

图 4-10   V 形桥墩和 Y 形桥墩

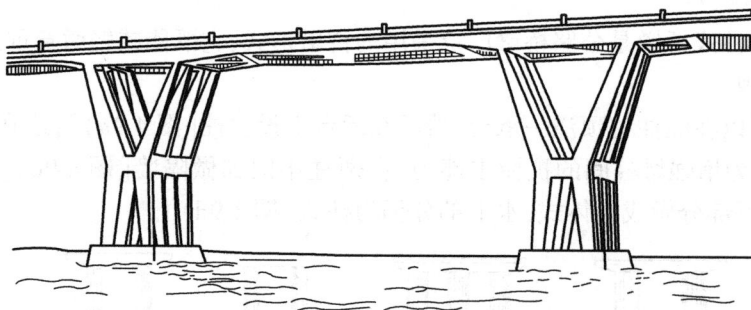

图 4-11   X 形桥墩

框架墩形式较多,受力特点常取决于它同桥面部分的连接方式,所有受力钢筋均应通过计算确定。

5. 重力式拱桥桥墩

拱桥桥墩与梁桥桥墩从结构组成上比较,最大的不同点是,拱桥桥墩无须考虑支座的类型与布置,只需在墩身顶面的边缘设置成斜坡拱座(图4-12)。由于拱座承受较大的拱圈压力,故一般宜采用 C30 以上的整体式混凝土、混凝土预制块或 MU50 以上的块石砌筑。肋拱桥拱座由于压力比较集中,故应采用强度等级高的混凝土及数层钢筋网加固;装配式肋拱桥的拱座,也可以预留供插入拱肋的孔槽,如图4-12所示,吊装就位后再浇混凝土封固。为了加强肋底与拱座的连接,底部可设U形槽浇灌C30以上的混凝土,有时孔底或孔壁还应增加一些加强钢筋网。

由于拱桥桥墩要承受较大的水平推力,所以拱桥桥墩的顺桥向宽度尺寸比梁桥大,墩壁坡度比梁桥缓。另外,拱桥桥墩需承受相邻两孔拱脚传来的不平衡水平推力。因此产生了几种特殊结构的拱桥桥墩,如同一桥墩上两拱座高低不一的墩(图4-13)。此类桥墩是为应对邻孔不等跨而设计的;以及在多跨拱桥中,根据施工和使用要求,每隔3~5孔设置的单向推力墩。目前常用的单向推力墩有以下几种形式:

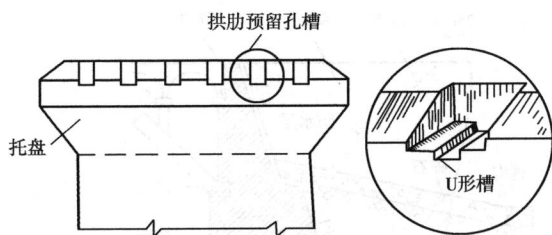

图 4-12 拱座构造

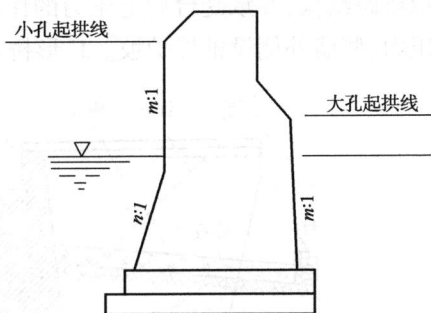

图 4-13 拱座高低不一的桥墩

1)带三角杆件的单向推力墩

带三角杆件的单向推力墩是在普通墩柱上对称增设一对钢筋混凝土斜撑(图4-14),以提高其抵抗单向水平推力的能力。接头只承受压力而不承受拉力。在基础埋置深度不大,地基条件较好时,也可把桥墩基础加宽成⊥形的单向推力墩。这种桥墩只在桥不太高的旱地上采用。

2)悬臂式单向推力墩

悬臂式单向推力墩是在桥墩的纵桥向双向挑出悬臂(图4-15)。当邻孔遭到破坏后,由于存在悬臂端,使拱支座竖向反力通过悬臂端而形成稳定力矩,保证了单向推力墩不会遭到损坏。

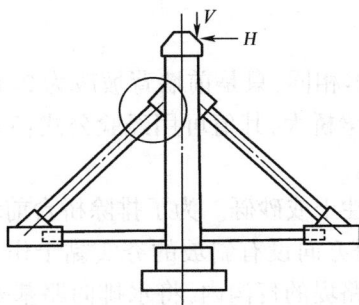

图 4-14 带三角杆件的单向推力墩

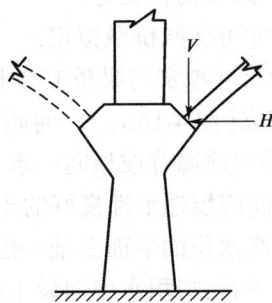

图 4-15 悬臂式单向推力墩

3)实体单向推力墩

当桥墩较矮及单向推力不大V时,只需加大实体墩身的尺寸即可。

三、桥台构造

桥台按其形式可分为重力式桥台、轻型桥台、埋置式桥台、框架式桥台和组合式桥台等几种形式。

1. 重力式桥台(U形桥台)

重力式U形桥台,它主要靠自重来平衡外荷载,以保持自身的稳定性。桥台台身多数由块石、片石混凝土或混凝土等圬工材料建造,并采用就地砌筑或浇筑的施工方法。

重力式U形桥台由台身(前墙)、台帽、基础与两侧的翼墙组成,在平面上呈U字形。台身支承桥跨结构,并承受台后土压力的作用;翼墙连接路堤,在满足一定条件时,和前墙共同承受土压力,侧墙外侧设锥形护坡。U形桥台的一般构造,如图4-16所示。

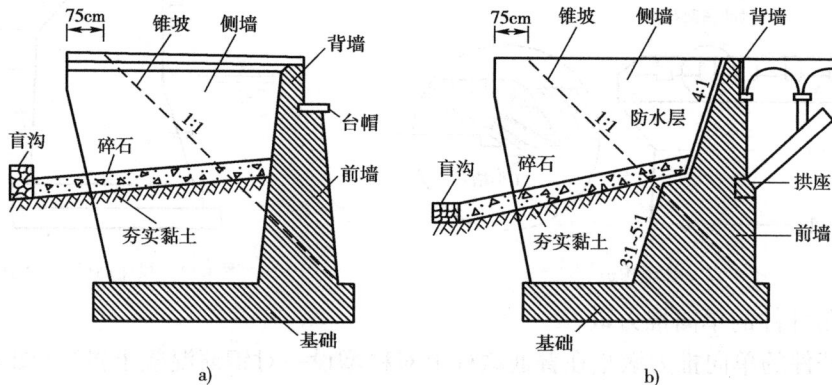

图4-16　重力式U形桥台构造

梁桥U形桥台前墙顶宽不小于500mm,其任一水平截面的宽度,不宜小于该截面至墙顶高度的0.4倍。背坡一般采用5:1~8:1,前坡为10:1或直立。侧墙外侧直立,内侧为3:1~5:1的斜坡,侧墙顶宽不小于500mm,其任一水平截面的宽度,对片石砌体不小于该截面至墙顶高度的0.4倍,对块石、料石砌体及混凝土不小于0.35倍;如桥台内填料为中、粗砂或砂砾,则上述两项可分别相应减为0.35倍和0.3倍,如图4-17所示。侧墙尾端应有750mm以上的长度伸入路堤,以保证与路堤衔接良好。

台帽和基础尺寸可参照桥墩拟定。

拱桥U形桥台尺寸拟定与梁桥U形桥台基本相同,只是前墙背坡改为2:1~4:1,前坡改为20:1~30:1或直立[图4-16b)]。前墙顶宽比梁桥大,其值可用经验公式:$b = 0.15L$进行计算,其中b为起拱线至前墙背坡顶间的水平距离。

U形桥台侧墙间应填透水性良好的土,如砂性土或砂砾。为了排除桥台前墙后面的积水,应在侧墙间略高于高水位的平面上铺一层向路堤方向设有斜坡的夯实黏土作为防水层,并在黏土层上再铺一层碎石,将积水引向设于桥台后路堤的盲沟内,将水排向路基外,如图4-17所示。桥台两侧设锥坡,坡度由纵向的1:1逐渐变到横向的1:1.5,以便和路堤边坡保持一致,锥形护坡的坡脚不能超过桥台前沿。锥坡的平面形状为1/4椭圆,用土夯实填筑,其表面用片石砌筑。

2. 轻型桥台

轻型桥台通常采用圬工材料或钢筋混凝土材料筑成,应用范围较广泛,从结构上可分为八字式、一字式、薄壁轻型桥台和带耳墙的轻型桥台等形式。

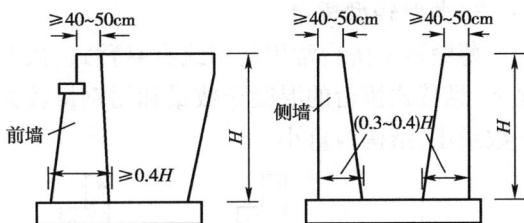

图 4-17　重力式 U 形桥台尺寸图

1) 八字式和一字式桥台

台身两侧为独立的翼墙,一般将台身与翼墙分开,其间设变形缝。当台身与翼墙斜交时则为八字式桥台[图 4-18a)];台身与翼墙在同一平面则为一字式桥台[图 4-18b)]。八字式和一字式桥台的翼墙除挡住路堤填土外,还起引导水流的作用。它适用于河岸稳定、桥台不高、河床压缩小的中小跨径桥梁,对于跨越人工河道的桥梁及立交桥也可采用。

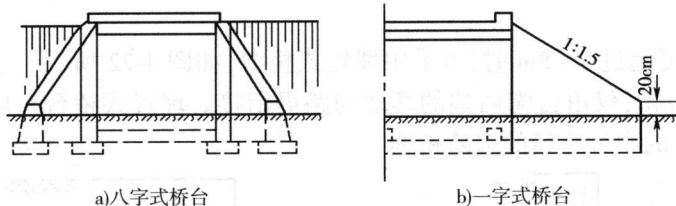

a) 八字式桥台　　　　　　　b) 一字式桥台

图 4-18　八字式和一字式桥台

单跨或少跨的小跨径桥,在条件许可的情况下,可在轻型桥台之间或台与墩间设置 3～5 根支撑梁,支撑梁设在冲刷线或河床铺砌线以下。梁与桥台设置锚固栓钉,使上部结构与支撑梁共同支撑桥台承受台后土压力,成为支撑型桥台(图 4-19)。

2) 带耳墙轻型桥台

轻型桥台采用八字式和一字式翼墙挡土,若地形许可,也可做成耳墙式。带耳墙的桥台由台身、耳墙和边柱这 3 个部分组成,如图 4-20 所示。

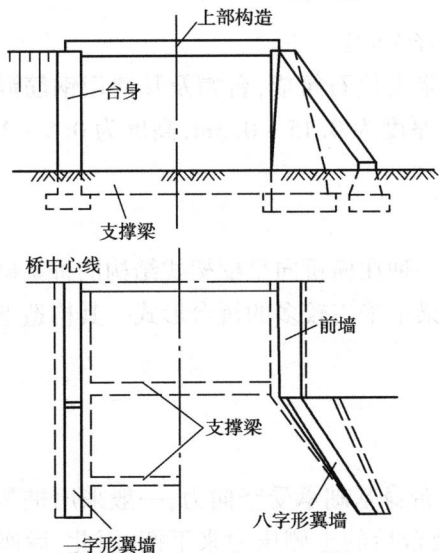

图 4-19　支撑梁轻型桥台

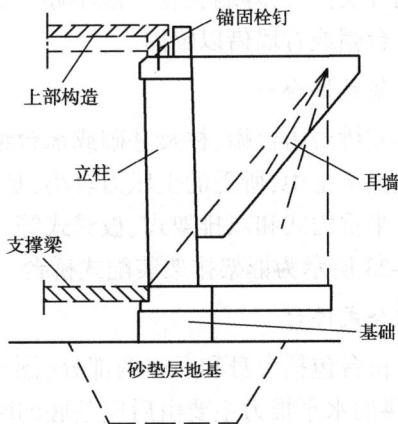

图 4-20　带耳墙的轻型桥台

3)薄壁轻型桥台

薄壁轻型桥台常用的形式有悬臂式、扶壁式、撑墙式及箱式等,如图 4-21 所示。在一般情况下,悬臂式桥台的混凝土数量和用钢量较大;撑墙式桥台与箱式桥台的模板用量较大,但圬工数量小,结构自重小。

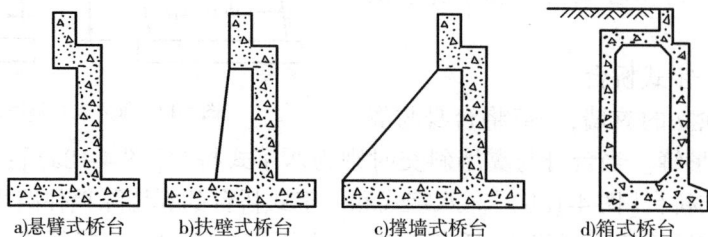

a)悬臂式桥台   b)扶壁式桥台   c)撑墙式桥台   d)箱式桥台

图 4-21   薄壁轻型桥台

3. 埋置式桥台

当路堤填土高度超过 6～8m 时,可采用埋置式桥台,如图 4-22 所示。它是将台身埋在锥形护坡中,只露出台帽,仅由台帽两端的耳墙与路堤衔接。埋置式桥台一般适用于桥头为浅滩、溜坡受冲刷较小的中等跨径的多跨桥梁。

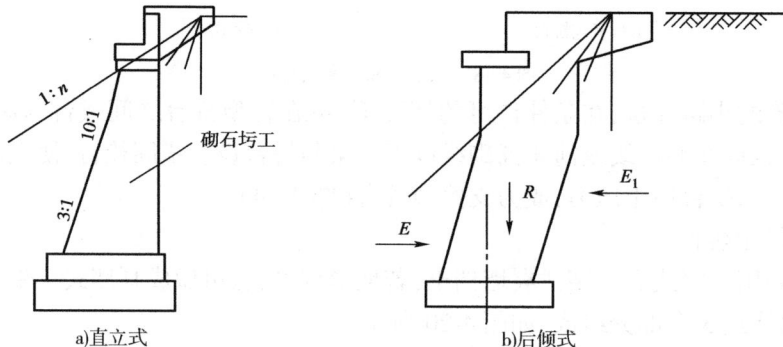

a)直立式   b)后倾式

图 4-22   埋置式桥台的构造

埋置式桥台,台身可用混凝土、片石混凝土或浆砌块石筑成,台帽及耳墙用钢筋混凝土做成。利用耳墙挡土,耳墙长度一般不超过 3～4m,厚度为 0.15～0.3m,高度为 0.5～2.5m,其主筋伸入台帽或背墙借以锚固。

4. 框架式桥台

框架式桥台由台帽、柱及基础或承台组成,是一种在横桥向呈框架式结构的桩基础轻型桥台。它埋置于土中,所受的土压力较小,是目前桥梁中采用较多的桥台形式。其构造形式有柱式、墙式、半重力式和双排架式、板凳式等。

图 4-23 所示为框架排架装配式桥台。

5. 组合式桥台

组合桥台包括台身和后座两部分(图 4-24)。台身基础承受竖向力,一般采用桩基础或沉井基础;拱的水平推力主要由后座基底的摩阻力及台后的土侧压力来平衡,因此,后座基底高程应低于拱脚下缘高程。台身与后座间设沉降缝以适应两者的不均匀沉降。

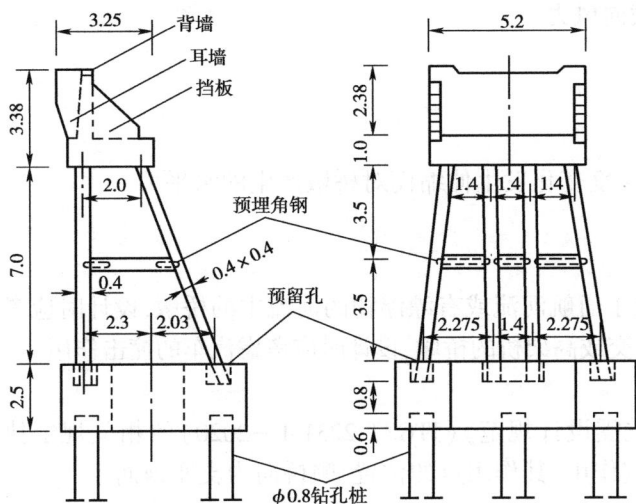

图 4-23　框架排架装配式桥台(尺寸单位:m)

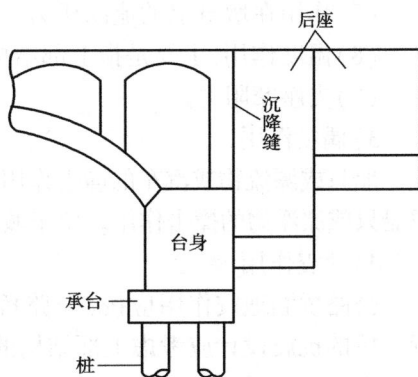

图 4-24　组合式桥台

第二节　桥墩计算

一、作用及其组合

第一章总论第三节中对公路桥涵设计采用的有关作用及其作用组合作了详细介绍,本节将对桥墩计算可能涉及的作用及其组合作更具体的阐述。

1.桥墩上的作用

1)永久作用

(1)结构重力,包括主梁、桥面铺装、人行道、灯柱、护栏及其他附属物重力对墩帽或拱座产生的支承反力,以及桥墩自身的重力(包括基础台阶上土的重力)。

(2)上部结构混凝土收缩及徐变作用。

(3)土侧压力(是指土体自重作用下的土侧压力)。

(4)基础变位作用,对超静定结构,基础的任何变位都将对桥墩产生附加内力,这种附加内力只与结构本身和基础变位大小有关。

(5)水的浮力(计算时按《桥规》中第 4.2.5 条规定采用)。

2)可变作用

(1)汽车荷载,人群荷载。

(2)汽车冲击力,对钢筋混凝土柱式桥墩及其他轻型桥墩应计入冲击力;对于重力式实体桥墩,不计冲击力。

(3)离心力,对曲线桥的桥墩应计算汽车荷载引起的离心力。

(4)作用在上部结构和墩身上的纵横向风力。

(5)汽车荷载的制动力。

(6)作用在墩身上的流水压力。

(7)作用在墩身上的流冰压力。

(8)温度作用,主要是指上部结构受温度变化发生伸缩而对桥墩产生的水平力。

(9)支座摩阻力。

3)偶然作用

船只或漂流物或汽车的撞击作用。位于通航河流或有漂浮物的河流中的桥墩,设计时应考虑船只或漂浮物的撞击作用。位于城市立交或高架桥的桥墩,设计时应考虑汽车的撞击作用。

4)地震作用

公路桥涵地震作用应按《公路桥梁抗震设计规范》(JTG/T 2231-1—2020)的相关规定执行。桥的抗震设计应考虑上部结构的地震作用,其作用点的位置,顺桥向为支座顶面。

5)施工荷载

略。

2. 作用组合

在所有桥墩的作用中,不同桥梁出现的作用种类和大小不一样,不同作用之间的组合效应也不一样,选择什么样的作用组合主要与所计算的对象有关。桥墩计算一般需验算墩身截面强度、作用在墩身截面上的合力偏心距、基底应力及偏心距以及桥墩的稳定性等。应根据可能出现的各种作用情况进行最不利的作用组合。

1)梁桥桥墩计算作用布置与作用组合

(1)纵桥向作用布置

①第一种作用布置是根据桥墩各截面上产生最大竖向反力进行布置。即除结构重力外,相邻两孔都布满汽车和人群荷载,车道荷载中的集中力布置在桥墩截面重心处;同时还可能作用着其他纵向作用,如制动力和支座摩阻力、纵向风力和船只撞击作用等[图4-25a)],用来验算顺桥向墩身强度和地基承载力。

②第二种作用布置是根据桥墩各截面可能产生最大偏心距和最大弯矩时的情况进行布置。即除结构重力外,只在一孔布置汽车和人群荷载,若为不等跨时,则在较大跨径的一孔布置汽车和人群荷载;同时还可能作用其他纵向作用,如制动力和支座摩阻力、纵向风力和船只撞击作用等[图4-25b)],用来验算顺桥向墩身强度和偏心距、基底应力和偏心距以及桥墩的稳定性。

③施工阶段各种可能的作用。

④考虑地震的作用。

(2)顺桥向作用组合

①上部结构重力 + 计算截面以上桥墩重力 + 浮力。

②上部结构重力 + 计算截面以上桥墩重力 + 浮力 + 汽车荷载 + 人群荷载。

③上部结构重力 + 计算截面以上桥墩重力 + 浮力 + 汽车荷载 + 人群荷载 + 纵向风力 + 支座摩阻力(或制动力 + 温度作用)。

其中:支座摩阻力与制动力或温度作用取小者进行组合。

④上部结构重力 + 计算截面以上桥墩重力 + 浮力 + 汽车荷载 + 人群荷载 + 船只或漂浮物

撞击作用或汽车撞击作用。

（3）横桥向作用布置

根据在垂直于行车方向桥墩各截面产生最大偏心弯矩时的情况进行布置。即除结构重力外，汽车和人群荷载在横桥向偏于一侧布置；同时还可能作用其他横向作用，如横向风力、流水或流冰压力、船只或漂浮物撞击作用或汽车撞击作用等［图4-25c)］，用来验算横桥向墩身强度和偏心距、基底应力和偏心距以及桥墩的稳定性。

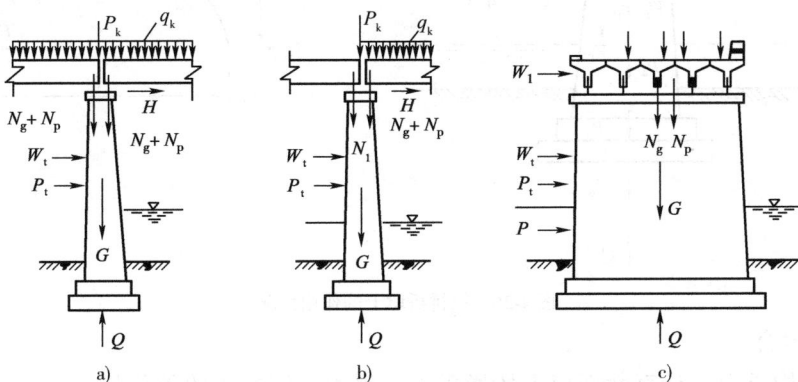

图4-25　梁桥桥墩上的作用组合图

（4）横桥向作用组合（以双车道为例）

①上部结构重力＋计算截面以上桥墩重力＋浮力＋双孔双行汽车荷载＋双孔单边人群荷载＋横向风力＋水压力或冰压力。

②上部结构重力＋计算截面以上桥墩重力＋浮力＋双孔单行汽车荷载＋双孔单边人群荷载＋横向风力＋水压力或冰压力。

③上部结构重力＋计算截面以上桥墩重力＋浮力＋双孔双行汽车荷载＋双孔单边人群荷载＋船只或漂浮物撞击作用或汽车撞击作用。

④上部结构重力＋计算截面以上桥墩重力＋浮力＋双孔单行汽车荷载＋双孔单边人群荷载＋船只或漂浮物撞击作用或汽车撞击作用。

2）拱桥桥墩计算作用布置与作用组合

（1）作用布置

①第一种作用布置是根据桥墩各截面上产生最大竖向反力进行布置。即除结构重力外，相邻两孔都布满汽车和人群荷载，车道荷载中的集中力布置在桥墩截面重心处；同时还可能作用着其他纵向作用，如制动力、温度作用、纵向风力、拱圈材料收缩作用和船只撞击或汽车撞击作用等，用来验算顺桥向墩身强度和偏心距、地基承载力和偏心距。

②第二种作用布置是根据桥墩各截面可能产生最大偏心距和最大弯矩时的情况进行布置。即除结构重力外，只在一孔布置汽车和人群荷载，若为不等跨时，则在较大跨径的一孔布置汽车和人群荷载，车道荷载中的集中力应布置在拱脚弯矩影响线竖标最大值处；同时还可能有其他纵向作用，如制动力、温度作用、纵向风力、拱圈材料收缩作用和船只撞击作用等（图4-26），用来验算顺桥向墩身强度和偏心距、基底应力和偏心距以及桥墩的稳定性。

③施工阶段各种可能的荷载作用状况。

④考虑地震作用的状况。

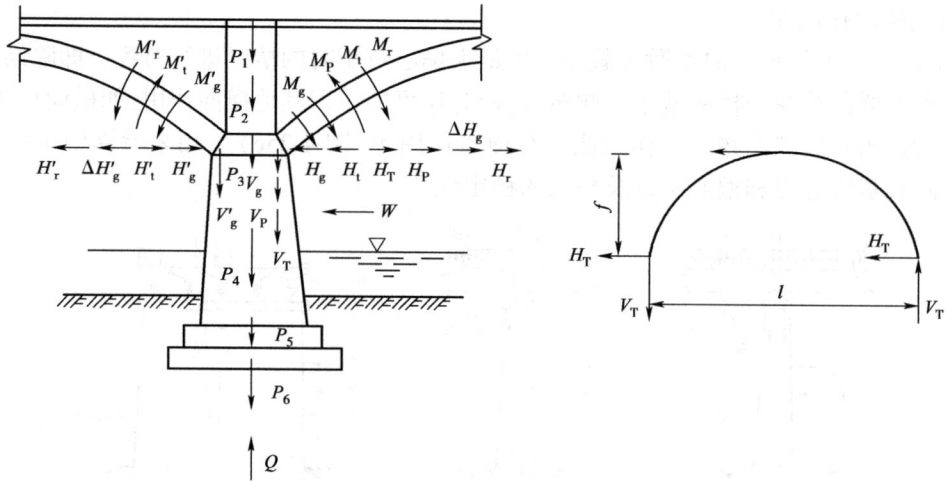

图 4-26 拱桥桥墩上的作用情况

（2）作用组合

①上部结构重力＋计算截面以上桥墩重力＋浮力＋混凝土收缩作用。

②上部结构重力＋计算截面以上桥墩重力＋浮力＋混凝土收缩作用＋汽车荷载＋人群荷载。

③上部结构重力＋计算截面以上桥墩重力＋浮力＋混凝土收缩作用＋汽车荷载＋人群荷载＋纵向风力＋制动力＋温度作用。

④上部结构重力＋计算截面以上桥墩重力＋浮力＋混凝土收缩作用＋汽车荷载＋人群荷载＋船只或漂浮物撞击作用或汽车撞击作用。

需要特别强调的是，以上各种作用组合均应满足《桥规》中所规定的承载力、容许偏心距和稳定系数的要求。

二、重力式桥墩计算

对于重力式桥墩计算，就某个截面而言，这些外力都可以合成为竖直方向和水平方向的合力（以 $\sum N$ 和 $\sum H$ 表示），以及绕该截面 $x\text{-}x$ 轴和 $y\text{-}y$ 轴的弯矩（以 $\sum M_x$ 和 $\sum M_y$ 表示），如图 4-27 所示。

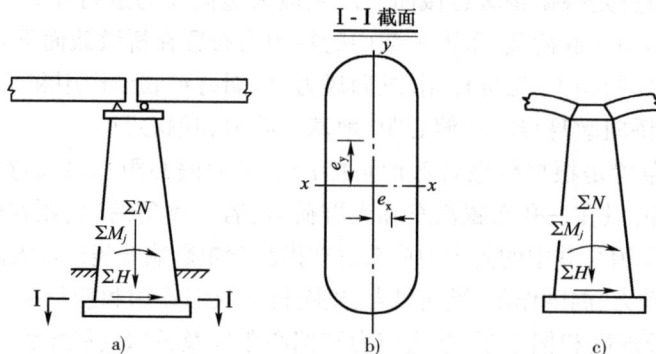

图 4-27 墩身截面强度验算

1. 重力式桥墩计算或验算的步骤

(1) 根据构造要求和经验拟定各部分尺寸;

(2) 对结构进行受力分析,计算可能出现的作用,并进行最不利作用组合;

(3) 选取验算截面及验算内容;

(4) 计算各截面的内力。

2. 验算内容

1) 墩身截面承载力验算

(1) 选取验算截面

通常选取墩身的底面及墩身截面突变处。对于采用悬臂式墩帽的墩身,除对墩帽进行验算外,还应对墩身与墩帽交界截面予以验算。当桥墩较高时,沿墩高每隔 2~3m 选取一个验算截面。

(2) 验算截面的内力计算

按照各种作用组合,分别计算各验算截面的竖向力、水平力和弯矩,得到 $\sum N$、$\sum H$ 及 $\sum M$。

(3) 验算截面的偏心距计算

桥墩一般属偏心受压构件,各验算截面在各种作用组合下,受压偏心距按下式计算:

$$e = \frac{\sum M}{\sum N} \tag{4-1}$$

(4) 截面的承载力验算

重力式桥墩主要采用圬工材料建造,一般属于偏心受压构件。根据《公路圬工桥涵设计规范》(JTG D61—2005)(简称《工桥规》)规定:

① 砌体(包括砌体与混凝土组合)受压构件,当受压偏心距在限值范围内时(表4-2),桥墩各控制截面的承载能力按下式计算:

$$\gamma_0 N_d < \varphi A f_{cd} \tag{4-2}$$

式中: γ_0——结构重要性系数,对应于《工桥规》规定的一级、二级、三级设计安全等级分别取用 1.1、1.0、0.9。

N_d——轴向力设计值。

A——构件截面面积,对于组合截面按强度比换算,即 $A = A_0 + \eta_1 A_1 + \eta_2 A_2 + \cdots$。$A_0$ 为标准层截面面积,A_1、A_2 … 为其他层截面面积。$\eta_1 = f_{c1d}/f_{c0d}$、$\eta_2 = f_{c2d}/f_{c0d}$ …。f_{c0d} 为标准层轴心抗压强度设计值,f_{c1d}、f_{c2d} … 为其他层的轴心抗压强度设计值。

f_{cd}——砌体或混凝土轴心抗压强度设计值,按《工桥规》中第 3.3.2 条、3.3.3 条及 3.3.4 条的规定采用,对组合截面应采用标准层轴心抗压强度设计值。

φ——构件轴向力的偏心距 e 和长细比 β 对受压构件承载力的影响系数,按式(4-3)计算。

$$\varphi = \frac{1}{\dfrac{1}{\varphi_x} + \dfrac{1}{\varphi_y} - 1} \tag{4-3}$$

$$\varphi_x = \frac{1 - \left(\dfrac{e_x}{x}\right)^m}{1 + \left(\dfrac{e_x}{i_y}\right)^2} \cdot \frac{1}{1 + \alpha\beta_x(\beta_x - 3)\left[1 + 1.33\left(\dfrac{e_x}{i_y}\right)^2\right]} \tag{4-4}$$

$$\varphi_y = \frac{1 - \left(\dfrac{e_y}{y}\right)^m}{1 + \left(\dfrac{e_y}{i_x}\right)^2} \cdot \frac{1}{1 + \alpha\beta_y(\beta_y - 3)\left[1 + 1.33\left(\dfrac{e_y}{i_x}\right)^2\right]} \tag{4-5}$$

式中：φ_x、φ_y——分别为 x 方向和 y 方向偏心受压构件承载力影响系数；

　　　x、y——分别为 x 方向和 y 方向截面重心至偏心方向的截面边缘的距离(图 4-28)；

　　　e_x、e_y——轴向力在 x 方向、y 方向的偏心距，$e_x = M_{yd}/N_d$、$e_y = M_{xd}/N_d$，其值不应超过表 4-2 及图 4-28 所示在 x 方向、y 方向的规定值，其中 M_{yd}、M_{xd} 分别为绕 y 轴、x 轴的弯矩设计值，N_d 为轴向力设计值；

　　　m——截面形状系数，对于圆形截面取 2.5，对于 T 形或 U 形截面取 3.5，对于箱形截面或矩形截面(包括两端设有曲线形或圆弧形的矩形墩身截面)取 8.0；

　　　i_x、i_y——弯曲平面内的截面回转半径，$i_x = \sqrt{I_x/A}$、$i_y = \sqrt{I_y/A}$；I_x、I_y 分别为截面绕 x 轴和绕 y 轴的惯性矩，A 为截面面积；对于组合截面，A、I_x、I_y 应按弹性模量比换算(见《工桥规》中第 4.0.6 条的规定采用)；

　　　α——与砂浆强度等级有关的系数，当砂浆强度等级大于或等于 M5 或为组合构件时，α 为 0.002，当砂浆强度为 0 时，α 为 0.013；

　　　β_x、β_y——构件在 x 方向、y 方向的长细比，按式(4-6)和式(4-7)计算，当 β_x、β_y 小于 3 时取 3。

$$\beta_x = \frac{\gamma_\beta l_0}{3.5 i_y} \tag{4-6}$$

$$\beta_y = \frac{\gamma_\beta l_0}{3.5 i_x} \tag{4-7}$$

式中：γ_β——不同砌体材料构件的长细比修正系数，按表 4-3 的规定取用；

　　　l_0——构件计算长度，按表 4-4 的规定取用。

受压构件偏心距限值　　　　　　　　　　　　　　　　　　　　　表 4-2

作用组合	偏心距限值 e	作用组合	偏心距限值 e
基本组合	≤0.6s	偶然组合	≤0.7s

注：1. 混凝土结构单向偏心的受拉一边或双向偏心的各受拉一边，当设有不小于截面面积 0.05% 的纵向钢筋时，表内规定值可增加 0.1s。

　　2. 表中 s 值为截面或换算截面重心轴至偏心方向截面边缘的距离(图 4-29)。

长细比修正系数 γ_β　　　　　　　　　　　　　　　　　　　表 4-3

砌体材料类别	γ_β	砌体材料类别	γ_β
混凝土预制块砌体或组合构件	1.0	粗料石、块石、片石砌体	1.3
细料石、半细料石砌体	1.1		

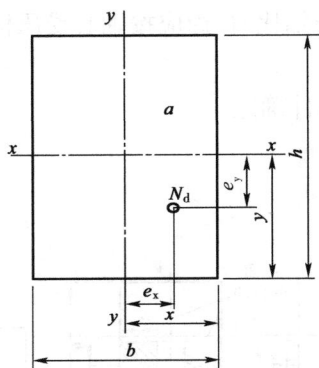

图 4-28　砌体构件偏心受压

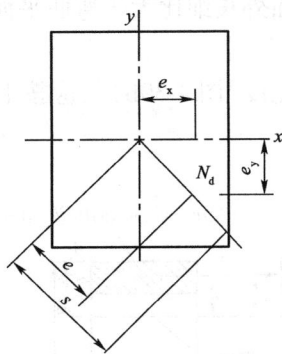

图 4-29　受压构件偏心距

构件计算长度 l_0　　　　　　　　　　　　　表 4-4

构件及其两端约束情况		计算长度 l_0
直杆	两端固结	$0.5l$
	一端固结,一端为不移动的铰	$0.7l$
	两端均为不移动的铰	$1.0l$
	一端固定,一端自由	$2.0l$

注:l 为构件支点间长度。

②混凝土受压构件,当受压偏心距在表 4-2 限值范围内时,根据《工桥规》中第 4.0.8 条的规定采用,桥墩各控制截面的承载能力按下式计算:

$$\gamma_0 N_d \leqslant \varphi f_{cd} A_c \tag{4-8}$$

a. 单向偏心受压。

受压区高度 h_c[图 4-30a)]应按下列条件确定:

$$e_c = e \tag{4-9}$$

截面的受压承载力可按下式计算:

$$\gamma_0 N_d \leqslant \varphi f_{cd} b(h - 2e) \tag{4-10}$$

以上式中:N_d——轴向力设计值;

　　　　φ——弯曲平面内轴心受压构件弯曲系数,按表 4-5 采用;

　　　　f_{cd}——混凝土轴心抗压强度设计值;

　　　　A_c——混凝土受压区面积;

　　　　e_c——受压区混凝土法向应力合力作用点至截面重心的距离;

　　　　e——轴向力的偏心距;

　　　　b——矩形截面宽度;

　　　　h——矩形截面高度。

混凝土轴心受压构件弯曲系数　　　　　　　　　表 4-5

l_0/b	<4	4	6	8	10	12	14	16	18	20	22	24	26	28	30
l_0/i	<14	14	21	28	35	42	49	56	63	70	76	83	90	97	104
φ	1.00	0.98	0.96	0.91	0.86	0.82	0.77	0.72	0.68	0.63	0.59	0.55	0.51	0.47	0.44

注:1. l_0 为计算长度,按表 4-4 的规定采用。

　　2. 在计算 l_0/b 或 l_0/i 时,b 或 i 的取值:对于单向偏心受压杆件,取弯曲平面内截面高度或回转半径;对于轴心受压构件及双向偏心受压构件,取截面短边尺寸或截面最小回转半径。

当构件弯曲平面外长细比大于弯曲平面内长细比时,尚应按轴心受压构件验算其承载力。

b. 双向偏心受压。

受压区高度和宽度[图4-30b)],应按下列条件确定:

$$e_{cy} = e_y \tag{4-11}$$

$$e_{cx} = e_x \tag{4-12}$$

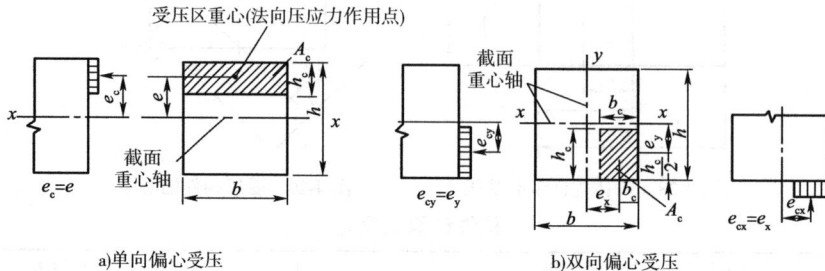

a)单向偏心受压　　　　　　b)双向偏心受压

图4-30　混凝土构件偏心受压

矩形截面的偏心受压承载力可按下式计算:

$$\gamma_0 N_d \leqslant \varphi f_{cd} \left[(h - 2e_y)(b - 2e_x) \right] \tag{4-13}$$

以上式中:φ——轴心受压构件弯曲系数,见表4-5;

　　　　e_{cy}——受压区混凝土法向应力合力作用点在 y 轴方向至截面重心的距离;

　　　　e_{cx}——受压区混凝土法向应力合力作用点在 x 轴方向至截面重心的距离;

　　　　e_y——轴向力在 y 轴方向的偏心距;

　　　　e_x——轴向力在 x 轴方向的偏心距。

③砌体、混凝土的单向及双向偏心受压构件,当轴向力的偏心距 e 超过表4-2偏心距限值时,构件承载力应按下列公式计算:

单向偏心
$$\gamma_0 N_d \leqslant \varphi \frac{A f_{tmd}}{\dfrac{Ae}{W} - 1} \tag{4-14}$$

双向偏心
$$\gamma_0 N_d \leqslant \varphi \frac{A f_{tmd}}{\dfrac{Ae_x}{W_y} + \dfrac{Ae_y}{W_x} - 1} \tag{4-15}$$

式中:N_d——轴向力设计值;

　　　A——构件截面面积,对于组合截面应按弹性模量比换算为换算截面面积;

　　　W——单向偏心时,构件受拉边缘的弹性抵抗矩,对于组合截面应按弹性模量比换算为换算截面弹性抵抗矩;

W_y、W_x——双向偏心时,构件 x 方向受拉力边缘 y 轴的截面弹性抵抗矩和构件 y 方向受拉力边缘绕 x 轴的截面弹性抵抗矩,对于组合截面应按弹性模量比换算为换算截面弹性抵抗矩;

　　f_{tmd}——构件受拉边缘的弯曲抗拉强度设计值,按《工桥规》表3.3.2、表3.3.3-4 和表3.3.4-3 采用;

　　　e——单向偏心时,轴向力偏心距;

e_x、e_y——双向偏心时,轴向力在 x 方向和 y 方向的偏心距;

φ——砌体偏心受压构件承载力影响系数或混凝土轴心受压构件弯曲系数,按式(4-3)计算并见表4-5。

④抗剪强度的验算。

当拱桥相邻两孔的推力不相等时,需要验算拱座截面的抗剪强度,以及在裸拱情况下卸落拱架时,也要进行抗剪强度验算。

根据《工桥规》规定,砌体构件或混凝土构件直接受剪时,应按下式计算:

$$\gamma_0 V_d \leq A f_{vd} + \frac{1}{1.4} \mu_f N_k \tag{4-16}$$

式中:V_d——剪力设计值;

A——受剪截面面积;

f_{vd}——砌体或混凝土抗剪强度设计值,按《工桥规》中表3.3.2、表3.3.3-4和表3.3.4-3采用;

μ_f——摩擦系数,采用 $\mu_f = 0.7$;

N_k——与受剪截面垂直的压力标准值。

2)地基承载力和偏心距验算

地基承载能力和偏心距验算按《公路桥涵地基与基础设计规范》(JTG 3363—2019)中的有关规定执行。

(1)地基承载力验算

基底岩土的承载力,当不考虑嵌固作用时,可按下式进行验算:

①当基底只承受轴心荷载时:

$$p = \frac{N}{A} \leq [f_a] \tag{4-17}$$

式中:p——基底平均压应力;

N——传至基底的作用短期效应组合在基底产生的竖向力;

A——基础底面面积;

$[f_a]$——修正后的地基承载力容许值。

②当基底单向偏心受压,承受竖向力 N 和弯矩 M 共同作用时,除满足式(4-17)外,尚应符合以下条件:

$$p_{max} = \frac{N}{A} + \frac{M}{W} \leq \gamma_R [f_a] \tag{4-18}$$

式中:p_{max}——基底最大压应力;

M——作用于桥墩短期效应组合产生的水平力和竖向力对基底重心轴的弯矩;

W——基础底面偏心方向面积抵抗矩;

γ_R——地基承载力容许值抗力系数。

③当基底双向偏心受压,承受竖向力 N 和绕 x 轴弯矩 M_x 与绕 y 轴弯矩 M_y 共同作用时,除满足式(4-17)外,尚应符合以下条件:

$$p_{max} = \frac{N}{A} + \frac{M_x}{W_x} + \frac{M_y}{W_y} \leq \gamma_R [f_a] \tag{4-19}$$

式中:W_x、W_y——基础底面偏心方向边缘绕 x 轴、y 轴的截面抵抗矩。

当设置在基岩上的桥墩基底承受单向偏心荷载,其偏心距 e_0 超出核心半径 ρ 时,其基底的一边出现拉应力,由于不考虑基底承受拉应力,故需按基底应力重分布(图4-31)验算基底最大压应力。基底为矩形截面的最大压应力 p_{max},其计算公式如下:

$$p_{max} = \frac{2N}{3da} = \frac{2N}{3\left(\frac{b}{2} - e_0\right)a} \tag{4-20}$$

式中:b——偏心方向基础底面的边长;
　　　a——垂直于偏心方向基础底面的边长;
　　　d——N 作用点至基底受压边缘的距离;
　　　e_0——N 作用点至基底截面重心的距离。

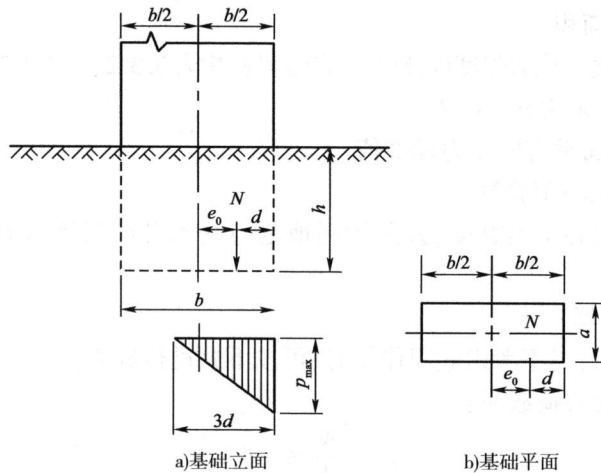

图4-31　基岩上矩形截面基底单向偏心受压应力重分布

当设置在基岩上的桥墩基底承受双向偏心荷载作用,其偏心距 e_0 超出核心半径 ρ 时,基底最大压应力可按《公路桥涵地基与基础设计规范》(JTG 3363—2019)确定。

(2)基底偏心距验算

为了防止基底最大压应力 p_{max} 与最小压应力 p_{min} 相差过大,导致基底产生不均匀沉陷从而影响桥墩的正常使用,需控制基底合力偏心距 e_0。要求 e_0 符合表4-6的要求。

墩台基底的合力偏心距容许值 $[e_0]$　　　　　表4-6

作用情况	地基条件	合力偏心距	备注
墩台仅受永久作用标准值效应组合	非岩石地基	桥墩 $[e_0] \leq 0.1\rho$	拱桥、刚构桥墩台,其合力作用点应尽量保持在基底重心附近
		桥台 $[e_0] \leq 0.75\rho$	
墩台承受作用标准值效应组合或偶然作用(地震作用除外)标准值效应组合	非岩石地基	$[e_0] \leq \rho$	拱桥单向推力墩不受限制,但应符合表4-8规定的抗倾覆稳定系数
	较破碎－极破碎岩石地基	$[e_0] \leq 1.2\rho$	
	完整、较完整岩石地基	$[e_0] \leq 1.5\rho$	

基底以上外力作用点对基底重心轴的偏心距 e_0 按下式计算：

$$e_0 = \frac{M}{N} \leqslant [e_0] \tag{4-21}$$

式中：N、M——作用于基底的竖向力和所有外力(竖向力、水平力)对基底截面重心的弯矩。

基底承受单向或双向偏心受压的 ρ 值可按下式计算：

$$\rho = \frac{e_0}{1 - \dfrac{p_{min}A}{N}} \tag{4-22}$$

式中：p_{min}——基底最小压应力，$p_{min} = \dfrac{N}{A} - \dfrac{M_x}{W_x} - \dfrac{M_y}{W_y}$，当 p 为负值时表示拉应力。

3)桥墩的稳定性验算

桥墩的稳定性验算按《公路桥涵地基与基础设计规范》(JTG 3363—2019)的有关规定执行。

(1)倾覆稳定性验算

用抵抗倾覆的稳定系数 k_0 来表示桥墩抵抗倾覆的稳定程度，其计算式如下(图4-32)。

$$k_0 = \frac{s}{e_0} \tag{4-23}$$

$$e_0 = \frac{\sum P_i e_i + \sum H_i h_i}{\sum P_i} \tag{4-24}$$

式中：s——基底截面重心至偏心方向截面边缘的距离；

e_0——所有外力的合力 R 在验算截面的作用点对基底重心轴的偏心距；

P_i——不考虑其分项系数和组合系数的作用标准值组合或偶然作用(地震除外)标准值组合引起的竖向力(kN)；

e_i——竖向力 P_i 对验算截面重心的力臂(m)；

H_i——不考虑其分项系数和组合系数的作用标准值组合或偶然作用(地震除外)标准值组合引起的水平力(kN)；

h_i——水平力 H_i 对验算截面的力臂(m)。

(2)滑动稳定性验算

抵抗滑动的稳定系数 k_c 按下式验算(图4-32)。

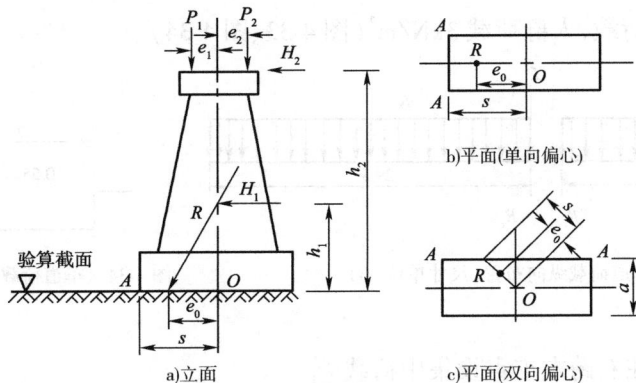

图4-32 墩台基础的稳定验算示意图

$$k_c = \frac{\mu \sum P_i + \sum H_{iP}}{\sum H_{ia}} \tag{4-25}$$

式中：$\sum P_i$——竖向力的总和；

$\quad \sum H_{iP}$——抗滑稳定水平力的总和；

$\quad \sum H_{ia}$——滑动水平力的总和；

$\quad \mu$——基础底面与地基土间的摩擦系数,通过试验确定,当缺少实际资料时,可参照表4-7采用。

基底摩擦系数 μ 表4-7

地基土分类	黏土(流塑—坚硬)、粉土	砂土(粉砂—砾砂)	碎石土(松散—密实)	软岩(极软岩—较软岩)	硬岩(较硬岩、坚硬岩)
μ	0.25	0.30~0.40	0.40~0.50	0.40~0.60	0.60、0.70

上述求得的抗倾覆与抗滑动稳定系数 k_0、k_c,均不应小于表4-8所规定的最小值。

抗倾覆与抗滑动稳定系数 k_0、k_c 表4-8

作用组合		验算项目	稳定系数
使用阶段	永久作用(不包括混凝土收缩及徐变、浮力)和汽车、人群的标准值效应组合	抗倾覆	1.5
		抗滑动	1.3
	各种作用(不包括地震作用)的标准值效应组合	抗倾覆	1.3
		抗滑动	1.2
施工阶段作用的标准值效应组合		抗倾覆	1.2
		抗滑动	

【例4-1】 石砌桥墩计算示例

1. 上部结构

上部结构标准跨径30m,计算跨径29.5m,双车道净宽7m,两边人行道净宽各1.0m。每孔上部结构自重为4583.868kN,自重的支座反力 $R_l = R_r = 4583.868/2 = 2291.934(\text{kN})$。

2. 设计荷载

公路—I级汽车荷载,人群荷载3kN/m²(图4-33、图4-34)。

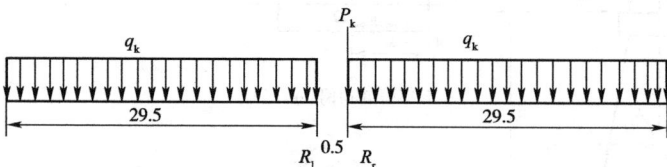

图4-33 车道荷载纵向布置(尺寸单位:m)   图4-34 车道荷载横向布置(尺寸单位:m)

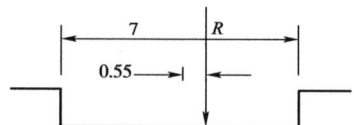

(1)汽车荷载

两跨均有荷载,在右跨左支点设集中荷载 P_k。

均布荷载 $q_k = 10.5\text{kN/m}$

集中荷载 $P_k = 270 + \dfrac{360 - 270}{50 - 5} \times (29.5 - 5) = 319(kN)$

左反力 $R_1 = 2 \times \dfrac{1}{2} \times 10.5 \times 29.5 = 309.750(kN)$

右反力 $R_r = 2 \times \dfrac{1}{2} \times 10.5 \times 29.5 + 2 \times 319 = 947.750(kN)$

反力合力 $R = R_1 + R_r = 309.75 + 947.750 = 1257.500(kN)$

纵桥向偏心弯矩 $M = (947.750 - 309.750) \times 0.5/2 = 159.500(kN \cdot m)$

横桥向偏心弯矩 $M = 1257.500 \times 0.55 = 691.625(kN \cdot m)$

（2）人群荷载

人群荷载两跨均设有荷载，每侧 $q_P = 3.0 kN/m$，$R_1 = R_r = 2 \times \dfrac{1}{2} \times 3.0 \times 29.5 = 88.500(kN)$

3. 墩帽和墩身自重（图4-35）

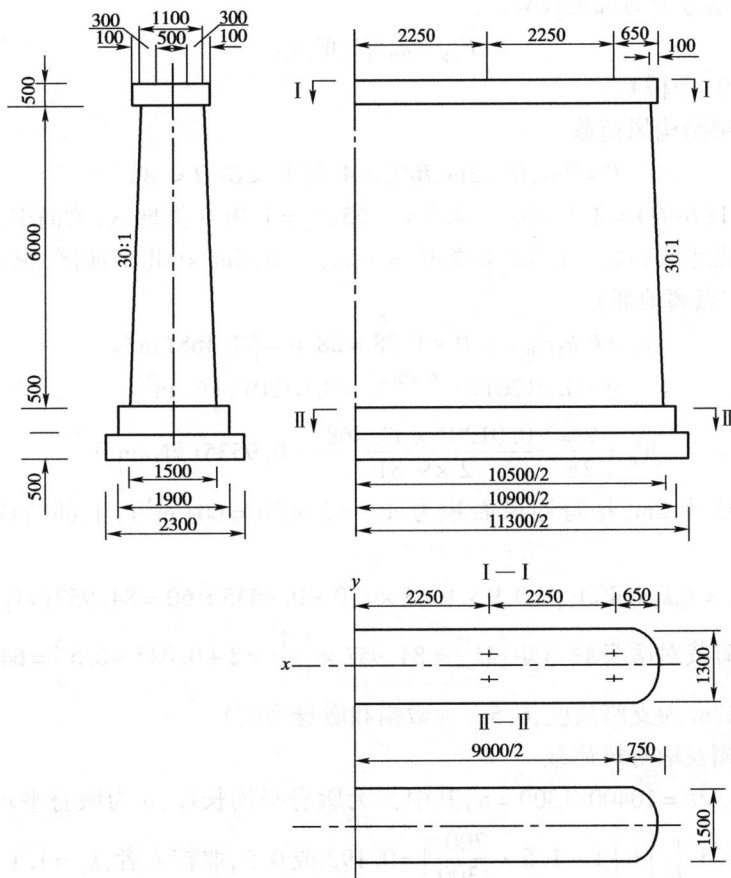

图4-35 桥墩结构图（尺寸单位：mm）

$$P = \left[\left(9 \times 1.3 + \dfrac{\pi}{4} \times 1.3^2 \right) \times 0.5 \times 25 \right] + \left[\left(9 \times 1.1 + \dfrac{\pi}{4} \times 1.1^2 \right) + \left(9 \times 1.5 + \dfrac{\pi}{4} \times 1.5^2 \right) \right]$$

$$\times \dfrac{1}{2} \times 6 \times 24 = 2043.300(kN)$$

4. 墩身底竖向荷载标准值

墩身底竖向荷载标准值如表4-9所示。

墩身底竖向荷载标准值　　　　　　　　　　表4-9

效　应	项　　目			
	上部结构	墩帽与墩身	汽车荷载	人群荷载
$R_1(kN)$	2291.934	—	309.750	88.500
$R_r(kN)$	2291.934	—	947.750	88.500
自重(kN)	—	2043.300	—	—
纵向偏心弯矩(kN·m)	—	—	159.500	—
横向偏心弯矩(kN·m)	—	—	691.625	—

5. 风荷载

风荷载按《桥规》中的规定计算。

$$F_{wh} = k_0 k_1 k_3 W_d A_{wh}$$

其中，$k_0 = 0.9$(中桥)。

1)横桥向上部结构风荷载

$$B = 9m, H = 2m, B/H = 4.5(1 < B/H < 8)$$

$k_1 = 2.1 - 0.1(B/H) = 2.1 - 0.1 \times 4.5 = 1.65$；$k_2 = 1.0$(B类地区，梁高中点离地面7m)；

$k_3 = 1.0$(一般地区)；$k_5 = 1.38$(B类地区)；$v_{10} = 28.6 m/s$(北京地区，见《桥规》)中的规定；$z = 7m$(梁高中点离地面)。

$$v_d = k_2 k_5 v_{10} = 1.0 \times 1.38 \times 28.6 = 39.468(m/s)$$

$$\gamma = 0.012017 e^{-0.0001 \times 7} = 0.01201(kN/m^3)$$

$$W_d = \frac{\gamma v_d^2}{2g} = \frac{0.01201 \times 39.468^2}{2 \times 9.81} = 0.9535(kN/m^2)$$

上部结构高度为2m，每跨迎风面积为 $A_{wh} = 2 \times 30 = 60(m^2)$，上部结构风荷载标准值 F_{wh} 为：

$$F_{wh} = k_0 k_1 k_3 W_d A_{wh} = 0.9 \times 1.65 \times 1.0 \times 0.9535 \times 60 = 84.957(kN)$$

上部结构风荷载对墩身底弯矩：$M_{wh} = 84.957 \times \left(\frac{1}{2} \times 2 + 0.047 + 6.5\right) = 641.170(kN \cdot m)$

(2m 为梁高，0.047m 为支座高度，6.5m 为墩帽和墩身高度)

2)横桥向墩帽及墩身风荷载

k_1 按《桥规》，$t/b = 10400/1300 = 8$，其中，t 为墩身平均长度，b 为墩身平均宽度。取 $k_1 = 1.1$，并乘以 $\left(1 - 1.5\frac{r}{b}\right) = \left(1 - 1.5 \times \frac{700}{1300}\right) = 0.192$ 或 0.5，取较大者，$k_1 = 1.1 \times 0.5 = 0.55$。

$k_2 = 1.0$(B类地区，墩帽和墩身中点离地面3.25m)；$k_3 = 1.0$；$k_5 = 1.38$。

$v_{10} = 28.6 m/s$(北京地区，见《桥规》)

$z = 3.25m$(离地面高度平均3.25m 计)

$$v_d = k_2 k_5 v_{10} = 1.0 \times 1.38 \times 28.6 = 39.468(m/s)$$

$$\gamma = 0.0120017e^{-0.0001 \times 3.25} = 0.01201\,(\text{kN/m}^3)$$

$$W_d = \frac{\gamma v_d^2}{2g} = \frac{0.01201 \times (39.468)^2}{2 \times 9.81} = 0.9535\,(\text{kN/m}^2)$$

墩帽迎风面积：$A_{wh} = 1.3 \times 0.5 = 0.65\,(\text{m}^2)$

墩帽风荷载：$F_{wh} = k_0 k_1 k_3 W_d A_{wh} = 0.9 \times 0.55 \times 1.0 \times 0.9535 \times 0.65 = 0.307\,(\text{kN})$

墩帽风荷载对墩身底弯矩：$M_{wh} = 0.3068 \times \left(\frac{1}{2} \times 0.5 + 6 \right) = 1.918\,(\text{kN} \cdot \text{m})$

墩身迎风面积：$A_{wh} = (1.1 + 1.5) \times \frac{1}{2} \times 6 = 7.8\,(\text{m}^2)$

墩身风荷载：$F_{wh} = k_0 k_1 k_3 W_d A_{wh} = 0.9 \times 0.55 \times 1.0 \times 0.9535 \times 7.8 = 3.681\,(\text{kN})$

墩身风荷载对墩身底弯矩：

$$M_{wh} = 3.681 \times \frac{1}{3} \times 6 \times \left(\frac{2 \times 1.1 + 1.5}{1.1 + 1.5} \right) = 10.477\,(\text{kN} \cdot \text{m})$$

3）纵桥向墩帽及墩身风荷载

纵桥向墩帽及墩身风荷载（按《桥规》中的规定，纵桥向上部结构风荷载可不计），墩身长边迎风，$t/b = 1300/10400 = 0.125$，其中 t 为墩身平均宽度，b 为墩身平均长度。按《桥规》，取 $k_1 = 2.1$。

$k_3 = 1.0$；$k_5 = 1.38$；$v_{10} = 28.6\text{m/s}$（北京地区，按《桥规》取）；$z = 3.25\text{m}$（离地面高度平均以 3.25m 计）。

$$v_d = k_2 k_5 v_{10} = 1.0 \times 1.38 \times 28.6 = 39.486\,(\text{m/s})$$

墩帽迎风面积：$A_{wh} = 10.3 \times 0.5 = 5.15\,(\text{m}^2)$

墩帽风荷载：$F_{wh} = 0.7 k_0 k_1 k_3 W_d A_{wh} = 0.7 \times 0.9 \times 2.1 \times 1.0 \times 0.9535 \times 5.15 = 6.497\,(\text{kN})$

按《桥规》规定，纵桥向风荷载为横桥向 0.7 倍。

墩帽风荷载对墩身底弯矩：$M_{wh} = 6.497 \times \left(\frac{1}{2} \times 0.5 + 6 \right) = 40.606\,(\text{kN} \cdot \text{m})$

墩身迎风面积：$A_{wh} = (10.1 + 10.5) \times \frac{1}{2} \times 6 = 61.8\,(\text{m}^2)$

墩身风荷载：$F_{wh} = 0.7 k_0 k_1 k_3 W_d A_{wh} = 0.7 \times 0.9 \times 2.1 \times 1.0 \times 0.9535 \times 61.8 = 77.959\,(\text{kN})$

墩身风荷载对墩身底弯矩：$M_{wh} = 77.959 \times \frac{1}{3} \times 6 \left(\frac{2 \times 10.1 + 10.5}{10.1 + 10.5} \right) = 232.363\,(\text{kN} \cdot \text{m})$

4）风荷载合计

风荷载汇总如表 4-10 所示。

墩身底风荷载标准值   表 4-10

风荷载	风向和部位				
	横桥向			纵桥向	
	上部	墩帽	墩身	墩帽	墩身
风压（kN）	84.957	0.307	3.681	6.497	77.959
墩身底弯矩（kN·m）	641.170	1.918	10.477	40.606	232.363

6. 纵向力

纵向力中温度、混凝土收缩和徐变作用,等跨简支梁(非连续桥面)的桥墩,两排支座相互对消(每个墩顶设两排橡胶支座和一个伸缩装置)。

制动力按《桥规》规定为加载长度上总重力的10%,桥墩承受加载长度($2 \times 29.5m = 59m$)上制动力之半。本桥为双向两车道,采用一个车道的汽车重力。

$$F_b = \frac{0.1}{2}(q_k \times 59 + P_k) = \frac{0.1}{2}(10.5 \times 59 + 319) = 46.925(kN), F_b 不应小于165kN,故取$$

用165kN。

制动力作用于支座中心,对墩身底力臂为:$6.5 + 0.047/2 = 6.524(m)$。

制动力对墩身底弯矩 $M = 165 \times 6.524 = 1076.46(kN \cdot m)$。

7. 墩身底截面按承载能力极限状态验算

按《桥规》规定,承载能力极限状态基本组合表达式:

$$S_{ud} = \gamma_0 S(\sum_{i=1}^{m} \gamma_{Gi} G_{ik}, \gamma_{L1} \gamma_{Q1} Q_{1k}, \psi_c \sum_{j=2}^{n} \gamma_{Lj} \gamma_{Qj} Q_{jk})$$

式中:S_{ud}——作用设计值;

γ_0——结构重要性系数,$\gamma_0 = 1.0$;

γ_{Gi}——永久作用分项系数,结构自重 $\gamma_{Gi} = 1.2$ 或 $\gamma_{Gi} = 1.0$;

γ_{Q1}——汽车荷载分项系数,$\gamma_{Q1} = 1.4$;

γ_{Q2}——人群荷载分项系数,$\gamma_{Q2} = 1.4$;

γ_{Q3}——风荷载分项系数,$\gamma_{Q3} = 1.1$;

ψ_c——除汽车作用(含汽车冲击力、离心力)外的其他可变作用的组合系数,$\psi_c = 0.75$。

本例采用纵、横向分别考虑。

(1)结构自重竖向力,汽车、人群荷载竖向力及其纵、横向弯矩,纵向风荷载弯矩,制动力弯矩等作用(不计横向风荷载弯矩)组合。

①竖向力:

$\gamma_0 N_d = 1.0 \times [1.2 \times (2 \times 2291.934 + 2043.3) + 1.4 \times (309.75 + 947.750) + 0.75 \times 1.4 \times 2 \times 88.5] = 9911.340(kN)$

②纵向弯矩(绕 x 轴):

$\gamma_0 M_{d,l} = 1.0 \times \{0 + 1.4 \times 159.500 + 0.75 \times [1.1 \times (40.606 + 232.363) + 1.4 \times 1076.46]\} = 1578.783(kN \cdot m)$(见表4-9、表4-10及本例"6.纵向风力",等号右边中括号内,风荷载分项系数1.1,制动力分项系数1.4,两者组合系数$\psi_c = 0.75$)

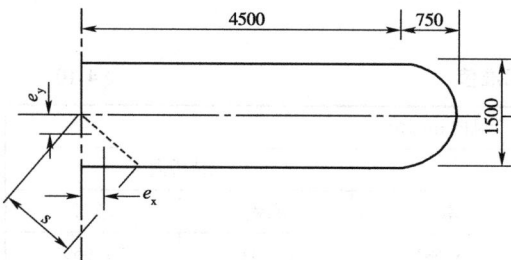

③横向弯矩(绕 y 轴):

$\gamma_0 M_{d,t} = 1.0 \times (0 + 1.4 \times 691.625 + 0) = 968.275(kN \cdot m)$(见表4-9,横向弯矩仅有汽车荷载。)

④偏心距验算:

偏心距按表4-2验算(图4-36)

$e_x = \dfrac{M_{d,t}}{N_d} = \dfrac{968.275}{9911.340} = 0.0977(m) = 97.7(mm)$

图4-36 墩身截面偏心距计算(尺寸单位:mm)

$$e_y = \frac{M_{d,1}}{N_d} = \frac{1578.783}{9911.340} = 0.1593(\text{m}) = 159.3(\text{mm})$$

$$e = \sqrt{e_x^2 + e_y^2} = \sqrt{97.7^2 + 159.3^2} = 186.9(\text{mm})$$

$$\theta = \arctan\frac{e_x}{e_y}\arctan\frac{97.7}{159.3} = 31.52(°)$$

截面重心至偏心方向边缘距离 $s = \dfrac{750}{\cos\theta} = \dfrac{750}{\cos 31.52°} = 879.8(\text{mm})$

$\dfrac{e}{s} = \dfrac{186.9}{879.8} = 0.212 < 0.6$，符合规定。

⑤墩身底截面承载能力极限状态验算

按式(4-2)，即 $\gamma_0 N_d < \varphi A f_{cd}$ 进行计算。

$$\gamma_0 N_d = 1.0 \times 9911.34\text{kN}$$

$$\varphi = \frac{1}{\dfrac{1}{\varphi_x} + \dfrac{1}{\varphi_y} - 1}$$

$$\varphi_x = \frac{1 - \left(\dfrac{e_x}{x}\right)^m}{1 + \left(\dfrac{e_x}{i_y}\right)^2} \cdot \frac{1}{1 + \alpha\beta_x(\beta_x - 3)\left[1 + 1.33\left(\dfrac{e_x}{i_y}\right)^2\right]}$$

$$\varphi_y = \frac{1 - \left(\dfrac{e_y}{y}\right)^m}{1 + \left(\dfrac{e_y}{i_x}\right)^2} \cdot \frac{1}{1 + \alpha\beta_y(\beta_y - 3)\left[1 + 1.33\left(\dfrac{e_y}{i_x}\right)^2\right]}$$

在以上公式中：$x = 5250\text{mm}$；$y = 750\text{mm}$；$e_x = 97.7\text{mm}$；$e_y = 159.3\text{mm}$；截面形状系数 $m = 8$。

$I_y = \dfrac{1}{12} \times 1500 \times 9000^3 + 2[0.00686 \times 1500^4 + 0.393 \times 1500^2 \times (2 \times 2250 + 0.212 \times 1500)^2]$

$= 1.3225 \times 10^{14}(\text{mm}^4)$（墩身底截面绕 y 轴惯性矩）

$$A = 9000 \times 1500 + \frac{\pi}{4} \times 1500^2 = 1.5267 \times 10^7(\text{mm}^2)$$

$$i_y = \sqrt{\frac{I_y}{A}} = \sqrt{\frac{1.3225 \times 10^{14}}{1.5267 \times 10^7}} = 2943.208(\text{mm})$$

$I_x = \dfrac{1}{12} \times 9000 \times 1500^3 + 0.0491 \times 1500^4 = 2.7798 \times 10^{12}(\text{mm}^4)$（墩身底绕 x 轴惯性矩）

$$i_x = \sqrt{\frac{I_x}{A}} = \sqrt{\frac{2.7798 \times 10^{12}}{1.5267 \times 10^7}} = 426.707(\text{mm})$$

β_x 和 β_y 为构件 x 方向、y 方向的长细比，在 β_x 和 β_y 计算式内，对变截面柱(墩身)，其回转半径近似地取平均截面的回转半径。在长细比的回转半径计算中，为便于区别，下角码加注 β，即在下角码加 β 者指平均截面。

$I_{y\beta} = \dfrac{1}{12} \times 1400 \times 9000^3 + 2 \times [0.00686 \times 1400^4 + 0.393 \times 1400^2 \times (2 \times 2250 + 0.212 \times 1400)^2]$

$= 1.2005 \times 10^{14}(\text{mm}^4)$

$$A_\beta = 9000 \times 1400 + \frac{\pi}{4} \times 1400^2 = 1.4139 \times 10^7 (\text{mm}^2)$$

$$i_{y\beta} = \sqrt{\frac{I_{y\beta}}{A_\beta}} = \sqrt{\frac{1.2005 \times 10^{14}}{1.4139 \times 10^7}} = 29119.903(\text{mm}) = 2.9199\text{m}$$

$$I_{x\beta} = \frac{1}{12} \times 9000 \times 1400^3 + 0.0491 \times 1400^4 = 2.2466 \times 10^{12}(\text{mm}^4)$$

$$i_{x\beta} = \sqrt{\frac{I_{\alpha\beta}}{A_\beta}} = \sqrt{\frac{2.2466}{1.4139 \times 10^7}} = 398.615(\text{mm}) = 0.3986\text{m}$$

$l_0 = 2 \times 6.5 = 13(\text{m})$(上端自由、下端固接的柱,见表4-4,但表4-4适用于等截面,桥墩截面变化不大,可近似应用)。

$\gamma_\beta = 1.3$(表4-3);$\alpha = 0.0002$

$$\beta_x = \frac{\gamma_\beta l_0}{3.5 i_{y\beta}} = \frac{1.3 \times 13}{3.5 \times 2.9199} = 1.654,\beta_x \text{小于3取为3}。$$

$$\beta_y = \frac{\gamma_{\beta y} l_0}{3.5 i_{x\beta}} = \frac{1.3 \times 13}{3.5 \times 0.3986} = 12.114$$

$$\varphi_x = \frac{1 - \left(\frac{97.7}{5250}\right)^8}{1 + \left(\frac{97.7}{2943.208}\right)^2} \times \frac{1}{1 + 0.0002 \times 3 \times (3-3)\left[1 + 1.33\left(\frac{97.7}{2943.208}\right)^2\right]} = 0.999$$

$$\varphi_y = \frac{1 - \left(\frac{159.3}{750}\right)^8}{1 + \left(\frac{159.3}{426.707}\right)^2} \times \frac{1}{1 + 0.0002 \times 12.114 \times (12.114-3) \times \left[1 + 1.33\left(\frac{159.3}{426.707}\right)^2\right]} = 0.855$$

$$\varphi = \frac{1}{\frac{1}{\varphi_x} + \frac{1}{\varphi_y} - 1} = \frac{1}{\frac{1}{0.999} + \frac{1}{0.855} - 1} = 0.854$$

$$A = 9000 \times 1500 + \frac{\pi}{4} \times 1500^2 = 1.5267 \times 10^7(\text{m}^2)$$

$f_{cd} = 4.22\text{MPa}$(查《工桥规》表3.3.3-2)

$\varphi A f_{cd} = 0.854 \times 1.5267 \times 10^7 \times 4.22 = 55020.44(\text{kN}) > r_0 N_d = 9911.34\text{kN}$,符合规定。

(2)结构自重竖向力,汽车,人群荷载竖向力及其纵、横向弯矩,横向风荷载弯矩,制动力弯矩等作用(不计纵向风荷载弯矩)组合。

①竖向力:

$$\gamma_0 N_d = 9911.34\text{kN}$$

②纵向弯矩(绕x轴):

$\gamma_0 M_{d,l} = 1.0 \times (0 + 1.4 \times 159.30 + 0.75 \times 1.4 \times 1076.46) = 1353.583(\text{kN} \cdot \text{m})$(见表4-9及本例中"6.纵向力";等号右边括号内末项,仅制动力参与组合,$\psi_c = 0.75$)

③横向弯矩(绕y轴):

$\gamma_0 M_{d,t} = 1.0 \times [0 + 1.4 \times 691.625 + 0.75 \times 1.1 \times (641.170 + 1.918 + 10.477)] = 1507.466$($\text{kN} \cdot \text{m}$)

④偏心距验算：

偏心距按表4-2进行验算（图4-36）

$$e_x = \frac{M_{d,t}}{N_d} = \frac{1507.466}{9911.34} = 0.152(\text{m}) = 152(\text{mm})$$

$$e_y = \frac{Ml_{d,l}}{N_d} = \frac{1353.583}{9911.34} = 0.137(\text{m}) = 137(\text{mm})$$

$$e = \sqrt{e_x^2 + e_y^2} = \sqrt{152^2 + 137^2} = 205(\text{mm})$$

$$\theta = \arctan\frac{e_x}{e_y} = \arctan\frac{152}{137} = 47.97°$$

截面重心至偏心方向距离 $s = 750/\cos\theta = 750/\cos47.97° = 1120.2(\text{mm})$

$e/s = 205/1120 = 0.183 < 0.6$，符合规定。

⑤墩身底截面承载能力极限状态验算：

按式(4-2)进行计算

$x = 5252\text{mm}, y = 750\text{mm}, e_x = 152\text{mm}, e_y = 137\text{mm}, m = 8, I_y = 1.3225 \times 10^{14}\text{mm}^4, A = 1.5267 \times 10^7\text{mm}^2, i_y = 2943.208\text{mm}, I_x = 2.7798 \times 10^{12}\text{mm}, i_x = 427.707\text{mm}, l_0 = 2 \times 6.5 = 13(\text{m}), \beta_x = 1.654, \beta_y = 12.114, \alpha = 0.0002$。

$$\varphi_x = \frac{1 - \left(\frac{152}{5250}\right)^8}{1 + \left(\frac{152}{2943.208}\right)^2} \times \frac{1}{1 + 0.0002 \times 3 \times (3-3) \times \left[1 + 1.33\left(\frac{152}{2943.208}\right)^2\right]} = 0.997$$

$$\varphi_y = \frac{1 - \left(\frac{137}{750}\right)^8}{1 + \left(\frac{137}{426.707}\right)^2} \times \frac{1}{1 + 0.0002 \times 12.114 \times (12.114-3) \times \left[1 + 1.33\left(\frac{137}{426.707}\right)^2\right]} = 0.884$$

$$\varphi = \frac{1}{\frac{1}{0.997} + \frac{1}{0.884} - 1} = 0.882$$

$$f_{cd} = 4.22\text{MPa}$$

$\varphi A f_{cd} = 0.882 \times 1.5267 \times 10^7 \times 4.22 = 56824.38(\text{kN}) > \gamma_0 N_d = 9911.34\text{kN}$，符合规定。

8. 地基承载力和基底的合力偏心距验算

1）地基承载力验算

地基承载力按《桥规》和《公路桥涵地基与基础设计规范》（JTG 3363—2019）中的相关规定验算。其作用组合由永久荷载、汽车荷载、人群荷载、风荷载和制动力组成。

基础如图4-35所示，采用C25混凝土。地基为一般黏性土，容许承载力440kPa。

（1）竖向力

地基承载力验算的竖向力及其偏心弯矩，可按表4-9的数据再加基础自重。基础自重为：

$(1.9 \times 10.9 + 2.3 \times 11.3) \times 0.5 \times 24 = 560.40(\text{kN})$（图4-35），基础自重不产生偏心弯矩。

（2）横向弯矩（图4-35）

上部结构风荷载对基底弯矩为：

$$M_{wh} = 84.957 \times \left(\frac{1}{2} \times 2 + 0.047 + 6.5 + 0.5 + 0.5\right) = 726.126(\text{kN} \cdot \text{m})$$（见表4-10，括号内

2 为梁高,6.5 为墩帽和墩身高度,0.5 为基础每一台阶高度)

墩帽风荷载对基底弯矩:

$$M_{wh} = 0.307 \times \left(\frac{1}{2} \times 0.5 + 6 + 0.5 + 0.5 \right) = 2.226(kN \cdot m)$$

墩身风荷载对基底弯矩:

$$M_{wh} = 3.618 \times \left(\frac{1}{3} \times 6 \times \frac{2 \times 1.1 + 1.5}{1.1 + 1.5} + 0.5 + 0.5 \right) = 14.158(kN \cdot m)$$

(3)纵桥向弯矩

按《桥规》的规定,纵桥向不计桥面系及上承式梁所受的风荷载。

墩帽风荷载对基底弯矩:

$$M_{wh} = 6.497 \times \left(\frac{1}{2} \times 0.5 + 6 + 0.5 + 0.5 \right) = 47.103(kN \cdot m)$$

墩身风荷载对基底弯矩:

$$M_{wh} = 77.959 \times \left(\frac{1}{3} \times 6 \times \frac{2 \times 10.1 + 10.5}{10.1 + 10.5} + 0.5 + 0.5 \right) = 310.322(kN \cdot m)$$

制动力对基底弯矩:

$$M = 165 \times \left(\frac{0.047}{2} + 6.5 + 0.5 + 0.5 \right) = 1241.378(kN \cdot m)$$

基底荷载汇总见表4-11和表4-12。

基底荷载标准值　　　　　　　　　　　　　　　　　表4-11

效应	部　　位					合计
	上部结构	墩帽、墩身	基础	汽车	人群	
竖向力(kN)	2×2291.934=4583.868	2043.300	560.400	309.750+947.750=1257.500	2×88.5=177.000	8622.068
横向偏心弯矩(kN·m)	—	—	—	691.625	—	691.625
纵向偏心弯矩(kN·m)	—	—	—	159.500	—	159.500

注:引自表4-9。

基底风荷载和制动力标准值　　　　　　　　　　　　表4-12

效　应	作　　用				合　计
	风荷载			制动力	
	上部	墩帽	墩身		
横向力(kN)	84.957	0.307	3.618		88.945
横向弯矩(kN·m)	726.127	2.226	14.158		742.511
纵向力(kN)		6.497	77.959	165.000	249.456
纵向弯矩(kN·m)		47.103	310.322	1241.378	1598.803

(4)基底应力计算

根据《公路桥涵地基与基础设计规范》(JTG 3363—2019)的相关规定计算如下:

竖向力　$N = \gamma_0 N_0 = 1.0[4583.868 + 2043.300 + 560.400 + (1.0 \times 1257.500 + 1.0 \times 177.000)]$
$= 8622.068(kN)$

基底面积　$A = 2.3 \times 11.3 = 25.990(m^2)$

基底平均压应力　$P = \dfrac{N}{A} = \dfrac{8622.068}{25.99} = 331.745 kPa < [f_a] = 440 kPa（符合规定）$

按基底双向偏心受压计算最大压应力 P_m。

横桥向弯矩　$M_y = 1.0(1.0 \times 691.625 + 1.0 \times 742.511) = 1434.136(kN \cdot m)$

基底面积抵抗矩　$W_y = \dfrac{1}{6} \times 2.3 \times 11.3^2 = 48.948(m^3)$

纵桥向弯矩　$M_x = 1.0[1.0 \times 159.500 + 1.0(47.103 + 310.322) + 1.0 \times 1241.378]$
$= 1758.303(kN \cdot m)$

基底面积抵抗矩　$W_x = \dfrac{1}{6} \times 11.3 \times 2.3^2 = 9.963(m^3)$

基底最大压应力　$P_m = \dfrac{N}{A} + \dfrac{M_x}{W_x} + \dfrac{M_y}{W_y} = \dfrac{8622.068}{25.99} + \dfrac{1758.303}{9.963} + \dfrac{1434.136}{48.948} = 537.5284(kPa)$

$< 1.25 \times 440(kPa) = 550.00(kPa)（符合规定）$

$\gamma_R = 1.25$ 为地基承载力容许值抗力系数，见《公路桥涵地基与基础设计规范》(JTG 3363—2019)第3.3.6条。

2）基底合力偏心矩验算

根据《公路桥涵地基与基础设计规范》(JTG 3363—2019)的相关规定计算如下：

$$e_x = \frac{M_y}{N} = \frac{1434.136}{8622.068} = 0.166(m)$$

$$e_y = \frac{M_x}{N} = \frac{11758.303}{8622.068} = 0.204(m)$$

$$e_0 = \sqrt{e_x^2 + e_y^2} = \sqrt{0.166^2 + 0.204^2} = 0.263(m)$$

$$P_{min} = \frac{N}{A} - \frac{M_x}{W_x} - \frac{M_y}{W_y} = \frac{8622.068}{25.99} - \frac{1758.303}{9.963} - \frac{1434.136}{48.948} = 125.963(kPa)$$

$$\rho = \frac{e_0}{1 - \dfrac{P_{min}A}{N}} = \frac{0.263}{1 - \dfrac{125.963 \times 25.99}{8622.068}} = 0.424(m)$$

$$e_0 = 0.263m < [e_0] \leqslant \rho = 0.424m（符合表4-6中的要求）$$

9. 桥墩稳定性验算

桥墩抗倾覆稳定性和抗滑稳定性，按《公路桥涵地基与基础设计规范》(JTG 3363—2019)验算。

1）抗倾覆稳定性验算

根据式(4-23)中的 $k_0 = s/e_0$ 的意义，由（图4-32和图4-35）三角几何关系 $e_y/e_0 = \dfrac{2.3/2}{s}$ 得：

$$k_0 = \frac{1}{e_y} \times \frac{2}{2.3} = \frac{1}{0.204} \times \frac{2}{2.3} = 4.263 > 1.5(符合表4-8的要求)$$

2)抗滑动稳定性验算

基础与地基的摩擦系数 μ 取 0.25。

根据式(4-24):

$$\sum P_i = 8622.068\text{kPa}; \sum H_{ip} = 0; \sum H_{ia} = \sqrt{88.945^2 + 249.456^2} = 264.838(\text{kPa})。$$

$$k_c = \frac{\mu \sum P_i + \sum H_{ip}}{\sum H_{ia}} = \frac{0.25 \times 8622.068 + 0}{264.838} = 8.139 > 1.3(符合表4-8的要求)$$

以上有关计算数据见表4-11、表4-12。

三、桩柱式桥墩计算

桩柱式桥墩的计算,包括盖梁和桩(柱)身两个部分。

1.盖梁计算

(1)计算图式

桩柱式墩通常采用钢筋混凝土构件。在构造上,柱的纵向受力钢筋应伸入基础和盖梁内,深入长度不应小于规范规定的锚固长度,并与盖梁的钢筋绑扎成整体,因此盖梁与柱刚接成刚架结构,按刚构计算。

①当盖梁与柱的线刚度(EI/l)之比大于5时:双柱式墩盖梁可按简支梁计算和配筋,多柱式墩的盖梁可按连续梁计算。此时,钢筋混凝土盖梁的跨高比 l/h(l、h 分别为盖梁的计算跨径和盖梁高度)为:简支梁 $2.0 < l/h \leqslant 5.0$,连续梁或刚构 $2.5 < l/h \leqslant 5.0$。其计算按《公桥规》的相关公式计算。当 $l/h > 5.0$ 时,按《公桥规》的第5章~第7章钢筋混凝土一般受弯构件计算;对于简支梁 $l/h < 2$、连续梁 $l/h < 2.5$ 时,应按深梁计算。

②当盖梁的刚度与桩柱的线刚度比(EI/l)小于5,或桥墩承受较大横向力时,盖梁应作为横向刚架的一部分进行验算。

(2)作用种类

主要有上部结重力、盖梁自重、汽车荷载(包括冲击力)及人群荷载。

(3)计算方法

公路桥梁桩柱式墩大多采用双柱式,且盖梁与桩柱的线刚度比往往大于5,所以通常都按简支梁或双悬臂梁计算。内力计算时,控制截面一般在支点和跨中,荷载纵横向分布的影响可参照装配式简支梁主梁梁肋内力计算方法予以考虑。

①荷载纵向分布的影响:汽车荷载由上部结构通过支座传递给桥墩,所以计算时,先绘制上部结构支点反力影响线,然后按最不利位置布载,即可求得相应最大支座反力。

②荷载横向分布的影响:先作出盖梁控制截面的内力横向影响线,然后按最不利位置布载。当计算跨中正弯矩时,汽车荷载对称布置;当计算支点负弯矩时,汽车荷载非对称布置。

(4)注意事项

①盖梁内力计算时,可考虑桩柱支承宽度对削减负弯矩尖峰的影响。

②桥墩沿纵向的水平力,以及当盖梁在纵桥向设置有两排支座时作用在上部结构的汽车

荷载偏心力将对盖梁产生扭矩,应予以考虑。

(5)配筋计算

盖梁的配筋计算方法与钢筋混凝土梁配筋相似,即根据弯矩包络图配置受弯钢筋,根据剪力包络图配置弯起钢筋和箍筋。在配置时,还应计算各控制截面扭矩所需要的箍筋及纵向钢筋。当采用预应力混凝土盖梁时,预应力筋及普通钢筋的配置与预应力混凝土梁相似。

(6)抗裂验算

钢筋混凝土盖梁的最大裂缝宽度可按下列公式计算:

$$W_{fk} = C_1 C_2 C_3 \frac{\sigma_{ss}}{E_s}\left(\frac{30+d}{0.28+10\rho}\right) \tag{4-26}$$

式中:C_1——钢筋表面形状系数,对光面钢筋 $C_1 = 1.4$,对带肋钢筋 $C_1 = 1.0$;

C_2——作用(或荷载)长期影响系数,$C_2 = 1 + \dfrac{N_1}{N_2}$,其中 N_1 和 N_2 分别为按作用(或荷载)长期效应组合和短期效应组合计算的内力值(弯矩或轴向力);

C_3——与构件受力性质有关的系数,$C_3 = \dfrac{1}{3}\left(\dfrac{0.4l}{h} + 1\right)$;

σ_{ss}——钢筋应力,按规范有关公式进行计算;

d——纵向钢筋直径(mm);

ρ——纵向受接钢筋率,对钢筋混凝土构件,当 $\rho > 0.02$ 时,取 $\rho = 0.02$;当 $\rho < 0.006$ 时,取 $\rho = 0.006$;对轴心受拉构件,ρ 按全部受拉钢筋截面面积 A_s 的一半计算。

$$\rho = \frac{A_s + A_p}{bh_0 + (b_f - b)h_f} \tag{4-27}$$

式中:A_s、A_p——构件受拉区纵向普通钢筋、预应力钢筋截面面积;

b_f、h_f——构件受拉翼缘宽度、厚度。

2.墩柱计算

(1)外力计算

作用于桥墩桩柱上的永久作用包括上部结构的自重力、盖梁的自重力及桩身的自重。桩柱承受的可变作用按设计荷载进行最不利加载计算,最后通过作用效应组合,求得最不利的作用。桥墩承受的水平力主要有支座摩阻力和汽车制动等。

(2)内力计算

桩柱式墩按桩基础的有关内容计算桩柱的内力和桩的入土深度。对于单柱式墩,计算弯矩应考虑纵、横两个方向弯矩的合力,两个方向弯矩合力值 $M = \sqrt{M_x^2 + M_y^2}$。其余计算同双柱墩。

(3)配筋验算

在计算最不利内力组合之后,先配筋,再验算。验算方法同钢筋混凝土偏心受压构件计算。

(4)抗裂验算

钢筋混凝土圆形截面偏心受压构件,其最大裂缝宽度可按下列公式计算:

$$W_{fk} = C_1 C_2 \left[0.03 + \frac{\sigma_{ss}}{E_s} \left(0.004 \frac{d}{\rho} + 1.52 C \right) \right] \tag{4-28}$$

$$\sigma_{ss} = \left[59.42 \frac{N_s}{\pi \cdot r^2 f_{cu,k}} \left(2.80 \frac{\eta_s e_0}{r} - 1.0 \right) - 1.65 \right] \rho^{-\frac{2}{3}} \tag{4-29}$$

式中: N_s——按作用(或荷载)短期效应组合计算的轴向力(N)。

σ_{ss}——截面受拉区最外缘钢筋应力,当按上述公式的 $\sigma_{ss} \leqslant 24\text{MPa}_a$ 时,可不必验算裂缝宽度(MPa)。

ρ——截面配筋率, $\rho = \dfrac{A_s}{\pi r^2}$。

C——混凝土保护层厚度(mm)。

r——构件截面半径(mm)。

η_s——使用阶段的偏心距增大系数,按 $\eta_s = 1 + \dfrac{1}{4000 \dfrac{e_0}{r + r_s}} \left(\dfrac{l_0}{2r} \right)$ 计算,当 $\dfrac{l_0}{2r} \leqslant 14$ 时可取 η_s
= 1.0。

e_0——轴向力 N_s 的偏心距(mm)。

$f_{cu,k}$——边长为150mm 的混凝土立方体抗压强度标准值,设计时取混凝土强度等级(MPa)。

r_s——构件截面纵向钢筋所在圆周的半径(mm)。

l_0——构件的计算长度,当构件两端固定时取 $0.5l$;当一端固定一端为不移动的铰链时取 $0.7l$;当两端均为不移动的铰链时取 l;当一端固定一端自由时取 $2l$;也可按工程经验确定。l 为构件支点间长度。

其余符号意义同前。

第三节　桥台计算

一、重力式桥台的计算

1.桥台计算作用的特点

重力式桥台与重力式桥墩相比,其计算作用基本相同,不同的主要是桥台要考虑台后填土的土侧压力及汽车荷载引起的土侧压力,而桥墩则不考虑,以及桥台不需考虑纵、横向风力,流水、流冰压力,船只或漂浮物的撞击作用,但桥墩则要考虑。

台后土侧压力,一般按主动土压力计算,其大小与土的压实程度有关。在计算桥台前端的最大应力、向桥孔一侧的偏心和向桥孔方向的倾覆与滑动时,台后填土按尚未压实考虑(摩擦角取小值);当计算桥台后端的最大应力、向路堤一侧的偏心和向路堤方向的倾覆与滑动时,则台后填土按已经压实考虑(摩擦角取较大值)。土压力的计算范围,当验算台身强度和地基承载力时,计算基础顶面至桥台顶面范围内的土压力;当验算桥台稳定性时,计算基础底面至桥台顶面范围内的土压力。

2. 作用布置与作用组合

1)梁桥重力式桥台的作用布置与作用组合

(1)作用布置(只考虑纵桥向)

①在桥跨结构上布置汽车荷载、温度下降作用、制动力(向桥孔方向),并考虑台后土侧压力,如图4-37a)所示。

②在桥台后破坏棱体上布置汽车荷载、温度下降作用,并考虑台后土侧压力,如图4-37b)所示。

③在桥跨结构上和台后破坏棱体上都布置车辆荷载、温度下降作用、制动力(向桥孔方向),并考虑台后土侧压力,如图4-37c)所示。

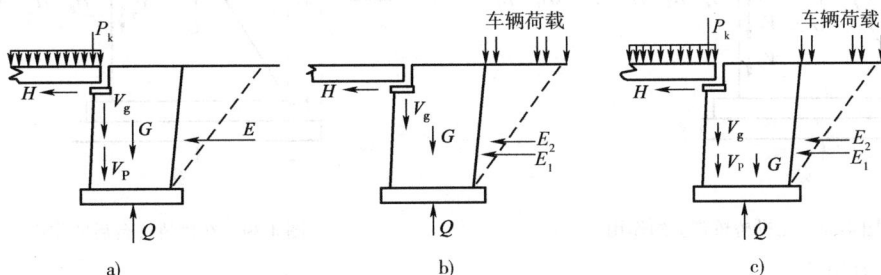

图4-37 梁桥桥台作用组合图

(2)作用效应组合

①上部结构重力 + 计算截面以上桥台重力 + 浮力 + 土侧压力(此组合用于验算地基受永久作用时的合力偏心距)。

②上部结构重力 + 计算截面以上桥台重力 + 浮力 + 土侧压力 + 作用在桥跨结构上的汽车荷载和人群荷载。

③上部结构重力 + 计算截面以上桥台重力 + 浮力 + 土侧压力 + 作用在桥跨结构上的汽车荷载和人群荷载 + 制动力。

④上部结构重力 + 计算截面以上桥台重力 + 浮力 + 土侧压力 + 作用在桥跨结构上的汽车荷载和人群荷载 + 支座摩阻力。

⑤上部结构重力 + 计算截面以上桥台重力 + 浮力 + 土侧压力(包括作用在破坏棱体上的汽车荷载所引起的土侧压力)。

⑥上部结构重力 + 计算截面以上桥台重力 + 浮力 + 土侧压力(包括作用在破坏棱体上的汽车荷载所引起的土侧压力) + 支座摩阻力。

⑦上部结构重力 + 计算截面以上桥台重力 + 浮力 + 土侧压力(包括作用在破坏棱体上的汽车荷载所引起的土侧压力) + 作用在桥跨结构上的汽车荷载和人群荷载。

⑧上部结构重力 + 计算截面以上桥台重力 + 浮力 + 土侧压力(包括作用在破坏棱体上的汽车荷载所引起的土侧压力) + 作用在桥跨结构上的汽车荷载和人群荷载 + 制动力。

⑨上部结构重力 + 计算截面以上桥台重力 + 浮力 + 土侧压力(包括作用在破坏棱体上的

汽车荷载所引起的土侧压力)+作用在桥跨结构上的汽车荷载和人群荷载+支座摩阻力。

2)拱桥重力式桥台的作用布置与作用组合

(1)作用布置(只考虑顺桥向)

①在桥跨结构上布置汽车荷载,使拱脚水平推力达到最大值,温度上升,制动力(向路堤方向),并考虑台后土侧压力,拱圈材料收缩作用(图4-38)。

②在台后破坏棱体上布置汽车荷载、温度下降,并考虑台后土侧压力、拱圈材料收缩作用(图4-39)。

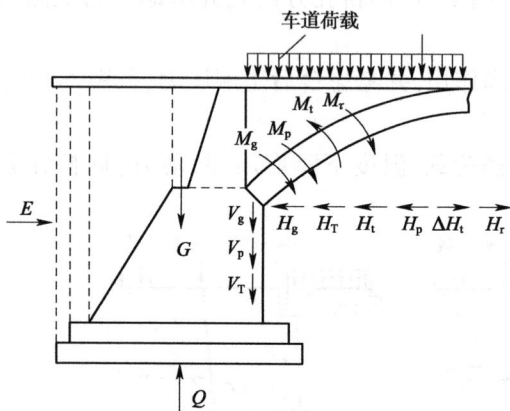

图4-38　在拱桥桥跨上的作用　　　　　图4-39　在拱桥桥台后的作用

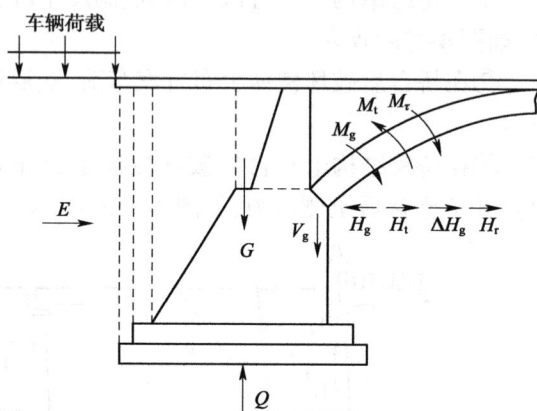

(2)作用组合

①上部结构重力+计算截面以上桥台重力+浮力+土侧压力+混凝土收缩作用(此组合用于验算地基承受永久荷载作用时的偏心距)。

②上部结构重力+计算截面以上桥台重力+浮力+土侧压力(包括作用在破坏棱体上的汽车荷载所引起的土侧压力)+混凝土收缩作用。

③上部结构重力+计算截面以上桥台重力+浮力+土侧压力(包括作用在破坏棱体上的汽车荷载所引起的土侧压力)+混凝土收缩作用+温度下降作用。

④上部结构重力+计算截面以上桥台重力+浮力+土侧压力+作用在桥跨结构上的汽车荷载和人群荷载+混凝土收缩作用。

⑤上部结构重力+计算截面以上桥台重力+浮力+土侧压力+作用在桥跨结构上的汽车荷载和人群荷载+混凝土收缩作用+向路堤方向的制动力+温度上升作用。

3.重力式桥台强度、偏心距和稳定性验算

桥台台身强度与偏心距、地基承载力与偏心距以及桥台稳定性验算与桥墩相同。若U形桥台两侧墙厚度之和不小于同一水平截面前墙全长的0.4倍时,桥台台身截面按U形整体截面验算其截面强度。否则,台身前墙应按独立的挡土墙进行验算。

二、轻型桥台的计算

为了防止桥台受到路堤土侧压力的作用而向河中方向移动,通常利用桥跨结构和底部支撑梁作为桥台与桥台或桥墩与桥台之间的支撑,形成四铰框架体系;台身可以按上下铰接的简

支梁承受水平土压力,因而减薄了台身的厚度。这类桥台的计算内容主要包括:

①将桥台视为上下端铰支,承受竖向荷载和横向荷载作用的竖梁(简支梁),验算墙身圬工的偏心受压强度和抗剪强度。

②将台身和翼墙(包括基础)视为在弹性地基上的短梁,验算桥台在该平面内的弯曲强度。

③验算地基土的承载力。

1. 桥台作为竖梁时的强度计算

桥台台身强度验算主要是验算水平土压力作用下的台身强度。当桥跨上除结构自重外无汽车荷载,台背填土破坏棱体上布置汽车荷载,台身受力为最不利,因而控制设计。其计算图式,如图4-40所示。

1)台后主动土压力计算(按朗金理论计算)

台背填土和汽车荷载引起的单位宽度土压力(图4-40)。

$$E = E_T + E_c = \frac{1}{2}\gamma H_2^2 \tan^2\left(45° - \frac{\varphi}{2}\right) + \gamma H_2 h \tan^2\left(45° - \frac{\varphi}{2}\right) \tag{4-30}$$

式中:E_T——填土本身引起的土压力;

E_c——汽车荷载引起的土压力;

γ——台后填土重度;

φ——土的内摩擦角;

h——等代土层厚度,按下式计算。

$$h = \frac{\sum G}{Bl_0\gamma} \tag{4-31}$$

$\sum G$——布置在 $B \times l_0$ 面积内的汽车荷载总重;

B——桥台计算宽度;

l_0——台后填土的破坏棱体长度,按下式计算。

$$l_0 = H_2 \tan\left(45° - \frac{\varphi}{2}\right) \tag{4-32}$$

2)台身内力计算

(1)台身内力计算图式。台身按上下铰接的简支梁计算,如图4-40所示。对于有台背桥台,因上部结构桥台台背间的缝隙已用砂浆填实,保证有牢靠的支撑作用,因此,台身作为简支梁计算。

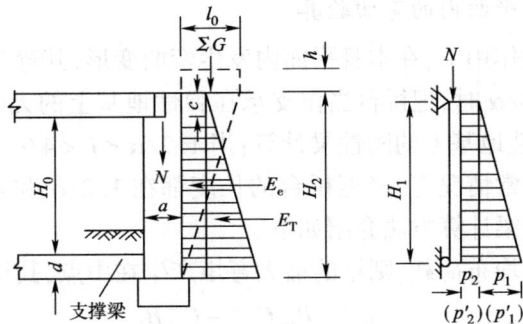

图4-40 土压力分布及计算图式

其计算跨径一般情况下为：

$$H_1 = H_0 + \frac{1}{2}d + \frac{1}{2}c \qquad (4-33)$$

式中：H_0——桥跨结构与支撑梁间的净距；

$\quad$ d——支撑梁的高度；

$\quad$ c——桥台背墙的高度。

对于无台背的桥台：

$$H_1 = H_0 + \frac{1}{2}d \qquad (4-34)$$

当验算桥台抗剪时：

$$H_1 = H_0 \qquad (4-35)$$

（2）台身内力计算。在计算截面弯矩 M 时，轴力 N 的影响忽略不计，而是放在强度验算中考虑。其跨中截面弯矩为：

$$M = \frac{1}{8}p_2 H_1^2 + \frac{1}{16}p_1 H_1^2 \qquad (4-36)$$

台帽顶部截面的剪力为：

$$Q = \frac{1}{2}p'_2 H_0 + \frac{1}{6}p'_1 H_0 \qquad (4-37)$$

支撑梁顶面处剪力为：

$$Q = \frac{1}{2}p'_2 H_0 + \frac{1}{3}p'_1 H_0 \qquad (4-38)$$

上述式中：p_1、p_2——受弯计算跨径 H_1 处的土压力强度；

$\quad$ p'_1、p'_2——受剪计算跨径 H_0 处的土压力强度。

（3）截面强度验算。按《工桥规》有关公式进行跨中截面的抗压强度和支点截面的抗剪强度验算。其中计算截面的垂直力为：

$$N = N_1 + N_2 + N_3 \qquad (4-39)$$

式中：N_1——上部结构重力引起的支点反力；

$\quad$ N_2——台帽重力；

$\quad$ N_3——计算截面以上部分的台身重力。

2. 桥台在横桥向竖直平面内的弯曲验算

轻型桥台在竖向荷载作用下，在本身平面内发生弯曲变形，其弯曲程度与地基的变形系数 α 有关。当桥台长度 $L > 4/\alpha$ 时，把桥台当作支承在弹性地基上的无限长梁计算；当 $L < 1.2/\alpha$ 时，把桥台当作支承在弹性地基上的刚性梁计算；当 $1.2/\alpha < L < 4/\alpha$ 时，把桥台当作支承在弹性地基上的短梁计算。通常情况下，轻型桥台的长度都在 $1.2/\alpha$ 和 $4/\alpha$ 之间，即属于弹性地基上的短梁。弹性地基短梁计算方法介绍如下。

设梁上作用有对称的均布荷载，则梁的最大弯矩产生在中点，其计算公式为：

$$M = \frac{p}{\alpha^2} \cdot \frac{B_{B1}C_{L/2} - C_{B1}B_{L/2}}{A_{L/2}B_{L/2} + 4C_{L/2}D_{L/2}} \qquad (4-40)$$

式中:α ——变形系数,$\alpha = \sqrt[4]{K_0 b/(4EI)}$;

    A——函数值,$A = \mathrm{ch}\alpha x \cos\alpha x$;

    B——函数值,$B = (\mathrm{ch}\alpha x \sin\alpha x + \mathrm{sh}\alpha x \cos\alpha x)/2$;

    C——函数值,$C = (\mathrm{sh}\alpha x \sin\alpha x)/2$;

    D——函数值,$D = (\mathrm{ch}\alpha x \sin\alpha x - \mathrm{sh}\alpha x \cos\alpha x)/4$;

    p——作用在桥台上的均布荷载(含桥跨结构重力荷载和汽车换算荷载);

    K_0——地基土弹性抗力系数,一般由试验确定,无试验资料时,可按表4-13查用;

    b——地基梁宽度,即桥台基础宽度;

    E——地基梁(桥台)弹性模量;

    I——纵桥向竖剖面的惯性矩,假定整个地基梁的I值不变;

    $B_{L/2}$——函数脚本,表示$x = B_1$,α、x的函数值;

    $C_{L/2}$——函数脚本,表示$x = L/2$,α、x的函数值。

非岩石类土的弹性抗力系数   表4-13

序　号	土 的 分 类	K_0（$\mathrm{kN/m^3}$）
1	流塑黏性土 $I_L \geqslant 1$,淤泥	100000 ~ 200000
2	软塑黏性土 $0.5 \leqslant I_L < 1$,粉砂	200000 ~ 450000
3	硬塑黏性土 $0 \leqslant I_L < 0.5$,细砂,中砂	450000 ~ 650000
4	坚硬、半坚硬黏性土 $I_L < 0$,粗砂	650000 ~ 1000000
5	砾砂、角砾砂、圆粒砂、碎石、卵石	1000000 ~ 1300000
6	密实粗砂夹卵石、密实漂卵石	1300000 ~ 2000000

3. 地基承载力验算

桥台的基底应力为桥台重力引起的应力与桥跨结构车辆荷载引起的应力之和。桥台重力引起的基底应力 σ_1 计算系假定桥台因重力不发生弯曲,如图4-41所示。

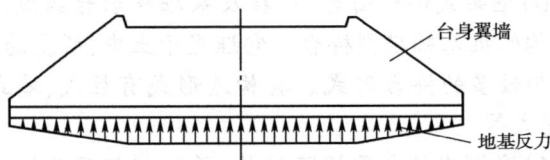

图4-41　桥台重力引起的基底应力分布

桥跨结构和车辆荷载引起的基底最大应力(中点)σ_2可按下式计算:

$$\sigma_2 = \frac{p}{b}\left[1 - \frac{A_{L/2}B_{B_1} + 4C_{B_1}D_{L/2}}{A_{L/2}B_{L/2} + 4C_{L/2}D_{L/2}}\right] \tag{4-41}$$

式中:b——基础宽度;

    其余符号意义同前。

    桥台基底总应力为:

$$\sigma = \sigma_1 + \sigma_2 \leqslant [\sigma] \tag{4-42}$$

式中:σ_1——桥台重力引起的基底应力;

    $[\sigma]$——地基土容许承载力。

本章小结

(1)桥梁墩台是支承桥跨结构和传递桥梁作用的结构物,是桥梁结构的重要组成部分。桥梁墩台又称为桥梁的下部结构,主要由墩(台)帽、墩(台)身和基础3个部分组成。

(2)桥墩按其构造形式可分为实体墩、空心墩、柱式墩、框架墩等。

(3)实体桥墩由一个实体结构组成,按其截面尺寸及质量的不同可分为实体重力式桥墩和实体轻型桥墩。实体重力式桥墩适合于修建在地基承载力较高、覆盖层较薄、基岩埋深较浅的地基上。实体轻型桥墩不宜用在流速大并夹有大量泥沙的河流或可能有船舶、冰块、漂流物撞击的河流中,一般用于中小跨径的桥梁上。

(4)空心桥墩的形式有两种:一种为部分镂空实体桥墩;另一种为薄壁空心桥墩。

(5)桥台按其形式可划分为重力式桥台、轻型桥台、埋置式桥台、框架式桥台、组合式桥台等。

(6)重力式桥台也称实体式桥台,它主要靠自重来平衡台后的土压力。台身一般是由块石、片石混凝土或混凝土等圬工材料建造,并采用就地砌筑或浇筑的施工方法。

(7)U形桥台由台身(前墙)、台帽、基础与两侧的翼墙组成,台身支承桥跨结构,并承受台后土压力的作用;翼墙连接路堤和前墙共同承受土压力。

(8)埋置式桥台是指桥台台身埋置于台前溜坡内,不需另设翼墙,仅由台帽两端的耳墙与路堤衔接,利用台前溜坡填土产生的土压力抵消部分台后填土产生的主动土压力,从而减小桥台的结构尺寸。

(9)轻型桥台通常采用圬工材料或钢筋混凝土材料筑成,应用范围较广泛,从结构上可分为八字式、一字式、薄壁轻型桥台和边柱带耳墙的轻型桥台等形式。

(10)框架式桥台由台帽、柱及基础或承台组成,是一种在横桥向呈框架式结构的桩基轻型桥台。它埋置于土中,所受的土压力较小,是目前桥梁中采用较多的桥台形式。其构造形式有柱式、墙式、半重力式和双排架式、板凳式等。

(11)墩帽直接支承桥跨结构,并将相邻两孔桥上的恒载、汽车荷载和人群荷载传到墩身上。

(12)墩帽由于受到支座传来的集中作用较大,因此要求它有足够的强度和厚度,其最小厚度一般不小于500mm,中小跨径梁桥也不应小于400mm。

(13)顺桥向墩帽最小宽度 b 为:$b \geqslant f + \dfrac{a}{2} + \dfrac{a'}{2} + 2c_1 + 2c_2$。

(14)横桥向墩帽最小宽度 B 为:B = 桥跨结构两外侧主梁中心距 + 支座底板横向宽度 + $2c_2$ + 支座垫板至墩台边缘最小宽度的2倍。

(15)梁式桥的墩身顶宽,小跨径桥不宜小于800mm,中跨径桥不宜小于1000mm,大跨径的墩身顶宽视上部结构类型而定。墩身侧坡一般采用20:1~30:1;小跨径桥桥墩不高时也可以不设侧坡。

(16)拱桥桥墩与梁桥桥墩最大的区别在于需承受拱脚传来的水平推力,因此,在多跨拱桥中根据施工和使用要求,每隔3~5孔设置单向推力墩。

(17)重力式U形桥台台身由前墙(含上端的防护墙)和侧墙组成。

(18)U形桥台台心应填透水性良好的土,如砂性土或砂砾,并做好排除桥台前墙后积水的排水设施。

(19)计算桥墩上的作用及其作用组合。

(20)重力式桥墩(台)主要采用圬工材料建筑,因此其墩身截面强度验算采用分项安全系数的极限状态法,一般按受压构件验算墩(台)身各验算截面的计算强度。

当受压偏心距 e 在限值范围内时:

砌体(包括砌体与混凝土组合) $\gamma_0 N_d < \psi A f_{cd}$

混凝土受压构件 $\gamma_0 N_d < \psi f_{cd} A_c$

砌体和混凝土的单向及双向偏心受压构件,当轴向力的偏心距 e 超过偏心距限值时:

单向偏心 $$\gamma_0 N_d \leq \varphi \frac{A f_{tmd}}{\frac{Ae}{W} - 1}$$

双向偏心 $$\gamma_0 N_d \leq \varphi \frac{A f_{tmd}}{\frac{Ae_x}{W_y} + \frac{Ae_y}{W_x} - 1}$$

(21)地基承载力验算按《公路桥涵地基与基础设计规范》(JTG 3363—2019)的有关规定,一般按正常使用极限状态计算。

基底岩土的承载力,当不考虑嵌固作用时,可按下式验算:

①当基底只承受轴心荷载时,$P = \frac{N}{A} \leq [f_a]$。

②当基底单向偏心受压,除满足①外,尚应符合 $P_{max} = \frac{N}{A} + \frac{M}{W} \leq \gamma_R [f_a]$。

③当基底双向偏心受压,承受竖向力 N 和绕 x 轴弯矩 M_x 与绕 y 轴弯矩 M_y 共同作用时,除满足①外,尚应符合 $P_{max} = \frac{N}{A} + \frac{M_x}{W_x} + \frac{M_y}{W_y} \leq \gamma_R [f_a]$。

(22)桥墩的稳定性验算分别按抗倾覆稳定性、抗滑动稳定性进行验算。

(23)桩柱式桥墩的计算,包括盖梁和桩柱两部分。

(24)重力式桥台与重力式桥墩相比,其计算荷载不同之处主要是桥台要考虑台后填土的土侧压力和汽车荷载引起的土侧压力,但桥台不需考虑纵、横向风力,流水、流冰压力,船只或漂浮物的撞击作用。

(25)U形桥台两侧墙厚度之和不小于同一水平截面前墙全长的0.4倍时,桥台台身截面强度验算应把前墙和侧墙作为整体考虑其受力;否则,台身前墙应按独立的挡土墙进行验算。

1.桥梁墩(台)由哪几部分组成？桥墩、桥台有何作用？

2.梁桥桥墩的主要类型有哪几种？

3.桥台有哪些类型？分别适用于哪些条件？

4.拱桥桥墩与梁桥桥墩有何区别？

5.叙述排除 U 形桥台前墙后积水的措施。

6.叙述桥墩(台)的计算步骤。

7.如何布置可变荷载才可能使梁(拱)桥桥墩产生最大的竖直反力？用于进行桥墩哪些方面的验算？

8.如何布置可变荷载才可能使梁(拱)桥桥墩在顺桥向产生最大的偏心距和弯矩？用于进行桥墩哪些方面的验算？

9.叙述梁桥桥台顺桥向的荷载布置方法。

10.叙述拱桥桥台顺桥向的荷载布置方法。

11.埋置式桥台在构造和受力上有何特点？其适用范围有哪些？

12.×××桥墩为混凝土实体墩,刚性扩大基础,控制设计的作用组合为:支座反力 840kN 和 930kN;桥墩及基础自重 5480kN;设计水位以下墩身及基础浮力 1200kN;制动力 84kN;墩帽和墩身所受风力分别为 2.1kN 和 16.8kN。结构尺寸及地质、水文资料见图4-42)(基底宽3.1m,基底长9.3m)。

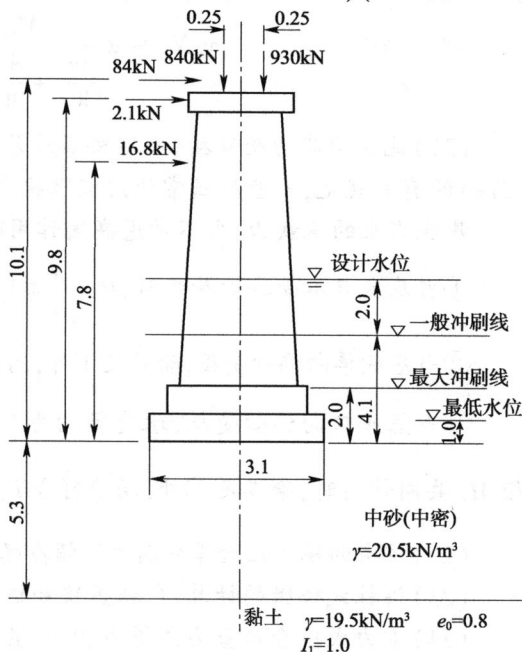

图 4-42　桥墩示意(尺寸单位:m)

要求验算:

(1)地基承载能力;

(2)基底合力偏心距;

(3)基础稳定性。

第五章
CHAPTER FIVE

涵洞

本章内容概要

　　本章主要介绍了涵洞的类型与构造要求、常用的涵洞洞口形式、涵洞的设计、涵洞长度及洞口工程量计算，以及涵洞施工要点。

教学目标

　　1. 会描述各种涵洞的构造要求及适用条件；
　　2. 知道涵洞的测设步骤；
　　3. 知道涵洞布置的一般技术要求；
　　4. 会计算涵洞长度和洞口工程数量；
　　5. 会识读涵洞标准图；
　　6. 知道涵洞施工的技术要点。

重点学习任务

　　1. 认知各种涵洞的构造要求及适用条件；
　　2. 进行涵洞长度和洞口工程数量计算。

主要学习活动设计

　　1. 观看涵洞工程的影像片或参观工程现场；
　　2. 识读涵洞工程施工图。

第一节　涵洞的类型及构造

　　涵洞是为宣泄地面水流而设置的横穿路基的排水构造物，由洞身和洞口建筑两部分组成，如图 5-1 所示。

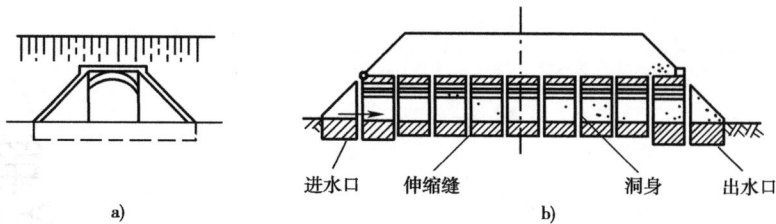

图 5-1 涵洞的组成

一、涵洞的分类

1.按建筑材料分

1)石涵

石涵包括石盖板涵和石拱涵。在产石地区应首选石涵,可降低造价、节省水泥和钢材,减少日常养护费用。

2)混凝土涵

混凝土涵多做成拱涵,也做成圆管涵和小跨径的盖板涵。节省钢筋,便于预制,但损坏后修复和养护较困难。

3)钢筋混凝土涵

钢筋混凝土涵可做成圆管涵、盖板涵、箱涵和拱涵。涵身坚固,经久耐用,养护费用少。圆管涵、盖板涵的运输和安装较为便利,但耗费钢材较多。

2.按构造形式分

1)圆管涵

圆管涵对基础的适应性及受力性能较好,不需墩台,圬工数量少,造价低。

2)板涵

板涵可根据路堤的高低不同分别设置成明涵或暗涵。其构造简单,维修方便。

3)拱涵

拱涵跨越深沟或高路堤时可选用,承载能力大,砌筑技术易于掌握。

4)箱涵

箱涵用于软土地基,整体性强。但用钢量多,造价高,施工复杂。

3.按洞顶填土的情况分

1)明涵

明涵是指洞顶不填土或填土厚度小于50cm的涵洞,适用于低路堤、浅沟渠。

2)暗涵

暗涵是指洞顶填土厚度大于50cm的涵洞,适用于高路堤与深沟渠。

4.按水力性能分

1)无压力式涵洞

无压力式涵洞入口处水深小于洞口高度,洞内水流均具有自由水面。

2）半压力式涵洞

半压力式涵洞入口处水深大于洞口高度,水流仅在进水口处充满洞口,而在涵洞的其他部分均具有自由水面。

3）压力式涵洞

压力式涵洞入口处水深大于洞口高度,在涵洞全长范围内都充满水流,无自由水面。

4）倒虹吸管涵

倒虹吸管涵的路线两侧水深都大于涵洞进出水口高度,且进出水口必须设置竖井,用于路线穿越沟渠,路堤高度小,而灌溉要求必须提高渠底时。

二、涵洞的构造

1. 洞身构造

洞身是形成过水孔道的主体,它应具有保证设计流量通过的必要孔径,同时又要求本身坚固而稳定。洞身的作用一要保证水流通过,二要承受活载压力和填土压力,并将其传递给地基。

洞身通常由承重结构(如拱圈、盖板等)、涵台(墩)、基础以及防水层、伸缩缝等部分组成,常见的形式有以下几种。

1）圆管涵

(1)管身。管身是管涵的主体部分,多采用钢筋混凝土预制安装,圆管涵洞身由分段的圆管节和支撑管节的基础垫层组成,如图 5-2 所示。

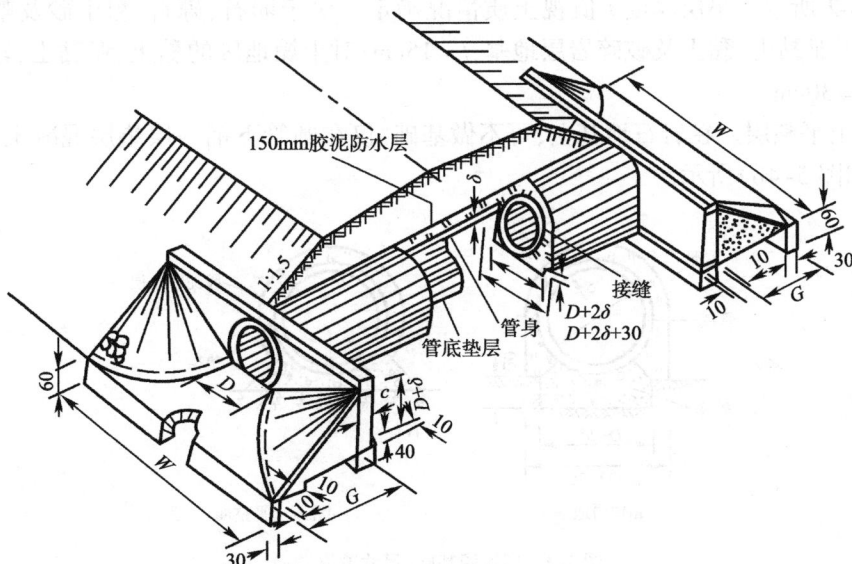

图 5-2 圆管涵洞身(尺寸单位:cm)

当管节横截面圆周不设铰时,称为刚性管节[图 5-3a)];当沿管节横截面圆周对称加设四个铰时,称为柔性管节[图 5-3b)]。其预制长度通常有 0.5m 和 1.0m 两种。

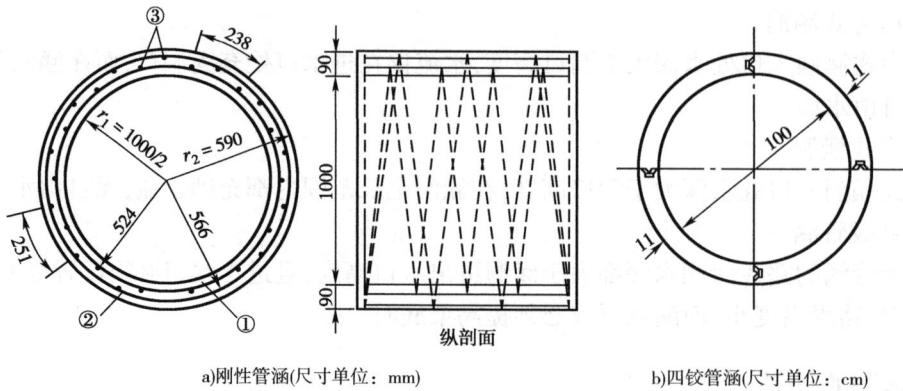

a)刚性管涵(尺寸单位：mm)　　　　　纵剖面　　　　　　b)四铰管涵(尺寸单位：cm)

图 5-3　钢筋混凝土管涵

圆管涵常用孔径 D 及管壁厚度 δ 表示，见表 5-1 所列。

圆管涵孔径及管壁厚度表　　　　　　　　　　　　表 5-1

D(cm)	50	75	100	125	150	200
δ(cm)	6	8	10	12	14	15

（2）基础。圆管涵基础视地基强度不同可以有以下几种类型：

①混凝土或浆砌片石基础(也称为管座)如图 5-4a) 所示，一般用于土质较软弱的地基上。基础厚度 20cm，混凝土强度等级 C20，基础顶面用强度等级 C25 混凝土做成八字斜面，使管身和基础连接成一体。

②垫层基础。在砂砾、卵石、碎石及密实均匀的黏土或砂土地基上，可采用砂砾石做垫层基础，如图 5-2 所示。垫层厚度 t 值视土质情况确定。对于卵石、砾石、粗中砂及整体岩层地基，$t=0$；对于亚黏土、黏土及破碎岩层地基，$t=15$cm；对干燥地区的黏土、亚黏土、轻亚黏土及细砂地基，$t=30$cm。

③混凝土平整层。在岩石地基上，可不做基础，仅在圆管下铺一层垫层混凝土，其厚度一般为 5cm，如图 5-4b) 所示。

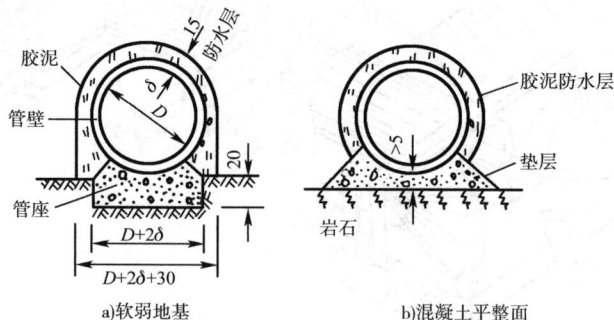

a)软弱地基　　　　　　　　b)混凝土平整面

图 5-4　圆管涵基础(尺寸单位:cm)

（3）接缝及防水层。圆管涵多采用预制拼装施工，为防止圆管接头漏水，应做接缝处防水处理，其形式如下：

①平口接头缝，主要有以下 3 种形式：

a. 如图 5-5a) 所示，接缝用热沥青浸炼过的麻絮填塞，再用厚 1～2mm、宽 15～20cm 的铁皮缠扎,铁皮缠扎可做成两个半箍的形式,然后夹起来。

b. 如图 5-5b) 所示,接缝用热沥青浸炼的麻絮填塞,然后用热沥青填充,最后用涂满热沥青的两层油毛毡裹或用八层热沥青浸炼的防水纸,黏合在外表。

c. 如图 5-5c) 所示,为钢筋混凝土箍接头。涵管缝用沥青浸炼过的麻絮填塞后,再套上钢筋混凝土箍。这种接头防水性好,但由于加钢筋混凝土接头后,纵向刚度增大,使适应纵向变形能力变差,在管身有较大不均匀沉陷时,易导致管身开裂。

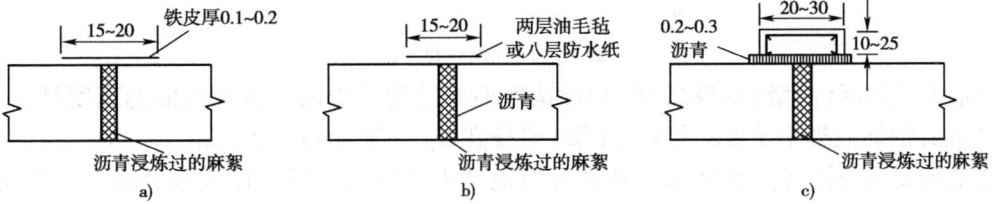

图 5-5 平口接头缝(尺寸单位:cm)

②企口接头缝,有 3 种形式,如图 5-6 所示。

圆管涵防水层一般用塑性黏土,厚度为 15～20cm。

2)盖板涵

盖板涵洞身由盖板、涵台(墩)、基础、洞底铺砌、伸缩缝及防水层等部分组成(图 5-7)。

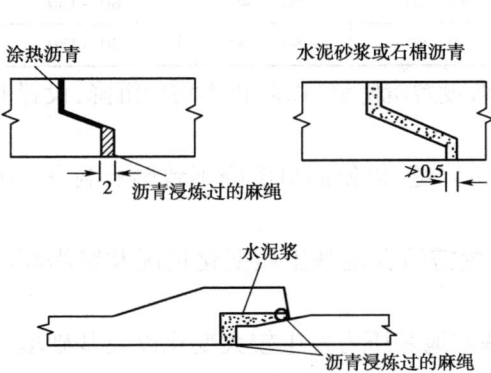

图 5-6 企口接头缝(尺寸单位:cm)

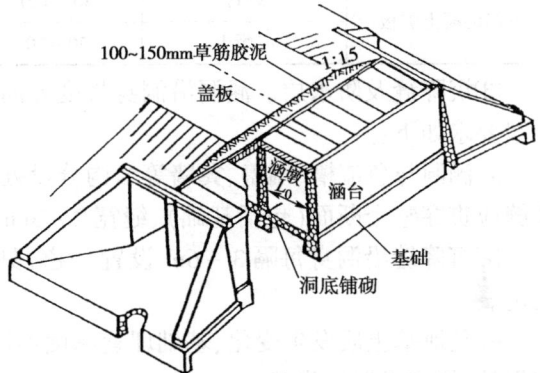

图 5-7 盖板涵各组成部分

(1)盖板是涵洞的承重结构。当跨径较小、石料丰富时,可采用石盖板,其厚度随填土高度和跨径而异,一般为 15～40cm。作为盖板的石料,必须严格选择,一般石料强度等级应在 MU40 以上。当跨径大或在无石料地区时,宜采用钢筋混凝土盖板,其厚度为 15～30cm,跨径为 1.50m、2.0m、2.5m、3.0m、4.0m、5.00m。

(2)涵台(墩)、基础及洞身铺底。一般用浆砌块、片石构成,也可采用现浇片石混凝土。砂浆强度等级不得低于 M5。

①涵台(墩)。圬工涵台(墩)的临水面一般采用垂直面,而涵台背面采用垂直或斜坡面,涵台(墩)顶面一般做成平面。涵台顶面有时也做成 L 形企口使其在支承盖板的同时,借助盖板的支撑作用来加强涵台的稳定。涵台(墩)的下部用砂浆与基础接合成整体,如图5-8a)所示。钢筋混凝土盖板涵的涵台(墩)上部做成台(墩)帽,如图5-8b)所示。

盖板涵的涵台(墩)宽度 a 及 b、涵台(墩)基础宽度 a_1 和 b_1 各自的常用值见表5-2所列。

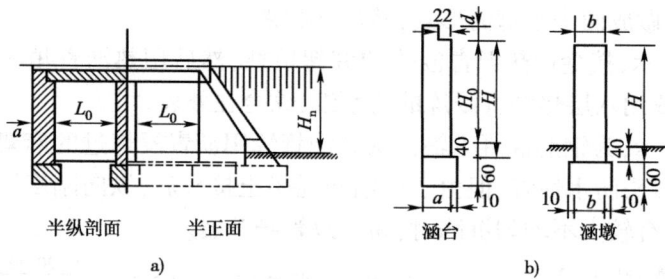

图5-8 盖板涵涵台(墩)(尺寸单位:cm)

石盖板涵的涵台(墩)墙身高 H_n，以原沟底面或铺砌层顶面至盖板顶面的高度计，一般为 $75 \sim 175\text{cm}$，钢筋混凝土盖板涵的涵台(墩)墙身高 H_n 一般为 $75 \sim 450\text{cm}$。

②基础及洞身铺底。涵台(墩)基础可随地基土不同而采用整体式或分离式。采用分离式基础时，应在基础之间地面表层予以铺砌，以免涵台(墩)受冲刷破坏，铺砌厚度 30cm。

基础厚度一般为 60cm。

盖板涵涵台(墩)尺寸及基础宽度值(单位:cm) 表5-2

盖 板 种 类	涵台(墩)基础材料	涵台宽 a	涵墩宽 b	涵台基础宽 a_1	涵墩基础宽 b_1
石盖板	块石	40	40	50 ~ 60	60 ~ 80
钢筋混凝土盖板	块石	40 ~ 120	40 ~ 80	60 ~ 140	80 ~ 130
	混凝土	30 ~ 70	40 ~ 80	50 ~ 100	80 ~ 130

③沉降缝及防水层。涵洞沿洞身长度方向应分段设置沉降缝，以防止不均匀沉降，设置的一般要求如下:

a. 涵洞与急流槽、端墙、翼墙等结构分段处设置沉降缝，以使洞口沉降不致影响洞身。沉降缝应贯穿整个断面(包括基础)，缝宽 $2 \sim 3\text{cm}$。

b. 沉降缝沿洞身每隔 $3 \sim 6\text{m}$ 设置一道，具体位置需结合地基土质变化情况及路堤高度而定。

c. 凡地基土质发生变化、基础埋置深度不同或基础地基压力发生较大变化以及基础填挖交界处，均应设置沉降缝。

d. 凡采用填石抬高基础的涵洞，都应设置沉降缝，其间距不宜大于 3m。

e. 置于均匀岩石地基上的涵洞可不设置沉降缝。

f. 斜交正做涵洞，沉降缝与涵洞中心线垂直;斜交斜做涵洞沉降缝与路中心线平行，但拱涵、管涵的沉降缝应与涵洞中心线垂直。

沉降缝应用填充料填筑，其方法如下:

a. 基础衬边以下，填嵌沥青木板或沥青砂板，也可用黏土填入捣实，并在流水面边缘用 $1:3$ 水泥砂浆填塞，深约 150mm。

b. 在基础衬边以下，接缝处外侧以热沥青浸制麻筋填塞，深度约 50mm，内侧以 $1:3$ 水泥砂浆填塞，深约 150mm，中间如有空隙可以填黏土。

c. 在基础衬边以上，应顺沉降缝周围设置黏土保护层，厚度约 200mm。

涵洞防水层的做法如下:

a. 各式钢筋混凝土涵洞的洞身及端墙，在基础面以上，凡被土掩埋部分的表面，均涂以两层热沥青,每层厚 10 ~ 15mm。

b. 混凝土及石砌涵洞(包括端、翼墙)被土掩埋部分的表面,只需将圬工表面做平,无凹入存水部分,可以不设防水层。

c. 钢筋混凝土明涵,采用 20mm 厚防水砂浆或 40 ~ 60mm 厚防水混凝土。

d. 石盖板涵盖板顶可用 100 ~ 150mm 草筋胶泥糊顶防水层,并将表面做成拱形,以利于排水。

3) 拱涵

拱涵各部分构造如图 5-9 所示,主要由拱圈、护拱、拱上侧墙、涵台、基础、铺底、沉降缝、防水及排水设施等部分组成。

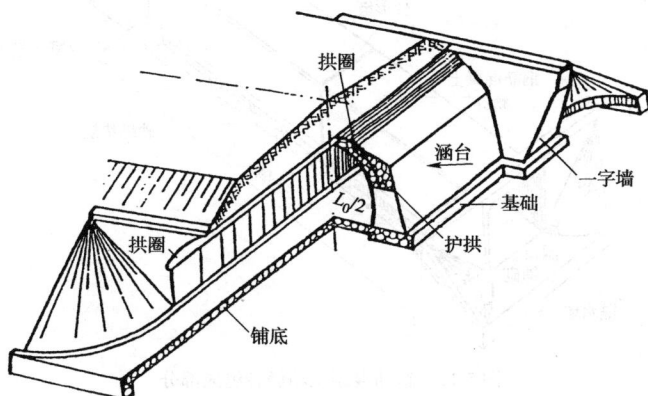

图 5-9　拱涵各组成部分

(1)拱圈。是拱涵的承重结构部分,可由石料、混凝土等材料构成。常采用等厚的圆弧拱。矢跨比常用 1/2、1/3、1/4,一般不小于 1/4,矢跨比小于 1/5 的称为坦圆拱,坦圆拱仅在建筑高度受限时采用。

拱涵的常用跨径为 1.0m、1.5m、2.0m、2.5m、3.0m、4.0m。拱涵拱圈厚度一般为 250 ~ 350mm。石拱圈多用 M5 或 M7.5 砂浆砌块片石。拱圈厚度可从有关标准图查得。

(2)涵台(墩)。是支撑拱圈并传递荷载至地基的圬工构造物。台(墩)高一般为 500 ~ 4000mm,台顶宽为 450 ~ 1400mm,台身底宽为 700 ~ 2600mm,墩身宽度为 500 ~ 1400mm。

涵台基础视地基土壤情况,分别采用整体式或分离式。整体式基础主要用于卵形涵及小跨径涵洞。对于松软地基上的涵洞,为了分散压力,也可采用整体式基础。对于较大跨径的涵洞,宜采用分离式基础。

(3)护拱。其作用主要用于保护拱圈,防止荷载冲击。通常用 M5 水泥砂浆砌片石构成。护拱高度一般为矢高之半。

(4)拱上侧墙、铺底多用 M5 砂浆砌片石构成。

(5)防排水设施及沉降缝。防排水设施设于拱背及台背,其作用主要是排除路基渗水,使拱圈免受水的侵蚀,以确保路基稳定。防排水设施的构造如图 5-10 所示。在北方及干燥少雨地区可不设防排水设施。沉降缝设置方法同盖板涵。

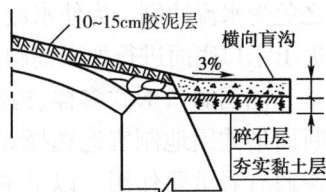

图 5-10　石拱涵排水设施
(尺寸单位:cm)

4) 箱涵

箱涵为整体闭合式钢筋混凝土框架结构,具有良好的整体性和抗震性能。由于箱涵施工较困难,造价高,仅在软土地基上采用。箱涵组成如图 5-11 所示。箱涵主要由钢筋混凝土涵身、翼墙、基础、变形缝等部分组成。

(1)涵身。箱涵涵身由钢筋混凝土组成,洞身断面一般为长方形或正方形。常用跨径为 2.0m、2.5m、3.0m、4.0m、5.0m。箱涵壁厚一般为 220~350mm,箱涵内壁面四个折角处往往做成 45°的斜面,以便于施工脱模,其尺寸为 5cm×5cm。

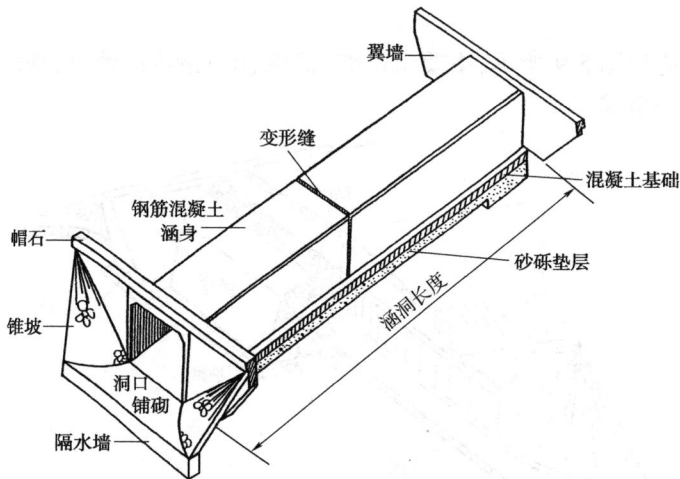

图 5-11　钢筋混凝土箱涵各组成部分

(2)翼墙。在涵身靠洞口侧的两端,与洞身连成整体,为钢筋混凝土薄壁结构。壁厚一般为 300~400mm。翼墙主要用于洞身与进出口锥坡的连接,支挡路基填土。当采用八字墙洞口时,可不做翼墙。

(3)基础。箱涵基础一般为双层结构。上层为混凝土结构,厚 100mm;下层为砂砾石垫层,厚度为 400~700mm。厚度尺寸的确定应与基础埋深同时考虑。在接近洞口两端洞身 2m 范围内的砂砾垫层应该在冰冻线以下不少于 250mm。其余区段的设置深度可视地基土冻胀情况和当地施工经验确定。

变形缝均设在洞身中部,连同基础变形缝设置一道。用 40mm×60mm 的槽口设于顶、底板的上面和侧墙的外面。过水箱涵底板变形缝的顶面可不设油毛毡,采用填塞沥青麻絮后再灌热沥青。

2. 洞口建筑

洞口是洞身、路基、河道三者的连接构造物。洞口建筑由进水口、出水口和沟床加固三部分组成。洞口的作用:一方面使涵洞与河道顺接,使水流进出顺畅;另一方面确保路基边坡稳定,使之免受水流冲刷。为使水流安全顺畅地通过涵洞,减小水流对涵底的冲刷,需对涵洞洞身底面及进出水口底面进行加固铺砌,必要时在进出水口前后还需设置调治构造物,进行沟床加固。

涵洞洞口形式多样、构造多变、十分灵活。如何根据涵洞类型、河沟水流特点、地形及路基断面形式因地制宜地选择好洞口形式,做好进出水口处理,对于确保涵洞及路基的稳定、水流畅通有着重要作用。以下主要阐述各类洞口的构造形式、特点及运用情况。

涵洞洞口类型很多,有八字式、端墙式、跌水井、扭坡式、平头式、走廊式、流线型等,其中八字式、端墙式、跌水井是常用的形式。

1）八字式洞口

（1）正八字式洞口。当涵洞轴线与路线走向正交时，八字翼墙布置成对称的正翼墙，即沿洞口外张相同的β角，此时β角等于水流出入洞口的扩散角θ，如图5-12所示。一般β角做成30°，为适应地形和水流情况，β角也可做成0°或按实际情况两边分别采用不同的角度。

八字式洞口由敞开斜置的八字墙构成，如图5-12所示。

八字墙洞口为重力式墙式结构，特点：构造简单，建筑结构较美观，施工简单，造价较低。常用于河沟平坦顺直，无明显沟槽，且沟底与涵底高差变化不大的情况。当墙身较高时（一般大于5m），圬工体积增加较大，使用不够经济。八字墙墙身砌筑对石料的形状和规格要求较高，一般需要用块片石搭配料石砌筑。

有时为缩短翼墙长度，减少墙身圬工数量并使涵洞与沟槽顺接，可将翼墙末端做成矮墙的潜入式八字墙，如图5-13所示。

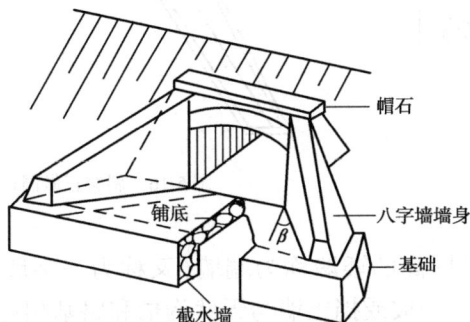

图5-12　八字式洞口

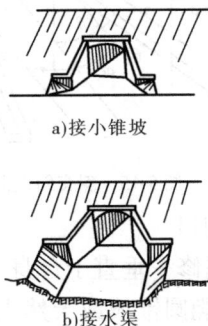

a）接小锥坡

b）接水渠

图5-13　潜入式八字翼墙

八字翼墙墙身与路中线垂直方向的夹角称为翼墙扩张角β，如图5-12所示。按水力条件考虑，经过试验，进口水流扩散角以13°为宜，出口扩散角不宜大于10°。但为便于集纳水流和减小出口翼墙末端的单宽流量，减少冲刷，扩散角多采用30°，并且左右翼墙对称。经验表明，扩散角过大则靠近翼墙处易产生涡流，致使冲刷加大。因此设计时应按不同河沟地形情况、因地制宜灵活设置，以利于合理收集和扩散水流，使之与原沟渠顺接。

当$\beta=0°$时，八字墙墙身与公路中线垂直，称为直墙式洞口，如图5-14所示。主要适用于涵洞跨径与河沟宽度基本一致，无须集纳和扩散水流或仅为疏通两侧农田灌溉时的情况。直墙式洞口翼墙短且洞口铺砌少，较为经济。

（2）斜八字墙洞口。当涵洞轴线与路线走向斜交时，可以按以下两种形式布置八字翼墙：

①斜做洞口。洞口帽石方向与路线方向平行，即斜做洞口，如图5-15所示。

图5-14　直墙式洞口

斜做洞口的翼墙角度，一般都根据地形和水流情况布置。如图5-15中θ角为水流扩散角，即沿涵轴线方向翼墙向外侧的张角；φ角为涵轴线方向的垂线与路中线的夹角（即涵洞的斜度）。故$\beta_1=\varphi+\theta$。β_1越大，翼墙的工程数量也越大，应尽量使其不超过60°为最经济。有时为适应地形情况，翼墙做成向涵洞轴线方向的"反翼墙"，如图5-15所示。在反翼墙情况下，$\beta_2=\varphi-\theta$，当$\beta_2=0°$时，翼墙工程数量最小，最经济。

②正做洞口。正做洞口的翼墙一般采用正翼墙，较长一侧的翼墙称为大翼墙，较短的称为

小翼墙。从经济上考虑:斜交正做洞口(图5-16)的洞身与正交涵洞洞身相同,因而设计、施工比斜做洞口方便。由于两个翼墙的高度不同,伸出的长度也不同,因而有大、小翼墙的区别。大翼墙端点与小翼墙端点的连线与路线走向平行。端墙和帽石可做成台阶式或斜坡式两种,如图5-17所示。大翼墙的 β_1 角越小越经济;小翼墙的 $\beta_2 = \varphi$ 时最为经济。

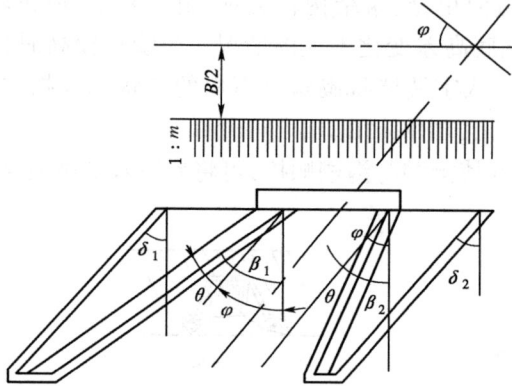

图5-15　斜交斜做洞口

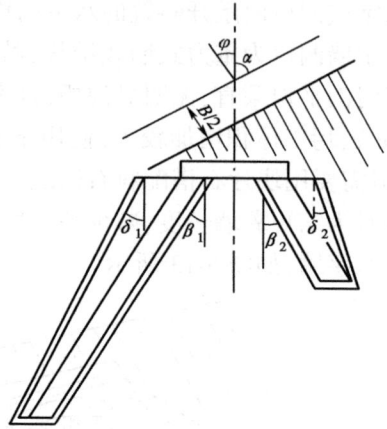

图5-16　斜交正做洞口

2)端墙式洞口

在涵台两端修一垂直于台身并与台身同高的矮墙称为端墙(又称为一字墙)。在端墙外侧,可用砌石的椭圆锥坡或天然土坡或砌石护坡或挡土墙与天然沟槽和路基相连接,即构成各种形式的端墙式洞口,如图5-18所示。图5-18a)、b)仅在沟床稳定、土质坚实的情况下才采用。图5-18c)适用于洞口有人工渠道或不受冲刷影响的岩石河沟上采用。有时为改善水力条件可在图5-18c)的沟底设置小锥坡构成图5-18d)。图5-18e)仅在洞口路基边坡设有直立式挡墙时才采用。

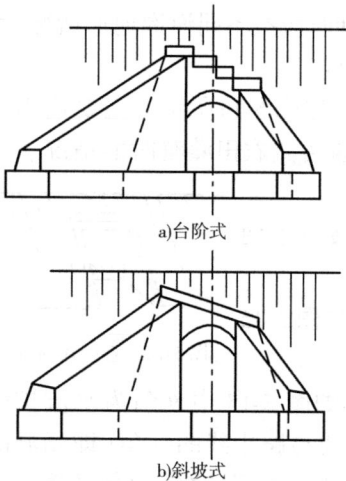

a)台阶式

b)斜坡式

图5-17　正做洞口

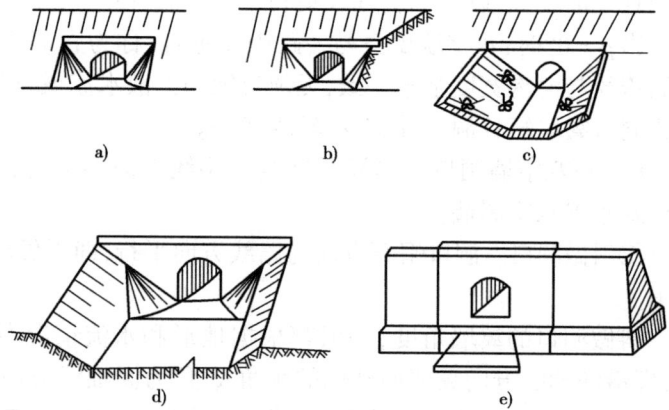

a)

b)

c)

d)

e)

图5-18　端墙式洞口

端墙配锥形护坡洞口是最常用的一种洞口。它的使用条件与八字墙相类似。但由于它比八字墙洞口水流条件要好些,因而多用于宽浅河沟或孔径压缩较大的情况。当墙高较高时

（一般大于5m），由于其稳定性和经济性比八字墙好，因而它更适用于涵台较高的涵洞。此外，由于锥坡的表面坡度可以随路基边坡坡度变化，因而能适应各种不同路基边坡的情况，灵活性比八字墙较强。

当涵洞与路线斜交时，锥坡洞口一般多用斜交正做洞口，如图5-19所示。其端墙亦可做成斜坡式或台阶式。

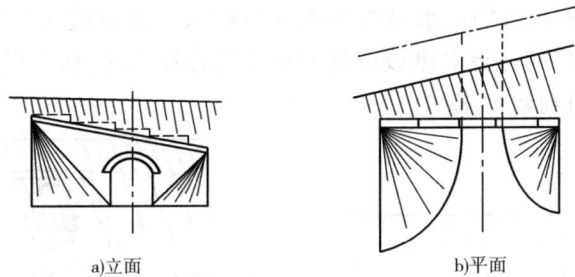

a)立面   b)平面

图5-19 端墙式斜洞口

3) 跌水井洞口

当天然河沟纵坡度大于50%或路基纵断面设计不能满足涵洞建筑高度要求、涵洞进水口开挖大以及天然沟槽与洞口高差较大时，为使沟槽或路基边沟与涵洞进水口连接，常采用跌水井洞口形式。其形式可有边沟跌水井洞口（图5-20）与一字墙跌水井洞口（图5-21）两种。前者主要适用于内侧有挖方边沟涵洞的进水口；后者适用于一般陡坡沟槽跌水。

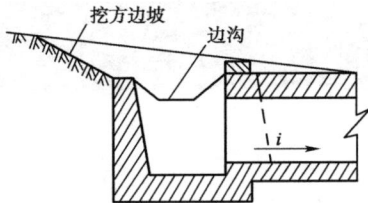

图5-20 边沟跌水井洞口   图5-21 一字墙跌水井洞口

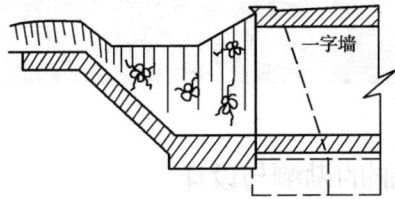

4) 扭坡式洞口

为使洞口与人工灌溉渠道水流顺畅，避免产生过大的水头损失或减少冲刷或淤积，用一段变边坡的过渡段设于洞口与渠道之间，即构成扭坡式洞口，如图5-22所示。

扭坡式洞口过渡段的长度直接影响洞口水流的流出，如过渡段过短，使扩散角过小，则易引起主流脱离边墙而产生回流，致使水流过度集中，使下游渠道产生冲刷。进口收缩过渡段长度一般为渠道水深的4~6倍，出口扩散段还应适当加长。过渡段长度可用以下经验公式计算：

$$L = \eta \cdot (B_2 - B_1) \qquad (5-1)$$

式中：L——进出水口扭坡过渡段长度（m）；

B_1——洞内的水面宽度（m）；

B_2——进出水口处明渠水面宽度（m）；

η——系数，对进水口收缩段，$\eta = 1.5 \sim 2.5$；对出水口扩散段，$\eta = 2.5 \sim 3.0$。

5) 平头式（领圈式）洞口

平头式洞口（图5-23）建筑，常用于钢筋混凝土管

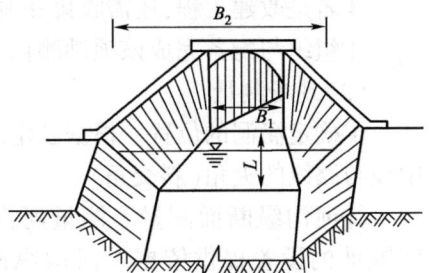

图5-22 扭坡式洞口

涵,因需制作特殊的洞口管节模板,费用较高,仅适用于大批预制。平头式洞口节省材料45%～85%,但其水流条件较差,比八字墙洞口宣泄能力减少8%～10%。因此,除有条件较大数量生产使用外,一般很少采用。

6)走廊式洞口

走廊式洞口建筑由两个前后高度相等的平行墙构成,平行墙的端部在平面上做成圆曲线形,如图5-24所示。这种洞口的进水口将壅水水位跌水由洞口改变至翼墙圆曲线的开始处,因而可降低无压力式洞口的计算高度或提高涵洞中的计算水深,从而提高了涵洞的宣泄能力。这种洞口施工较复杂,目前较少采用。

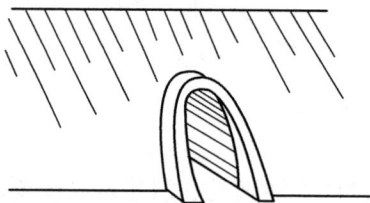

图5-23　平头式洞口　　　　　　　图5-24　走廊式洞口

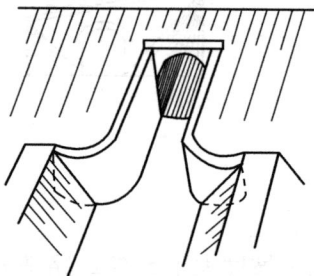

第二节　涵洞的勘测设计与计算

一、涵洞的勘测与设计

1. 涵洞的勘测步骤

涵洞勘测的目的,在于收集和初步整理出涵洞设计(包括选定涵洞位置、结构类型、孔径、高度和洞口布置及附属工程)所需的外业资料。

(1)勘测前的准备工作

①收集沿线和区域地质特征资料及地质图,以供设计涵洞基础时参考。

②通过水利部门了解现有及规划的水利设施、降雨等资料。

③若是改建工程,还需收集涵洞的有关测设、施工及竣工资料,并了解使用情况。

④组织与配备完成该项勘测任务的人员、仪器、工具等。

(2)现场测量

①确定涵洞的位置。根据已定的路线的走向及水流流向确定涵洞中心桩号,并测定涵洞中线与路线的夹角(斜交角)。

②河沟纵断面测量。测量河沟的纵断面主要是了解涵址附近河沟的纵坡情况,为涵底纵坡的设置提供依据。河沟纵断面一般沿沟底施测,施测长度为上、下游洞口外20m(如遇有跌水陡坡时要适当增加施测长度),并采用1:100或1:200的比例绘出河沟纵

断面图。图中应标出河沟纵向坡度、淤积及冲刷情况、涵洞中心里程桩号位置、路基设计高程等。对扩建或改建的涵洞,测绘内容应增加原有涵洞洞身、进出水口和铺砌加固等构造物的位置和高程。

③测绘涵址地形图。一般涵洞可不做详细的测量,涵址的地形图也不需绘制,但为了便于在设计中了解或回忆涵址附近的地形、地貌特征,可绘制涵址平面示意图。内容包括路线、河沟、附近建筑物的相对位置;涵位的路线里程桩号;历史洪水位泛滥范围;原地面(含河沟底)主要特征点的高程等。

当涵址地形复杂,洞口不易布置、附属工程较多时,应测绘涵址地形图(比例1:100或1:200),地形图中的内容除了上述平面示意图要求外,还需绘出原地面的等高线,改沟设计位置等。对扩建或改建的涵址地形图的测绘范围可酌情予以缩小,但测绘内容还需增加原有涵台(墩)、进出水口及铺砌的位置和高程等。

④地质勘探。涵洞的位置应尽量设在地质构造和河床稳定之处。为了了解涵洞基底土壤的承载能力、地质构造和地下水情况及其对构造物稳定性的影响等,就必须进行地质勘探。涵洞工程的地质勘探采用调查与挖探、钻探相结合。

a. 调查原有构造物基础情况。在进行工程地质调查时,要参考勘测前所收集的各种有关地质资料和附近原有构造物的基础情况,并详细记录河床地表土壤情况。

b. 挖探法。在拟定的地点进行开挖,其深度不小于1.5m,以便工作人员直接检查土层情况,取土样或进行现场试验。

c. 钻探法。一般用轻型螺钻,最大钻进深度为5m左右,能取出扰动土样,可以判别土石类别等。

地形和地质条件简单的涵洞,原则上一座涵洞设置一个勘探点,用以探明基底一定深度内的地层及其岩性特征。根据勘探资料,应逐个提供地层的土石分类及基底承载力情况,但在地层结构基本一致地区的多座涵洞可仅做代表性的勘探。

(3)外业核对

待路线设计线确定后,将涵洞结构形式示意图绘在河沟纵断面上进行现场核对;最后确定涵洞布置方案、结构形式、孔径、涵底高程、涵底坡度及洞口形式等。

2. 涵洞设计

1)涵洞的平面布置

涵洞位置一般应服从路线走向,只有遇到大洼深沟或与路线斜交夹角太小,工程量过大或施工困难时,才进一步权衡利弊,在不降低路线标准的前提下局部调整路线,使之从较好的涵位通过。

(1)涵洞应布置在地质条件良好,地基稳定的地段。当无法避开不良地段时,涵洞基础及地基必须进行特殊加固处理。

(2)涵洞位置和方向的布设,应尽量与水流方向一致,以使水流顺畅。

(3)山区河沟的涵洞布设:

①尽量保持河沟水流的天然状态,一般应一沟一涵,在条件允许的情况下可改沟合并。

②设置截水沟的地段,在截水沟排水出口处应设置涵洞(图5-25),以免水顺边沟流经距离过长而冲刷路面和路基。

（4）平原区河沟涵洞的布设：

①平原区应根据农业灌溉所需的天然河沟和人工渠道位置，按天然排洪系统设置涵洞，避免因改沟合并破坏既有的排洪系统。当河沟严重弯曲、分汊确需改沟取直和合并时，则涵洞设置后应防止引起上游水位壅高，淹没农田、村庄，或流速变大、加剧下游沟岸与耕地的冲蚀。

②路线通过较长的低洼地带及泥沼地带时，可根据水流分布及洼地积水情况，在地面具有天然纵坡的地方多设置涵洞，以防止排水不畅及较长期的积水。当公路路线紧靠村庄时，要注意顺应村庄的水流出路设置涵洞，以便及时排除村内的地面积水。当路线穿过滞洪地带时，可设必要的涵洞，以沟通路基两侧水流，达到平衡两侧积水水位的目的。

2）涵洞的立面布置

根据地形、地质及水文等条件，洞身立面布置有如下几种形式。

（1）平坦地段的一般形式。如图5-26所示，在天然沟床纵坡较小且涵长较短时采用。布置时，洞底高程及坡度原则上应与天然沟床的高程及坡度一致。当天然沟床坡度较大时，涵底高程可按下游洞口沟床高程控制，按水流临界坡度（一般为1%～5%）设置涵底纵坡，并在进水口做适当的开挖。

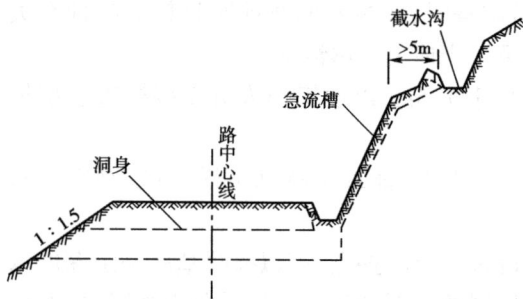

图5-25 截水沟急流槽处设涵洞

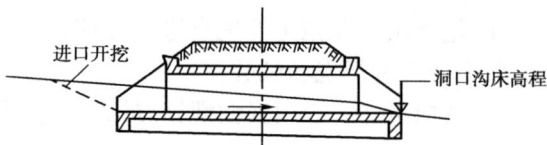

图5-26 平坦地段洞身布置

（2）斜坡布置形式。当天然沟床纵坡大于5%～10%时，为使涵洞洞身与沟底天然坡度一致，并减少挖基土石方数量和缩短涵洞长度，常采用斜坡布置形式。常见布置形式如下：

①洞身不变仍采用一般布置形式，而在进水口做跌水井或急流槽，使涵底与沟底顺接，如图5-27所示。

②设置填方涵洞。当附近有大量石方可供利用时，为减少涵洞工程数量，可将涵基置于砌石（或填石）基底上，做成填方涵洞，如图5-28所示。通常拱涵基底用砌石，盖板涵基底可用填石。出水口斜坡表面应用大块石码砌，以防水流冲刷，斜坡坡度一般为1:0.75～1:1.5。

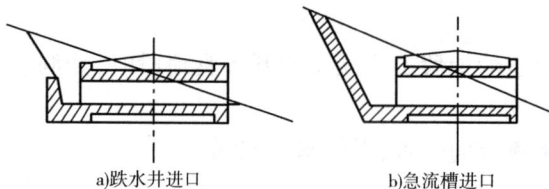

图5-27 斜坡地段洞身布置

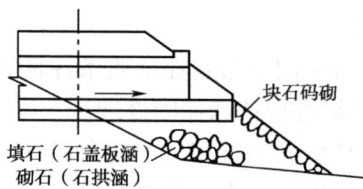

图5-28 填方涵洞

在填石基底上做涵洞，一般要求设在地基良好的地面上，如遇山体破碎、地下水较多、渗水性较强的地基则不宜采用。设置填方涵洞，要注意保证基底强度的均匀性，不能置于软硬不同的地基上。填方涵洞填方高度一般不宜大于 5m。

③若非岩石河沟纵坡在 10% 以下,岩石河沟纵坡在 30% 以下时,可采用斜置式斜坡涵,如图 5-29 所示;并可结合地形、地质情况采用齿状基础、扶壁式基础及台阶形基础等形式。

④当非岩石河沟纵坡大于 10%,岩石河沟纵坡大于 30% 时,可采用平置式斜坡涵(又称为阶梯式),如图 5-30 所示。布置阶梯式涵洞时要注意以下几点:

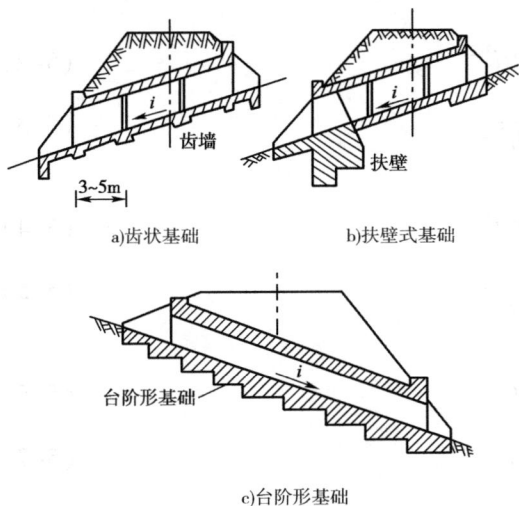

图 5-29　斜置式斜坡涵

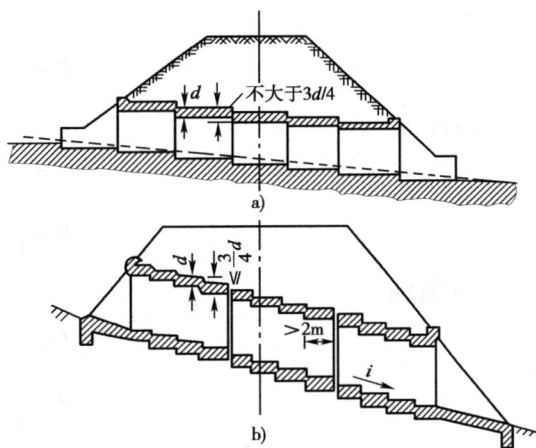

图 5-30　平置式斜坡涵

a. 阶梯分节长度一般不宜小于 2m,相邻两段的最大高差一般不超过上部构造的 3/4,并不应大于 0.7m 或涵洞净高的 1/3,如图 5-30a)、b)所示。

b. 阶梯涵的沉降缝宜设在台阶落差断面,并结合地质及基础变化情况设置,以防止不均匀沉陷而产生裂缝。

3)涵洞孔径的确定

(1)计算法确定涵洞孔径

①涵洞的孔径一般是通过调查访问,根据河沟断面形态,采用流量 – 孔径计算法进行计算。涵洞孔径计算有如下特点:

a. 涵洞洞身随路基填土高度增加而增长,洞身断面的尺寸对工程数量影响很大,因此计算涵洞孔径时,还要求跨径与涵台高度应有一定的比例关系,其经济比例通常为 1∶1 ~ 1∶1.5。为此,涵洞孔径计算除解决跨径尺寸外,同时还应从经济角度出发确定涵洞的台身高度。

b. 涵洞孔径小、洞身长,为顺利排水,涵底设有纵向坡度,水流经过时受到较大阻力,计算孔径时要考虑阻力的影响。

c. 通常均采用人工加固河床的措施来提高水流流速,以缩小涵洞的孔径。这时,如果计算涵洞孔径仍按允许不冲刷流速控制,则涵洞需要很小的孔径可满足设计流量的要求。但此时由于涵前水深较高,因此就要采用窄而高的洞身尺寸或因过高的积水使涵洞和路堤使用安全受到威胁,这是既不经济又不安全的。因而控制涵前水深和满足孔径断面一定的高宽比,则是涵洞孔径计算的重要控制条件。

d. 为提高泄水能力,最大限度缩小孔径,降低工程造价,在涵洞孔径计算中要考虑水流充满洞身触及洞顶的情况。

②涵洞的涵前水深可以低于涵洞净高或高于涵洞净高,按照涵前水深是否淹没洞口以及进水口建筑形式,涵洞可分为压力式、半压力式、无压力式3种水力图式。本章仅介绍无压力式涵洞孔径计算公式。

各类型涵洞孔径计算的简化公式如下:

a. 盖板涵及箱涵

$$Q_s = 1.575BH^{3/2} \qquad (5\text{-}2)$$

$$B = \frac{Q_s}{1.575H^{3/2}} \qquad (5\text{-}3)$$

b. 石拱涵

$$Q_s = 1.422BH^{3/2} \qquad (5\text{-}4)$$

$$B = \frac{Q_s}{1.422H^{3/2}} \qquad (5\text{-}5)$$

c. 圆管涵

$$Q_s = 1.69d^{5/2} \qquad (5\text{-}6)$$

$$d = \left(\frac{Q_s}{1.69}\right)^{2/5} \qquad (5\text{-}7)$$

式中:Q_s——设计流量(m^3/s);

H——涵前水深(m),如图5-31所示,根据水面降落曲线近似地按下式计算:

$$H = \frac{h_j}{\beta} \qquad (5\text{-}8)$$

h_j——洞口处水流深度(m),按洞口最小净高控制:

$$h_j = h_d - \Delta \qquad (5\text{-}9)$$

β——进水口处壅水降落曲线水深计算系数,通常采用 $\beta = 0.87$;

h_d——涵洞净空高度(m),计算时可先初步拟定;

Δ——进水口涵洞净空高度(m),净空高度规定见表5-3所列;

B——涵洞净宽,即净跨径。

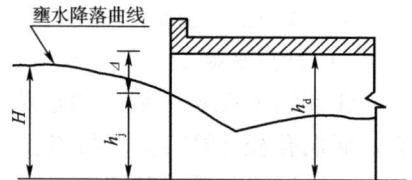

图5-31 洞口壅水曲线示意图

无压力式涵洞顶点至最高流水面的净空高度 Δ 表5-3

涵洞类型		圆管涵	拱涵	矩形涵
进水口净高(或内径)h(m)	≤3	≥$h/4$	≥$h/4$	≥$h/6$
	>3	≥0.5	≥0.75	≥0.5

(2)经验法确定涵洞孔径

①估算法。通常情况下,涵洞孔径应按上述计算方法确定,但在踏勘测量中由于时间紧迫或缺乏必要的仪器,也可用估算法进行,但由于此法带有地区性经验,使用时要注意核对。

a. 对于有明显河槽、河岸稳定、无冲刷现象并可调查到洪水位的河沟,可以按以下3种情况估定孔径。

洪水不溢槽,水深小于0.5m的,以水面宽度的一半来估定;

洪水不溢槽,水深超过0.5m的,以水面宽度与沟底宽度之和的一半来估定;

洪水溢槽的,采用沟顶宽度,再考虑溢槽水深和泛滥宽度,酌情加大孔径。

　　b. 对于冲刷痕迹显著的河床,最好在上、下游选择比较稳定的河段,参照以上方法估定孔径。如无上述条件,可用沟顶宽来估定。

　　c. 对于河槽明显、河岸稳定、无冲刷现象但调查不到洪水位时,可用沟顶宽和沟底宽之和的一半来估定孔径。

　　②不考虑水文条件的情况:

　　a. 山区地形复杂、工程艰巨地段,为避免高填深挖而设置的旱涵,以及山区狭窄的干谷和瀑布型的深沟,可直接根据地形结合路线要求、基础条件以及经济原则确定孔径。

　　b. 人工排灌渠道上的涵洞,应根据灌溉流量和当地水利部门及有关单位意见确定孔径,一般以不压缩渠道过水面积为宜。

　　c. 涵洞下兼作其他通道时,应按相关规范要求的净空确定孔径。

　　d. 一般汇水面积很小,经常无水的干沟、小型农田灌溉渠、路基边沟排水涵多按最小孔径设涵。涵洞最小孔径要求见表5-4所列。

涵 洞 最 小 孔 径 表5-4

涵洞长度(m)	最小孔径及净高(m)	涵洞长度(m)	最小孔径及净高(m)
$L \leq 15$	0.75	$L > 30$	1.25
$15 < L \leq 30$	1.00	农田灌溉	0.50

　　3. 涵洞设计及其布置图和结构设计图的绘制

　　在公路工程中涵洞的数量多,设计工作量较大,因而在公路设计文件中一般只要求对每道涵洞绘一纵断面图,故称涵洞布置图。对于斜涵还要求绘出平面图。

　　涵洞布置图中应示出设涵处原地面线及涵洞纵向布置设计线,并注明地质土壤及各部尺寸和高程,以及该涵处有关的路基设计资料(包括路基宽度、加宽值、超高、路基边坡等)。每张图上,可视图幅情况由上至下、由左到右,按桩号排列布置多个涵洞,并附文字说明及工程数量表。比例尺为1:50～1:200,通常多用1:200。目前高速公路中为施工方便,很多涵洞也采用一涵一图,即A3图幅中布置涵洞的纵断面图、平面图及洞口布置图。

　　由于每道涵洞只绘制纵断面图,不能全面反映涵洞的各细部尺寸及结构,因而每一条路还需结合该路情况,对该路采用的各种类型的涵洞,绘制统一的标准图。标准图应绘制涵洞各部位的详细图形和结构,并有相应的尺寸表。

　　1)绘图步骤及示例

　　(1)绘图步骤。

　　①整理外业资料,收集有关路线及路基设计资料,拟定主要尺寸,选定标准图。

　　②点绘河沟纵断面。

　　③绘路基设计线。

　　④结合地面线和地质水文确定基础位置,自下而上绘出洞身长度。

　　(2)示例。

　　××路段涵洞布置图如图5-32所示。

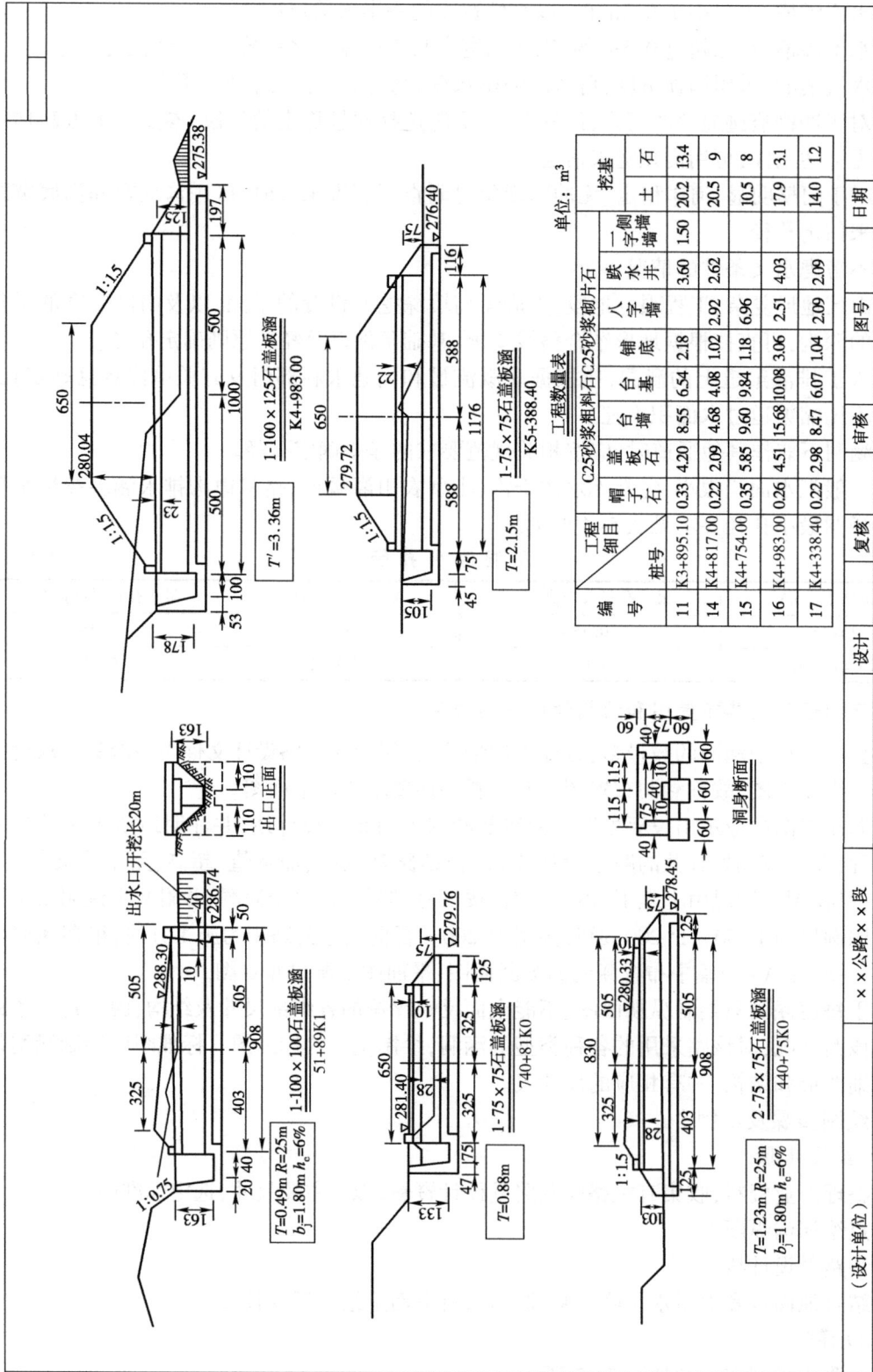

工程数量表

单位：m³

编号	工程细目 桩号	C25砂浆粗料石C25砂浆砌片石							挖基	
		帽子石	盖板石	台墙	台基	铺底	八字墙	跌水井	一字侧墙	土	石
11	K3+895.10	0.33	4.20	8.55	6.54	2.18		3.60	1.50	20.2	13.4
14	K4+817.00	0.22	2.09	4.68	4.08	1.02	2.92	2.62		20.5	9
15	K4+754.00	0.35	5.85	9.60	9.84	1.18	6.96			10.5	8
16	K4+983.00	0.26	4.51	15.68	10.08	3.06	2.51	4.03		17.9	3.1
17	K4+338.40	0.22	2.98	8.47	6.07	1.04	2.09	2.09		14.0	1.2

图5-32　××路段涵洞洞口布置图（尺寸单位：cm）

2）涵洞设计成果

（1）初步设计阶段。按《公路工程基本建设项目设计文件编制办法》（交公路发〔2007〕358号）、《公路工程基本建设项目设计文件图表示例》规定，在初步设计阶段涵洞设计应完成的主要成果是涵洞表。表中应列出中心桩号、孔径、结构类型、交角、填土高度、孔数及孔径、长度、进出水口形式、设计流量及主要工程、材料数量等。

（2）施工图设计阶段。在施工图设计阶段主要完成涵洞工程数量表和涵洞设计图。

①涵洞工程数量表。列出中心桩号、交角、孔数及孔径、涵长、结构类型、进出水口形式、采用标准图编号、工程及材料数量（包括交通工程及沿线设施通过明涵的预埋件）等。

②涵洞设计图包括：

布置图。绘出设置涵洞处原地面线及涵洞纵向布置，斜涵尚应绘出平面和进出水口的立面，示出地基土质情况，各部尺寸和高程。比例尺用1∶50～1∶200。

结构设计图。采用标准图的，在布置图内注明标准图的名称及编号，不再绘设计图。特殊设计的（包括进出水口式样特殊或铺砌复杂的），应绘设计图。比例尺用1∶50～1∶200。

在绘制布置图和结构设计图时，首先要确定下列各项内容：

涵洞跨径的确定。按设计流量确定涵洞净跨径，在确定涵洞净跨径时，应结合涵下净高综合考虑，根据计算的涵洞净跨径选用标准跨径。

高程的确定。涵洞顶面的设计高程应服从路线纵断面的要求，可从路线的设计高程（即路基边缘设计高程）推算。涵底的高程一般应比沟底高程略低一些。如果是老涵改建，涵底的高程应考虑涵洞进出口沟底高程，确定涵底中心高程。

明涵与暗涵（涵顶填土厚度）。跨径小的，涵下净高过大的，可修暗涵；反之，可修明涵。

涵洞尺寸确定。根据涵下净高，选择与涵下净高相适应的台身厚度和墩身厚度。选择时应结合石料和砂浆强度综合考虑。盖板厚度、拱圈厚度可根据荷载等级参照标准图选定，并确定盖板中钢筋数量。

材料强度等级的选用。一条路线中的涵洞所用的石料、砂浆按部位尽量选用同一强度等级，以避免在施工中出现错误。

洞口形式。根据涵洞进出水口的地形和流量的大小选用洞口建筑形式，但无论采用何种形式，进出水口处的河床都必须铺砌。

地基应力。设计涵位处的地基承载力必须满足规范要求（如套用标准图，涵位处的地基承载力必须大于标准图所要求的地基承载力）。当地基承载力低于要求时，应采用扩大基础或采取加固措施。

工程量。在设计图中，必须计算涵洞各部分工程数量（如采用标准图，可从图中查出），并列表。

图纸说明。设计图纸的说明中应标明：设计荷载、尺寸单位、地基承载力的要求、各种材料的强度等级以及其他必要的说明。

3）标准图的套用

使用我国现有交通运输部颁发的钢筋混凝土圆管涵、钢筋混凝土盖板涵、钢筋混凝土箱涵、石拱涵的标准图时，首先要弄清标准图的使用条件；如果符合标准图规定的使用条件，即可根据标准图来确定涵洞各部分尺寸。当设计的涵洞跨径与标准图不一致时，标准图上跨径大的涵台(墩)尺寸可用于跨径小的涵洞,而跨径小的涵台(墩)尺寸不可用于跨径大的涵洞。当设计的墙身高度与标准图不一致时,应选用标准图上大一级的墙身高度所对应的各部分尺寸。

二、涵洞长度及洞口工程数量计算

1.涵洞长度计算

1)正交涵洞

(1)路基边坡无变坡时

涵洞长度分上游半部、下游半部分别计算,如图5-33所示。

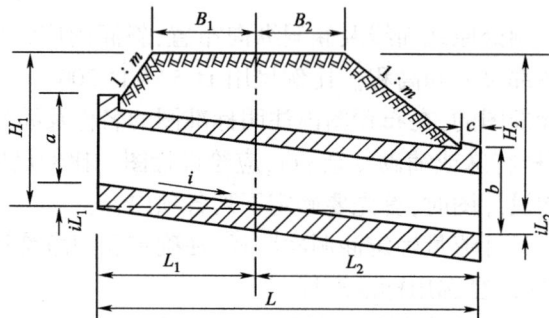

图5-33　路基边坡无变坡时的涵长计算

涵长
$$L = L_1 + L_2$$
$$L_1 = B_1 + m(H_1 - a - iL_1) + c$$
$$(1 + im)L_1 = B_1 + (H_1 - a)m + c$$
$$L_1 = \frac{B_1 + m(H_1 - a) + c}{1 + im} \tag{5-10}$$

同理
$$L_2 = \frac{B_2 + m(H_2 - b) + c}{1 - im} \tag{5-11}$$

式中:B_1、B_2——路基左右侧宽度(包括弯道加宽值)(m);

　　　a——涵洞进水口帽石顶面至基础顶面高度(m);

　　　b——涵洞出水口帽石顶面至基础顶面高度(m);

　　　c——帽石顶面宽度(m);

　　　m——路基边坡坡度;

　H_1、H_2——路基左右侧边缘设计高程与涵洞中心洞底铺砌顶面高程之差,在弯道上应考虑超高加宽的影响(m);

　　　i——涵底纵坡度(%)。

(2)路基边坡有变坡时

如图5-34所示,按几何关系可推出涵长计算公式为:

$$L_1 = \frac{B_1 + mh + m_1(H_1 - h - a) + c}{1 + im_1} \tag{5-12}$$

$$L_2 = \frac{B_2 + mh + m_1(H_2 - h - b) + c}{1 - im_1} \tag{5-13}$$

式中：m——接近路基顶面处的路基边坡度；

　　m_1——接近涵洞处的路基边坡度；

　　h——路基边坡变坡点至路基边缘的高度(m)；

其余符号意义同前。

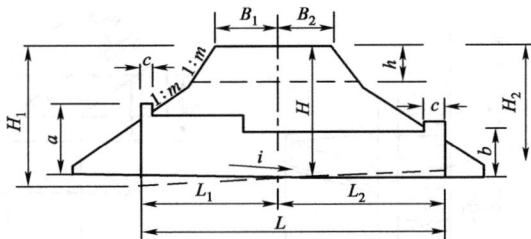

图 5-34　路基边坡有变坡时的涵长计算

2）斜交涵洞

斜交涵洞洞口有斜交斜做(称为斜做洞口)和斜交正做(称为正做洞口)两种形式。斜做洞口端墙与路中线平行，与涵洞轴线斜交；正做洞口端墙与路中线斜交，与涵洞轴线垂直。

(1)斜做洞口涵长计算

如图 5-35 所示，推得涵长计算公式如下：

$$L'_1 = \frac{L_1}{\cos\alpha} = \frac{B_1 + m(H_1 - a) + c}{\cos\alpha(1 + im)} = \frac{B_1 + m(H_1 - a) + c}{\cos\alpha + i'm} \tag{5-14}$$

$$L'_2 = \frac{L_2}{\cos\alpha} = \frac{B_2 + m(H_2 - b) + c}{\cos\alpha(1 - im)} = \frac{B_2 + m(H_2 - b) + c}{\cos\alpha - i'm} \tag{5-15}$$

式中：α——涵洞斜度；

　　i'——沿涵洞轴线方向的涵底纵坡，$i' = i\cos\alpha$；

H_1、H_2——涵轴线处路基左、右边缘设计高程与涵洞中心基础顶面高程之差，在弯道上应考虑超高加宽的影响(m)；

其余符号意义同前。

(2)正做洞口涵长计算

①帽石平置式正做洞口如图 5-36 所示。此时，洞口帽石在同一水平面上，由几何关系得：

$$L_1 = A_1 + A_2 + \frac{B_1}{\cos\alpha} \tag{5-16}$$

$$A_1 = c + \frac{d}{2}\tan\alpha \tag{5-17}$$

$$A_2 = (H_1 - a - i'L_1)\frac{m}{\cos\alpha} \tag{5-18}$$

将式(5-17)、式(5-18)代入式(5-16)化简后得：

$$L_1 = \frac{m(H_1 - a) + B_1 + c\cos\alpha + \frac{d}{2}\sin\alpha}{\cos\alpha + i'm} \tag{5-19}$$

参考图 5-33 和图 5-36，同理得：

$$L_2 = \frac{m(H_2 - b) + B_2 + c\cos\alpha + \frac{d}{2}\sin\alpha}{\cos\alpha - im} \tag{5-20}$$

式中:d——帽石长度(m)。

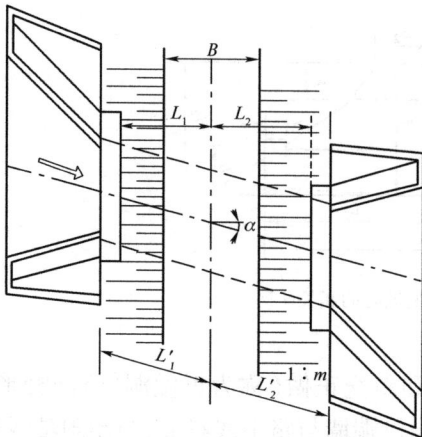

图 5-35　斜交斜做涵洞涵长计算

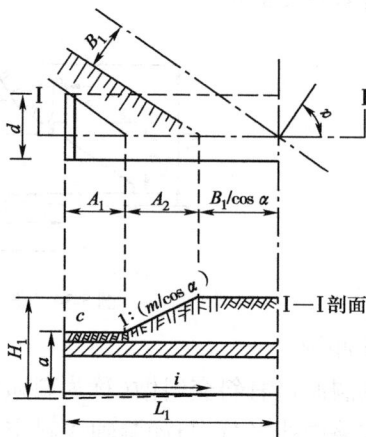

图 5-36　斜交正做涵洞帽石平置式
洞口涵长计算

②帽石斜置式洞口。为减少工程数量,通常将斜交正做洞口帽石做成台阶式或斜坡式,如图 5-37 所示,此时两侧八字墙高度各不相同。

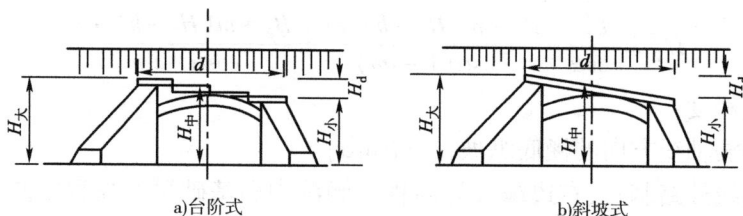

a)台阶式　　　　　　　　　　b)斜坡式

图 5-37　斜交正做涵洞帽石斜置式洞口

如图 5-38 所示,得涵长计算公式:

$$L'_1 = \frac{B_1 + m(H_1 - H_小) - 0.5d\sin\alpha}{\cos\alpha + im} \tag{5-21}$$

$$L'_2 = \frac{B_2 + m(H_2 - H_小) - 0.5d\sin\alpha}{\cos\alpha - im} \tag{5-22}$$

式中:$H_小$——涵洞进出水口处小八字翼墙帽石顶面至涵洞基础顶面的高度(m),如图 5-37 所示;

其余符号意义同前。

图 5-37 中 H_d 为大小八字墙之高差,即:

$$H_d = H_大 - H_小 = \frac{d\sin\alpha}{m} \tag{5-23}$$

$$H_小 = H_中 - \frac{H_d}{2} \tag{5-24}$$

式中: $H_大$——涵洞进出水口处大八字翼墙帽石顶面至涵洞基础顶面的高度(m);

　　　$H_中$——涵洞进出水口处涵洞轴线帽石顶面至涵洞基础顶面的高度(m);

其余符号意义同前。

2. 洞口工程数量计算

1) 八字翼墙

(1) 各种尺寸的计算

① 涵洞轴线与路线走向正交

涵洞轴线与路线走向正交时, 八字翼墙布置成对称的正翼墙, 如图 5-39 所示。

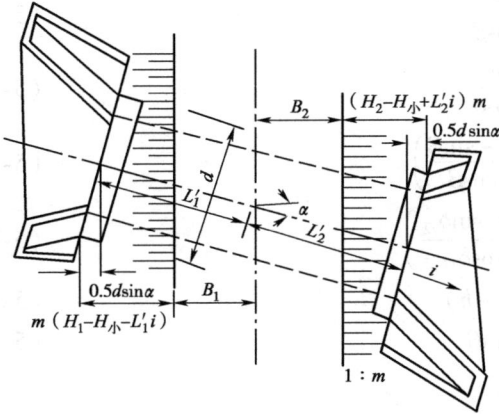

图 5-38　斜交正做涵洞帽石斜置式洞口涵长计算(平面)

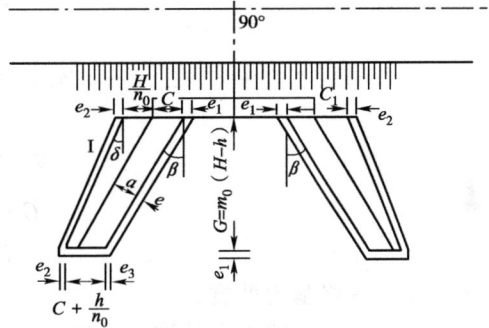

图 5-39　正交涵洞出入水口八字翼墙的布置形式

② 涵洞轴线与路线走向斜交

涵洞轴线与路线走向斜交时, 翼墙有斜交斜做与斜交正做两种, 翼墙尺寸如下:

a. 正、反翼墙尺寸(斜交斜做)

正、反翼墙用来配合斜交斜做的涵洞洞口形式, 正翼墙是向涵洞轴线外侧方向倾斜 β 角的翼墙, 反翼墙则是向涵洞轴线方向倾斜的翼墙。如图 5-40 所示, 正、反翼墙尺寸按以下各式计算。

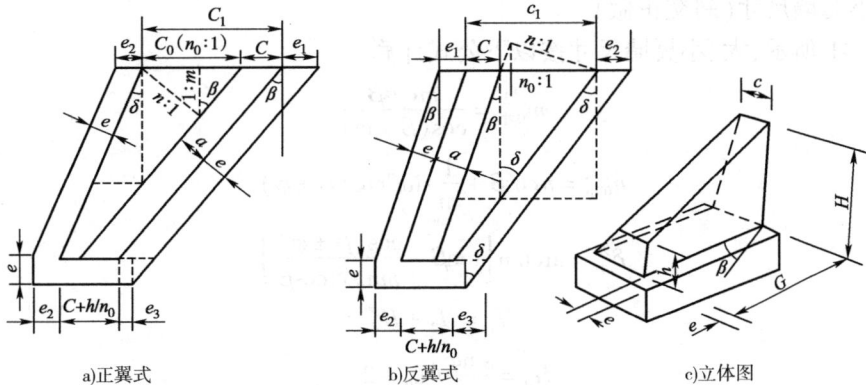

a) 正翼式　　　　　　b) 反翼式　　　　　　c) 立体图

图 5-40　正、反八字翼墙尺寸

$$m_0 = m \tag{5-25}$$

$$n_{0\frac{正}{反}} = \left(n \pm \frac{\sin\beta}{m} \right)\cos\beta \tag{5-26}$$

$$\delta_{\frac{正}{反}} = \arctan\left(\tan\beta \mp \frac{1}{mn_{0\frac{正}{反}}} \right) \tag{5-27}$$

$$c = \frac{a}{\cos\beta} \tag{5-28}$$

$$c_0 = \frac{1}{n_0}H \tag{5-29}$$

$$c_1 = c + c_0 \tag{5-30}$$

$$e_1 = \frac{e}{\cos\beta} \tag{5-31}$$

$$e_2 = \frac{e}{\cos\delta} \tag{5-32}$$

$$e_{3(正)} = e\left(\frac{1 - \sin\beta}{\cos\beta} \right) \tag{5-33}$$

$$e_{3(反)} = e\left(\frac{1 - \sin\delta_{反}}{\cos\delta_{反}} \right) \tag{5-34}$$

$$G = m(H - h) \tag{5-35}$$

$$T = G\tan\beta \tag{5-36}$$

式中:$1:m$——路基边坡度;

$1:m_0$——沿洞墙方向的翼墙坡度;

$n:1$——翼墙垂直断面的背坡;

$n_0:1$——翼墙平行于端墙方向的背坡;

a——翼墙垂直顶宽;

c——翼墙平行于端墙方向的顶宽;

c_1——翼墙平行于端墙方向的底宽;

e——基础襟边宽度(m);

H——八字墙高(m)。

b. 大、小翼墙尺寸(斜交正做)

如图 5-41 所示,大、小翼墙尺寸按以下公式计算。

$$m_{0\frac{大}{小}} = \frac{m\cos\beta}{\cos(\beta \pm \varphi)} \tag{5-37}$$

$$n_{0\frac{大}{小}} = n\cos\beta + \frac{1}{m}\sin\beta\cos(\beta \pm \varphi) \tag{5-38}$$

$$\delta_{\frac{大}{小}} = \arctan\left[\tan\beta - \frac{\cos(\beta \pm \varphi)}{mn_{0\frac{大}{小}}\cos\beta} \right] \tag{5-39}$$

$$H_1 = H_2 + H_d \tag{5-40}$$

$$H_d = \frac{\sin\varphi}{m}(L_0 + 2c) \tag{5-41}$$

或

$$H_d = \frac{\sin\varphi}{m}b \tag{5-42}$$

$$i = \frac{H_d}{b} = \frac{\sin\varphi}{m} \tag{5-43}$$

$$G_1 = m'_0{}^{(\text{大})}(H_1 - h_1) \tag{5-44}$$

$$G_2 = m'_0{}^{(\text{小})}(H_2 - h_2) \tag{5-45}$$

$$h_3 = h_1 - \Delta \tag{5-46}$$

$$h_4 = h_2 + \Delta \tag{5-47}$$

$$\Delta = ic \tag{5-48}$$

式中：L_0——涵洞净跨径（m）；

$\quad i$——帽石顶面斜坡度（%）；

$\quad b$——帽石长度（实际 $b > L_0 + 2c$）；

其余符号意义同前。

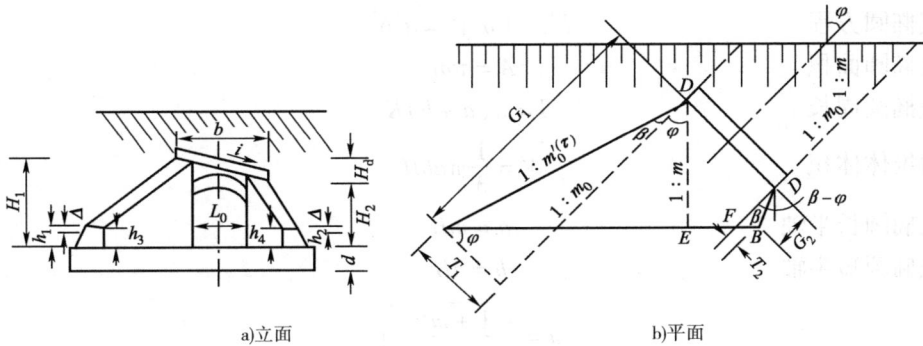

a)立面　　　　　　　　b)平面

图 5-41　大、小翼墙尺寸

（2）工程数量

①墙身体积（一个翼墙）

$$V_身 = \frac{1}{2}cm_0(H^2 - h^2) + \frac{m_0(H^3 - h^3)}{6n_0} \tag{5-49}$$

通常情况下，$m = 1.5$；$\beta = 30°$；墙顶宽 $a = 0.4\text{m}$；$n = 4$ 时，公式可简化为：

$$V_身 = \frac{H^3}{15} + 0.345H^2 - \Delta V \tag{5-50}$$

其中：当 $h = 0.2\text{m}$ 时，$\Delta V = 0.014$；当 $h = 0.4\text{m}$ 时，$\Delta V = 0.059$。

对于斜交正做洞口的大、小翼墙，式中的 $H - h$ 应分别是 $H_1 - h_1$ 及 $H_2 - h_2$，并且体积应做如下修正：

大翼墙，$-\frac{1}{2}c\Delta G_1$；

小翼墙，$+\frac{1}{2}c\Delta G_2$（其中：$\Delta = ic$）。

②八字墙基础体积

$$V_基 = [\xi(H - h) + \lambda(H^2 - h^2)]d + xd \tag{5-51}$$

式中：

$$\xi = m_0(c + e_1 + e_2)$$

$$\lambda = \frac{1}{2}\frac{m_0}{n_0}$$

$$x = \left(e_1 + e_2 + c + \frac{h}{h_0}\right)e$$

d 为八字翼墙基础厚度(m)。

通常情况,$m = 1.5$、$\beta = 30°$、$a = 0.4m$、基础垂直襟边 $e = 0.10m$（或 $0.2m$）、$n = 4$ 时:

$$V_{基} = 0.12H^2 + 0.82H - 0.347 \quad (h = 0.40m; e = 0.20m) \tag{5-52}$$

$$V_{基} = 0.12H^2 + 0.60H - 0.127 \quad (h = 0.20m; e = 0.10m) \tag{5-53}$$

③翼墙墙顶面积

$$A_{顶} = c\sqrt{1 + m_0^2}(H - h) \tag{5-54}$$

2)锥形护坡

(1)主要尺寸

①正锥坡。正锥坡一般为椭圆锥体的 1/4,如图 5-42 所示。

椭底椭圆方程 $\quad\quad b^2 x^2 + a^2 y^2 = a^2 b^2 \tag{5-55}$

锥底椭圆面积 $\quad\quad A = \pi ab \tag{5-56}$

锥底椭圆周长 $\quad\quad S = \pi(a + b)K \tag{5-57}$

椭圆锥体体积 $\quad\quad V = \frac{1}{3}\pi abH \tag{5-58}$

锥底椭圆长半轴 $\quad\quad a = mH \tag{5-59}$

锥底椭圆短半轴 $\quad\quad b = nH \tag{5-60}$

$$u = \frac{\sqrt{1 + m^2}}{m} \cdot t \tag{5-61}$$

$$v = \frac{\sqrt{1 + n^2}}{n} \cdot t \tag{5-62}$$

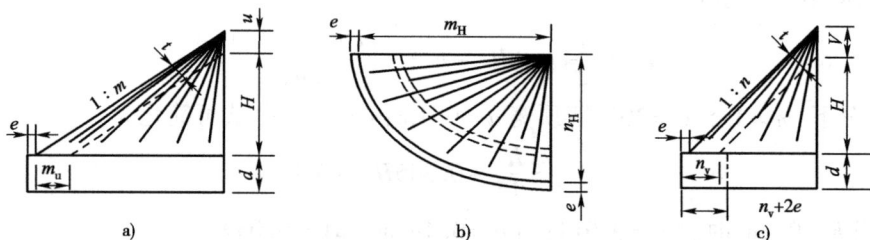

图 5-42 正锥坡

以上各式符号意义同前,其中椭圆周长系数 K 见表 5-5 所列。

椭 圆 周 长 系 数 表 5-5

$\frac{a-b}{a+b}$	0.1	0.2	0.3	0.4	0.5	0.6	0.7	0.8	0.9	1.0
K	1.0025	1.0100	1.0226	1.0404	1.0635	1.0922	1.1269	1.1679	1.2162	1.2732

②斜锥坡。斜交正做洞口时,洞口一字墙可做成斜坡式或台阶式,两端锥坡高度不等。

当路基边坡为 1: m 时,锥坡顺涵洞方向的坡度为 1: m。如图 5-43 所示,斜锥坡各部分尺寸如下:

锥坡长半轴　　　　$a_1 = m_0 H_1$　　　　　　　（5-63）

　　　　　　　　　　$a_2 = m_0 H_2$　　　　　　　（5-64）

锥坡短半轴　　　　$b_1 = n H_1$　　　　　　　（5-65）

　　　　　　　　　　$b_2 = n H_2$　　　　　　　（5-66）

锥坡顺涵洞方向坡度　$m_0 = \dfrac{m}{\cos\varphi}$　　　　（5-67）

两锥坡高差　$H_d = (n H_1 + L_0 + n H_2) i$　　（5-68）

式中：i——洞口帽石做成斜坡式或台阶式的倾斜率，其值为：

$$i = \frac{\sin\varphi}{m} \qquad (5-69)$$

图 5-43　斜锥坡

　　通常情况下，锥坡高度取低锥坡高度与涵洞顶高度相等，如图 5-43 所示，$H_2 = h$，即高锥坡高度为：

$$H_1 = H_2 + H_d = \frac{m H_2 + (L_0 + n H_2)\sin\varphi}{m - n\sin\varphi} \qquad (5-70)$$

计算后如果 $H_1 > H_2 + h_F - t'$ 时，则取：

$$H_1 = H_2 + h_F - t' \qquad (5-71)$$

再用 H_1 反算 i，使坡度 i 变缓，以使锥顶不超过路基。

（2）工程数量

①锥坡填土体积。

$$V_{\pm} = \frac{\pi}{12} m n \overline{H}^3 \qquad (5-72)$$

式中：$\overline{H}$——土锥坡平均高度，可按下式计算：

$$\overline{H} = H - \frac{1}{2}(u + v) = H - \frac{1}{2}(A + B)t \qquad (5-73)$$

$$A = \frac{\sqrt{1 + m^2}}{m} \qquad (5-74)$$

$$B = \frac{\sqrt{1 + n^2}}{n} \qquad (5-75)$$

其余符号意义同前。

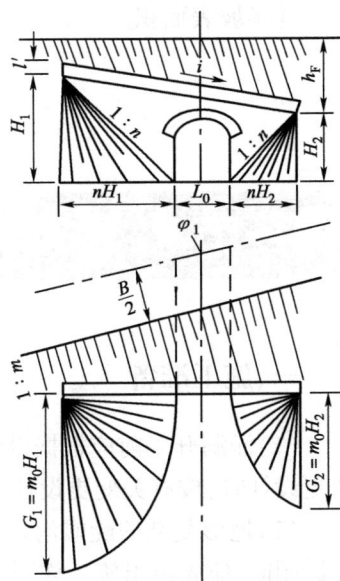

②锥坡片石砌体体积。

$$V_{片石} = \frac{\pi}{12} m n H^3 - V_{\pm} = \frac{\pi}{12} m n (H^3 - \overline{H}^3) \qquad (5-76)$$

③锥坡片石基础砌体体积。由锥底椭圆周长 S 及基础断面尺寸 b_0、d 可求得：

$$V_{基} = \frac{k\pi}{4}\left[(m + n)H + 2e - b_0\right]b_0 d \qquad (5-77)$$

式中：b_0——锥坡基础宽度（m）；

　　　d——锥坡基础厚度（m）；

　　其余符号意义同前。

④锥坡表面积。

$$A_{坡} = \frac{\pi}{12}mn(A + \sqrt{AB} + B)H^2 \tag{5-78}$$

第三节　涵洞施工

一、施工准备

(1)涵洞开工前应根据设计资料进行现场核对,核对时还需注意农田排灌的要求,如确需变更设计时,按有关变更设计的规定办理。

(2)地形复杂的陡峻沟谷涵洞、斜交涵洞、平曲线和纵坡上的涵洞,如设计单位未提供施工详图时,应先绘出施工详图,然后再依图放样。

二、施工测量

(1)根据施工需要补充水准点、涵洞轴线控制桩。

(2)当地形平坦具有良好的丈量条件时,可采用直接丈量法进行涵台(墩)的定位。

(3)测量放样时,应注意以下几点:

①注意核对涵洞纵横轴线的地形剖面图是否与施工设计图相符。

②涵洞的长度及涵底高程是否正确。

③对斜交涵洞、曲线上和陡坡上的涵洞,必须考虑斜交角、加宽、超高和纵坡对涵洞具体位置、尺寸的影响,并注意锥坡、洞口八字翼墙、一字墙和涵洞墙身顶部及上下游调治构造物的位置、方向、长度、高度、坡度使之符合技术要求。

三、管涵施工

(1)钢筋混凝土圆管成品应符合《公路桥涵施工技术规范》(JTG/T 3650—2020)中的相关规定。

(2)当管身直接搁置在天然地基上时,应按设计要求将管底土层夯压密实,并做成与管身弧度密贴的弧形管座,安装管节时应注意保持完整。若管涵底土层承载力不符合设计要求时,必须按《公路桥涵施工技术规范》(JTG/T 3650—2020)规定进行处理。

当管涵采用混凝土或砌体基础时,基础上面应设置混凝土管座,其顶部弧形面应与管身紧密贴合,使管节受力均匀。

(3)安装管节时必须做到:

①应注意按涵洞顶填土高度取用相应的管节。各管节应顺流水坡度安装平顺,当管壁厚度不一致时应调整高度使管节内壁齐平,管节必须垫稳坐实,管节内不得遗留泥土等杂物。

②对插口管,接口应平直,环形间隙应均匀,并应安装特制的胶圈或用沥青、麻絮等防水材

料填塞,不得有裂缝、空鼓、漏水等现象;对平接管,接缝宽度应不大于 10～20mm,禁止用加大接缝宽度来满足涵洞长度要求;接口表面应平整,并用有弹性的不透水材料嵌塞密实,不得有间断、裂缝、空鼓和漏水等现象。

四、倒虹吸管涵施工

(1)倒虹吸管涵宜采用钢筋混凝土或混凝土圆管,进出水口必须设置竖井,包括防淤沉淀井。

(2)倒虹吸管涵属压力式涵洞,施工时管节接头及进出水口砌缝应特别严密,不漏水。填土覆盖前应做灌水试验,符合要求后,方可填土。

(3)倒虹吸管如必须在冰冻期施工时,除应按照《公路桥涵施工技术规范》(JTG/T 3650—2020)第 25 章冬期施工规定办理外,还应在冰冻前将管内积水排出,以防冻裂。

五、拱涵、盖板涵施工

(1)基础开挖及地基承载力要求均应满足相关规范要求。

(2)涵台(墩)砌筑或混凝土浇筑应符合《公路桥涵施工技术规范》(JTG/T 3650—2020)中混凝土、砌体施工的规定。

(3)拱圈和出入水口拱上端墙的施工,应由两拱脚向拱顶同时对称进行。

(4)钢筋混凝土、混凝土拱圈和盖板混凝土采用现浇时,浇筑宜连续进行避免施工接缝,当涵身较长时,可沿长度方向分段进行,接缝设在涵身沉降缝处。

(5)预制钢筋混凝土拱圈和盖板时,模板、钢筋等应按规范要求办理。预制涵洞盖板时,应注意检查上下面的方向,避免预制、运输、安装时把板的上、下面反置。斜交涵洞必须注意斜交角的方向(即左斜交或右斜交),避免发生反向错误。

(6)拱涵拱架拆除和拱顶填土分下列两种情况:

①拱圈砌筑砂浆或混凝土强度达到设计强度的 85% 时,方可拆除拱架,达到设计强度后方可回填土。

②在拱架未拆除的情况下,拱圈砌筑砂浆或混凝土强度达到设计强度的 85% 时,可进行拱顶填土,但在拱圈强度达到设计强度的 100% 后,方可拆除拱架。

涵洞施工质量标准按《公路桥涵施工技术规范》(JTG/T 3650—2020)相关要求控制。

本章小结

(1)钢筋混凝土盖板涵可根据路堤的高低不同分别设置成明涵或暗涵。其构造简单,维修方便。

(2)圆管涵对基础的适应性及受力性能较好,不需墩台,圬工数量少,造价低。

(3)拱涵承载能力大,砌筑技术易于掌握。因此,在跨越深沟或高路堤时可选用。

(4)钢筋混凝土箱涵适用于软土地基,整体性强。但用钢量多,造价高,施工复杂。

(5)涵洞的测设步骤及要点。

①外业测量准备工作。

a.收集沿线和区域地质特征资料及地质图,以供设计涵洞基础时参考;

b.通过水利部门了解现有及规划的水利设施、降雨等资料;

c.若是改建工程,还需收集涵洞的有关测设、施工及竣工资料,并了解使用情况;

d.组织与配备完成该项勘测任务的人员、仪器、工具等。

②现场测量。

a.确定涵洞的位置。根据已定的路线的走向及水流流向确定涵洞中心桩号,并测定涵洞中线与路线的夹角(斜交角)。

b.河沟纵断面测量。河沟纵断面一般沿沟底施测,施测长度为上、下游洞口外20m(如遇有跌水陡坡时要适当增加施测长度)。图中应标出河沟纵向坡度、淤积及冲刷情况、涵洞中心里程桩号、路基设计高程等。对扩建或改建的涵洞,测绘内容应增加原有涵洞洞身、进出口和铺砌加固等构造物的位置和高程。

c.测绘涵址地形图。一般涵洞可不作详细的测量,涵址的地形图也不需绘制,但为了便于在设计中了解或回忆涵址附近的地形、地貌特征,应绘制涵址平面示意图。

d.地质勘探。为了了解涵洞基底土壤的承载能力、地质构造和地下水情况及其对构造物的稳定性影响等,就必须进行地质勘探。涵洞工程的地质勘探采用调查与挖探、钻探相结合。

③外业核对。

待路线设计线确定后,将涵洞结构形式示意图绘在河沟纵断面上进行现场核对;最后确定涵洞布置方案、结构形式、孔径、涵底高程、涵底坡度及洞口形式等。

④涵洞布置。

a.涵洞的平面布置。涵洞位置一般应服从路线走向,只有遇到大洼深沟或与路线斜交夹角太小,工程量过大或施工困难时,才进一步权衡利弊,在不降低路线标准的前提下局部调整路线,使之从较好的涵位通过。

b.涵洞的立面布置。根据地形、地质及水文等条件,洞身立面布置有如下形式:

平坦地段的一般布置形式。在天然沟床纵坡较小且涵长较短时,洞底高程及坡度原则上应与天然沟床的高程及坡度一致。

斜坡布置形式。当天然沟床纵坡大于5%～10%时,为使涵洞洞身与沟底天然坡度一致,并减少挖基土石方数量和缩短涵洞长度,常采用斜坡布置形式。

洞身不变仍作一般布置形式,而在进水口做跌水井或急流槽,使涵底与沟底顺接。

设置填方涵洞。当附近有大量石方可供利用时,为减少涵洞工程数量,可将涵基置于砌石(或填石)基底上,做填方涵洞。填方涵洞填方高度一般不宜大于5m。

如果非岩石河沟纵坡在10%以下,岩石河沟纵坡在30%以下时,即可采用斜置式斜坡涵,并可结合地形、地质情况采用齿状基础、扶壁式基础及台阶形基础等形式。

(6)涵洞孔径确定的一般方法。

①计算法。

涵洞的孔径通过调查访问,根据河沟断面形态,采用流量-孔径计算法进行计算。

②经验法。

a. 在踏勘测量中由于时间紧迫或缺乏必要的仪器,也可用估算法进行,即依据河沟冲刷、洪水位及河槽宽度确定,但由于此法带有地区性经验,使用时要注意核对。

b. 人工排灌渠道上的涵洞或涵洞下兼作其他通道时,可直接根据地形结合路线要求、基础条件以及当地水利部门或其他有关单位意见按规范要求确定孔径。

(7)根据标准图确定涵洞各部分尺寸。当设计的涵洞跨径与标准图不一致时,标准图上跨径大的涵台(墩)尺寸可用于跨径小的涵洞,而跨径小的涵台(墩)尺寸不可用于跨径大的涵洞。

复习思考题

1. 涵洞由哪几个部分组成? 各组成部分的作用是什么?

2. 涵洞洞口的常用形式有哪些?

3. 名词解释:八字墙洞口、斜交斜做洞口、斜交正做洞口。

4. 计算题:

(1)某正交涵洞涵位处,路基宽度为12m,中心桩号处路基设计高程为63.50m,涵洞底中心高程为57.75m,帽石尺寸为0.2m×0.3m,路基采用一种边坡1:1.5;涵洞进水口建筑高度为4.750m,出水口建筑高度为3.3m,涵底纵坡为2%,求涵洞长度。

(2)某正交涵洞,上游洞口八字翼墙的张角 $\beta = 30°$,翼墙高 $H = 4m$, $h = 0.40m$,墙顶宽 $a = 0.40m$,翼墙背坡为4:1($n = 4$),基础厚度 $d = 0.60m$,襟边宽 $e = 0.20m$,路基边坡为1:1.5,求上游洞口两个翼墙墙身、基础圬工体积及墙顶水泥砂浆抹面面积。

5. 涵洞设计作业。

(1)设计资料:

某平原区三级公路 K15+800 处需设一道涵洞,测得路基横断面资料如下:

$$\frac{0}{10\text{m}}, \frac{-0.2}{1.0\text{m}}, \frac{-0.2}{1.0\text{m}}, \frac{\text{K15}+800(\text{中心桩号})}{138.68\text{m}(\text{地面高程})}, \frac{+0.2}{12.5\text{m}}$$

河沟底中心处地面高程 138.68m,路基宽 8.5m,路面宽 7.0m,路基设计高程 142.00m,路拱横坡 $i=2\%$,路肩横坡 $i=3\%$,路基边坡 1:1.5。

(2)设计任务:

完成一道 1-2.5m×1.5m 石台钢筋混凝土盖板涵设计(包括涵洞布置图、盖板构造图、工程数量表)。

第六章
CHAPTER SIX

悬索桥和斜拉桥

本章内容概要

本章主要介绍悬索桥和斜拉桥的类型与构造,受力特点及一般设计要点。

教学目标

会描述悬索桥和斜拉桥的类型、构造和受力特点。

重点学习任务

认知悬索桥和斜拉桥的类型、构造和受力特点。

主要学习活动设计

观看悬索桥和斜拉桥的影像片或到工程现场参观。

第一节　悬索桥和斜拉桥的分类及构造

一、悬索桥和斜拉桥的分类

1. 悬索桥

悬索桥也称为吊桥,是指利用主缆和吊索作为加劲梁的悬挂体系,将桥跨所承受的荷载传递到桥塔、锚碇的桥梁。其主要结构由主缆、索塔、锚碇、吊索、加劲梁组成。

悬索桥的类型可根据悬吊跨数、主缆锚固方式及悬吊方式等加以划分。

1) 按悬吊跨数分类

悬索桥可分为单跨悬索桥、三跨悬索桥、四跨悬索桥和五跨悬索桥。其中以单跨悬索桥和三跨悬索桥最为常见。其结构形式如图 6-1 所示。

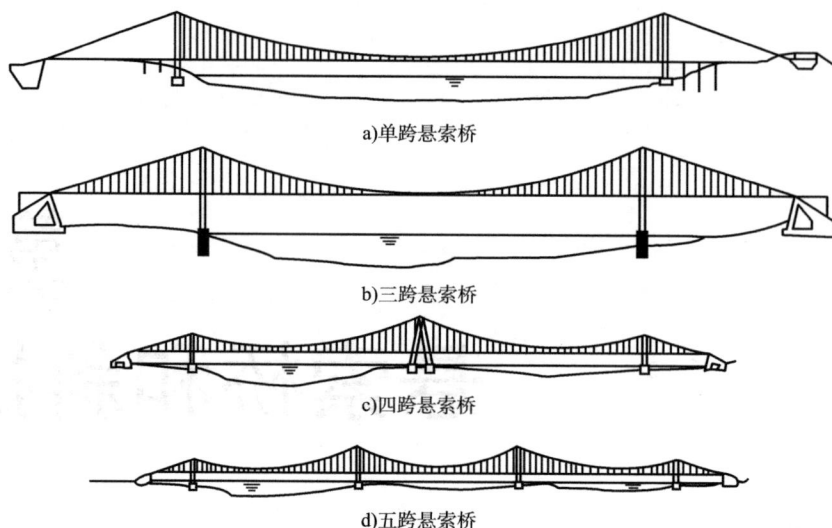

a)单跨悬索桥

b)三跨悬索桥

c)四跨悬索桥

d)五跨悬索桥

图6-1　悬吊跨数不同的悬索桥

（1）单跨悬索桥

单跨悬索桥常用于高山峡谷地区,两岸地势较高,采用桥墩支撑边跨更为经济,或者道路的接线受到限制,使得平面曲线布置不得不进入大桥边跨的情况。就结构特性而言,单跨悬索桥由于边跨主缆的垂度较小,主缆长度相对较短,对中跨荷载变形控制更为有利。

（2）三跨悬索桥

三跨悬索桥是目前国际工程实例中应用最多的桥型,世界上大跨度悬索桥几乎全采用这种形式,这不仅是因其结构受力特征较为合理,同时其流畅对称的建筑造型也更符合人们的审美观点。

（3）多跨悬索桥

相对于三跨悬索桥而言,四跨或五跨悬索桥又称为多跨悬索桥。这种桥型由于结构柔性大,固有振动频率较低,难以满足特大跨度悬索桥的受力及刚度需要,因而也就不具备实用优势,世界上几乎没有这类特大桥工程的实例。在建桥条件需要采用连续大跨布置时,可以用两个三跨悬索桥布置,中间共用一座桥的锚碇锚固这两桥的主缆(图6-2),美国的旧金山—奥克兰海湾大桥和日本本州四国联络线中的南北备赞大桥即采用此种形式。当建桥条件特别适于连续大跨布置而采用四跨悬索桥时,其中央主塔为满足全桥刚度要求通常需要进行 A 形布置,如图 6-1c)所示,相应的塔顶主缆需采取特殊的锚固措施,以克服两侧较大的不平衡水平拉力。

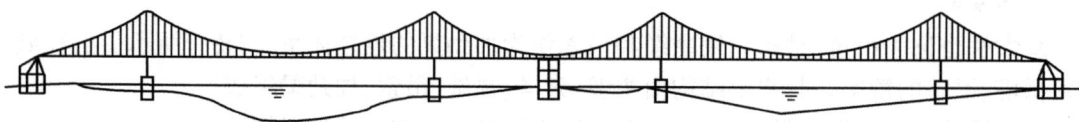

图6-2　联袂布置的悬索桥

2)按主缆的锚固方式分类

按主缆的锚固方式划分,悬索桥可分为地锚式悬索桥和自锚式悬索桥。

（1）地锚式悬索桥

通常所讲的绝大多数悬索桥都采用地锚方式锚固主缆，即主缆通过重力式锚碇或岩隧式锚碇将荷载产生的拉力传至大地来达到全桥的受力平衡，这是大跨度悬索桥最佳的受力模式。

（2）自锚式悬索桥

在较小跨度的悬索桥中，也有个别以自锚形式锚固主缆的，这种自锚式悬索桥的主缆在边跨两端将主缆直接锚固于加劲梁上，主缆的水平拉力由加劲梁提供的轴压力自相平衡，不需要另外设置锚碇，如图6-3所示。这种自锚式悬索桥的加劲梁要先于主缆安装施工，实践中因施工困难、经济性差等原因也极少采用。

图6-3 自锚式悬索桥

3）根据悬吊方式分类

（1）采用竖直吊索并以钢桁架做加劲梁，如图6-4所示。

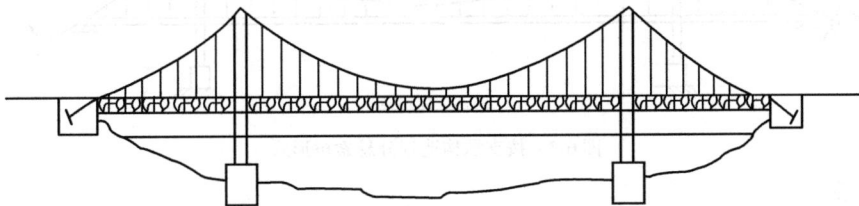

图6-4 采用竖直吊索桁式加劲梁悬索桥

（2）采用三角布置的斜吊索，并以扁平流线型钢箱梁做加劲梁，如图6-5所示。也有呈交叉形布置的斜吊桥。

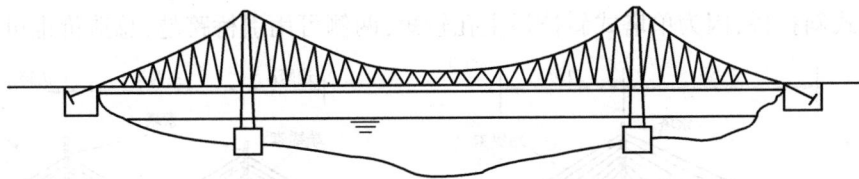

图6-5 采用斜吊索钢箱加劲梁的悬索桥

（3）混合式，即采用竖直吊索和斜吊索，流线型钢箱梁做加劲梁。除了有一般悬索桥的缆索体系外，还设有若干加强用的斜拉索，如图6-6所示。

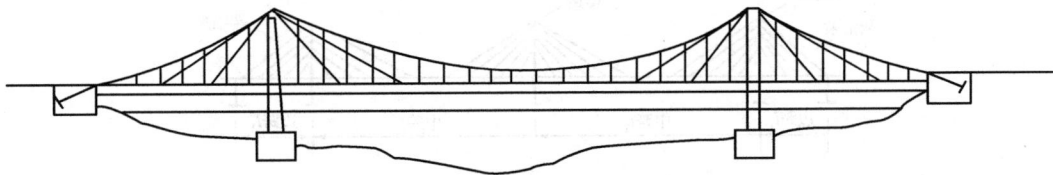

图6-6 带斜拉索的悬索桥

4)按支承结构分类

如果按加劲梁的支承结构来分类,悬索桥可分为单跨两铰加劲梁悬索桥、三跨两铰加劲梁悬索桥及三跨连续加劲梁悬索桥等,如图6-7所示。

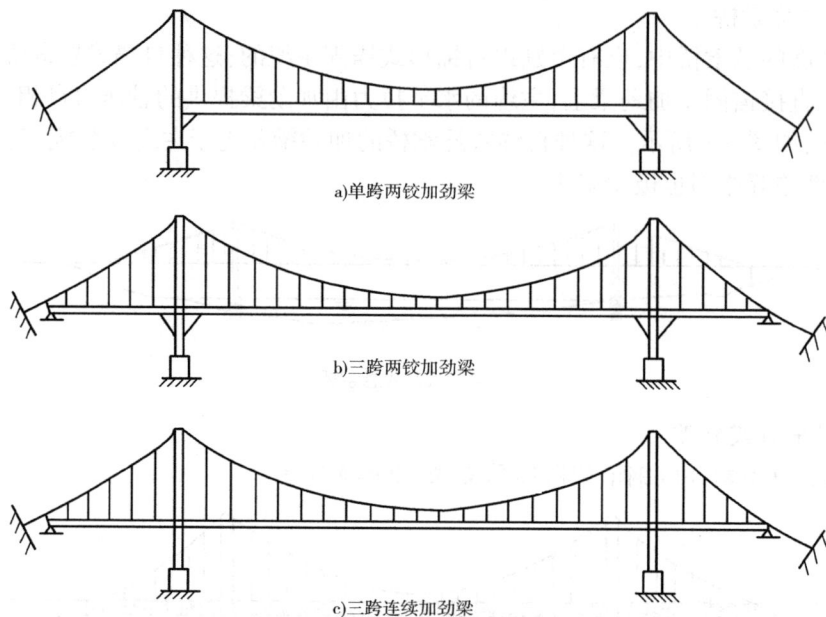

a)单跨两铰加劲梁

b)三跨两铰加劲梁

c)三跨连续加劲梁

图6-7 按支承构造划分悬索桥形式

2.斜拉桥

斜拉桥的主要组成部分为主梁、索塔及拉索。由于主要组成部分的不同构造形式,构成不同类型的斜拉桥。

1)按索塔布置方式分

(1)单塔式斜拉桥。当跨越宽度不大或基础、桥墩工程数量不是很大时,可采用图6-8a)所示的单塔式斜拉桥,因为单塔式斜拉桥主孔较短,两侧可用引桥跨越,总造价也可降低。

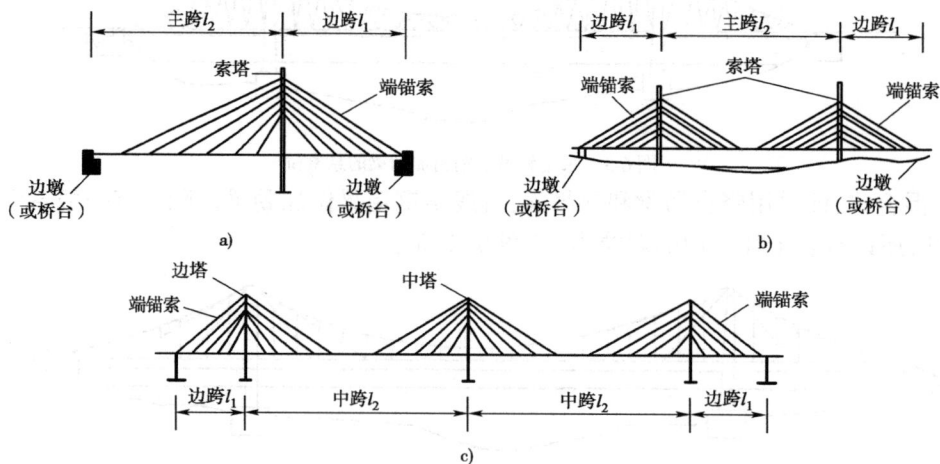

图6-8 斜拉桥跨径布置

（2）双塔式斜拉桥。桥下净空要求较大时,多采用如图6-8b)所示的双塔式斜拉桥。

（3）多塔式斜拉桥。在跨越宽阔水面时,由于桥梁长度大,可采用如图6-8c)所示的多塔斜拉桥。

2）按主梁的支承条件分

（1）连续梁式斜拉桥[图6-9a)]。这类构造在墩台支撑处均采用活动支座,以使温度变位均匀,水平变位用拉索约束。主要优点是行车顺畅,变形缝少,便于采用连续梁的各种施工方法。

（2）单悬臂式斜拉桥[图6-9b)]。此类桥跨中有一段挂梁,对边跨可以用临时支墩施工,中跨采用悬臂施工。

（3）T形刚架式斜拉桥[图6-9c)]。此T形刚架与一般T形刚架不同之处,在于梁根部与墩、塔连成整体,形成十字形固接,固接处要承受很大负弯矩,因此主梁截面要足够强固,构造复杂,便于平衡施工。

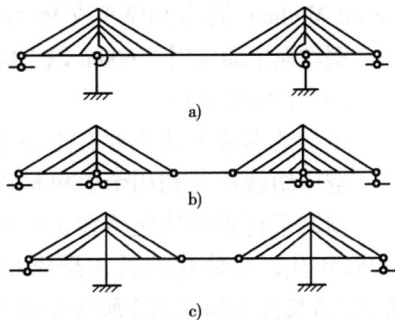

图6-9　按主梁支承条件划分斜拉桥形式

二、悬索桥及斜拉桥的构造

1.悬索桥上部结构的主要形式和构造特点

悬索桥的上部结构由主缆、加劲梁和吊索组成;下部结构由塔、支撑着塔的桥墩、锚固着主缆的锚碇组成。这种基本结构形式是大跨度桥梁结构最适合的形式。

现代悬索桥通常主要由主缆、主塔、锚碇与加劲梁四大主体结构以及塔顶主索鞍、锚口散索鞍座或散索箍和悬吊系统等重要的附属系统组成。下面分别介绍其上部的主要结构及特点。

1）主缆

主缆是以桥塔及支墩为支承,两端锚固于锚碇,并通过吊索悬挂于加劲梁的缆索,是悬索桥的主要承重构件。主缆除承受自重恒载和索夹、吊索、加劲梁等恒载外,还承受索夹、吊索传来的活载。另外,主缆还承担一部分横向风以及温度变化的应力,并直接传到桥塔顶部。

（1）主缆的材料

悬索桥的主缆材料必须具有强度高、弹性模量大、耐腐蚀等性能,故现代长大悬索桥都选用高强镀锌钢丝及镀锌钢丝绳。主缆先后经历了钢结构眼杆式缆链、钢丝绳缆、封闭钢绞索缆,最终发展为现在的平行钢丝主缆。在欧洲和美洲,悬索桥的主缆都曾采用眼杆式缆链,其主要优点是可以适应缆力沿桥变化而改变截面,使用料经济。但这种用眼杆做主缆的悬索桥有一致命弱点,那就是某一眼杆净截面裂缝会导致全桥破坏、甚至坠毁。所以,随着工业技术的发展,悬索桥主缆多采用拉力强度和疲劳强度更高的钢丝。此时,为了方便施工,中、小跨悬索桥多使用钢绞线。但是,钢绞线的弹性模量低,使得桥的变形增大,且钢绞线作主缆时不易按设计截面形状压紧,也难采取有效的防腐措施。所以,现代长大悬索桥主缆宜由弹性模量高的高强镀锌钢丝组成。

（2）主缆的类型

目前,在悬索桥主缆设计中,多是根据上述材料要求而选择主缆类型。主缆类型主要有以下两类：

①钢丝绳主缆。多用于中、小跨悬索桥,它又分为钢绞线绳和螺旋钢丝绳(Spiral Rope,简称 SPR)、封闭式钢绞线索(Locked Coil Rope,简称 LCR)。

②平行丝股主缆。主要用于大跨悬索桥,根据制作方法分为空中纺线法的平行丝股主缆(Air Spinning Method, 简称 AS)和预制丝股法平行丝股主缆(Shop-fabricated Parallel Wire Strand Method,简称 PPWS 或 PS)两种。

钢丝绳主缆仅用于600m 以下跨度的悬索桥,而平行丝股主缆用于跨度在400m 以上的悬索桥。

(3)主缆的制作

主缆的形成方法主要有空中纺线法(AS 法)和预制平行索股法(PPWS 法)两种。

空中纺线法是利用牵引机械往复拽拉钢丝,在现场制作平行钢丝索股的施工方法。

预制平行索股法是将在工厂预制平行高强钢丝组成的索股运到工地安装。我国自 20 世纪 90 年代以来修建的长大悬索桥(如汕头海湾大桥、虎门大桥、西陵长江大桥、江阴长江大桥、宜昌长江大桥、厦门海沧大桥等)采用的都是预制平行索股法。

空中纺线法将制索股的工作放到了以锚道为工作平台的空中去完成,在制索股的同时完成了架设。相对于工厂预制平行索股而言,空中纺线法每股丝数量大,因而索股数量少,锚靴数也少,锚室内的锚固面积小,但该方法的编缆设备一次性投入高。工厂预制平行索股法可节省架设时间、提高索股质量,所以目前国内修建的悬索桥均采用此法。总之主缆的形成方法应结合设备、工艺情况、成缆质量、防护要求及经济性等因素进行选择。

(4)主缆的形式

大多数悬索桥都采用双面主缆,但也有的使用单面主缆。至于主缆的根数,一般为两根主缆,即一侧布置一根。但若有主缆太粗、架设困难或者工期限制等原因,也有一侧用两根主缆的设计。在桥的每侧都用两根主缆,并让两根主缆在立面的几何形状不同,这种称为复式主缆。

(5)主缆的截面组成

主缆常见的截面类型有由高强钢丝组成的圆形截面[图 6-10a)]和由钢丝绳组成的主缆其他截面[图 6-10b)、c)]。主缆的截面组成一般是由 $\phi=5mm$ 左右的镀锌钢丝组成的钢丝束股,然后再由若干束钢丝索股构成一根主缆。每根主缆截面大小是由各座具体悬索桥的拉力大小确定的,一旦钢丝直径选定,其主缆钢丝所含钢丝总根数 n 即随之确定。而具有 n 根钢丝的主缆应有多少股钢束 n_1 和每股钢丝含多少根钢丝 n_2,则需要根据主缆的编制方法进行确定。

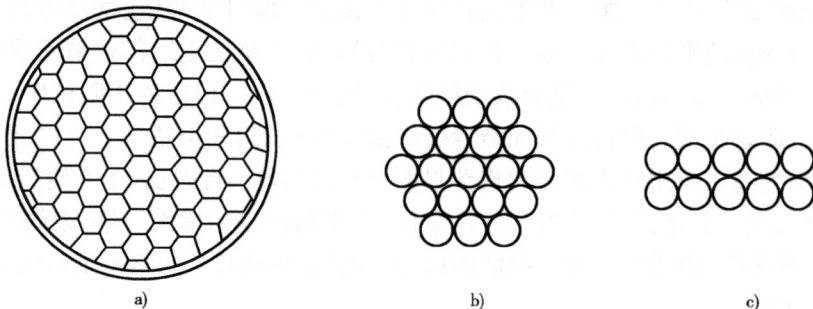

a) b) c)

图 6-10 主缆截面类型

采用 AS 法的束股较大,每缆所含总股数 n 较少,30 ~ 90 束,每股所含丝数 n_2 多达

300～500根,因而其单股锚固吨位大,锚固空间相对集中。

采用PPWS法的索股通常按正六边形平行排列定型,考虑桥跨及其施工条件,每股丝数n_2通常取值61、91、127、169,组成形状稳定的正六边形,如图6-11所示。每缆总股数n_2多达100～300束,锚固空间相对较大。因其采用工厂预制,故现场架索施工时间相对缩短,气候因素影响小,成缆工效相应提高。

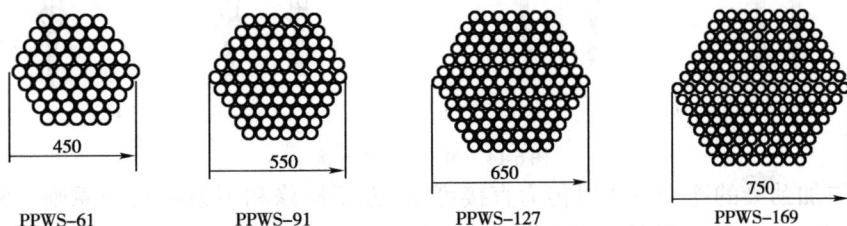

图6-11 预制束股常用截面(尺寸单位:mm)

2)吊索的结构

吊索是连接主缆和加劲梁的构件,它通过索夹把加劲梁悬挂于主缆上。

(1)吊索的布置形式

吊索顺桥面布置形式一般有垂直布置和斜向布置两种,如图6-12所示。

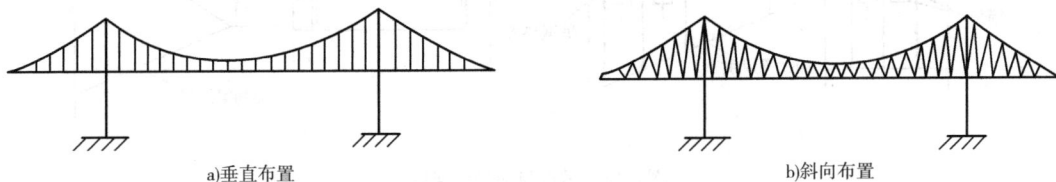

a)垂直布置   b)斜向布置

图6-12 吊索顺桥面的布置形式

(2)吊索的材料

现代悬索桥吊索一般采用镀锌钢丝绳或镀锌高强平行钢丝制作,少数小跨度悬索桥也用刚性吊杆。刚性吊杆是由圆钢或钢管制成,在它的两端加工螺纹,用螺帽与加劲梁上伸出的连接杆相连;或是两端焊上连接块,连接块上留有螺栓孔,用螺栓与索夹的吊耳及加劲梁上连接杆相连。图6-13a)所示是重庆朝阳大桥的上吊杆,为调整吊杆长度,在其中部加一节花篮螺栓调节。拉力较大的吊杆,如采用钢吊杆则截面过大,构造上不好处理,一般采用高强度钢丝绳制成吊索。为了连接,把钢丝绳两头散开伸入连接套筒,浇入合金使钢丝绳与套筒连接成整体而形成锚头。吊索的上端通过套筒与索夹的吊耳连接,眼杆通过连接件与加劲梁连接,图6-13b)是重庆朝阳大桥下吊索构造图。

(3)吊索与主缆及加劲梁的连接方式:

①吊索与主缆的连接方式。现代长大悬索桥吊索与主缆的连接方式可分为骑跨式[图6-14a)]和铰接式[图6-14b)]。

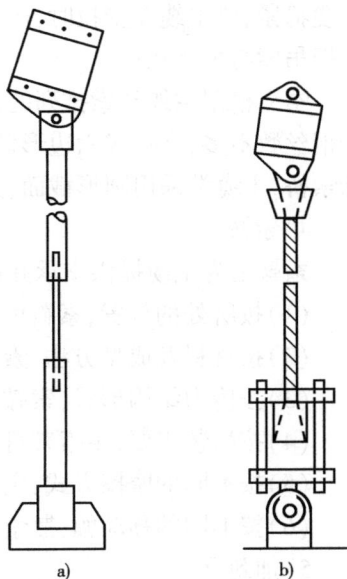

a)   b)

图6-13 重庆朝阳大桥吊索结构

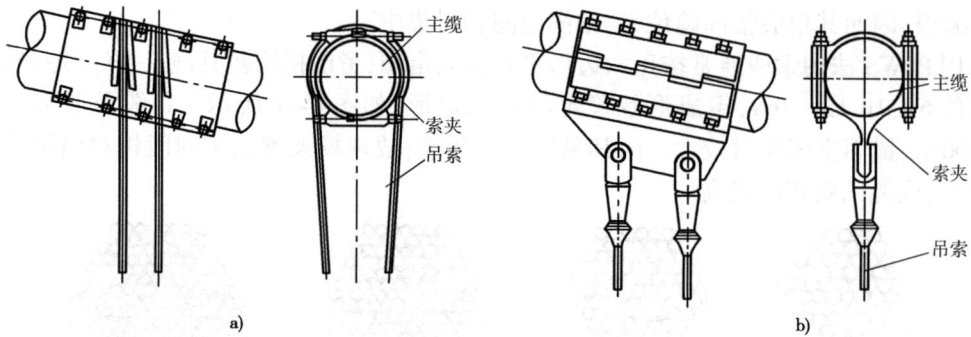

图 6-14 吊索与主缆连接

②吊索与加劲梁的连接方式以传力直接可靠、方便检修和不易积水为原则。常用的有锚头承压方式[图 6-15a)]和销接方式[图 6-15b)]。

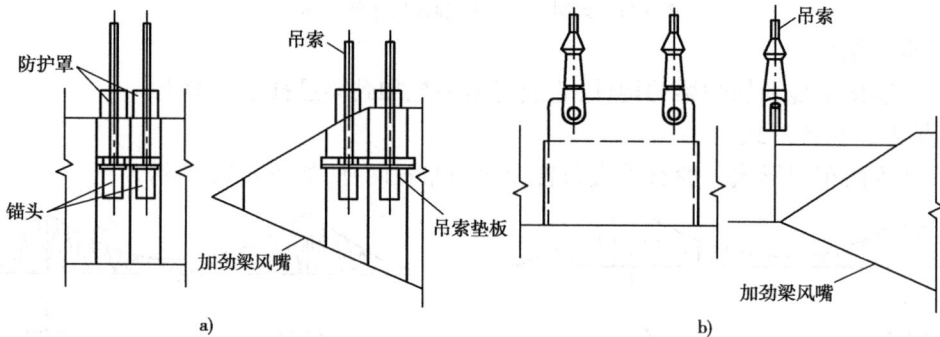

图 6-15 吊索与加劲梁连接

3)索夹

索夹是紧箍主缆索股并连接主缆与吊索的构件。主缆和吊索的连接一般采用刚性索夹把主缆箍紧,使主缆在受拉时,产生收缩变形时也不致滑动。索夹的下端伸出铸件吊耳,通过销栓把吊索与吊耳相连。

索夹根据主缆丝索排列的形式,常分为六边形和圆形两种。对于中、小跨径的悬索桥,由于钢丝数不多,常排成六边形截面,所以采用六边形索夹较多,如图 6-16a)所示。对于大跨径悬索桥,主缆常采用圆形截面,索夹也采用圆形索夹,如图 6-16b)所示。

4)索鞍

索鞍是为主缆提供支承并使主缆平顺改变方向的构件。

(1)按所处的位置,索鞍可分为主索鞍、散索鞍和副索鞍。

(2)按材料及成型方法,索鞍可分为全铸式、铸焊组合式及全焊式。

(3)按传力结构形式,索鞍可分为肋传力结构及外壳传力结构。

(4)按吊装需要,主索鞍可设计为整体式、分体式两种结构形式。

(5)按不同的摩擦方式,主索鞍分为滑动式和滚动式。

(6)按不同的移动幅,散索鞍分为摆轴式、滚动式及滑动式。

5)加劲梁

加劲梁是提供桥面直接承受荷载的梁体结构。

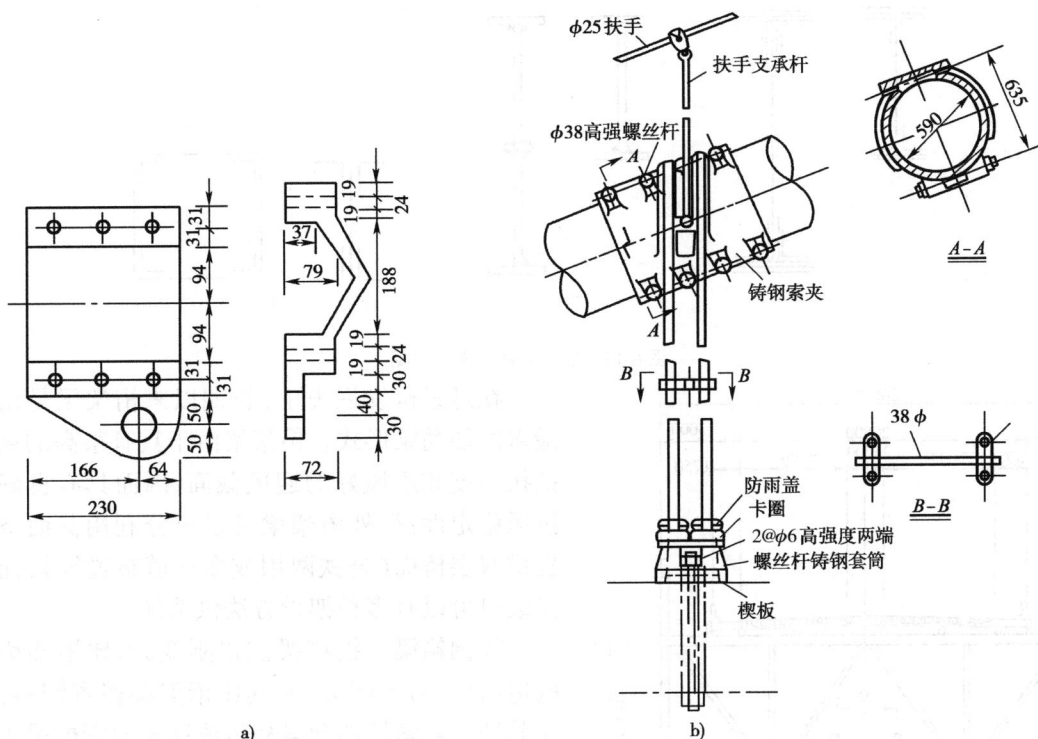

图6-16　索夹(尺寸单位:mm)

（1）加劲梁的主要功能

加劲梁直接承受和传递车辆荷载、风荷载、温度荷载和地震荷载。在静载作用时,通过吊索与主缆的变形相互协调,互为约束;通过支座与索塔变形相互协调,互为约束,并导致二次附加力。在动载作用时,以其结构形式和尺寸及材料为主要影响因素的动力特性,决定加劲梁的动载增幅效应和动力稳定性。从这个意义上说,加劲梁又控制着荷载分布和大小,对保证悬索桥稳定有决定意义。

（2）悬索桥加劲梁的主要结构形式

悬索桥加劲梁的主要结构形式有钢板梁、钢桁梁、钢箱梁和钢筋混凝土箱梁。

①钢板梁。钢板梁通常采用工字形截面,如图6-17a)所示,沿跨径设计成等高度梁,仅在翼缘板层数上变化,以适应弯矩变化的要求。为了保证腹板局部稳定,在腹板两侧设纵横加劲肋。

②钢桁梁。加劲梁设计成钢桁(日本因岛大桥)梁形式时,一般也是采用沿跨度等高的桁架,腹杆多采用加竖杆的简单三角形式,其杆件一般采用由四支角钢和钢板组成的H形截面,如图6-17b)所示。

对于由长细比控制的杆件,常采用箱形截面,如图6-17c)所示,以增加杆件截面的惯性矩,达到减小长细比的目的。为使上述钢板梁或钢桁架形成空间稳定的加劲梁,需要在两片板梁或桁架间设置纵向连接系。为增加其抗扭刚度,需设置若干道横向连接系。纵、横向连接杆件截面可按刚度控制设计。钢桁梁断面图如图6-18所示。

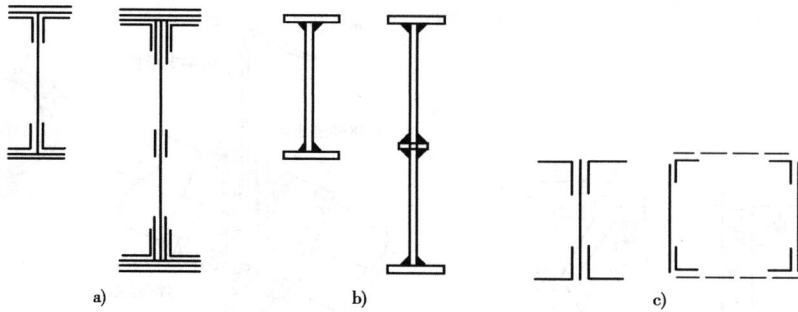

图6-17 加劲梁杆件横断面图

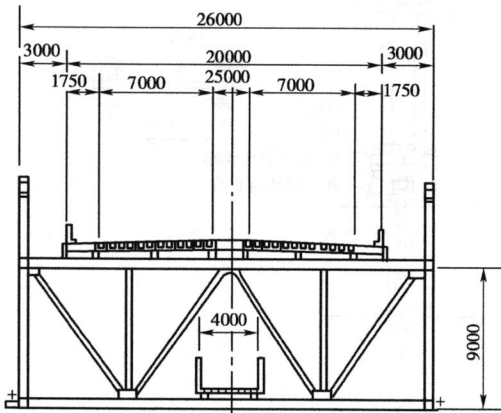

图6-18 钢桁梁断面(日本因岛大桥)
(尺寸单位:mm)

在悬索桥发展史上,长期以来桁架梁是用得最多的加劲梁形式。桁架梁由于具有很高的截面抗扭刚度和透风好的迎风截面,因而具有良好的抗风稳定性;另外桁架梁可以充分利用截面空间提供双层桥面(公铁两用或多车道布置等),而且安装时可以有多种架设方法供选择。

③钢箱梁。钢箱梁抗扭刚度大,比桁架梁的构造简单,易于制造,尤其比桁架梁稍省钢料,易于养护。悬索桥加劲梁从传统形式的钢桁梁改革为抗风性能较好的流线型扁平钢箱梁,世界已公认其是悬索桥发展史上的重大进步。扁平钢箱梁截面如图6-19所示。

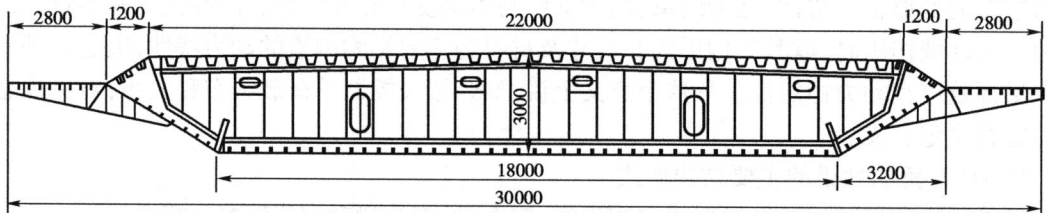

图6-19 悬索桥钢箱加劲梁断面(宜昌长江大桥)(尺寸单位:mm)

④钢筋混凝土箱梁。悬索桥加劲梁也可采用钢筋混凝土箱梁。钢筋混凝土加劲梁断面如图6-20所示。其主要结构特点如下:

a.截面具有可塑性,给设计者以充分发挥创作意图的塑造空间;

b.梁体自重大,梁体自重是相同受力条件下的3倍。

因而,采用预应力混凝土作加劲梁的悬索桥,具有重力刚度大、风稳性能好、节省钢材、工程费用低等优点;但由于梁体自重大,也使其悬吊系统为此增加了更多的钢材用量,同时增加了施工制造、运输及起吊安装等工作的难度。至今在国内外大跨度悬索桥的工程实践中,以混凝土做加劲梁的悬索桥极少,已建成的混凝土加劲梁悬索桥其跨度都在500m以下。

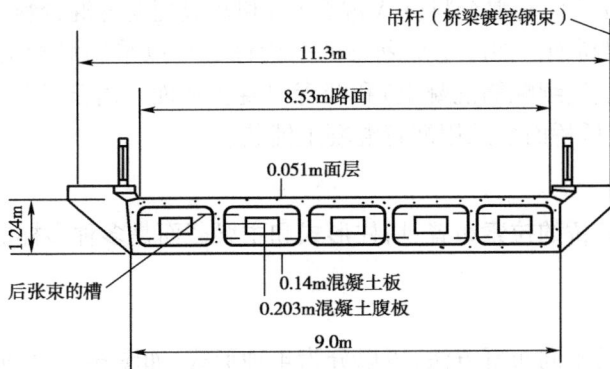

图 6-20　悬索桥钢筋混凝土加劲梁断面(赫德逊-荷普桥)

6)加劲梁的布置

(1)双铰加劲梁简支体系

在悬索桥加劲梁布置中,其力学体系主要采用两种形式,即双铰加劲梁的简支体系和连续加劲梁的连续体系。

目前建成的中、小跨径悬索桥和大跨径悬索桥多采用双铰加劲梁的简支体系。简支的加劲梁构造简单,制造和架设时的误差对加劲梁无影响。简支的加劲梁无须通过桥塔,桥塔横向两塔柱的距离比连续加劲梁要小,因此其基础尺寸也相应小。

双铰加劲梁布置中,立面内加劲梁两端是用吊杆或摆柱作其支承。这样处理,使梁在支承处的竖向位移被制止,而支承面在立面内可自由转动,形成铰支承。另外,因上述竖向支承是在梁的左、右两侧都有,所以梁绕其纵轴的扭转被限制,而支点的纵向位移并不受妨碍。总之,这样设计的加劲梁主跨就是一悬浮体系。双铰加劲梁主跨平纵联的梁端连接设计中,若主跨是桁架式,其传递横向风力的桁架式平纵联在梁端的斜腹杆应该交会在梁的纵轴。若主跨是扁平实腹箱梁,其桥面板就起到平纵联传递横向风力剪力的作用。而边跨加劲梁与塔的衔接,可按主跨处理。边跨加劲梁靠岸端的衔接,一般是做成其平纵联在桥轴的纵向位移被制止,而成为固定端。

(2)连续加劲梁的连续体系

虽然双铰简支加劲梁在桥塔处内力最小,而连续加劲梁在桥塔处内力达到最大值。但是,简支加劲梁梁端角变量和伸缩量以及跨中竖向和横向挠度均较大,这对一般公路悬索桥来说问题不是太大,但对铁路行车要求则难以满足。所以,对铁路悬索桥或公铁两用悬索桥可采用连续加劲梁进行布置。

在悬索桥加劲梁的布置设计时,要根据各桥的具体情况,进行详细分析比较后来确定。

7)桥面

在早期的悬索桥中,尤其在美国,多采用混凝土桥面。但是由于混凝土劣化等原因,美国的金门桥、富兰克林桥均换成了钢桥面。现代长大悬索桥的桥面根据加劲梁的不同形式可分为以下两种:

(1)钢桥面。钢桥面铺装是个多结构的组合体,一般包括防锈和主体铺装两大体系。防锈体系是由防锈层、防水层、黏结防护层、黏结层或致密层构成。主体铺装层由上层和下层(又称为保护层和面层)组成。主体铺装层的混合料类型主要有 3 种,即沥青玛蹄脂碎石混合料(SMA 混合料)、浇注式沥青混合料(GA 混合料)和密级配沥青混合料(AC 混合料)。

(2)混凝土加劲梁桥面。混凝土加劲梁的桥面铺装可以采用混凝土桥面(包括普通水泥混凝土、钢纤维混凝土、连续配筋混凝土)和沥青混凝土桥面。由于近年来国内桥梁工程路面病害较多,故长大悬索桥桥面多采用沥青混凝土铺装。

2. 斜拉桥构造

预应力混凝土斜拉桥的拉索布置、塔柱形式和主梁截面是多种多样的,在此仅介绍常见的斜拉桥构造。

1)拉索的布置

根据拉索在立面的不同布置方法,可以分为 4 种形式,如图 6-21 所示。

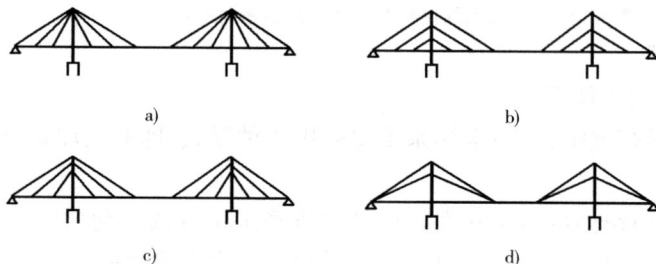

图6-21 斜索的立面布置形式

(1)辐射式。这种方法是将全部拉索汇集到塔顶,使各根拉索都具有可能的最大倾角。由于索力主要由垂直力的需要而定,因此斜拉力较小,可减少拉索用钢量。不足的是塔柱受力不利,塔顶因斜索集中而使锚固困难。此外,斜索倾角不一,也使锚具垫座的制作与安装过程复杂化。

(2)竖琴式。斜索与塔柱的连接点分散,斜索倾角相同,这就使连接构造易于处理,塔柱受力较有利。无辐射式斜索的视觉交叉,外形简洁美观。如将中间斜索用边孔内的辅助墩锚固住,则可大大减小塔柱的弯矩和变形,便于换索。缺点是斜索的倾角较小,工作效率差,索的总拉力大,钢索用量较多。

(3)扇式。介于辐射式和竖琴式之间,能兼有上述两式的大部分优点。近年来,一些具有代表性的长大跨径斜拉桥多半采用这种方式。

(4)星式。将分散锚固在塔柱上的斜索合并锚在边跨梁端与桥台上,或锚在边跨的桥墩上,这样可显著减小中跨的挠度,也可避免在中跨加载时边跨产生很大的负弯矩。但这种布置方式的斜索倾角最小,斜索在梁上的锚固过程复杂,已很少采用。

在缆索间距上,近年多采用分散的密索体系。密索布置的优点是减少主梁自重弯矩,降低梁高,简化锚固装置,便于施工。

缆索在横截面上的布置有如图 6-22 所示的几种形式。竖直双平面索[图 6-22a)]配合门式塔柱本身具有一定的抗扭能力,应用最广。倾斜的双平面索[图 6-22b)]配合 A 形塔柱具有良好的抗风稳定性,故它特别适用于对风振较敏感的大跨径钢斜拉桥。单平面索[图 6-22c)]布置在中央分隔带内,简洁美观,是近代斜拉桥新颖合理的布置形式,但采用这种方式后,必须加大主梁的抗扭刚度,而且主梁往往要采用连续体系。图 6-22d)所示为单平面索偏离中线的布置方式,仅用于人行桥上。

2）塔柱

塔柱主要承受轴力,除柱底铰支的辐射式斜索布置外,也要承受弯矩。此外,制动力、温度变化、混凝土徐变与收缩等还会增加柱内弯矩。在采用悬臂法施工时,塔柱会受到相当大的不平衡弯矩。对于单面索的独塔情况,塔柱的抗风稳定性就成为突出的问题。

从桥梁的立面来看,塔柱主要有独柱式、A 形和倒 Y 形 3 种,如图 6-23a)、b)、c)所示。

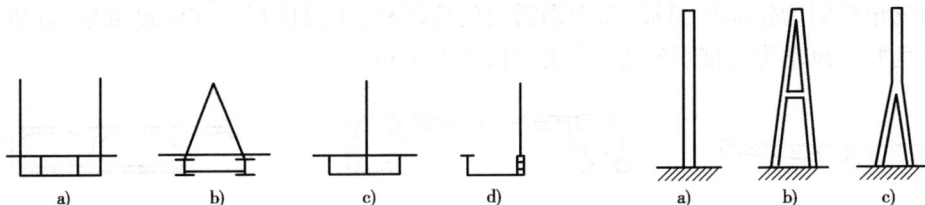

图 6-22 缆索在横截面上的布置   图 6-23 塔柱立面(顺桥向)视图

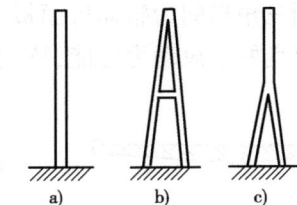

从桥梁的横断面来看,塔柱主要有独柱式、双柱式、门式、斜腿门式、倒 V 式、宝石式和倒 Y 式,如图 6-24a) ~ h)所示。

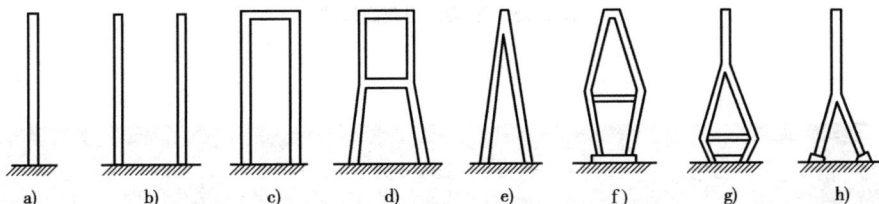

图 6-24 塔柱横向(横桥向)视图

立面呈独柱的塔柱外形轻盈美观,结构简洁,这是最常用的形式。在横桥向,它可以和图 6-24 中各种形式配合使用。只在必须显著加大塔柱纵向(顺桥向)刚度时采用立面呈 A 形和倒 Y 形的塔柱。纵、横向均呈独柱式的塔柱仅用于单平面索的情形,当需要加强侧向抗风刚度时,可以配合采用图 6-24g)或 h)的形式,后者适用于桥面至基础顶面高度较高的情况,借以可缩小基础的横向尺寸,但在塔柱反向处需设水平拉杆。图 6-24b)和 c)一般用于设置竖直双平面索的场合,塔柱较高时可增设横撑。图 6-24e)的形式主要用于倾斜双平面索的斜拉桥上。图 6-24f)所示的宝石形塔柱,适用于需要缩减塔柱基础横向尺寸的情况。

3）主梁

斜拉桥常用的主梁形式,按静力体系分为连续梁、悬臂梁和悬臂刚构等。连续梁刚度大,整体性好,对抗风、抗震都有利,且挠曲线平顺,对行车也较好,所以一般宜首先考虑采用。但在设计时应计及由于徐变、收缩和温度变化引起较大的纵向位移而使塔柱承受相当大的弯矩。早期修建的斜拉桥较多采用带挂梁的悬臂梁或刚构形式,这种主梁体系一般适用于软土地基,但对抗震较不利。

混凝土斜拉桥主梁的截面形式如图 6-25 所示。图 6-25a)所示的板式结构最简单,抗风性能也好,它适用于双面密索且宽度不大的桥。图 6-25b) ~ f)所示皆为抗扭刚度很大的箱形截面。图 6-25b)所示为分离式双箱截面,两个箱梁用于承重及锚固拉索,桥道布置在箱梁之间,但这种截面的箱梁部分虽然有较大的抗扭刚度,但全截面的抗扭刚度较差。其优点是用悬臂法分段拼装主梁后再安装桥面肋板,施工极为方便。图6-25c)所示的闭合箱形截面有极大的抗弯和抗扭能力,适用于单平面索布置的斜拉桥,缺点是节段重量大,由于迎风面积大,风动力荷载影响较大。图6-25e)、f)所示是图6-25c)所示截面的改进截面,将外侧腹板做成倾斜式,既改善了风动力性能,又减小墩台宽度,但稍增加了施工难度。图6-25d)所示是经过风洞试验得到的一种风动力性能良好的半封闭箱形截面,此截面两侧为三角形封闭箱,端部加厚以锚固拉索,两三角形间为整体桥面板,除个别需要的段落外,不设底板。在满足抗弯、抗扭刚度的要求下,有良好的风动力性能,特别适合索距较密的宽桥。

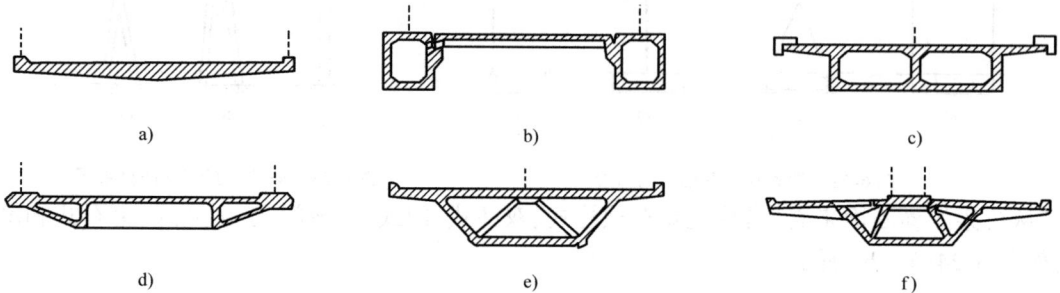

图6-25　主梁常用截面形式

第二节　悬索桥和斜拉桥的受力特点及设计要点

一、悬索桥和斜拉桥的受力特点

1.悬索桥的受力特点

悬索桥的活载和永久荷载(包括桥面、加劲梁、吊索、主缆及其附属构件如索夹等重量)通过吊索和索夹传递至主缆,再经过鞍座传至桥塔(主塔)顶,经桥塔传递到下部的塔墩和基础。

主缆除承受活载和加劲梁(包括桥面)的永久荷载外,它还分担一部分横向风荷载并将它直接传到塔顶。

2.斜拉桥的受力特点

斜拉桥由斜索、塔柱、主梁三部分组成,属于组合体系,系多次超静定结构。从塔柱上伸出并悬吊起主梁的高强度钢索起着主梁弹性支承的作用,从而大大减小梁内弯矩,使梁截面尺寸减小,减轻了主梁的重量,加大了桥的跨越能力。在这三者中,斜索承拉,塔柱以承压为主有时还要承受较大弯矩,主梁受弯也受轴向压力或拉力。

二、悬索桥和斜拉桥的设计要点

1.悬索桥设计要点

悬索桥的设计顺序一般可以分为两个步骤考虑:首先考虑主缆及加劲梁的设计;然后根据

已决定的主缆及加劲梁体系来考虑桥塔的设计。

1) 加劲梁

(1) 拟定悬索桥的形式,即采用单跨悬吊还是三跨悬吊。

(2) 根据桥位处地形及地质条件,选择边孔与主孔的跨度比,以及初步确定主缆的垂跨比。

(3) 假定加劲梁的永久荷载及刚度,可参照已有类似跨度和规模的实桥数据来假定。必要时也可根据所设计桥梁的具体要求拟定初步的尺寸与截面来计算而定。设计风力可根据桥位处的风力或风速观测资料来推算主缆及加劲梁高处的设计风力。

2) 主缆

(1) 确定主缆的垂跨比 f/L。

(2) 参考既有类似跨度、规模、形式与垂跨比的悬索桥来初步假定主缆的钢丝索股数与每股的钢丝根数。

上述的永久荷载、截面及刚度等假定之后,即可选择适宜的计算理论进行各种初步的计算,但对地震反应分析一般宜放在最终的设计阶段进行验算。经过初步计算之后,即可根据计算结果决定主缆与加劲梁的必要截面,并由此算出永久荷载与刚度。将计算所得的截面、刚度及永久荷载等数据与原先假设的数据进行比较。如果原先的假设数据有较大的富余或不足,则应重新进行假设并再次进行计算,直到假设与计算结果比较吻合为止。

3) 桥塔

首先确定桥塔的构架形式,桥塔的构架形式一般有门架式、具有多层横梁的刚架式以及具有一组或若干组交叉斜杆的桁架式。各部分的截面尺寸可以参考已有的类似悬索桥来作初步假设。

桥塔计算应根据主缆与加劲梁的结构体系来进行,对桥塔应考虑纵向应力和横向应力的影响。同时应验算桥塔的稳定性。

2. 斜拉桥设计要点

1) 结构几何尺寸的确定

斜拉桥作为由塔、梁、索组成的组合体系,进行设计时必须综合考虑塔、梁、索三者之间的相互关系。在桥跨布置、主梁截面形式、索塔形式、索塔高度及支承体系确定后,就可拟定主梁高度以及索塔截面尺寸,并根据主梁高度、受力及构造要求初拟各部尺寸,然后用平面杆系程序进行试算调整。

调整的原则主要有:

(1) 边跨配重应使结构在永久荷载作用下边墩支座不产生拉力,且在运营期间边墩支座的拉力应控制在一个适当的数值内(便于边墩设计和支座生产)。

(2) 斜拉索的应力、索塔混凝土的压应力、主梁永久荷载弯矩都应根据桥梁的实际情况控制在合适的幅度内。

(3) 结构体系刚度必须满足要求,主梁在汽车荷载作用下的挠度小于规范要求,并有一定的富余。

(4) 尽量减少梁段类型,方便施工。

2) 整体静力分析

一般来讲,斜拉桥静力分析是先确定合理的成桥状态,再进行施工过程计算,通过控制施工中每根拉索的安装索力来确保实现预定的合理成桥状态。

(1)合理的成桥状态。在确定成桥状态时,起控制作用的往往是主梁的应力。因此,成桥状态的确定应以主梁受力合理为目标,以应力平衡法来设计主梁永久荷载内力为佳。该方法是:以主梁各截面的上下缘的最大最小应力作为控制条件来确定其预应力大小和永久荷载弯矩。对于混凝土梁一般以拉压应力控制,当截面上下缘的最大应力满足拉压应力控制条件为最理想。用这种方法确定的预应力和主梁成桥永久荷载弯矩称之为理想值,其成桥状态称之为理想状态。设计时一般允许永久荷载弯矩有一定的活动范围,并将由此确定的预应力和主梁成桥永久荷载弯矩称之为合理值,其成桥状态称之为"合理状态"。

(2)静力分析计算成果。合理的成桥状态确定之后,就可以对结构进行详细的静力分析计算。静力分析的主要内容:结构设计的施工流程在各阶段的应力和变形情况,以及成桥运营状态下各截面的应力和变形。

3)索塔分析计算

索塔分析计算与斜拉桥整体分析计算密切相关,一般情况下是在斜拉桥合理成桥状态确定后,再对索塔进行平面和空间计算。

(1)截面强度计算。计算各种可能的荷载组合下,索塔典型截面顺桥向和横桥向应力,以及角点方向按顺桥向和横桥向可能同时出现的荷载组合进行最大、最小应力叠加。为保证塔身混凝土不产生压碎破坏,角点最大压应力控制在混凝土容许压应力之内,允许角点出现拉应力,但塔身各计算截面顺桥向和横桥向均处于小偏心受压状态。

(2)索塔稳定性计算。索塔稳定性计算包括弹性稳定性计算和弯压稳定性计算。进行弹性稳定性计算时,应分别计算裸塔状态和成桥状态的纵横稳定性。裸塔状态按一端固定、一端自由的压杆计算;成桥状态考虑拉索的扶正影响,按一端固定、一端铰支计算。

(3)索塔锚固区局部应力计算。计算锚固区内最大主压应力和最大主拉应力,并控制其值满足规范要求。

4)桥面板受力计算

对桥面板进行配筋计算,控制配筋率符合相关规范规定。

本章小结

(1)悬索桥也称为吊桥,其主要结构由主缆、索塔、锚碇、加劲梁及吊索组成。

(2)悬索桥按悬吊跨数可分为单跨悬索桥、三跨悬索桥、四跨悬索桥和五跨悬索桥。

(3)悬索桥按主缆的锚固方式可分为地锚式悬索桥和自锚式悬索桥。

(4)悬索桥按加劲梁的支承结构可分为单跨两铰加劲梁悬索桥、三跨两铰加劲梁悬索桥及三跨连续加劲梁悬索桥。

(5)斜拉桥的主要组成部分有主梁、索塔及拉索。

(6)斜拉桥按索塔布置方式分,有单塔式斜拉桥、双塔式斜拉桥及多塔式斜拉桥。

(7)斜拉桥按主梁的支承条件分,可分为连续梁式斜拉桥、单悬臂式斜拉桥及T形刚架式斜拉桥。

(8)悬索桥的上部结构由主缆、加劲梁和吊索组成;下部结构由塔、支撑着塔的桥墩、锚固着主缆的锚碇组成。这种基本结构形式是大跨度桥梁结构最适合的形式。

(9)吊索顺桥面布置形式一般有竖直布置和斜向布置两种。悬索桥吊索的材料一般采用镀锌钢丝绳或镀锌高强平行钢丝制作,少数小跨度悬索桥也用刚性吊杆。

(10)索鞍是为主缆提供支承并使主缆平顺地改变方向的构件。索鞍按鞍座所处的位置,可分为主索鞍、散索鞍及副索鞍。

(11)加劲梁是提供桥面直接承受荷载的梁体结构。悬索桥加劲梁的结构形式有钢板梁、钢桁梁、钢箱梁、钢筋混凝土箱梁。

(12)斜拉桥的拉索根据其在立面的不同布置方法,可以分辐射式、竖琴式、扇式及星式。

(13)塔柱从桥梁的立面来看,主要有独柱式、A 形和倒 Y 形 3 种。从桥梁的横向来看,塔柱主要有独柱式、双柱式、门式、斜腿门式、倒 V 式、宝石式和倒 Y 式。

(14)斜拉桥由斜索、塔柱、主梁 3 部分组成,属于组合体系。斜拉桥是多次超静定结构,从塔柱上伸出并悬吊起主梁的高强度钢索,起着混凝土主梁弹性支承的作用,从而大大减小梁内弯矩,增大了桥的跨越能力。

复习
思考题

1.悬索桥由哪几部分组成?其受力特点是什么?
2.悬索桥的适用范围是什么?
3.根据悬索桥的构造特性分析风荷载对其有什么样的影响?
4.斜拉桥是一种组合体系桥梁,分析其各组成构件的受力特性。
5.斜拉桥的适用范围是什么?
6.斜拉桥斜拉钢索的纵向布置有哪几种形式?

第七章
CHAPTER SEVEN

桥梁施工

本章内容概要

本章主要介绍了不同桥型、不同场地条件宜选择的施工方法;桥梁施工测量;桥梁墩台的施工方法;钢筋混凝土和预应力混凝土简支梁桥的施工工艺和施工方法;顶推法、悬臂法施工的特点及适用条件;拱桥无支架施工和有支架施工常用方法;拱架预拱度计算与设置;斜拉桥和悬索桥常规施工方法简介;桥梁施工质量要求。

教学目标

1. 根据不同桥型、不同场地及环境条件,会选择合适的施工方法;

2. 会进行桥位中线测量、桥位桩坐标放样;

3. 会描述桥梁墩台、梁桥、拱桥施工的常用方法,以及顶推法、悬臂法施工的特点及适用条件;

4. 会进行拱架预拱度计算与设置;

5. 知道施工中对模板、支架、拱架、钢筋、混凝土和钢筋混凝土、预应力混凝土、砌体结构、桥梁安装等方面的质量要求。

重点学习任务

1. 进行桥位中线测量、桥位桩坐标放样;

2. 认知桥梁墩台、梁桥、拱桥施工的常用方法,以及顶推法、悬臂法施工的特点及适用条件;

3. 认知模板、支架、拱架、钢筋、混凝土和钢筋混凝土、预应力混凝土、砌体结构、桥梁安装等方面的质量要求。

主要学习活动设计

1. 观看桥梁施工的影像片(参见书前资源索引页)或工程现场参观;

2. 完成一座桥梁的桥位中线测量、桥位桩坐标放样。

在桥梁工程中,施工是非常重要的一环。它决定着工程的工期、质量和整个工程的造价等问题,因此,合理选择施工方法,正确组织施工和科学管理,具有十分重要的意义。

新中国成立以来,我国在桥梁建设方面取得了丰富的经验。在桥梁基础方面,完成了深水基础、高桥墩等的施工,如南京长江大桥的基础在施工水位以下深达70余米,南昆铁路清水河桥最高桥墩达100m。在梁式桥梁的施工中,选用了预制装配施工方法,建立了专业化的桥梁预制工厂和与之对应的架桥机械。在弯桥、斜桥、异形梁中,一般采用就地浇筑施工,模板、支架设备广泛采用钢结构和常备式钢结构。在悬臂施工技术方面,预应力混凝土梁桥的跨径达270m,钢筋混凝土拱桥的跨径达420m,钢桥达500m,斜拉桥达900m。在施工机具设备方面,具备深水基础的施工机具、大型起吊设备、长大构件的运输装置、高吨位的预应力设备、大型移动模架、绕丝机等。为此,应从实际工作经验中总结、归纳和研究,并吸收国外施工的有益之处,不断完善和发展我国的桥梁施工技术。

桥梁施工是一项复杂而涉及面很广的工作,上至天文、气象,下至工程地质、水文、地貌、机械、电器、电子、管理等各领域,同时与人的因素、与地方政府的关系密切。因此,现代大型桥梁工程施工,应由多种行业的技术人员和工人协力完成。

桥梁施工应包括施工技术和施工组织管理。桥梁施工技术着重研究桥梁施工技术方案和保证技术方案实施所必须采取的技术措施,即选择施工方法,确定各施工阶段所需的机具、设备、材料和劳力等事项。施工组织管理需要制定施工计划表,合理组织施工,保证各阶段施工所需的机具设备、材料和劳动力,布置好场地,进行施工经济管理、经济分析和全面质量管理,组织好生产与生活等。

第一节　桥梁施工方法及其选择

一、桥梁基础工程施工方法

在桥梁工程中,通常采用的基础类型有扩大基础、桩基础、沉井基础及管柱基础等,如图7-1所示。基础的施工方法大致分类如下。

1. 扩大基础

所谓扩大基础,是将墩(台)及上部结构传来的荷载由其直接传递至较浅的支承地基的一种基础形式,一般采用明挖基坑的方法进行施工,故又称之为明挖扩大基础或浅基础。其主要特点是:

(1)由于能在现场直观确认支承地基的情况下进行施工,因而施工质量可靠。

(2)施工时的噪声、振动和对地下污染等建设公害较小。

(3)与其他类型的基础相比,施工所需的操作空间较小。

(4)在多数情况下,比其他类型的基础造价经济、工期短。

(5)易受冻胀和冲刷产生的恶劣影响。

扩大基础施工的顺序是先开挖基坑,对基底进行处理(当地基的承载力不满足设计要求时,需对地基进行加固),然后砌筑圬工或立模、绑扎钢筋、浇筑混凝土。其中,开挖基坑是施工中的一项主要工作,而在开挖过程中,必须解决挡土与止水排水的问题。

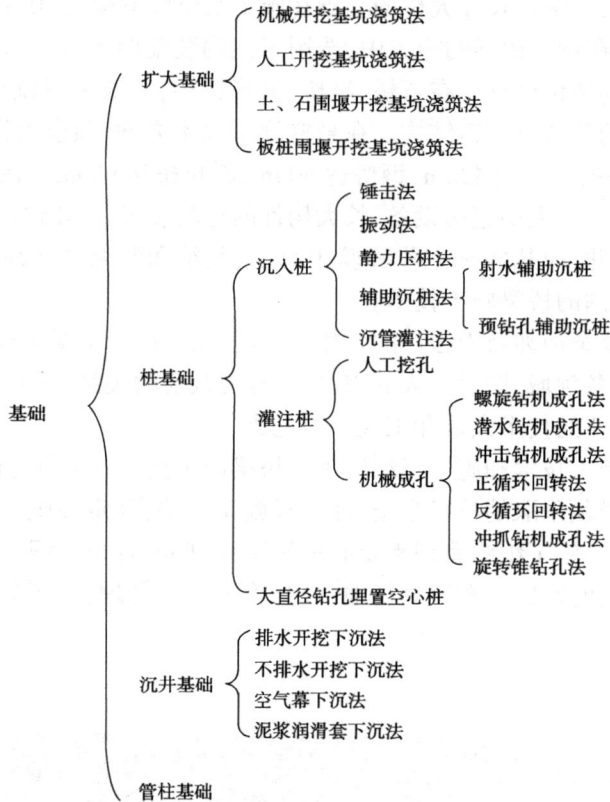

图7-1　桥梁基础分类及施工方法

当土质坚硬时,对基坑的坑壁可不进行支护,仅按一定坡度进行开挖。在采用土、石围堰或土质疏松的情况下,一般应对开挖后的基坑坑壁进行支护加固,以防止坑壁坍塌。支护的方法有挡板支护加固、混凝土及喷射混凝土加固等。

扩大基础施工的难易程度与地下水处理的难易有关。当地下水位高于基础的设计底面高程时,施工时则需采取止水排水措施,如打钢板桩或考虑采用集水坑用水泵排水、深井排水及井点法等使地下水位降低至开挖面以下,以使开挖工作能在干燥的状态下进行。还可采用化学灌浆法及围幕法(冻结法、硅化法、水泥灌浆法和沥青灌浆法等)进行止水。但扩大基础的各种施工方法都有各自的制约条件,因此在选择时应特别注意。

2. 桩基础

桩是深入土层的柱类构件,其作用是将作用于桩顶以上的荷载传递到土体中的较深处。

根据不同情况,桩可以有不同的分类法。现按成桩方法对桩进行分类,并分别叙述其不同的施工方法和工艺,具体如下。

1)沉入桩

沉入桩是将预制桩用锤击打或振动法沉入地层至设计要求高程。预制桩包括木桩、混凝土桩和钢桩,一般有如下特点:

（1）因在预制场内制造，故桩身质量易于控制，质量可靠。

（2）沉入施工工序简单，工效高，能保证质量。

（3）易于水上施工。

（4）多数情况下施工噪声和振动的公害大、污染环境。

（5）受运输、起吊设备能力等条件限制，其单节预制桩的长度不能过长；沉入长桩时要在现场接桩；桩的接头施工复杂、麻烦，且易出现构造上的弱点；接桩后如果不能保证全桩长的垂直度，则将降低桩的承载能力，甚至在沉入时造成断桩。

（6）不易穿透较厚的坚硬地层，当坚硬地层下仍存在较弱层，设计要求桩必须穿过时，则需辅以其他施工措施，如射水或预钻孔等。

（7）当沉入地基的桩超长时，需截除其超长部分，不经济。

沉入桩施工方法主要有锤击沉入桩、振动沉入桩、静力压桩法、辅助沉桩法、沉管灌注法及锤底沉管法等。

2）灌注桩

灌注桩是在现场采用钻孔机械（或人工）将地层钻挖成预定孔径和深度的孔后，将预制成一定形状的钢筋骨架放入孔内，然后在孔内灌入流动性的混凝土而形成桩基。水下混凝土多采用垂直导管法灌注。灌注桩特点是：

（1）与沉入桩的锤击法和振动法相比，施工噪声和振动要小得多。

（2）能修建比预制桩的直径大、入土深度大、承载力大得多的桩。

（3）与地基土质无关，在各种地基上均可使用。

（4）施工时应特别注意孔壁坍塌形成的流沙，以及孔底沉淀等的处理，施工质量的好坏，对桩的承载力影响很大。

（5）因混凝土是在泥水中灌注的，所以混凝土质量较难控制。

灌注桩因成孔的机械不同，通常采用旋转锥钻孔法、潜水钻机成孔法、冲击钻机成孔法、正循环回转法、反循环回转法、冲抓钻机成孔法、人工挖孔法等。

3）大直径桩

一般认为，直径 2.5m 及以上的桩可称为大直径桩。目前最大桩径已达 6m。近年来，大直径桩在桥梁基础上得到广泛应用，结构形式也越来越多样化，除实心桩外，还发展了空心桩；施工方法上不仅有钻孔灌注法，还有预制桩壳钻孔埋置法等。根据桩的受力特点，大直径桩多做成变截面的形式。大直径桩与普通桩在施工上的区别主要反映在钻机选型、钻孔泥浆及施工工艺等方面。

3. 沉井基础

沉井基础是一种断面和刚度均比桩大得多的筒状结构，施工时在现场重复交替进行构筑和开挖井内土方，使之沉落到预定的地基上。在岸滩或浅水中建造沉井时，可采用"筑岛法"施工；在深水中建造时，则可采用浮式沉井，先将其浮运至预定位置，再进行下沉施工。按材料、形状和用途不同，可将沉井分成很多类型，但各种沉井基础都有如下的共同特点：

（1）沉井基础的适宜下沉深度一般为 10~40m。

（2）与其他基础形式相比，沉井基础的抗水平力作用能力及竖直支承力均较大，由于刚度大，其变形较小。

沉井基础施工的难点在于沉井的下沉,主要通过从井孔内除土,清除刃脚正面阻力及沉井内壁摩阻力后,依靠其自重下沉。沉井下沉的方法可分为排水开挖下沉和不排水开挖下沉。但其基本施工方法应为不排水开挖下沉,只有在稳定的土层中,而且渗水量不大时,才采用排水开挖法下沉。另外还有压重、高压射水、炮震(必要时)、降低井内水位减少浮力以增加沉井自重、采用泥浆润滑套或空气幕等一些沉井下沉的辅助施工方法。

4. 管柱基础

管柱基础因其施工的方法和工艺相对来说较复杂,所需的机械设备也较多,一般的桥梁极少采用这种形式的基础;仅当桥址处的水文地质条件十分复杂,应用通常的基础施工方法不能奏效时,方采用这种基础形式。因此,对于大型的深水或海中基础,特别是深水岩面不平、流速大的地方采用管柱基础是比较适宜的。

管柱基础的施工一般包括管柱预制、围笼拼装浮运和下沉定位、下沉管柱,在管柱底基岩上钻孔,在管柱内安放钢筋笼并灌注水下混凝土等内容。管柱有钢筋混凝土、预应力钢筋混凝土和钢管3种。其下沉与前述的沉入桩类似,大多采用振动并辅以射水、吸泥等措施。管柱的下沉必须有导向装置,浅水时可用导向架,深水时则用整体围笼。

二、桥梁承台及墩(台)身的施工方法

1. 承台

位于旱地、浅水河中采用土石筑岛施工桩基的桥梁,其承台的施工方法与扩大基础的施工方法相类似,可采取明挖基坑、简易挡板围堰后开挖基坑等方法进行施工。

对深水中的承台,可供选择的施工方法通常有钢板桩围堰、钢管桩围堰、双壁钢围堰及套箱围堰等。不论何种围堰,其目的都是为了止水,以实现承台的干处施工。钢板桩和钢管桩围堰实际上是同一类型的围堰形式,只不过所用材料不同;双壁钢围堰通常是将桩基和承台的施工一并考虑,在桩顶设钻孔平台,桩基施工结束后拆除平台,在围堰内进行承台施工;套箱现多采用钢材制作,分为有底和无底两种类型,根据受力情况不同又可设计成单壁或双壁。

2. 墩(台)身

墩(台)身的施工方法根据其结构形式的不同而各异。对结构形式较简单、高度不大的中小桥墩(台)身,通常采取传统的方法,立模(一次或几次)现浇施工。但对高墩及斜拉桥、悬索桥的索塔,则有较多的可供选择的方法,而施工方法的多样化主要反映在模板结构形成的不同。近年来,滑升模板、爬升模板和翻升模板等在高墩及索塔上应用较多,其共同的特点:将墩身分成若干节段,从下至上逐段进行施工。

采用滑升模板(简称滑模)施工,对结构物外形尺寸的控制较准确,施工进度平衡、安全,机械化程度较高,但因多采用液压装置实现滑升,故成本较高,所需的机具设备亦较多;爬升模板(简称爬模)一般要在模板外侧设置爬架,因此这种模板相对而言需耗用较多的材料,且需设专门用于提升模板的起吊设备。

高墩的施工,应根据现场的实际情况,进行综合比较后选择适宜的施工方案。中、小桥中,有的设计为石砌墩(台)身,其施工工艺虽较简单,但必须严格控制砌石工程的质量。

三、桥梁上部结构施工方法

桥梁上部结构的形式是多种多样的,其施工方法的种类也较多,但除一些比较特殊的施工方法之外,大致可分为整体施工法和节段施工法两大类。现将常用的一些施工方法的特点和适用性分述如下。

1. 整体施工法

整体施工法包括在支架上就地浇筑施工法、预制装配施工法和整孔架设施工法。整体施工法的主要特点是可以按照桥梁结构设计的体系,在结构的伸缩缝之间整体施工,当起重能力受到限制时,可在桥的横向按照原结构图式分割为预制梁,架设后装配成整体,因此对于整体施工的桥梁,在施工中无体系转换的问题。

1)就地浇筑法

就地浇筑法是在桥跨间设置支架、安装模板、绑扎钢筋、现场浇筑混凝土的施工方法,适用于旱地上的钢筋混凝土和预应力混凝土中小跨径连续梁桥的施工,特别适用于变宽度桥、斜桥、弯桥等复杂桥梁的施工。支架按其构造的不同,可分为满布式、柱式、梁式和梁柱式几种类型。所用材料有门式支架、扣件式支架、碗扣式支架、贝雷桁片、万能杆件及各种型钢组合构件等。在这种施工法中,支架虽为临时结构,但施工中需承受梁体的大部分恒重,因此必须有足够的强度和刚度,同时支架的地基要可靠,必要时须对地基进行加固处理。固定支架法施工的特点:梁的整体性好,施工平稳、可靠,不需大型起吊设备;施工中无体系转换的问题;需要大量施工支架及较大的施工场地。

2)预制装配法

预制装配法实施中,预制构件安装的种类繁多,各需不同的架设机具设备,应依据施工实际情况合理选择。不管哪一种安装方法都是在工厂或运输方便的桥址附近设置预制场,预制梁后采用一定的架设方法进行安装,最后横桥向连成整体。预制装配法一般用于钢筋混凝土和预应力混凝土简支板、梁桥的施工,且跨径不超过50m。预制装配法施工的共同特点:构件预制质量和尺寸易控制;上下部结构平行作业、缩短施工工期;有效利用劳动力,降低工程造价;安装时构件已有存放一段时间的混凝土龄期,可减小混凝土收缩、徐变引起的变形,使得施工中预应力损失较小;不需大量模板、不用支架,不影响桥下交通;需要大型起吊运输设备,梁体主筋中断,桥梁整体性较差。

3)整孔架设法

整孔架设法,即使用超大型的起吊、运输设备将一孔预制梁架设安装。因此目前只能利用驳船和浮吊在深水的大江、湖泊和海湾上建桥时采用整孔架设法。此方法代表中小跨径梁桥施工发展方向;随着桥梁施工技术的发展和施工设备的更新,将会不断扩大它的应用范围。

2. 节段施工法

节段施工法是近50年在预应力混凝土梁桥中发展起来的施工方法。其中发展最早、应用较广,已为人们熟知的是悬臂施工法。它可以不需在河中搭设支架,采用对称悬臂施工建造大跨径预应力混凝土梁式桥。施工方法的变革促进了桥梁结构体系和桥梁跨径的发展,对于中等跨径的多跨连续梁桥,可以使用一套机具设备,选用逐孔架设法和移动模架法,做到简便、迅速连续施工。也可采用分段预制、分段顶推的顶推法施工。因此,节段施工有各种不同的方法,在预应力混凝土梁桥施工中得到了广泛应用。

采用节段施工的共同特点是梁体分节段进行,经过若干施工过程后,形成设计的结构体系,故一般施工过程中有体系转换问题,使得施工阶段的受力状态与运营状态不一致。同时不同的施工方法也会影响结构的构造和内力,施工中需要的机具、设备、劳动力和施工组织与管理、工期也不相同,应根据桥梁的设计、施工要求,选择安全可靠、经济合理的施工方法。

1)悬臂施工法

悬臂施工法是从桥墩开始,沿墩两侧对称、均衡地浇筑梁段的悬浇施工或将预制节段对称悬拼施工。其主要施工特点和适用条件:梁在施工中承受负弯矩,桥墩也承受施工中不对称弯矩,因此宜在 T 形刚构、连续梁、斜拉桥等运营状态与施工内力状态相接近的桥中采用;非墩梁固结的预应力混凝土悬臂梁、连续梁桥,施工中应采取墩、梁临时固结措施,相邻悬臂对接后解除固结进行施工中的体系转换;可采用的机具、设备种类很多,就挂篮而言有桁架式、斜拉式、后支点锚固无平衡重及前支点等多种形式,应根据实际情况选用;悬臂施工法不用或少用支架,不影响通航或桥下陆路交通,宜在高墩、深谷、深水大跨桥中采用;悬浇施工简便,结构整体性好,可不断调整施工位置,常在跨径大于 100m 的特大桥上选用。悬拼施工进度快,上、下部结构平行作业,施工精度要求较高,也可在跨径小于 100m 的大、中桥中选用。故悬臂施工是大跨度预应力混凝土梁桥节段施工法首先考虑的方案。

2)逐孔施工法

逐孔施工法使用一套支架、模板设备从桥的一端逐孔施工,直到对岸。其施工方法可以归结为如下 3 类:

(1)预制梁的逐孔安装,它相当预制装配施工;

(2)用临时支承组拼预制节段逐孔施工,此类施工安全、可靠,施工速度快;

(3)逐孔现浇施工,它仅用一孔梁的支架、模板作周转使用,施工费用低,但工期较长。

3)移动模架施工法

移动模架施工法是逐孔施工中浇筑施工法。其施工的主要特点:施工时地面不用搭支架,不影响通航或桥下陆路交通,施工安全可靠;施工环境好,质量易保证,模架可重复使用;机械化、自动化程度高,上下部结构平行作业,缩短工期;施工中接头可根据施工条件设在桥梁受力较小的部位;设备投资较大,施工技术操作较复杂;宜在跨径小于 50m 的中小经济跨径的长桥上应用。

4)顶推施工法

顶推施工法:在桥纵向桥台后设预制场、分节段预制,并用纵向预应力筋将预制节段与施工完的梁体连为整体,然后通过水平千斤顶施力,将梁体向前推出预制场地,继续在预制场预制下一节段,循环作业直到施工完成。其主要特点是施工阶段内力与运营阶段相差较大,施工中应相应采取临时措施减小施工内力;宜在等截面连续梁上使用,顶推施工的常用跨径为 60 ~ 80m,且有预制条件的场地为最优的施工方案。

四、其他施工方案

1. 转体施工法

转体施工法多用于拱桥的施工,亦可用于斜拉桥和刚构桥。这种施工方法是在岸边立支架(或利用地形)预制半跨桥梁的上部结构,然后借助上、下转轴偏心值产生的分力使两岸半跨桥梁上部结构向桥跨转动,用风缆控制其转速,最后合龙就位。该方法最适用于峡谷、水深流急、通航河道和跨线桥等地形特殊的情况,具有工艺简单、操作安全、所需设备少、成本低、速度快等特点。转体施工法分平转和竖转两种施工方法,施工中又分为有平衡重和无平衡重两种方式。

2.劲性骨架法

以钢骨架作为拱圈的劲性拱架,采用现浇混凝土包裹骨架,最后形成钢筋混凝土拱桥。这种埋入式拱架法国内有施工实例,国外称为"米兰拱",骨架可采用型钢或钢管等材料制作。

五、混凝土梁桥施工方法的选择

混凝土梁桥中包括钢筋混凝土梁桥、预应力混凝土梁桥;从结构体系上来讲,又有简支梁桥、悬臂梁桥、T形刚构和连续梁桥。各种不同类型的桥梁可选择的施工方法也不同,为了便于选择合理的方法,表7-1列出不同类型的混凝土梁桥通常选用的施工方法;表7-2列出各种施工方法所适用的桥梁跨径。

混凝土梁桥通常选用的施工方法 表7-1

梁 桥 类 型	施 工 方 法						
	整体施工法			节段施工法			
	就地浇筑	预制装配	整孔架设	悬臂施工	逐孔施工	移动模架	顶推法
钢筋混凝土简支板梁桥		√	√				
钢筋混凝土悬臂梁桥	√	√	√				
钢筋混凝土T形刚构桥	√	√					
钢筋混凝土连续梁桥	√						
预应力混凝土简支板梁桥		√	√				
预应力混凝土悬臂梁桥		√	√	√			
预应力混凝土T形刚构桥				√			
预应力混凝土连续梁桥	√			√	√	√	√

各种施工方法所适用的桥梁跨径 表7-2

施 工 方 法		跨径(m)	
		常用跨径(m)	可达到跨径(m)
整体施工法	就地浇筑	20～70	70～170
	预制装配	20～50	50～100
	整孔架设	20～50	50～100
节段施工法	悬臂施工	70～210	210～310
	逐孔施工	20～80	80～150
	移动模架	20～80	80～100
	顶推施工	60～80	80～220

选择混凝土梁桥的施工方法时,可根据下列条件综合考虑:

(1)使用条件:桥梁的类型,使用跨径、墩高,桥下净空的限制,平面施工场地的限制,桥墩台的形状等。

(2)施工条件:工期要求,起重和运输能力及机具设备要求,架设时是否封闭交通,架设所需的临时设施,材料供应情况,施工技术与组织管理水平,施工经济性等。

(3)自然环境条件:平原或山区地质和地形条件及软弱层状况,对河道的影响,运输线路的限制等。

(4)社会环境条件:施工现场对环境的影响,如公害、景观、污染、架设孔下的障碍、阻塞交通、公共道路的使用及建筑限界等。

第二节　桥梁施工测量

一、概述

桥梁施工测量的主要任务是精确测定墩台中心位置,桥轴线测量以及对构造物各细部构造的定位和放样。对大型桥梁来讲,首先必须建立平面控制网、高程系统及测量桥位中线(桥轴线)的长度,以确保桥梁走向、跨径、高程等符合相关规范和设计要求。

中线测量包括对桥梁两端设置控制桩的复测、丈量桥轴线长度、补充水准点测量等。补充水准点要对控制桥梁结构的高程,有效建立施工水准网提供方便。

为使测量工作顺利进行,测量人员必须重视测量工作,要有熟练的操作技能、良好的协作精神及严格遵守测量规范的习惯。测量前必须做好必要的技术和组织准备工作;要熟悉设计文件、图纸和有关测设资料;要与监理单位办理好现场固定桩的交接工作;还应做好测量人员的分工、仪器的校验、施工步骤的制定等准备工作。

二、桥位中线测量

桥位中线及其长度是用来确定墩台位置的依据。测量桥位中线的目的,是控制中线的长度和方向,从而确保墩台位置的正确,因此保证桥轴线测量的必要精度是十分重要的。

为了确保桥轴线长度的精度,有时需要建立独立的三角网与国家的控制点进行联测。为了与线路的坐标统一,也需要与线路上的国家平面控制点进行联测。有关测量质量要求见《公路桥涵施工技术规范》(JTG/T 3650—2020)。

1.预估桥轴线长度的精度

在测量桥轴线长度之前,应预先估算桥轴线长度所需要的精度,以便合理拟订测量方案和规定各项测量的限差。

桥轴线的精度要求取决于桥长、跨径及其假设的精度,因此估算时应考虑这些因素。

现以某地连续钢桁梁桥为例,该桥共有 9 孔,分为三联,每孔分为 10 节,每节的上下弦杆的长度为 16m。联与联间支座中心距为 2m,所以桥总长 $D = 9 \times 10 \times 16 + 2 \times 2 = 1444(\text{m})$。两桥台支座及联与联间的支座安装限差均为 $\pm 5\text{mm}$。根据相关钢梁验收规范的规定,钢梁各杆件长度的误差不超过其设计长度的 1/5000,因此每节的极限误差为 $16000/5000 = \pm 3.2$ (mm),而每联的极限误差可按下式计算:

$$\Delta\delta = \pm\sqrt{\delta_1^2 + Nn\left(\frac{s}{5000}\right)^2 + \delta_2^2} \tag{7-1}$$

式中:δ_1、δ_2——支座安装限差;

N——每联的孔数;

n——每孔上(下)弦杆数量;

s——上(下)弦杆长度。

将上述数据代入式(7-1),即可算出每联的极限误差为:

$$\Delta\delta = \pm\sqrt{5^2 + 3 \times 10 \times \left(\frac{16000}{5000}\right)^2 + 5^2} = \pm 18.9(\text{mm})$$

则全桥钢梁架设的极限误差为:

$$\Delta D = \pm\sqrt{3}\Delta\delta = \pm\sqrt{3} \times 18.9 = \pm 33(\text{mm})$$

则全桥钢梁架设的相对中误差为:

$$\frac{m_D}{D} = \frac{33}{2 \times 1444000} = \frac{1}{87515}$$

若测量桥轴线长度的误差小于 1/87515,说明测量结果的精度是可以的。

2. 桥轴线长度的测量方法

测量桥轴线长度的方法,通常采用光电测距法(目前使用电子全站仪测量更为方便)、直接丈量法、三角网法等。对于直线桥梁可以直接采用此三种方法进行测量;对于曲线桥梁,应结合曲线桥梁的轴线在曲线上的位置而定。

1)光电测距法

近年来光电测距仪已得到广泛应用,因其精度高、操作快、计算简便,在通视方面不受地形限制,成为测定桥轴线比较好的一种仪器。

光电测距时应在气象比较稳定、大气透明度好、附近没有光电信号干扰的情况下进行,且应在不同的时间进行往返观测。观测时间的选择,应注意不要使反光镜面正对太阳的方向。

当照准方向时,待显示读数变化稳定后,测 3~4 次,取平均值,此平均值即为斜距。为了得到平距,还应读取垂直角,经倾斜改正后,即为单方向的水平距离观测值(如果用的是电子全站仪,可直接得到平距)。如果往返观测值之差在容许范围之内,则取往返观测值的平均值作为该边的距离观测值。

2)直接丈量法

沿桥轴线方向,地势平坦、可以通视,则可采取直接丈量法测量桥轴线长度。这种方法所用设备简单,精度也可靠,是一般中小桥施工测量中的常用方法。

为了保证施工期间的长度丈量精度和量具精度的一致性,在量距之前应对所有的钢尺进行严格的检定,取得尺长改正数 Δ_1。

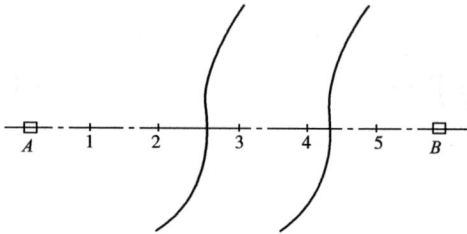

图7-2　桥轴线方向定向图

用钢尺量距的方法如下:

(1)沿桥轴线 AB 方向用经纬仪定线,钉出一系列木桩,如图7-2所示,桩的标志中心偏离直线最大不得超过 $\pm1cm$。为了便于丈量,桩间距应比钢尺的全长略为短一些(约2cm)。

(2)用水准仪测出相邻桩顶间的高差,为了校核应测两次,读到 mm,两次高程之差应不超过2mm。

(3)丈量时应对钢尺施以标准拉力,每一尺段可连续测量3次,每次读数时均应变换钢尺的前后位置,以防差错。读数取至0.1mm,3次测量结果的较差不得超过 $1\sim2mm$。在测量距离的同时应记下当时的温度,以便进行温度改正。

(4)计算桥轴线长度。每一尺段的丈量结果应进行尺长改正 Δ_1、温度改正 Δ_t 及倾斜改正 Δ_h,即:

$$l_i = l'_i + \Delta_1 + \Delta_t + \Delta_h \qquad (7-2)$$

式中:l_i——各尺段经过各项改正后的长度;

l'_i——各尺段未经过各项改正的实量长度;

Δ_1——尺长改正数,$\Delta_1 = L_0 - L$,其中 L_0 为检定时的标准长度,L 为名义长度;

Δ_t——温度改正数,$\Delta_t = l'_i\alpha(t - 20℃)$,$\alpha$ 为钢尺线膨胀系数,t 为测量时温度;

Δ_h——倾斜改正值,$\Delta_h = -h^2/2l'_i$,h 为相邻桩顶高差。

则桥轴线一次测量的总长为:

$$L = l_1 + l_2 + \cdots + l_n \qquad (7-3)$$

取各次丈量结果的平均值,即为桥轴线的长度。

(5)评定丈量的精度。

每个观测值的中误差　　　　$m' = \sqrt{\dfrac{[VV]}{(n-1)}}$

算术平均值的中误差　　　　$m = \dfrac{m'}{\sqrt{n}} = \sqrt{\dfrac{[VV]}{n(n-1)}}$

式中:$[VV]$——各次丈量值与算术平均之差的平方和;

　　　n——丈量次数。

测量段全长的中误差为:

$$M = \pm \sqrt{m_1^2 + m_2^2 + \cdots + m_n^2} \qquad (7-4)$$

测量段的精度为:

$$M_L = \frac{M}{L} \tag{7-5}$$

式中：M——测量段全长的中误差；

$\quad L$——测量段全长的算术平均值。

3）三角网法

采用直接丈量法有困难时，或不能保证必要的精度时，可采用间接丈量法测定桥轴线，如图7-3所示。即把桥轴线 AB 作为三角网的一个边长，测量基线长度 AC、AD，用三角测量的原理测量并解算，即可得出桥轴线的长度 AB。

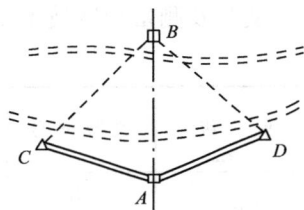

图7-3　桥涵三角网图

三、桥梁三角网的布置

1. 布设桥梁三角网的目的

布设桥梁三角网的目的是求出桥轴线长度及交会处墩台的位置，因此，布网时应注意以下几点：

（1）三角点之间视野应开阔，通视要良好。

（2）三角点不应位于可能被淹没及土壤松软地区。

（3）三角网图形要简单，三角点基础应具有足够的强度。

（4）桥轴线应为三角网的一条边，并与基线的一端相连，以确保桥轴线的精度。

（5）桥梁三角网的边长与跨越障碍物的宽度有关，如跨河桥梁则与河宽有关，一般在 0.5 ~ 1.5 倍障碍物宽度范围内变动；由于桥梁三角网边长一般较短，故三边网的精度不及三角网和边角网的精度；测角网能控制横向误差，测边网能控制纵向误差，故把两者的优点结合起来，布设成带有基线的边角网为最好。

（6）为实现校核，应至少布设两条基线，基线长度应为桥轴线长度的 0.7 ~ 0.8 倍。

考虑上述几点要求，控制网的常用图形有图7-4所示的几种。

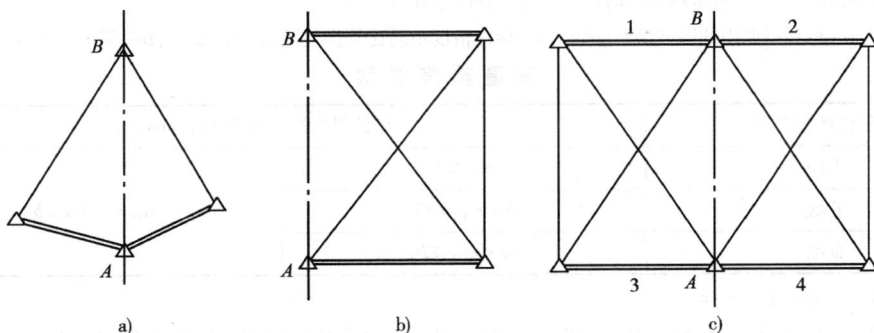

图7-4　桥梁三角控制网各种图形

图7-4a）较为简单，适用于一般桥梁施工放样。

图7-4b）是在桥轴线两侧各布设一个大地四边形，适用于大桥的施工放样。考虑近岸处桥墩的交会，也可在图7-4c）中增设 1、2、3、4 各插点。

2.桥梁三角网必要精度的确定

根据桥轴线的不同精度要求,控制网的测角和测边精度也有所差异。

丈量及测量角度技术要求,视三角网等级而定,见表7-3~表7-5所列。

水平角方向观测法的技术要求　　表 7-3

等　级	仪器型号	光学测微器两次重合读数之差(″)	半测回归零差(″)	一测回中2倍照准差较差(″)	同一方向值各测回较差(″)
四等及以上	DJ$_1$	1	6	9	6
	DJ$_2$	3	8	13	9
一级及以下	DJ$_2$	—	12	18	12
	DJ$_6$	—	18	—	24

注:当观测方向的垂直角超过±3°的范围时,该方向一测回中2倍照准差较差,可按同一观测时段内相邻测回同方向进行比较。

测距的主要技术要求　　表 7-4

平面控制网等级	测距仪精度等级	观测次数		总测回数	一测回读数较差(mm)	单程各测加较差(mm)	往返较差
		往	返				
二、三等	I	1	1	6	≤5	≤7	$\leqslant \sqrt{2}\,(a+bD)$
	II			8	≤10	≤15	
四等	I	1	1	4~6	≤5	≤7	
	II			4~8	≤10	≤15	
一级	II	1	—	2	≤10	≤15	
	III			4	≤20	≤30	
二级	II	1	—	1~2	≤10	≤15	
	III			2	≤20	≤30	

注:1.测回是指照准目标1次,读数2~4次的过程。

　　2.根据具体情况,测边可采取不同时间段观测代替往返观测。

　　3.表中:a—标称精度中的固定误差(mm);b—标称精度中的比例误差系数(mm/km);D—测距长度(km)。

测 量 精 度 等 级　　表 7-5

测距仪精度等级	每公里测距中误差 m_D (mm)	
I 级	$m_D \leqslant 5$	$m_D = \pm(a+bD)$
II 级	$5 < m_D \leqslant 10$	
III 级	$10 < m_D \leqslant 20$	

注:表中符号意义同表7-4注。

三角网的基线以前通常用因瓦线尺丈量,现在多数用高精度的光电测距仪或电子全站仪测量。

桥梁三角网一般可测两条基线,其他边长则根据基线及角度推算。在平差时只改正角度,不改正基线,即认为基线误差与角度误差比较可忽略不计。为了保证桥轴线有可靠的精度,所以基线精度比桥轴线高出2~3倍。而边角网的情况则不同,它不是仅测两条基线,而是测量所有的边长,故平差时不但改正角度,也要改正边长。

外业工作结束以后,应对观测的成果进行验算,基线的相对中误差应满足相应等级控制网的要求,角度误差可按三角形闭合差计算。按照控制网的等级,三角形闭合差的限差如表7-7所示。

外业成果验算好以后,就转到内业平差极坐标的计算。由于桥梁控制通常是独立网,要求网本身相对位置的精度较高,所以有时虽然与附近的城市网联测,但并不强制附合到城市网上,而只是取得坐标的相互关系而已,故桥梁控制网本身的平差还是作独立网来处理。桥梁控制网的平差方法可采用条件观测平差或间接观测平差。

四、桥梁施工的高程测量

在桥梁施工阶段,除了建立平面控制,尚需建立高程控制。一般在河流两岸分别布设若干个水准基点,作为施工阶段高程放样以及桥梁营运阶段沉陷观测的依据。因此,在布设水准基点时,均应考虑点的密度及高程控制的精度要求。布设水准点可由国家水准点引入,经复测后使用。

为了施工方便起见,应在基点的基础上设立若干施工水准点。基点是永久性的,它既要满足施工要求,又要满足变形观测时永久使用要求。施工水准点只用于施工阶段,要尽量靠近施工地点。

无论是基点还是施工水准点,均要选在地基稳固、使用方便且不易破坏的地方。根据地形条件、使用期限和精度要求,可分别埋设混凝土标石、钢管标石、管柱标石或钻孔标石。

桥梁的施工水准网需要以较高的精度施测,因为它直接影响桥梁各部高程放样的相对精度。规范要求3000m以上的特大桥一般为二等,1000~3000m的特大桥为三等,1000m以下的桥梁为四等。

跨河水准测量路线,应选在桥址附近且河面最窄处。为了避免折光影响,水准视线不宜跨过沙滩及施工区密集的地方。观测时间及气候条件,应选在物镜成像最稳定的时刻。为了提高精度,跨河桥梁的水面宽超过300m时,应采用双线过河,且应组成闭合环。

水准测量的等级及精度要求见表7-9所列。

高差偶然中误差 M_Δ 按下式计算:

$$M_\Delta = \pm \sqrt{\frac{1}{4n}\left[\frac{\Delta\Delta}{L}\right]}$$

式中:Δ——测段往返测高差不符值(mm);

n——往返测的水准路线测段数;

L——水准测段长度(km)。

其他水准测量精度要求,可参考《公路桥涵施工技术规范》(JTG/T 3650—2020)中有关条款。

水准仪及水准尺一般是根据水准测量等级来选定的,见表7-9所列。

有了平面及高程控制,就可以进行墩台定位及各种细部放样。

五、桥梁墩台定位与轴线测量

在桥梁施工测量中,最主要的工作是准确定出桥梁墩台的中心位置和它的纵横轴线,这些工作称为墩台定位。直线桥梁墩台定位所依据的原始资料为桥轴线控制桩的里程和墩台中心的设计里程;根据里程算出它们之间的距离,按照这些距离即可定出墩台中心的位置。曲线桥所依据的原始资料,除了控制桩及墩台中心的里程外,尚有桥梁偏角、偏距及墩距或结合曲线要素计算出的墩台中心的坐标值。

水中桥墩的基础施工定位时,由于水中桥墩基础的目标处于不稳定状态,在其上无法使测量仪器稳定,一般采用方向交会法;如果墩位在干枯或浅水河床上,可用直接定位法;在已稳固的墩台基础上定位,可以采用方向交会法、距离交会法、极坐标法或直角坐标法。

1.直线桥梁的墩台定位

位于直线段上的桥梁,其墩、台中心一般都位于桥轴线的方向上,如图7-5所示。根据桥轴线控制桩 A、B 及各墩台中心的里程,即可求得其间的距离。墩位的测设,根据条件可采用直接丈量法、光电测距法或方向交会法;还可以采用极坐标及直角坐标法。

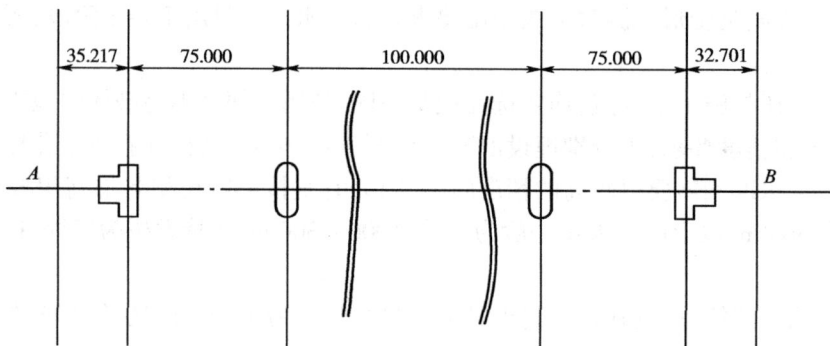

图7-5　直线桥梁位置图(尺寸单位:m)

1)直接丈量法

当桥墩位于地势平坦、可以通视、人可以方便通过的地方,用钢尺可以丈量时,可采用这种方法。丈量前钢尺检定、丈量方法与测定桥轴线相同。不同的只是此处是测设已知长度,在测设前应将尺长改正数、温度改正数及倾斜改正数考虑在内,将已知长度转化为钢尺丈量长度。

为了保证丈量精度,施测时的钢尺拉力应与检定时的钢尺拉力相同。

2)光电测距法

只要墩台中心处能安置反光镜,且经纬仪和反光镜之间能通视,用此方法是迅速且方便的。

但测设时应根据当时测出的气压、温度和测设距离,通过气象改正,得出测设的显示斜距。在测设出斜距并根据垂直角折算为平距后,与应有的(即设计的)平距进行比较,看两者是否相等。根据其差值前后移动反光镜,直至两者相符,则反光镜处即为要测设的墩位。

3）方向交会法

如图 7-6 所示，AB 为桥轴线，C、D 为桥梁平面控制网中的控制点，P_i 为第 i 个桥墩设计的中心位置（待测设的点）。A、C、D 三点上各安置一台经纬仪，A 点上的经纬仪瞄准 B 点，定出桥轴线方向；C、D 两点上的经纬仪均先瞄准 A 点，并分别测设根据 P_i 点的设计坐标和控制点坐标计算的 α、β 角，以正倒镜分中法定出交会方向线。

理论上从 C、A、D 指来的三条方向线是交于一点的，该交点就是要测设的桥墩中心位置。但实际上由于测量误差的存在，三条方向线一般不是交于一点，而是构成误差三角形 $\Delta P_1 P_2 P_3$。如果误差三角形在桥轴线上的边长（$P_1 P_3$）在容许范围之内（对于墩底放样为 2.5cm，对于墩顶放样为 1.5cm），则取 C、D 两点指来的方向线的交点 P_2 在桥轴线上的投影 P_i 作为桥墩放样的中心位置。

在桥墩施工中，随着桥墩的逐渐筑高，中心的放样工作需要重复进行，且要求迅速和准确。为此，在第一次求得正确的桥墩中心位置 P_i 以后，将 CP_i 和 DP_i 方向线延长到对岸，设立固定的瞄准标 C' 和 D'，如图 7-7 所示。以后每次做方向交会放样时，从 C、D 点直接瞄准 C'、D' 点，即可恢复点的交会方向。

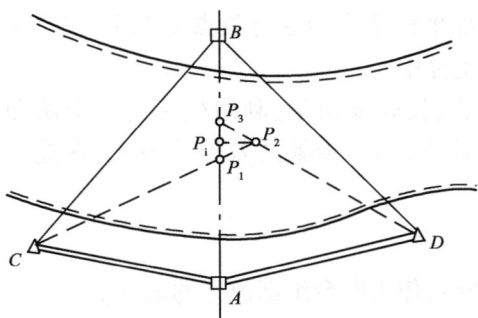

图 7-6　方向交会法的误差三角形

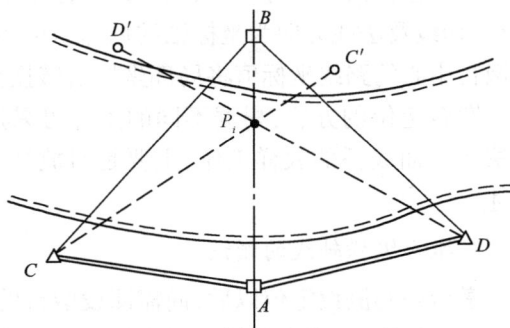

图 7-7　方向交会法的固定瞄准标志

4）极坐标及直角坐标法

在使用经纬仪加测距仪（或使用全站仪），并在被测设点位上可以安置棱镜的条件下，若用坐标法放出桥墩中心位置，则更为精确和方便。

对于极坐标法，原则上可以将仪器置于任何控制点上，按计算的放样数据——角度和距离测设点位。

对于全站仪，则还可以根据测站点、后视点及待放点的直角坐标，自动计算出待放点相对于测站点的极坐标数据，再以此测设点位。

但若是测设桥墩中心位置，最好是将仪器安置于桥轴线点 A 或 B 上，瞄准另一轴线点作为定向，然后指挥棱镜安置在该方向上测设 AP_i 或 BP_i 的距离，即可定出桥墩中心位置 P_i 点。

2.曲线桥的墩台定位

在整个路线上，处于各种平面曲线上的桥梁并不少见，曲线桥由于桥梁设计方法不同而更复杂些。曲线桥的上部结构一般有连续弯梁和简支直梁等形式，但下部结构一般都是利用墩台中心构成折线交点而形成弯桥，如图 7-8 所示。

一般路线设计中常用的有圆曲线和缓和曲线，它们的要素有较为固定的计算公式。

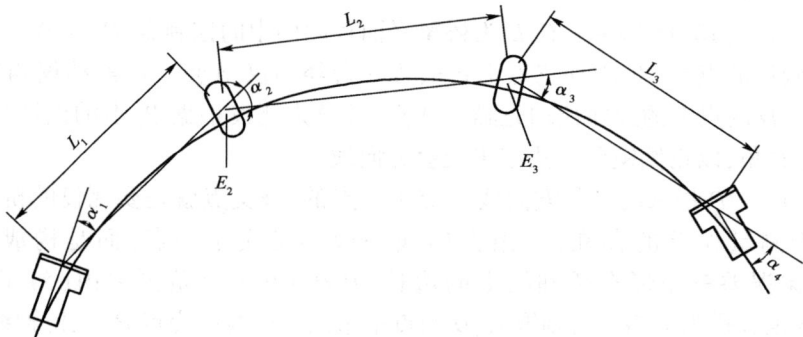

图 7-8　曲线桥的布置

在设计文件已给定墩台定位有关数据时,只需重新复核无误即可按其进行放样定位。但数据通常并不能满足施工的需要,应按路线测设资料、曲线有关要素,由计算公式求出各墩台中心为交点的直线,再用偏角进行定位。

对于坐标值的计算,一般在直角坐标系中进行较为普遍、简便。可以先建立以墩台中心为原点,切线及法线方向为坐标轴的局部坐标系,在局部坐标系中确立待放点局部坐标值;再利用墩台中心的路线坐标值将局部坐标值转换至路线坐标中。

墩台定位的方法,根据不同的条件可采用偏角法、长弦偏角法、利用坐标的交会法和坐标法等。曲线桥的放样工作,主要是对放样数据的计算,基本步骤的差异并不大,在此不再详述。

3. 墩台纵横轴线的测设

墩台中心测设定位以后,尚需测设墩台的纵横轴线,作为墩台细部放样的依据。

在直线桥上,墩台的横轴线与桥的纵轴线重合,而且各墩台一致,所以可利用桥轴线两端控制桩来标志横轴线的方向,而不再另行测设标志桩。

在测设桥墩台纵轴线时,应将经纬仪安置在墩台中心点上,然后盘左、盘右以桥轴线方向作为后视,然后旋转 90°(或 270°),取其平均位置作为纵轴线方向,如图 7-9 所示。因为施工过程中经常要在墩台上恢复纵横轴线的位置,所以应于桥轴线两侧各布设两个固定的护桩。

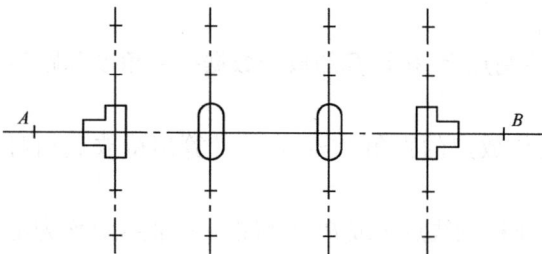

图 7-9　直线桥梁纵横轴线图

在水中的桥墩,因不能架设仪器,也不能钉设护桩,则暂不测设轴线,等筑岛、围堰或沉井露出水面以后,再利用它们钉设护桩,准确测设出墩台中心及纵横轴线。

在等跨曲线桥上,墩台的纵轴线位于梁的中心线顶点处的分角线上,而横轴线与纵轴垂直,如图 7-10 所示。因此测设时,应置仪器于墩台中心点上,以相邻墩中心方向为后视,测设 $(180° - \alpha)/2$ 角即得纵轴线方向,自纵轴线方向转 90° 角即测得横轴线方向。或是将全站仪置于墩台中心,输入中心坐标、后视点坐标、放样点输入中心的曲线切线(法线)方向上任意点的坐标,则可以得到纵(横)轴线方向。无论是在纵轴线还是在横轴线方向上,均要测设 4 个固定的护桩。

当墩台定好位及其纵横轴线测设完毕,就为细部施工放样做好了准备。

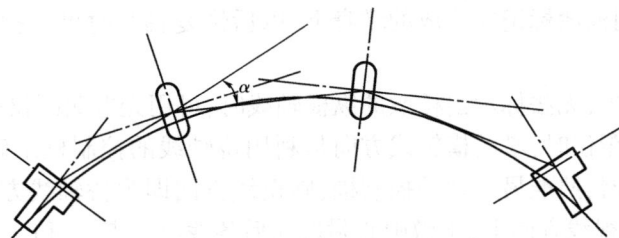

图 7-10　等跨曲线桥纵横轴线图

六、桥梁细部施工放样

桥梁细部施工放样内容很多,不同结构形式放样方法也各异,下面主要叙述桥梁墩台细部的放样工作以及架梁时的测量工作。

1. 明挖基础的施工放样

在地基较好、基础不深的情况下,常常采用明挖基础。

在基础开挖前,应首先根据基底尺寸、开挖深度、放坡情况等计算出原地面的开挖边线;然后根据墩台中心及其纵横轴线即可放出基坑的边线。当基坑开挖到设计高程以后,应进行基底平整或基底处理,再在基底上放出墩台中心及其纵横轴线,作为安装模板、灌注混凝土基础及墩身的依据。

应注意,基坑底部尺寸应根据实际情况较设计尺寸每边增加 50~100cm 的富裕量,以便于支撑、排水与立模板。

基础或承台模板中心偏离墩台中心不得大于 ±20mm,墩身模板中心偏离不得大于 ±10mm;墩台模板限差为 ±20mm,模板上同一高程的限差为 ±10mm,具体见《公路桥涵施工技术规范》(JTG/T 3650—2020)。

2. 桩基础的施工放样

在墩基础的中心及纵横轴线已经测设完成的情况下,可以纵横轴线为坐标轴,根据设计提供的桩与墩中心的相对位置,用支距法放出各桩的中心位置,其限差为 ±20mm,如图 7-11 所示。放出的桩位经复核后方可进行施工。对于单排桩,桩数较少,也可根据已知资料,以极坐标放样。水中桩位或沉井位置的放样,可参照水中墩位的施工放样方法,在水中平台、围图或围堰等构造中定测桩或沉井的位置,经复测后方可进行基础施工。

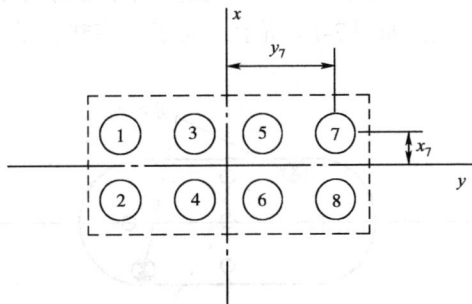

图 7-11　纵横轴线坐标图

3. 桥梁墩台的细部放样

墩身和台身的细部放样,也是主要以它的纵横轴线为依据,在立模板的外面需要预先画出它的中心线,然后在纵横轴线的护桩上架设经纬仪,照准该轴线方向上的另一护桩,根据这一方向校正模板的位置,直至模板中心线位于视线的方向上。

在施工过程中,经常要利用护桩恢复墩台的纵横轴线,即在墩台身一侧的护桩上架设经纬仪,照准另一侧的护桩。但墩身筑高以后,视线被阻,就无法进行,此时,可在墩身尚未阻挡视线以前,将轴线方向用油漆标记在已成的墩身上,以后恢复轴线时可在护桩上架设仪器,照准这个标志即可。

如果桥墩位于水中,无法标示出桥墩的纵横轴线时,可用光电测距仪或交会法恢复墩中心的位置。在用光电测距仪时,墩的横轴线方向是利用桥轴线的控制桩来确定的。在桥轴线一端的控制桩上安置仪器,照准另一端的控制桩,则视线方向即为桥轴线方向,也是墩的横轴线方向(直线桥)。在此视线方向上,于墩中心附近前后各找出一点 a_1 和 a_2 安置反光镜,测出它至控制桩的距离 d,于两点间用钢尺定出墩中心的位置,如图 7-12 所示。

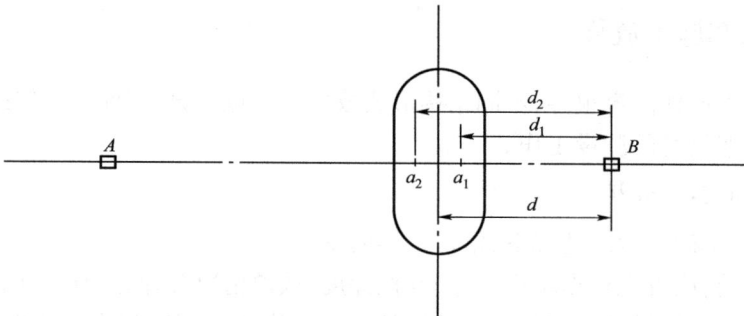

图 7-12　利用光电测距仪定出墩中心位置

利用交会法测设墩中心时,同前所述,应至少选 3 个以上的方向进行交会。误差三角形最大边在墩的下部不超过 25mm,在墩的上部不超过 15mm,取三角形的重心作为墩中心的位置。

在墩台帽模板安装到位后应再一次进行复测,确保墩、台帽位置符合设计要求。模板位置中心的偏差不得大于 10mm,并在模板上标出墩顶高程,以便控制灌注混凝土的高程。当混凝土灌注至墩帽顶部时,在墩的纵横轴线及墩的中心处,可埋设中心标志,在纵轴线两侧的上下游埋设两个水准点,并测定出中心标志的坐标和水准点的高程,作为大致安置支撑垫石的参考依据,如图 7-13 所示。对于支座垫石的位置及高程的确定,由于牵涉桥梁荷载的设计和传递,应慎重对待,必须重新对其进行测量、放样,以避免误差的积累。

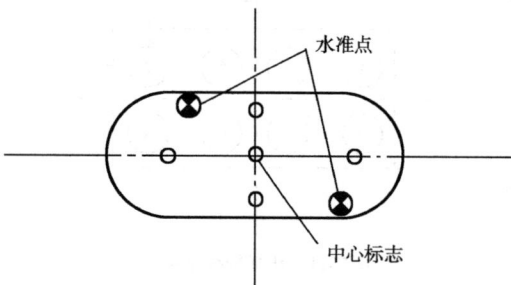

图 7-13　在墩顶埋设中心及水准点标志图

墩台各部分的高程,一般是通过设在墩台身或围堰上的临时水准点来控制的,可直接由临时水准点用钢尺向上或向下量取距离来确定所需的高程;也可以采用水准仪,从已浇筑的临近墩台上设置的临时水准点测量来控制。但是在墩台顶的最后施工阶段,应该采用水准仪直接施测来控制高程。

4. 梁体施工时的测量工作

梁体施工是桥梁主体结构施工的一道重要工序。桥梁上部结构较为复杂,要求对墩台方向、距离和高程以较高的精度测定。由于各种桥梁结构不同,使得施工时的控制方法各异,在此仅作简单说明。

墩台施工时,对其中心点位、中线方向和垂直方向以及墩顶高程都做了精密测定,但当时是以各墩台为单元独立进行的。梁体施工需要将相邻墩台联系起来,考虑其相关精度,中心点间的方向、距离和高差符合设计要求。

桥梁中心线方向测定,在直线部分采用准直法,用经纬仪正倒镜观测,刻画方向线。如果跨距较大(>100m),应逐墩观测左、右角。在曲线部分,则采用测定偏角或坐标法。相邻墩中心点间的距离用光电测距仪观测,在已刻画的方向线的大致位置上,适当调整使中心点里程与设计里程完全一致。在中心点架设经纬仪放出里程线,与方向线正交,形成墩台十字中心线。以此精确放出支座板中心线,并以墨线弹出。

墩台顶面高程用精密水准仪测定,构成水准路线,附合到两岸基本水准点上。

梁体具体施工过程中的测量工作主要有如下几个方面:

(1)对大跨度钢桁架或连续梁采用悬臂或半悬臂安装架设的桥梁,在拼装架设前,应在梁顶部和底部分中点作出标志,架梁时用以测量梁体中心线与桥梁中心线的偏差值。在梁的拼装开始后,应通过不断的测量,保证梁体在正确的平面位置上。高程控制一般以大节点挠度和整跨拱度为主要控制。对需要在跨中合龙的桥梁,合龙前的控制重点应放在两端悬臂的相对位置上。

(2)对于预制安装的箱梁、板梁、T梁等,测量的主要工作在于平面位置的控制上。在架设前,应在梁顶部和底部分中点作出标志,架梁时用以测量梁体中心线与支座中心线的偏差值。在梁体安装基本到位后,应通过不断的微调,以保证梁体在正确的平面位置上。

(3)对于支架现浇的梁体结构,测量的主要工作在于高程的控制上。对于支架预压前后的高程应进行连续测量,以测得弹性变形,消除塑性变形;同时应根据设计保留一定的预拱度。在梁体现浇的过程中,应对支架的变形进行跟踪测量,如果变形过大,则应暂停施工,并采用相应的措施。

(4)对于悬臂施工的梁体结构,测量的主要工作在于高程的控制上。对于挂篮预加荷载前后的高程应进行测量,测得弹性变形,消除塑性变形;同时在不同节段浇筑前,应根据施工图中不同节段预拱度的设计值,并结合已浇筑的前一节段的高程,调整相应的预拱度,使合龙前两端悬臂的相对位置满足相关要求,并且没有累积误差。

七、部分控制标准

1. 平面控制测量等级(表7-6)

平面控制测量等级 表7-6

测量等级	多跨桥梁总长 L(m)	间跨桥梁路径 L_k(m)	其他构造物
二等	$L \geqslant 3000$	$L_k \geqslant 500$	—
三等	$2000 \leqslant L \leqslant 3000$	$300 \leqslant L_k < 500$	—
四等	$1000 \leqslant L \leqslant 2000$	$150 \leqslant L_k < 300$	高架桥
一级	$L < 1000$	$L_k < 150$	—

2. 三角测量技术要求(表7-7)

三角测量中误差 表7-7

等级	平均边长 (km)	测角中误差 (″)	起始边边长 相对中误差	最弱边边长 相对中误差	测 回 数			三角形最大 闭合差(″)
					DJ$_1$	DJ$_2$	DJ$_6$	
二等	3.0	±1.0	≤1/250000	≤1/120000	12	—	—	±3.5
三等	2.0	±1.8	≤1/150000	≤1/70000	6	9	—	±7.0
四等	1.0	±2.5	≤1/100000	≤1/40000	4	6	—	±9.0
一级小三角	0.5	±5.0	≤1/40000	≤1/20000	—	3	4	±15.0
二级小三角	0.3	±10.0	≤1/20000	≤1/10000	—	1	3	±30.0

3. 桥轴线相对中误差(表7-8)

桥轴线相对中误差 表7-8

测 量 等 级	桥轴线相对中误差	测 量 等 级	桥轴线相对中误差
二等	≤1/150000	四等	≤1/60000
三等	≤1/100000	一级	≤1/40000

4. 水准测量等级

总跨径3000m及以上的多跨桥梁、单跨500m及以上桥梁一般为二等;总跨径1000～3000m的多跨桥梁、单跨150～500m的桥梁为三等;总跨径小于1000m的多跨桥梁和单跨小于150m的桥梁为四等。

5. 水准测量的主要技术要求(表7-9)

水准测量的主要技术要求 表7-9

等级	每公里高差中数中误差(mm)		水准仪 的型号	水准尺	观 测 次 数		往返较差、附合或环 线闭合差(mm)
	偶然中误差	全中误差			与已知点联测	附合或环线	
二等	±1	±2	DS$_1$	因瓦尺	往返各一次	往返各一次	±4$\sqrt{L}$
三等	±3	±6	DS$_1$	因瓦尺	往返各一次	往一次	±12$\sqrt{L}$
			DS$_3$	双面尺		往返各一次	
四等	±5	±10	DS$_3$	双面尺	往返各一次	往一次	±20$\sqrt{L}$
五等	±8	±16	DS$_3$	单面尺	往返各一次	往一次	±30$\sqrt{L}$

注:L为往返测段、附合或环线的水准路线长度(km)。

第三节 桥梁墩台施工

桥梁墩台施工是桥梁工程施工中的一个重要部分,其施工质量的优劣,不仅关系到桥梁上部结构的制作与安装质量,而且对桥梁的使用功能也关系重大。桥梁墩台施工方法通常分为两大类：一类是现场就地浇筑与砌筑；另一类是拼装预制的混凝土砌块、钢筋混凝土或预应力混凝土构件。多数工程采用前者，优点是工序简便，机具使用较少，技术操作难度较小；但是施工期限较长，需耗费较多的劳动力与物力。近年来，交通建设迅速发展，施工机械(起重机械、混凝土泵送机械及运输机械)也随之有了很大进步，采用预制装配构件建造桥梁墩台的施工方法有新的进展，其特点是既可确保施工质量、减轻工人劳动强度，又可加快工程进度、提高工程效益，对施工场地狭窄，尤其对缺少砂石地区或干旱缺水地区等建造墩台有着重要意义。

一、混凝土墩台、石砌墩台施工

1.混凝土墩台的施工

就地浇筑的混凝土墩台施工有两个主要工序：一是制作与安装墩台模板；二是混凝土浇筑。

1)墩台模板

模板一般用木材、钢料或其他符合设计要求的材料制成。木模重量轻，便于加工成结构物所需要的尺寸和形状，但装拆时易损坏，重复使用次数少。对于大量或定型的混凝土结构物，则多采用钢模板。钢模板造价较高，但可重复多次使用，且拼装拆卸方便。

常用的模板类型有拼装式钢模板、整体式吊装模板(图 7-14)、组合型钢模板及滑动钢模板。

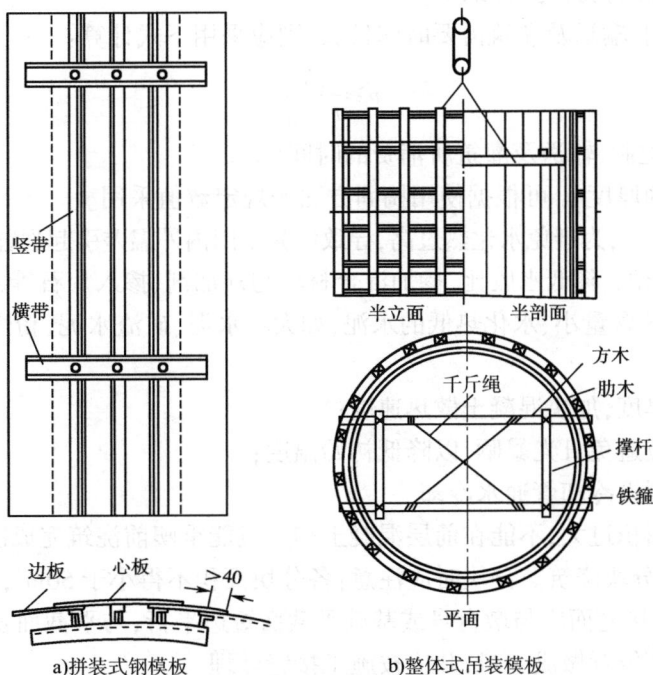

图 7-14　圆形桥墩整体模板(尺寸单位:cm)

各种模板在工程上的应用，可根据墩台高度、墩台形式、机具设备及施工期限等条件，因地制宜，合理选用。

模板的设计可参照《公路钢结构桥梁设计规范》(JTG D64—2015)的有关规定。

模板安装前应对模板尺寸进行检查;安装时要坚实牢固,以免振捣混凝土时引起跑模漏浆;安装位置要符合结构设计要求。

2)混凝土浇筑施工要点

墩台身混凝土施工前,应将基础顶面冲洗干净,凿除表面浮浆,整修连接钢筋。灌筑混凝土时,应经常检查模板、钢筋及预埋件的位置和保护层的尺寸,确保位置正确,不发生变形。混凝土施工中,应切实保证混凝土的配合比、水胶比和坍落度等技术性能指标满足相关规范要求。

(1)混凝土的运送。墩台混凝土的水平与垂直运输相互配合选用,如混凝土数量大、浇筑捣固速度快时,可采用混凝土皮带运输机或混凝土输送泵。运输带速度应不大于 $1.0 \sim 1.2 \text{m/s}$,其最大倾斜角:当混凝土坍落度小于 40mm 时,向上传送为 $18°$,向下传送为 $12°$;当坍落度为 $40 \sim 80\text{mm}$ 时,则分别为 $15°$ 与 $10°$。

(2)混凝土的灌筑速度。为保证灌筑质量,混凝土的配制、输送及灌筑的速度应满足以下公式:

$$v \geqslant \frac{sh}{t}$$

式中:v——混凝土配料、输送及灌筑的容许最小速度(m^3/h);

$\quad s$——灌筑的面积(m^2);

$\quad h$——灌筑层的厚度(m);

$\quad t$——所用水泥的初凝时间(h)。

如混凝土的配制、输送及灌筑需要时间较长,则应采用下式计算:

$$v \geqslant \frac{sh}{t - t_0}$$

式中:t_0——混凝土配制、输送及灌筑所消费的时间(h)。

混凝土灌筑层的厚度 h,可根据使用捣固方法按规定数值采用。

墩台是大体积圬工,为避免水化热过高,导致混凝土因内外温差引起裂缝,可采取如下措施:

①用改善集料级配、降低水胶比、掺加混合材料与外加剂、掺入片石等方法减少水泥用量;

②采用 C_3A、C_3S 含量小、水化热低的水泥,如大坝水泥、矿渣水泥、粉煤灰水泥、低强度等级的水泥等;

③减小浇筑层厚度,加快混凝土散热速度;

④混凝土用料应避免日光暴晒,以降低初始温度;

⑤在混凝土内埋设冷却管通水冷却。

当浇筑的平面面积过大,不能在前层混凝土初凝或能重塑前浇筑完成次层混凝土时,为保证结构的整体性,宜分块浇筑。分块时应注意:各分块面积不得小于 50m^2;每块高度不宜超过 2m;块与块间的竖向接缝面应与墩台身或基础平截面短边平行,与平截面长边垂直;上下邻层间的竖向接缝应错开位置做成企口,并应按施工接缝处理。

(3)混凝土浇筑。为防止墩台基础第一层混凝土中的水分被基底吸收或基底水分渗入混凝土,对墩台基底处理除应符合天然地基的有关规定外,尚应符合以下规定:

①基底为非黏性土或干土时,应将其润湿。

②如为过湿土时,应在基底设计高程下夯填一层 $100 \sim 150\text{mm}$ 厚片石或碎(卵)石层。

③基底面为岩石时,应加以润湿,铺一层厚 20～30mm 水泥砂浆,然后于水泥浆凝结前浇筑第一层混凝土。

墩台身钢筋的绑扎应和混凝土的灌筑配合进行。在配置第一层垂直钢筋时,应有不同的长度,同一断面的钢筋接头应符合施工规范的规定。水平钢筋的接头,也应内外、上下互相错开。钢筋保护层的净厚度,应符合设计要求。如无设计要求时,则可取墩台身受力钢筋的净保护层厚度不小于 30mm,承台基础受力钢筋的净保护层厚度不小于 35mm。墩台身混凝土宜一次连续灌筑,否则应按相关桥涵施工规范的要求,处理好连接缝。墩台身混凝土未达到终凝前,不得泡水。

2. 石砌墩台的施工

石砌墩台具有就地取材、经久耐用等优点。在石料丰富地区建造墩台时,在施工期限许可的条件下,为节约水泥,应优先考虑石砌墩台方案。

1)石料、砂浆与脚手架

石砌墩台系用片石、块石及粗料石以水泥砂浆砌筑的,石料与砂浆规格要符合相关规定。

将石料吊运并安砌到正确位置是砌石工程中比较困难的工序。当重量小或距地面不高时,可用简单的马凳跳板直接运送;当重量较大或距地面较高时,可采用固定式动臂吊机或桅杆式吊机或井式吊机,将材料运到墩台上,然后再分运到安砌地点。脚手架一般常用固定式轻型脚手架(用于 6m 以上的墩台)、简易活动脚手架(用于 25m 以下的墩台)及悬吊式脚手架(用于较高的墩台)。

2)墩台砌筑施工要点

在砌筑前应按设计图放出实样,挂线砌筑。砌筑基础的第一层砌块时,如基底为土质,只在已砌石块的侧面铺上砂浆即可,不需坐浆;如基底为石质,应将其表面清洗、润湿后,先坐浆再砌筑。砌筑斜面墩台时,斜面应逐层放坡,以保证规定的坡度。砌块间用砂浆黏结并保持一定的缝厚,所有砌缝要求砂浆饱满。形状比较复杂的工程,应先作出配料设计图(图 7-15),注明块石尺寸;形状比较简单的,也要根据砌体高度、尺寸、错缝等,先行放样配好石料再砌。

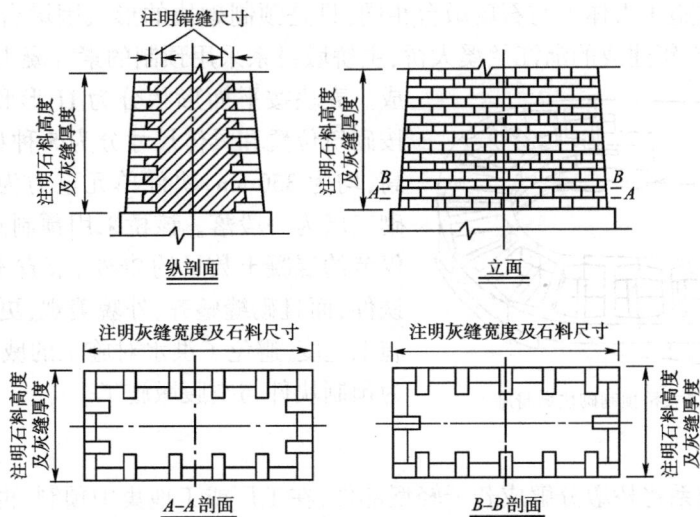

图 7-15　桥墩配料大样图

砌筑方法:同一层石料及水平缝的厚度要均匀一致,每层按水平砌筑,丁顺相间,砌石灰缝互相垂直。砌石顺序为先角石、再镶面、后填腹。填腹石的分层厚度应与镶面相同;圆端、尖端及转角形砌体的砌石顺序,应自顶点开始,按丁顺排列接砌镶面石。

3. 墩台顶帽施工

墩台顶帽是用以支承桥跨结构的,其位置、高程及垫石表面平整度等,均应符合设计要求,以避免桥跨结构安装困难,或使顶帽、垫石等出现碎裂或裂缝,影响墩台的正常使用功能与耐久性。墩台顶帽施工的主要工序:

(1)墩台帽放样。

(2)墩台帽模板和墩台帽系支承上部结构的重要部分,其尺寸位置和高程的准确度要求较严格,浇筑混凝土应从墩台帽下 300 ~ 500mm 处至墩台帽顶面一次浇筑,以保证墩、台帽底有足够厚度的紧密混凝土。墩帽模板下面的一根拉杆可利用墩帽下层的分布钢筋,以节省铁件。台帽背墙模板应特别注意纵向支撑或拉条的刚度,防止灌筑混凝土时发生鼓肚,侵占梁端空隙。

(3)钢筋和支座垫板的安设。墩台帽钢筋绑扎应按照《公路桥涵施工技术规范》(JTG/T 3650—2020)有关钢筋工程的规定。墩台帽上支座垫板的安设,一般采用预埋支座垫板和预留锚栓孔的方法。

二、装配式墩台施工

装配式墩台适用于山谷架桥、跨越平缓无漂流物的河沟、河滩等的桥梁,特别是在工地干扰多、施工场地狭窄,缺水与砂石供应困难地区,其效果更为显著。装配式墩台的优点:结构形式轻便,建桥速度快,圬工省,预制构件质量有保证等。目前经常采用的有砌块式、柱式和管节式或环圈式墩台等。

1. 砌块式墩台施工

砌块式墩台的施工大体上与石砌墩台相同,只是预制砌块的形式因墩台形状不同而有很多变化。例如 1975 年建成的浙江兰溪大桥,主桥墩身系采用预制的素混凝土壳块分层砌筑而

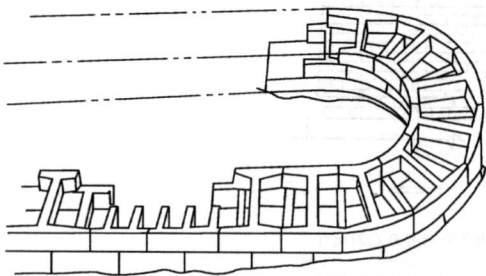

图 7-16 浙江兰溪大桥预制砌块墩身施工

成。壳块按平面形状分为 Ⅱ 形和工形两大类,再按砌筑位置和具体尺寸分为 5 种型号,每种块件等高,均为 350mm,块件单元重力为 900 ~ 1200N,每砌三层为一段落。该桥采用预制砌块建造桥墩,不仅节约混凝土数量约 26%,节省木材 50m³ 和大量铁件,而且砌缝整齐、外貌美观,更主要的是加快了施工速度,避免了洪水对施工的威胁。图 7-16 所示为预制块件与空腹墩施工。

2. 柱式墩施工

装配式柱式墩系将桥墩分解成若干轻型部件,在工厂或工地集中预制,再运送到现场装配成桥墩。其形式有双柱式、排架式、板凳式和刚架式等。图 7-17 所示为双柱式墩构造。施工

工序为预制构件、安装连接与混凝土填缝养护等。其中拼装接头是关键工序,既要牢固、安全,又要结构简单、便于施工。常用的拼装接头有承插式接头、钢筋锚固接头、焊接接头、扣环式接头及法兰盘接头。

3. 后张法预应力混凝土装配墩施工

装配式预应力钢筋混凝土墩分为基础、实体墩身和装配墩身3大部分。装配墩身由基本构件、隔板、顶板及顶帽4种不同形式的构件组成,用高强钢丝穿入预留的上下贯通的孔道内,张拉锚固而成。实体墩身是装配墩身与基础的连接段,其作用是锚固预应力钢筋,调节装配墩身高度及抵御洪水时漂流物的冲击等。

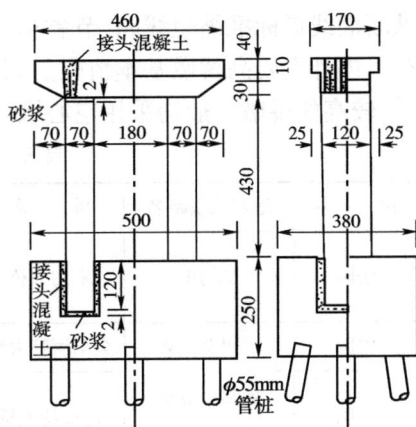

图 7-17 双柱式拼装墩(尺寸单位:cm)

4. 无承台大直径钻孔埋入空心桩墩施工

无承台大直径钻孔埋入空心桩墩,是由预钻孔、预制大直径钢筋混凝土桩墩节、吊拼桩墩节并用预应力后张连成整体、桩周填石压浆、桩底高压压浆、吊拼墩节、浇筑或组装盖梁等部分组成。它综合了预制桩质量的可靠性、钻孔成桩的工艺较简便、成本低、适应性强等优越性;摒弃了管柱桩技术设备复杂、成本高、不易穿透砂砾层、桩易偏位及钻孔灌柱桩桩身质量难以保证等缺陷。

钻埋预应力空心桩墩的技术特点如下:

(1)直径大,承载力高。桩径一般大于2.5m,钻埋空心桩已达 $\phi 6.0 \sim \phi 8.0$ m。

(2)无承台,空心截面,节省了围堰工程,减少了桩身混凝土体积,不仅简化了施工工序,而且可将大桥下部结构费用从占全桥费用50%以上,降至30% ~40%。

(3)施工快速,工期缩短,并由于采用大直径桩,桩数少,多数情况下可以单桩独柱,加之钻机设备在不断先进与完善,一个枯水季节即可完成基础工程;预制桩节、墩节与钻孔平行作业,大大加速了工程进度。

(4)钻埋空心桩墩适用于土质地基,沉挖空心桩适用于松散的砂、砾、漂石和风化岩层,且环保效果好,施工少振动、低噪声,城镇区施工对居民干扰少。

(5)桩节、墩节预制,桩周、桩底压浆,节间用高强预应力筋连成整体,各项作业技术含量高,桩墩的质量完全能得到保障。

图 7-18 所示为钻埋空心桩墩工序流程。

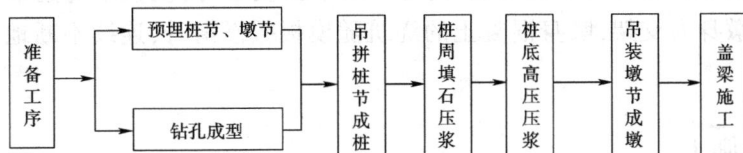

图 7-18 钻埋空心桩墩工序流程

三、高桥墩施工

公路或铁路通过深沟宽谷或大型水库,采用高桥墩能使桥梁更为经济合理,不仅可以提高纵断面线形标准缩短线路,节省造价,而且可以提高营运效益,减少日常维护工作。表7-10列有国内外主要高桥墩基本情况。高桥墩可分为实体墩、空心墩与刚架墩;自20世纪70年代以后,较高的桥墩一般均采用空心墩。

国内外主要高桥墩一览表(按墩高排列) 表7-10

国　名	地名或线路名	桥　名	桥别	最大墩高(m)	建设年份	附　注
法国	米约市	米约大桥	公路	245	2004	2号墩高245m;3号墩高220m;最高墩塔高达343m
中国	四川金阳县	金阳河特大桥	公路	196	2021	
中国	贵州毕节至威宁高速公路	赫章特大桥	公路	195	2013	采用液压翻模施工工艺
中国	陕西咸旬高速公路	三水河特大桥	公路	183	2014	有6个主墩,墩高分别为85m、112m、177m、183m、180m、112m
中国	四川雅西高速公路	腊八斤大桥	公路	182.5	2014	墩身采用"钢管混凝土组合柱"结构
德国	奥特堡	科赫塔尔大桥	公路	178.00	1965	
瑞士	与意大利交界处的国道9号线	甘特大桥	公路	148.00	1979	墩身连基础高达154m
奥地利	梯罗耳	欧罗巴大桥	公路	146.00	1963	墩身连基础高达181.01m
南斯拉夫	贝尔格莱德至巴尔铁路	马拉河大桥	铁路	121.00	1976	有两个主墩,一个高为121m,另一个高为112m
中国	南昆铁路(贵州兴义)	清水河大桥	铁路	100.00	1996	RC箱形墩(另一主墩高86m)

高桥墩的施工设备与一般桥墩所用设备大体相同,但其模板却另有特色,一般有滑动模板、爬升模板、翻升模板等。这些模板都是依附于已灌筑的混凝土墩壁上,随着墩身的逐步加高而向上升高。目前应用滑动模板建造的桥墩高度已达百米。滑动模板施工的主要优点:施工进度快,在一般气温下,每昼夜平均进度可达5~6m;混凝土质量好,采用干硬性混凝土,机械振捣,连续作业,可提高墩台质量;节约木材和劳力,有资料统计表明,可节省劳动力30%,节约木材70%;滑动模板可用于直坡墩身,也可用于斜坡墩身,模板本身附带有内外吊篮、平台与拉杆等,以墩身为支架,墩身混凝土的浇筑随模板缓慢滑升,连续不断地进行,因此安全可靠。

四、V形墩施工

V形、Y形及X形桥墩具有结构新颖轻巧、外形美观匀称,能与桥址处水环境相映衬,给人们增添美的享受,在城郊与旅游区日渐增多。这类桥墩的施工方法与桥梁结构体系有密切关系。表7-11列有国内外几座V形墩桥梁的结构特征和施工方法。

国内外几座 V 形墩桥梁的结构特征及施工方法 表 7-11

序号	桥 名	跨径组合（m）	结构特征	斜腿角度（°）	V 形墩连接方式 上端	V 形墩连接方式 下端	V 形墩结构类型	V 形墩及主梁施工方法
1	中国宝鸡金陵河桥	21.5 + 2×30 + 21.5	连续刚架	60	固结	增胶支座	RC	预制和无支架拼装
2	中国桂林漓江雉山桥	67.5 + 90 + 67.5	带挂孔的 T 形刚构	45	固结	固结	SRC	膺架和悬臂灌注
3	中国八渡南盘江桥	54.7 + 2×90 + 54.7	连续梁	22.5	橡胶支座		SRC	斜拉轻型悬臂平台和碗扣脚手架
4	日本十王川桥	67.5 + 115 + 97.5	连续刚架	40	固结	固结	PC	承重支架、脚手架和悬臂灌注
5	泰国 SATHORN 桥	66 + 92 + 66	连续刚架	40	固结	固结	RC	固定伸臂膺架和纵向移动脚手架
6	荷兰布里斯勒马斯桥	80.5 + 112.5 + 80.5	连续刚架	40	固结	橡胶支座	RC	临时墩和悬臂灌注
7	德国格明登美茵河桥	82 + 135.0 + 82.0	连续刚架	30	固结	混凝土铰	RC	滑动模板临时支柱和悬臂灌注
8	英国卡埃来斯库桥	71.9 + 132 + 71.9	连续刚架	50	固结	固结	RC	膺架、临时支柱、悬臂灌注和预制

下面以桂林漓江雉山大桥为例，说明 V 形墩施工要点。

V 形墩类桥梁属刚架桥系统，其施工方法除了具有连续梁桥的施工特点外，还有着本身结构的施工特点。通常对这类桥梁可分为 V 形墩结构、锚跨结构和挂孔部分 3 个施工阶段，其中 V 形墩结构是全桥的施工重点。V 形墩结构的施工方法与斜腿刚构相类似，它由 2 个斜腿和其顶部主梁组成倒三角形结构（图 7-19）。V 形墩可做成劲性预应力混凝土结构。

根据该类型桥梁的结构特点，可将墩座和斜腿合为一部分，斜腿间的主梁为另一部分，先后分别施工。施工顺序如图 7-19 所示。

（1）将斜腿内的高强钢丝束、锚具与高频焊管连成一体，并和第一节劲性骨架一起安装在墩座及斜腿位置处，灌注墩座混凝土［图 7-19a)］。

（2）安装平衡架、角钢拉杆及第二节劲性骨架［图 7-19b)］。

（3）分两段对称灌注斜腿混凝土［图 7-19c)］。

（4）张拉临时斜腿预应力拉杆，并拆除角钢拉杆及部分平衡架构件［图 7-19d)］。

（5）拼装 V 形腿间墩旁膺架，灌筑主梁 0 号节段混凝土，张拉斜腿及主梁钢丝束或粗钢筋，最后拆除临时预应力拉杆与墩旁膺架，使其形成 V 形墩结构［图 7-19e)］。

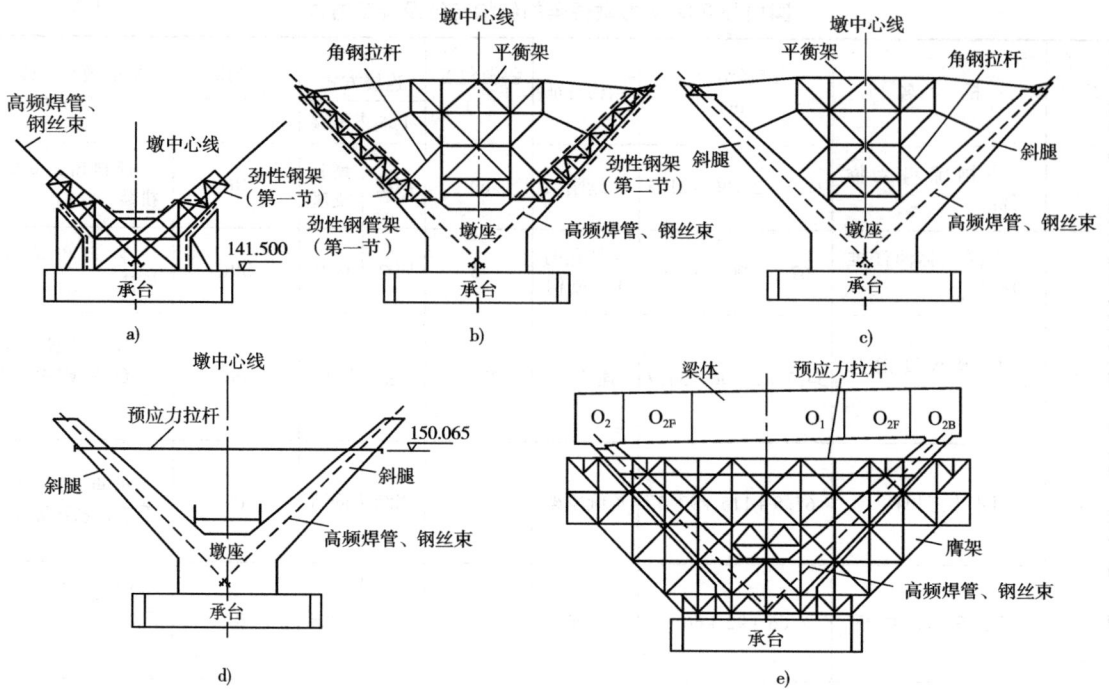

图 7-19 V 形墩施工步骤(高程单位:m)

第四节 梁式桥施工

一、钢筋混凝土简支梁桥的制造工艺

1. 模板

按制作材料分类,桥梁施工常用的模板有木模板、钢模板和钢木接合模板。有时为了节省钢木材料,也可因地制宜利用土模或砖模来制梁。按模板的装拆方法分类,可分为零拼式模板、分片装拆式模板及整体装拆式模板等。以前我国公路桥梁上用得最多的还是木模板。随着国家工业的发展,既能节约木材,又可提高预制质量、经久耐用的钢模板,将逐步得到使用和推广。

木模板的基本构造由紧贴于混凝土表面的壳板(又称为面板)、支承壳板的肋木和立柱或横挡组成,壳板可以竖直拼装[图 7-20a)]或水平拼装[图 7-20b)]。

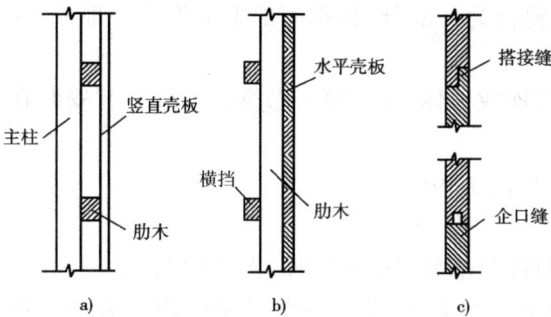

图 7-20 模板基本构造

壳板的接缝可做成平缝[图 7-20b)]、搭接缝或企口缝[图 7-20c)]。当采用平缝拼接时，应在拼缝处衬压塑料薄膜或水泥袋纸以防漏浆。为了增加木模的周转次数并方便脱模，往往在壳板面上加钉一层薄铁皮。

壳板的厚度为 20～50mm；宽为 150～180mm，不宜超过 200mm。壳板过薄与过宽都容易变形。肋木、立柱或横档的尺寸可根据经验或计算确定。肋木的间距一般为 0.7～1.5m。

图 7-21 所示为常用 T 形梁的分片装拆式木制模板结构。相邻横隔板之间的模板形成一个柜箱，每一对柜箱用顶部横木和穿通梁肋的螺栓拉杆来固定。并借助柱底的木楔进行装、拆调整。

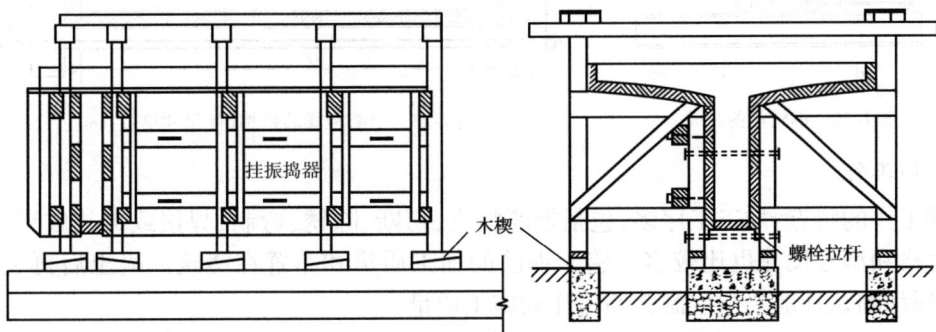

挂振捣器

木楔

螺栓拉杆

图 7-21   T 形梁的木模构造

图 7-22 示出一种分片装拆式钢模板的结构组成。

侧模由厚度一般为 4～8mm 的钢壳板、角钢做成的水平肋和竖向肋、支托竖向肋的直撑、斜撑、固定侧模用的顶横杆和底部拉杆，以及安装在壳板上的振捣架等构成。底模通常用 12～16mm 的钢板制成，它通过垫木支承在底部钢横梁上。在拼装钢模板时，所有紧贴混凝土的接缝内都用止浆垫，使接缝密闭不漏浆。止浆垫一般采用柔软、耐用和弹性大的 5～8mm 橡胶板或厚 10mm 左右的泡沫塑料。

如果将钢模板中的钢制壳板换成水平拼装的木壳板，用埋头螺栓连接在角钢竖肋上，在木壳板上再钉一层薄铁皮，这样就做成钢木接合模板。这种模板不仅节约木材，成本低，而且具有较大的刚度和紧密稳固性，也是一种较好的模板结构。

图 7-23 所示是桥梁工程中目前常用于空心板梁的木制芯模构造。芯模是形成空心所必需的特殊模板，其结构形式直接影响制作是否简便经济，装拆是否方便，周转率是否高的问题。为了便于搬运装拆，每根梁的模板分成两节。木壳板的侧面装置铰链，使壳板可以转动。芯模的骨架和活动撑板，每隔 70cm 一道。撑板下端的半边朝梁端一侧用铰链与壳板连接，安装时借榫头顶紧壳板纵面的上下斜缝，并在撑板上部设备 ϕ20mm 的拉杆。撑板将壳板撑实后，在模壳外用钢丝捆扎以防散开或变形。拆模时只需用拉杆将撑板从顶部拉脱，并借铰链先松开左半模板，取出后再脱右半模板。

上述芯模亦可改用特制的充气橡胶管来完成。在国外，还采用混凝土管、纸管等做成不抽拔的芯模。

不管何种模板，为了避免壳板与混凝土粘连，通常均需在壳板面上涂以隔离剂，如石灰乳浆、肥皂水等。

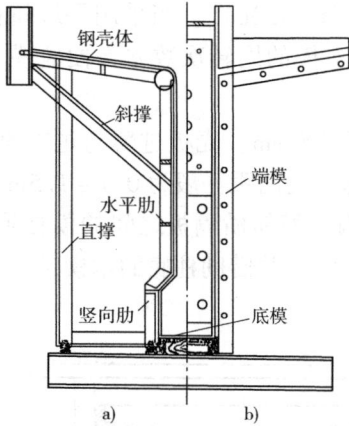

图 7-22　钢模板的组成

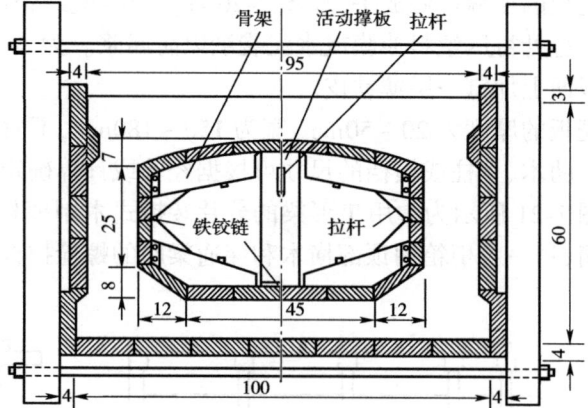

图 7-23　空心板梁芯模构造(尺寸单位:cm)

2. 钢筋工作

钢筋工作的特点:加工工序多,包括钢筋整直、切断、除锈、弯制、焊接或绑扎成型等,而且钢筋的规格和型号尺寸也比较多。鉴于钢筋的加工质量和布置在浇筑混凝土后再也无法检查,故必须仔细认真地严格控制钢筋工作的施工质量。

1)钢筋加工的准备工作

首先应对进场的钢筋通过抽样试验进行质量鉴定,合格的才能使用。抽样试验主要做抗拉极限强度、屈服点和冷弯试验。

钢筋的整直工作根据钢筋直径的大小采用不同的方法。对于直径在 10mm 以上的钢筋一般用锤打整直,对于直径不到 10mm 的钢筋常用手摇或电动绞车通过冷拉整直(伸长率不大于 1%),这样还能提高钢筋的强度和清除铁锈。

经锤打整直的钢筋可用钢丝刷或喷砂枪喷砂除锈去污,也可将钢筋在砂堆中来回抽动以除锈去污。

钢筋经整直、除去污锈后,即可按图纸要求进行划线下料工作。为了使成型的钢筋比较精确地符合设计要求,在下料前应计算图纸上所标明的折线尺寸与弯折处实际弧线尺寸之差值(通常可查阅现成的计算表格),同时还应计入钢筋在冷作弯折过程中的伸长量。

钢筋弯制前准备工作的最后一道工序为下料,即截断钢筋,通常视钢筋直径的大小,用錾子、手动剪切机、电动剪切机和砂轮电锯来进行。

2)钢筋的弯制成型和接头

下料后的钢筋可在工作平台上用手工或电动弯筋器,按规定的弯曲半径及角度弯制成型,钢筋的两端亦应按图纸弯成所需的标准弯钩。如钢筋图中对弯曲半径未作规定时,则宜按钢筋直径的 15 倍为半径进行弯制。对于需要接长的钢筋,最好在接长以后再弯制,这样较易控制尺寸。

钢筋的接头应采用电焊,并以闪光接触对焊为宜,这种接头的传力性能好,且省钢料。在不能进行闪光接触对焊时,可采用电弧焊(如搭接焊、帮条焊、坡口焊、熔槽焊等)。焊接接头在构件内应尽量错开布置,且受拉主钢筋的接头截面积不得超过受力钢筋总截面面积的 50%。装配式构件连接处受力钢筋的焊接接头可不受此限制。

直径不大于 25mm 的受力钢筋,也可采用绑扎搭接,搭接长度应满足有关的规定。且搭接长度区段内受力钢筋接头的面积,在受拉区不得超过钢筋总截面面积的 25%,在受压区不得超过 50%。

3)钢筋骨架的组成与安装

装配式 T 梁的焊接钢筋骨架应在坚固的焊接工作台上进行施工。骨架的焊接一般采用电弧焊,先焊成单片平面骨架,再将它组拼成立体骨架。组拼后的骨架须有足够的刚性,焊缝须有足够的强度,以便在搬运、安装和灌筑混凝土过程中不致变形、松散。

在焊接过程中,由于焊缝填充金属及被焊金属的温度变化,骨架将会产生翘曲变形,同时在焊缝内将引起甚至会导致焊缝开裂的收缩应力。为了防止或减小这种变形和应力,一般以采用双面焊缝为好,即先焊好一面的焊缝,然后把骨架翻身,再焊另一面的焊缝。当大跨径骨架,翻身困难而不得不采用单面焊时,则须在垂直骨架平面的方向做成预拱度(其大小可由实地测验而定)。同时,在焊接操作上应采用分层跳焊法,即从骨架中心向两端对称地、错开地焊接,先焊骨架下部,后焊骨架上部,如图 7-24a)所示;在同一断面处,如钢筋层次多,各道焊缝也应互相交错跳焊,如图 7-24b)所示;同时,每道焊缝可分两层焊足高度,即先按跳焊顺序焊好焊缝的下层,经冷却后,再按跳焊顺序焊完上层。当多层钢筋直径不同时,则可先焊两直径相同的钢筋,再焊直径不同的钢筋。焊缝在焊成后应全部敲掉药皮。

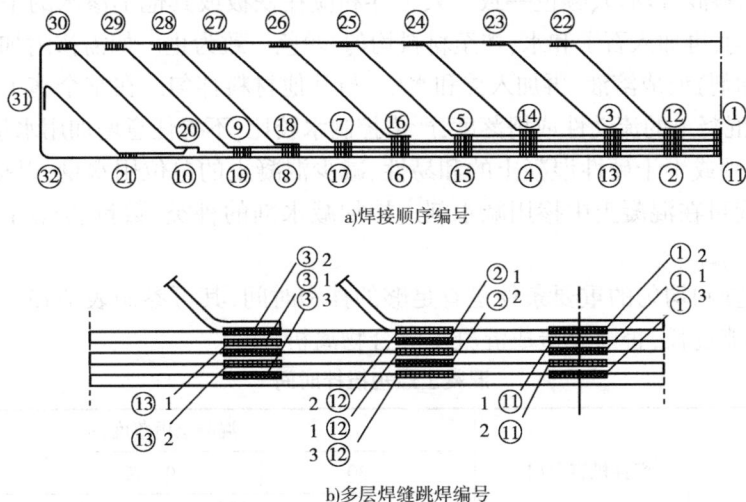

a)焊接顺序编号

b)多层焊缝跳焊编号

图 7-24　骨架焊缝焊接程序示意图

注:带圈的数字是焊接位置顺序编号;1、2、3 的多层焊缝跳焊的顺序编号。

实践表明,装配式简支梁焊接钢筋骨架在焊接后在骨架平面内还会发生两端上翘的焊接变形。为此,尚应结合骨架在安装时可能产生的挠度,事先将骨架拼成具有一定的预拱度,再行施焊。预留拱度的数值可由试验来确定,一般也可参照表 7-12 进行取用。

简支 T 梁钢筋骨架的预留拱度　表 7-12

T 梁跨径(m)	<10	10	16	20
工作台上预留拱度(mm)	3	30 ~ 50	40 ~ 60	50 ~ 70

焊接成型的钢筋骨架,安装比较简单,用一般起重设备吊入模板即可。

对于绑扎钢筋的安装,应事先拟定安装顺序。一般的梁肋钢筋,先放箍筋,再安装下排主

筋,后安装上排钢筋。在钢筋安装工作中为了保证达到设计及构造要求,应注意下列几点:

(1)钢筋的接头应按规定要求错开布置。

(2)钢筋的交叉点应用铁丝绑扎结实,必要时,亦可用电焊焊接。

(3)除设计有特殊规定者外,梁中箍筋应与主筋垂直。箍筋弯钩的叠合处,在梁中应沿纵向置于上面并交错布置。

(4)为了保证混凝土保护层的必需厚度,应在钢筋与模板间设置水泥浆块、混凝土垫块或钢筋头垫块。垫块应错开设备,不应贯通截面全长。

(5)为保证及固定钢筋相互间的横向净距,两排钢筋之间可使用混凝土分隔块,或用短钢筋扎结固定。

(6)为保证钢筋骨架有足够的刚度,必要时可以增加装配钢筋。

3.混凝土工作

混凝土工作包括拌制、运输、浇筑和振捣、养护以及拆除模板等工序。

1)混凝土的拌制

混凝土一般应采用机械搅拌,上料的顺序,一般是先石子、次水泥、后砂胶。人工搅拌只许用于少量混凝土工程的塑性混凝土或半干硬性混凝土。不管采用机械或人工搅拌,都应使石子表面包满砂浆、拌和料混合均匀、颜色一致。人工拌和应在铁板或其他不渗水的平板上进行,先将水泥和细集料拌匀,再加入石子和水,拌至材料均匀、颜色一致为止。如需掺附加剂,应先将附加剂(指可溶性附加剂)调成溶液,再加入拌和水中,与其他材料拌匀。在整个施工过程中,要注意随时检查和校正混凝土的流动性或坍落度,严格控制水胶比,不得任意增加用水量。

为了提高干硬或半干硬性混凝土的和易性、减少混凝土的单位用水量,以提高其强度并且节约水泥用量,尚可在混凝土中掺用减水剂。掺加减水剂的种类、数量、方法都必须通过试验确定。

保证混凝土拌和均匀的重要条件是有足够的拌和时间,其可参照表7-13进行取用。但要注意拌和时间不能过长,否则会造成混凝土混合物离析。

混凝土最短搅拌时间   表7-13

搅拌机类别	搅拌机容量(L)	混凝土坍落度(mm)		
		< 30	30 ~ 70	> 70
		混凝土最短搅拌时间(min)		
自落式	≤400	2.0	1.5	1.0
	≤800	2.5	2.0	1.5
	≤1200	—	2.0	1.5
强制式	≤400	1.5	1.0	1.0
	≤1500	2.5	1.5	1.5

2)混凝土的运输

混凝土应以最少的转运次数、最短的距离迅速从搅拌地点运往灌筑位置。运输道路要平整,防止混凝土因颠簸振动而发生离析、泌水和灰浆流失现象,一经发现,必须在浇筑前进行再次搅拌。

混凝土运输时间不宜超过表 7-14 的规定。

混凝土拌和物运输时间 表 7-14

气温(℃)	无搅拌设施运输(min)	搅拌设施运输(min)	气温(℃)	无搅拌设施运输(min)	搅拌设施运输(min)
20 ~ 30	30	60	5 ~ 9	60	90
10 ~ 19	45	75			

若混凝土自高处倾落时,为防止离析,其自由倾落高度不宜超过 2m;超过 2m 时,应采用溜管、溜槽或串筒输送;倾落高度大于 10m 时,串筒内应附设减速叶片。

3) 混凝土的浇筑

浇筑混凝土前一定要仔细检查模板和钢筋的尺寸,预埋件的位置等是否正确,并查看模板的清洁、润滑和紧密程度。

混凝土的浇筑方法直接影响混凝土的密实度和整体性,这对混凝土的质量关系很大。因此,必须根据混凝土的拌制能力、运距与灌筑速度、气温及振捣能力等因素,认真制定混凝土的灌注工艺。

当构件的高度(或厚度)较大时,为了保证混凝土能振捣密实,则应采用分层浇筑法,即混凝土应按一定厚度、顺序和方向分层浇筑,应在下层混凝土初凝或能重塑前浇筑完成上层混凝土。上下层同时浇筑时,上层与下层前后浇筑距离应保持 1.5m 以上。混凝土分层浇筑厚度不宜超过表 7-15 中的要求。

混凝土分层浇筑厚度 表 7-15

捣 实 方 法		浇筑层厚度(mm)
用插入式振动器		300
用附着式振动器		300
用表面振动器	无筋或钢筋稀疏时	250
	钢筋较密时	150
人工捣实	无筋或钢筋稀疏时	200
	无筋或钢筋稀疏时	150

中小跨径的 T 梁一般均采用水平层浇筑[图 7-25a)],其横隔梁的混凝土与梁肋同时浇筑。对于又高又长的梁体,当混凝土的供应量跟不上按水平层浇筑的进度时,可采用斜层浇筑法,由梁的一端浇向另一端[图 7-25b)]。

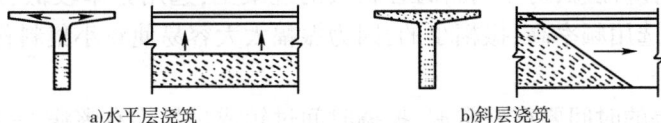

a)水平层浇筑　　　　b)斜层浇筑

图 7-25　分层法浇筑混凝土

浇筑空心板梁,一般先浇筑底板,再立芯模,扎焊顶面钢筋,然后浇筑肋板与面板混凝土,待混凝土初凝后,即可抽卸芯模。

混凝土的浇筑应连续进行,如因故必须间断时,其间断时间应小于前层混凝土的初凝时间或重塑的时间。混凝土的运输、浇筑及间歇的全部时间不得超过表 7-16 中的规定。当超过时间时应预留施工缝。

混凝土的运输、浇筑及间歇的全部允许时间(单位:min)　　　　　　表 7-16

混凝土强度等级	气温不高于25℃	气温高于25℃	混凝土强度等级	气温不高于25℃	气温高于25℃
≤C30	210	180	>C30	180	150

注:当混凝土中掺有促凝或缓凝剂时,其允许时间根据试验结果确定。

施工缝的位置在混凝土浇筑之前确定,宜留置在结构受剪力和弯矩较小且便于施工的部位,并按下列要求进行处理:

(1)凿除处理层混凝土表面的水泥砂浆和松弱层,但凿除时,处理层混凝土须达到下列强度:

①用水冲洗凿毛时,达到 0.5MPa;

②用人工凿除时,达到 2.5MPa;

③用风动机凿毛时,达到 10MPa。

(2)混凝土缝面经凿毛,应用水冲洗干净;如为垂直缝应刷一层净水泥浆,如为水平缝应在接缝面上铺一层与混凝土相同而水灰比略小、厚度为 10~20mm 的水泥砂浆。

(3)斜面接缝应将斜面凿毛呈台阶状。

(4)接缝处于重要部位或结构物位于地震区者,在浇筑时应加锚固钢筋。

(5)振捣器工作时应事先浇混凝土 50~100mm。

4)混凝土的振捣

混凝土拌和料具有受振时产生暂时流动的特性,此时其中的粗集料靠重力向下沉落并互相滑动挤紧,集料间的空隙被流动性大的水泥砂浆所充满,而空气则形成小气泡浮到混凝土表面被排出。这样会增加混凝土的密实度,从而大幅度提高混凝土的强度和耐久性,并使之达到内实外光的要求。

混凝土的振捣可分人工(用铁钎)振捣和机械振捣两种。人工振捣适用于坍落度大、混凝土数量少或钢筋过密部位的场合;大规模的混凝土灌注,必须使用机械振捣。

混凝土振捣设备有插入式振捣器、附着式振捣器、平板式振捣和振动台等。

平板式振捣器用于大面积混凝土施工,如桥面、基础等;附着式振捣器是挂在模板外部振捣,借助振动模板来振捣混凝土,对模板要求较高,而振动的效果不是太好,常用于薄壁混凝土构件,如梁肋部分等;插入式振捣器,常用的是软管式的,在构件断面有足够的位置插入振捣器,而钢筋又不太密时采用,它的效果比平板式及附着式要好。

在选用振捣器时应注意,对于石料粒径较大的混凝土,选用频率较低、振幅较大的振捣器效率较好;反之则宜选用频率高、振幅小的,因为振幅太大容易使较小集料作无规则的翻动,反而造成混凝土离析。

混凝土每次振捣的时间要很好掌握,振捣时间过短或过长均有弊病,一般以振捣至混凝土不再下沉、无显著气泡上升、混凝土表面出现薄层水泥浆、表面达到平整为适度。当用附着式振捣器时,因振捣效率较差,一般约需 2min;当用插入式振捣器时,效果较好,一般只要 15~30s;当用平板式振捣器时,在每个位置上的振捣时间为 25~40s。

5)混凝土的养护及模板拆除

混凝土中水泥的水化作用过程,就是混凝土凝固、硬化和强度发育的过程。它与周围环境的温度、湿度有着密切的关系。当温度低于 15℃时,混凝土的硬化速度减慢,而当温度降至 -2℃以下时,硬化基本停止。在干燥的气候下,混凝土中的水分迅速蒸发,一方面使混凝土表面剧烈收缩而导致裂缝,另一方面当游离水分全部蒸发后,水泥水化作用也就停止,混凝土即停止硬化。因此,混凝土浇筑后须进行适当的养护,以保持混凝土硬化发育所需要的温度和湿度。

目前在桥梁施工中采用最多的是在自然气温条件下(5℃以上)的自然养护方法。此方法是在混凝土终凝后,在构件上覆盖草袋、麻袋、稻草、塑料薄膜或砂,经常洒水,以保持构件经常处于湿润状态。

自然养护法的养护时间与水泥品种和是否掺用塑化剂有关。一般情况下,用普通硅酸盐水泥的混凝土为 7 昼夜以上;用矿渣水泥、火山灰质水泥或掺用塑化剂的为 14 昼夜以上。每天浇水的次数,以能使混凝土保持充分潮湿为度。在一般气候条件下,当温度高于 15℃时,头三天内白天每隔 1 ~ 2h 浇水一次,夜间至少浇水 2 ~ 4 次,在以后的养护期间内可酌情减少。在干燥的气候条件下,或在大风天气中,应适当增加浇水的次数,覆盖塑料薄膜能阻断水分蒸发,不需浇水。

自然养护法比较经济,但混凝土强度增长较慢、模板占用时间也长,特别在低温下(5℃以下)不能采用。

为了加速模板周转和施工进度,可采用蒸气法养护混凝土。

混凝土经过养护,当强度达到设计强度的 25% ~ 50% 时,即可拆除梁的侧模;达到设计吊装强度并不低于设计强度等级的 80%,就可起吊主梁。

6)混凝土的冬季施工要点

冬期施工是指根据当地多年气温资料,室外日平均气温连续 5d 稳定低于 5℃时,混凝土、钢筋混凝土、预应力混凝土及砌体工程的施工。

冬期施工的技术措施,主要有以下几方面:

(1)在保证混凝土必要和易性的同时,尽量减少用水量,采用较小的水胶比,这样可以大幅提高混凝土的凝固速度,有利于抵抗混凝土的早期冻结。

(2)增加拌和时间,比正常情况下增加 50% ~ 100%,使水泥的水化作用加快,并使水泥的发热量增加以加速凝固。

(3)适当采用活性较大、发热量较高的快硬水泥、强度等级高的水泥拌制混凝土。

(4)将拌和水甚至将集料加热,提高混凝土的初始温度,使混凝土在养护措施开始前不致冰冻。

(5)掺用早强剂,加速混凝土强度的发展,并降低混凝土内水溶液的冰点,防止混凝土早期冻结。目前常用的早强剂有含三乙醇胺的硫酸钠复合剂和亚硝酸钠复合剂两种。

(6)用蒸气养护、暖棚法、蓄热法和电热法等提高养护温度。

以上各项措施有各自特点,可根据施工期间的气温和预制场(厂)的具体条件来选定。

二、预应力混凝土简支梁桥的制造工艺

1. 先张法预制工艺

先张法生产可采用台座法或机组流水法。采用台座法时,构件施工的各道工序全部在固定台座上进行。采用机组流水法时,构件在移动式的钢模中生产,钢模按流水方式通过张拉、

浇筑、养护等各固定机组完成每道工序。机组流水法可加快生产速度,但需要大量钢模和较高的机械化程度,且需配合蒸汽养护,因此适用于工厂内预制定型构件。

1)台座法预制

台座是先张法生产中的主要设备之一,要求有足够的强度和稳定性。按台座按构造形式不同,可分为墩式和槽式两类。

(1)墩式台座。靠自重和土压力来平衡张拉力所产生的倾覆力矩,并靠土壤的反力和摩擦力抵抗水平位移。在地质条件良好、台座张拉线较长的情况下,采用墩式台座可节约大量混凝土。图7-26 所示为具有钢束定位设备的台座。

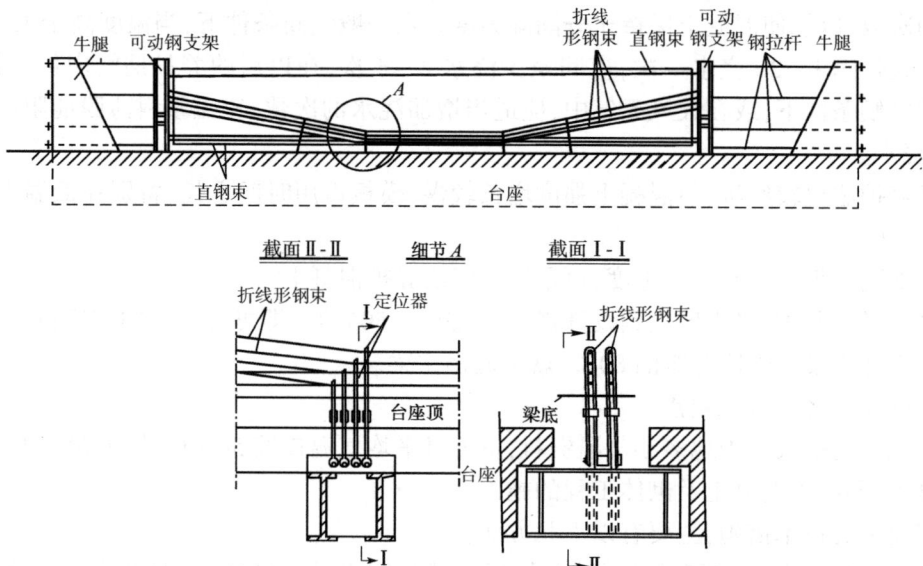

图7-26　张拉折线形钢束的台座

(2)槽式台座。当现场地质条件较差时可采用槽式台座。槽式台座与墩式台座不同之处在于预应力筋张拉力是由承力框架承受而得到平衡。此承力框架可以是钢筋混凝土的(图7-27),也可以是由横梁和压杆组成的钢结构。

2)预应力筋的种类

先张法预应力混凝土梁可用精轧螺纹钢筋、消除应力光面钢丝和螺旋肋钢丝、消除应力刻痕钢丝及钢绞线作为预应力筋。

3)预应力筋的张拉和放松

先张法梁的预应力筋,是在底模整理好后在台座上进行张拉的。先张法梁通常采用一端张拉,另一端在张拉前要设置好固定装置或安放好预应力筋的放松装置。但也有采用两端张拉的方法。

先张法张拉钢筋,可以单根分别张拉或多根整批张拉。单根张拉设备比较简单,吨位要求小,但张拉速度慢。张拉的顺序不应使台座承受过大的偏心力。多根同时张拉一般需有两个大吨位千斤顶,并且张拉速度快。

数根钢筋同时张拉时,必须使它们的初始长度一致,以便使每根钢筋张拉后的应力均匀。预应力筋张拉的程序依预应力筋的类型而异。

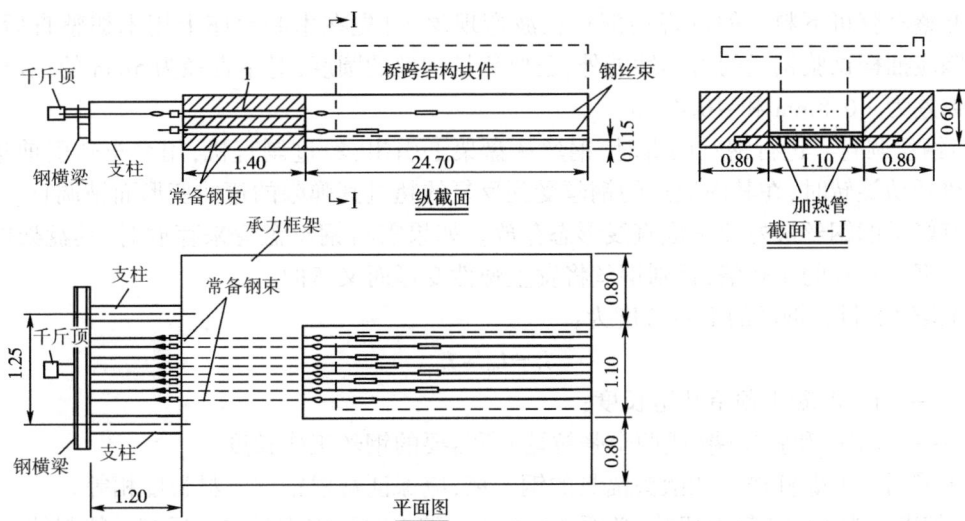

图 7-27 钢筋混凝土槽式台座(尺寸单位:m)

(1)采用螺纹钢筋时,其张拉程序为:

$0 \rightarrow$ 初应力 $\rightarrow 1.05\sigma_{con}$(持荷 5min)$\rightarrow 0.9\sigma_{con} \rightarrow \sigma_{con}$(锚固)。

(2)对于钢丝或钢绞线采用具有自锚性能的锚具时,其张拉程序为:

低松弛力筋:$0 \rightarrow$ 初应力 $\rightarrow \sigma_{con}$(持荷 5min)。

(3)对于钢丝或钢绞线采用其他锚具时,其张拉程序为:

$0 \rightarrow$ 初应力 $\rightarrow 1.05\sigma_{con}$(持荷 5min)$\rightarrow 0 \rightarrow \sigma_{con}$(锚固)。

σ_{con} 为张拉时的控制应力值,包括预应力损失值;初应力应采用同一数值,施工时采用油压表应力值与预应力束(筋)的延伸量测量,进行双控。目前广泛采用钢绞线的 OVM 锚具,一旦张拉至 $105\%\sigma_{con}$ 后回油就自行锚固,所以施工中一般采用张拉至 $103\%\sigma_{con}$ 锚固。

钢筋在超张拉时,其张拉值不得大于钢筋的屈服强度,或钢丝、钢绞线抗拉强度的 80%。为施工安全,应在超张拉后放松至 90% 的控制应力,进行安装预埋件、模板和钢筋等工作。

当混凝土强度达到设计要求后,可在台座上放松受拉预应力筋(称为"放张"),对预制梁施加预应力。当设计无规定时,一般应在混凝土强度大于设计强度等级的 80% 时进行。放松之后,切割梁外钢筋,即可移位准备再生产。

放松预应力钢筋的办法,有用千斤顶先拉后松、砂箱放松、滑楔放松和螺杆放松等。

2. 后张法预制工艺

后张法工艺比先张法复杂,需要预留孔道、穿筋、灌浆等工序,以及耗用大量的锚具和埋设件等,增加了用钢量和投资成本。但后张法不需要强大的张拉台座,便于在现场施工,而且又适宜于配置曲线形预应力束(筋)的大型和重型构件制作,因此目前在铁路、公路桥梁上得到广泛应用。

后张法预应力混凝土桥梁常用高强碳素钢丝束、钢绞线作为预应力筋。

1)高强钢丝束的制备

钢丝束的制作包括下料和编束工作。高强碳素钢丝都应盘圆,若盘径小于 1.5m,则下料前应先在钢丝调直机上调直。对于在厂内先经矫直回火处理且盘径为 1.7m 的高强钢丝,则一般不必整直就可下料。如发现局部存在波弯现象,可先在木制台座上用木槌整直后下料。下料前除应抽样试验钢丝的力学性能外,还要测量钢丝的圆度,对于直径为5mm的钢丝,其正负容许偏差为 +0.8mm 和 -0.4mm。

(1)钢丝调直。进行钢丝调直时,钢丝从盘架上引出,经过调直机,用绞车牵引前进。钢丝调直机开动旋转时,在其内通过的钢丝受到反复的超过其弹限的弯曲变形而被调直。

调直好了的钢丝最好让它成直线形态存放。如果需将钢丝盘弯来存放时,其盘架的直径应不小于钢丝直径的400倍,否则钢丝将发生塑性变形而又弯曲。

(2)钢丝下料。钢丝的下料长度为:

$$L = L_0 + L_1$$

式中:L_0——构件混凝土预留孔道长度;

L_1——固定端和张拉端(或两个张拉端)所需要的钢丝工作长度。

对于采用锥形螺杆锚具和镦头锚具的钢丝束,应保证每根钢丝下料长度相等。

(3)编束。为了防止钢丝扭结,必须进行编束。编束时可将钢丝对齐后穿入特制的梳丝板,使排列整齐,然后一边梳理钢丝一边每隔1~1.5m衬以长3~4cm的螺旋衬圈或短钢管,并在设衬圈处用2号铁丝缠绕20~30道捆扎成束。这种制束工艺对防锈、压浆有利,但操作较麻烦。

另一种编束方式是每隔1~1.5m先用18~20号铁丝将钢丝编成帘子状;然后每隔1.5m设一个螺旋衬圈并将编好的帘子绕衬圈围成圆束。

绑扎好的钢丝束,应挂牌标出其长度和设计编号,并按编号分批堆放,以防错乱。

2)钢绞线的制备

国产钢绞线分Ⅰ级松弛(普通松弛)和Ⅱ级松弛(低松弛)钢绞线两种。在破坏荷载70%的荷载作用下、温度为20℃±2℃,1000h后普通松弛钢绞线应力松弛值为8%,而低松弛钢绞线≤2.5%。

国产低松弛高强度预应力钢绞线原料采用上海宝钢生产的日本钢号SWRH82b,限制含碳量0.80%~0.85%,含锰量为0.60%~0.90%,磷硫含量分别不大于0.03%,并在钢中加入铬、钒、硅等合金元素,以提高强度,改善品质。

钢绞线从原料到成品生产工艺流程如下:

原料→原料检验→酸洗→涂润滑层→中和→烘干→拉丝打轴→半成品检验→钢绞线捻制→稳定化处理→重卷→成品检验→包装入库。

钢绞线运到施工现场后,下料长度由孔道长度和工作长度决定。钢绞线切割宜采用机械切割法。

3)孔道成型

后张法施工的预应力梁,在浇筑梁体混凝土前,需在预应力筋的设计位置预先安放制孔器,以便梁体制成后在梁内形成孔道,将预应力筋穿入孔道,然后进行张拉和锚固。

孔道成型包括制孔器的选择、安装、抽拔及通孔检查等工作。

(1)制孔器的种类。制孔器分为埋置式和抽拔式两类。

埋置式制孔器目前常用的是预埋波纹管,它是用薄钢带用卷管机卷制成,横向刚度大,不易变形,不会漏浆;纵向也便于弯成各种线形,与构件混凝土的黏结也较好,故比较适用。埋置式制孔器在梁体制成后将留在梁内,形成的孔道壁对预应力筋的摩阻力小,但加工成本高,使用后也不能回收,金属材料耗用量大。

抽拔式制孔器,利用制孔器预先安放在预应力束的设计位置上,待混凝土终凝后拔出,构件内即具有孔道。利用这种方法制孔的最大优点是制孔器能够周转使用,省钢而经济,应用较广。常用的抽拔式制孔器(俗称抽拔管)有以下3种:

①橡胶管制孔器。分夹布胶管和钢丝网胶管两种。通常选用具有5~7层夹布的高压输气(水)管作为制孔器,要求管壁牢固,耐磨性能好,能承受5kN以上的工作拉力,并且弹性恢复性能好,有良好的挠曲适应性。

预应力混凝土T梁的预留孔道长度一般在25m以上,而胶管的出厂长度却不到25m,并且考虑到制孔器安装和抽拔的方便,故常采用专门的接头方式。接头要牢固严密,防止灌筑混凝土时脱节或进浆堵塞。

胶管内充气或充水可承受塑性状态混凝土的压力,保持一定的管径,放气(水)后管径收缩有利抽拔,管内压力不得低于500kPa,充气(水)后胶管的外径应符合要求的孔道直径。

②金属伸缩管制孔器。它是一种用金属丝编织成的可伸缩网套,具有压缩时直径增大而拉伸时直径减小的特性。为了防止漏浆和增强刚度,网套内可衬以普通橡胶衬管和插入圆钢或 ϕ5mm 钢丝束芯棒。

③钢管制孔器。它是用表面平整光滑的钢管焊接制成。焊接拉头应磨平。钢管制孔器抽拔力大,但不能弯曲,仅适用于短而直的孔道。混凝土浇筑完毕后要定时转动钢管。

无论采用何种制孔器,都应按设计规定或施工需要预留排气排水和灌浆用的孔眼。

(2)制孔器的抽拔。制孔器可由人工逐根地或用机械(电动卷扬机或手摇绞车)分批地进行抽拔。抽拔时先抽芯棒,后拔胶管;先拔下层胶管,后拔上层胶管。

混凝土浇筑后合适的抽拔时间是能否顺利抽拔和保证成孔质量的关键。如抽拔过早,混凝土容易塌陷而堵塞孔道;如抽拔过迟,则可能拔断胶管。因此,制孔器的抽拔要在混凝土初凝之后终凝之前,待其抗压强度达0.4~0.8MPa时方为适宜。根据经验,制孔器的抽拔时间可参考表7-17或按下式进行估计:

$$t = \frac{100}{T}$$

式中:t——混凝土浇筑完毕至抽拔制孔器的时间(h);

T——预制构件所处的环境温度。

由于确定抽拔时间的幅度较大,施工中也可通过试验来掌握其规律。

制孔器抽拔时间表　　　　　　　　　　　　　　　　　　表7-17

环境温度(℃)	抽拔时间(h)	环境温度(℃)	抽拔时间(h)
30 以上	3	20~10	5~8
30~20	3~5	10 以下	8~12

4)穿钢丝束

当梁体混凝土的强度达到设计强度的80%以上时,才可进行穿束张拉。穿束前,可用空压机吹风等方法清理孔道内的污物和积水,以确保孔道畅通。穿束工作一般采用人工直接穿束,工地上也有借助一根 ϕ5 钢丝作为引线,用卷扬机牵引较长的束筋进行穿束。穿束时钢丝束从一端穿入孔道。钢丝束在孔道两头伸出的长度要大致相等。

目前新的穿钢绞线束的方法是用专门的穿束机,将钢绞线从盘架上拉出后从孔道一端快速地(速度为 3~5m/s)推送入孔道,当戴有护头的束前端穿出孔道另一端时按规定伸出长度截断(用电动切线轮),再将新的端头戴上护头穿第二根,直穿到达到一束规定的根数。

5)预应力锚具

常用后张法预应力锚具有钢质锥形锚具、螺丝端杆锚具、JM12 型锚具、镦头锚具、星形锚具、群锚体系(OVM 锚具、YM 锚具)。

6)锚垫板

锚垫板是后张法体系中的一个部件,其作用是将锚具传来的集中力分布到较大的混凝土承压面积上去。

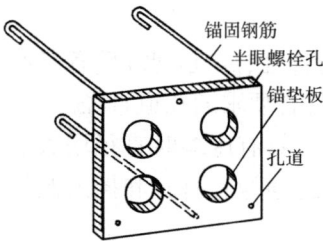

图7-28 锚垫板图

为便于加工和安装,锚垫板一般为矩形。通常情况下,一块锚垫板上锚固一根钢丝束。当预应力筋束相距很近时,亦可将多根钢束锚固于同一块锚板上,如图 7-28 所示。

锚固垫板的厚度应不小于 12mm,不宜太薄。太薄则受压后锚板将变形成锅底形,影响应力扩散,使混凝土局部挤压剧增,可能发生混凝土劈裂事故。锚固垫板的后方,应进行局部加强。加强的办法是设置螺旋式钢筋或附加横向钢筋网,如图 7-29 所示。

施工时应严格控制,使锚垫板与管道中心线垂直;否则,张拉时垫板将对混凝土产生侧向分力,也易使锚下的混凝土劈裂。若发生锚垫板与管道中心线不垂直时,应衬垫楔形垫板校正,如图 7-30 所示。

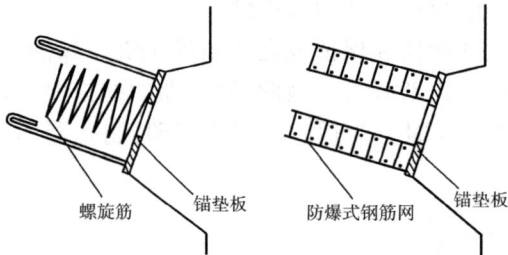

图7-29 锚下防裂筋构造图

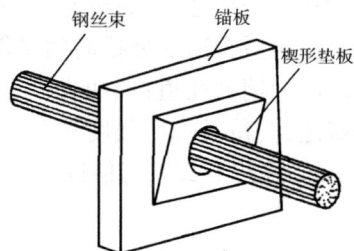

图7-30 锚垫板上衬垫楔形垫板

通常是将锚垫板浇筑在混凝土预制块件上。安装时事先将锚板用半眼螺丝固定在端头模板上,待混凝土浇筑完成后卸下与模板相连的螺丝,再脱去模板,此时锚垫板就固定在梁体设计图所定的位置。必须注意:因锚垫板后方带有螺旋筋或防爆裂钢筋网,浇筑混凝土时必须对锚垫板后的部分进行充分捣固,以避免发生蜂窝。

安装锚垫板的第二种方法是将其安放在预制块件的表面上。采用这种方法时,应在锚垫板与混凝土之间干填砂浆。砂浆强度应不小于支承面混凝土强度,接缝厚度应限制在 5cm 以内。也可以采用环氧黏结剂将锚板贴在支承面混凝土上。

7)张拉设备

张拉设备包括张拉千斤顶、高压油泵和压力表。

8)张拉工艺

张拉前须做好千斤顶和压力表的校验,以及与张拉吨位相应的油压表读数和钢丝伸长量的计算、张拉顺序的确定和清孔、穿束等工作。应对千斤顶和油泵进行仔细检查,以保证各部分不漏油并能正常工作。应画出油压表读数和实际拉力的标定曲线,确定预应力筋(束)中应力值和油表读数之间的直接关系。

后张法构件,长度大于或等于25m时及曲线预应力束宜用两端同时张拉的工艺。只有短的构件可用单端张拉,非张拉端用死锚头。

张拉程序随预应力筋(束)种类和锚具形式不同而不同。

(1)对于钢丝束或钢绞线束采用具有自锚性能的锚具时,其张拉程序为:

低松弛力筋:0→初应力→σ_{con}(持荷5min)(锚固)。

(2)对于钢丝束或钢绞线束采用其他锚具时,其张拉程序为:

钢绞线束:0→(初应力)→$1.05\sigma_{con}$(持荷5min)→σ_{con}(锚固)。

钢丝束:0→(初应力)→$1.05\sigma_{con}$(持荷5min)→0→σ_{con}(锚固)。

(3)采用螺母锚固锚具的螺纹钢筋时,其张拉程序为:

0→(初应力)→σ_{con}(持荷5min)→0→σ_{con}(锚固)。

各钢丝束的张拉顺序,应对称于构件截面的竖直轴线,同时考虑不使构件的上下缘混凝土应力超过容许值。

张拉时钢筋或钢丝应力用油压表读数来控制,同时用伸长量作校核。根据应力与伸长的比例关系,实测的伸长量与计算的伸长量相差不应大于5%。

为使油压表读数正确反映千斤顶拉力,应规定千斤顶、油压表标定制度,例如千斤顶每月或张拉超过100次或多次出现断丝现象时要进行校验。换油压表后也要重新标定。

9)孔道压浆和封锚

压浆的目的是防护构件内的预应力筋(束)免于锈蚀,并使它们与构件相黏结而形成整体。

压浆是用压浆机(拌和机加水泥泵)将水泥浆压入孔道,务使孔道从一端到另一端充满水泥浆,并且不使水泥浆在凝结前漏掉。为此需在两端锚头上或锚头附近的构件上设置连接带阀压浆嘴的接口和排气孔。

水泥浆内往往使用塑化剂(或掺铝粉),以增加水泥浆的流动性。使用铝粉能使水泥浆凝固时的膨胀稍大于体积收缩,因而使孔道能充分填满。

压浆前先压水冲洗孔道,然后从压浆嘴慢慢压入水泥浆,这时另一端的排气孔有空气排出,直至有水泥浆流出为止,关闭压浆和出浆口的阀门。

施锚后压浆前须将预应力筋(束)露于锚头外的部分(张拉时的工作长度)截除。压浆后将所有锚头用混凝土封闭,最后完成梁的预制工作。

后张法T梁构件预制工艺流程见图7-31。

三、装配式梁桥的安装

1.预制梁的出坑和运输

1)出坑

预制构件从预制场的底座上移出来,称为"出坑"。钢筋混凝土构件在混凝土强度达到设计强度 80% 以上,预应力混凝土构件在预应力张拉以后才可出坑。

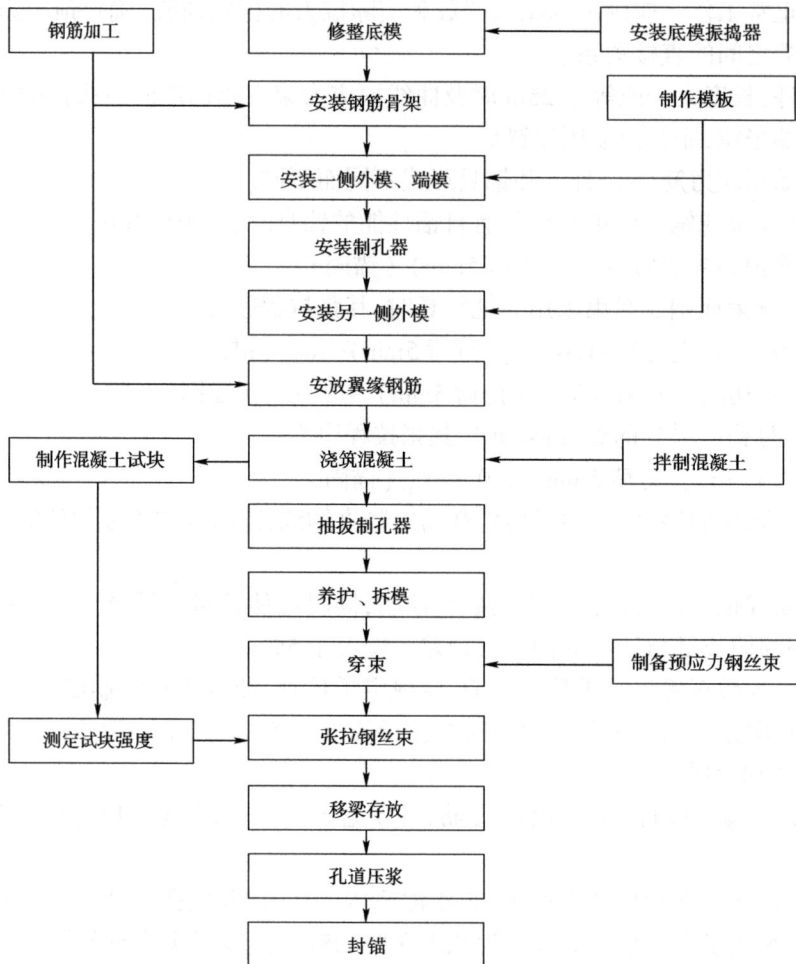

```
钢筋加工          修整底模  ←      安装底模振捣器

                 安装钢筋骨架  ←              制作模板

                 安装一侧外模、端模  ←

                 安装制孔器

                 安装另一侧外模  ←

                 安放翼缘钢筋

制作混凝土试块 ←   浇筑混凝土  ←          拌制混凝土

                 抽拔制孔器

                 养护、拆模

                 穿束  ←              制备预应力钢丝束

测定试块强度  →    张拉钢丝束

                 移梁存放

                 孔道压浆

                 封锚
```

图 7-31　后张法 T 梁构件预制工艺流程

构件出坑方法,一般采用龙门吊机将预制梁起吊出坑后移到存梁处或转运至现场,如简易预制场无龙门吊机时,可采用吊机起吊出坑,也可用横向滚移出坑。

2)运输

预制梁从预制场至施工现场的运输,常用大型平板车、驳船或火车运至桥位现场。

预制梁在施工现场内运输称为场内运输,常用龙门轨道运输、平车轨道运输、平板汽车运输,也可采用纵向滚移法运输。

2. 预制梁的安装

在岸上或浅水区预制梁的安装可采用龙门吊机、汽车吊机及履带吊机;水中梁跨常采用穿巷吊机安装、浮吊安装及架桥机安装等方法。

1)跨墩龙门吊机安装

跨墩龙门吊机安装适用于岸上和浅水滩,以及不通航浅水区域安装预制梁。

两台跨墩龙门吊机分别设于待安装孔的前、后墩位置,预制梁由平车顺桥向运至安装孔的一侧;移动跨墩龙门吊机上的吊梁平车,对准梁的吊点放下吊架,将梁吊起。当梁底超过桥墩顶面后,停止提升,用卷扬机牵引吊梁平车慢慢横移,使梁对准桥墩上的支座,然后落梁就位。接着准备架设下一根梁。

在水深不超过5m、水流平缓、不通航的中小河流上的小桥孔,也可采用跨墩龙门吊机架梁。这时必须在水上桥墩的两侧架设龙门吊机轨道便桥,便桥基础可用木桩或钢筋混凝土桩。在水浅流缓而无冲刷的河上,也可用木笼或草袋筑岛来作便桥的基础。便桥的梁可用贝雷组拼。

2)穿巷吊机安装

穿巷吊机可支承在桥墩和已架设的桥面上,不需要在岸滩或水中另搭脚手架与铺设轨道,因此,它适用于在水深流急的大河上架设水上桥孔。

根据穿巷吊机的导梁主桁架间净距的大小,可分为宽、窄两种。宽穿巷吊机可以进行边梁的吊起并横移就位;窄穿巷吊机的导梁主桁净距小于两边T梁梁肋之间的距离。因此,边梁要先吊放在墩顶托板上,然后再横移就位。

宽穿巷吊机,如图7-32所示。它可以进行梁体的垂直提升、顺桥向移动、横桥向移动和吊机纵向移动等4种作业。吊机构造虽然较复杂,但工效却较高,且横移就位也较安全。

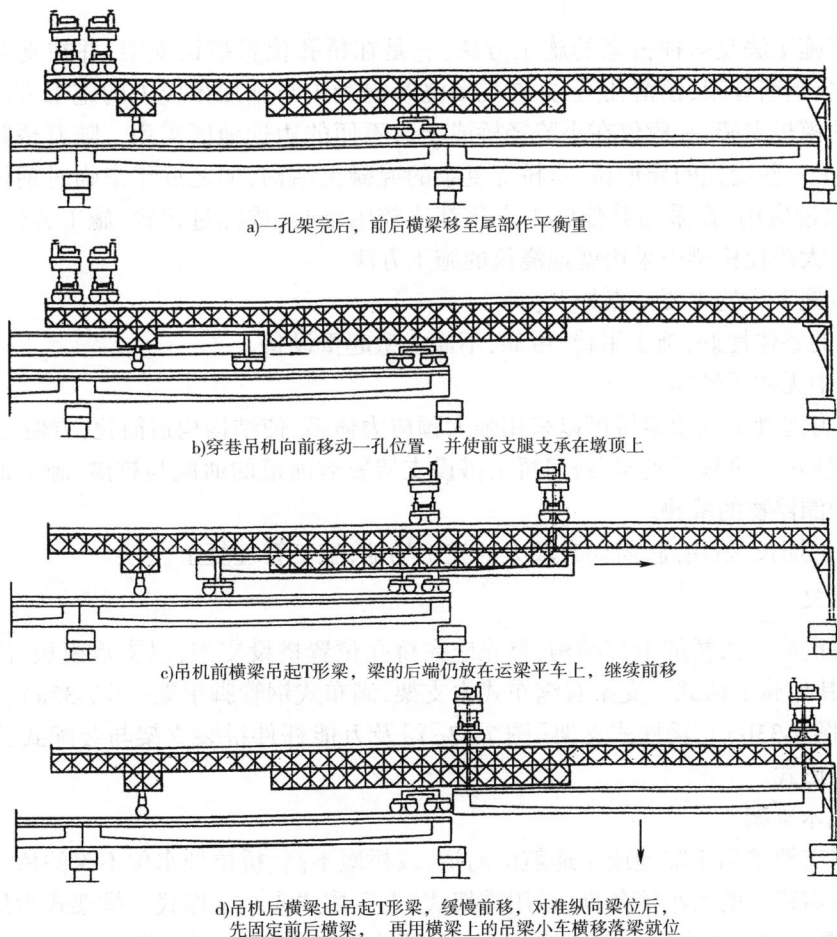

a)一孔架完后,前后横梁移至尾部作平衡重

b)穿巷吊机向前移动一孔位置,并使前支腿支承在墩顶上

c)吊机前横梁吊起T形梁,梁的后端仍放在运梁平车上,继续前移

d)吊机后横梁也吊起T形梁,缓慢前移,对准纵向梁位后,
先固定前后横梁, 再用横梁上的吊梁小车横移落梁就位

图7-32 宽穿巷吊机架梁步骤

(架桥机架梁施工过程演示见数字资源01)

3）自行式吊车安装

陆地桥梁、城市高架桥预制梁安装常采用自行吊车安装。一般先将梁运到桥位处,采用一台或两台自行式汽车吊机或履带吊机直接将梁片吊起就位,方法便捷,履带吊机的最大起吊能力达3MN。

4）浮吊安装

预制梁由码头或预制厂直接由运梁驳船运到桥位,浮吊船宜逆流而上,先远后近安装。浮吊船吊装前应下锚定位,航道要临时封锁。

采用浮吊安装预制梁,施工速度快,高空作业较少,是航运河道上架梁常用的办法。

5）架桥机安装

架桥机架设桥梁一般在长大河道上采用,公路上采用贝雷梁构件拼装架桥机;铁路上采用800kN、1300kN、1600kN架桥机。

四、就地浇筑施工法

1. 概述

就地浇筑施工法是一种古老的施工方法,它是在桥孔位置搭设支架,并在支架上安装模板,绑扎及安装钢筋骨架,预留孔道,并在现场浇筑混凝土与施加预应力的施工方法。由于施工需用大量的模板支架,一般仅在小跨径桥或交通不便的边远地区采用。随着桥跨结构形式的发展,出现了一些变宽的异形桥、弯桥等复杂的混凝土结构,加之近年来临时钢构件和万能杆件系统的大量应用,在采用其他施工方法都比较困难时,或经过比较,施工方便、费用较低时,也常在中、大跨径桥梁中采用就地浇筑的施工方法。

就地浇筑施工法的主要特点如下:

(1)桥梁的整体性好,施工平稳、可靠,不需大型起重设备。

(2)施工中无体系转换。

(3)预应力混凝土连续梁桥可以采用强大预应力体系,使结构构造简化,方便施工。

(4)需要使用大量施工支架,跨河桥梁搭设支架影响河道的通航与排洪,施工期间支架可能受到洪水和漂浮物的威胁。

(5)施工工期长、费用高,需要有较大的施工场地,施工管理复杂。

2. 施工支架

就地浇筑混凝土梁桥的上部结构,首先应在桥孔位置搭设支架,以支承模板、浇筑的钢筋混凝土,以及其他施工荷载。支架有满布式木支架、满布式钢管脚手架[图7-33a)]、钢木混合的梁式支架[图7-33b)]、梁柱式支架[图7-33c)]及万能杆件拼装支架与装配式公路钢桥桁节拼装支架等形式。

1）满布式木支架

满布式木支架常用于陆地或不通航的河道,或桥墩不高、桥位处水位不深的桥梁。其形式可根据支架所需跨径的大小等条件,采用排架式、人字撑式或八字撑式。排架式为最简单的满布式支架,主要由排架及纵梁等部件构成。其纵梁为抗弯构件,因此,跨径一般不大于4m。人字撑式和八字撑式的支架构造较复杂。其纵梁需架设的人字撑或八字撑为可变形结构,因此需在浇筑混凝土时适当安排浇筑程序和保持均匀、对称进行,以防发生较大变形。这类支架的跨径可达8m左右。

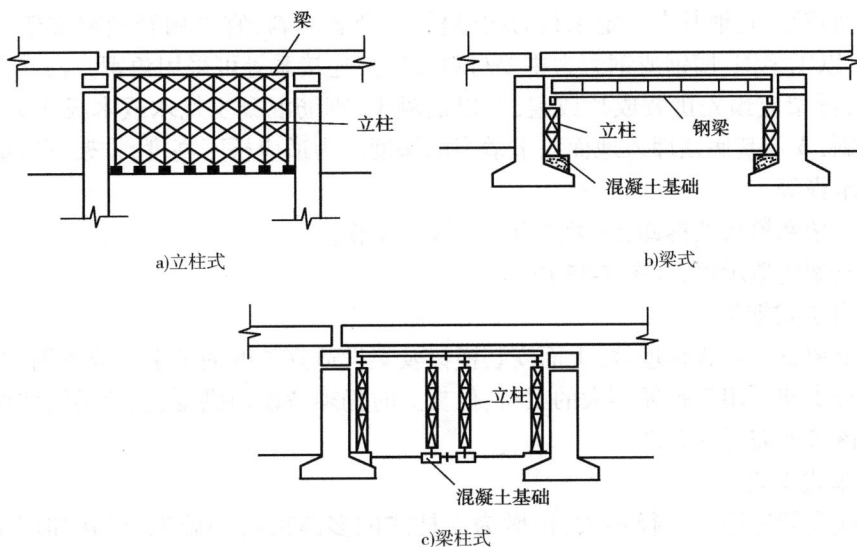

a)立柱式　　　　　　　　　　b)梁式

c)梁柱式

图7-33　支架构造

满布式木支架的排架,可设置在枕木上或桩基上,基础须坚实可靠,以保证排架的沉陷值不超过规定。当排架较高时,为保证支架横向的稳定,除在排架上设置撑木外,尚须在排架两端外侧设置斜撑木或斜立柱。

满布式支架的卸落设备一般采用木楔、木马或砂筒等,可设置在纵梁支点处或桩顶帽木上面。

2)钢木混合支架

为加大支架跨径、减少排架数量,支架的纵梁可采用工字钢,其跨径可达10m。但在这种情况下,支架多改用木框架结构,以提高支架的承载力及稳定性。这类钢木混合支架的构造,通常如图7-34所示。

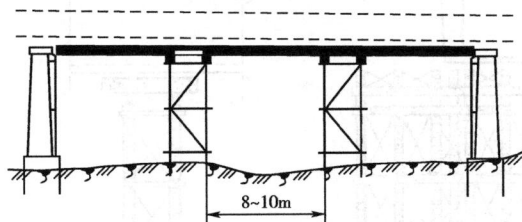

图7-34　钢木混合支架

3)万能杆件拼装支架

用万能杆件可拼装成各种跨度和高度的支架,其跨度须与杆件本身长度成整倍数。

用万能杆件拼装的桁架的高度,可达2m、4m、6m或6m以上。当高度为2m时,腹杆拼为三角形;高度为4m时,腹杆拼为菱形;高度超过6m时,则拼成多斜杆的形式。

用万能杆件拼装墩架时,柱与柱之间的距离应与桁架之间的距离相同。柱高除柱头及柱脚外应为2m的倍数。

用万能杆件拼装的支架,在荷重作用下的变形较大,而且难以预计其数值,因此,应考虑预加压重,加的预压重相当于灌筑的混凝土的重力。

4)装配式公路钢桥桁节拼装支架

用装配式公路钢桥桁节拼装成桁架梁和塔架。为加大桁架梁孔径和利用墩台做支承,也可拼成八字斜撑以支撑桁架梁。桁架梁与桁架梁之间,应用抗风拉杆和木斜撑等进行横向连接,以保证桁架梁的稳定。

用装配式公路钢桥桁节拼装的支架,在荷重作用下的变形很大,因此,应进行预压。

5)轻型钢支架

桥下地面较平坦,地基有一定承载力的梁桥,为节省木料,宜采用轻型钢支架。轻型钢支架的梁和柱,以工字钢、槽钢或钢管为主要材料,斜撑、连接系等可采用角钢。构件应制成统一规格和标准;排架应预先拼装成片或组,并以混凝土、钢筋混凝土枕木或木板作为支承基底。为了防止冲刷,支承基底须埋入地面以下适当的深度。为适应桥下高度,排架下应垫以一定厚度的枕木或木楔等。

为便于支架和模板的拆卸,纵梁支点处应设置木楔。

轻型钢支架构造示例,如图7-35所示。

6)墩台自承式支架

在墩台上留下承台式预埋件,上面安装横梁及架设适宜长度的工字钢或槽钢,即构成模板的支架。这种支架适用于跨径不大的梁桥,但支立时仍须考虑预拱度、支架梁的伸缩以及支架和模板的卸落等所需要的条件。

7)模板车式支架

模板车式支架适用于跨径不大、桥墩为立柱式的多跨梁桥的施工,形状如图7-36所示。在墩柱施工完毕后可立即铺设轨道,拖进孔间,进行模板安装,这种方法可简化安装工序,节省安装时间。

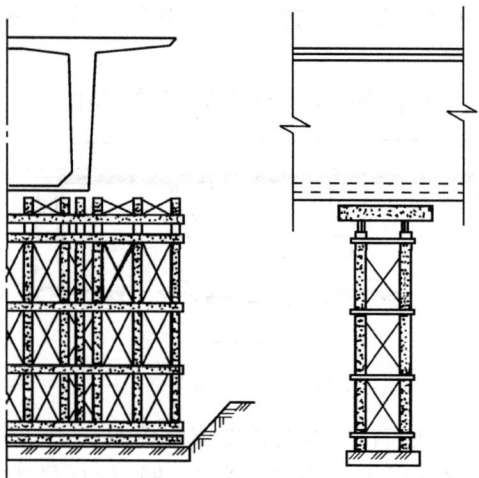

图7-35　轻型钢支架

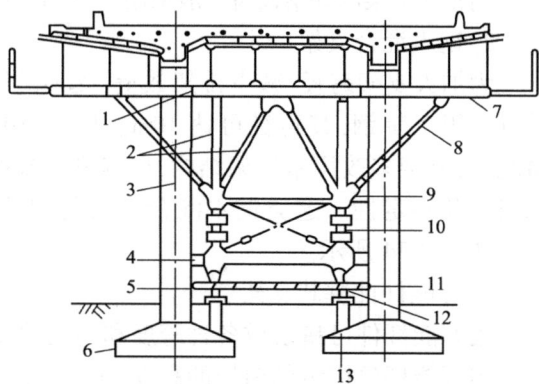

图7-36　模板车式支架

1-钢架;2-钢支撑;3-立柱;4-轮轴架;5-轨道;6-基脚;7-插入式钢梁;8-斜撑;9-楔块;10-调整千斤顶;11-枕木;12-钢底梁;13-混凝土支墩

当上部结构混凝土浇筑完毕,强度达到要求后,模板车即可整体向前移动。但移动时须将斜撑取下,将插入式钢梁节段推入中间钢梁节段内,并将千斤顶放松。

五、悬臂施工法

悬臂施工法建造预应力混凝土梁桥时,不需要在河中搭设支架,而直接从已建墩台顶部逐段向跨径方向延伸施工,每延伸一段就施加预应力,使其与已建部分连接成整体(图7-37)。如果将悬伸的梁体与墩柱体成刚性固结,这样构成了能最大限度发挥悬臂施工优越性的预应力混凝土T形刚架桥。鉴于悬臂施工时梁体的受力状态,与桥梁建成后使用荷载下的受力状态基本一致,即施工中所施加的预应力,也是使用荷载下所需预应力的一部分,这就既节省了施工中的额外耗费,又简化了工序,使得这类桥型在设计与施工上达到完满的协调和统一。

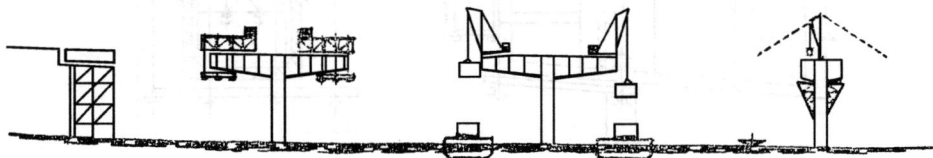

图7-37 悬臂施工法概貌

用悬臂施工法来建造悬臂梁桥,要比建造T形刚架桥复杂一些。因为在施工中需要采取临时措施使梁体与墩柱保持固结,而待梁体自身达到稳定状态时,又要恢复梁体与墩柱的铰接性质,对此尚须调整所施加的预应力,以适应这种体系的转换。

鉴于悬臂施工法不受桥高、河深等影响,适应性强,目前不仅用于悬臂体系桥梁的施工,而且还广泛应用于大跨径预应力混凝土连续梁桥、连续刚架桥、混凝土斜拉桥以及钢筋混凝土拱桥的施工。

按照梁体的制作方式,悬臂施工法又可分为悬臂浇筑和悬臂拼装两种。下面分别介绍这两种方法和施工中的临时固结措施。

1. 悬臂浇筑法

悬臂浇筑施工系利用悬吊式的活动脚手架(或称挂篮)在墩柱两侧对称平衡地浇筑梁段混凝土(每段长2～5m),每浇筑完一对梁段,待达到规定强度后就张拉预应力筋并锚固;然后向前移动挂篮,进行一下梁段的施工,直到悬臂端为止。(**连续梁桥悬臂浇筑法施工过程演示见数字资源02**)

图7-38示出挂篮结构简图,它由底模架、悬吊系统、承重结构、行走系统、平衡重、锚固系统及工作平台等部分组成。挂篮的承重结构可用万能杆件或贝雷钢架拼成,或采取专门设计的结构,它除了要能承受梁段自重和施工荷载外,还具有自重小、刚度大、变形小、稳定性好、行走方便等特点。

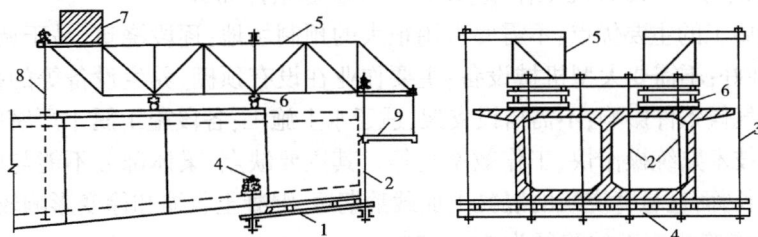

图7-38 挂篮结构简图

1-底模架;2、3、4-悬吊系统;5-承重结构;6-行走系统;7-平衡重;8-锚固系统;9-工作平台

图7-39所示为我国重庆长江大桥施工中采用的斜拉式挂篮,其承重结构由箱形截面钢梁和钢带拉杆组成,行走系统用聚四氟乙烯滑板。这种挂篮结构的用钢量比万能杆件的用钢量

节省了1/3,使用也方便,取得了良好的效果。

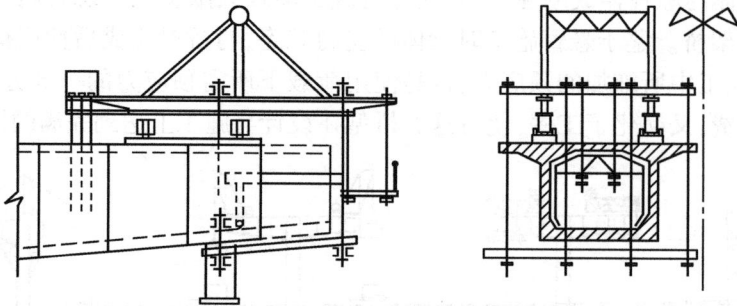

图7-39 斜拉式挂篮

用挂篮浇筑墩侧第一对梁段时,由于墩顶位置受限,往往需要将两侧挂篮的承重结构连在一起[图7-40a)]。待浇筑到一定长度后再将两侧承重结构分开。如果墩顶位置过小,开始用挂篮浇筑发生困难时,可以设立局部支架来浇筑墩侧头的几对梁段[图7-40b)],然后再安装挂篮。

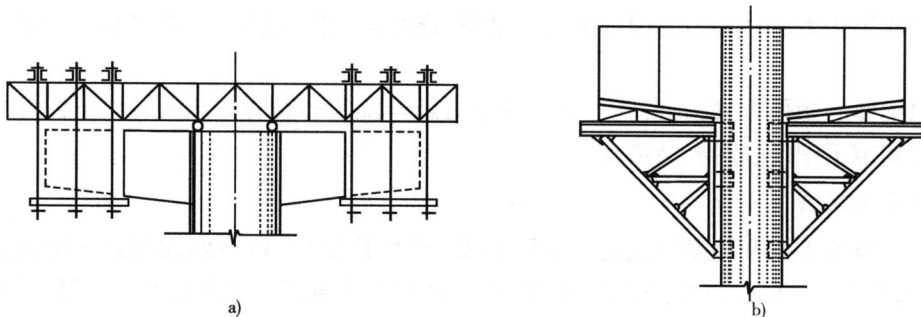

图7-40 墩侧几对梁段的浇筑

每浇筑一个箱梁段的工艺流程:移挂篮→装底、侧模→装底、肋板钢筋和预留管道→装内模→装顶板钢筋和预留管道→浇筑混凝土→养护→穿预应力筋、张拉和锚固→管道压浆。

悬臂浇筑一般采用由快凝水泥配制的C40~C60混凝土。在自然条件下,浇筑后30~36h,混凝土强度就可达到30MPa左右(接近标准强度的75%),这样可以加快挂篮的移位。目前每段施工周期为7~10d,视工作量、设备及气温等条件而异。

悬臂浇筑法施工的主要优点:不需要占用很大的预制场地;逐段浇筑,易于调整和控制梁段的位置,且整体性好;不需要大型机械设备;主要作业在设有顶棚、养生设备等的挂篮内进行,可以做到施工不受气候条件影响;不需搭设支架,适于水上施工;各段施工属于严密的重复作业,需要施工人员少且技术熟练操作快、工作效率高等。其主要缺点:梁体部分不能与墩柱平行施工,导致施工周期较长,而且悬臂浇筑的混凝土加载龄期短,混凝土收缩和徐变影响较大。

最常用悬臂浇筑法施工的跨径为50~120m。

2.悬臂拼装法

悬臂拼装法施工是在工厂或桥位附近将梁体沿轴线划分成适当长度的块件进行预制,然后用船或平车从水上或从已建成部分桥上运至架设地点,并用活动吊机等起吊后向墩柱两侧对称均衡地拼装就位,张拉预应力筋。重复这些工序直至拼装完悬臂梁全部块件为止。

预制块件的长度取决于运输、吊装设备的能力,实践中已采用的块件长度为 1.4 ~ 6.0m,块件质量为 14 ~ 170t。但从桥跨结构和安装设备统一的角度来考虑,块件的最佳尺寸应使质量在 35 ~ 60t 范围内。

预制块件要求尺寸准确,特别是拼装接缝要密贴,预留孔道的对接要顺畅。为此,通常采用间隔浇筑法来预制块件,使先完成块件的端面成为浇筑相邻块件时的端模,如图 7-41 所示(图中数字表示浇筑次序)。在浇筑相邻块件之前,应在先浇块件端面上涂刷隔离剂,以便分离出坑。在预制好的块件上应精确测量各块件相对高程,在接缝处做好对准标志,以便拼装时易于控制块件位置,保证接缝密贴,外形准确。

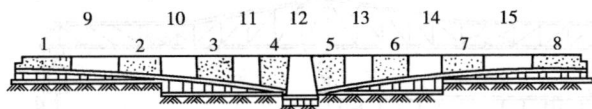

图 7-41　块件预制(间隔法)

预制块件的悬臂拼装可根据现场布置和设备条件采用不同的方法来实现。当靠岸边的桥跨不高且可在陆地或便桥上施工时,可采用自行式吊车、门式吊车来拼装。对于河中桥孔,也可采用水上浮吊进行安装。如果桥墩很高或水流湍急而不便在陆上、水上施工时,就可利用各种吊机进行高空悬拼施工。

图 7-42a)表示用沿轨道移动的伸臂吊机进行悬臂拼装,预制块件用船运至桥下。国外用此方法曾拼装长 6m、重 170t 的箱形块件。

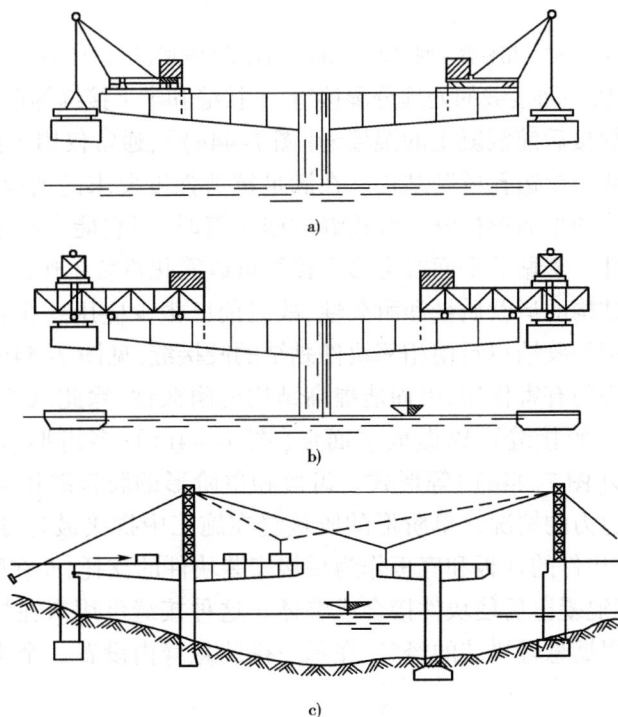

图 7-42　高空悬臂拼装

(悬臂拼装法施工过程演示见数字资源 03)

图 7-42b)示出用拼拆式活动吊机,进行悬拼的示意图。吊机的承重结构与悬臂浇筑法中挂篮的相仿,不过在吊机就位固定后起重平车沿承重梁顶面的轨道纵向移动,以便拼装时调整位置。

图 7-42c)示出用缆索起重机吊运和拼装块件的简图。此方法适用于起重机跨度不太大,块件重量较小的场合。

在无法用浮运设备运送块件至桥下而需要从桥的一岸出发修建多孔大跨径预应力混凝土桥梁时,还可以采用特制的自行式的悬臂-闸门式吊机进行悬臂拼装施工。吊机在施工过程中两种主要位置,如图 7-43 所示。

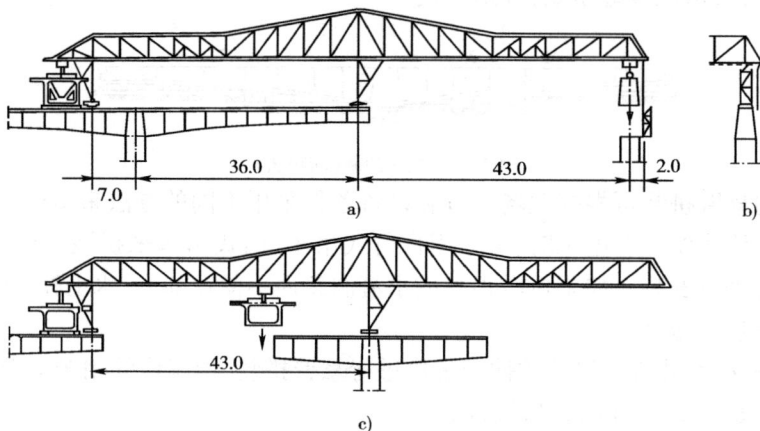

图 7-43　用悬臂-闸门式吊机拼装桥跨结构简图(尺寸单位:m)

悬臂拼装时,预制块件间接缝的处理分湿接缝、干接缝和半干接缝等形式(图 7-44)。

需要将伸出钢筋焊接后灌混凝土的湿接缝[图 7-44a)],通常仅用于拼装与墩柱连接的第一对块件和支架上拼装的岸边孔桥跨结构。在满足抗剪强度要求的情况下,也可采用无伸出钢筋而仅填筑水泥砂浆的平面湿接缝。湿接缝的施工费时,但它能有利于调整块件的拼装位置和增强接头的整体性。密贴的平面或齿形干接缝可以简化拼装工作,早期曾有采用,但由于接缝渗水会降低装配结构的运营质量和耐久性,故目前已很少应用。在悬臂拼装中采用最为广泛的是应用环氧树脂等胶结材料使相邻块件黏结的胶接缝,见图 7-44b)、d)、e)、和 f)。胶接缝能消除水分对接头的有害作用,因而能提高结构的耐久性,除此以外,胶接缝还比干接缝具有较大的抗剪能力。胶接缝可以做成平面形[图 7-44f)]、多齿形[图 7-44b)]、单阶形[图 7-44d)]和单齿形[图 7-44e)]等形式。齿形和单阶形的胶接缝用于块件间摩阻力和黏结力不足以抵抗梁体剪力的情况。单阶形的胶接缝在施工中拼接最为方便。图 7-44c)表示半干接缝的构造,已拼块件的顶板和底板作为拼接安装块件的支托,而在腹板端面上有形成骨架的伸出钢筋,待浇筑混凝土后使块件接合成整体。这种接缝可用来在拼装过程中调整悬臂的平面和立面位置。根据悬臂拼装的经验,在每一拼装悬臂内设置一个半干接缝来调整悬臂位置是合理的。

悬臂拼装法施工的主要优点:梁体块件的预制和下部结构的施工可同时进行,拼装成桥的速度比现浇的快,可显著缩短工期;块件在预制场内集中制作,质量较易保证;梁体塑性变形小,可减少预应力损失,施工不受气候影响等。主要缺点:需要占地较大的预制场地;为了移运和安装需要大型的机械设备;如不用湿接缝,则块件安装的位置不易调整等。

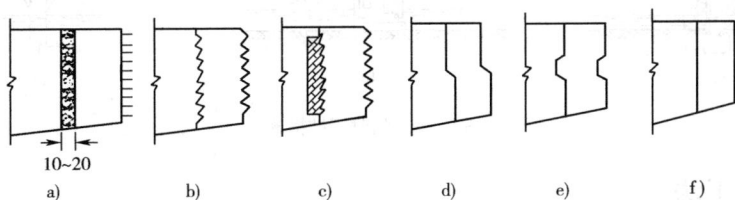

图7-44 接缝形式(尺寸单位:mm)

3. 临时固结措施

用悬臂施工法从桥墩两侧逐段延伸建造预应力混凝土悬臂梁桥时,为了承受施工过程中可能出现的不平衡力矩,就需要采取措施,使墩顶的0号块件与桥墩临时固结起来。

图7-45示出我国天津狮子林桥(跨度为24m+45m+24m的三孔悬臂梁桥)在施工中采用的临时固结措施构造。在浇筑0号块件之前,在墩顶靠两侧先浇筑C50的混凝土楔形垫块,待0号块件达到设计强度80%以上时,在桥墩两侧各用10根ϕ32mm预应力粗钢筋从块件顶部张拉固定,如图7-45所示。这样就使拼装过程中出现的不平衡力矩完全由临时的混凝土垫块和预应力筋共同承受。张拉力的大小以悬拼时梁墩间不出现拉应力为度(每根钢筋的张拉力为210kN)。待全部块件拼装完毕后,即可拆卸临时固结措施,使悬臂梁的永久支座发生作用,这样就使施工过程中的T形刚架受力图式转化为悬臂梁的受力图式。这种体系转换是施工中的重要环节,在拟定预应力筋张拉顺序时必须满足各阶段内力变化的需要,应该通过计算事先确定。

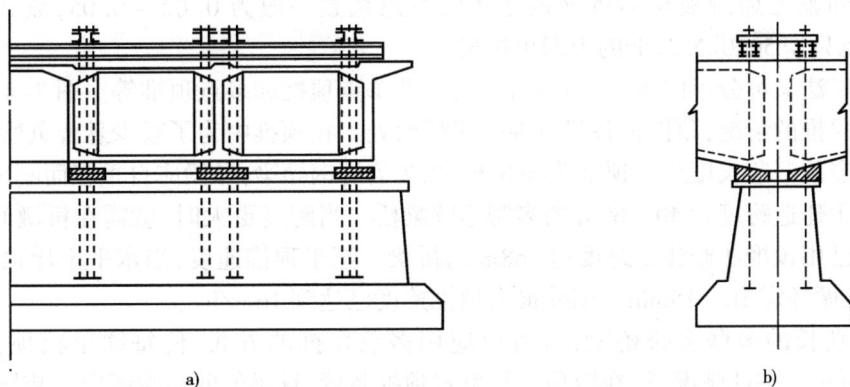

图7-45 0号块件与桥墩的临时固结构造

图7-46示出另外几种临时固结的做法。图7-46a)所示是当桥不高,水又不深而易于搭设临时支架的支架式固结措施,在此情况下,拼装中的不平衡力矩完全靠梁段的自重来保持稳定。图7-46b)所示是利用临时立柱和预应力筋来锚固上下部结构的构造。预应力筋的下端埋固在基础承台内,上端在箱梁底板上张拉并锚固,借以使立柱在施工过程中始终受压,以维持稳定。在桥高水深的情况下,也可采用围建在墩身上部的三角形撑架来敷设梁段的临时支承,并可使用砂筒作为悬臂拼装完毕后转换体系的卸架设备,如图7-46c)所示。

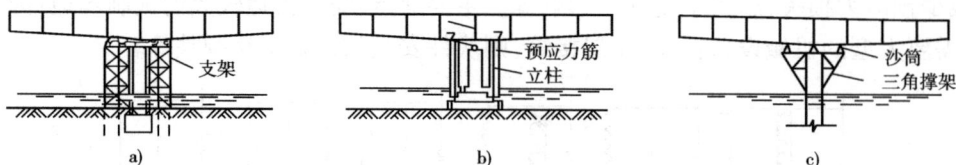

图 7-46 临时固结措施

六、顶推施工法

预应力混凝土连续梁顶推法施工的构思,源自钢桥架设中普遍采用的纵向拖拉法。但由于混凝土结构自重大,滑道设备过于庞大,而且配置承受施工中变号内力的预应力筋也比较复杂,因而这种方法未能很早实现。随着预应力混凝土技术的发展和高强低摩阻滑道材料(聚四氟乙烯塑料)的问世,至 20 世纪 60 年代初,德国首创用此方法架设预应力混凝土桥梁获得成功。目前,顶推施工法已作为架设连续梁桥的先进工艺,在各国得到了广泛应用。

顶推施工法的基本工序:在桥台后面的引道上或在刚性好的临时支架上设置制梁场,集中制作(现浇或预制装配)的一般为等高度箱形梁段(10~30m 一段),待有 2~3 段后,在上、下翼板内施加能承受施工中的预应力;然后用水平千斤顶等顶推设备将支承在聚四氟乙烯塑料板与不锈钢板滑道上的箱梁向前推移,推出一段再接长一段。这样周期性地反复操作直至最终位置,进而调整预应力(通常是卸除支点区段底部和跨中区段顶部的部分预应力筋,并且增加和张拉一部分支点区段顶部和跨中区段底部的预应力筋),使满足后加恒载和活载内力的需要。最后,将滑道支承移置成永久支座,至此施工完毕。

由于聚四氟乙烯滑板与不锈钢板之间的摩擦系数一般为 0.02~0.05,故梁重即使达100000kN,也只需 5000kN 以下的力即可推出。

顶推施工法又可分单向顶推和双向顶推,以及单点顶推和多点顶推等。图 7-47a)表示一般单向单点顶推的情况,顶推设备只设在一岸桥台处。在顶推中为了减少悬臂负弯矩,一般要在梁的前端安装一节长度约为顶推跨径 0.6~0.7 倍的钢导梁,导梁应自重轻而刚度大。单向顶推最适宜于建造跨度为 40~60m 的多跨连续梁桥。当跨度更大时,就需在桥墩间设置临时支墩。国外已用顶推法修建了跨度达 168m 的桥梁。至于顶推速度,当水平千斤顶行程为 1m时,一个顶推循环需 10~15min。国外最大顶推速度已达到 16m/h。

对于特别长的多联多跨桥梁,也可以应用多点顶推的方式,使每联单独顶推就位,如图 7-47b) 所示。在此情况下,在墩顶上均可置顶推装置,且梁的前后端都应安装导梁。

图 7-47c)示出三跨不等跨连续梁采用两岸双向顶推施工的图示。用此方法可以不设临时墩而修建中跨跨径更大的连续梁桥。

顶推施工中采用的主要设备是千斤顶和滑道。根据不同的传力方式,顶推工艺又有推头式或拉杆式两种。

图 7-48 所示为推头式顶推装置。图 7-48a)是设置在桥台上进行顶推的布置,利用竖向千斤顶将梁顶起后,用水平千斤顶推动竖向千斤顶(推头),由于推头与梁底间橡胶垫板(或粗齿垫板)的摩擦力明显大于推头与桥台间滑板的摩擦力,这样就能将梁向前移动。一个行程

推完后,降下竖向千斤顶,使梁落在支承垫板上,水平千斤顶退回,然后又重复上循环将梁推进。图7-48b)所示为多点顶推时安装在桥墩上的顶推装置。顶推时梁体压紧在推头上,水平千斤顶拉动推头使其沿钢板滑移,这样就将梁推动前进。水平千斤顶走完一个行程后,用竖向千斤顶将梁顶起,水平千斤顶活塞杆带动推头退回原处,再落梁并重复将梁推进。推头式顶推工艺的主要特点是在顶推循环中必须有竖向千斤顶顶起和放落的工序。

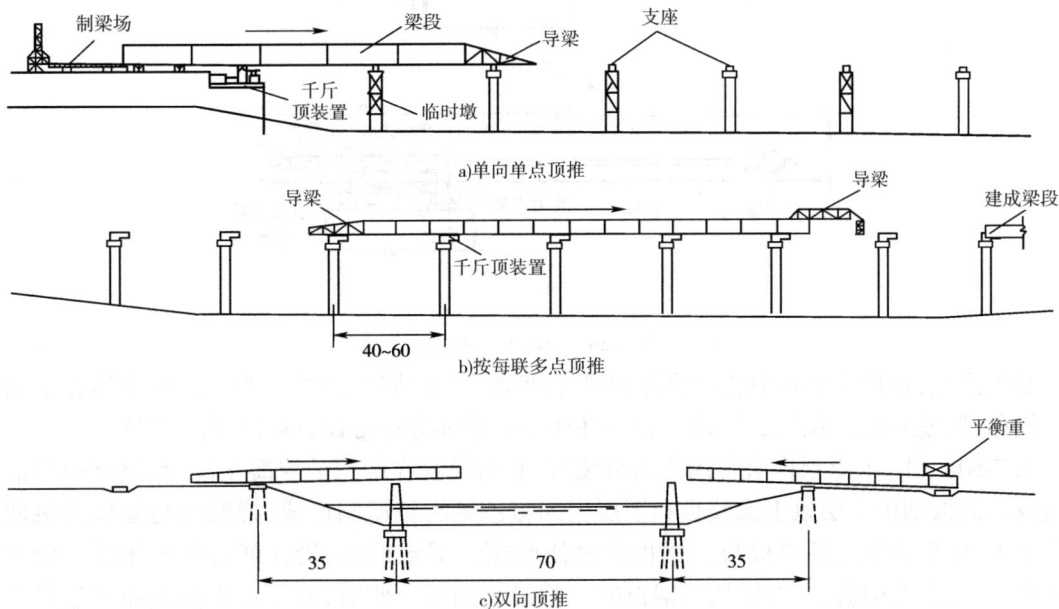

图7-47 连续梁顶推法施工示意图(尺寸单位:m)
(桥梁顶推法施工过程演示见数字资源04)

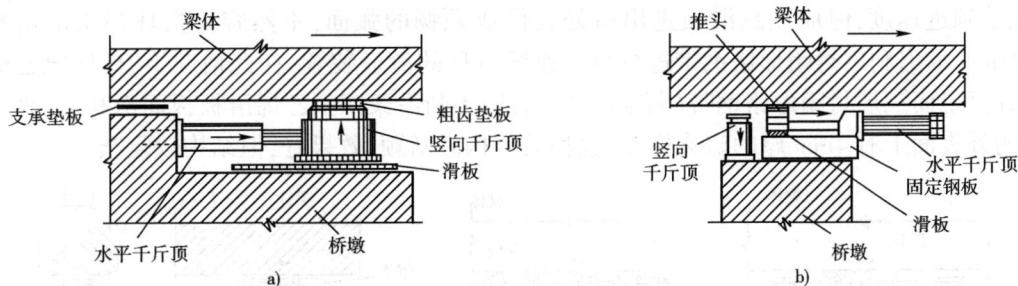

图7-48 推头式顶推装置

图7-49示出拉杆式顶推装置的布置。图中7-49a)的顶推工艺:水平千斤顶通过传力架固定在桥墩(台)顶部靠近主梁的外侧,装配式的拉杆用连接器接长后与埋固在箱梁腹板上的锚固器相连接,驱动水平千斤顶后活塞杆拉动拉杆,使梁借助梁底滑板装置向前滑移;水平千斤顶每走完一个行程后,就卸下一节拉杆,然后水平千斤顶回油使活塞杆退回,再连接拉杆并进行下一顶推循环。也可以用图7-49b)中所示穿心式水平千斤顶来拉梁前进,在此情况下,拉杆的一端固定在梁的锚固器上,另一端穿过水平顶后用夹具锚固在活塞杆尾端;水平千斤顶每走完一个行程,活塞杆退回,夹具自动放松,然后重新用夹具锚固拉杆并进行下一顶推循环。采用拉杆式顶推装置的主要优点是顶推过程中不需要反复顶梁和落梁,这就简化了操作并加快了推进速度。

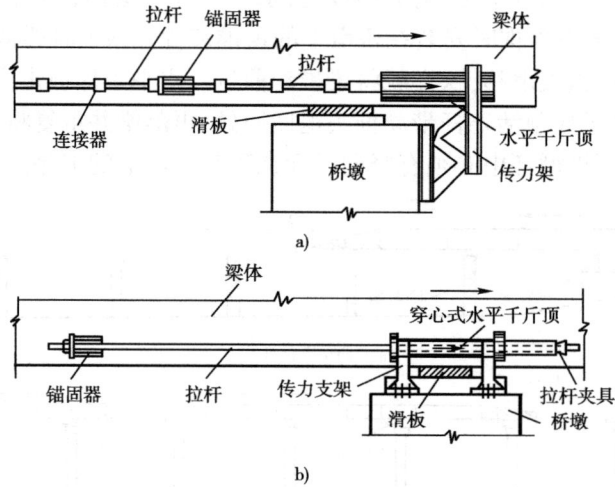

图 7-49 拉杆式顶推装置

必须注意,在顶推过程中要严格控制梁体两侧千斤顶同步运行。为了防止梁体在平面内发生偏移(特别在单点顶推的场合),通常在墩顶在梁体旁边可设置横向导向装置。

图 7-50a)、b)示出顶推法常用的滑道装置,它由设置在墩顶的混凝土滑台、铬钢板和滑板所组成。滑板则由上层氯丁橡胶板和下层聚四氟乙烯滑板镶制而成,橡胶板与梁体接触使摩擦力增大,而聚四氟乙烯滑板与铬钢板接触使摩擦力减至最小,借此就可使梁体滑移前进。图 7-50a) 所示的构造,当滑板从铬钢板的一侧滑移到另一侧时,必须停止前进而用竖向千斤顶将梁顶起,将滑板移至原来位置;然后再使竖向千斤顶回油将梁落在滑板上,再重复顶推过程。国内常用图 7-50b)所示喂入滑板的方式使梁连续滑移,这样可节省竖向千斤顶的操作工序,加快顶进速度,但应注意滑板进出口处要做成顺畅的弧面,不然容易损坏昂贵的滑板。图 7-50c) 示出利用封闭形铬钢带进行自动连续滑移的滑道装置,在此情况下,聚四氟乙烯滑板位置固定而三层封闭形铬钢带(每层厚 1mm)则不断沿聚四氟乙烯滑板板面滑移,最外层铬钢带的外表面上有 4mm 厚的硫化橡胶,这种装置构思新颖、效果好,但结构较复杂。

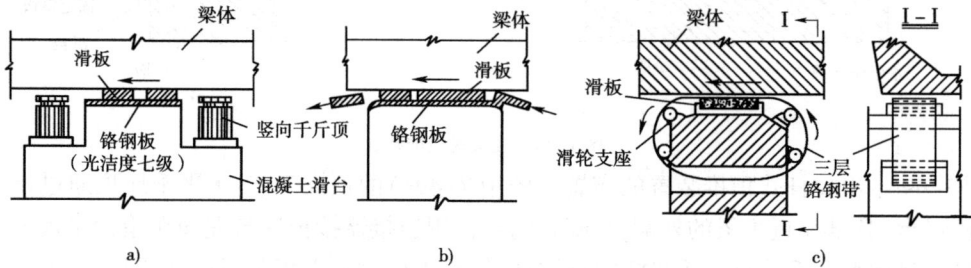

图 7-50 滑道构造

采用顶推施工法,每一节段从制梁开始到顶推完毕,一个循环需 6~8d;全梁顶推完毕后,即可调整、张拉和锚固部分预应力筋,进行灌浆、封端、安装永久支座,主体工程即告完成。

综上所述,预应力混凝土连续梁顶推施工法具有如下特点:

（1）梁段集中在桥台后机械化程度较高的小型预制场内制作，占用场地小，不受气候影响，施工质量易保证。

（2）用现浇法制作梁段时，非预应力钢筋连续通过接缝，结构整体性好。

（3）顶推设备简单，不需要大型起重机械就能无支架建造大跨径连续梁桥，桥越长经济效益越好。

（4）施工平稳、安全、无噪声，需用劳动力少，劳动强度低。

（5）施工是周期性重复作业，操作技术易于熟练掌握，施工管理方便，工程进度易于控制。

采用顶推施工法的不足之处：一般采用等高度连续梁，会增多结构耗用材料的数量，梁高较大会增加桥头引道土方量，且不利于美观；顶推施工中需要设置导梁，顶推过程受力和梁体使用阶段受力不同，梁体顶推就位后，要调整各截面预应力筋的数量；此外，采用顶推施工法的连续梁跨度也受到一定的限制。

第五节　拱桥施工

拱桥的施工方法与拱桥的结构形式密切相关，一般可分为有支架施工拱桥、少支架施工拱桥和无支架施工拱桥。其中，拱桥无支架施工包括缆索吊装、转体施工、劲性骨架、悬臂浇筑和悬臂安装，以及由以上一种或几种施工方法的组合。

一、拱桥的有支架就地浇筑、砌筑施工

1. 拱架

拱架的种类很多，按其使用材料可分为木拱架、钢拱架、竹拱架、钢木组合拱架以及土牛胎拱架等。按其结构形式可分为立柱式、撑架式、桁架式、组合式等形式。拱架是拱桥有支架施工必不可少的辅助结构，在整个施工期间，用以支承全部或部分拱圈和拱上建筑的重量，并保证拱圈的形状符合设计要求。因此，要求拱架具有足够的强度、刚度和稳定性。

1）满布立柱式拱架

满布立柱式拱架一般采用木材制作，图 7-51 所示是这种拱架的一般构造示意图。它的上部由弓形木、立柱、斜撑和水平拉杆组成拱形桁架，又称为拱盔；它的下部是由立柱和横向联系（斜夹木和水平夹木）组成支架。其上下部之间放置卸架设备（木楔或砂筒等）。这种支架的立柱数目很多，只适合于桥不太高、跨度不大、洪水期漂浮物少且无通航要求的拱桥施工时采用。

2）撑架式拱架

撑架式拱架的上部与满布立柱式拱架相同，其下部是用少数框架式支架加斜撑来代替众多数目的立柱，因此木材用量相对较少，如图 7-52 所示。这种拱架构造上并不复杂，而且能在桥孔下留出适当的空间，减小洪水及漂流物的威胁，并在一定程度上满足通航的要求。因此，它是实际中采用较多的一种拱架形式。

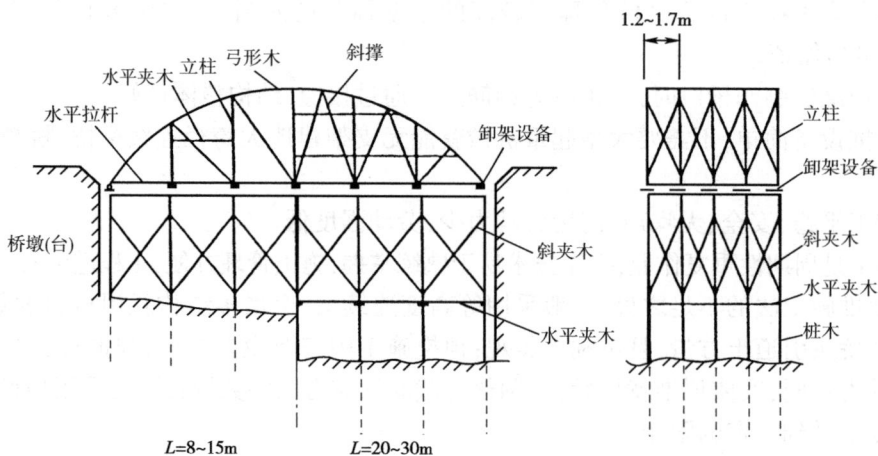

图 7-51　满布立柱式木拱架

3)三铰桁式木拱架

三铰桁式木拱架是由两片对称弓形桁架在拱顶处拼装而成,其两端直接支承在墩台所挑出的牛腿上或者紧贴墩台的临时排架上,跨中一般不另设支架,如图 7-53 所示。

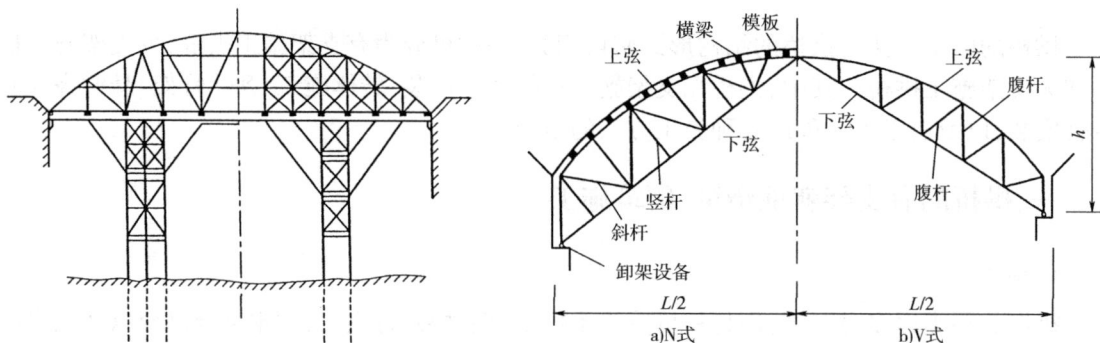

图 7-52　撑架式拱架

图 7-53　三铰桁式木拱架

这种拱架不受洪水、漂流物的影响,在施工期间能维持通航,适用于墩高、水深、流急或要求通航的河流。其与满布立柱式拱架相比,木材用量少,可重复使用,损耗率低。但对木材规格和质量要求较高,同时要求有较高的制作水平和架设能力。由于在拱铰处接合较弱,因此,除在结构构造上须加强纵横向联系外,还需设置抗风缆索,以加强拱架的整体稳定性。在施工中应注意对称均匀浇筑混凝土,并加强观测。

4)钢拱架

钢拱架一般采用桁架式,由单片拱形桁架构成。拱片之间的距离可为 0.4m 或 1.9m。它们可以被拼接成三铰、两铰或无铰拱架。当跨径小于 80m 时多用三铰拱架,跨径小于 100m 时多用两铰拱架,跨径大于 100m 时多用无铰拱架。图 7-54 所示为两铰钢拱架构造。由于钢拱架多用在大跨径拱桥的建造上,它本身具有很大的重量,因此在安装时,还需借助临时墩和起吊设备,将它分为若干节段后再拼装而成。施工时再拆除临时墩与钢拱架的联系;施工完毕后,又借助临时墩逐段将它拆除。图 7-54b)所示为这类拱架的安装示意图。

图 7-54 钢拱架构造及安装示意图

2.拱架的计算

拱架的计算和其他结构物的计算一样,在正确选择合理计算图式的基础上,首先要求出各杆件的内力,然后根据所求得的内力选择截面或验算预先假定的截面的应力。为了保证拱圈的形状符合设计要求,拱架还必须有足够的刚度,因此,应对拱架的受弯构件进行挠度验算。

1)拱架的计算荷载

(1)拱架自重。因与圬工砌体重量相比,木拱架自重显得很小,在满布式拱架的计算中可以忽略不计。对于三铰拱式拱架,可按 2.5 ~ 3.5kN/m 计算。

(2)拱圈圬工重量:可视为可变荷载,要考虑砌筑位置的影响;其荷载强度视拱圈的施工方法而定。

(3)施工人员及机具设备的重量:一般可按 2kPa 计算;对单根杆件,还需用一个 1.50kN 的集中荷载验算。

(4)横向风力。横向风力可按相关桥梁规范确定。迎风面积以拱架的轮廓面积乘以0.4 ~ 0.5。受风力作用下的稳定系数应不小于 1.3。

2)预拱度的计算

对于拱式结构,预拱度的设置显得比梁式桥更为重要。这是由于拱桥的拱轴线变化将大大影响结构的受力性能,故需格外加以重视。

拱桥施工时,拱架的预拱度主要考虑以下影响因素:

(1)拱圈自重产生的拱顶弹性下沉。

(2)拱圈由于温度降低与混凝土收缩产生的拱顶弹性下沉。

(3)墩台水平位移产生的拱顶下沉。

(4)拱架在承重后的弹性及非弹性变形。

(5)支架基础受荷载后的非弹性压缩。

(6)梁式及拱式拱架的跨中挠度。

拱架在拱顶处的总预拱度,可根据实际情况进行组合计算。在一般情况下,拱顶预拱度可在 $L/400 \sim L/800$ 的范围内。预拱度的设置,在拱顶外的其余各点可近似地按二次抛物线分配,如图 7-55 所示,即

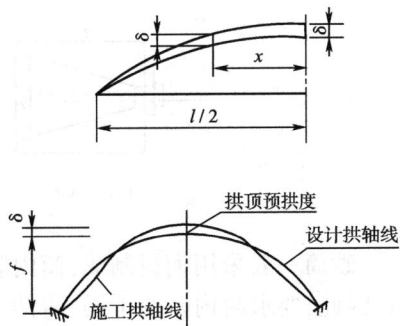

图 7-55 拱桥施工预拱度设置方式

$$\delta_{\mathrm{x}} = \delta\left(1 - \frac{4x^2}{l^2}\right) \tag{7-6}$$

对无支架施工或早期脱架施工的悬链线拱,宜按拱顶新矢高为$f+\delta$,用拱轴系数降低一级或半级的方式设置预拱度。这可从两方面解释:

(1)悬链线拱的形状取决于拱轴系数"m",m值越大,拱轴线在拱脚处越陡。而拱轴线与荷载压力线的偏离越大,则主拱的受力越不利。

(2)由施工实践证明,裸拱圈的挠度曲线呈"M"形,即拱顶下挠而在两边$l/8$处上升。如果仍然按抛物线布设分配预拱度,则将会使$l/8$处的拱轴线偏离设计拱轴线更远。如按新矢高$f+\delta$和降低一级(或半级)拱轴系数进行主拱圈施工放样,待裸拱圈产生"M"变形后,刚好符合(或接近)设计拱轴线。

3)拱架的卸落

拱圈砌筑(或现浇混凝土)完毕,待达到一定强度后即可拆除拱架。

如果施工情况正常,在拱圈合龙后,拱架应保留的最短时间与跨径大小、施工期间的气温、养护的方式等因素有关。对于石拱桥,一般跨径在 20m 以内时为 20 昼夜;跨径大于 20m 时为 30 昼夜。对于混凝土拱桥,按设计强度要求,经混凝土块试压强度的具体情况确定。因施工要求必须提早拆除拱架时,应适当提高砂浆(或混凝土)强度等级或采取其他措施。

为保证拱架能按设计要求均匀落下,必须采用专门的卸架设备。常用的卸架设备有木楔、砂筒和千斤顶。

木楔有简单木楔和组合木楔等不同构造。图 7-56a)所示为简单木楔,由两块 1:6 ~ 1:10 斜面的硬木组成,通过轻轻敲击木楔小头,便可将木楔取出使拱架下落。图 7-56b)所示为组合式木楔,由三块楔形木和一根拉紧螺栓组成,卸落时只需拧松螺栓,木楔下降,拱架即可降落。

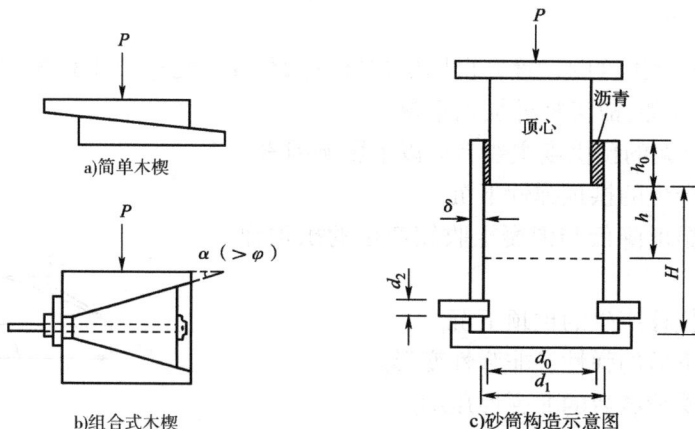

a)简单木楔

b)组合式木楔

c)砂筒构造示意图

图 7-56　卸架设备构造示意图

砂筒一般采用钢板制成,筒内装以干砂,上部插入活塞。卸落时靠砂从砂筒下部泄砂孔流出,因此,要求筒内砂要干燥、清洁。图 7-56c)所示为砂筒构造示意图。

为了保证拱圈(或拱上建筑已完成的整个上部结构)逐渐均匀降落,以便使拱架所支承的桥跨结构重量逐渐转移给拱圈自身来承担,拱架不能突然卸除,而应该按照一定的卸架程序进行。

卸架程序一般是：对于满布式拱架的中、小跨径拱桥，可从拱顶开始，逐次向拱脚对称卸落；对于大跨径的悬链线拱圈，为了避免拱圈发生"M"形的变形，也有从两边 $l/4$ 处逐次对称地向拱脚和拱顶均衡地卸落。卸架的时间宜在白天气温较高时进行，这样能够便于卸落拱架。

多孔连续拱桥施工时，还应考虑相邻孔间的影响。若桥墩设计容许承受单孔施工荷载，就可以单孔卸架；否则应多孔同时卸落拱架，以避免桥墩不能承受单向推力而产生过大的位移，甚至引起严重的施工事故。

3.拱圈的施工

1）拱圈的砌筑施工

在支架上砌筑或就地浇筑施工上承式拱桥一般分三个阶段进行。第一阶段施工拱圈或拱肋混凝土；第二阶段施工拱上建筑；第三阶段施工桥面系。

在拱架上砌筑的拱桥主要有石拱桥和混凝土预制块拱桥。石拱桥按其材料规格，可分为粗料石拱、块石拱和浆砌片石拱等。

（1）拱圈放样与备料

粗料石拱圈的拱石要按照拱圈的设计尺寸进行加工。为了能合理划分拱石，保证结构尺寸准确，通常需要在样台上将拱圈按 $1:1$ 的比例放出大样；然后，用木板或锌铁皮在样台上按分块大小制成样板，再进行编号，以利于加工。

在划分拱石时需注意（图 7-57）：左右两批拱石间的砌缝横贯拱圈全部宽度，并垂直于拱圈中轴，成为贯通的辐射缝；上下两层拱石的砌缝为断续的弧形缝，其前后拱石间的砌缝则为断续的、与拱圈纵轴平行的平面缝。两相邻拱石的砌缝必须错开，其距离应不小于 100mm，以利于拱圈传力和具有较好的整体性。

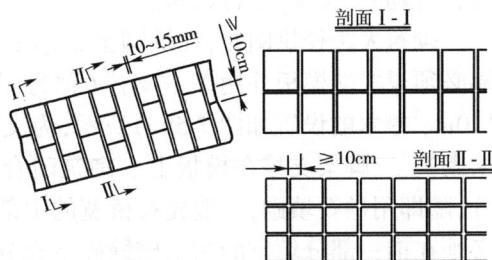

图 7-57 石砌拱圈的错缝

拱石分块的大小依据加工能力和运输条件而定。对拱石加工的尺寸规格与误差要求以及砂浆、小石子、混凝土配比和使用的规定，可执行按相关设计、施工规范。

（2）拱圈的砌筑

①连续砌筑。跨径小于 10m，当采用满布式拱架施工时，可以从两拱脚同时向拱顶一次按顺序砌筑，在拱顶合龙；当采用拱式拱架时，宜分段、对称地先砌筑拱脚和拱顶，后砌筑 $1/4$ 跨径段。

预加压力砌筑是在砌筑前在拱架上预压一定重量，以防止或减少拱架弹性和非弹性下沉的砌筑方法。它可以有效预防拱圈产生不正常的变形和开裂。预压物可采用拱石，随撤随砌，也可采用砂袋等其他材料。

砌筑拱圈时，常在拱顶留一龙口，最后在拱顶合龙。为防止拱圈因温度变化而产生过大的附加应力，拱圈合龙应在设计要求的温度范围内进行。设计无规定时，宜选取气温在 $5\sim15℃$ 时进行。

②分段砌筑。当跨径为 $10\sim20\text{m}$ 时，应分段砌筑，分段长度应以能使拱架受力对称、均匀和变形小为原则，拱式拱架宜设置在拱架受力反弯点、拱架节点、拱顶及拱脚处；满堂式拱架宜设置在拱顶、$l/4$、拱脚及拱架节点等处。各段的接缝面应与拱轴线垂直，如图 7-58 所示。

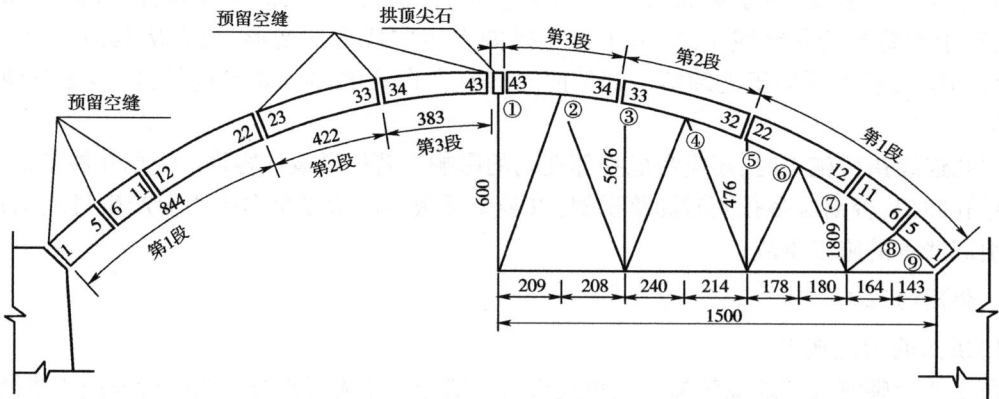

图 7-58 拱圈的分段砌筑

分段砌筑时,各段间可留空缝,空缝宽 3~4cm,在空缝处砌石要规则。为保持砌筑过程中不改变空缝形状和尺寸,同时也为拱石传力,空缝可用铁条或水泥砂浆预制块作为垫块,待各段拱石砌完后填塞空缝。填塞空缝应在两半跨对称进行,各空缝同时填塞,或从拱脚依次向拱顶填塞。因用力夯填空缝砂浆可使拱圈拱起,故此方法宜在小跨径拱中使用。当采用填塞空缝砂浆使拱合龙时,应注意选择最后填塞空缝的合龙温度。为加快施工进度,并使拱架均匀受力,各段亦可交叉、平行砌筑。

砌筑大跨径拱圈时,在拱脚至 $l/4$ 段,当其倾斜角大于拱石与模板间的摩擦角时,拱段下端必须设置端模板并用撑木支撑(称为闭合楔)。闭合楔应设置在拱架挠度转折点处,宽约 1.0m,撑木的设置如图 7-59a)所示,为支撑支顶在下一拱段上;图 7-59b)所示为下一拱段尚未砌筑,三脚架支撑在模板上。砌筑闭合楔时,必须拆除三脚架,可分二三次进行,先拆一部分,随即用拱石填砌,一般先在桥宽的中部填砌。然后,再拆第二部分。每次所拆闭合楔支撑必须在前一部分填砌的圬工砌缝砂浆充分凝固后进行,如图 7-60 所示。

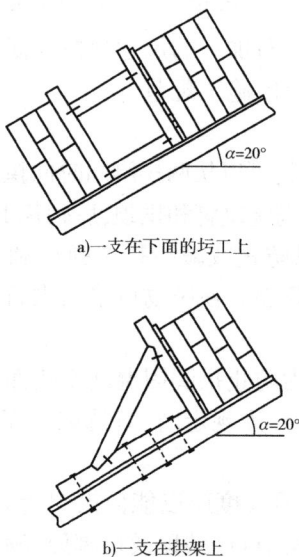

图 7-59 闭合楔的支撑

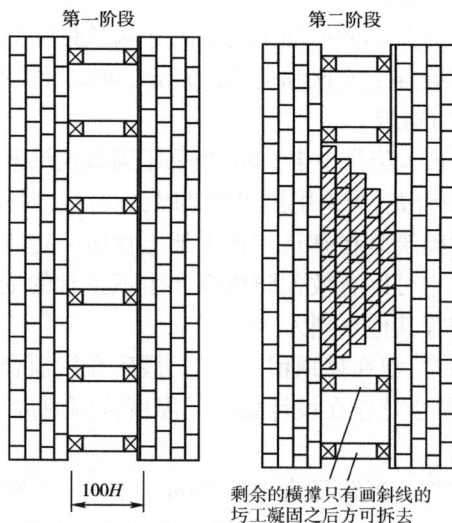

图 7-60 闭合楔的填砌顺序

③分环分段砌筑。较大跨径的拱桥,当拱圈较厚、由三层以上拱石组成时,可将拱圈分成几环砌筑,砌一环合龙一环。当下环砌筑完并养护数日后,砌缝砂浆达到一定强度时,再砌筑上环。

上下环间拱石应犬牙交错,每环可分段砌筑。当跨径大于 25 m 时,每段长度一般不超过 8 m,段间可设置空缝或闭合楔。在分段较多和分环砌筑的拱圈,为使拱架受力对称、均匀,可在拱跨的两个 1/4 处或在几处同时砌筑合龙。

④多跨连拱的砌筑。多跨连拱的拱圈砌筑时,应考虑与邻孔施工的对称均匀,以免桥墩承受过大的单向推力。因此,当为拱式拱架时,应适当安排各孔的砌筑程序;当采用满布式支架时,应适当安排各孔拱架的卸落程序。

2)主拱圈的就地浇筑施工

在支架上就地浇筑拱桥的施工同拱桥的砌筑施工基本相同。即浇筑主拱圈或拱肋混凝土,浇筑拱上立柱、联系梁及横梁等,浇筑桥面系。在施工时还须注意的是,后一阶段混凝土浇筑应在前一阶段混凝土强度达到设计要求后进行。拱圈或拱肋的施工拱架,可在拱圈混凝土强度达到设计强度的 85% 以上、在拱上建筑施工前拆除,但应对拆架后的拱圈进行稳定性验算。

在浇筑主拱圈混凝土时,立柱的底座应与拱圈或拱肋同时浇筑,钢筋混凝土拱桥应预留与立柱的联系钢筋。

主拱圈混凝土的浇筑方法同砌筑施工,也分为连续浇筑法、分段浇筑法和分环、分段浇筑法。施工方案的选定主要根据桥梁跨径来选择。

(1)连续浇筑

跨径在 16 m 以下的混凝土拱圈或拱肋,主拱高度比较小,全桥的混凝土数量也较少,因此,主拱可以从两拱脚开始对称向拱顶方向连续浇筑,在拱架混凝土初凝前完成全部浇筑。如预计不能在限定时间内完成,则应在拱脚预留一个隔缝并最后浇筑隔缝混凝土。

(2)分段浇筑

当跨径大于或等于 16 m 时,为避免先浇筑的混凝土因拱架下沉而开裂,并为减小混凝土的收缩力,而沿拱跨方向分段浇筑,各段之间留有间隔槽。这样,在拱架下沉时,拱圈各节段有相对活动的余地,从而避免拱圈开裂。

拱段分段长度一般为 6 ~ 15 m,分段点应适当预留间隔槽。如预计时间间隔较小且采取分段间隔浇筑时,也可减少或不设间隔槽。间隔槽的位置应避开横撑、隔板、吊杆及刚架节点等处。间隔槽的宽度一般为 50 ~ 100 cm,以便于施工操作和钢筋连接。为缩短拱圈合龙和拱架拆除的时间,间隔槽内的混凝土可采用比拱圈高一等级的半干硬性混凝土。各段的接缝面应与拱轴线垂直。

拱段的浇筑程序应符合设计规定,在拱顶两侧对称进行,以使拱架变形保持均匀和最小。图 7-61 示出不同跨径的拱分段浇筑施工程序,可供参考选用。

间隔槽混凝土应在拱圈各段混凝土浇筑完成,且强度达到设计强度的 85% 以上时方可进行浇筑。其浇筑顺序可从拱脚向拱顶对称进行,在拱顶浇筑间隔槽使拱合龙。拱的合龙温度应符合设计要求,一般应接近当地的年平均温度或在 5 ~ 15℃ 之间为宜。为加速施工进程,间隔槽混凝土可采用比拱圈混凝土高一级的半干硬性混凝土。

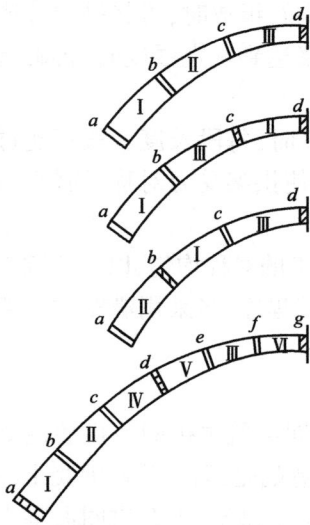

图7-61　分段浇筑施工程序

(3)箱形截面拱圈分环、分段浇筑

大跨径钢筋混凝土拱圈,为减轻拱架负荷,一般采用分环、分段的浇筑方法。分段的方法与上述相同;分环的方法一般有如下两种。

①分成两环浇筑:先分段浇筑底板(第一环),然后分段浇筑腹板、横隔板及顶板混凝土(第二环)。

②分成三环浇筑:先分段浇筑底板(第一环),然后分段浇筑腹板和横隔板(第二环),最后分段浇筑顶板(第三环)。

分环、分段浇筑时,拱圈或拱肋的合龙方法有两种:

①采取分环填充间隔槽合龙;

②全拱圈(或拱肋)浇筑完成后最后一次性填充间隔槽合龙。

采取分环填充间隔槽时,已合龙的环层可与拱架共同作用,承担后浇混凝土的重量。采用最后一次合龙时,拱圈(或拱肋)必须一环一环地分段浇筑,待最后一环混凝土浇筑完成后,一次填充各环间隔槽完成拱圈(或拱肋)的合龙。采用这种合龙方法的上下环间隔槽位置应该互相对应和贯通,其宽度一般为2m左右,有钢筋接头的间隔槽一般在4m左右。图7-62所示为箱形拱采用分环、分段浇筑的程序。

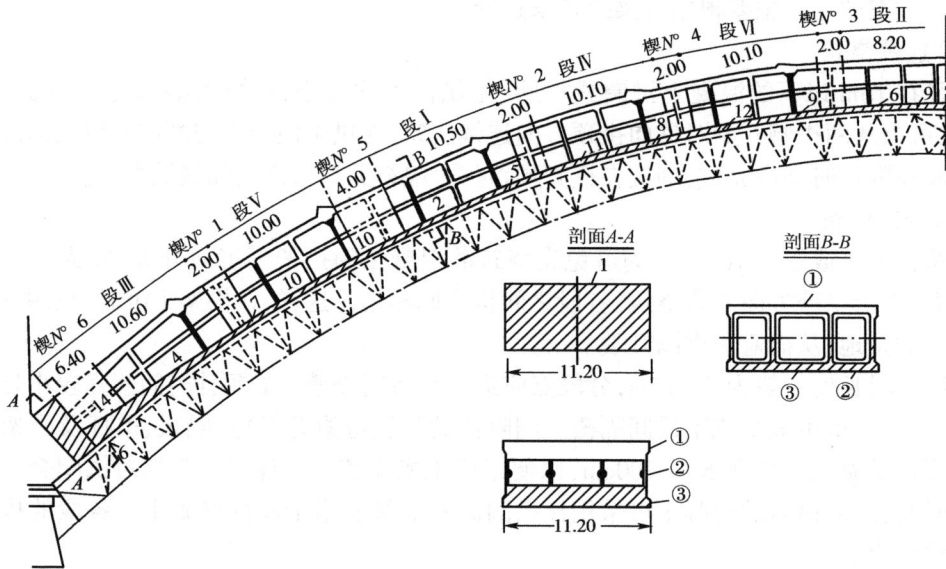

图7-62　箱形拱主拱圈分环、分段浇筑施工程序(尺寸单位:m)

分环浇筑,由于各环混凝土龄期不同,混凝土的收缩和温差影响在环面间会产生剪力和结构的内应力,容易造成环间裂缝。因此,其浇筑程序、养护时间和各环间的接合必须按计算确定。

(4)钢管混凝土的浇筑

钢管混凝土的浇筑一般采用泵送顶升浇筑法。

输送泵设于两岸拱脚,对称泵送混凝土。在钢管上可每隔一定距离开设气孔,以减少管内的空气压力。浇筑前应先用压力水冲洗钢管内壁,灌注混凝土前应先泵入水泥浆,然后连续泵送混凝土。采用泵送顶升浇筑管内混凝土,一般应按先管后腹的浇筑顺序进行,如设计中没有规定,应以有利于拱肋受力和稳定性为原则进行,并在浇筑过程中严格控制拱肋变位。

(5)拱肋连接系的浇筑

各拱肋同时浇筑时,拱肋间横向连接系与浇筑拱肋同时施工,并同时卸落拱架;各拱肋不是同时浇筑和卸架时,应在各拱肋卸架后再浇筑肋间横向连接系。拱上立柱的底座应与拱圈(或拱肋)同时浇筑,柱脚接头钢筋、肋间横向连接系接头钢筋以及中承式、下承式拱桥拉杆的接头钢筋(或钢丝束的穿孔等),应在浇筑拱肋混凝土时设计预留位。

(6)拱圈(或拱肋)钢筋的绑扎

①拱脚接头钢筋预埋。钢筋混凝土无铰拱的拱圈(或拱肋)的主钢筋一般需要伸入墩台内,因此在浇筑墩台混凝土时,应按设计要求的位置和深度将钢筋头预埋入混凝土中。为便于埋入,主钢筋端部可断开,但应按有关规定使各钢筋接头错开。

②钢筋接头布置。为适应拱圈(或拱肋)在浇筑过程中的变形,拱圈(或拱肋)的主钢筋或钢筋骨架一般不使用通长钢筋,而在适当位置的间隔缝中设置钢筋接头,且最后浇筑的间隔缝处必须设置钢筋接头。

③钢筋绑扎顺序。分环浇筑拱圈(或拱肋)时,钢筋可分环绑扎。分环绑扎时,各种预埋筋应予以临时固定,并在混凝土浇筑前进行检查和校正。

4.拱上建筑施工

当主拱圈达到一定设计强度后,即可进行拱上建筑的施工。拱上建筑的施工,应注意对称均衡地进行,避免使主拱圈产生过大的不均匀变形。

实腹式拱上建筑,应从拱脚向拱顶对称地进行,当侧墙砌完后,再填筑拱腹填料。空腹式拱一般是在腹拱墩或立柱完成后,卸落主拱圈的拱架;然后,对称均衡地进行腹拱或横梁、联系梁以及桥面的施工。较大跨径拱桥的拱上建筑砌筑程序,应按设计文件规定进行。

二、拱桥的无支架就地浇筑施工

当拱桥位于深水、深谷、通航河道或限于工期必须在汛期进行拱肋施工时,宜采用无支架就地浇筑施工的施工方法。

在拱桥的无支架就地浇筑施工中,常用的方法主要有劲性骨架施工法、塔架斜拉索法、斜吊式悬浇法等。

1.劲性骨架施工法

劲性骨架成拱分为劲性钢骨架法和钢管混凝土劲性骨架浇筑拱圈法。

1)劲性钢骨架法

采用劲性钢骨架施工的拱桥,一般选用角钢、槽钢、工字钢和钢管等制作成空间桁架同时作为拱圈的受力劲性钢骨架,在施工时先将节段骨架按设计尺寸制作、安装就位并合龙,然后在骨架内、外立模板逐段浇筑混凝土,当骨架全部被混凝土包裹后,就形成了钢筋混凝土拱圈(或拱肋)。施工中浇筑混凝土前应按设计的混凝土重对劲性骨架进行预压,以防止钢筋骨架浇筑混凝土时产生变形,破坏已浇筑的混凝土和钢骨架的接合。

为确保施工的安全和质量及预拱度、混凝土应力的控制,事先应进行加载程序设计并准确计算和分析结构的稳定安全度,施工中可采用适时监控系统,及时进行变形和应力监控,实现现场全过程结构分析,使拱圈(或拱肋)的应力和拱轴线的变形、稳定安全度等都在允许范围内。混凝土浇筑应在拱圈两侧对称进行。

2)钢管混凝土劲性骨架浇筑拱圈法

利用钢管混凝土拱桥的施工方法,先分段制作钢骨架,然后经安装形成钢管拱,再浇筑管内混凝土,待钢管内的混凝土达到一定强度后形成钢管混凝土劲性骨架;然后在其上悬挂模板,按一定浇筑程序分环浇筑拱圈混凝土直至形成设计拱圈截面。先浇筑的混凝土凝结后,又可作为承重结构的一部分与劲性骨架共同承受后浇筑各部分混凝土的重量,从而降低钢材的用量,减小骨架的变形。因此是一种比劲性钢骨架法更优越的方法。

用钢管混凝土劲性骨架浇筑拱圈,施工过程中结构的稳定性是工程安全的关键。施工前应对混凝土浇筑各阶段、钢管混凝土劲性骨架及分环浇筑的拱圈面内、面外稳定性进行详细分析,提出改善和提高结构稳定安全度的措施。

2. 塔架斜拉索法

塔架斜拉索法,是国外采用最早、最多的大跨径钢筋混凝土拱桥无支架施工的方法。这种方法的要点:在拱脚墩、台处安装临时的钢或钢筋混凝土塔架,用斜拉索(或斜拉粗钢筋)一端扣住拱圈节段,另一端锚固在台后的锚碇上。用设在已浇筑完的拱段上的悬臂挂篮逐段悬臂浇筑拱圈(或拱肋)混凝土,整个拱圈混凝土的浇筑应从两拱脚开始对称进行,逐节向跨中悬臂推进,直至拱顶合龙。塔架的高度和受力应由拱的跨径和矢跨比等确定。斜拉索可用预应力钢绞线或钢丝束,其断面和长度由拱段的长度和位置确定。图 7-63 所示施工方案计划对45m 拱脚段拱圈采用钢支架上现浇,其余 242m 拱圈则用悬臂拼装。

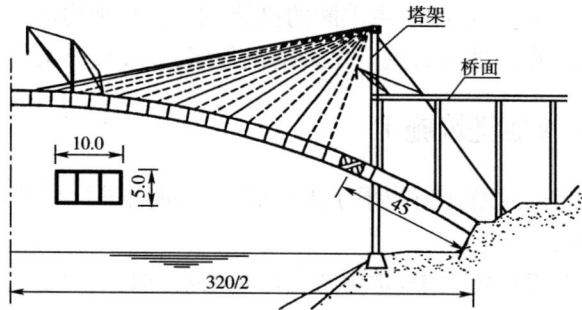

图 7-63　前南斯拉夫 Dubrovnik 桥施工方案(尺寸单位:m)

塔架斜拉索法,一般多采用悬浇施工,也可用悬拼法施工。

在拱圈混凝土灌注完毕以后,即在拱顶安装调整应力的液压千斤顶,然后放松拉杆,灌注拱上立柱和桥面系。

3. 斜吊式悬浇法

1974 年日本首先在跨径 170m 的外津桥上采用了这种方法。该方法使用专用挂篮,并斜吊钢筋将拱圈、拱上立柱和预应力混凝土桥面板等一起向前同时浇筑,使之边浇筑边形成桁架,并利用已浇筑段的上部作为拱圈的斜吊点将其固定。斜吊杆的力通过布置在桥面上的明索传至岸边地锚上(也可利用岸边桥台作地锚)。其主要施工步骤如图7-64所示。

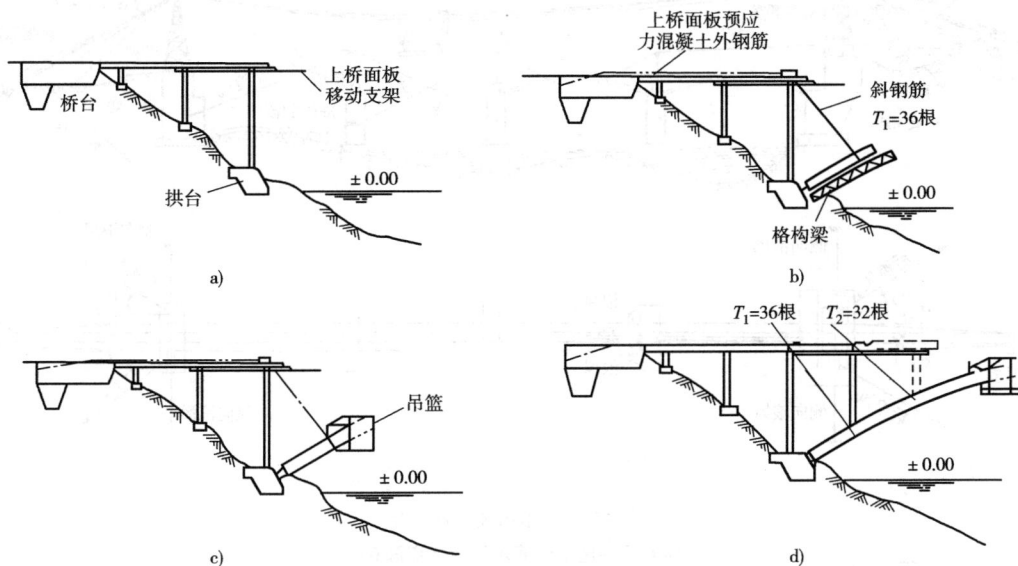

图 7-64　斜吊式悬浇法主要施工步骤

(1)在引孔完成之后,在桥面板上设置临时明索,在吊架上浇筑第一段拱圈,待这段混凝土达到要求强度之后,在其上设置预应力明索,并撤去吊架,直接系吊于斜吊杆上,然后在其前端安装悬臂挂篮。

(2)用挂篮逐段悬臂浇筑拱圈,在挂篮通过拱上立柱位置后立刻浇筑拱上立柱及立柱间的桥面板;然后用挂篮继续向前浇筑,直至通过下一个立柱的位置,再安装前两个立柱之间桥面板上的临时明索及斜吊杆,并浇筑新的桥面板。如此往复,每当挂篮前移一步,都要将桥面临时明索收紧一次。

这样一边用斜吊钢筋形成桁架,一边向前悬臂浇筑,直至拱顶附近,撤去挂篮,再用吊架浇筑拱顶合龙混凝土。

当拱圈为箱形截面时,每段拱圈施工应按箱形截面拱圈的施工顺序进行浇筑。

为加快施工进度,拱上桥面板混凝土宜采用活动支架逐孔浇筑。采用斜吊式浇筑的大跨径拱桥时,个别施工误差对整体工程的影响很大。对施工质量、材料规格和强度及混凝土的浇筑等必须进行严格的检查和控制,尤其应重视斜吊杆预应力钢筋的拉力控制、斜吊钢筋的锚固和地锚的地基反力的稳定、预拱度以及混凝土应力的控制等。

三、拱桥的缆索吊装施工

缆索吊装是使用最为广泛的无支架施工方案之一。采用缆索吊装施工装配式钢筋混凝土肋拱桥的施工工序:在预制场预制拱肋(箱)和拱上结构;将预制拱肋和拱上结构通过平车等运输设备移运至缆索吊装位置;将分段预制的拱肋吊运至安装位置,利用扣索对分段拱肋进行临时固定;吊运合龙段拱肋,对各段拱肋进行轴线调整,主拱圈合龙;拱上建筑施工。图7-65

所示为缆索吊装布置示意。

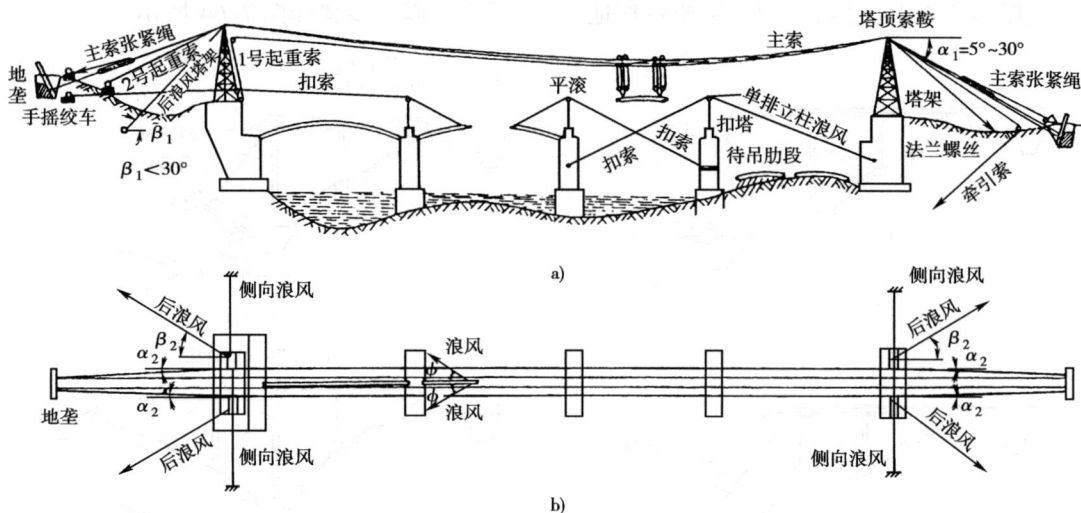

图7-65 缆索吊装布置示意

(缆索吊装施工法演示见数字资源05)

1.拱肋的分段预制

拱肋的预制方法分立式预制和卧式预制两种。立式预制的特点:起吊安全、方便;底模可采用土牛拱胎,节省木料;当采用密排浇筑时,占用场地也较少。卧式预制的特点:可节省木料;拱肋的形状及尺寸较易控制;浇筑混凝土时操作也方便;但拱肋起吊时要经历由卧式转为立式的阶段容易损坏;卧式预制又可分为单片预制和多片叠制两种。

2.拱肋的安装

在合理安排拱肋的吊装顺序方面,须考虑按下列原则进行:

(1)单孔桥跨常由拱肋合龙的横向稳定方案决定吊装拱肋顺序。

(2)多孔桥跨,应尽可能在每孔内多合龙几片拱肋后再推进,一般不少于两片拱肋。但合龙的拱肋片数不能超过桥墩强度和稳定性所允许的单向推力。

(3)对于高桥墩,还应以桥墩的墩顶位移值控制单向推力,位移值应小于$\left(\dfrac{1}{400} \sim \dfrac{1}{600}\right)l$。

(4)在设有制动墩的桥跨,可以以制动墩为界分孔吊装,先合龙的拱肋可提前进行拱肋接头、横系梁等的安装工作。

(5)采用缆索吊装时,为便于拱肋的起吊,对拱肋起吊位置的桥孔,一般安排在最后吊装;必要时,该孔最后几根拱肋可在两肋之间用"穿孔"的方法起吊。用缆索吊装时,为减少主索的横向移动次数,可将每个主索位置下的拱肋全部吊装完毕后再移动主索。

(6)为减少扣索往返拖拉次数,可按吊装推进方向,依照安装顺序进行吊装。

拱肋安装的一般顺序:边段拱肋吊装及悬挂;次边段拱肋吊装及悬挂;中段拱肋吊装及拱肋合龙。在边段、次边段拱肋吊运就位后,需施加扣索进行临时固定。

3.拱肋的合龙

拱肋的合龙方式有单基肋合龙、悬挂多段边段或次边段拱肋后单肋合龙、双基肋合龙、留索单肋合龙等。图 7-66 所示为单肋合龙示意。当拱肋跨度大于 80m 或横向稳定安全系数小于 4 时,应采用双基肋合龙松索成拱的方式。即当第一根拱肋合龙并校正拱轴线,楔紧拱肋接头缝后,稍松扣索和起重索,压紧接头缝,但不卸掉扣索;待第二根拱肋合龙并将两根拱肋横向连接、固定和拉好风缆后,再同时松卸两根拱肋的扣索和起重索。

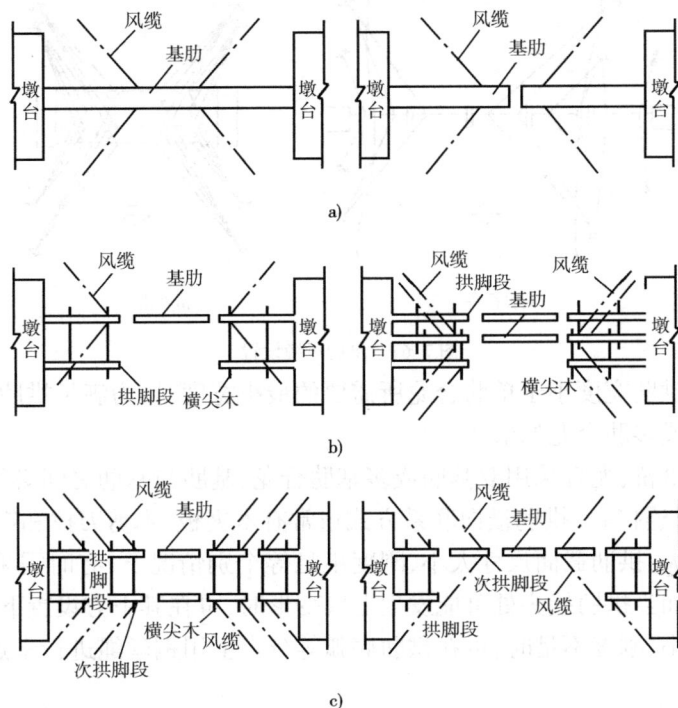

图 7-66　拱肋合龙示意图

拱肋合龙后的松索过程必须注意下列事项:

(1)松索前应校正拱轴线及各接头高程,使之符合要求。

(2)每次松索均应采用仪器观测,控制各接头高程,防止拱肋各接头高程发生非对称变形而导致拱肋失稳或开裂。

(3)松索应按照拱脚段扣索、次段扣索、起重索的先后顺序进行,并按比例定长、对称、均匀松卸。

(4)每次松索量宜小,各接头高程变化不宜超过 1cm。松索至扣索和起重索基本不受力时,用钢板嵌塞接头缝隙,压紧接头缝,拧紧接头螺栓,同时,用风缆调整拱肋轴线。调整拱肋轴线时,除应观测各接头高程外,还应兼测拱顶及 1/8 跨点处的高程,使其在允许偏差之内。

(5)接头处部件电焊后,方可松索成拱。

4. 拱肋稳定措施

在缆索吊装施工的过程中,为保证拱肋有足够的纵、横向稳定性,除要满足计算要求外,在构造、施工上都必须采取一些措施。

一般的横向稳定措施为设置风缆和在拱肋之间设置横向联系装置。

横向稳定风缆(图7-67),在边段拱肋就位时可用以调整和固定拱肋中线;在拱肋合龙时可用以约束接头的横向偏移;在拱肋成拱以后相当于一个弹性支承,可减小拱肋自由长度,增大拱肋的横向稳定;当拱肋在外力作用下产生位移时,也可起到约束作用。

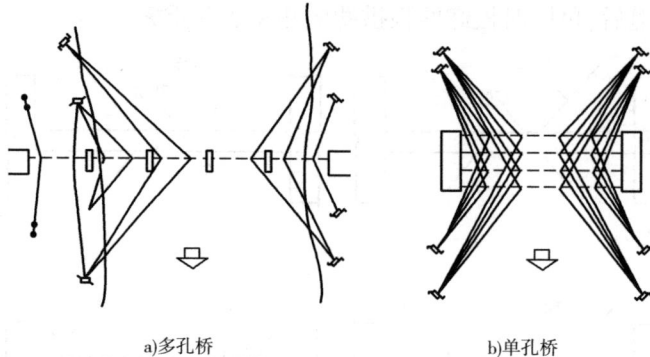

a)多孔桥　　　　　　　　　　　b)单孔桥

图 7-67　拱肋风缆设置

当设计选择的拱肋宽度小于单肋合龙所需要的最小宽度时,为满足拱肋横向稳定的要求,可采用双基肋合龙或多肋合龙的形式。

对较大跨径的拱桥,尤宜采用双基肋或多基肋合龙,基肋与基肋之间必须紧随拱肋的拼装以及时联系(或临时连接)。拱肋横向联系方式通常有木夹板、木剪刀撑和钢筋拉杆等。

在拱轴系数过大、拱肋截面尺寸太小、刚度不足等个别情况下,有时需采用加强拱肋纵向稳定的施工措施。如当拱肋接头处可能发生上冒变形时,可在其下方设置下拉索以控制变形;当拱肋截面尺寸太小、刚度不足时,可在拱肋底弧等分点上用钢丝绳进行多点张拉。

四、转体施工法

桥梁转体施工是20世纪40年代以后发展起来的一种架桥工艺。它是在河流的两岸或适当的位置,利用地形或使用简便的支架先将半桥预制完成之后,以桥梁结构本身为转动体,用一些机具设备,分别将两个半桥转体到桥位轴线位置合龙成桥。

转体的方法可分成平面转体、竖向转体或平竖结合转体三种。

平面转体又可分为有平衡重转体和无平衡重转体两种。

1. 有平衡重的平面转体施工

有平衡重转体施工的特点是转体重量大,施工关键是转体。要把数百吨重的转动体系顺利、稳妥地转到设计位置,主要靠正确的转体设计、制作灵活可靠的转体装置、布设牵引驱动系统等措施来实现。

1)转动体系的构造

由图7-68可知,转动体系主要由底盘、上盘、背墙、桥体上部构造、拉杆(或拉索)组成。底盘和上盘都是桥台基础的一部分。底盘和上盘之间设有能使其互相间灵活转动的转体装置。背墙一般就是桥台的前墙,它不但是转动体系的平衡重,而且还是转体阶段桥体上部拉杆的锚碇反力墙。拉杆一般是拱桥(桁架拱、刚架拱)的上弦杆,或是临时设置的体外拉杆钢筋(或扣索钢丝绳)。

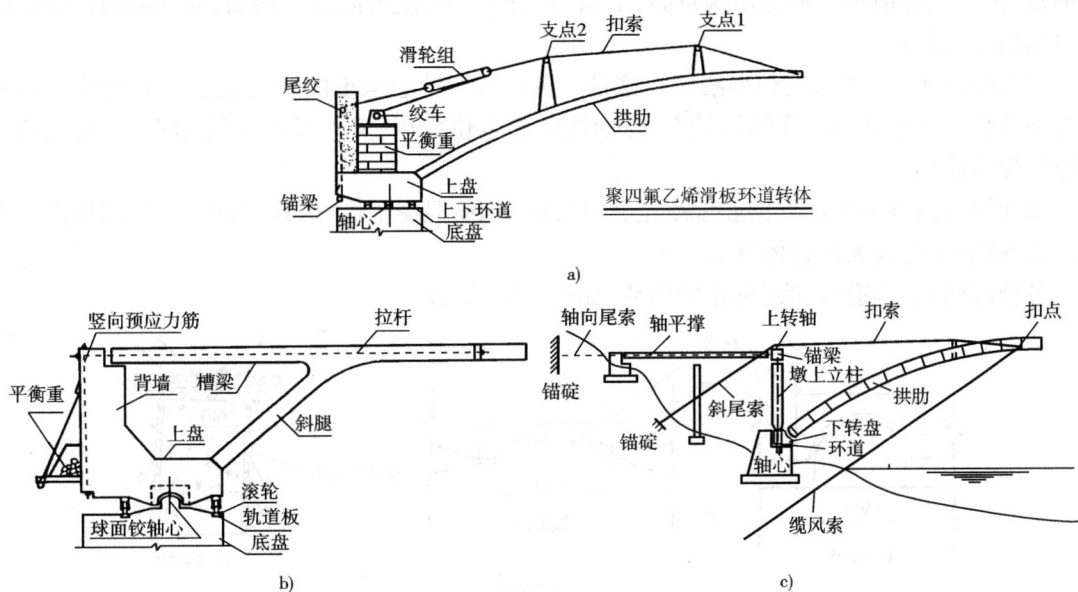

图 7-68 转动体系一般构造

2）转体装置

常用转体装置有两种：第一种是以聚四氟乙烯滑板构成的环道平面承重转体；第二种是以球面转轴支承辅以滚轮的轴心承重转体。

（1）聚四氟乙烯滑板环道。它由设在底盘和上转盘间的轴心和环形滑道组成，具体构造如图 7-69 所示。其中，图 7-69a）所示为环形滑道构造；图 7-69b）所示为轴心构造，其间由扇形板连接。

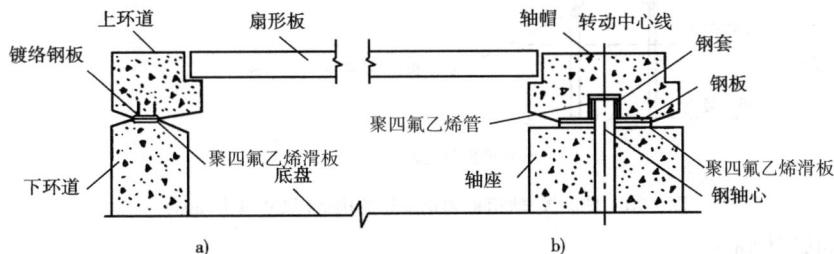

图 7-69 聚四氟乙烯滑板环道构造

①环形滑道。它是一个以轴心为圆心，直径为 7～8m 的圆环形混凝土滑道，宽 0.5m，上、下滑道高度约 0.5m。下环道混凝土表面要既平整又粗糙，以利于铺放 80mm 宽的环形聚四氟乙烯滑板。上环道底面嵌设宽 100mm 的镀铬钢板。

上转盘用扇形预制板把轴帽和上环道连成一体，并浇上转盘混凝土形成。

②转盘轴心。由混凝土轴座、钢轴心和轴帽等组成。轴座是一个直径 1.0m 左右的 C25 钢筋混凝土矮墩，它不但对固定钢轴心起着定位作用，而且支承上转盘部分重量。合金钢轴心直径为 0.1m，长 0.8m，下端 0.6m 固定在混凝土轴座内，上端露出 0.2m 车光镀铬，外套 10mm 厚的聚四氟乙烯管，然后，在轴座顶面铺聚四氟乙烯滑板，在四氟板上放置直径为 0.5m 的不

锈钢板,再套上外钢套。钢套顶端封固,下缘与钢板焊牢,浇筑混凝土轴帽,凝固脱模后轴帽即可绕钢轴心旋转自如。

(2)球面铰辅以轨道板和钢滚轮。这是一种以铰为轴心承重的转动装置。它的特点是整个转动体系的重心必须落在轴心铰上,球面铰既起定位作用,又承受全部转体重力,钢滚轮只起稳定保险作用。

球面铰可以分为半球形钢筋混凝土铰、球缺形钢筋混凝土铰、球缺形钢铰。前两种由于直径较大,故能承受较大的转体重力。

各种球面铰、轨道板和钢滚轮的构造,如图7-70所示。

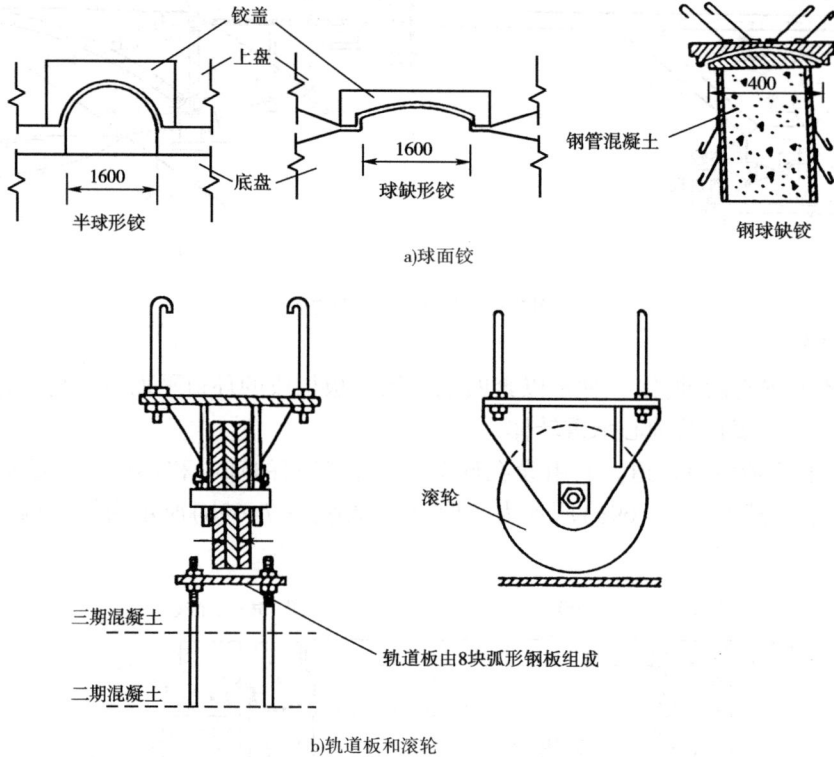

a)球面铰

b)轨道板和滚轮

图7-70 球面铰、轨道板和钢滚轮的构造(尺寸单位:mm)

3)拱桥的转体施工

有平衡重平面转体拱桥的主要施工程序:制作底盘;制作上转盘;试转上转盘到预定轴线位置;浇筑背墙;浇筑主拱圈上部结构;张拉拉杆,使上部结构脱离支架,并且和上转盘、背墙形成一个转动体系,通过配重基本把重心调到磨心处;牵引转动体系,使半拱平面转动合龙;封上下盘,夯填桥台背土,封拱顶,松拉杆,实现体系转换。

(1)制作底盘(以钢球缺铰为例)。底盘设有轴心(磨心)和环形轨道板,轴心起定位和承重作用。磨心顶面上的球缺形钢铰及上盖要加工精细,使接触面达70%以上。钢铰与钢管焊接时,焊缝交错间断并辅以降温,防止变形。轴心定位要反复核对,轨道板要求高差为±1mm。注意板底与混凝土接触应密实。

(2)制作上转盘。在轨道板上按设计位置放好承重滚轮,滚轮下面垫有2~3mm厚的小薄铁片,此铁片当上盘一旦转动后即可取出,这样便可在滚轮与轨道板间形成一个 2～3mm 的间隙。这个间隙是保证转动体系的重量压在磨心上而不压在滚轮上的一个重要措施。它还可用来判断滚轮与轨道板接触的松紧程度,以调整重心。

滚轮通过小木盒保护定位后,可用砂模或木模作底模,在滚轮支架顶板面涂以黄油,在钢球铰上涂以二硫化钼作润滑剂,盖好上铰盖并焊上锚筋,绑扎上盘钢筋,预留灌封盘混凝土的孔洞,即可浇筑上盘混凝土。

(3)布置牵引系统的锚碇及滑轮,试转上盘要求主牵引索基本在一个平面内。上转盘混凝土强度达到设计要求后,在上转盘前方或后方配临时平衡重,把上盘重心调到轴心处,最后牵引上转盘到顶制拼装上部构造的轴线位置。通过试转,一方面可以检查、试验整个转动牵引系统,另一方面也是正式开始上部结构施工前的一道工序。为了使牵引系统能够供正式转体时使用,布置转向轮时应使其连线通过轴心且与轴心距离相等,使正式转体时的牵引力也是一对平行力偶。

(4)浇筑背墙。上转盘试转到上部构造预制轴线位置后即可准备浇筑背墙,背墙往往是一个重量很大的实体,为了使新浇筑的背墙与原来的上转盘形成一个整体,必须有一个坚固的背墙模板支架。

为了保证墙上部截面的抗剪强度(主要指台帽处背墙的横截面),应尽量避免在此处留施工缝;如一定要留,也应使所留斜面往外倾斜。也可另用竖向预应力来确保该截面的抗剪要求。

(5)浇筑主拱圈上部结构。可利用两岸地形做支架土模,也可采用扣件式钢管作为满堂支架,以求节约木材。为防止混凝土收缩和支架不均匀沉降产生的裂缝,浇半跨主拱圈时应按规范留施工缝。主拱圈也可采用简易支架,用预制构件组装的方法形成。

(6)张拉脱架。当主拱圈混凝土达到设计强度后,即可进行安装拉杆钢筋、张拉脱架的工序。为了确定拉杆的安全可靠,要求每根拉杆钢筋都应进行超荷载10%的试拉。正式张拉前应先张拉背墙的竖向预应力筋,再张拉拉杆。在实际操作中,应反复张拉 2～3 次,使各根钢筋受力均匀。为了防止横向失稳,要求两台千斤顶的张拉合力应在拱桥轴线位置,不得有偏心。

通过张拉,要求把支承在支架、滚轮、支墩上的上部结构与上转盘、背墙全部连接成一个转动体系,最后脱离其支承,形成一个悬空的平衡体系支承在轴心铰上。这是一个十分重要的工序,它将检验转体阶段的设计和施工质量。

当拱圈全部脱离支架悬空后,上转盘背墙下的支承钢木楔也陆续松脱,根据楔子与滚轮的松紧程度加片石调整重心,或以千斤顶辅助拆除全部支承楔子,让转动体系悬空静置1d,观测各部变形有无异常,并检查牵引体系等,均确认无误后,即可开始转体。

(7)转体合龙。把第一次试转时的牵引绳按相反的方向重新穿索、收紧,即可开始正式转体。为使其平稳转体,控制角速度为 0.5°/min。当快合龙时,为防止转体超过轴线位置,采用简易的反向收紧绳索系统,用手拉葫芦拉紧后慢慢放松,并在滚轮前以微量松动木楔的方法徐徐就位。

轴线对中以后,接着进行拱顶高程调整,在上下转盘之间用千斤顶能很方便地实现拱顶升降,只是应把前后方向的滚轮先拆除,并在上下转盘四周用混凝土预制块楔紧、楔稳,以保证轴线位置不再变化。拱顶最后的合龙高程应该考虑桥面荷载以及混凝土收缩、徐变等因素产生的挠度,留够预拱度。

轴线与高程调整符合要求后,即可先将拱顶钢筋以帮条焊接,以增加稳定性。

(8)封上下盘、封拱顶、松拉杆。封盘混凝土的坍落度宜选用 17~20cm,且各边应宽出 20cm,要求灌注的混凝土应从四周溢流,上下盘间密实。封盘后接着浇筑桥台后座,当后座达到设计要求强度后,即可选择夜间气温较低时浇封拱顶接头混凝土,待其达到设计要求后,拆除拉杆,实现桥梁体系的转化,完成主拱圈的施工。主拱圈完成后,即是常规的拱上建筑施工和桥面铺装。

2.无平衡重的转体施工

无平衡重转体施工是把有平衡重转体施工中的拱圈扣索拉力锚在两岸的岩体中,从而节省了庞大的平衡重。但也由于锚碇的要求,此施工方法宜在山区地质条件好或跨越深谷急流处建造大跨桥梁时选用。

1)构造

拱桥无平衡重转体施工具有锚固、转动、位控 3 大体系。转体构造布置,如图 7-71 所示。

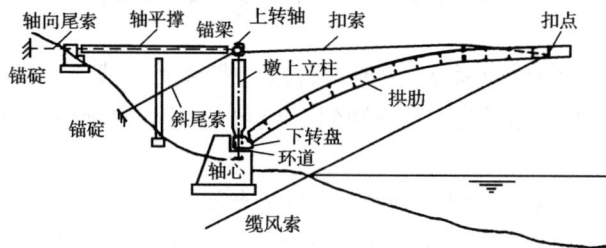

图 7-71 无平衡重转体施工构造

(1)锚固体系。锚固体系由锚碇、尾索、平撑、锚梁(或锚块)及立柱组成。锚碇设在引道或边坡岩石中,锚梁(或锚块)支承于立柱上,两个方向的平撑及尾索形成三角形稳定体,使锚块和上转轴为一确定的固定点。拱箱转至任意角度,由锚固体系平衡拱箱扣索力。

(2)转动体系。转动体系由上转动构造、下转动构造、拱箱及扣索组成。上转动构造由埋入锚梁(或锚块)中的轴套、转轴和环套组成,索一端与环套连接,另一端与拱箱顶端连接,转轴在轴套与环套间均可转动,如图 7-72a)所示。

下转动构造由下转盘、下环道与下转轴组成。拱箱通过拱座铰支承在转盘上,马蹄形的转盘中部卡套在下转轴上,并支承在下环道上。转盘下设有安装了许多聚四氟乙烯小板块的千岛走板,转盘的走板可在下环道上沿下转轴作弧形滑动,转盘与转轴的接触面涂有聚四氟乙烯粉黄油,以使拱箱转动,如图 7-72b)所示。

扣索常采用 $\phi32mm$ 精轧螺纹钢筋,扣索将拱箱顶部与上转轴连接,从而构成转动体系,在拱箱顶端张拉扣索,拱箱即可离架转动。

(3)位控体系。位控体系由系在拱箱顶端扣点的缆风索与无级调速自控卷扬机、光电测角装置、控制台组成,用以控制在转动过程中转动体的转动速度和位置。

2)无平衡重转体施工

(1)转动体系施工

①设置下转轴、转盘及环道。

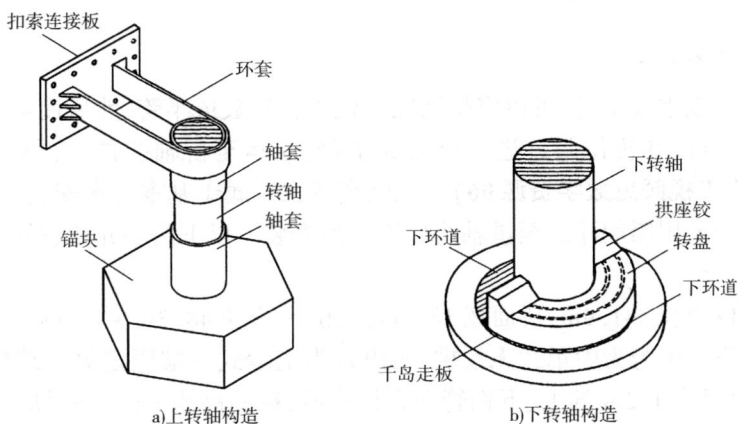

a)上转轴构造   b)下转轴构造

图 7-72 转动体系构造

②设置拱座及预制拱箱(或拱肋),预制前需搭设必要的支架、模板。

③设置立柱。

④安装锚梁、上转轴、轴套、环套。

⑤安装扣索。

这一部分的施工主要保证转轴、转盘、轴套、环套的制作安装精度及环道水平高差的精度,并要做好安装完毕到转体前的防护工作。

(2)锚碇系统施工

①制作桥轴线上的开口地锚。

②设置斜向洞锚。

③安装轴向、斜向平撑。

④尾索张拉。

⑤扣索张拉。

其中,锚碇部分的施工应绝对可靠,以确保安全。尾索张拉在锚块端进行,扣索张拉在拱顶段拱箱内进行。张拉时,要按设计张拉力分级、对称、均衡地加力,要密切注意锚碇和拱箱的变形、位移和裂缝,发现异常现象应仔细分析研究,处理后再进行下一工序,直至拱箱张拉脱架。

(3)转体施工

正式转体前应再次对桥体各部分进行系统全面检查,检查合格后方可转体。拱箱的转体是靠上、下转轴事先预留偏心值形成的转动力矩来实现的,启动时放松外缆风索,转到距桥轴线约60°时开始收紧内缆风索,索力逐渐增大,但应控制在20kN以下,再转不动则应以千斤顶在桥台上顶推马蹄形下转盘。为了使缆风索受力角度合理,可设置两个转向滑轮。缆风索启动时走速宜选用0.5~0.6m/min。一般行走时宜选用0.8~1.0m/min。

(4)合龙卸扣施工

转体就位时,拱顶合龙端的高差,通过张紧扣索提升拱顶、放松扣索降低拱顶来调整到设计位置。封拱宜选择低温时进行。先用八对钢楔楔紧拱顶,焊接主筋、顶埋铁件;然后先封桥台拱座混凝土,再浇封拱顶接头混凝土。当混凝土达到70%的设计强度后,即可卸扣索,卸索应对称、分级进行。

3.拱桥竖向转体施工

当桥位处无水或水很少时,可以将拱肋在桥位进行拼装成半跨,然后用扒杆起吊安装。当桥位处水较深时,可以在桥位附近进行拼装成半跨,浮运至桥轴线位置,再用扒杆起吊安装(**拱桥竖向转体施工视频见数字资源06**)。三峡莲沱大桥属于基本无水安装,浙江新安江大桥和江西瓷都大桥均采用船舶浮运至拱轴线位置起吊安装。以下简要介绍三峡莲沱大桥竖向转体的施工方法。

三峡莲沱大桥全长341.9m,桥面宽18.5m,主桥为跨径48.3m+114m+48.3m的三跨钢管混凝土系杆拱桥。中跨为中承式无铰拱,两边跨为上承式一端固定另一端铰支拱。拱肋断面为哑铃形,由直径为1.2m的上、下钢管和腹板构成,拱肋高为3m。两拱肋之间设有钢管混凝土横斜撑联系。半跨拱肋的拼装就在桥轴线位置立架安装。

1)钢管拱肋竖转扒杆吊装

钢管拱肋竖转扒杆吊装的工作内容为,将中拱分成两个半拱在地面胎架上焊接完成,经过对焊接质量、几何尺寸、拱轴线形等验收合格后,由竖在两个主墩顶部的两副扒杆分别将其拉起,在空中对接合龙,如图7-73所示。

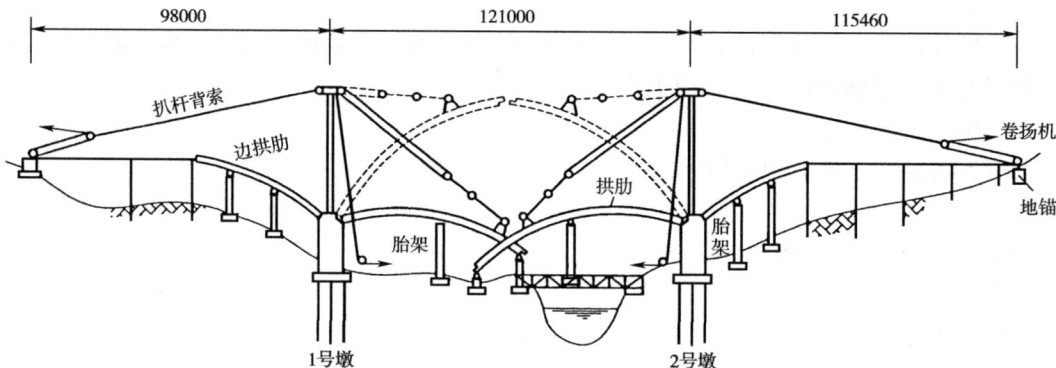

图7-73 扒杆吊装系统布置(尺寸单位:mm)

由于两边拱处地形较高,故边拱拱肋直接由吊车在胎架上就位拼装。扒杆吊装系统设计的主要工作:起吊及平衡系统的计算;扒杆的计算;扒杆背索及主地锚的计算;设置拱脚旋转装置等。

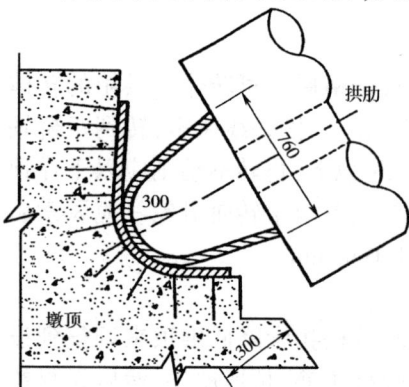

图7-74 拱脚转动装置(尺寸单位:cm)

拱肋在竖转吊装过程中,拱肋需绕拱脚旋转。旋转装置采用厚度为36mm的钢板在工厂进行配对冲压而成,这样使两个弧形钢板较密贴。在两弧形钢板之间涂上黄油,以减小摩擦力。拱脚旋转装置,如图7-74所示。

2)钢管拱肋竖转吊装

(1)竖转吊装的工作顺序。安装拱肋胎架,安装拱脚旋转装置,安装地锚,安装扒杆及背索,拼装钢管拱肋,安装起吊及平衡系统,起吊三斗坪侧半拱、起吊宜昌侧半拱,拱肋合龙,拱肋高程调整,焊接合龙接头,拆除扒杆,封固拱脚。

（2）扒杆安装。为便于安装,扒杆分段接长,立柱钢管以9m左右为一节,两节之间用法兰连接。安装时先在地面将两根立柱拼装好,用吊车将其底部吊于墩顶扒杆底座上,并用临时轴销锁定,待另一端安装完扒杆顶部横梁后,由吊车抬起扒杆头至一定高度,再改用扒杆背索的卷扬机收紧钢丝绳将扒杆竖起。

（3）拱肋吊装。起吊采用两台200kN同步慢速卷扬机,待拱肋脱离胎架10cm左右,停机检查各部运转是否正常,并根据对扒杆的受力与变形,钢丝绳的行走,卷扬机的电流变化等情况的观测结果,判断能否正常起吊。当一切正常时,即进行拱肋竖向转体吊装。拱肋吊装完成后,进行拱肋轴线调整和跨中拱肋接头的焊接,完成主拱肋吊装合龙。

五、桁架拱桥与刚架拱桥的安装简介

1. 桁架拱桥安装

1）施工安装要点

桁架拱桥的施工吊装过程包括:吊运桁架拱片的预制段构件至桥孔,使之就位合龙,处理接头,与此同时适时安装桁架拱片之间的横向连接系构件,使各片桁架拱片联成整体。然后在其上铺设预制的微弯板或桥面板,安装人行道悬臂梁和人行道板。

桁架拱片的桁架段预制构件一般采用卧式预制,实腹段构件采用立式预制,故桁架段构件在脱离预制底座出坑之后和安装之前,须在某一阶段由平卧状态转换到竖立状态。这个转换是由吊机的操作来完成的。其基本步骤是先将桁架段构件平吊离地,然后制动下弦杆吊索,继续收紧上弦杆吊索,或者制动上弦杆吊索,缓慢放松下弦杆吊索,这样构件就在空中翻身。

图7-75所示为桁架拱片的桁架段在用两台轨道龙门吊机吊运构件的预制场上起吊出坑和空中翻身时的吊点起吊设备布置。

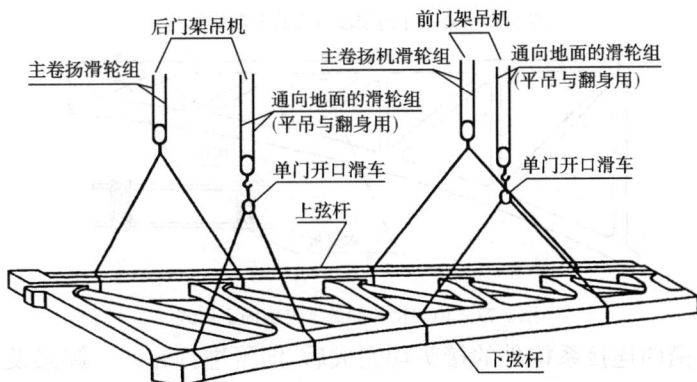

图7-75　桁架段吊点起吊设备布置

安装工作分为有支架安装和无支架安装。前者适用于桥梁跨径较小和具有河床较平坦、安装时桥下水浅等有利条件的情况;后者适用于跨越深水和山谷或多跨、大跨的桥梁。

2）有支架安装

有支架安装时,需在桥孔下设置临时排架。桁架拱片的预制构件由运输工具运到桥孔后,用浮吊或龙门吊机等安装就位,然后进行接头和横向连接。无支架安装,是指桁架拱片预制段在用吊机悬吊着的状态下进行接头和合龙的安装过程。常采用的有塔架斜线安装、多机安装、缆索吊机安装和悬臂拼装等。

吊装时,构件上吊点的位置和数目与吊装的操作步骤应合理确定和正确规定,以保证安装工作安全和顺利进行。

排架的位置根据桁架拱片的接头位置确定。每处的排架一般为双排架,以便分别支承两个相连接构件的相邻两端,并在其上进行接头混凝土的浇筑或接头钢板的焊接等。

第一片就位的预制段常采用斜撑加以临时固定(图7-76)。以后就位的平行各片构件则用横撑与前片暂时联系,直到安上横向连接系构件后拆除。斜撑系支承于墩台和排架上,如斜撑能兼作压杆和拉杆,则仅用单边斜撑即可。横撑可采用木夹板的形式,如图7-77所示。

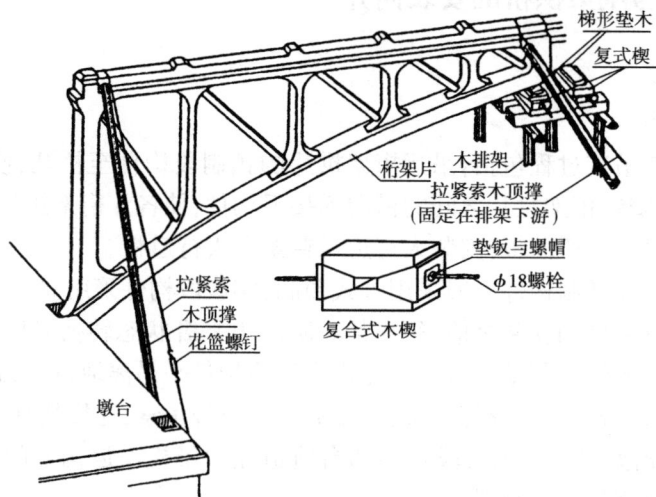

图7-76 第一片桁架段构件临时稳定措施

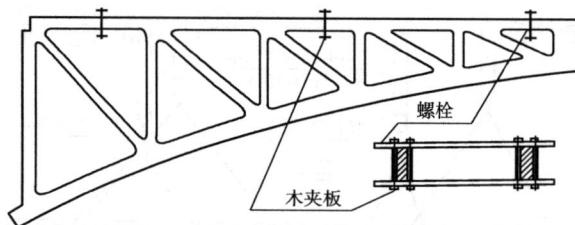

图7-77 桁架拱片间的木夹板固定形式

当桁架拱片和横向连接系构件的接头均完成后,即可进行卸架。卸架设备有木楔、木马或砂筒等。卸架按一定顺序对称均匀进行。卸架的时间宜安排在气温较高时进行,这样较易卸落。

在施工单孔桥且跨径不大、桁架拱片分段数少的情况下,可用固定龙门架安装。这时在桁架拱片预制段的每个支承端设一龙门架。河中的龙门架就设在排架上。龙门架可为木结构或钢木混合结构,配以倒链葫芦。龙门架的高度和跨度,应能满足桁架拱片运输和吊装的净空要求。

安装时,桁架拱片构件由运输工具运至固定龙门架下,然后由固定龙门架起吊、横移和下落就位。其他操作与浮吊安装相同。

当桥的孔数较多，河床上又便于沿桥纵向铺设跨墩的轨道时，可采用轨道龙门架安装。龙门架的跨度和高度，应按桁架拱片运输和吊装的要求确定。桁架拱片构件在运输时如从墩、台一侧通过，或从墩顶通过，则龙门架的跨度或高度就要相应增大。

龙门架可采用单龙门架或双龙门架，根据桁架拱片预制段的重量和起吊设备的能力等条件确定。

施工时，构件由运输工具或由龙门架本身运至桥孔，然后由龙门吊机起吊、横移和就位。跨间在相应于桁架拱片构件接头的部位，设有排架，以临时支承构件。

对多孔桁架拱桥，一般每孔内同时设支承排架，安装时则逐孔进行。但卸架须在各孔的桁架拱片都合龙后同时进行。卸架程序和各孔施工进度安排必须根据桥墩所能承受的最大不平衡推力的条件考虑。总的来说，桁架拱桥的加载和卸架程序不如其他拱桥要求严格。

3) 无支架安装

塔架斜缆安装，就是在墩台顶部设一塔架，桁架拱片边段吊起后用斜向缆索(也称扣索)和风缆稳住再安中段。一般合龙后即松去斜缆，接着移动塔架，进行下一片的安装。

塔架可用 A 字形钢塔架，也可用圆木或钢管组成的人字扒杆。塔架的结构尺寸，应通过计算确定。

斜缆是安装过程中的承重索，一般用钢丝绳。钢丝绳的直径根据受力大小选定。斜缆的数量和与桁架拱片连接的部位，应根据桁架拱片的长度和重量来确定。一般来说，长度和重量不大的桁架拱片，只需一道斜缆在一个节点部位连接即可；如果长度和重量比较大，可用两道斜缆在两个节点部位连接。连接斜缆时，须注意不要左右偏位，以保证桁架拱片悬吊的竖直。

可利用斜缆和风缆调整桁架预制段的高程和平面位置，待两个桁架预制段都如法吊装就位并稳住后，再用浮吊等设备吊装实腹段合龙。待接头完成、横向稳住后，松去斜缆。用此方法安装，所用吊装设备较少，无须设置排架。

多机安装就是一片桁架拱片的各个预制段各用一台吊机吊装，一起就位合龙。待接头完成后，吊机再松索离去、进行下一片的安装。这种安装方法，工序少，进度快，当吊机设备较多时可以采用。

用上述两种无支架安装方法时，须特别注意桁架拱片在施工过程中的稳定性。为此，应采取比有支架安装更可靠的临时固定措施，并及时安装横向连接系构件。第一片临时固定，拱脚端可与有支架安装时一样用木斜撑固定，跨中端则用风缆固定；其余几片也可采用木夹板固定。木夹板除了在上弦杆之间布置外，下弦杆之间也应适当地设置几道。对于多孔桁架拱桥，安装时须注意邻孔间施工的均衡性。每孔桁架拱片合龙后吊机松索时，桁架拱片对桥墩即产生推力，应避免桥墩承受过大的单向推力。

当起重吊装能力有限，桁架拱片的预制构件重量不能太大时，可将桁架拱片分成下弦杆构件和一些三角形构件预制，并采用先使拱肋合龙后在其上安装三角形构件的方法(图 7-78)，这就是拱肋式安装。

下弦杆构件和实腹段构件先作为"拱肋"吊装合龙。吊装过程可用支架或不用支架，接头形式可为湿接头或干接头。一跨内各桁架拱片的"拱肋"应及时进行互相间的横向联系。三角形构件之间及它们与"拱肋"之间的连接，一般采用混凝土现浇接头。但在安装的过程中，先利用专门夹子暂时将各节点处的预留接头钢筋夹住,使三角形构件均竖立于"拱肋"上。待全跨的三角形构件位置校正准确后,再将接头钢筋焊牢,取去夹子,浇筑各处的接头混凝土。

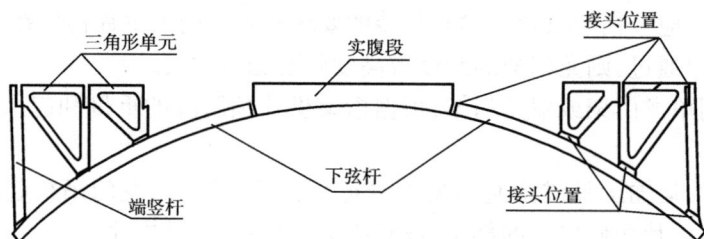

图 7-78　拱肋式安装

如桁架拱片的竖杆内布置有预应力筋,则可在安装时利用此竖杆预应力筋,使每个三角形构件竖立于"拱肋"上。为此三角形构件下顶点与下弦杆顶面之间需设置水平的拼接面。待三角形构件均安上后,再进行相邻三角形构件之间的连接,即上弦节点的连接。一般也采用混凝土现浇接头。

2. 刚架拱桥安装简介

刚架拱桥上部构造由刚架拱片、横系梁和桥面系组成。施工方法分为有支架施工、少支架施工和无支架施工 3 种。

1)有支架施工

有支架施工操作方便,不需要特殊设备,常用的有满堂式拱架和纵梁式拱架,其支架设计及混凝土的浇筑与现浇混凝土拱桥相同。

2)少支架施工

少支架施工顺序:首先在墩顶设置支架,随后立模现浇立柱及部分主拱腿和次梁、次拱腿;然后再立模现浇剩余主拱腿和次梁混凝土,最后吊装主梁。

这种施工方法用于在不便于在桥下设置支架的情况时采用,但该方法工序多,设备投入大,操作复杂,因而采用较少。

3)无支架施工

采用无支架施工,不影响桥下通航和通车,特别是桥下水深流急的情况,更显示出其经济性和优越性。

根据桥下水文情况和设备能力,无支架施工又分为浮吊安装和缆索吊装。此外,还可以采用转体施工。

第六节　斜拉桥和悬索桥施工简介

一、斜拉桥施工简介

斜拉桥是由索塔、主梁、拉索 3 种基本构件组成的缆索承重结构体系,一般表现为柔性的受力特点。张紧的拉索形成主梁的弹性支承和对主梁产生轴向力可以减小主梁高度,从而跨越更大的跨径。同时由于拉索是直线拉紧,与悬索桥相比,在荷载作用下产生较小的位移。斜拉桥的施工,包括索塔及基础的施工、主梁的施工和拉索的施工。**(斜拉桥施工过程演示见数字资源07)**

1. 索塔及基础施工

索塔有钢索塔和混凝土索塔两种。相对而言,钢索塔具有造价昂贵,施工精度要求高,抗震性好,维护要求高等特点。混凝土索塔则有价格低廉,整体刚度大,施工简便,成桥后一般无须养护和维修的特点。现代斜拉桥中,一般采用混凝土索塔。我国已修建的斜拉桥,均为混凝土索塔。

1)钢索塔施工

钢索塔一般采用预制拼装的施工办法,分为工厂分段预制加工和现场吊装安装两个大的施工阶段。钢索塔施工,应对垂直运输、吊装高度、起吊吨位等施工方法进行充分考虑。钢索塔应在工厂分段焊接加工,事先进行多段立体试拼装合格后方可出厂。主塔在现场安装,常常采用现场焊接头,高强度螺栓连接,焊接和螺栓混合连接的方式。经过工厂加工制造和立体试拼装的钢塔,在正式安装时应予以施工测量控制,并及时用垫板或对螺栓孔进行扩孔来调整轴线和方位,防止加工误差、受力误差、安装误差、温度误差和测量误差的积累。

钢主塔的防锈蚀措施,可以采用耐候钢材,也可采用喷锌层。但国内外绝大部分钢塔仍采用油漆涂料,一般可保持的年限为10年。油漆涂料常采用二层底漆、二层面漆,其中三层由加工厂涂装,最后一道面漆由施工安装单位最终完成。

2)混凝土索塔施工

混凝土索塔通常由基础、承台、下塔柱、下横梁、中塔柱、上横梁、上塔柱拉索锚固区段及塔顶建筑等组成。

混凝土索塔的塔柱分为下塔柱、中塔柱和上塔柱,一般可采用支架法、滑模法、爬模法分节段施工,常用的施工节段大小划分为1~6m不等。在塔柱内,常常设有劲性骨架;劲性骨架在加工厂加工,在现场分段超前拼接,精确定位。劲性骨架安装定位后,可供测量放样、立模、钢筋绑扎、拉索钢套管定位用,也可供施工受力用。劲性骨架在倾斜塔柱中,其功能作用很大,设计者应结合构件受力需要而设置。当塔柱为倾斜内倾或外倾布置时,应考虑每隔一定的高度设置受压支架(塔柱内倾)或受拉拉杆(塔柱外倾),来保证斜塔柱的受力、变形和稳定性。

混凝土索塔的下横梁、上横梁一般采用支架法现浇,其一般为预应力混凝土结构。在高空中进行大跨度、大断面现浇高强度等级预应力混凝土横梁,其难度很大。施工时要考虑到模板支撑系统和防止支撑系统的连接间隙变形、弹性变形、支承不均匀沉降变形,混凝土梁、柱与钢支撑不同的线膨胀系数影响,日照温差对混凝土的不同时间差效应等产生的不均匀变形的影响,以及相应的变形调节措施。

索塔混凝土的浇筑可采用提升法输送混凝土,有条件时应采用泵送混凝土工艺,一次泵送混凝土高度可达200m以上。

3)索塔拉索锚固区塔柱施工

拉索在塔顶部的锚固形式主要有交叉锚固、钢梁锚固和箱形锚固等。箱形锚固的施工程序:先架立劲性骨架,绑扎钢筋,再安装套筒,套筒定位,接着安装预应力管道及钢束;之后,模板安装,混凝土浇筑养护;最后施加预应力,压浆。

4)索塔施工测量控制

索塔在施工过程中,受施工偏差、混凝土收缩、徐变、基础沉降、风荷载、温度变化等因素影响,其几何尺寸及平面位置可能发生变化,对结构受力产生不利影响。因此,在施工的全过程中,应采取严格的施工测量控制措施对索塔施工进行定位指导和监控。除了应保证各部位的几何尺寸正确之外,还应该进行主塔局部测量系统与全桥总体测量系统接轨。

索塔局部测量常采用全站仪三维坐标法或天顶法进行。测量控制的时间一般应选择夜晚22:00 至早上7:00 日照之前的时段内,以减少日照对主塔造成的变形影响。此外,随着主塔高度不断升高,应选择在风力较小的时段进行测量,并对日照和风力影响予以修正。

5)索塔基础施工

斜拉桥索塔基础常采用的形式有扩大基础、沉井或沉箱基础、管柱基础和桩基础。

2. 主梁的施工方法

斜拉桥主梁施工方法与梁式桥大致相同,一般有以下4种:

(1)顶推法。顶推法的特点是施工时须在跨间设置若干临时支墩,顶推过程中主梁要反复承受正、负弯矩。该方法较适用于桥下净空较低,修建临时支墩造价不大,支墩不影响桥下交通,抗压与抗拉能力相同,能承受正负弯矩的钢斜拉桥主梁的施工。对混凝土斜拉桥主梁而言,一般在拉索张拉前顶推主梁,临时支墩间距又超过主梁负担自重弯矩能力时,为满足施工需要,要设置临时预应力束,在经济上不合算。

(2)平转法。即分别在两岸或一岸顺河流方向的矮支架上现浇主梁,并在岸上完成所有的安装工序(落架、张拉、调索等),然后以墩、塔为圆心,整体旋转到桥位合龙。平转法适用于桥址地形平坦,墩身较矮和结构体系适合整体转动的中小跨径斜拉桥。我国四川马尔康地区的金川桥是一座跨径为68m + 37m,采用塔、梁、墩固结体系的钢筋混凝土独塔斜拉桥。塔高25m,中跨为空心箱梁,边跨是实心箱梁。该桥是采用平转法施工的桥梁。

(3)支架法。即在支架上现浇、在临时支墩间设托梁或劲性骨架现浇、在临时支墩上架设预制梁段等施工方法。其优点是施工简单方便,能确保结构满足设计线形,但仅适用于桥下净空低、搭设支架不影响桥下交通的情况。我国的天津永和桥是在临时支墩上拼装主梁;昆明市圆通大桥是一座跨径为70.5m + 70.5m、全宽24m[2 ×7.5m + 3m(拉索区) + 2 ×3m]的独塔单索面斜拉桥,采用支架法现浇。

(4)悬臂法。可以在支架上修建边跨,然后中跨采用悬臂施工的单悬臂法;也可以是对称平衡施工的双悬臂法。悬臂施工法一般分为悬臂拼装法和悬臂浇筑法两种。

①悬臂拼装法,一般是先在塔柱区现浇一段放置起吊设备的起始梁段;然后用各种起吊设备从塔柱两侧依次对称安装节段,使悬臂不断伸长直至合龙。如图7-79 所示。

广东九江大桥预制梁段是用大型浮吊进行悬臂拼装。对于中小跨径斜拉桥、当构件重量不大时,也可采用缆索吊装,并利用已浇好的塔柱兼作安装索塔,利用缆索吊进行主梁拼装。

②悬臂浇筑法。即从塔柱两侧用挂篮对称逐段就地浇筑混凝土。我国大部分混凝土斜拉桥主梁都是采用悬臂浇筑法施工的。

斜拉桥与其他梁桥相比,主梁高跨比很小,梁体十分纤细,抗弯能力差。当采用悬臂施工时,如果仍采用应用于梁式桥的传统的挂篮施工方法,由于挂篮重量大,梁、塔和拉索将由施工内力控制设计,很不经济,有时还很难过关。所以考虑施工方法,必须充分利用斜拉桥结构本身特点,在施工阶段就充分发挥斜拉索的效用,尽量减轻施工荷载,使结构在施工阶段和运营阶段的受力状态基本一致。

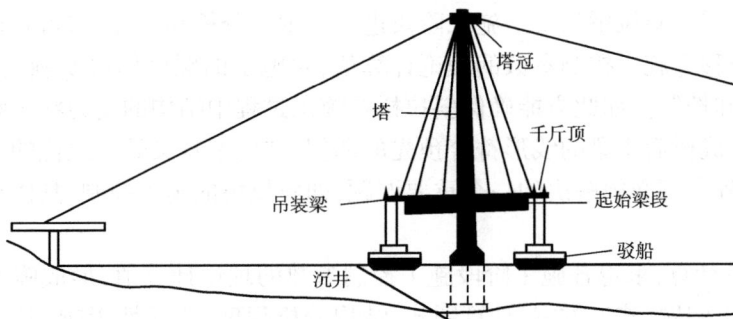

图7-79 悬臂拼装法示意图

斜拉桥主梁在施工过程中要求采取临时固结措施,以抵抗两侧梁体的荷载不同产生的倾覆力矩,一般临时固结分为加临时支座并锚固主梁和设临时支承两种方式。

3.拉索施工

1)拉索的制作和防护

为保证拉索的质量,斜拉索的制作不宜在现场施工制作,要走工厂化和半工厂化的道路,并对拉索进行跟踪检验。斜拉索的防护分为临时防护和永久防护。临时防护为从出厂到开始永久防护的一段时间。永久防护为拉索钢材下料到桥梁建成的长期使用期间,分为内防护和外防护。内防护是直接防止拉索锈蚀,外防护是保护内防护材料不致流出、老化等。

2)拉索安装

放索是根据拉索的不同卷盘方式,分为立式转盘放索和水平转盘放索。挂索是将拉索的两端,分别穿入梁上和塔上预留的索孔,并初步固定在索孔端面的锚板上。不同的拉索、不同的锚具、不同的斜拉桥设计,要求采用不同的挂索和张拉方式。斜拉索塔部安装方法分为吊点法、吊机安装法和分步牵引法。斜拉索梁部安装方法分为吊点法和拉杆接长法。

配装拉锚式锚具的拉索,可以借助卷扬机,直接将锚具拉出索孔后用螺母固定。

当拉索长度超过百米、质量超过5t,直接用卷扬机将锚具拉出洞口就有困难。这时,可以将张拉用的连接杆,先接装在拉索锚具上,用卷扬机拉至连接杆露出洞口,即可完成挂索。对于更长更重的拉索,由于卷扬机的牵引力有限,连接杆的长度就要相应加大。

对于大跨和特大跨的斜拉桥,拉索的制作宜和挂索协调进行。要时刻注意上一阶段挂索的情况,根据反馈的信息,对下一阶段拉索的长度,作出是否需要调整的决定。

3)拉索张拉与索力测定

张拉是用千斤顶对拉索的索力进行调整。索力的大小,由设计者根据各不同的工况,经计算后给定。要在施工中准确控制索力,首先必须掌握测定索力的技术。索力测定方法有压力表测定千斤顶液压、压力传感器直接测定和根据拉索振动频率计算索力。

4)拉索的减振

安装减振器或黏弹性高阻尼衬套,防止拉索振动过大。

4. 施工控制

在桥梁施工阶段,随着斜拉桥结构体系和荷载状态的不断变化,结构内力和变形也随之不断发生变化,因此需对斜拉桥的每一施工阶段进行详细的分析和计算,求得斜拉索张拉吨位和主梁挠度、塔柱位移等施工控制参数的理论计算值,对施工的顺序作出明确的规定,并在施工中加以有效管理和控制。如此方能确保斜拉桥在施工过程中结构的受力状态和变形始终处在安全的范围内,使成桥后主梁的线形符合预先的期望,结构本身又处于最优的受力状态。这是斜拉桥在建造过程中都必须解决的一个重要课题,即斜拉桥的施工控制,具体包括如下两方面内容:

(1)通过理论计算,求得各施工阶段施工控制参数的理论计算值,形成施工控制文件。理论计算要考虑以下问题:施工方案、计算图式、结构分析程度、非线性影响、混凝土收缩徐变的影响、地震和风力、温度。计算方法分为倒拆法和正算法两种。

(2)施工过程中的理论计算值与实测值不一致的问题,采用一定的方法在施工中加以控制调整。一般来说,在主梁架设阶段确保线形和顺正确是第一位的,施工中以高程控制为主。二期永久荷载施工时为保证结构的整体内力和变形处于理想状态,拉索张拉时以索力控制为主。

二、悬索桥施工简介

悬索桥是由主缆、加劲梁、主塔、鞍座、锚碇、吊索等构件构成的柔性悬吊组合体系。成桥时,其主要由主缆和主塔承受结构自重,加劲梁受力情况由施工方法决定。成桥后,结构共同承受外荷载作用,受力按刚度分配。悬索桥施工顺序:锚碇及基础、悬索桥塔及基础、主缆和吊索的架设、加劲梁的工厂制作与工地安装架设、桥面及附属工程等。(**悬索桥施工过程演示见数字资源08 和数字资源09**)

1. 锚碇和桥塔的施工

1)锚碇的施工

锚碇是支承主缆的重要结构部分。大跨悬索桥的锚碇由散索鞍墩、锚块、锚块基础、锚室、主缆的锚碇架及锚盖等组成。锚碇一般分为重力式锚碇和隧道式锚碇两大类。

(1)重力式锚碇。一般为大体积混凝土浇筑施工,必须注意解决混凝土的水化热及分块浇筑的施工问题。水化热引起内外温差和最高温升会导致锚体混凝土开裂。

(2)隧道式锚碇。在岩体开挖过程中应注意爆破的药量,尽量保护岩石的整体性,使隧道锚坚固可靠。

(3)锚碇架的制作和架设安装。锚碇刚构架是主缆的锚固结构,由锚杆、锚梁及锚支架3部分组成。锚支架在施工中起支承锚杆和锚梁的重力和定位作用;主缆索股直接与锚杆连接,锚杆分为单束和双束两种,可采用A3 或16Mn 钢板焊接而成。制作时对焊接质量、变形、制作精度都应严格要求和控制。确保锚碇的安装精度,主要应控制锚梁,然后安装锚杆和调整其轴线顺直及锚固点的高程。

2)桥塔的施工

悬索桥桥塔的施工,与斜拉桥有些类似。悬索桥桥塔分为钢桥塔和混凝土桥塔两种形式。

(1)悬索桥钢桥塔的施工。依据其规模、类型、施工地点的地形条件并考虑经济适用性,主要有浮式吊机施工法、塔式吊机施工法、爬升式吊机施工法。

（2）混凝土桥塔的施工。塔身和立柱常采用的施工方法有翻模法、滑模法、爬模法和提升支架法等。如英国 Humber 悬索桥桥塔为混凝土塔，采用滑模施工；厦门海沧大桥东桥塔采用翻模施工。

3）锚碇和桥塔基础的施工

悬索桥的桥塔基础和锚碇基础为沉井、沉箱、明挖扩大基础或桩基础。

2. 主缆架设

1）主缆架设的准备工作

主缆架设前，应先安装索鞍（包括主副索鞍、锚固索鞍等），安装塔顶吊机或吊架以及各种牵引设施和配套设备；然后依次进行导索、拽拉索、猫道的架设，为主缆架设做好准备。

2）导索及牵引索（拽拉索）架设

（1）海底拽拉法。较早时期的导索架使用的办法是将导索从一岸塔底临时锚固，然后将装有导索索盘的船只驶往彼塔，并随时将导索放入水底；之后封闭航道，用两端塔顶的提升设备将导索提升至塔顶，置入导轮组中，并引至两端锚碇后，再将导索的一端引入卷扬机上，另一端与拽拉索（主或副牵引索或无端牵引绳）相连，接着开动卷扬机，通过导索将拽拉索牵引过河。

（2）浮子法。具体办法为，将导索每隔一定距离装一浮子，再将导索拽拉过河时，其不会沉入水底，其他方面与"海底拽拉法"无大差别。

以上两种方法仅在潮流较缓、无突出岩礁等障碍时采用。

（3）空中渡海法。当水流较急时，一般采用"空中渡海法"，即在一端锚碇附近连续放松导索，经塔顶后固定于拽拉船上；随着拽拉船前行，导索相应放松，因此一般不会使导索落入水中。导索至另一岸索塔处时，往往从另一端锚碇附近将牵引索引出，并吊上索塔后沿另一侧放下，再与拽拉船上的导索头相连接，即可开动卷扬机，收紧导索，从而带动牵引索过河。如图 7-80 所示。

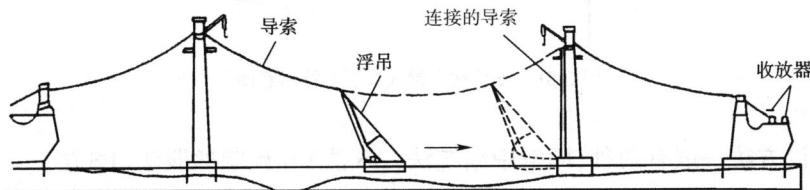

图 7-80 导索架设示意图

（4）直升机牵引法。明石海峡大桥采用直升机空中牵引架设导索的方法获得成功。

3）猫道架设

猫道相当于一临时轻型索桥，其作用是在主缆架设期间提供一个空中工作平台。它由猫道承重索、猫道面板系统及横向天桥和抗风索等组成，一般 3～5m 宽，每主缆下设一个。为方便工人操作，猫道面层距主缆中心线的高度一般为 1.3～1.5m，且一般沿主缆中心线对称布置。

猫道索的架设在初期也有用与早期的导索架设相类似的方法架设的，与前述同样的理由，现多用在一端塔顶(或锚碇)起吊猫道索一端,与拽拉器相连后牵引至另一端头;然后将其一端入锚,另一端用卷扬机或手动葫芦等设施牵拉入锚并调整其垂度,最后将其两端的锚头锁定。猫道索矢度调整就绪后即可铺设猫道面板,一般是先将横木和面材分段预制,成卷提升至塔顶,沿猫道索逐节释放,并随之把各段间相连;然后将横木固定在承重索上,并在横木端部安装栏杆立柱以及扶手索等。横向天桥可在猫道架完后铺设,也可随其一起铺设。

此外,若架设主缆的拽拉系统用门架支承和导向时,还必须在猫道上每隔一定距离架设猫道门架,如图 7-81 所示。

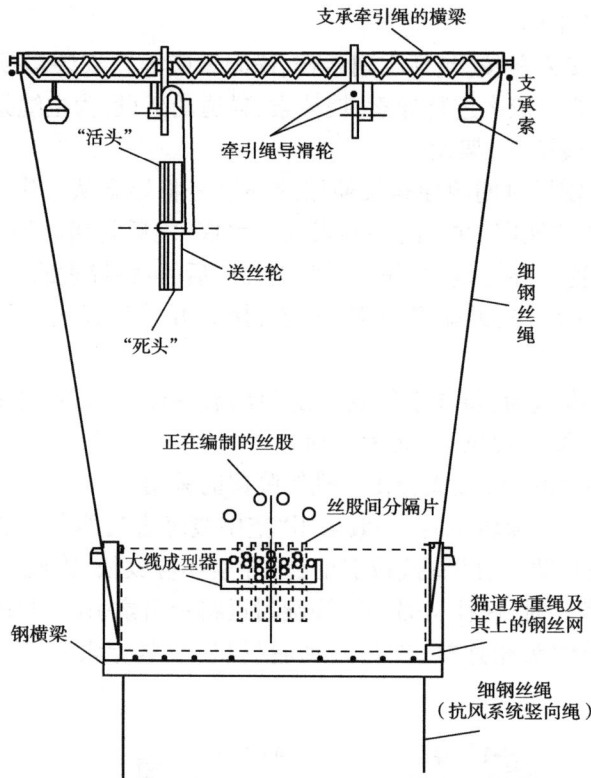

图 7-81　支承索横梁式牵引支撑示意图

4)主缆架设

主缆的架设方法一般有两种,即空中编缆法(AS 法)和预制丝股法(PS 法)。

(1)空中编缆法(AS 法)。所谓 AS 法,就是先在猫道上将单根钢丝编制成主缆丝股,多束丝股再组成主缆。其施工程序如下:

将待架的钢丝卷入专用卷筒运至悬索桥一端锚碇旁,并将其一头抽出,暂时固定在一梨形蹄铁上,此头称为"死头";然后将钢丝继续外抽,套于送丝轮的槽路中,而送丝轮则连接于牵引索上;当卷扬机开动时,牵引索将带动送丝轮将钢丝引送至对岸,同样套于设在锚碇处的一个梨形蹄铁上,再让送丝轮带动其返回始端。如此循环多次则可按要求数量将一束丝股捆扎成束,如图 7-82 所示。这里,不断从卷筒中放钢丝的一头称为"活头",其中一束丝股牵引完成后,就将钢丝"活头"剪断,并与先前临时固定的"死头"用特制的钢丝连接器相互连接。在环形牵引索上,可同时固定两个送丝轮,每个送丝轮的槽路可以是 1 条,也可以是 2 条或更多,目前已有使用4条槽路者。对每一束丝股,按每次送丝根数为一组,不足一组的再单独牵引一次。需要指出的是,每次送丝轮上的槽路多,每次送丝数量就大,但牵引索及送丝轮等的受力相应增大,所需牵引动力也就增大。

此外,编缆前,应先放一根基准丝来确定第一批丝股的高程,基准丝在自由悬挂状态,其仅承受自重荷载,所呈线形为悬链线,基准丝应在下半夜温度稳定情况下测量设定。此后牵引的每根钢线均需调整成与基准线相同的跨度和垂度,则其所受拉力、线形及总长应

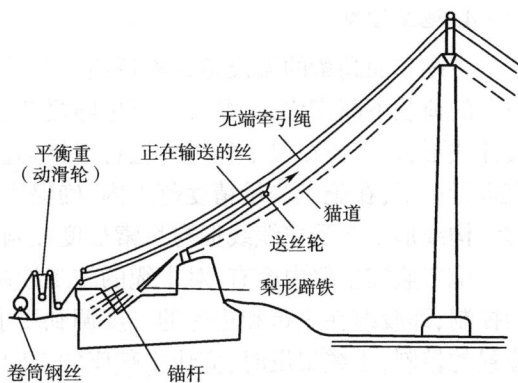

图7-82 AS法送丝工艺示意图

与基准丝一样。成股钢丝束应梳理调整后,用手动液压千斤顶将其挤成圆形,并每隔2～5m用薄钢带捆扎。

钢丝束编股方法有鞍外编股法和就鞍编股法两种,由于鞍外编股之后还需将丝股移入主鞍座槽路之内,故现已多用就鞍编股法。

调股:为使每束丝股符合设计要求,在调丝后依靠在梨形蹄铁处所设的千斤顶调整整束丝股的垂度,并随即在梨形蹄铁处填塞销片,将丝股整束落于索鞍,使千斤顶回油。调股同样应在温度稳定的夜间进行。

(2)预制丝股法(PS法)。所谓预制丝股法,就是在工厂或桥址旁的预制场事先将钢丝预制成平行丝股;然后利用拽拉设施将其通过猫道拽拉架设。其主要工序:丝股牵引架设,测调垂度,锚跨拉力调整。其与相AS法比较,由于每次牵拉上猫道的是丝股而不是单根钢丝,故重量要大数倍,所需牵引能力也要大得多,一般采用全液压无级调速卷扬机。牵引方式则有门架支承的拽拉器和轨道小车两种。

(3)锚跨内钢丝束拉力调整。不管是AS法,还是PS法,在主边跨丝股垂度调整后,都必须调整锚跨内丝股的拉力。其具体方法:用液压千斤顶拉紧丝股,并在锚梁与锚具支承面间插入支承垫板,即可通过丝股的伸长导入拉力。实际控制时是采用位移(伸长量)和拉力"双控"。

(4)紧缆挤圆。在各丝股调整好垂度并置入索鞍后,即用紧缆机将大缆挤压成圆形。紧缆机一般是用一可开闭的环形刚性钢架内沿径向设置多台千斤顶和辅助设施构成。为使两侧主缆从两端能对称作业,每桥一般配置4台紧缆机同时对称紧缆。紧缆一般是从主跨跨中向两侧进行,边挤边用木槌敲打密实,再用钢带或钢丝捆扎,紧缆和捆扎的距离一般为1m左右。

(5)缠丝。紧缆挤圆之后,在索夹、吊索及加劲梁等大部分永久荷载都已加于主缆之时,即可缠丝。缠丝之前先在主缆表面涂铅丹膏,然后用缠丝机缠丝,并随时刮去挤出表面的铅丹膏。缠丝之后在大缆表面涂漆防护。

3.加劲梁的架设

在加劲梁架设之前,应进行索夹和吊索的安装。悬索桥加劲梁的架设方法一般分为两种:一种是先从主塔附近的节段吊装架设开始而逐渐向跨中及桥台推进;另一种是先从跨中节段开始向两侧桥塔方向推进。在具体施工中应注意主缆变形对加劲梁线形的影响。

4.施工控制

主缆和加劲梁的架设是悬索桥施工的关键环节。在主缆和加劲梁的架设过程中,桥塔和缆上的荷载不断变化,主缆的线形也随之变化。为使悬索桥建成后其加劲梁和主缆都能达到设计线形,就需要在整个施工中进行严格的监测和控制。大跨度悬索桥的施工按照理论计算值进行施工,在施工测量精度范围内,确保实际线形与设计要求的线形相符合。大跨度悬索桥的结构线形主要受主缆线形与吊索长度控制,主缆一旦架设完成,其线形不能进行调整。

施工监控主要内容有:对主缆的施工控制;要求主缆内各钢丝均匀受力的控制;主缆调股的控制,即股缆在主跨和边跨的矢度调到要求的位置;主缆架设中长度的控制;对塔上主鞍座位置的控制,主缆架设时,应让主鞍座的空间位置具有一个靠岸的偏移量;对梁段架设中的施工控制。

以厦门海沧大桥悬索桥上部结构的线形施工控制为例,大跨度悬索桥施工监控主要考虑以下几个方面:

(1)初始参数的收集与整理分析,这些参数包括跨度、高程、猫道影响等。

(2)鞍座预偏量与基准丝股线形的计算和架设监测。

(3)索夹位置的计算与索夹放样的控制。

(4)吊索长度的修正。

(5)加劲梁架设过程的计算分析与测量。

(6)桥面合理线形的形成。

本章小结

(1)扩大基础,又称为明挖扩大基础或浅基础,埋置在较浅的地基上,一般采用明挖基坑的方法进行施工。桩基础是深入土层的柱形构件,按成桩方法可分为沉入桩、灌注桩和大直径桩。沉井基础是一种断面和刚度均比桩大得多的筒状结构。管柱基础的外层是管柱,管柱内浇筑钢筋混凝土,管柱有钢筋混凝土、预应力混凝土和钢管3种。

(2)承台位于旱地、浅水河中时,其施工方法与扩大基础相类似;对深水中的承台,采用围堰施工方法,用于止水,以实现承台的干处施工。简单、高度不大的桥墩(台)身,通常采取传统的方法,立模(一次或几次)现浇施工,高墩采取滑升模板、爬升模板和翻升模板等施工方法。

(3)上部结构施工方法,按同一联梁体在纵桥向是否分段,可分为整体施工法和节段施工法。整体施工法可分为就地浇筑法、预制装配法和整孔架设法。就地浇筑法是搭支架、立模板、绑钢筋、现场浇筑混凝土的施工方法,可以按需要做成各种外形,如适用于变宽度桥、斜桥、弯桥。预制装配法是预制构件,运输吊装就位,横桥向连成整体的施工方法,一般用于混凝土简支板和梁桥。节段施工法可分为悬臂施工法、逐孔施工法、移动模架施工法和顶推施工法。悬臂施工法是从桥墩开始,沿墩两侧对称、均衡悬浇施工或悬拼施工;悬臂施工是大跨度预应力混凝土梁桥首先考虑的方案。

(4)测量一般分为平面控制测量(常用的为三角测量)、桥轴线测量和水准测量(高程测量)。在测量之前,先根据所建桥梁的规模,确定测量等级;之后,确定各项测量所需的精度;再确定测量方案和规定各项测量的限差。

(5)测量桥轴线长度的方法,通常有光电测距法(目前使用电子全站仪测量更为方便)、直接丈量法、三角网法。光电测距法应用广泛,精度高、操作快、计算简便,常用于不受地形限制、通视较好的桥梁。直接丈量法设备简单,精度可靠,常用于地势平坦的中小桥施工测量中。三角网法是一种间接丈量法,适用于直接丈量法有困难或精度要求高的大桥。

(6)墩台定位,先准确定出桥梁墩、台的中心位置和它的纵横轴线;再用光电测距法或直接丈量法,根据设计图纸的相对位置,进行细部放样。直线桥桥轴线为直线,墩台中心按路线桩号放样即可。曲线桥应按路线测设资料、曲线有关要素,由计算公式求出各墩台中心为顶点的直线,再进行定位。

(7)中小桥混凝土墩台,通常采用传统的方法,即立模板、绑钢筋和浇筑混凝土。应合理选择模板。混凝土施工包括混凝土的拌制、混凝土的运送和混凝土的浇筑。墩台施工时要考虑大体积混凝土的施工、大面积混凝土的施工、混凝土浇筑前地基处理和顶帽施工等问题。

(8)石砌墩台施工应按砌体结构要求进行砌筑。

(9)装配式墩台分为砌块式墩台施工、柱式墩施工、后张法预应力混凝土装配墩施工和无承台大直径钻孔埋入空心桩墩施工4种。其相对混凝土墩台而言,装配式墩台应用较少,适用于山谷桥、跨越平缓无漂流物的河沟、河滩的桥梁,特别适用于工地干扰多、施工场地狭窄、缺水与砂石供应困难地区。

(10)高桥墩、斜拉桥桥塔和悬索桥桥塔一般有滑动模板、爬升模板、翻升模板等施工方法。

(11)钢筋混凝土简支梁桥施工有立模板、绑钢筋和浇混凝土3道工序。预加应力的方法有先张法和后张法。先张法介绍了台座法预制、预应力筋的制备和预应力筋的张拉和放松。后张法介绍了高强钢丝束的制备、钢绞线的制备、孔道形成、穿钢丝束、预应力锚具、锚垫板、张拉设备、张拉工艺、孔道压浆和封锚。介绍了构件预制、出坑、运输和安装等预制装配施工法的施工过程。在岸上或浅水区预制梁的安装,可采用龙门吊机、汽车吊机及履带吊机安装;水中梁跨常采用穿巷吊机安装、浮吊安装及架桥机安装等方法。

(12)就地浇筑施工法施工时需要架设牢固稳定的支架。支架有满布式木支架、满布式钢管脚手架、钢木混合的梁式支架、梁柱式支架及万能杆件拼装支架与装配式公路钢桥桁节拼装支架等形式。

(13)悬臂施工法可分为悬臂浇筑和悬臂拼装两类。悬臂浇筑施工利用悬吊式的活动脚手架(或称挂篮)悬臂分段浇筑混凝土(每段长2~5m)。悬臂拼装施工是预制分段梁体,运输吊装拼装。预制块件间接缝的处理分湿接缝、干接缝和半干接缝等形式。临时固结是采取措施使墩顶的 0 号块件与桥墩临时固结起来,目的是承受悬臂施工过程中可能出现的不平衡力矩。

(14)顶推施工法是在桥台后设置制梁场,制作箱梁后向前推移,推出一段再接长一段,直至最终位置,再调整预应力,之后滑道支承置成永久支座。顶推施工法适用于建筑跨度为60~80m的多跨连续梁桥。

(15)拱桥的施工方法与拱桥的结构形式有关,一般可分为有支架施工拱桥、少支架施工拱桥和无支架施工拱桥等。

(16)有支架施工拱桥中的支架形式有满布立柱式拱架、撑架式拱架、三铰桁式拱架和钢拱架。前三种一般用木材制造,适用于中小跨径拱桥;后一种一般用在大跨径拱桥的施工上。

(17)在支架上进行主拱圈的混凝土浇筑时要注意:①对称、均匀和拱架变形小为原则;②对于大跨径拱桥宜采用分层分段浇筑和留出间隔槽,具体位置可通过计算分析和遵循施工技术规范中的规定;③对于多孔连续拱桥还应注意相邻孔之间的对称均匀施工。

(18)卸架的程序:对于满布式拱架的小跨径拱桥,可以从拱顶开始,逐渐向拱脚对称卸落;对于大跨径主拱圈,可以从两边 $L/4$ 处逐次对称向拱脚和拱顶均匀地卸落。

(19)在支架上砌筑或就地浇筑施工上承式拱桥一般分三个阶段进行:第一阶段施工拱圈或拱肋混凝土;第二阶段施工拱上建筑;第三阶段施工桥面系。

(20)拱上建筑的施工,应对称均衡进行,避免使主拱圈产生过大的不均匀变形。实腹式拱上建筑,应从拱脚向拱顶对称进行,当侧墙砌完后,再填筑拱腹填料。空腹式拱一般是在腹拱墩或立柱完成后,卸落主拱圈的拱架;然后,对称均衡进行腹拱或横梁、联系梁以桥面的施工。

(21)在拱桥无支架就地浇筑施工中,常用的方法主要有劲性骨架施工法和悬臂施工法两种。

(22)桁架拱桥的施工吊装过程包括:吊运桁架拱片的预制段构件至桥孔,使之就位合龙,处理接头;与此同时适时安装桁架拱片之间的横向连系构件,使各片桁架拱片连成整体;然后在其上铺设预制的微弯板或桥面板,安装人行道悬臂梁和人行道板。

(23)拱肋合龙温度应符合设计规定,如设计无规定,可在气温接近当地年平均温度(一般在 5~15℃)时进行;天气炎热时可在夜间洒水降温的条件下进行。

(24)无论采用有支架施工还是缆索吊装施工方法,在裸拱上加载时,都必须要求使拱肋各截面始终都能满足应力、强度和稳定的要求;必要时需做好拱上建筑施工的加载程序设计。

（25）混凝土斜拉桥主塔的施工一般采用支架法、滑模法、爬模法分节段施工；主梁施工方法有顶推法、平转法、支架法和悬臂法；拉索施工工序有拉索的制作、安装、张拉、减振等。

（26）悬索桥施工：索塔施工同斜拉桥。重力式锚碇施工要解决大体积混凝土的水化热及大面积的分块浇筑。隧道式锚碇施工要解决施工爆破，保护岩石的整体性。主缆架设包括主缆架设前准备工作、导索及牵引索（拽拉索）架设、猫道架设和主缆架设。主缆的架设方法有空中编缆法（AS法）和预制丝股法（PS法）。

复习思考题

1. 桥梁基础有哪些施工方法？分别有什么特点？适用于哪些条件？
2. 桥梁承台、墩（台）身有哪些施工方法？分别有什么特点？适用于哪些条件？
3. 桥梁上部结构有哪些施工方法？分别有什么特点？适用于哪些条件？
4. 简述用光电测距法、直接丈量法、三角网法测量桥梁中轴线。
5. 如何确定桥梁三角网测量精度？
6. 高程测量具体有哪些内容？
7. 如何进行直线桥梁墩台定位？
8. 如何进行曲线桥梁墩台定位？
9. 如何进行明挖基础、桩基础放样？
10. 简述混凝土桥台、石砌桥台的施工要点。
11. 简述混凝土桥墩、石砌桥墩的施工要点。
12. 简述装配式桥墩、高桥墩、V形桥墩的施工方法。
13. 简述钢筋混凝土梁的施工工艺。
14. 简述先张法预应力混凝土梁的施工工艺。
15. 简述后张法预应力混凝土梁的施工工艺。
16. 简述预制构件的运输和安装方法。
17. 简述就地浇筑施工法的适用条件和施工要点。
18. 简述悬臂施工法的适用条件和施工要点。
19. 简述悬臂梁临时固结的形式。
20. 简述顶推施工法的适用条件和施工要点。
21. 拱桥主拱圈施工方法主要分为几种？
22. 拱桥有支架施工形式有哪些？分别适用于什么情况？
23. 拱桥合龙温度为什么选在接近当地年平均温度进行？
24. 简述斜拉桥施工过程。
25. 简述悬索桥的施工过程。

参考教学大纲

章　　节	内容名称	教学时数			主要教学内容与目标要求
		小计	讲授	实训	
第一章	**总论**	**12**	**10**	**2**	1. 叙述桥梁的组成、主要类型和各种结构体系以及国内外桥梁的发展概况； 2. 叙述桥梁的设计程序、一般原则、主要内容、桥梁方案的比较和选定； 3. 定义桥梁的设计作用(荷载)，计算永久作用、可变作用、偶然作用、地震作用及作用组合； 4. 描述桥面系组成与布置、桥面铺装及排水防水系统构造、桥梁伸缩缝构造、人行道、栏杆、护栏与灯柱构造
第一节	概述	4	2	2	
第二节	桥梁的总体规划和设计程序	2	2	0	
第三节	桥梁设计采用的作用(荷载)	2	2	0	
第四节	桥面系构造	4	4	0	
第二章	**梁式桥**	**24**	**22**	**2**	1. 认知梁式桥的主要类型及适用条件； 2. 叙述钢筋混凝土和预应力混凝土梁(板)式桥的一般特点； 3. 叙述装配式简支梁桥的构造类型、截面形式； 4. 描述先简支后连续装配式预应力梁桥的构造要求和特点； 5. 计算简支梁桥的各类行车道板的荷载分布及有效工作宽度； 6. 叙述主梁肋和横隔梁的荷载横向分布及受力特点，即用杠杆法、偏心压力法计算荷载横向分布系数； 7. 计算主梁内力和横隔梁内力； 8. 计算挠度和预拱度； 9. 叙述悬臂梁体系、连续梁体系和刚构体系梁桥的结构类型、受力特点和构造要点； 10. 叙述橡胶支座的作用、类型、构造、适用条件及支座的选择
第一节	概述	2	2	0	
第二节	板桥的设计与构造	2	1	1	
第三节	装配式简支(肋、箱)梁桥的设计与构造	4	3	1	
第四节	简支梁桥的计算	12	12	0	
第五节	其他体系梁式桥设计简介	2	2	0	
第六节	梁式桥的支座	2	2	0	
第三章	**拱桥**	**14**	**10**	**4**	1. 叙述拱桥的特点及适用范围； 2. 叙述拱桥的组成及主要类型； 3. 描述主拱圈(板拱、肋拱、箱形拱、系杆拱等)的构造形式及适用条件； 4. 描述拱上建筑及其他细部构造； 5. 叙述桁架拱、刚架拱、钢管混凝土拱及组合体系拱的构造特点； 6. 描述拱桥的总体布置原则与要求； 7. 描述拱轴线形与拱圈截面设计要求；
第一节	概述	2	2	0	
第二节	拱桥的构造	4	2	2	
第三节	拱桥的设计	4	2	2	

续上表

章　节	内容名称	教学时数			主要教学内容与目标要求
		小计	讲授	实训	
第四节	拱桥的计算	4	4	0	8.进行拱轴线方程、拱轴系数确定和拱圈内力计算
第四章	**桥梁墩台**	**18**	**14**	**4**	1.认知桥梁墩、台的组成及作用和桥墩、台的主要类型及适用条件。 2.描述重力式桥墩、轻型桥墩、桩柱式桥墩的构造。 3.描述重力式桥台、轻型桥台的构造。 4.进行桥墩计算： ①桥墩的受力分析及作用组合； ②计算圬工桥墩墩身强度； ③验算基础底面土的承载力和偏心距； ④验算桥墩的整体稳定性； ⑤桩柱式桥墩的计算要点。 5.进行桥台的计算： ①桥台的受力分析与作用组合； ②叙述重式桥台的计算方法； ③描述梁桥轻型桥台的计算要点
第一节	桥梁墩台构造	4	4	0	
第二节	桥墩计算	8	6	2	
第三节	桥台计算	6	4	2	
第五章	**涵洞**	**8**	**6**	**2**	1.认知各类涵洞的构造及适用条件； 2.叙述涵洞的测设步骤； 3.计算涵洞长度、孔径和设计高程； 4.计算洞口的工程数量； 5.应用各种类型涵洞的标准图； 6.涵洞施工要点
第一节	涵洞的类型及构造	2	2	0	
第二节	涵洞的勘测设计与计算	5	3	2	
第三节	涵洞施工	1	1	0	
第六章	**悬索桥和斜拉桥**	**4**	**4**	**0**	1.了解悬索桥的类型、构造、受力特点及一般设计要点； 2.了解斜拉桥的类型、构造、受力特点及一般设计要点
第一节	悬索桥和斜拉桥的分类及构造	3	3	0	
第二节	悬索桥和斜拉桥的受力特点及设计要点	1	1	0	
第七章	**桥梁施工**	**36**	**20**	**16**	1.认知桥梁施工方法及施工方法选择的一般原则。 2.描述桥梁施工测量控制网点的布设要求和桥梁施工放样的常用方法。 3.叙述钢筋混凝土、混凝土及石砌墩台的施工方法，工序、工艺及施工质量控制措施。 4.按照施工图和施工技术规范的要求，叙述：钢筋混凝土和预应力混凝土简支梁桥的制造工艺；装配式梁桥构件的运输和安装方法。
第一节	桥梁施工方法及其选择	4	2	2	
第二节	桥梁施工测量	6	3	3	
第三节	桥梁墩台施工	6	3	3	
第四节	梁式桥施工	10	6	4	
第五节	拱桥施工	8	4	4	

章　　节	内 容 名 称	教 学 时 数			主要教学内容与目标要求
		小计	讲授	实训	
第六节	斜拉桥和悬索桥施工简介	2	2	0	5.描述梁桥上部结构主要施工方法,即就地浇筑法、悬臂施工法、顶推法施工的特点及适用条件。 6.按照施工图和公路桥涵施工技术规范的要求,认知拱桥无支架施工和有支架施工常用方法、预拱度设置等。 7.描述斜拉桥和悬索桥一般施工工艺
合　　计		116	86	30	

参 考 文 献

[1] 交通运输部.公路工程技术标准:JTG B01—2014[S].北京:人民交通出版社股份有限公司,2014.

[2] 交通运输部.公路桥涵设计通用规范:JTG D60—2015[S].北京:人民交通出版社股份有限公司,2015.

[3] 交通运输部.公路钢筋混凝土及预应力混凝土桥涵设计规范:JTG 3362—2018[S].北京:人民交通出版社股份有限公司,2018.

[4] 交通部.公路圬工桥涵设计规范:JTG D61—2005[S].北京:人民交通出版社,2005.

[5] 交通运输部.公路桥涵地基与基础设计规范:JTG 3363—2019[S].北京:人民交通出版社股份有限公司,2019.

[6] 交通运输部.公路桥涵施工技术规范:JTG/T 3650—2020[S].北京:人民交通出版社股份有限公司,2020.

[7] 住房和城乡建设部.城市桥梁设计规范:GJJ 11—2011[S].北京:中国建筑工业出版社,2011.

[8] 交通运输部.公路工程质量检验评定标准 第一册 土建工程:JTG F80/1—2017[S].北京:人民交通出版社股份有限公司,2017.

[9] 顾克明,等.公路桥涵设计手册 涵洞[M].北京:人民交通出版社,1993.

[10] 孙家驷.公路小桥涵勘测设计[M].北京:人民交通出版社,1990.

[11] 王常才.桥涵施工技术[M].北京:人民交通出版社,2006.

[12] 邵旭东.桥梁工程[M].北京:人民交通出版社,2004.

[13] 李辅元,等.桥梁工程[M].2版.北京:人民交通出版社,2013.

[14] 刘士林,梁智涛,等.斜拉桥[M].北京:人民交通出版社,2002.

[15] 雷俊卿,郑明珠,等.悬索桥设计[M].北京:人民交通出版社,2002.

[16] 周昌栋,等.悬索桥上部结构施工[M].北京:人民交通出版社,2004.

[17] 顾懋清,石绍甫.公路桥涵设计手册 拱桥(上册)[M].北京:人民交通出版社,1997.

[18] 顾安邦,孙国柱.公路桥涵设计手册 拱桥(下册)[M].北京:人民交通出版社,1997.